中國國家圖書館編

國家圖書館藏敦煌遺書

第六十六册　北敦〇四九三〇號——北敦〇五〇〇〇號

北京圖書館出版社

圖書在版編目(CIP)數據

國家圖書館藏敦煌遺書・第六十六册/中國國家圖書館編;任繼愈主編. —北京:北京圖書館出版社,2007.9

ISBN 978-7-5013-3218-2

Ⅰ.國… Ⅱ.①中…②任… Ⅲ.敦煌學—文獻 Ⅳ.K870.6

中國版本圖書館 CIP 數據核字(2007)第 117628 號

書　　名　國家圖書館藏敦煌遺書・第六十六册
著　　者　中國國家圖書館編　任繼愈主編
責任編輯　徐　蜀　孫　彥
封面設計　李　璀

出　　版　北京圖書館出版社（100034　北京西城區文津街 7 號）
發　　行　010-66139745　66151313　66175620　66126153
　　　　　66174391(傳真)　66126156(門市部)
E-mail　cbs@nlc.gov.cn(投稿)　btsfxb@nlc.gov.cn(郵購)
Website　www.nlcpress.com
經　　銷　新華書店
印　　刷　北京文津閣印務有限責任公司

開　　本　八開
印　　張　54.75
版　　次　2007 年 9 月第 1 版第 1 次印刷
印　　數　1-250 册(套)

書　　號　ISBN 978-7-5013-3218-2/K・1445
定　　價　990.00 圓

編輯委員會

主　　編　任繼愈

常務副主編　方廣錩

副 主 編　李際寧　張志清

編委（按姓氏筆畫排列）　王克芬　王姿怡　吳玉梅　胡新英　陳　穎　黃　霞（常務）　劉玉芬

出版委員會

主　任　詹福瑞

副主任　陳　力

委　員（按姓氏筆畫排列）　李　健　姜　紅　郭又陵　徐　蜀　孫　彥

攝製人員（按姓氏筆畫排列）

于向洋　王富生　王遂新　谷韶軍　張　軍　張紅兵　張　陽　曹　宏　郭春紅　楊　勇　嚴　平

原件修整人員（按姓氏筆畫排列）

朱振彬　杜偉生　李　英　胡玉清　胡秀菊　張　平　劉建明

目錄

身觸為緣所生諸受敗壞思惟身界衰朽思
惟觸界身識界及身觸身觸為緣所生諸受
衰朽思惟身界變動思惟觸界身識界及身
觸身觸為緣所生諸受變動思惟身界速滅
思惟觸界身識界及身觸身觸為緣所生諸
受速滅思惟身界可畏思惟觸界身識界及
身觸身觸為緣所生諸受可畏思惟身界可
猒思惟觸界身識界及身觸身觸為緣所生
諸受可猒思惟身界有灾思惟觸界身識界
及身觸身觸為緣所生諸受有灾思惟身界
有横思惟觸界身識界及身觸身觸為緣所
生諸受有横思惟身界有疫思惟觸界身識界
及身觸身觸為緣所生諸受有疫思惟身界
有癘思惟觸界身識界及身觸身觸為緣所
生諸受有癘思惟身界性不安隱思惟觸
界身識界及身觸身觸為緣所生諸受性不
安隱思惟身界不可保信思惟觸界身識界
及身觸身觸為緣所生諸受不可保信思惟

BD04930 號　大般若波羅蜜多經卷七七　（5–1）

及身觸身觸為緣所生諸受有疫思惟身界
有癘思惟觸界身識界及身觸身觸為緣所
生諸受有癘思惟身界性不安隱思惟觸
界身識界及身觸身觸為緣所生諸受性不
安隱思惟身界不可保信思惟觸界身識界
及身觸身觸為緣所生諸受不可保信思惟
身界无生无滅思惟觸界身識界及身觸身
觸為緣所生諸受无生无滅思惟身界无染
无淨思惟觸界身識界及身觸身觸為緣所
生諸受无染无淨思惟身界无作无為思惟
觸界身識界及身觸身觸為緣所生諸受无
作无為憍尸迦是為菩薩摩訶薩般若波羅
蜜多
憍尸迦若菩薩摩訶薩以應一切智智心用
无所得為方便思惟意界无常思惟法界意
識界及意觸意觸為緣所生諸受无常思惟
意界苦思惟法界意識界及意觸意觸為緣
所生諸受苦思惟意界无我思惟法界意識
界及意觸意觸為緣所生諸受无我思惟意
界不淨思惟法界意識界及意觸意觸為緣
所生諸受不淨思惟意界空思惟法界意識
界及意觸意觸為緣所生諸受空思惟意界
无相思惟法界意識界及意觸意觸為緣所
生諸受无相思惟意界无願思惟法界意識
界及意觸意觸為緣所生諸受无願思惟意
界寂靜思惟法界意識界及意觸意觸為緣
所生諸受寂靜思惟意界遠離思惟法界意

BD04930 號　大般若波羅蜜多經卷七七　（5–2）

界及意觸意觸為緣所生諸受空思惟意界
无相思惟法界意識界及意觸意觸為緣所
生諸受无相思惟意界无願思惟法界意識
界及意觸意觸為緣所生諸受无願思惟意
界寂靜思惟法界意識界及意觸意觸為緣
所生諸受寂靜思惟意界遠離思惟法界意
識界及意觸意觸為緣所生諸受遠離思惟
意界如病思惟法界意識界及意觸意觸為
緣所生諸受如病思惟意界如癰思惟法界
意識界及意觸意觸為緣所生諸受如癰思
惟意界如箭思惟法界意識界及意觸意觸為
緣所生諸受如箭思惟意界如瘡思惟法界
意識界及意觸意觸為緣所生諸受如瘡思
惟意界熱惱思惟法界意識界及意觸意觸
為緣所生諸受熱惱思惟意界逼切思惟法界
意識界及意觸意觸為緣所生諸受逼切思
惟意界敗壞思惟法界意識界及意觸意觸
為緣所生諸受敗壞思惟意界衰朽思惟
法界意識界及意觸意觸為緣所生諸受衰
朽思惟意界變動思惟法界意識界及意觸
意觸為緣所生諸受變動思惟意界速滅思
惟法界意識界及意觸意觸為緣所生諸受
速滅思惟意界可畏思惟法界意識界及意觸
意觸為緣所生諸受可畏思惟意界可猒思
惟法界意識界及意觸意觸為緣所生諸受
可猒思惟意界有災思惟法界意識界及意

BD04930號　大般若波羅蜜多經卷七七

（5-3）

速滅思惟意界可畏思惟法界意識界及意觸
意觸為緣所生諸受可畏思惟意界可猒思
惟法界意識界及意觸意觸為緣所生諸受
可猒思惟意界有災思惟法界意識界及意
觸意觸為緣所生諸受有災思惟意界有横
思惟法界意識界及意觸意觸為緣所生諸
受有横思惟意界有疾思惟法界意識界及
意觸意觸為緣所生諸受有疾思惟意界有
癘思惟法界意識界及意觸意觸為緣所生
諸受有癘思惟意界性不安隱思惟法界意
識界及意觸意觸為緣所生諸受性不安隱
思惟意界不可保信思惟法界意識界及意
觸意觸為緣所生諸受不可保信思惟意界
无生无滅思惟法界意識界及意觸意觸為
緣所生諸受无生无滅思惟意界无染无淨思
惟法界意識界及意觸意觸為緣所生諸
受无染无淨思惟意界无作无為思惟法界
意識界及意觸意觸為緣所生諸受无作无
為憍尸迦是為菩薩摩訶薩般若波羅蜜多

大般若波羅蜜多經卷第七十七

BD04930號　大般若波羅蜜多經卷七七

（5-4）

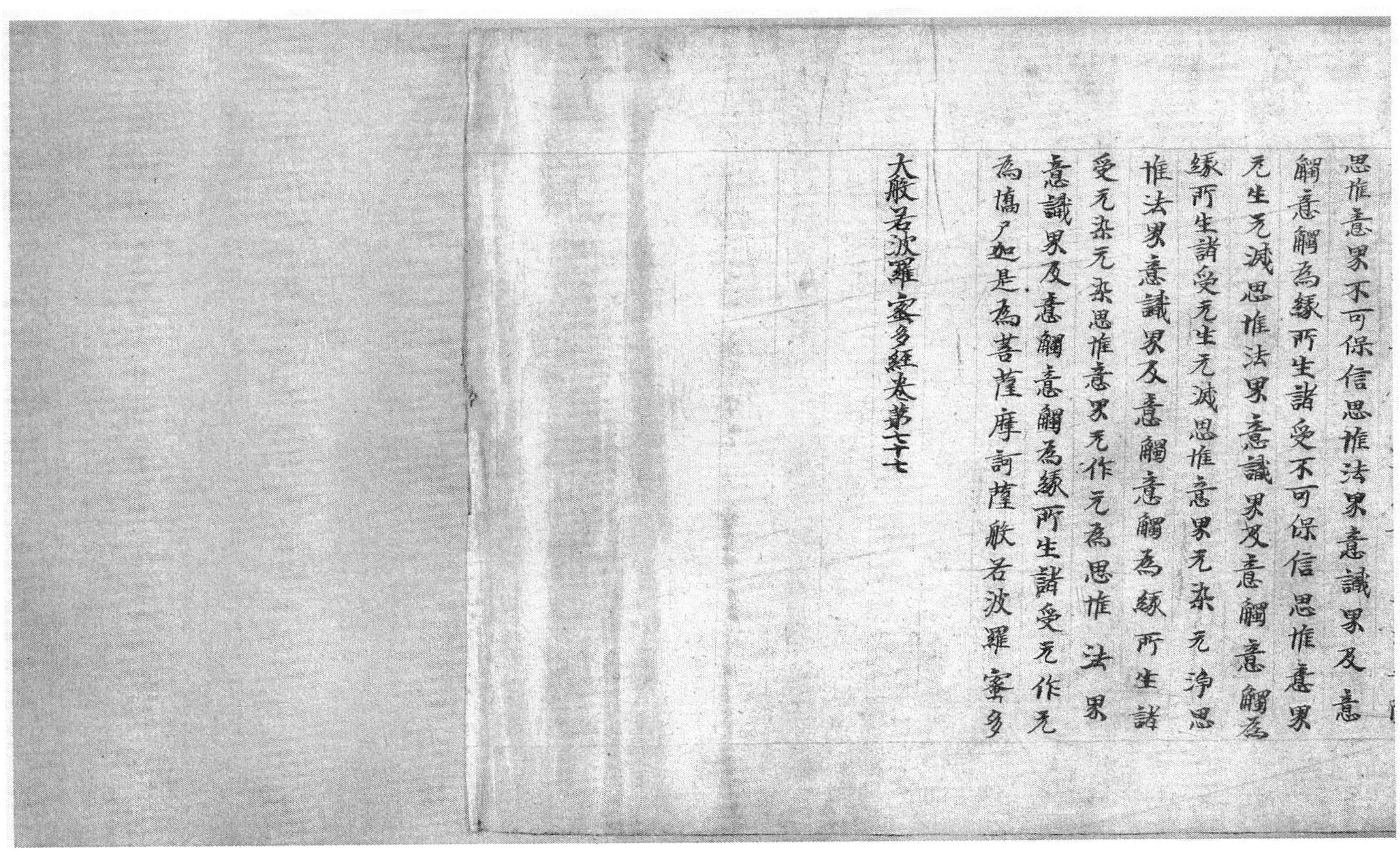
思惟意界不可保信思惟法界意識界及意
觸意觸為緣所生諸受不可保信思惟意界
无生无滅思惟法界意識界及意觸意觸為
緣所生諸受无生无滅思惟意界无染无淨思
惟法界意識界及意觸意觸為緣所生諸
受无染无染思惟意界无作无為思惟法界
意識界及意觸意觸為緣所生諸受无作无
為憍尸迦是為菩薩摩訶薩般若波羅蜜多

大般若波羅蜜多經卷第七十七

BD04930 號　大般若波羅蜜多經卷七七　　（5–5）

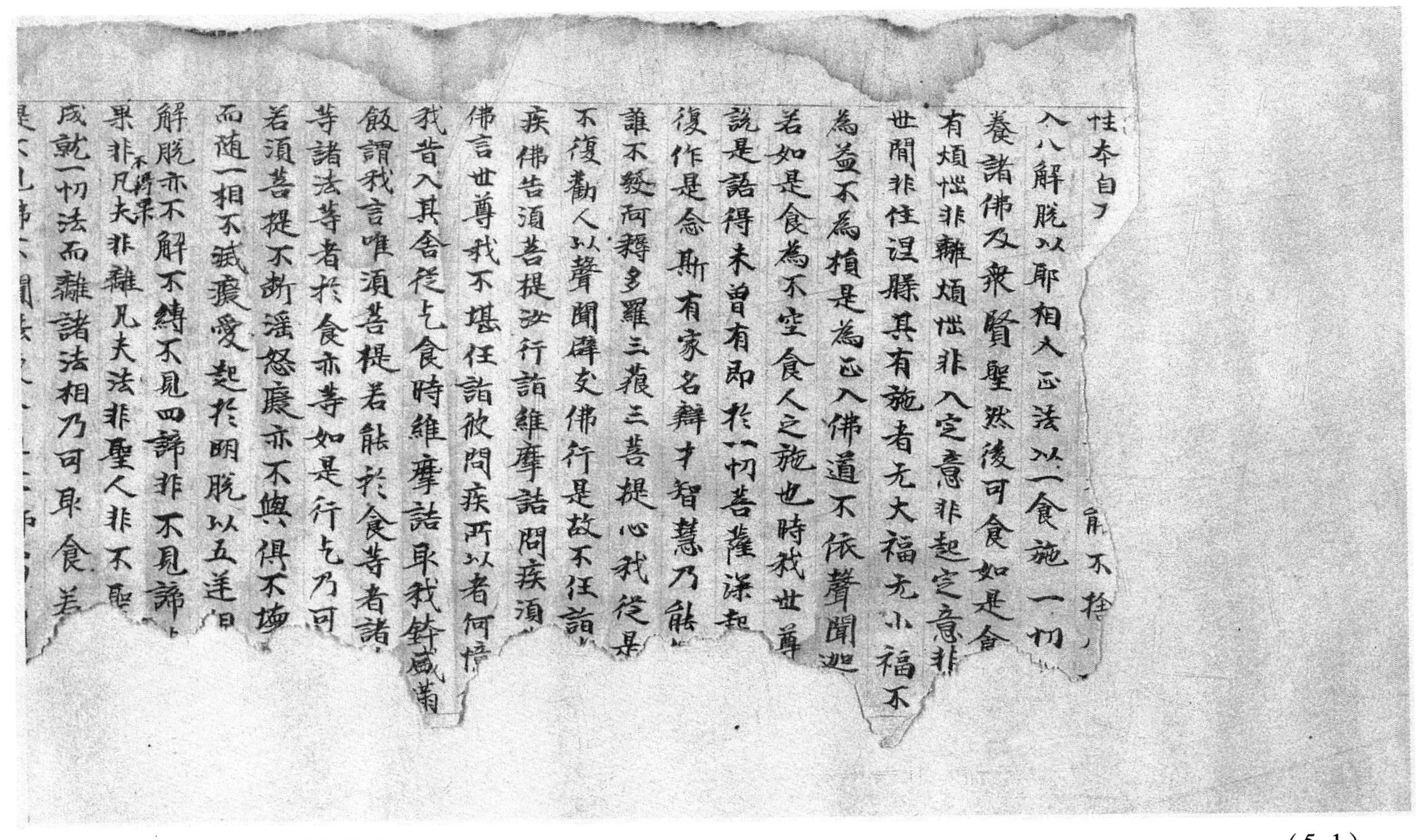
性本自　能不捨
入八解脫以邪相入正法以一食施一切
養諸佛及衆賢聖然後可食如是食
有煩惱非離煩惱非入定意非起定意非
世間非住涅槃其有施者无大福无小福不
為益不為損是為正入佛道不依聲聞迦
若如是食為不空食人之施也時我世尊
說是語得未曾有即於一切菩薩深起
復作是念斯有家名辯才智慧乃能
誰不發阿耨多羅三藐三菩提心我從是
不復勸人以聲聞辟支佛行是故不任詣
疾佛告須菩提汝行詣維摩詰問疾須
佛言世尊我不堪任詣彼問疾所以者何憶
我昔入其舍從乞食時維摩詰取我鉢盛滿
飯謂我言唯須菩提若能於食等者諸
等諸法等者於食亦等如是行乞乃可
若須菩提不斷淫怒癡亦不與俱不壞
而隨一相不滅癡愛起於明脫以五逆相
解脫亦不解不縛不見四諦非不見諦
果非不得果非凡夫非離凡夫法非聖人非不聖
成就一切法而離諸法相乃可取食若

BD04931 號　維摩詰所說經卷上　　（5–1）

等諸法等者於食亦等如是行乞乃可
若須菩提不斷淫怒癡亦不與俱不壞
而隨一相不滅癡愛起於明脫以五逆相
解脫亦不解不縛不見四諦非不見諦
果非不得果非凡夫非離凡夫法非聖人非不聖
成就一切法而離諸法相乃可取食若
提不見佛不聞法彼外道六師富蘭那
迦葉末伽梨拘賒梨子那闍夜毗羅胝子阿
耆多翅舍欽婆羅迦羅鳩馱迦栴延尼揵
陀若提子等是汝之師因其出家彼師所墮汝
亦隨墮乃可取食若須菩提入諸邪見不到
彼岸住於八難不得无難同於煩惱離清
法汝得无諍三昧一切衆生亦得是定
者不名福田供養汝者墮三惡道爲
魔共一手作諸勞侶汝與衆魔及諸塵
无有異於一切衆生而有怨心謗諸佛毀於
法不入衆數終不得滅度汝若如是乃可取
食時我世尊聞此茫然不識是何言不知以
何荅便置鉢欲出其舍維摩詰言唯須菩提
取鉢勿懼於意云何如來所作化人若以是
事詰寧有懼不我言不也維摩詰言一切諸
法如幻化相汝今不應有所懼也所以者何一
切言說不離是相至於智者不著文字故无
所懼何以故文字性離无有文字是則解脫
解脫相者則諸法也維摩詰說是法時二百
天子得法眼淨故我不任詣彼問疾
佛告富樓那彌多羅尼子汝行詣維摩詰

BD04931 號　維摩詰所說經卷上　（5–2）

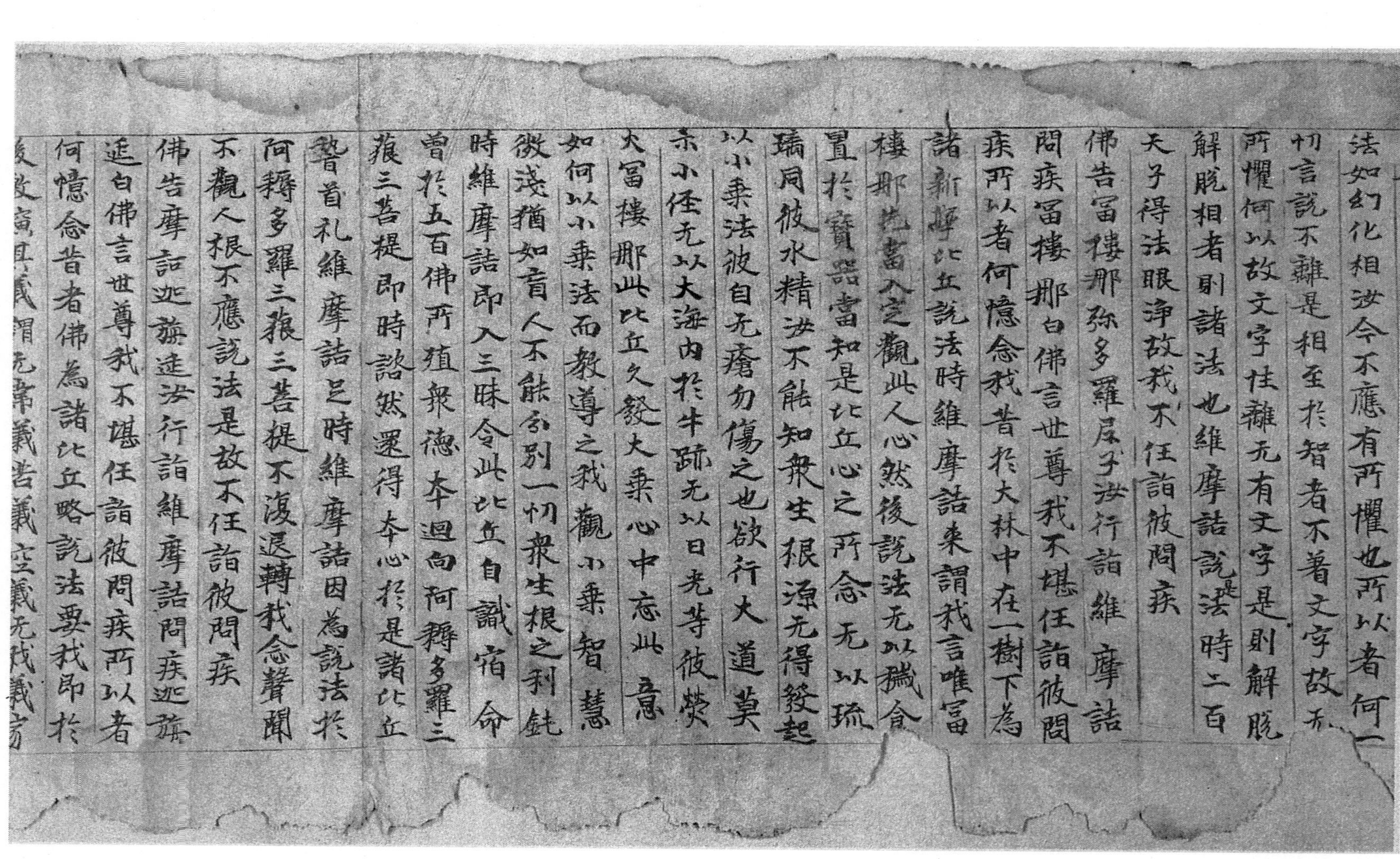
法如幻化相汝今不應有所懼也所以者何一
切言說不離是相至於智者不著文字故无
所懼何以故文字性離无有文字是則解脫
解脫相者則諸法也維摩詰說是法時二百
天子得法眼淨故我不任詣彼問疾
佛告富樓那彌多羅尼子汝行詣維摩詰
問疾富樓那白佛言世尊我不堪任詣彼問
疾所以者何憶念我昔於大林中在一樹下為
諸新學比丘說法時維摩詰來謂我言唯富
樓那先當入定觀此人心然後說法无以穢食
置於寶器當知是比丘心之所念无以琉
璃同彼水精汝不能知衆生根源无得發起
以小乘法彼自无瘡勿傷之也欲行大道莫
示小徑无以大海內於牛跡无以日光等彼螢
火富樓那此比丘久發大乘心中忘此意
如何以小乘法而教導之我觀小乘智慧
微淺猶如盲人不能分別一切衆生根之利鈍
時維摩詰即入三昧令此比丘自識宿命
曾於五百佛所殖衆德本迴向阿耨多羅三
藐三菩提即時豁然還得本心於是諸比丘
稽首礼維摩詰足時維摩詰因為說法於
阿耨多羅三藐三菩提不復退轉我念聲聞
不觀人根不應說法是故不任詣彼問疾
佛告摩訶迦旃延汝行詣維摩詰問疾迦旃
延白佛言世尊我不堪任詣彼問疾所以者
何憶念昔者佛為諸比丘略說法要我即於
後敷演其義謂无常義苦義空義无我義寂

BD04931 號　維摩詰所說經卷上　（5–3）

阿耨多羅三藐三菩提不復退轉我念聲聞
不觀人根不應說法是故不任詣彼問疾
佛告摩訶迦旃延汝行詣維摩詰問疾迦旃
延白佛言世尊我不堪任詣彼問疾所以者
何憶念昔者佛為諸比丘略說法要我即於
後敷演其義謂无常義苦義空義无我義寂
滅義時維摩詰來謂我言唯迦旃延无以生
滅心行說實相法迦旃延諸法畢竟不生不
滅是无常義五受陰洞達空无所起是苦義
諸法究竟无所有是空義於我无我而不二
是无我義法本不然今則无滅是寂滅義說是
法時彼諸比丘心得解脫故我不任詣彼問疾
佛告阿那律汝行詣維摩詰問疾阿那律白
佛言世尊我不堪任詣彼問疾所以者何憶
念我昔於一處經行時有梵王名曰嚴淨與万
梵俱放淨光明來詣我所稽首作礼問我
言幾何阿那律天眼所見我即荅言仁者吾
見此釋迦牟尼佛土三千大千世界如觀掌
中菴摩勒菓時維摩詰來謂我言唯阿那
律天眼所見為作相耶无作相耶假使作相則
與外道五通等若无作相即是无為不應不見世
尊我時嘿然彼諸梵聞其言得未曾有即為
作礼而問言世孰有真天眼者維摩詰言有佛
世尊得真天眼常在三昧悉見諸佛國不以二
相於是嚴淨梵王及其眷屬五百梵天皆發
阿耨多羅三藐三菩提心礼維摩詰足已忽
然不現故我不任詣彼問疾

BD04931號　維摩詰所說經卷上　（5–4）

滅心行說實相法迦旃延諸法畢竟不生不
滅是无常義五受陰洞達空无所起是苦義
諸法究竟无所有是空義於我无我而不二
是无我義法本不然今則无滅是寂滅義說是
法時彼諸比丘心得解脫故我不任詣彼問疾
佛告阿那律汝行詣維摩詰問疾阿那律白
佛言世尊我不堪任詣彼問疾所以者何憶
念我昔於一處經行時有梵王名曰嚴淨與万
梵俱放淨光明來詣我所稽首作礼問我
言幾何阿那律天眼所見我即荅言仁者吾
見此釋迦牟尼佛土三千大千世界如觀掌
中菴摩勒菓時維摩詰來謂我言唯阿那
律天眼所見為作相耶无作相耶假使作相則
與外道五通等若无作相即是无為不應不見世
尊我時嘿然彼諸梵聞其言得未曾有即為
作礼而問言世孰有真天眼者維摩詰言有佛
世尊得真天眼常在三昧悉見諸佛國不以二
相於是嚴淨梵王及其眷屬五百梵天皆發
阿耨多羅三藐三菩提心礼維摩詰足已忽
然不現故我不任詣彼問疾

BD04931號　維摩詰所說經卷上　（5–5）

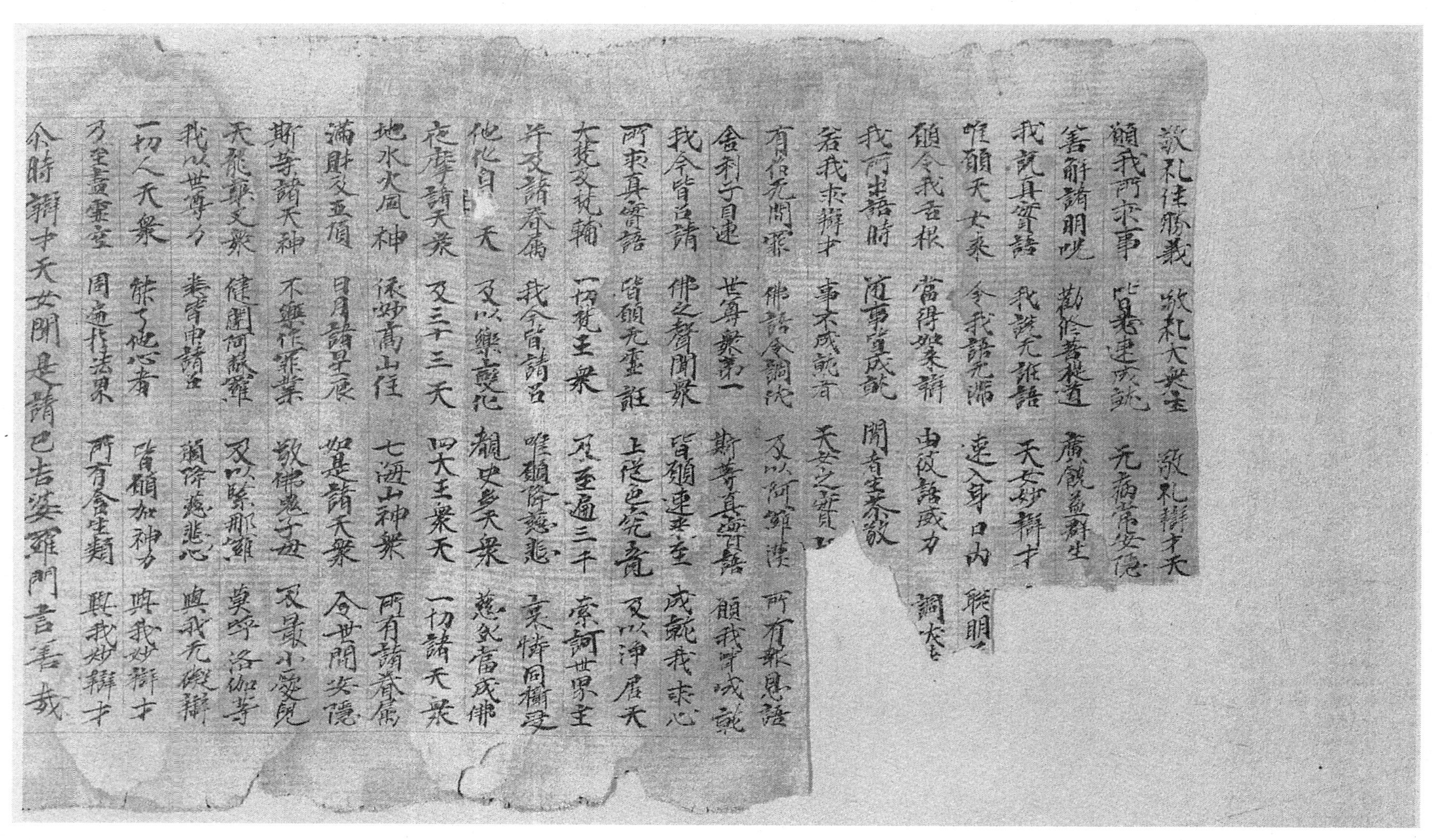

BD04932 號　金光明最勝王經卷八　（18–1）

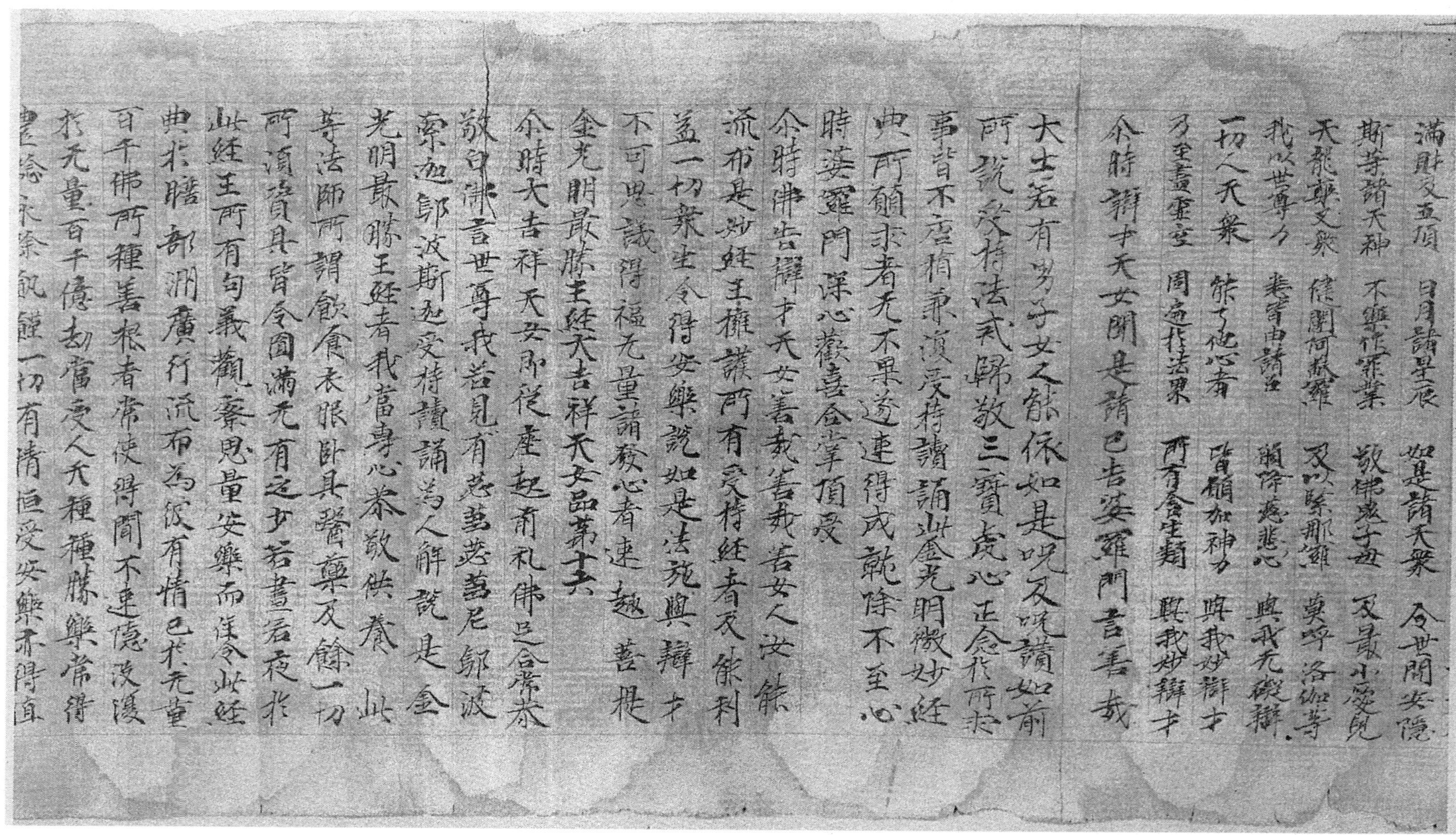

BD04932 號　金光明最勝王經卷八　（18–2）

等法師所謂飲食衣服卧具醫藥及餘一切
所須資具皆令圓滿无有乏少若晝若夜於
此經王所有句義觀察思量安樂而住令此經
典於贍部洲廣行流布為彼有情已於无量
百千佛所種善根者常使得聞不速隱沒復
於无量百千億劫當受人天種種勝樂常得
豐稔永除飢饉一切有情恒受安樂亦得值
遇諸佛世尊於未來世速證无上大菩提果
永絕三塗輪迴苦難世尊我念過去有瑠璃
金山寶花光照吉祥功德海如來應正等覺
十號具足我於彼所種諸善根由彼如來慈
悲愍念威神力故令我今日隨所念處隨所
視方隨所至國能令无量百千萬億眾生受
諸快樂乃至所須衣服飲食資生之具金銀
瑠璃車𤦲馬瑙珊瑚虎魄真珠等寶悉令充
足若復有人至心讀誦是金光明最勝王經
亦當日日燒眾名香及諸妙花為我供養
彼瑠璃金山寶花光照吉祥功德海如來應正
等覺復當每日於三時中稱念我名別以
香花及諸美食供養於我亦常聽受此妙
經王得如是福而說頌曰

由能如是持經故　自身眷屬離諸衰
所須衣食无乏時　威光壽命難窮盡
能使地味常增長　諸天降雨隨時節
令彼天眾咸歡悅　及以園林穀果神
叢林果樹並滋榮　所有苗稼咸成就
欲求珍財皆滿願　隨所念者遂其心

佛告大吉祥天女善哉善哉汝能如是憶

BD04932 號　金光明最勝王經卷八　（18–3）

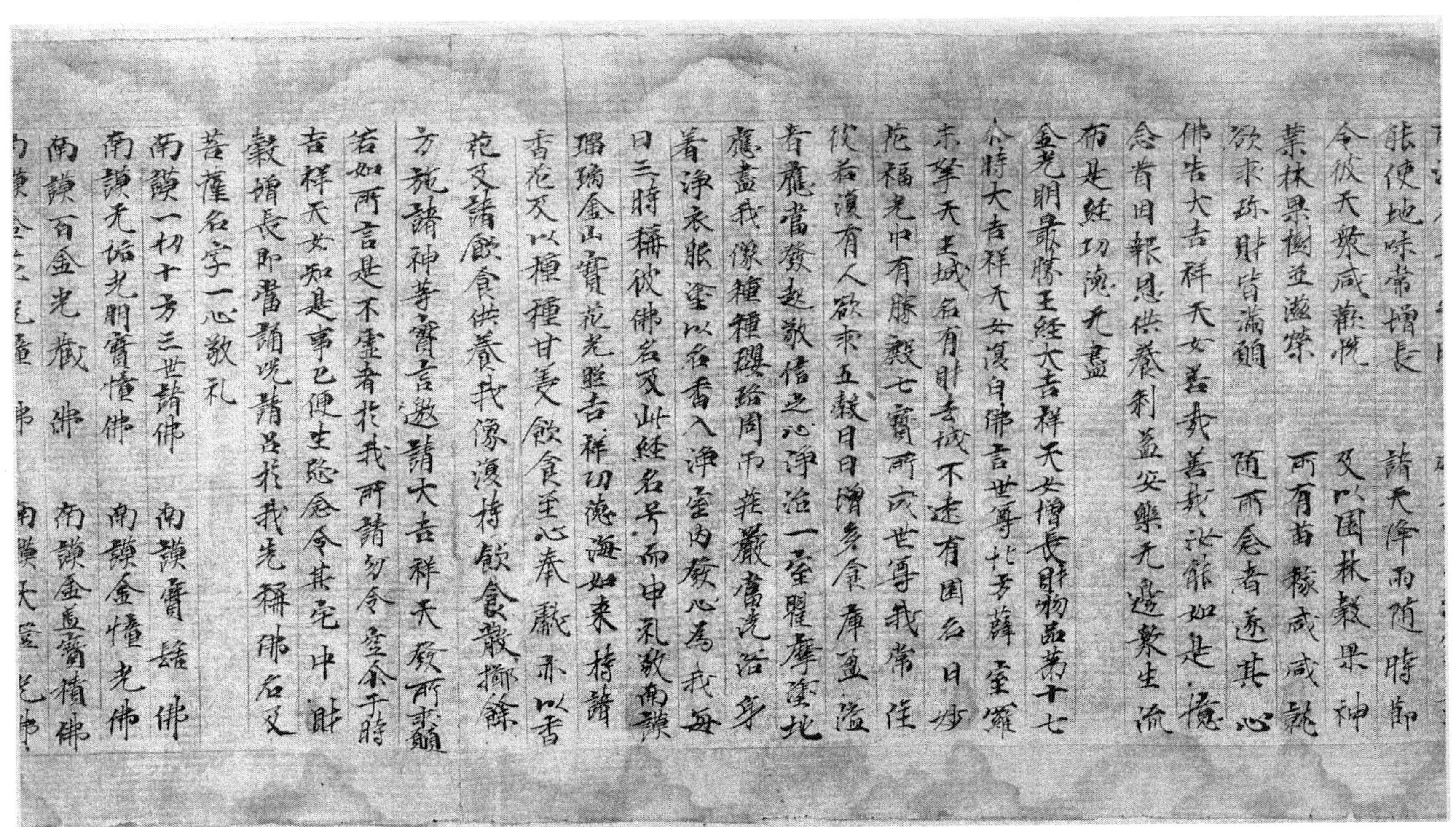

能使地味常增長　諸天降雨隨時節
令彼天眾咸歡悅　及以園林穀果神
叢林果樹並滋榮　所有苗稼咸成就
欲求珍財皆滿願　隨所念者遂其心

佛告大吉祥天女善哉善哉汝能如是憶
念昔因報恩供養利益安樂无邊眾生流
布是經功德无盡

金光明最勝王經大吉祥天女增長財物品第十七

爾時大吉祥天女復白佛言世尊北方薜室羅
末拏天王城名有財去城不遠有園名曰妙
花福光中有勝殿七寶所成世尊我常住
彼若復有人欲求五穀日日增多倉庫盈溢
者應當發起敬信之心淨治一室瞿摩塗地
應畫我像種種瓔珞周帀莊嚴當洗浴身
著淨衣服塗以名香入淨室內發心為我每
日三時稱彼佛名及此經名號而申禮敬南謨
瑠璃金山寶花光照吉祥功德海如來持諸
香花及以種種甘美飲食至心奉獻亦以香
花及諸飲食供養我像復持飲食散擲餘
方施諸神等實言邀請大吉祥天發所求願
若如所言是不虛者於我所請勿令空爾時
吉祥天女知是事已便生愍念令其宅中財
穀增長即當誦呪請召於我先稱佛名及
菩薩名字一心敬禮

南謨一切十方三世諸佛　南謨寶髻佛
南謨无垢光明寶幢佛　南謨金幢光佛
南謨百金光藏佛　南謨金蓋寶積佛
南謨金花光幢佛　南謨大燈光佛

BD04932 號　金光明最勝王經卷八　（18–4）

[illegible]
吉祥天女知是事已便生慈念令其宅中財
穀增長即當誦呪請召於我先稱佛名及
菩薩名字一心敬礼
南謨一切十方三世諸佛　南謨寶髻佛
南謨无垢光明寶幢佛　南謨金幢光佛
南謨百金光藏佛　南謨金蓋寶積佛
南謨金花光幢佛　南謨大燈光佛
南謨大寶幢佛　南謨東方不動佛
南謨南方寶幢佛　南謨西方无量壽佛
南謨北方天鼓音佛　南謨妙幢菩薩
南謨金光菩薩　南謨金藏菩薩
南謨常啼菩薩　南謨法上菩薩
南謨善安菩薩
敬礼如是佛菩薩已次當誦呪請召我大吉祥
天女由此呪力所求之事皆得成就即說呪曰
南謨室唎莫訶天女　怛姪他
鉢唎脯㘑拏折㘑　三曼頞
達唎設泥(去聲下 皆聲下)　莫訶毗訶囉揭帝
三曼哆毗曇末泥　莫訶迦里也
鉢喇底瑟侘鉢泥　薩婆頞他娑彈泥
蘇鉢喇底晡㘑　痾耶娜達摩多
莫訶毗俱比帝　莫訶迷咄嚕
鄔波僧呬羝　莫訶頡唎使
蘇僧近(入)里呬羝　三曼多頞他
阿奴波剌泥　莎訶
世尊若人誦持如是神呪請召我時我聞
請已即至其所令願得遂世尊是灌頂法句

BD04932號　金光明最勝王經卷八　(18–5)

鄔波僧呬羝　莫訶頡唎使
蘇僧近(入)里呬羝　三曼多頞他
阿奴波剌泥　莎訶
世尊若人誦持如是神呪請召我時我聞
請已即至其所令願得遂世尊是灌頂法句
定成就句真實之句无虛誑句是平等行於諸
衆生是正善根若有受持讀誦呪者應七日
七夜受八支戒於晨朝時先嚼齒木淨澡漱
已又於晡後香花供養一切諸佛自陳其罪
當為己身及諸含識迴向發願令所希求速
得成就淨治一室或在空閑阿蘭若處瞿
摩為壇燒旃檀香而為供養置一勝座幡蓋莊
嚴以諸名花布列壇內應當至心誦持前
呪希望我至我於尒時即便護念觀察是人來
入其室就座而坐受其供養從是以後當令
彼人於睡夢中得見於我隨所求事以實告
知若聚落空澤及僧住處隨所求者皆令圓
滿金銀財寶牛羊穀麥飲食衣服皆得隨
心受諸快樂既得如是勝妙果報當以上分
供養三寶及施於我廣修法會設諸飲食布
列香花既供養已所有供食貨之取直復為供
養我當終身常住於此擁護是人令无闕乏
隨所希求悉皆稱意亦當時時給濟貧乏不
應慳惜獨為己身常讀是經供養不絕當以
此福普施一切迴向菩提願出生死速得解脫
尒時世尊讚言善哉吉祥天女汝能如是流
布此經不可思議自他俱益

BD04932號　金光明最勝王經卷八　(18–6)

養我當終身常住於此擁護是人令无闕乏
隨所希求悉皆稱意亦當時給濟貧乏不
應慳惜獨為己身當讀是經供養不絕當以
此福普施一切迴向菩提願出生死速得解脫
尒時世尊讚言善哉吉祥天女汝能如是流
布此經不可思議自他俱益
金光明最勝王經堅牢地神品第十八
尒時堅牢地神即於衆中從座而起合掌恭
敬而白佛言世尊是金光明最勝王經若現
在世若未來世若在城邑聚落王宮樓觀
阿蘭若山澤空林有此經王流布之處世尊
我當往詣其所供養恭敬擁護流通若有
方處為說法師敷置高座演說經者我以神
力不現本身在於座所頂戴其足我得聞法
深心歡喜得餐法味增益威光慶悅无量自
身既得如是利益亦令大地深十六万八千
踰繕那至金剛輪際令其地味悉皆增益乃
至四海所有土地亦使肥濃田疇沃壤倍勝常
日亦復令此贍部洲中江河池沼所有諸樹
藥草叢林種種花果根莖枝葉及諸苗稼
形相可愛衆所樂觀色香具足皆堪受用若諸
有情受用如是勝飲食已長命色力諸根安
隱增益光輝无諸痛惱心慧勇健无不堪能
又此天地凡有所須百千事業悉皆周備世
尊以是因緣諸贍部洲安隱豐樂人民熾盛
无諸衰惱所有衆生皆受安樂既受如是身
心快樂於此經王深加愛敬所在之處皆願受

BD04932號　金光明最勝王經卷八　（18–7）

有情受用如是勝飲食已長命色力諸根安
隱增益光輝无諸痛惱心慧勇健无不堪能
又此天地凡有所須百千事業悉皆周備世
尊以是因緣諸贍部洲安隱豐樂人民熾盛
无諸衰惱所有衆生皆受安樂既受如是身
心快樂於此經王深加愛敬所在之處皆願受
持供養恭敬尊重讚歎又復於彼說法大師
法座之處悉皆往彼為諸衆生勸請說是
最勝經王何以故世尊由說此經我之自身
并諸眷屬咸蒙利益光輝氣力勇猛威勢
顏容端正倍勝於常世尊我堅牢地神蒙法
味已令贍部洲縱廣七千踰繕那地皆沃壤乃
至如前所有衆生皆受安樂是故世尊時彼
衆生為報我恩應作是念我當必定聽受是
經恭敬供養尊重讚歎作是念已即從住處
城邑聚落舍宅空地詣法會所頂禮法師聽
受是經既聽受已各還本處心生慶喜共作
是言我等今者得聞甚深无上妙法即是攝
受不可思議功德之聚由經力故我等當值无
量无邊百千俱胝那庾多佛承事供養永
離三塗極苦之處復於來世百千生中常生
天上及在人間受諸勝樂時彼諸人各還本
處為諸人衆說是經王若一喻一品一昔因緣
一如來名一菩薩名一四句頌或復一句為諸衆
生說是經典乃至首題名字世尊隨諸
衆生所住之處其地悉皆沃壤肥濃過於餘
處凡是土地所生之物悉得增長滋茂廣大
令諸衆生受於快樂多饒財寶好行惠施心

BD04932號　金光明最勝王經卷八　（18–8）

處為諸人眾說是經王若一喻一品一昔因緣
一如來名一菩薩名一四句頌或復一句為諸眾
生說是經典乃至首題名字世尊隨諸
眾生所住之處其地悉皆沃壤肥濃過於餘
處凡是土地所生之物悉得增長滋茂廣大
令諸眾生受於快樂多饒珎財好行惠施心
常堅固深信三寶作是語已尒時世尊告堅
牢地神曰若有眾生聞是金光明最勝經王
乃至一句命終之後當得往生三十三天及餘
天處若有眾生為欲供養是經王故莊嚴宅
宇乃至張一傘蓋懸一繒幡由是因緣六天之
上如念受生七寶妙宮隨意受用各各自然
有七千天女共相娛樂日夜常受不可思議
殊勝之樂作是語已尒時堅牢地神白佛言
世尊以是因緣若有四眾昇於法座說是法
時我當晝夜擁護是人自隱其身在於座所
頂戴其足世尊如是經典為彼眾生已於百
千佛所種善根者於贍部洲流布不滅是諸
眾生聽斯經者於未來世旡量百千俱胝那庾
多劫天上人中常受勝樂得遇諸佛速成
阿耨多羅三藐三菩提不歷三塗生死之苦
尒時堅牢地神白佛言世尊我有心呪能利
人天安樂一切若有男子女人及諸四眾欲
得親見我真身者應當至心持此陀羅尼隨
其所願皆悉遂心所謂資財珍寶伏藏及求
神通長年妙藥并療眾病降伏怨敵制諸
異論當持淨室安置道場洗浴身已著鮮潔衣
踞草座上於有舍利尊像之前或有舍利

BD04932號　金光明最勝王經卷八

（18–9）

尒時堅牢地神白佛言世尊我有心呪能利
人天安樂一切若有男子女人及諸四眾欲
得親見我真身者應當至心持此陀羅尼隨
其所願皆悉遂心所謂資財珍寶伏藏及求
神通長年妙藥并療眾病降伏怨敵制諸
異論當持淨室安置道場洗浴身已著鮮潔衣
踞草座上於有舍利尊像之前或有舍利
制底之所燒香散花飲食供養於白月八日布
灑星合即可誦此請召之呪
怛姪他只里只里主　嚕主嚕句嚕句嚕
拘柱句柱都柱覩柱　縛訶上縛訶
伐捨伐捨莎訶
世尊此之神呪若有四眾誦一百八遍請召
於我我為是人即來赴請又復世尊若有眾
生欲得見我現身共語者亦應如前安置
法式誦此神呪
怛姪他頞折泥去　頞力剎泥室尸達哩
訶訶呬呬遇嚕　伐囉囉莎訶
世尊若人持此呪時應誦一百八遍并誦前
呪我必現身隨其所願悉得成就終不虛
然若欲誦此呪時先誦護身呪曰
怛姪他你室里　末捺羯樹㮈樹矩樹
勃地上勃地囉　麼樹婢樹矩句樹
佉婆上只里　莎訶
世尊誦此呪時取五色線誦呪二十一遍作
二十一結繫在左臂肘後即便護身无有
所懼若有至心誦此呪者所求必遂我不
妄語我以佛法僧寶而為要契證知是實

BD04932號　金光明最勝王經卷八

（18–10）

佉婆 上 只 里　莎訶
世尊誦此呪時取五色線誦呪二十一遍作
二十一結繫在左臂肘後即便護身无有
所懼若有至心誦此呪者所求必遂我不
妄語我以佛法僧寶而為要契證知是實
尒時世尊告地神曰善哉善哉汝能以是
實語神呪護此經王及說法者以是因緣令
汝獲得无量福報
金光明最勝王經僧慎爾耶藥叉大將品第十九
尒時僧慎尒耶藥叉大將并與二十八部藥
叉諸神於大衆中皆從座起偏袒右肩右膝
著地合掌向佛白言世尊此金光明最勝
經王若現在世及未來世所在宣揚流布之處
若於城邑聚落山澤空林或王宮殿或僧住
處世尊我僧慎尒耶藥叉大將并與二十八
部藥叉諸神俱詣其所各自隱形隨處擁護
彼說法師令離衰惱常受安樂及聽法者
若男若女童男童女於此經中乃至受持一四
句頌或持一句或此經王首題名號及此經中一
如來名一菩薩名發心稱念恭敬供養者
我當救護攝受令无災橫離苦得樂世尊何
故我名正了知此之因緣是佛親證我知諸
法我曉一切法隨所有一切法如所有一切法諸
法種類體性差別世尊如是諸法我能了知
我有難思智光我有難思智炬我有難思
智行我有難思智聚我於難思智境而
能通達世尊如我於一切法正知正曉正覺
能正觀察世尊以是因緣我藥叉大將名正

BD04932號　金光明最勝王經卷八　（18–11）

法我曉一切法隨所有一切法如所有一切法諸
法種類體性差別世尊如是諸法我能了知
我有難思智光我有難思智炬我有難思
智行我有難思智聚我於難思智境而
能通達世尊如我於一切法正知正曉正覺
能正觀察世尊以是因緣我藥叉大將名正
了知以是義故我能令彼說法之師言詞辯
了具足莊嚴亦令精氣從毛孔入身力充足
威光勇健難思智光皆得成就得正憶念
无有退屈增益彼身令无衰減諸根安樂常
生歡喜以是因緣為彼有情已於百千佛所殖
諸善根修福業者於贍部洲廣宣流布不速
隱沒彼諸有情聞是經已得不可思議大智
光明及以无量福智之聚於未來世當受无
量俱胝那庾多劫不可思量人天勝樂常
與諸佛共相值遇速證无上正等菩提閻羅
之界三塗極苦不復經過
尒時正了知藥叉大將白佛言世尊我有陁
羅尼今對佛前親自陳說為欲饒益憐愍
諸有情故即說呪曰
南謨佛陁 引 也　南謨達摩 引 也
南謨因達囉 也　南謨折咄 喃
莫曷囉闍 喃　怛姪他 呬里 呬里
弭里弭里 瞿 里　莫訶瞿里 健陁里
莫訶健陁 里　達囉弭 雉
莫訶達囉弭 里　單荼曲勸闍弟 去
訶訶訶訶 呬呬呬呬呬

BD04932號　金光明最勝王經卷八　（18–12）

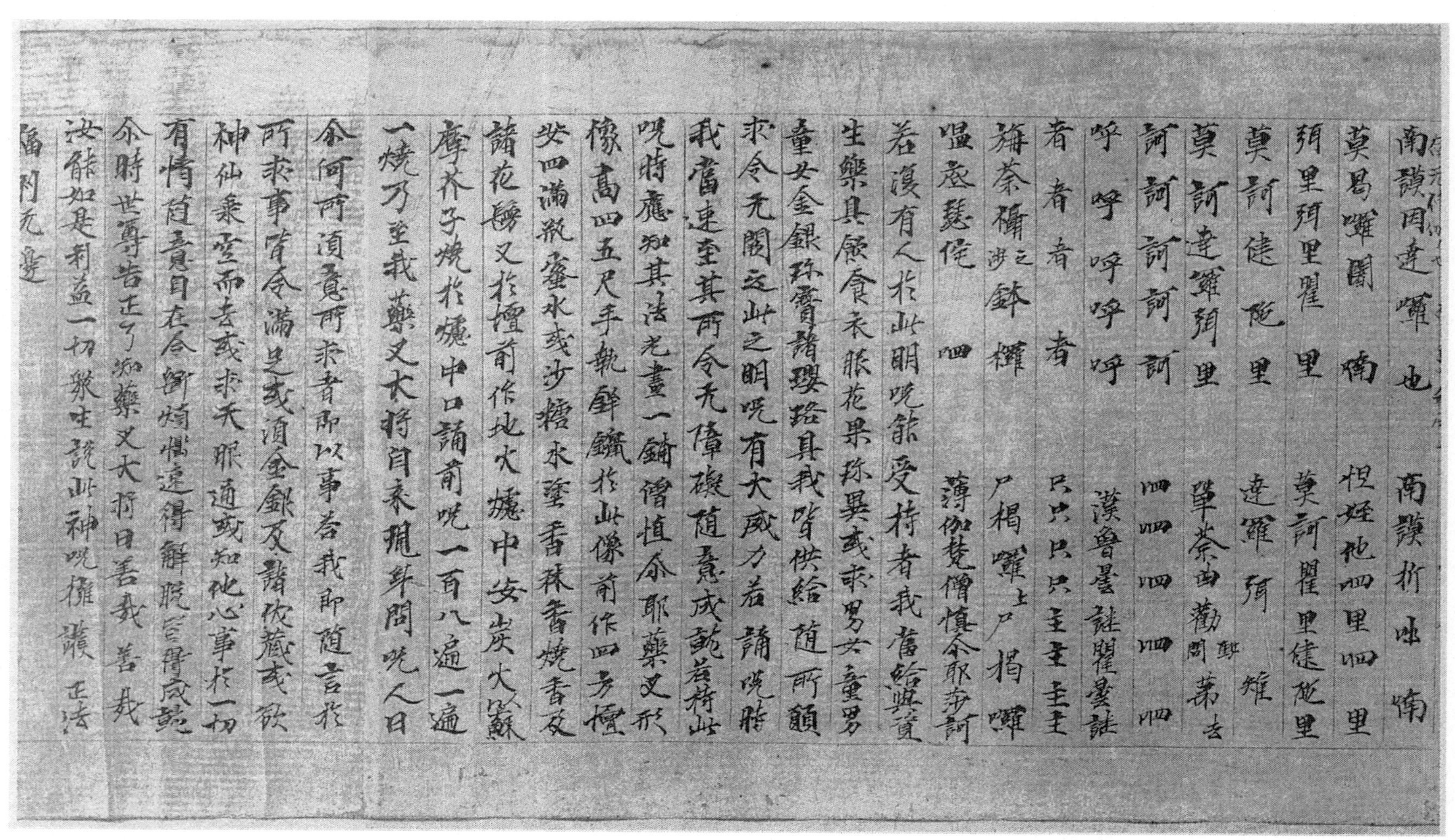

南謨因達囉也　南謨折咄喃
莫曷囉闍喃　怛姪他　呬里呬里
弭里弭里瞿里　莫訶瞿里揵陀里
莫訶揵陀里　達囉弭　雉
莫訶達囉弭里　畢荼由勸闍鄧茅去
訶訶訶訶訶　呬呬呬呬呬
呼呼呼呼呼　漢魯曇謎瞿曇謎
者者者者　只只只只主主主主
薩荼彌涉之鉢攞　尸揭囉上尸揭囉
嗢慼瑟侘呬　薄伽梵僧慎尒耶莎訶
若復有人於此明呪能受持者我當給與資
生樂具飲食衣服花果珍異或求男女童男
童女金銀珍寶諸瓔珞具我皆供給隨所願
求令无闕乏此之明呪有大威力若誦呪時
我當速至其所令无障礙隨意成就若持此
呪時應知其法先畫一鋪僧慎尒耶藥叉形
像高四五尺手執鉾鑞於此像前作四方壇
安四滿瓶蜜水或沙糖水塗香末香燒香及
諸花鬘又於壇前作地火爐中安炭火以蘇
摩芥子燒於爐中口誦前呪一百八遍一遍
一燒乃至我藥叉大將自來現身問呪人曰
尒何所須意所求者即以事答我即隨言於
所求事皆令滿足或須金銀及諸伏藏或欲
神仙乘空而去或求天眼通或知他心事於一切
有情隨意自在令斷煩惱速得解脫皆得成就
尒時世尊告正了知藥叉大將曰善哉善哉
汝能如是利益一切衆生說此神呪擁護正法
福利无邊

BD04932號　金光明最勝王經卷八　（18–13）

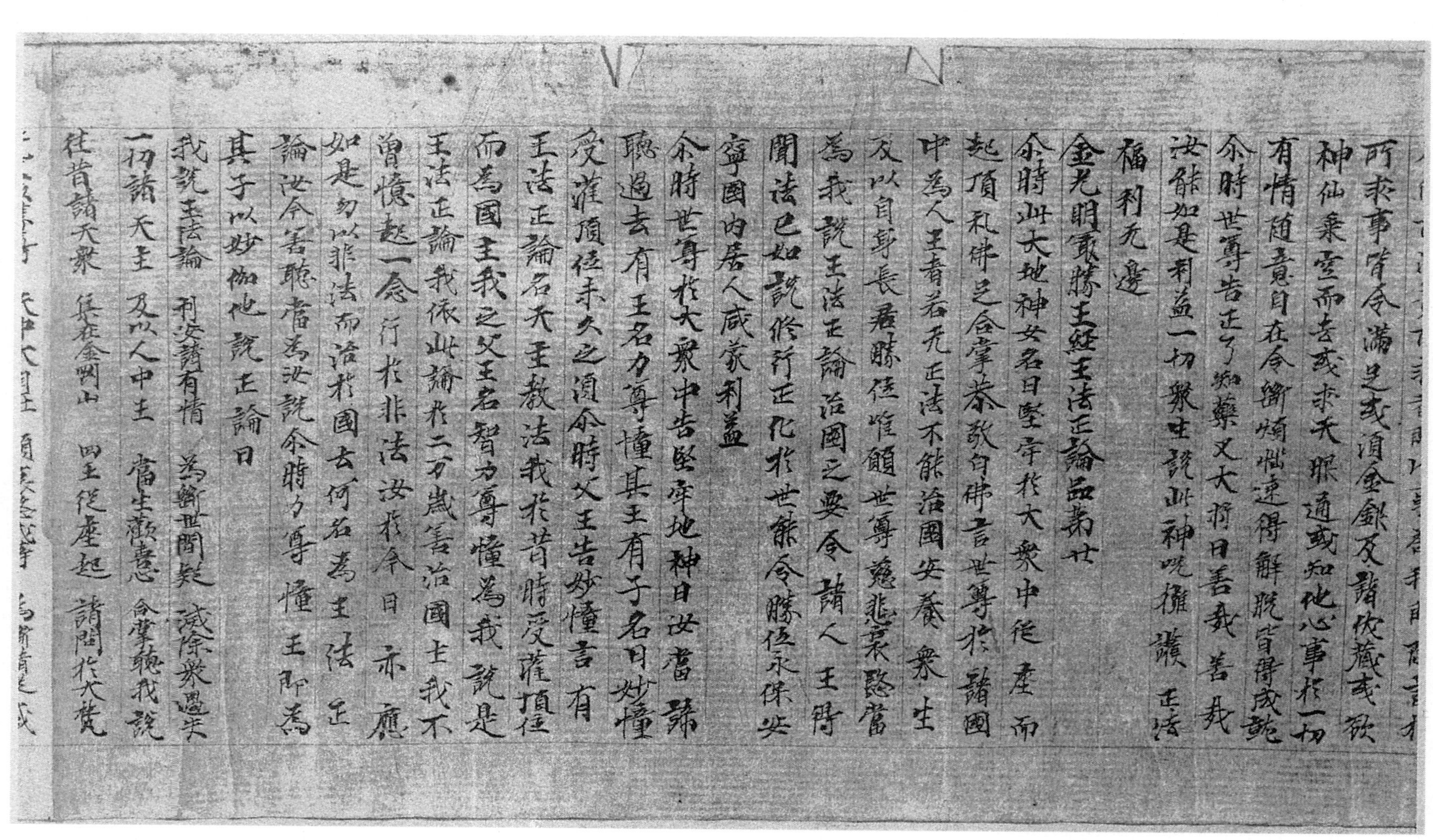

所求事皆令滿足或須金銀及諸伏藏或欲
神仙乘空而去或求天眼通或知他心事於一切
有情隨意自在令斷煩惱速得解脫皆得成就
尒時世尊告正了知藥叉大將曰善哉善哉
汝能如是利益一切衆生說此神呪擁護正法
福利无邊
金光明最勝王經王法正論品第廿
尒時此大地神女名曰堅牢於大衆中從座而
起頂礼佛足合掌恭敬白佛言世尊於諸國
中為人王者若无正法不能治國安養衆生
及以自身長居勝位唯願世尊慈悲哀愍當
為我說王法正論治國之要令諸人王得
聞法已如說修行正化於世能令勝位永保安
寧國內居人咸蒙利益
尒時世尊於大衆中告堅牢地神曰汝當諦
聽過去有王名力尊幢其王有子名曰妙幢
受灌頂位未久之頃尒時父王告妙幢言有
王法正論名天主教法我於昔時受灌頂位
而為國主我之父王名智力尊幢為我說是
王法正論我依此論於二万歲善治國土我不
曾憶起一念心行於非法汝於今日亦應
如是勿以非法而治於國云何名為王法正
論汝今善聽當為汝說尒時力尊幢王即為
其子以妙伽他說正論曰
我說王法論　利安諸有情　為斷世間疑　滅除衆過失
一切諸天主　及以人中主　當生歡喜心　合掌聽我說
往昔諸天衆　集在金剛山　四王從座起　請問於大梵

BD04932號　金光明最勝王經卷八　（18–14）

其子以妙伽他說正論曰
我說王法論　利安諸有情　為斷世間疑　滅除衆過失
一切諸天主　及以人中王　當生歡喜心　合掌聽我說
往昔諸天衆　集在金剛山　四王從座起　請問於大梵
梵王最勝尊　天中大自在　願哀愍我等　為斷諸疑惑
云何處人世　而得名為天　復以何因緣　号名曰天子
云何生人間　獨得為人主　云何在天上　復得作天王
如是護世間　問彼梵王已　尒時梵天王　即便為彼說
護世汝當知　為利有情故　問我治國法　我說應善聽
由先善業力　生天得作王　若在於人中　統領為人主
諸天共加護　然後入母胎　既至母胎中　諸天復守護
雖生在人世　尊勝故名天　由諸天護持　亦得名天子
三十三天主　分力助人王　及一切諸天　亦資自在力
除滅諸非法　惡業令不生　教有情修善　使得生天上
人及蘇羅衆　并揵闥婆等　羅刹旃荼羅　悉皆資半力
父母資半力　令捨惡修善　諸天共護持　示其善惡報
若造諸惡業　令於現世中　諸天共護持　示其善惡報
國人造惡業　王捨不禁制　斯非順正理　治擯當如法
若見惡不遮　非法便滋長　遂令王國內　姦詐日增多
王見國中人　造惡不遮止　三十三天衆　咸生忿怒心
因此損國政　諂偽行世間　被他怨敵侵　破壞其國土
居家及資具　積財皆散失　種種諂誑生　更互相侵奪
由正法得王　而不行其法　國人皆破散　如象踏蓮池
惡風起无恒　暴雨非時下　妖星多變怪　日月蝕无光
五穀衆花果　苗實皆不成　國土遭飢饉　由王捨正法
若王捨正法　以惡法化人　諸天處本宮　見已生憂惱
彼諸天王衆　共作如是言　此王作非法　惡黨相親附

由正法得王　而不行其法　國人皆破散　如象踏蓮池
惡風起无恒　暴雨非時下　妖星多變怪　日月蝕无光
五穀衆花果　苗實皆不成　國土遭飢饉　由王捨正法
若王捨正法　以惡法化人　諸天處本宮　見已生憂惱
彼諸天王衆　共作如是言　此王作非法　惡黨相親附
王位不久安　諸天皆忿恨　由彼懷忿故　其國當敗亡
以非法教人　流行於國內　鬪諍多姧偽　疾疫生衆苦
天主不護念　餘天咸捨棄　國土當滅亡　王身受苦厄
父母及妻子　兄弟并姊妹　俱遭愛別離　乃至身亡歿
變怪流星墮　二日俱時出　他方怨賊來　國人遭喪亂
國所重大臣　枉横而身死　所愛象馬等　亦復皆散失
處處有兵戈　人多非法死　惡鬼來入國　疾疫遍流行
國中最大臣　及以諸輔相　其心懷諂佞　並悉行非法
見行非法者　而生於愛敬　於行善法人　苦楚而治罰
由愛敬惡人　治罰善人故　星宿及風雨　皆不以時行
有三種過生　正法當隱沒　衆生无光色　地肥皆下沈
由敬惡輕善　復有三種過　非時降霜雹　飢疫苦流行
穀稼諸果實　滋味皆損減　於其國土中　衆生多疾病
國中諸樹林　先生甘美果　由斯皆損減　苦澀无滋味
先有妙園林　可愛遊戲處　忽然皆枯悴　見者生憂惱
稻麥諸果實　美味漸消亡　食時心不喜　何能長諸大
衆生光色減　勢力盡衰微　食噉雖復多　不能令飽足
於其國界中　所有衆生類　少力无勢勢　所作不堪能
國人多疾患　衆苦逼其身　鬼魅遍流行　隨處生羅刹
若王作非法　親近於惡人　令三種世間　因斯受衰損
如是无邊過　出在於國中　皆由見惡人　棄捨不治擯
由諸天加護　得作於國王　而不以正法　守護於國界

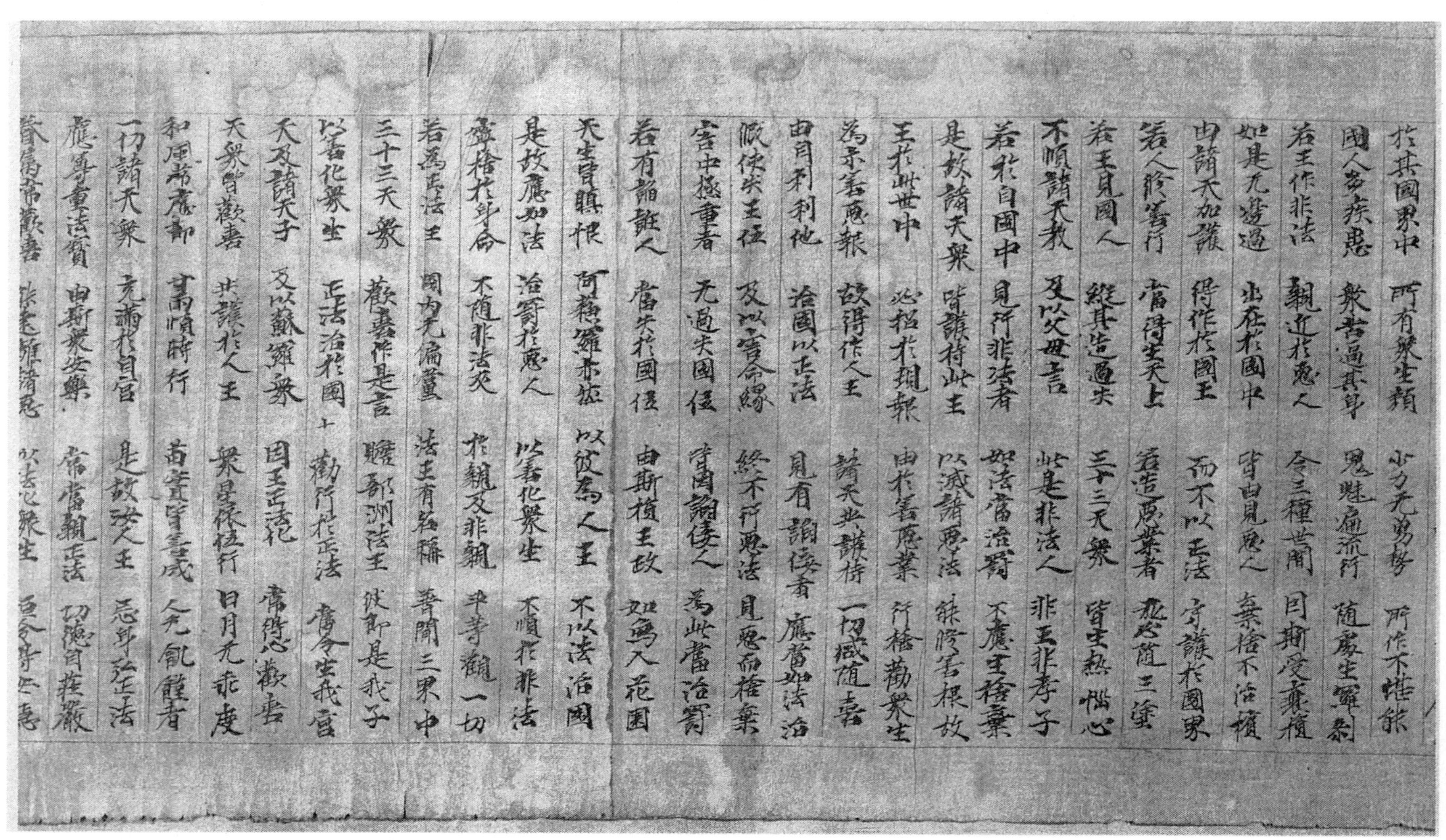

於其國界中 所有衆生類 少力无勇勢 所作不堪能
國人多疾患 衆苦逼其身 鬼魅遍流行 隨處生羅剎
若王作非法 親近於惡人 令三種世間 因斯受衰損
如是无邊過 出在於國中 皆由見惡人 棄捨不治擯
由諸天加護 得作於國王 而不以正法 守護於國界
若人修善行 當得生天上 若造惡業者 死必墮三塗
若王見國人 縱其造過失 三十三天衆 皆生熱惱心
不順諸天教 及以父母言 此是非法人 非王非孝子
若於自國中 見行非法者 如法當治罰 不應生捨棄
是故諸天衆 皆護持此王 以滅諸惡法 能修善根故
王於此世中 必招於現報 由於善惡業 行捨勸衆生
為示善惡報 故得作人王 諸天共護持 一切咸隨喜
由自利利他 治國以正法 見有諂佞者 應當如法治
假使失王位 及以害命緣 終不行惡法 見惡而捨棄
害中極重者 无過失國位 皆因諂佞人 為此當治罰
若有諂佞人 當失於國位 由斯損王政 如象入花園
天主皆瞋恨 阿蘇羅亦然 以彼為人王 不以法治國
是故應如法 治罰於惡人 以善化衆生 不順於非法
寧捨於身命 不隨非法友 於親及非親 平等觀一切
若為正法王 國內无偏黨 法王有名稱 普聞三界中
三十三天衆 歡喜作是言 贍部洲法王 彼即是我子
以善化衆生 正法治於國 勸行於正法 當令生我宮
天及諸天子 及以蘇羅衆 因王正法化 常得心歡喜
天衆皆歡喜 共護於人王 衆星依位行 日月无乖度
和風常應節 甘雨順時行 苗實皆善成 人无飢饉者
一切諸天衆 充滿於自宮 是故汝人王 忘身弘正法
應尊重法寶 由斯衆安樂 常當親正法 功德自莊嚴
眷屬常歡喜 能遠離諸惡 以法化衆生 恒令得安隱

BD04932 號　金光明最勝王經卷八　（18–17）

若為正法王 國內无偏黨 法王有名稱 普聞三界中
三十三天衆 歡喜作是言 贍部洲法王 彼即是我子
以善化衆生 正法治於國 勸行於正法 當令生我宮
天及諸天子 及以蘇羅衆 因王正法化 常得心歡喜
天衆皆歡喜 共護於人王 衆星依位行 日月无乖度
和風常應節 甘雨順時行 苗實皆善成 人无飢饉者
一切諸天衆 充滿於自宮 是故汝人王 忘身弘正法
應尊重法寶 由斯衆安樂 常當親正法 功德自莊嚴
眷屬常歡喜 能遠離諸惡 以法化衆生 恒令得安隱
令彼一切人 修行於十善 率土常豐樂 國土得安寧
王以法化人 善調於惡行 常得好名稱 安樂諸衆生
尒時大地一切人王及諸大衆聞佛說此古昔人
王治國要法得未曾有皆大歡喜信受奉持

金光明最勝王經卷第八

撿 嚴步 桂 王詠

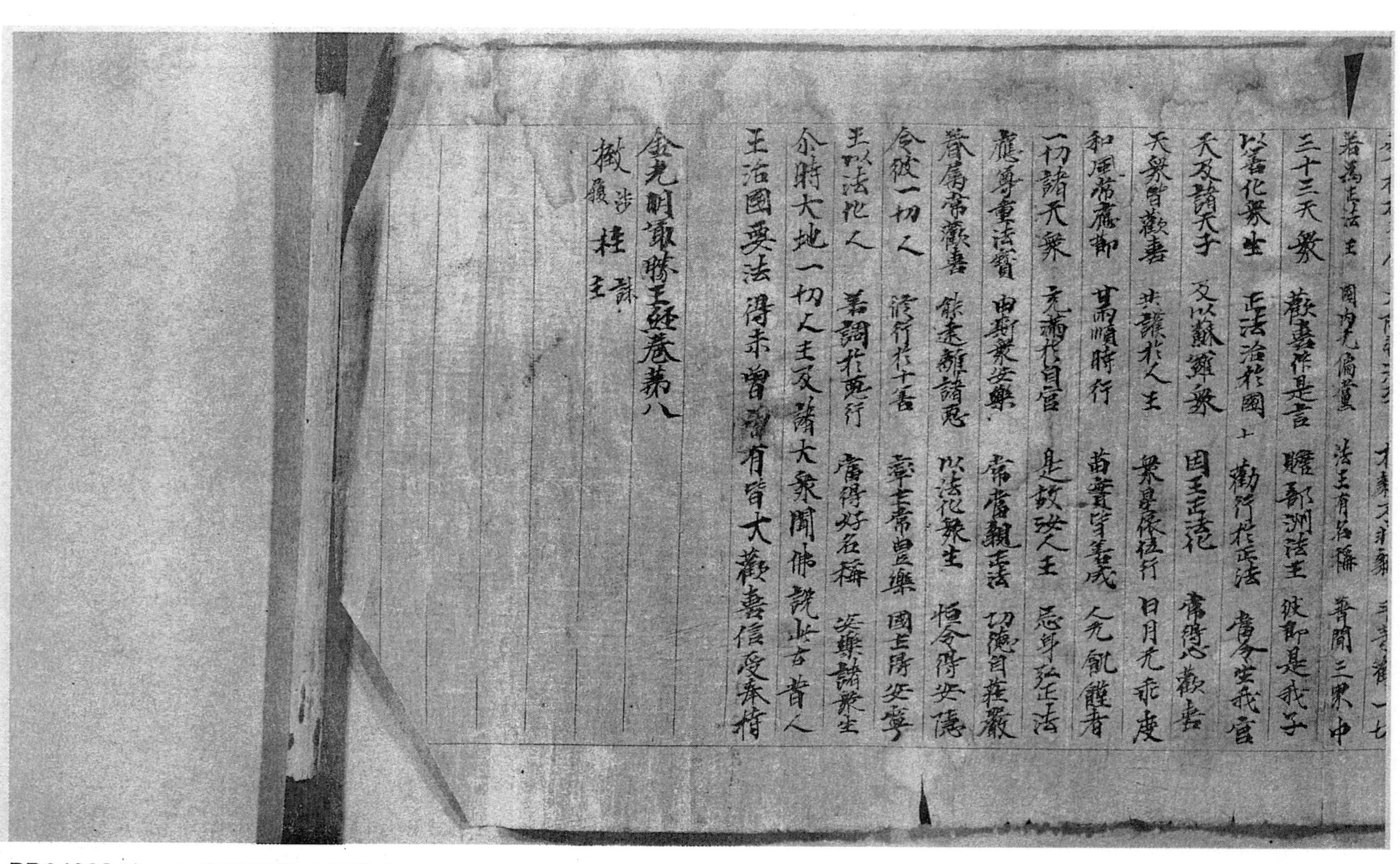

BD04932 號　金光明最勝王經卷八　（18–18）

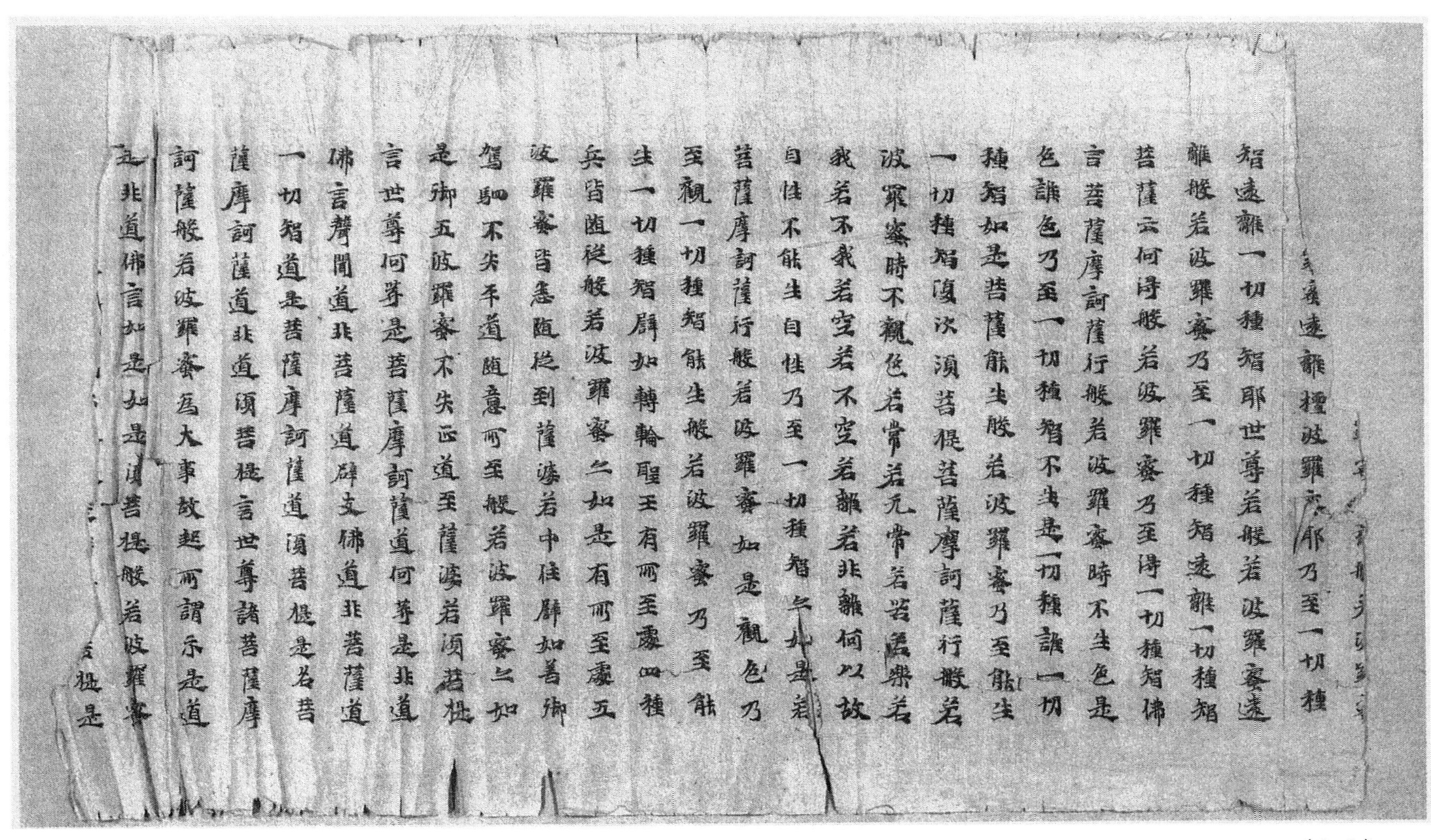

BD04933 號　摩訶般若波羅蜜經卷二一　（1–1）

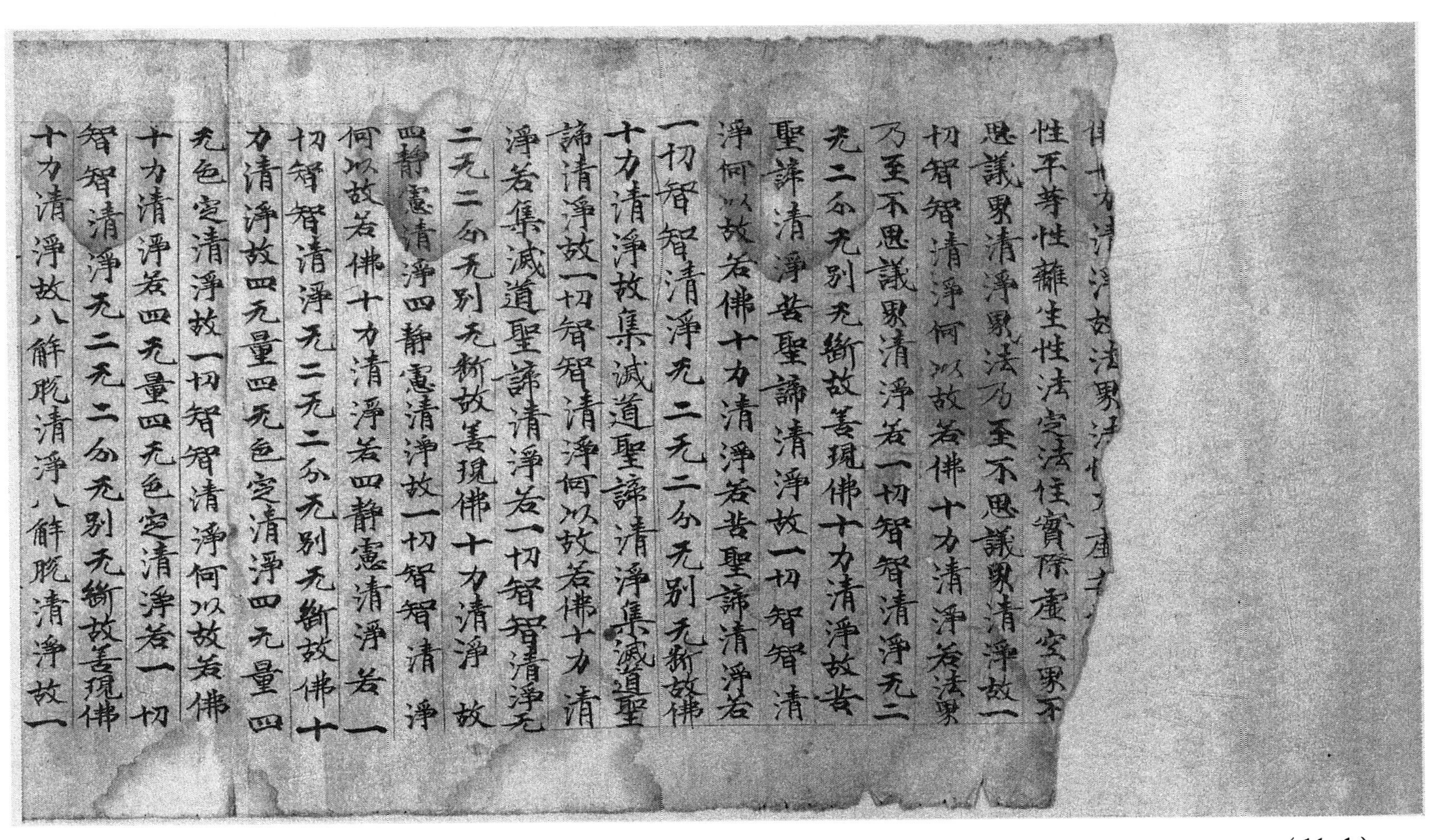

BD04934 號　大般若波羅蜜多經卷二三四　（11–1）

力清淨故四无量四无色定清淨四无量四
无色定清淨故一切智智清淨何以故若佛
十力清淨若四无量四无色定清淨若一切
智智清淨无二无二分无別无斷故善現佛
十力清淨故八解脫清淨八解脫清淨故一
切智智清淨何以故若佛十力清淨若八解
脫清淨若一切智智清淨无二无二分无別
无斷故佛十力清淨故八勝處九次第定十
遍處清淨八勝處九次第定十遍處清淨故
一切智智清淨何以故若佛十力清淨若八
勝處九次第定十遍處清淨若一切智智清
淨无二无二分无別无斷故善現佛十力清
淨故四念住清淨四念住清淨故一切智智
清淨何以故若佛十力清淨若四念住清淨
若一切智智清淨无二无二分无別无斷故
佛十力清淨故四正斷四神足五根五力七
等覺支八聖道支清淨四正斷乃至八聖道
支清淨故一切智智清淨何以故若佛十力
清淨若四正斷乃至八聖道支清淨若一切
智智清淨无二无二分无別无斷故善現佛
十力清淨故空解脫門清淨空解脫門清淨
故一切智智清淨何以故若佛十力清淨若
空解脫門清淨若一切智智清淨无二无二分
无別无斷故佛十力清淨故無相無願解
脫門清淨無相無願解脫門清淨故一切智
智清淨何以故若佛十力清淨若無相無願
解脫門清淨若一切智智清淨无二无二分

BD04934 號　大般若波羅蜜多經卷二三四　　（11–2）

故一切智智清淨何以故若佛十力清淨若
空解脫門清淨若一切智智清淨无二无二分
无別无斷故佛十力清淨故無相無願解
脫門清淨無相無願解脫門清淨故一切智
智清淨何以故若佛十力清淨若無相無願
解脫門清淨若一切智智清淨无二无二分
无別无斷故善現佛十力清淨故菩薩十地
清淨菩薩十地清淨故一切智智清淨何以
故若佛十力清淨若菩薩十地清淨若一
切智智清淨无二无二分无別无斷故善
現佛十力清淨故五眼清淨五眼清淨故一
切智智清淨何以故若佛十力清淨若五眼
清淨若一切智智清淨无二无二分无別无
斷故佛十力清淨故六神通清淨六神通清
淨故一切智智清淨何以故若佛十力清淨
若六神通清淨若一切智智清淨无二无二
分无別无斷故善現佛十力清淨故四無所
畏清淨四無所畏清淨故一切智智清淨何
以故若佛十力清淨若四無所畏清淨若
一切智智清淨无二无二分无別無斷故佛
十力清淨故四無礙解大慈大悲大喜大捨
十八佛不共法清淨四無礙解乃至十八佛
不共法清淨故一切智智清淨何以故若佛
十力清淨若四無礙解乃至十八佛不共法
清淨若一切智智清淨无二无二分无別无
斷故善現佛十力清淨故無忘失法清淨
無失法清淨故一切智智清淨何以故若佛

BD04934 號　大般若波羅蜜多經卷二三四　　（11–3）

十八佛不共法清淨四無礙解乃至十八佛
不共法清淨故一切智智清淨何以故若佛
十力清淨若四無礙解乃至十八佛不共法
清淨若一切智智清淨无二无二分无別无
斷故善現佛十力清淨故無忘失法清淨
無忘失法清淨故一切智智清淨何以故若佛
十力清淨若無忘失法清淨若一切智智清
淨无二无二分无別无斷故佛十力清淨故
恒住捨性清淨恒住捨性清淨故一切智智
清淨何以故若佛十力清淨若恒住捨性清
淨若一切智智清淨无二无二分无別无斷
故善現佛十力清淨故一切智清淨一切智
清淨故一切智智清淨何以故若佛十力清
淨若一切智清淨若一切智智清淨无二无
二分无別无斷故佛十力清淨故道相智一
切相智清淨道相智一切相智清淨故一切
智智清淨何以故若佛十力清淨若道相智
一切相智清淨若一切智智清淨无二无二
分无別无斷故善現佛十力清淨故一切陁
羅尼門清淨一切陁羅尼門清淨故一切智
智清淨何以故若佛十力清淨若一切陁羅
尼門清淨若一切智智清淨无二无二分无別
无斷故佛十力清淨故一切三摩地門清淨一
切三摩地門清淨故一切智智清淨何以故若
佛十力清淨若一切三摩地門清淨若一切智
智清淨无二无二分无別无斷故
善現佛十力清淨故預流果清淨預流果清

无斷故佛十力清淨故一切三摩地門清淨一
切三摩地門清淨故一切智智清淨何以故若
佛十力清淨若一切三摩地門清淨若一切智
智清淨无二无二分无別无斷故
善現佛十力清淨故預流果清淨預流果清
淨故一切智智清淨何以故若佛十力清淨
若預流果清淨若一切智智清淨无二无二
分無別无斷故佛十力清淨故一來不還阿
羅漢果清淨一來不還阿羅漢果清淨故一
切智智清淨何以故若佛十力清淨若一來
不還阿羅漢果清淨若一切智智清淨无二
无二分无別无斷故善現佛十力清淨故獨
覺菩提清淨獨覺菩提清淨故一切智智清
淨何以故若佛十力清淨若獨覺菩提清淨
若一切智智清淨无二无二分无別无斷故
善現佛十力清淨故一切菩薩摩訶薩行清
淨一切菩薩摩訶薩行清淨故一切智智清
淨何以故若佛十力清淨若一切菩薩摩訶
薩行清淨若一切智智清淨无二无二分无
別无斷故善現佛十力清淨故諸佛无上正
等菩提清淨諸佛無上正等菩提清淨故一
切智智清淨何以故若佛十力清淨若諸佛
無上正等菩提清淨若一切智智清淨无二
无二分無別无斷故
復次善現四无所畏清淨故色清淨色清淨
故一切智智清淨何以故若四無所畏清淨

菩提清淨諸佛無上正等菩提清淨故一
切智智清淨何以故若佛十力清淨若諸佛
無上正等菩提清淨若一切智智清淨无二
无二分無別无斷故
復次善現四无所畏清淨故色清淨色清淨
故一切智智清淨何以故若四無所畏清淨
若色清淨若一切智智清淨无二无二分无
別無斷故四無所畏清淨故受想行識清淨
受想行識清淨故一切智智清淨何以故若四
無所畏清淨若受想行識清淨若一切智智
清淨无二无二分无別无斷故善現四无所
畏清淨故眼處清淨眼處清淨故一切智智
清淨何以故若四無所畏清淨若眼處清淨
若一切智智清淨无二无二分无別无斷故
四無所畏清淨故耳鼻舌身意處清淨耳
鼻舌身意處清淨故一切智智清淨何以故若
四無所畏清淨若耳鼻舌身意處清淨若一
切智智清淨无二无二分无別无斷故善現
四無所畏清淨故色處清淨色處清淨故一
切智智清淨何以故若四無所畏清淨若色
處清淨若一切智智清淨无二无二分无別
无斷故四無所畏清淨故聲香味觸法處清
淨聲香味觸法處清淨故一切智智清淨何
以故若四無所畏清淨若聲香味觸法處清
淨若一切智智清淨无二无二分无別无斷
故善現四无所畏清淨故眼界清淨眼界清
淨故一切智智清淨何以故若四無所畏 清

BD04934號　大般若波羅蜜多經卷二三四　（11–6）

无斷故四無所畏清淨故聲香味觸法處清
淨聲香味觸法處清淨故一切智智清淨何
以故若四無所畏清淨若聲香味觸法處清
淨若一切智智清淨无二无二分无別无斷
故善現四无所畏清淨故眼界清淨眼界清
淨故一切智智清淨何以故若四無所畏 清
淨若眼畏清淨若一切智智清淨无二无二
分無別無斷故四无所畏清淨故色界眼識
界及眼觸眼觸為緣所生諸受清淨色界乃
至眼觸為緣所生諸受清淨故一切智智清
淨何以故若四無所畏清淨若色界乃至眼
觸為緣所生諸受清淨若一切智智清淨無
二無二分無別無斷故善現四無所畏清淨
故耳界清淨耳界清淨故一切智智清淨何
以故若四無所畏清淨若耳界清淨若一切
智智清淨無二無二分無別無斷故四無所
畏清淨故聲界耳識界及耳觸耳觸為緣所
生諸受清淨聲界乃至耳觸為緣所生諸受
清淨故一切智智清淨何以故若四無所 畏
清淨若聲界乃至耳觸為緣所生諸受清淨
若一切智智清淨無二無二分無別無斷故
善現四無所畏清淨故鼻界清淨鼻界清淨
故一切智智清淨何以故若四無所畏清 淨
若鼻界清淨若一切智智清淨无二无二分
无別无斷故四無所畏清淨故香界鼻識界
及鼻觸鼻觸為緣所生諸受清淨香界乃至
鼻觸為緣所生諸受清淨故一切智智清淨

BD04934號　大般若波羅蜜多經卷二三四　（11–7）

故一切智智清淨何以故若四無所畏清淨
若鼻界清淨若一切智智清淨无二无二分
无別无斷故四無所畏清淨故香界鼻識界
及鼻觸鼻觸為緣所生諸受清淨香界乃至
鼻觸為緣所生諸受清淨故一切智智清淨
何以故若四無所畏清淨若香界乃至鼻觸
為緣所生諸受清淨若一切智智清淨无二
无二分无別无斷故善現四無所畏清淨故
舌界清淨舌界清淨故一切智智清淨何以
故若四無所畏清淨若舌界清淨若一切智
智清淨无二无二分无別无斷故四無所畏
清淨故味界舌識界及舌觸舌觸為緣所生
諸受清淨味界乃至舌觸為緣所生諸受清
淨故一切智智清淨何以故若四无所畏清
淨若味界乃至舌觸為緣所生諸受清淨若
一切智智清淨无二无二分无別无斷 故
善現四無所畏清淨故身界清淨身界清淨
故一切智智清淨何以故若四無所畏清淨
若身界清淨若一切智智清淨无二无二分
无別无斷故四無所畏清淨故觸界身識界
及身觸身觸為緣所生諸受清淨觸界乃至
身觸為緣所生諸受清淨故一切智智清淨
何以故若四無所畏清淨若觸界乃至身觸
為緣所生諸受清淨若一切智智清淨无二
无二分无別无斷故善現四無所畏清淨故
意界清淨意界清淨故一切智智清淨何以
故若四无所畏清淨若意界清淨若一切智

BD04934號　大般若波羅蜜多經卷二三四　（11–8）

何以故若四無所畏清淨若觸界乃至身觸
為緣所生諸受清淨若一切智智清淨无二
无二分无別无斷故善現四無所畏清淨故
意界清淨意界清淨故一切智智清淨何以
故若四无所畏清淨若意界清淨若一切智
智清淨无二无二分无別无斷故四無所畏
清淨故法界意識界及意觸意觸為緣所生
諸受清淨法界乃至意觸為緣所生諸受清
淨故一切智智清淨何以故若四無所畏 清
淨若法界乃至意觸為緣所生諸受清淨若
一切智智清淨无二无二分无別無斷 故善
現四無所畏清淨故地界清淨地界清淨故
一切智智清淨何以故若四無所畏清淨若
地界清淨若一切智智清淨无二无二分 无
別無斷故四無所畏清淨故水火風空識界
清淨水火風空識界清淨故一切智智清淨
何以故若四無所畏清淨若水火風空識界
清淨若一切智智清淨无二无二分无別 无
斷故善現四無所畏清淨故無明清淨無明
清淨故一切智智清淨何以故若四無所畏清
淨若無明清淨若一切智智清淨无二 无二
分无別無斷故四無所畏清淨故行識名色
六處觸受愛取有生老死愁歎苦憂惱清淨
行乃至老死愁歎苦憂惱清淨故一切智智
清淨何以故若四無所畏清淨若行乃至老
死愁歎苦憂惱清淨若一切智智清淨无二
无二分无別无斷故

BD04934號　大般若波羅蜜多經卷二三四　（11–9）

六處觸受愛取有生老死愁歎苦憂惱清淨
行乃至老死愁歎苦憂惱清淨故一切智智
清淨何以故若四無所畏清淨若行乃至老
死愁歎苦憂惱清淨若一切智智清淨无二
无二分无別无斷故
善現四無所畏清淨故布施波羅蜜多清淨
布施波羅蜜多清淨故一切智智清淨何以
故若四無所畏清淨若布施波羅蜜多清淨
若一切智智清淨无二无二分无別无斷故
四無所畏清淨故淨戒安忍精進靜慮般若
波羅蜜多清淨淨戒乃至般若波羅蜜多清
淨故一切智智清淨何以故若四無所畏清
淨若淨戒乃至般若波羅蜜多清淨若一切
智智清淨无二无二分无別无斷故善現四
無所畏清淨故內空清淨內空清淨故一切
智智清淨何以故若四無所畏清淨若內空
清淨若一切智智清淨无二无二分无別无
斷故四無所畏清淨故外空內外空空空大
空勝義空有為空無為空畢竟空無際空散
空無變異空本性空自相空共相空一切法
空不可得空無性空自性空無性自性空清
淨外空乃至無性自性空清淨故一切智智
清淨何以故若四無所畏清淨若外空乃至
無性自性空清淨若一切智智清淨无二无
二分無別无斷故

大般若波羅蜜多經卷第二百卌四

BD04934 號　大般若波羅蜜多經卷二三四　（11–10）

智智清淨何以故若四無所畏清淨若內空
清淨若一切智智清淨无二无二分无別无
斷故四無所畏清淨故外空內外空空空大
空勝義空有為空無為空畢竟空無際空散
空無變異空本性空自相空共相空一切法
空不可得空無性空自性空無性自性空清
淨外空乃至無性自性空清淨故一切智智
清淨何以故若四無所畏清淨若外空乃至
無性自性空清淨若一切智智清淨无二无
二分無別无斷故

大般若波羅蜜多經卷第二百卌四

BD04934 號　大般若波羅蜜多經卷二三四　（11–11）

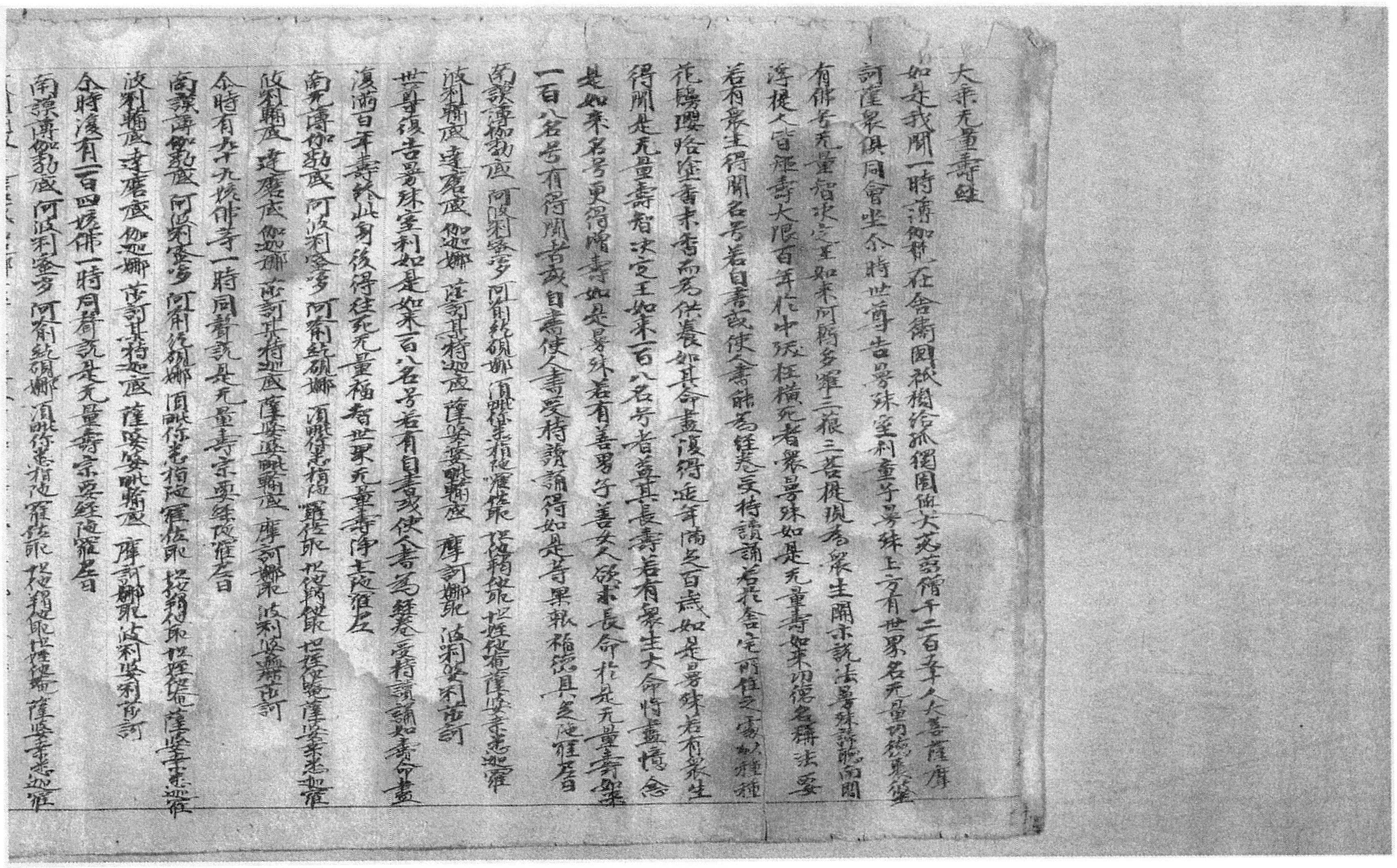

大乘無量壽經
如是我聞一時薄伽梵在舍衛國祇樹給孤獨園與大苾芻僧千二百五十人大菩薩摩
訶薩衆俱同會坐尒時世尊告曼殊室利童子曼殊上方有世界名无量功德聚彼
有佛号无量智決定王如來阿羅訶三藐三菩提現為衆生開示說法曼殊室利聽南閻
浮提人皆短壽大限百年於中夭枉橫死者衆曼殊室利如是无量壽如來功德名稱法要
若有衆生得聞名号若自書或使人書能為經卷受持讀誦若於舍宅所住之處以種種
花鬘瓔珞塗香末香而為供養如其命盡復得延年滿足百歲如是曼殊若有衆生
得聞是无量壽智決定王如來百八名号者益其長壽若有衆生大命將盡憶念
是如來名号更得增壽如是曼殊室利若有善男子善女人欲求長命於是无量壽宗要
一百八名号有得聞者或自書或使人書受持讀誦得如是善果報福德具足陁羅尼曰
南謨薄伽勃底 阿波唎蜜多 阿喻紇硯娜 須毗你悉指陁 囉佐耶 怛他羯他耶 怛姪他 唵 薩婆桑悉迦囉
波唎輸底 達磨底 伽伽娜 娑謨特伽底 薩婆婆毗輸底 摩訶娜耶 波唎婆唎莎訶
世尊復告曼殊室利如是如來百八名号若有自書或使人書為經卷受持讀誦如其命盡
復滿百年壽於此身後得往无量福智世界无量壽淨土陁羅尼曰
南謨薄伽勃底 阿波唎蜜多 阿喻紇硯娜 須毗你悉指陁 囉佐耶 怛他羯他耶 怛姪他 唵 薩婆桑悉迦囉
波唎輸底 達磨底 伽伽娜 娑謨特伽底 薩婆婆毗輸底 摩訶娜耶 波唎婆唎莎訶
尒時有九十九俱胝佛一時同聲說是无量壽宗要經陁羅尼曰
南謨薄伽勃底 阿波唎蜜多 阿喻紇硯娜 須毗你悉指陁 囉佐耶 怛他羯他耶 怛姪他 唵 薩婆桑悉迦囉
波唎輸底 達磨底 伽伽娜 娑謨特伽底 薩婆婆毗輸底 摩訶娜耶 波唎婆唎莎訶
尒時復有一百四俱胝佛一時同聲說是无量壽宗要經陁羅尼曰
南謨薄伽勃底 阿波唎蜜多 阿喻紇硯娜 須毗你悉指陁 囉佐耶 怛他羯他耶 怛姪他 唵 薩婆桑悉迦囉

BD04935 號　無量壽宗要經　　（5–1）

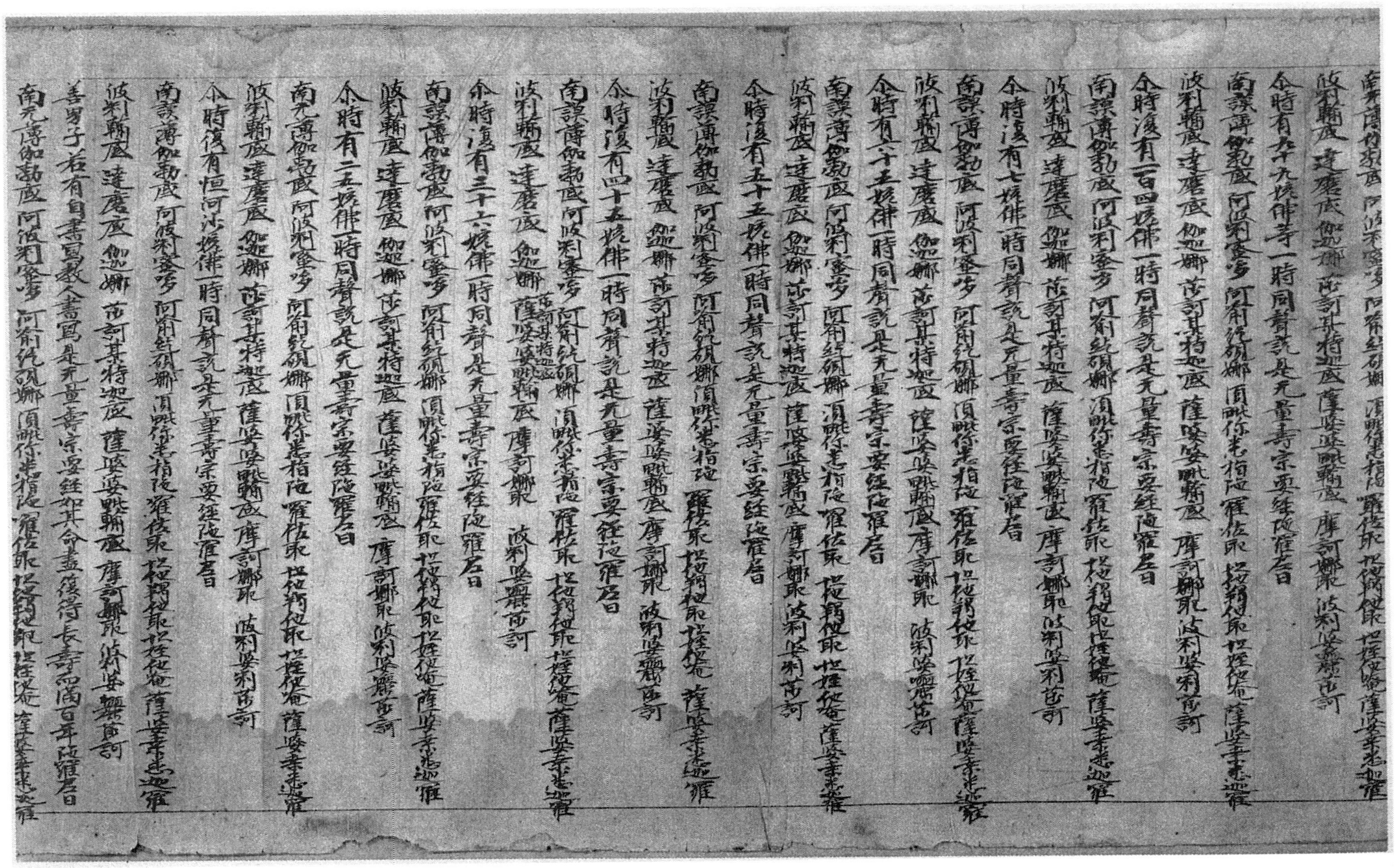

南謨薄伽勃底 阿波唎蜜多 阿喻紇硯娜 須毗你悉指陁 囉佐耶 怛他羯他耶 怛姪他 唵 薩婆桑悉迦囉
波唎輸底 達磨底 伽伽娜 娑謨特伽底 薩婆婆毗輸底 摩訶娜耶 波唎婆唎莎訶
尒時有九十九俱胝佛一時同聲說是无量壽宗要經陁羅尼曰
南謨薄伽勃底 阿波唎蜜多 阿喻紇硯娜 須毗你悉指陁 囉佐耶 怛他羯他耶 怛姪他 唵 薩婆桑悉迦囉
波唎輸底 達磨底 伽伽娜 娑謨特伽底 薩婆婆毗輸底 摩訶娜耶 波唎婆唎莎訶
尒時復有一百四俱胝佛一時同聲說是无量壽宗要經陁羅尼曰
南謨薄伽勃底 阿波唎蜜多 阿喻紇硯娜 須毗你悉指陁 囉佐耶 怛他羯他耶 怛姪他 唵 薩婆桑悉迦囉
波唎輸底 達磨底 伽伽娜 娑謨特伽底 薩婆婆毗輸底 摩訶娜耶 波唎婆唎莎訶
尒時復有七十七俱胝佛一時同聲說是无量壽宗要經陁羅尼曰
南謨薄伽勃底 阿波唎蜜多 阿喻紇硯娜 須毗你悉指陁 囉佐耶 怛他羯他耶 怛姪他 唵 薩婆桑悉迦囉
波唎輸底 達磨底 伽伽娜 娑謨特伽底 薩婆婆毗輸底 摩訶娜耶 波唎婆唎莎訶
尒時有六十五俱胝佛一時同聲說是无量壽宗要經陁羅尼曰
南謨薄伽勃底 阿波唎蜜多 阿喻紇硯娜 須毗你悉指陁 囉佐耶 怛他羯他耶 怛姪他 唵 薩婆桑悉迦囉
波唎輸底 達磨底 伽伽娜 娑謨特伽底 薩婆婆毗輸底 摩訶娜耶 波唎婆唎莎訶
尒時復有五十五俱胝佛一時同聲說是无量壽宗要經陁羅尼曰
南謨薄伽勃底 阿波唎蜜多 阿喻紇硯娜 須毗你悉指陁 囉佐耶 怛他羯他耶 怛姪他 唵 薩婆桑悉迦囉
波唎輸底 達磨底 伽伽娜 娑謨特伽底 薩婆婆毗輸底 摩訶娜耶 波唎婆唎莎訶
尒時復有四十五俱胝佛一時同聲說是无量壽宗要經陁羅尼曰
南謨薄伽勃底 阿波唎蜜多 阿喻紇硯娜 須毗你悉指陁 囉佐耶 怛他羯他耶 怛姪他 唵 薩婆桑悉迦囉
波唎輸底 達磨底 伽伽娜 娑謨特伽底 薩婆婆毗輸底 摩訶娜耶 波唎婆唎莎訶
尒時復有三十六俱胝佛一時同聲說是无量壽宗要經陁羅尼曰
南謨薄伽勃底 阿波唎蜜多 阿喻紇硯娜 須毗你悉指陁 囉佐耶 怛他羯他耶 怛姪他 唵 薩婆桑悉迦囉
波唎輸底 達磨底 伽伽娜 娑謨特伽底 薩婆婆毗輸底 摩訶娜耶 波唎婆唎莎訶
尒時有二十五俱胝佛一時同聲說是无量壽宗要經陁羅尼曰
南謨薄伽勃底 阿波唎蜜多 阿喻紇硯娜 須毗你悉指陁 囉佐耶 怛他羯他耶 怛姪他 唵 薩婆桑悉迦囉
波唎輸底 達磨底 伽伽娜 娑謨特伽底 薩婆婆毗輸底 摩訶娜耶 波唎婆唎莎訶
尒時復有恒河沙俱胝佛一時同聲說是无量壽宗要經陁羅尼曰
南謨薄伽勃底 阿波唎蜜多 阿喻紇硯娜 須毗你悉指陁 囉佐耶 怛他羯他耶 怛姪他 唵 薩婆桑悉迦囉
波唎輸底 達磨底 伽伽娜 娑謨特伽底 薩婆婆毗輸底 摩訶娜耶 波唎婆唎莎訶
善男子若有自書寫教人書寫是无量壽宗要經如其命盡復得長壽而滿百年陁羅尼曰
南无薄伽勃底 阿波唎蜜多 阿喻紇硯娜 須毗你悉指陁 囉佐耶 怛他羯他耶 怛姪他 唵 薩婆桑悉迦囉

BD04935 號　無量壽宗要經　　（5–2）

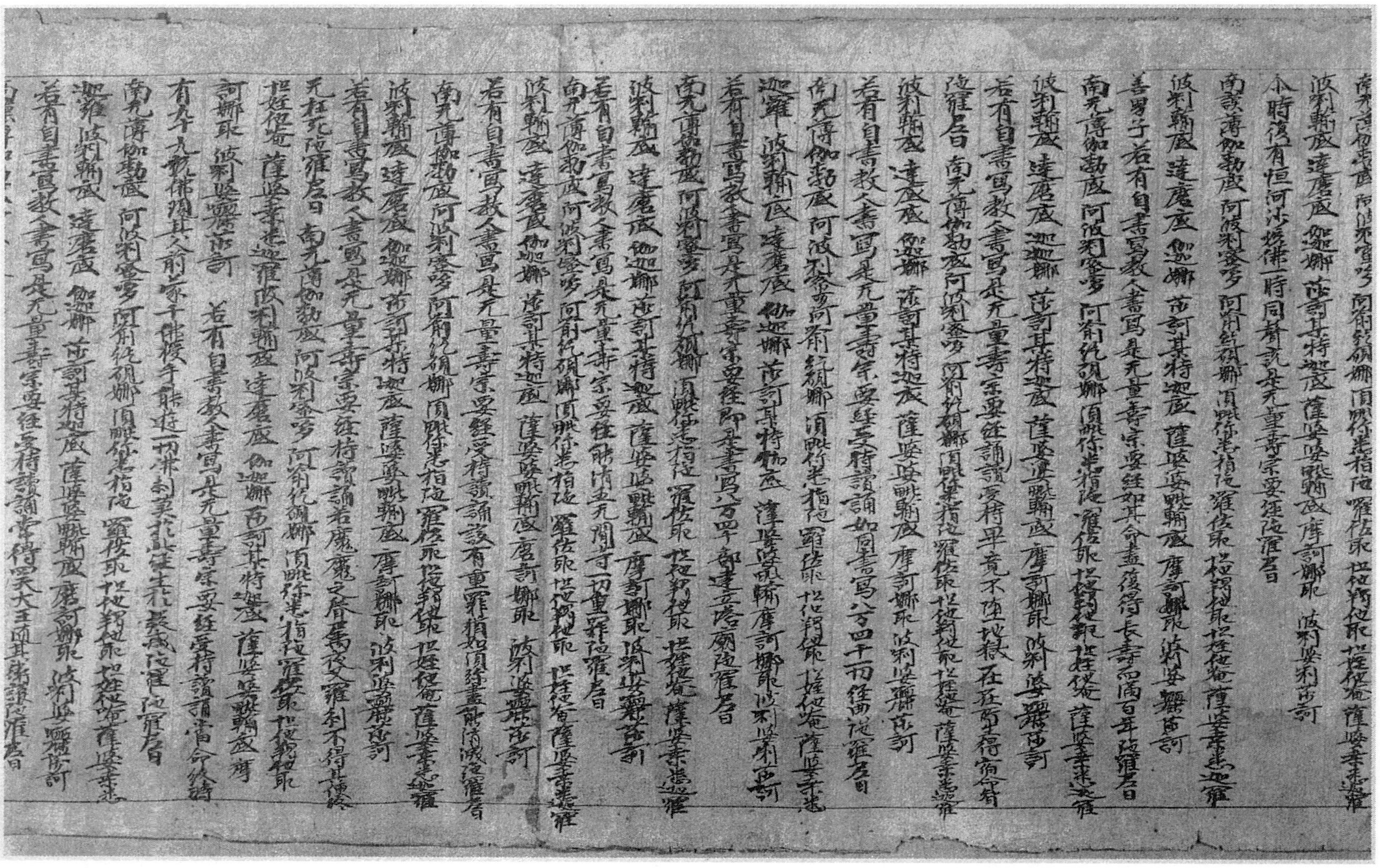

BD04935號　無量壽宗要經　（5–3）

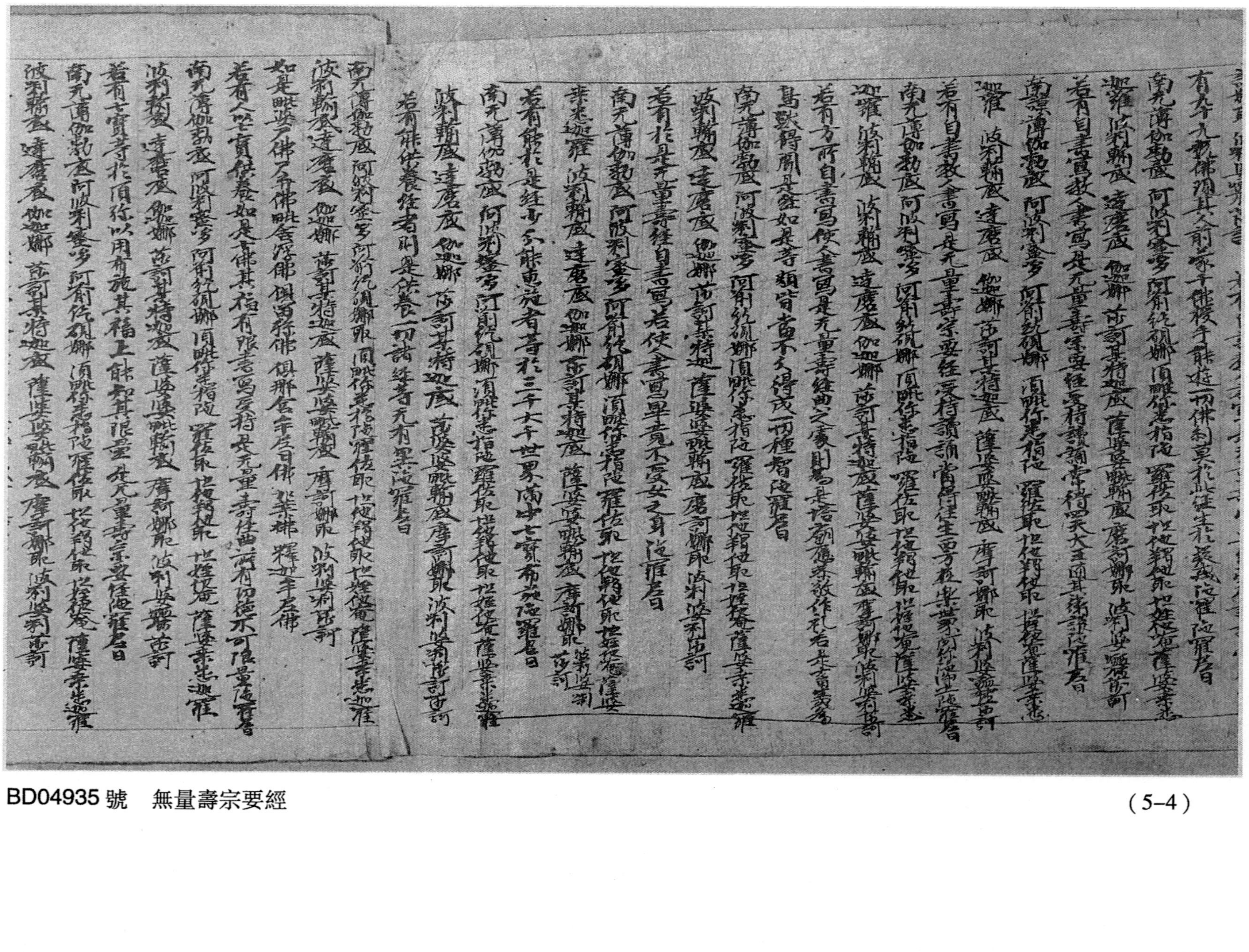

BD04935號　無量壽宗要經　（5–4）

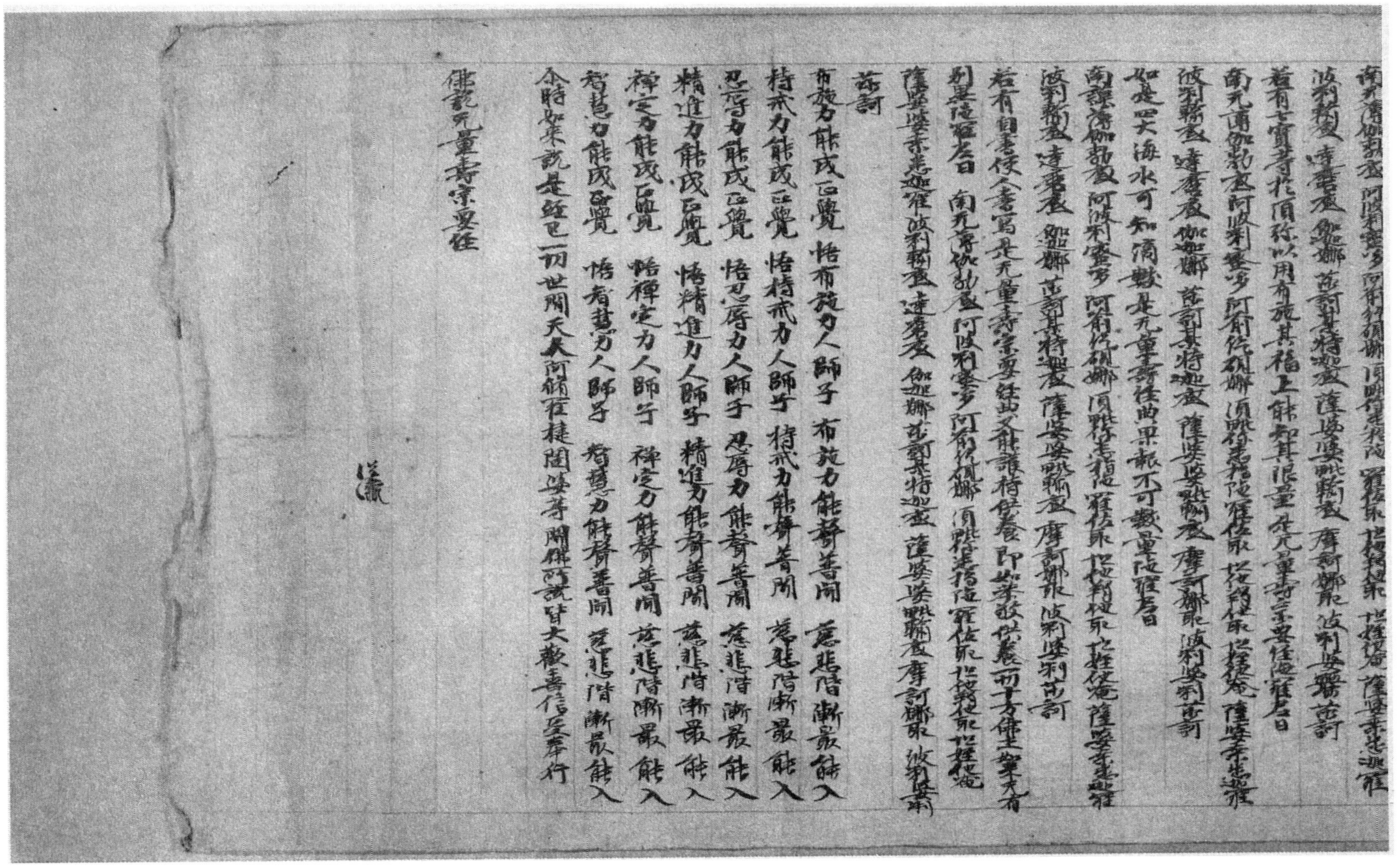
南謨薄伽勃底 阿波唎蜜多 阿喻紇硏那 須毗你悉指陀 囉佐耶 怛他羯他耶 怛姪他 唵 薩婆桑悉迦囉
波唎秫底 達磨底 伽伽那 莎訶其特迦底 薩婆婆毗秫底 摩訶那耶 波唎婆唎莎訶
若有七寶等於須彌以用布施其福上能知其限量 於无量壽宗要經陀羅尼曰
南无薄伽勃底 阿波唎蜜多 阿喻紇硏那 須毗你悉指陀 囉佐耶 怛他羯他耶 怛姪他 唵 薩婆桑悉迦羅
波唎秫底 達磨底 伽伽那 莎訶其特迦底 薩婆婆毗秫底 摩訶那耶 波唎婆唎莎訶
如四大海水可知滴數 是无量壽經典果報不可數量陀羅尼曰
南謨薄伽勃底 阿波唎蜜多 阿喻紇硏那 須毗你悉指陀 囉佐耶 怛他羯他耶 怛姪他 唵 薩婆桑悉迦羅
波唎秫底 達磨底 伽伽那 莎訶其特迦底 薩婆婆毗秫底 摩訶那耶 波唎婆唎莎訶
若有自書使人書寫是无量壽宗要經典受持讀誦 即如供養一切十方佛土一無有
別異陀羅尼曰 南无薄伽勃底 阿波唎蜜多 阿喻紇硏那 須毗你悉指陀 囉佐耶 怛他羯他耶 怛姪他
薩婆桑悉迦羅 波唎秫底 達磨底 伽伽那 莎訶其特迦底 薩婆婆毗秫底 摩訶那耶 波唎婆唎
莎訶
布施力能成正覺 悟布施力人師子 布施力能聲善聞 慈悲階漸最能入
持戒力能成正覺 悟持戒力人師子 持戒力能聲善聞 慈悲階漸最能入
忍辱力能成正覺 悟忍辱力人師子 忍辱力能聲善聞 慈悲階漸最能入
精進力能成正覺 悟精進力人師子 精進力能聲善聞 慈悲階漸最能入
禪定力能成正覺 悟禪定力人師子 禪定力能聲善聞 慈悲階漸最能入
智慧力能成正覺 悟智慧力人師子 智慧力能聲善聞 慈悲階漸最能入
尒時如來說是經已一切世間天人阿脩羅揵闥婆等聞佛所說皆大歡喜信受奉行
佛說无量壽宗要經

BD04935 號　無量壽宗要經　（5–5）

BD04935 號背　雜寫　（1–1）

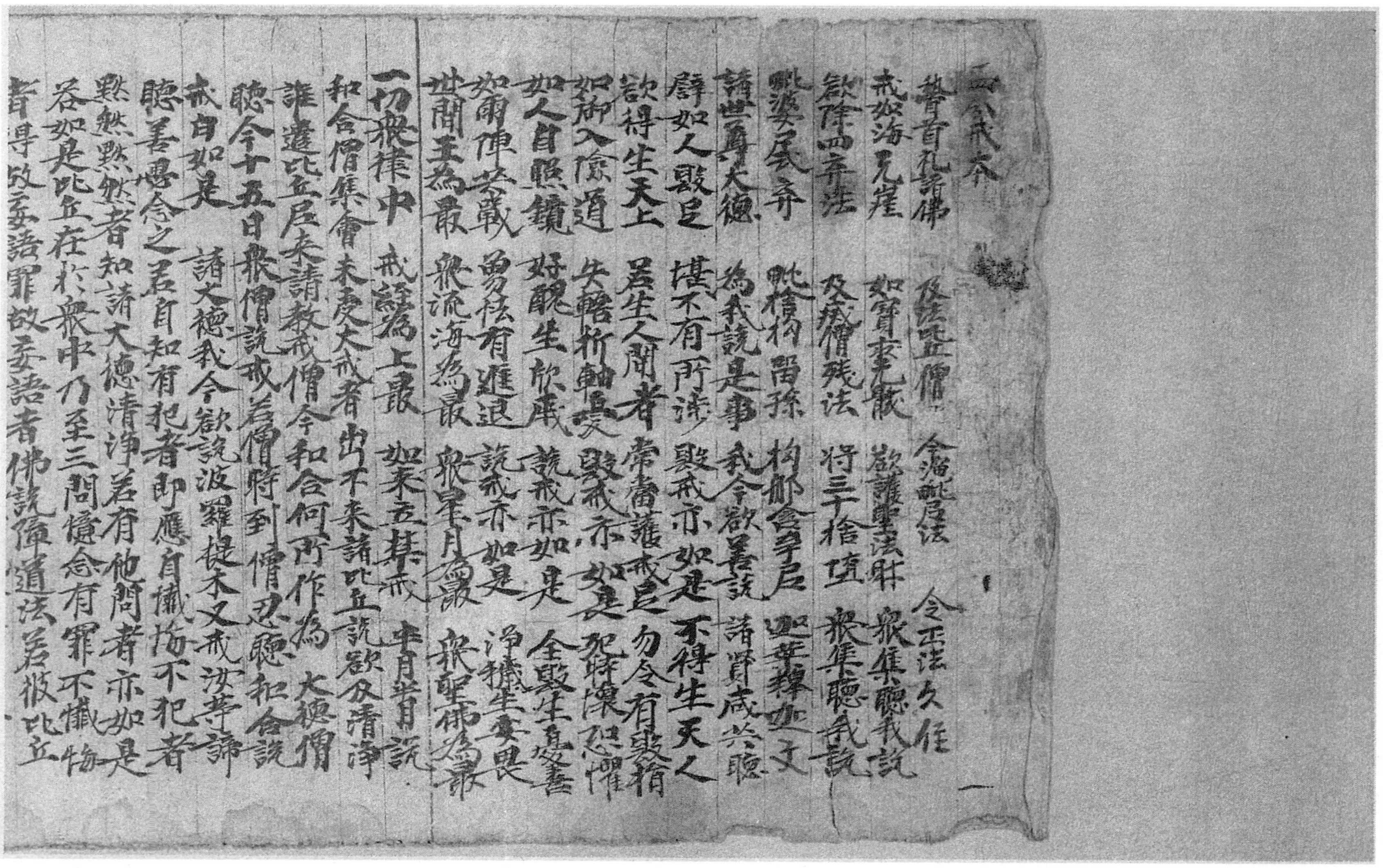

四分戒本

稽首禮諸佛　及法比丘僧　今演毗尼法　令正法久住

戒如海無涯　如寶求無厭　欲護聖法財　衆集聽我說

欲除四棄法　及滅僧殘法　障三十捨墮　衆集聽我說

毗婆尸式棄　毗舍拘留孫　拘那含牟尼　迦葉釋迦文

諸世尊大德　為我說是事　我今欲善說　諸賢咸共聽

譬如人毀足　不堪有所涉　毀戒亦如是　不得生天人

欲得生天上　若生人間者　常當護戒足　勿令有毀損

如御入險道　失轄折軸憂　毀戒亦如是　死時懷恐懼

如人自照鏡　好醜生欣戚　說戒亦如是　全毀生憂喜

如兩陣共戰　勇怯有進退　說戒亦如是　淨穢生安畏

世間王為最　衆流海為最　衆星月為最　衆聖佛為最

一切衆律中　戒經為上最　如來立禁戒　半月半月說

和合僧集會未受大戒者出不來諸比丘說欲及清淨

誰遣比丘尼來請教戒僧今和合何所作為　大德僧

聽今十五日衆僧說戒若僧時到僧忍聽和合說

戒白如是　諸大德我今欲說波羅提木叉戒汝等諦

聽善思念之若自知有犯者即應自懺悔不犯者

默然默然者知諸大德清淨若有他問者亦如是

答如是比丘在於衆中乃至三問憶念有罪不懺悔

者得故妄語罪故妄語者佛說障道法若彼比丘

BD04936號　四分律比丘戒本　（9–1）

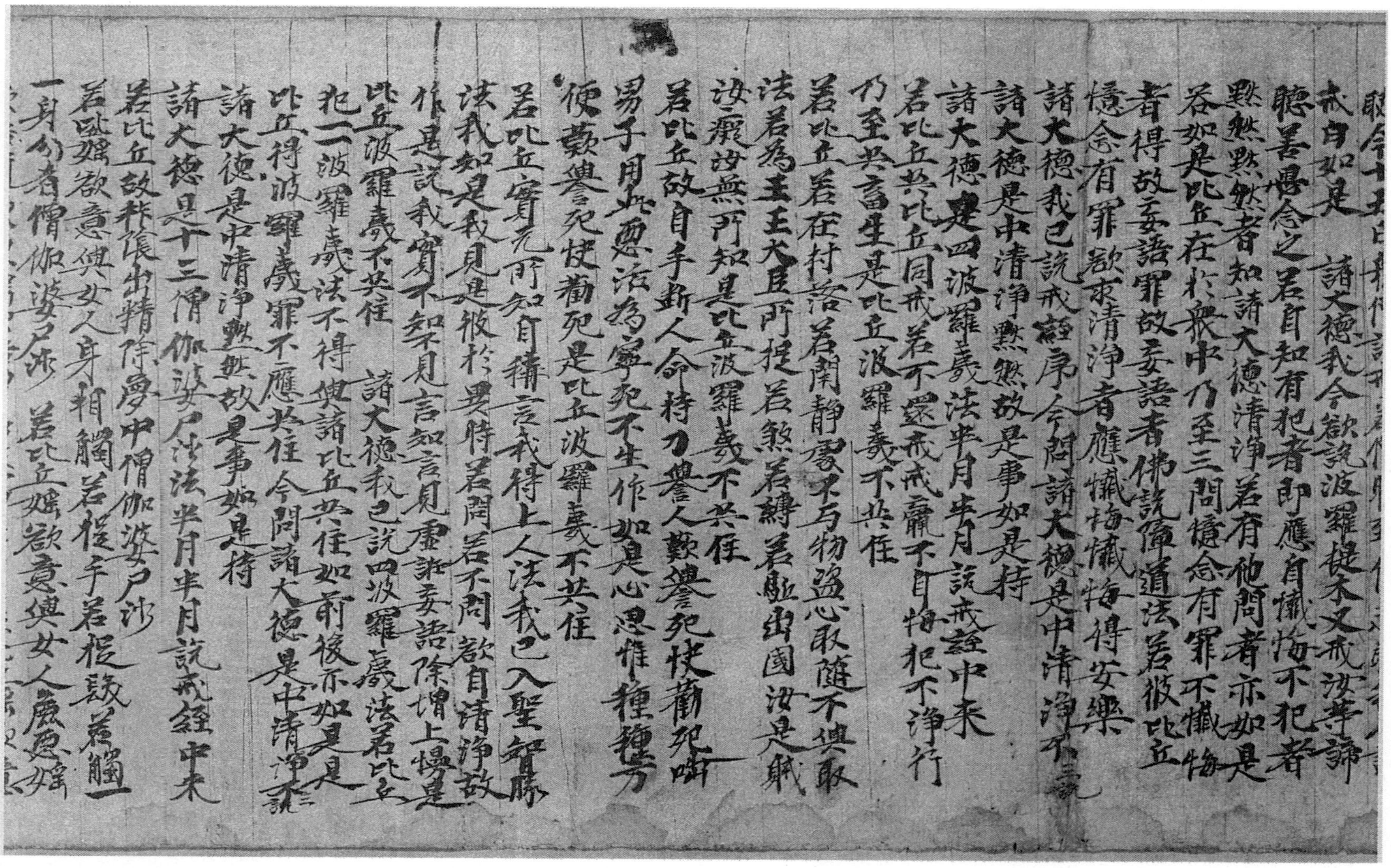

聽今十五日衆僧說戒若僧時到僧忍聽和合說

戒白如是　諸大德我今欲說波羅提木叉戒汝等諦

聽善思念之若自知有犯者即應自懺悔不犯者

默然默然者知諸大德清淨若有他問者亦如是

答如是比丘在於衆中乃至三問憶念有罪不懺悔

者得故妄語罪故妄語者佛說障道法若彼比丘

憶念有罪欲求清淨者應懺悔懺悔得安樂

諸大德我已說戒經序今問諸大德是中清淨不（三說）

諸大德是中清淨默然故是事如是持

諸大德是四波羅夷法半月半月說戒經中來

若比丘共比丘同戒若不還戒戒羸不自悔犯不淨行

乃至共畜生是比丘波羅夷不共住

若比丘若在村落若閑靜處不與物盜心取隨不與取

法若為王王大臣所捉若殺若縛若驅出國汝是賊

汝癡汝無所知是比丘波羅夷不共住

若比丘故自手斷人命持刀授人歎譽死快勸死咄

男子用此惡活為寧死不生作如是心思惟種種方

便歎譽死快勸死是比丘波羅夷不共住

若比丘實無所知自稱言我得上人法我已入聖智勝

法我知是我見是彼於異時若問若不問欲自清淨故

作是說我實不知不見言知言見虛誑妄語除增上慢是

比丘波羅夷不共住　諸大德我已說四波羅夷法若比丘

犯一一波羅夷法不得與諸比丘共住如前後亦如是是

比丘得波羅夷罪不應共住今問諸大德是中清淨不（三說）

諸大德是中清淨默然故是事如是持

諸大德是十三僧伽婆尸沙法半月半月說戒經中來

若比丘故弄陰出精除夢中僧伽婆尸沙

若比丘婬欲意與女人身相觸若捉手若捉髮若觸一

一身分者僧伽婆尸沙　若比丘婬欲意與女人麁惡婬

BD04936號　四分律比丘戒本　（9–2）

諸大德是中清淨默然故是事如是持
諸大德是十三僧伽婆尸沙法半月半月說戒經中來
若比丘故弄陰出精除夢中僧伽婆尸沙
若比丘婬欲意與女人身相觸若捉手若捉髮若觸一
一身分者僧伽婆尸沙　若比丘婬欲意與女人麁惡婬
欲語隨麁惡婬欲語僧伽婆尸沙　若比丘婬欲意
於女人前自歎身言大姊我修梵行持戒精進修善
法可知是婬欲法供養我如是供養第一最僧伽婆尸
沙　若比丘往來彼此媒嫁持男意語女持女意語
男若為成婦事女若為私通事乃至須臾頃僧伽婆
尸沙　若比丘自求作屋無主自為已當應量作是
中量者長十二佛磔手內廣七磔手當將餘比丘指
授處所彼比丘當指授處所無難處無妨處若比
丘有難處妨處自求作屋無主自為已不將餘比丘
指授處所若過量作者僧伽婆尸沙
若比丘欲作大房有主為已作當將餘比丘往指授
處所彼比丘應指授處所無難處無妨處若比
丘有難處妨處作大房有主為已作不將餘比丘
指授處所僧伽婆尸沙　若比丘瞋恚所覆故
非波羅夷比丘以無根波羅夷法謗欲壞彼清淨
行若於異時若問若不問知此事無根說我瞋恚
故作是語若比丘作是語者僧伽婆尸沙
若比丘以瞋恚故於異分事中取片非波羅夷比
丘以無根波羅夷法謗欲壞彼清淨行彼於異事
時若問若不問知是異分事中取片是比丘自言
我瞋恚故於是語作是語者僧伽婆尸沙
若比丘欲壞和合僧方便受壞和合僧法堅持不捨
彼比丘應諫是比丘言大德莫壞和合僧莫方便壞

BD04936號　四分律比丘戒本　（9–3）

故作是語若比丘作是語者僧伽婆尸沙
若比丘以瞋恚故於異分事中取片非波羅夷比
丘以無根波羅夷法謗欲壞彼清淨行彼於異事
時若問若不問知是異分事中取片是比丘自言
我瞋恚故於是語作是語者僧伽婆尸沙
若比丘欲壞和合僧方便受壞和合僧法堅持不捨
彼比丘應諫是比丘言大德莫壞和合僧莫方便壞
和合僧莫受壞僧法堅持不捨大德應與僧和合
與僧和合歡喜不諍同一師學如水乳合於佛法
中有增益安樂住是比丘如是諫時堅持不捨彼
比丘應三諫捨此事故乃至三諫捨者善不捨
者僧伽婆尸沙　若比丘有餘伴黨若一若二
若三乃至無數彼比丘語是比丘言大德莫諫此
比丘此比丘是法語比丘律語比丘此比丘言大德莫諫
所說我等喜樂此比丘所說我忍等可彼比丘言
大德莫作是說言此比丘是法語比丘律語比丘此
比丘所說我等喜樂此比丘所說我等忍可然此比丘
非法語比丘非律語比丘大德莫欲破壞和合僧汝
等當樂欲和合僧大德與僧和合歡喜不諍同
一師學如水乳合於佛法中有增益安樂住是比丘
如是諫時堅持不捨彼比丘應三諫捨此事故乃
至三諫捨者善不捨者僧伽婆尸沙
若比丘依聚落若城邑住汙他家行惡行汙他
家亦見亦聞行惡行亦見亦聞諸比丘當語是
比丘言大德汝汙他家行惡行汙他家行惡行亦
見亦聞大德汝汙他家行惡行今可遠此聚落去不
須住此是比丘語彼比丘作如是語大德諸比丘有愛有
恚有怖有癡有如是同罪比丘有驅者有不驅者諸比
丘報言大德莫作是語言僧有愛有恚有怖有癡

BD04936號　四分律比丘戒本　（9–4）

家亦見亦聞行惡行亦見亦聞諸比丘當語是
比丘言大德汙他家行惡行汙他家行惡行亦
見亦聞大德汝汙他家行惡行今可遠此聚落去不
須住此是比丘語彼比丘作如是語大德諸比丘有愛有
恚有怖有癡有如是同罪比丘有驅者有不驅者諸比
丘報言大德莫作是語言僧有愛有恚有怖有癡
有如是同罪比丘有驅者有不驅者而諸比丘不愛不恚不
怖不癡大德汙他家行惡行汙他家亦見亦聞行惡
行亦見亦聞是比丘如是諫時堅持不捨彼比丘應三諫
捨此事乃至三諫捨者善不捨者僧伽婆
尸沙　若比丘惡性不受人語於戒法中諸比丘如
法諫已自身不受諫語言諸大德莫向我說若好
若惡我亦不向諸大德說若好若惡諸大德且止莫
諫我彼比丘諫是比丘言大德莫自身不受諫語大
德自身當受諫語大德如法諫諸比丘諸比丘亦如
法諫大德如是佛弟子衆得增益展轉相
諫展轉相教展轉懺悔是比丘如是諫時堅持不捨彼
比丘應三諫捨此事故乃至三諫捨者善不捨者僧伽
婆尸沙　諸大德我已說十三僧伽婆尸沙法九初犯四
乃至三諫　若比丘犯一一法知而覆藏應強與波利婆
沙行波利婆沙竟增上與六夜摩那埵行摩那埵已
餘有出罪應二十僧中出是比丘罪若少一人不滿二十衆
出是比丘罪是比丘罪不得除諸比丘亦可訶此是時
今問諸大德是中清淨不 三說 諸大德是中清淨默然
故是事如是持　諸大德是二不定法半月半月說戒
經中來　若比丘共女人獨在屏覆處障處可
作婬處坐說非法語有住信優婆夷於三法中
一一法說若波羅夷若僧伽婆尸沙若波逸提是坐
比丘自言我犯是罪於三法中應一一法治若波羅
夷若僧伽婆尸沙若波逸提如住信優婆夷所說

BD04936 號　四分律比丘戒本　（9–5）

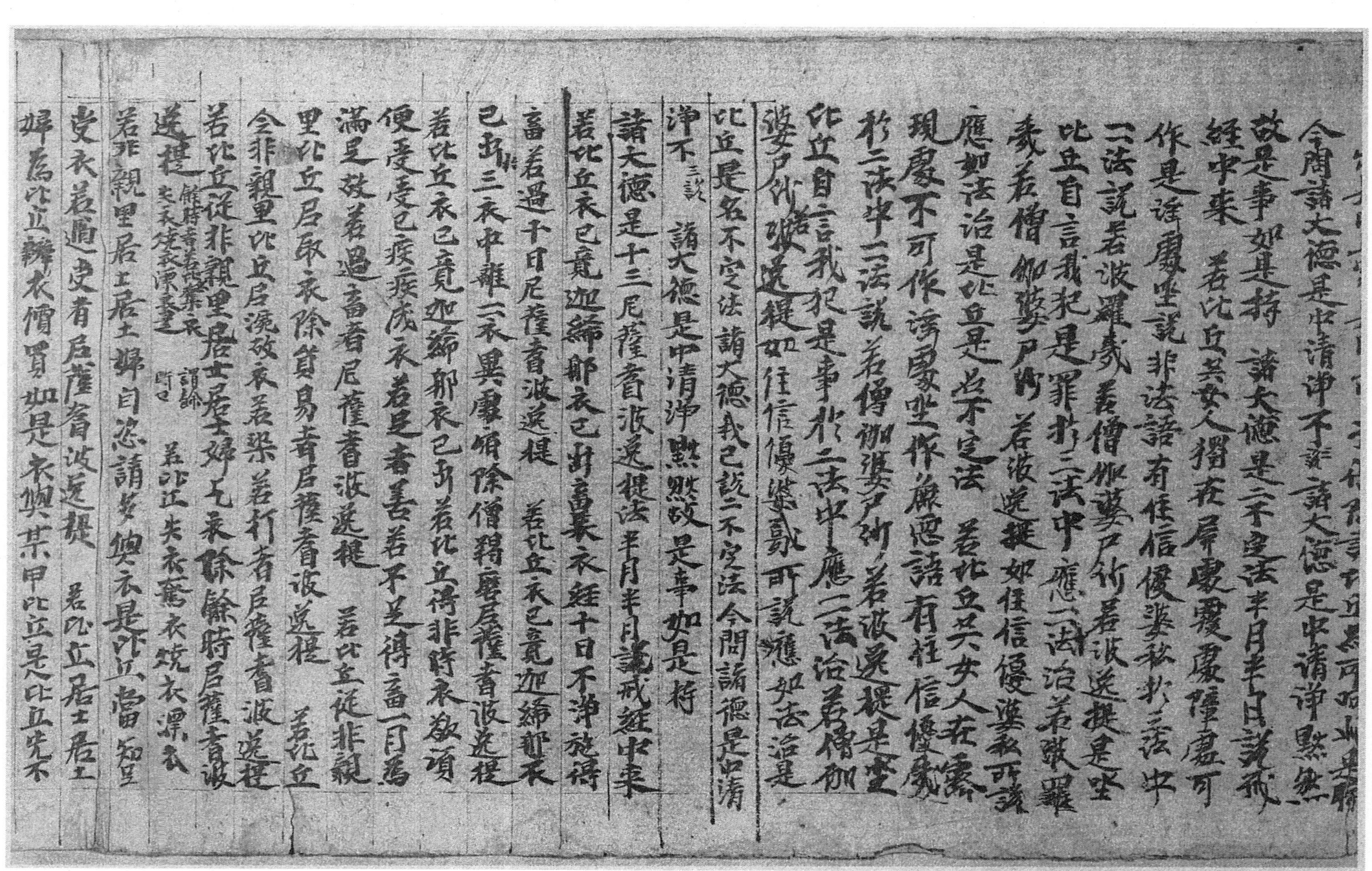

……亦可訶此是時
今問諸大德是中清淨不 三說 諸大德是中清淨默然
故是事如是持　諸大德是二不定法半月半月說戒
經中來　若比丘共女人獨在屏覆處障處可
作婬處坐說非法語有住信優婆夷於三法中
一一法說若波羅夷若僧伽婆尸沙若波逸提是坐
比丘自言我犯是罪於三法中應一一法治若波羅
夷若僧伽婆尸沙若波逸提如住信優婆夷所說
應如法治是比丘是名不定法　若比丘共女人在露
現處不可作婬處坐作麤惡語有住信優婆夷
於二法中一一法說若僧伽婆尸沙若波逸提是坐
比丘自言我犯是事於二法中應一一法治若僧伽
婆尸沙若波逸提如住信優婆夷所說應如法治是
比丘是名不定法　諸大德我已說二不定法今問諸德是中清
淨不 三說 諸大德是中清淨默然故是事如是持
諸大德是三十尼薩耆波逸提法半月半月說戒經中來
若比丘衣已竟迦絺那衣已出畜長衣經十日不淨施得
畜若過十日尼薩耆波逸提　若比丘衣已竟迦絺那衣
已出於三衣中離一一衣異處宿除僧羯磨尼薩耆波逸提
若比丘衣已竟迦絺那衣已出若比丘得非時衣欲須
便受受已疾疾成衣若足者善若不足得畜一月為
滿足故若過畜者尼薩耆波逸提　若比丘從非親
里比丘尼取衣除貿易尼薩耆波逸提　若比丘
從非親里比丘尼浣故衣若染若打者尼薩耆波逸提
若比丘從非親里居士若居士婦乞衣除餘時尼薩耆波
逸提 餘時者若比丘奪衣失衣燒衣漂衣 是謂餘時 若比丘失衣奪衣燒衣漂衣
若非親里居士居士婦自恣請多與衣是比丘當知足
受衣若過受者尼薩耆波逸提　若比丘居士居士
婦為比丘辦衣價買如是衣與某甲比丘是比丘先不

BD04936 號　四分律比丘戒本　（9–6）

若比丘從非親里居士居士婦乞衣，除餘時，尼薩耆波
逸提。餘時者，若比丘奪衣失衣燒衣漂衣，是謂餘時也。 若比丘失衣奪衣燒衣漂衣，
若非親里居士居士婦自恣請多與衣，是比丘當知足
受衣，若過受者，尼薩耆波逸提。 若比丘居士居士
婦為比丘辦衣價，買如是衣與某甲比丘。是比丘先不
受居士自恣請，到居士家作如是說：善哉居士！為我
買如是如是衣與我，為好故。若得衣者，尼薩耆波逸
提。 若比丘二居士居士婦與比丘辦衣價，如是
衣價買如是衣與某甲比丘。是比丘先不受居士自恣
請，到二居士家作如是言：善哉居士！為我辦如是如
是衣價，共作一衣與我，為好故。若得衣者，尼薩耆
波逸提。 若比丘，若王、若大臣、若婆羅門、若居士居士婦遣
使為比丘送衣價，持如是衣價買如是衣與某甲比丘。
彼使至比丘所語比丘言：大德！今為汝故送是衣價，受取。
是比丘應語彼使如是言：我不應受此衣價，我若
須衣，合時清淨當受。彼使語比丘言：大德有執事人
不？須衣比丘應語言：有，若僧伽藍民、若優婆塞，此是比丘
執事人，常為諸比丘執事。時彼使往至執事人所，與衣價
已，還至比丘所作如是言：大德所示某甲執事人，我已與衣
價，大德知時，往彼當得衣。須衣比丘當往執事人所，
若二反三反，為作憶念，應語言：我須衣。若二反三
反為作憶念，若得衣者善；若不得衣，四反五反六反在前
默然住，若四反五反六反在前默然住，若得衣者善；若
不得衣，過是求得衣者，尼薩耆波逸提。若不得衣，從所
得衣價處，若自往，若遣使往語言：汝先遣使持衣
價與某甲比丘，是比丘竟不得衣，汝還取，莫使失，此是時。
若比丘雜野蠶綿作新臥具，尼薩耆波逸提。 若比
若比丘以新純黑羺羊毛作新臥具，尼薩耆波逸提。
若比丘作新臥具，應用二分純黑羊毛，三分白，四分尨。若比丘不用

BD04936號　四分律比丘戒本

（9–7）

不得衣，過是求得衣者，尼薩耆波逸提。若不得衣，從所
得衣價處，若自往，若遣使往語言：汝先遣使持衣
價與某甲比丘，是比丘竟不得衣，汝還取，莫使失，此是時。
若比丘雜野蠶綿作新臥具，尼薩耆波逸提。 若比
若比丘以新純黑羺羊毛作新臥具，尼薩耆波逸提。
若比丘作新臥具，應用二分純黑羊毛，三分白，四分尨。若比丘不用
二分黑，三分白，四分尨，作新臥具者，尼薩耆波逸提。
若比丘作新臥具，持至六年，若減六年，不捨故更求新
者，除僧羯磨，尼薩耆波逸提。 若比丘作新坐具，當
取故者縱廣一磔手，帖著新者上，用壞色故。若作新
坐具，不取故者縱廣一磔手帖著新者上，用壞色故者，尼
薩耆波逸提。 若比丘路行得羊毛，若無人持，自持乃至三由旬，
過三由旬者，尼薩耆波逸提。 若比丘使非親里比丘尼浣
染擘羊毛者，尼薩耆波逸提。 若比丘自手捉錢，若
金銀，自捉若教人捉，若置地受者，尼薩耆波逸提。
若比丘種種賣買者，尼薩耆波逸提。 若比丘種種販賣
者，尼薩耆波逸提。 若比丘畜長鉢不淨施，得齋十日，若
過者，尼薩耆波逸提。 若比丘破鉢，鉢減五綴不漏，更求
新者，為好故，尼薩耆波逸提。 若比丘應僧中捨展
轉取最下鉢與之，令持乃至破，應自持此是時。 若比丘自
乞縷線，使非親里織師織作衣者，尼薩耆波逸提。 若比丘
居士居士婦使織師為比丘織作衣，彼比丘先不受自恣
請，便往織師所語言：此衣為我作，與我極好織，令廣
大堅緻，我當少多與汝價。是比丘與價乃至一食直，若
得衣者，尼薩耆波逸提。 若比丘先與比丘衣，後瞋恚，
若自奪，若教人奪，取還我衣來，不與汝。若比丘還衣，彼
取衣者，尼薩耆波逸提。 若比丘有病，殘藥酥油、
生酥、蜜、石蜜，齊七日服，若過者，尼薩耆波逸提。 若比丘春
殘一月在，當求雨浴衣，半月應用浴。若比丘過一月前

BD04936號　四分律比丘戒本

（9–8）

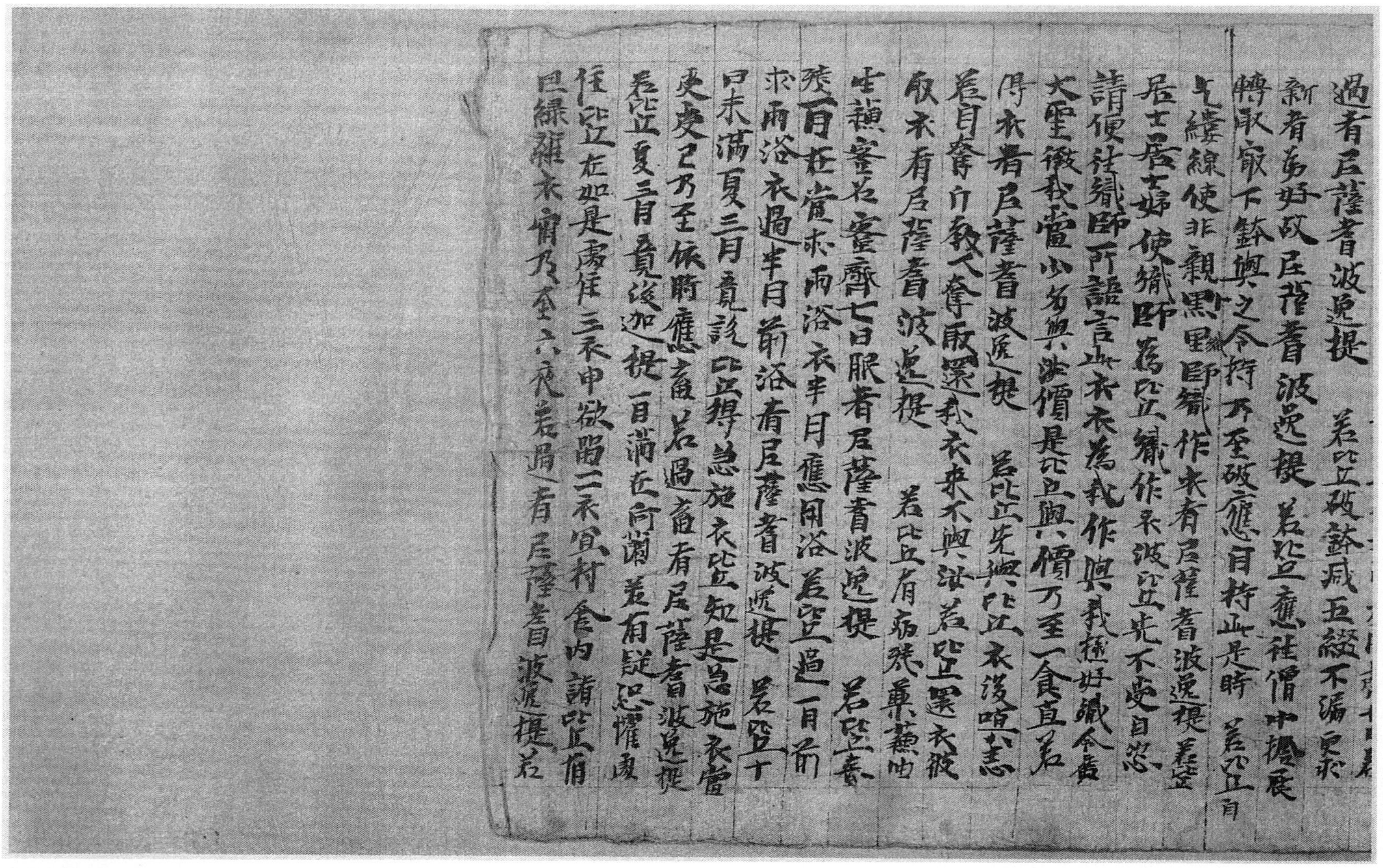

過者尼薩耆波逸提　若比丘破鉢減五綴不漏更求
新者為好故尼薩耆波逸提　若比丘應往僧中捨展
轉取最下鉢與之令持乃至破應自持此是時　若比丘自
乞縷線使非親里織師織作衣者尼薩耆波逸提　若比丘
居士居士婦使織師為比丘織作衣彼比丘先不受自恣
請便往織師所語言此衣為我作與我極好織令廣
大堅緻我當少多與汝價是比丘與價乃至一食直若
得衣者尼薩耆波逸提　若比丘先與比丘衣後嗔恚
若自奪教人奪取還我衣來不與汝若比丘還衣彼
取衣者尼薩耆波逸提　若比丘有病殘藥酥油
生酥蜜石蜜齊七日服若過者尼薩耆波逸提　若比丘春
殘一月在當求雨浴衣半月應用浴若比丘過一月前
求雨浴衣過半月前浴者尼薩耆波逸提　若比丘十
日未滿夏三月竟諸比丘得急施衣比丘知是急施衣當
受受已乃至衣時應畜若過畜者尼薩耆波逸提
若比丘夏三月竟後迦提一月滿在阿蘭若有疑恐懼處
住比丘在如是處住三衣中欲留一一衣置村舍內諸比丘有
因緣離衣宿乃至六夜若過者尼薩耆波逸提若

BD04936 號　四分律比丘戒本　（9–9）

戒
四分戒本

BD04936 號背　雜寫　（1–1）

大般若波羅蜜多經卷第一百九
初分校量功德品第卅之七　三藏法師玄奘奉　詔譯
慶喜當知以無明無二為方便無生為方便
無所得為方便迴向一切智智脩習布施淨
戒安忍精進靜慮般若波羅蜜多以行識名
色六處觸受愛取有生老死愁歎苦憂惱無
二為方便無生為方便無所得為方便迴向
一切智智脩習布施淨戒安忍精進靜慮般
若波羅蜜多慶喜當知以無明無二為方便
無生為方便無所得為方便迴向一切智智
安住內空外空內外空空空大空勝義空有
為空無為空畢竟空無際空散空無變異空
本性空自相空共相空一切法空不可得空
無性空自性空無性自性空以行識名色六
處觸受愛取有生老死愁歎苦憂惱無二為
方便無生為方便無所得為方便迴向一切
智智安住內空乃至無性自性空慶喜當知
以無明無二為方便無生為方便無所得為

BD04937號　大般若波羅蜜多經卷一〇九　（2–1）

一切智智脩習布施淨戒安忍精進靜慮般
若波羅蜜多慶喜當知以無明無二為方便
無生為方便無所得為方便迴向一切智智
安住內空外空內外空空空大空勝義空有
為空無為空畢竟空無際空散空無變異空
本性空自相空共相空一切法空不可得空
無性空自性空無性自性空以行識名色六
處觸受愛取有生老死愁歎苦憂惱無二為
方便無生為方便無所得為方便迴向一切
智智安住內空乃至無性自性空慶喜當知
以無明無二為方便無生為方便無所得為
方便迴向一切智智安住真如法界法性不
虛妄性不變異性平等性離生性法定法住
實際虛空界不思議界以行識名色六處觸
受愛取有生老死愁歎苦憂惱無二為方便
無生為方便無所得為方便迴向一切智智
安住真如乃至不思議界慶喜當知以無明
無二為方便無生為方便無所得為方便迴
向一切智智安住苦集滅道聖諦以行識名

BD04937號　大般若波羅蜜多經卷一〇九　（2–2）

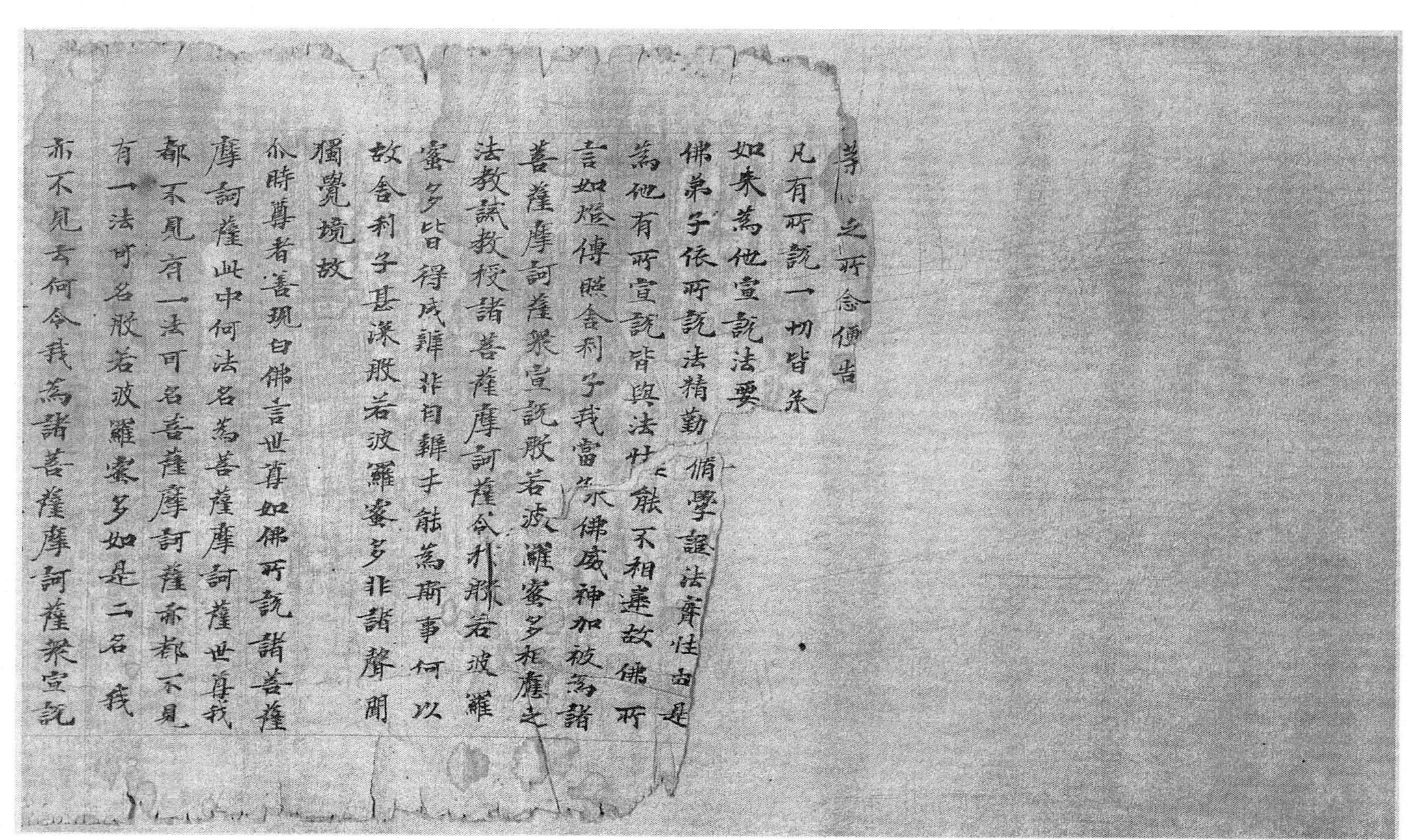

等□之所念便告
凡有所說一切皆承
如來為他宣說法要
佛弟子依所說法精勤脩學證法實性由是
為他有所宣說皆與法性能不相違故佛所
言如燈傳照舍利子我當承佛威神加被為諸
菩薩摩訶薩眾宣說般若波羅蜜多相應之
法教誡教授諸菩薩摩訶薩令於般若波羅
蜜多皆得成辦非自辯才能為斯事何以
故舍利子甚深般若波羅蜜多非諸聲聞
獨覺境故
尒時尊者善現白佛言世尊如佛所說諸菩薩
摩訶薩此中何法名為菩薩摩訶薩世尊我
都不見有一法可名菩薩摩訶薩亦都不見
有一法可名般若波羅蜜多如是二名我
亦不見云何令我為諸菩薩摩訶薩眾宣說

BD04938 號　大般若波羅蜜多經卷四〇六　（24–1）

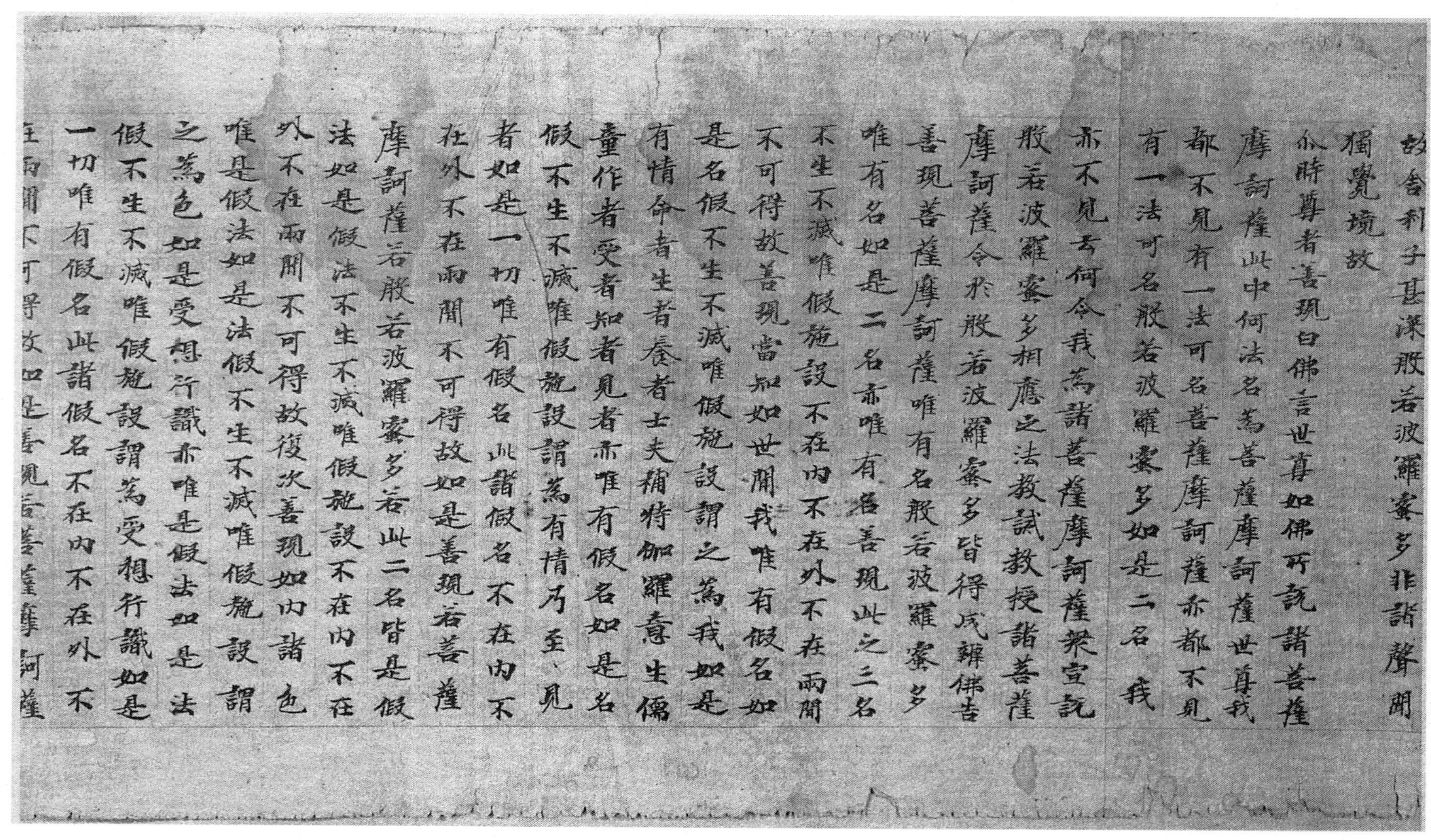

故舍利子甚深般若波羅蜜多非諸聲聞
獨覺境故
尒時尊者善現白佛言世尊如佛所說諸菩薩
摩訶薩此中何法名為菩薩摩訶薩世尊我
都不見有一法可名菩薩摩訶薩亦都不見
有一法可名般若波羅蜜多如是二名我
亦不見云何令我為諸菩薩摩訶薩眾宣說
般若波羅蜜多相應之法教誡教授諸菩薩
摩訶薩令於般若波羅蜜多皆得成辦佛告
善現菩薩摩訶薩唯有名般若波羅蜜多
唯有名如是二名亦唯有名善現此之二名
不生不滅唯假施設不在內不在外不在兩間
不可得故善現當知如世間我唯有假名如
是名假不生不滅唯假施設謂之為我如是
有情命者生者養者士夫補特伽羅意生儒
童作者受者知者見者亦唯有假名如是名
假不生不滅唯假施設謂為有情乃至見
者如是一切唯有假名此諸假名不在內不
在外不在兩間不可得故如是善現若菩薩
摩訶薩若般若波羅蜜多若此二名皆是假
法如是假法不生不滅唯假施設不在內不在
外不在兩間不可得故復次善現如內諸色
唯是假法如是法假不生不滅唯假施設謂
之為色如是受想行識亦唯是假法如是法
假不生不滅唯假施設謂為受想行識如是
一切唯有假名此諸假名不在內不在外不
在兩間不可得故如是善現若菩薩摩訶薩

BD04938 號　大般若波羅蜜多經卷四〇六　（24–2）

法如是假法不生不滅唯假施設不在內不在
外不在兩閒不可得故復次善現如內諸色
唯是假法如是法假不生不滅唯假施設謂
之為色如是受想行識亦唯是假法如是法
假不生不滅唯假施設謂為受想行識如是
一切唯有假名此諸假名不在內不在外不
在兩閒不可得故如是善現若菩薩摩訶薩
若般若波羅蜜多若此二名皆是假法如是
假法不生不滅唯假施設不在內不在外不在
兩閒不可得故復次善現譬如眼處唯是
假法如是法假不生不滅唯假施設謂為眼
處如是耳鼻舌身意處亦唯是假法如是
法假不生不滅唯假施設謂為耳鼻舌身意處
如是一切唯有假名此諸假名不在內不在
外不在兩閒不可得故如是善現若菩薩摩
訶薩若般若波羅蜜多若此二名皆是假
法如是假法不生不滅唯假施設不在內不
在外不在兩閒不可得故復次善現譬如色
處唯是假法如是法假不生不滅唯假施
故謂為色處如是聲香味觸法處亦唯是
假法如是法假不生不滅唯假施設謂為聲
香味觸法處如是一切唯有假名此諸假名
不在內不在外不在兩閒不可得故如是
善現若菩薩摩訶薩若般若波羅蜜多若
此二名皆是假法如是假法不生不滅唯假
施設不在內不在外不在兩閒不可得故復

BD04938號　大般若波羅蜜多經卷四〇六　（24–3）

假法如是法假不生不滅唯假施設謂為聲
香味觸法處如是一切唯有假名此諸假名
不在內不在外不在兩閒不可得故如是
善現若菩薩摩訶薩若般若波羅蜜多若
此二名皆是假法如是假法不生不滅唯假
施設不在內不在外不在兩閒不可得故復
次善現譬如眼界色界眼識界唯是假法如
是假法不生不滅唯假施設謂為眼界色
界眼識界如是耳界聲界耳識界鼻界香
界鼻識界舌界味界舌識界身界觸界身
識界意界法界意識界亦唯是假法如是法
假不生不滅唯假施設謂為耳界聲界耳
識界乃至意界法界意識界如是一切唯有
假名此諸假名不在內不在外不在兩閒不
可得故如是善現若菩薩摩訶薩若般若
波羅蜜多若此二名皆是假法如是假法不
生不滅唯假施設不在內不在外不在兩閒不
可得故
復次善現譬如內身所有頭頸肩膊手臂
腹背胷脅髀膝腨脛足等皮肉骨髓
唯有假名如是名假不生不滅唯假施設謂
為內身頭頸等物如是一切唯有假名此諸
假名不在內不在外不在兩閒不可得故如是
善現若菩薩摩訶薩若般若波羅蜜多若此
二名皆是假法如是假法不生不滅唯假施
設不在內不在外不在兩閒不可得故復次

BD04938號　大般若波羅蜜多經卷四〇六　（24–4）

唯有假名如是名假不生不滅唯假施設謂
爲内身頭頸等物如是一切唯有假名此諸
假名不在内不在外不在兩間不可得故如是
善現若菩薩摩訶薩若般若波羅蜜多若此
二名皆是假法如是假法不生不滅唯假施
設不在内不在外不在兩間不可得故復次
善現譬如外事所有草木根莖枝葉及花菓
等唯有假名如是名假不生不滅唯假施設
謂爲外事草木根等如是一切唯有假名此
諸假名不在内不在外不在兩間不可得故
如是善現若菩薩摩訶薩若般若波羅蜜多
若此二名皆是假法如是假法不生不滅唯
假施設不在内不在外不在兩間不可得故
復次善現譬如過去未來諸佛唯有假名如
是名假不生不滅唯假施設謂爲過去未來
諸佛如是一切唯有假名此諸假名不在内
不在外不在兩間不可得故如是善現若菩薩
摩訶薩若般若波羅蜜多若此二名皆是假
法如是假法不生不滅唯假施設不在内不
在外不在兩間不可得故復次善現譬如夢
境谷響光影幻事陽焰水月變化唯有假名
如是名假不生不滅唯假施設謂爲夢境
乃至變化如是一切唯有假名此諸假名不
在内不在外不在兩間不可得故如是善現
若菩薩摩訶薩若般若波羅蜜多若此二名
皆是假法如是假法不生不滅唯假施設不在
内不在外不在兩間不可得故如是善現諸

BD04938號　大般若波羅蜜多經卷四〇六

（24–5）

境谷響光影幻事陽焰水月變化唯有假名
如是名假不生不滅唯假施設謂爲夢境
乃至變化如是一切唯有假名此諸假名不
在内不在外不在兩間不可得故如是善現
若菩薩摩訶薩若般若波羅蜜多若此二名
皆是假法如是假法不生不滅唯假施設不在
内不在外不在兩間不可得故如是善現諸
菩薩摩訶薩脩行般若波羅蜜多時於一
切法名假法假及方便假應當脩學所以者
何善現脩行般若波羅蜜多諸菩薩摩訶
薩不應觀色名若常若無常不應觀受想行
識名若常若無常不應觀色名若樂若苦
不應觀受想行識名若樂若苦不應觀色名
若我若無我不應觀受想行識名若我若無
我不應觀色名若淨若不淨不應觀受想行
識名若淨若不淨不應觀色名若空若不空
不應觀受想行識名若空若不空不應觀色
名若有相若無相不應觀受想行識名若
有相若無相不應觀色名若有願若無願
不應觀受想行識名若有願若無願不應觀
色名若寂靜若不寂靜不應觀受想行識名
若寂靜若不寂靜不應觀色名若遠離若
不遠離不應觀受想行識名若遠離若不遠
離不應觀色名若雜染若清淨不應觀受
想行識名若雜染若清淨不應觀色名若生
若滅不應觀受想行識名若生若滅

BD04938號　大般若波羅蜜多經卷四〇六

（24–6）

色名若寂靜若不寂靜不應觀受想行識名
若寂靜若不寂靜不應觀色名若遠離若
不遠離不應觀受想行識名若遠離若不遠
離不應觀色名若雜染若清淨不應觀受
想行識名若雜染若清淨不應觀色名若生
若滅不應觀受想行識名若生若滅
復次善現脩行般若波羅蜜多諸菩薩摩
訶薩不應觀眼處名若常若無常不應觀
耳鼻舌身意處名若常若無常不應觀眼
處名若樂若苦不應觀耳鼻舌身意處名
若樂若苦不應觀眼處名若我若無我不應
觀耳鼻舌身意處名若我若無我不應觀
眼處名若淨若不淨不應觀耳鼻舌身意
處名若淨若不淨不應觀眼處名若空若不
空不應觀耳鼻舌身意處名若空若不空不
應觀眼處名若有相若無相不應觀耳鼻舌身
意處名若有相若無相不應觀眼處名若有
願若無願不應觀耳鼻舌身意處名若有
願若無願不應觀眼處名若寂靜若不寂靜
不應觀耳鼻舌身意處名若寂靜若不寂靜
不應觀眼處名若遠離若不遠離不應觀
耳鼻舌身意處名若遠離若不遠離不應觀眼
處名若雜染若清淨不應觀耳鼻舌身意處
名若雜染若清淨不應觀眼處名若生若滅
不應觀耳鼻舌身意處名若生若滅復次善
現脩行般若波羅蜜多諸菩薩摩訶薩不應觀

BD04938號　大般若波羅蜜多經卷四〇六　（24–7）

耳鼻舌身意處名若遠離若不遠離不應觀眼
處名若雜染若清淨不應觀耳鼻舌身意處
名若雜染若清淨不應觀眼處名若生若滅
不應觀耳鼻舌身意處名若生若滅復次善
現脩行般若波羅蜜多諸菩薩摩訶薩不應觀
色處名若常若無常不應觀聲香味觸法處
名若常若無常不應觀色處名若樂若苦不
應觀聲香味觸法處名若樂若苦不應觀色處
名若我若無我不應觀聲香味觸法處名若我
若無我不應觀色處名若淨若不淨不應觀聲
香味觸法處名若淨若不淨不應觀色處名
若空若不空不應觀聲香味觸法處名若空若
不空不應觀色處名若有相若無相不應觀
聲香味觸法處名若有相若無相不應觀色
處名若有願若無願不應觀聲香味觸法處名
若有願若無願不應觀色處名若寂靜若不
寂靜不應觀聲香味觸法處名若寂靜若不
寂靜不應觀色處名若遠離若不遠離不
應觀聲香味觸法處名若遠離若不遠離不
應觀色處名若雜染若清淨不應觀聲香
味觸法處名若雜染若清淨不應觀色處名
若生若滅不應觀聲香味觸法處名若生若
滅復次善現脩行般若波羅蜜多諸菩薩摩
訶薩不應觀眼界名若常若無常不應觀色
界眼識界及眼觸眼觸為緣所生諸受名若常
若無常不應觀眼界名若樂若苦不應觀色

BD04938號　大般若波羅蜜多經卷四〇六　（24–8）

若生若滅不應觀聲香味觸法處名若生若
滅復次善現脩行般若波羅蜜多諸菩薩摩
訶薩不應觀眼界名若常若無常不應觀色
界眼識界及眼觸眼觸為緣所生諸受名若常
若無常不應觀眼界名若樂若苦不應觀色
界乃至眼觸為緣所生諸受名若樂若苦不應
觀眼界名若我若無我不應觀色界乃至眼
觸為緣所生諸受名若我若無我不應觀眼
界名若淨若不淨不應觀色界乃至眼觸為
緣所生諸受名若淨若不淨不應觀眼界名
若空若不空不應觀色界乃至眼觸為緣所
生諸受名若空若不空不應觀眼界名若有
相若無相不應觀色界乃至眼觸為緣所生
諸受名若有相若無相不應觀眼界名若有
願若無願不應觀色界乃至眼觸為緣所生
諸受名若有願若無願不應觀眼界名若寂
靜若不寂靜不應觀色界乃至眼觸為緣所
生諸受名若寂靜若不寂靜不應觀眼界名
若遠離若不遠離不應觀色界乃至眼觸為
緣所生諸受名若遠離若不遠離不應觀眼
界名若雜染若清淨不應觀色界乃至眼觸
為緣所生諸受名若雜染若清淨不應觀
眼界名若生若滅不應觀色界乃至眼觸為
緣所生諸受名若生若滅不應觀耳界名若
常若無常不應觀聲界耳識界及耳觸耳觸
為緣所生諸受名若常若無常不應觀耳界

BD04938 號　大般若波羅蜜多經卷四〇六　（24–9）

為緣所生諸受名若雜染若清淨不應觀
眼界名若生若滅不應觀色界乃至眼觸為
緣所生諸受名若生若滅不應觀耳界名若
常若無常不應觀聲界耳識界及耳觸耳觸
為緣所生諸受名若常若無常不應觀耳界
名若樂若苦不應觀聲界乃至耳觸為緣所
生諸受名若樂若苦不應觀耳界名若我若
無我不應觀聲界乃至耳觸為緣所生諸受
名若我若無我不應觀耳界名若淨若不淨
不應觀聲界乃至耳觸為緣所生諸受名若
淨若不淨不應觀耳界名若空若不空不應
觀聲界乃至耳觸為緣所生諸受名若空若
不空不應觀耳界名若有相若無相不應觀
聲界乃至耳觸為緣所生諸受名若有相若
無相不應觀耳界名若有願若無願不應觀
聲界乃至耳觸為緣所生諸受名若有願若
無願不應觀耳界名若寂靜若不寂靜不應
觀聲界乃至耳觸為緣所生諸受名若寂靜
若不寂靜不應觀耳界名若遠離若不遠
離不應觀聲界乃至耳觸為緣所生諸受名
若遠離若不遠離不應觀耳界名若雜染
若清淨不應觀聲界乃至耳觸為緣所生諸
受名若雜染若清淨不應觀耳界名若生若
滅不應觀聲界乃至耳觸為緣所生諸受名
若生若滅不應觀鼻界名若常若無常不應
觀香界鼻識界及鼻觸鼻觸為緣所生諸受

BD04938 號　大般若波羅蜜多經卷四〇六　（24–10）

若清淨不應觀聲界乃至耳觸為緣所生諸
受名若雜染若清淨不應觀耳界名若生若
滅不應觀聲界乃至耳觸為緣所生諸受名
若生若滅不應觀鼻界名若常若無常不應
觀香界鼻識界及鼻觸鼻觸為緣所生諸受
名若常若無常不應觀鼻界名若樂若苦不應
觀香界乃至鼻觸為緣所生諸受名若樂若苦
不應觀鼻界名若我若無我不應觀香界乃
至鼻觸為緣所生諸受名若我若無我不應
觀鼻界名若淨若不淨不應觀香界乃至鼻
觸為緣所生諸受名若淨若不淨不應觀鼻
界名若空若不空不應觀香界乃至鼻觸為
緣所生諸受名若空若不空不應觀鼻界名
若有相若無相不應觀香界乃至鼻觸為緣
所生諸受名若有相若無相不應觀鼻界名
若有願若無願不應觀香界乃至鼻觸為緣
所生諸受名若有願若無願不應觀鼻界名
若寂靜若不寂靜不應觀香界乃至鼻觸為
緣所生諸受名若寂靜若不寂靜不應觀鼻
界名若遠離若不遠離不應觀香界乃至鼻
觸為緣所生諸受名若遠離若不遠離不應
觀鼻界名若雜染若清淨不應觀香界乃
至鼻觸為緣所生諸受名若雜染若清淨不
應觀鼻界名若生若滅不應觀香界乃至鼻
觸為緣所生諸受名若生若滅不應觀舌界
名若常若無常不應觀味界舌識界及舌觸舌

觀鼻界名若雜染若清淨不應觀香界乃
至鼻觸為緣所生諸受名若雜染若清淨不
應觀鼻界名若生若滅不應觀香界乃至鼻
觸為緣所生諸受名若生若滅不應觀舌界
名若常若無常不應觀味界舌識界及舌觸舌
觸為緣所生諸受名若常若無常不應觀舌
界名若樂若苦不應觀味界乃至舌觸為緣
所生諸受名若樂若苦不應觀舌界名若我
若無我不應觀味界乃至舌觸為緣所生諸
受名若我若無我不應觀舌界名若淨若不
淨不應觀味界乃至舌觸為緣所生諸受名
若淨若不淨不應觀舌界名若空若不
應觀味界乃至舌觸為緣所生諸受名若空
若不空不應觀舌界名若有相若無相不應
觀味界乃至舌觸為緣所生諸受名若有相
若無相不應觀舌界名若有願若無願不應
觀味界乃至舌觸為緣所生諸受名若有願
若無願不應觀舌界名若寂靜若不寂靜不
應觀味界乃至舌觸為緣所生諸受名若寂
靜若不寂靜不應觀舌界名若遠離若不遠
離不應觀味界乃至舌觸為緣所生諸受名
若遠離若不遠離不應觀舌界名若雜染若
清淨不應觀味界乃至舌觸為緣所生諸受
名若雜染若清淨不應觀舌界名若生若
滅不應觀味界乃至舌觸為緣所生諸受名
若生若滅不應觀身界名若常若無常不應

若遠離若不遠離不應觀舌界名若雜染若
清淨不應觀味界乃至舌觸為緣所生諸受
名若雜染若清淨不應觀舌界名若生若
滅不應觀味界乃至舌觸為緣所生諸受名
若生若滅不應觀身界名若常若無常不應
觀觸身識界及身觸身觸為緣所生諸受名
若常若無常不應觀身界名若樂若苦不
應觀觸界乃至身觸為緣所生諸受名若樂
若苦不應觀身界名若我若無我不應觀觸
界乃至身觸為緣所生諸受名若我若無我
不應觀身界名若淨若不淨不應觀觸界乃
至身觸為緣所生諸受名若淨若不淨不應
觀身界名若空若不空不應觀觸界乃至身
觸為緣所生諸受名若空若不空不應觀身
界名若有相若無相不應觀觸界乃至身觸
為緣所生諸受名若有相若無相不應觀身界
名若有願若無願不應觀觸界乃至身觸為
緣所生諸受名若有願若無願不應觀身界
名若寂靜若不寂靜不應觀觸界乃至身觸
為緣所生諸受名若寂靜若不寂靜不應觀
身界名若遠離若不遠離不應觀觸界乃至
身觸為緣所生諸受名若遠離若不遠離不
應觀身界名若雜染若清淨不應觀觸界乃
至身觸為緣所生諸受名若雜染若清淨不
應觀身界名若生若滅不應觀觸界乃至身
觸為緣所生諸受名若生若滅不應觀意

BD04938號　大般若波羅蜜多經卷四〇六　（24–13）

身觸為緣所生諸受名若遠離若不遠離不
應觀身界名若雜染若清淨不應觀觸界乃
至身觸為緣所生諸受名若雜染若清淨不
應觀身界名若生若滅不應觀觸界乃至身
觸為緣所生諸受名若生若滅不應觀意
界名若常若無常不應觀法界意識界及意
觸意觸為緣所生諸受名若常若無常不應
觀意界名若樂若苦不應觀法界乃至意觸
為緣所生諸受名若樂若苦不應觀意界
名若我若無我不應觀法界乃至意觸為緣
所生諸受名若我若無我不應觀意界名若
淨若不淨不應觀法界乃至意觸為緣所生
諸受名若淨若不淨不應觀意界名若空若
不空不應觀法界乃至意觸為緣所生諸受
名若空若不空不應觀意界名若有相若無相
不應觀法界乃至意觸為緣所生諸受名若有
相若無相不應觀意界名若有願若無願不
應觀法界乃至意觸為緣所生諸受名若有
願若無願不應觀意界名若寂靜若不寂靜
不應觀法界乃至意觸為緣所生諸受名若
寂靜若不寂靜不應觀意界名若遠離若不
遠離不應觀法界乃至意觸為緣所生諸受
名若遠離若不遠離不應觀意界名若雜染
若清淨不應觀法界乃至意觸為緣所生
諸受名若雜染若清淨不應觀意界名若生
若滅不應觀法界乃至意觸為緣所生諸受

BD04938號　大般若波羅蜜多經卷四〇六　（24–14）

寂靜若不寂靜不應觀意界名若遠離若不
遠離不應觀法界乃至意觸為緣所生諸受
名若遠離若不遠離不應觀意界名若離染
若清淨不應觀法界乃至意觸為緣所生
諸受名若離染若清淨不應觀意界名若生
若滅不應觀法界乃至意觸為緣所生諸受
名若生若滅
所以者何善現是菩薩摩訶薩脩行般若波
羅蜜多時若菩薩摩訶薩若菩薩摩訶薩名
若般若波羅蜜多若般若波羅蜜多名皆不
見在有為界中亦不見在無為界中何以故
善現是菩薩摩訶薩脩行般若波羅蜜多時
於一切法不作分別無異分別善現是菩薩
摩訶薩脩行般若波羅蜜多時住一切法
無分別中不見菩薩摩訶薩不見菩薩摩
訶薩名不見般若波羅蜜多不見般若波羅
蜜多名善現是菩薩摩訶薩脩行般若波羅
蜜多時能脩布施波羅蜜多亦能脩淨戒安
忍精進靜慮般若波羅蜜多能住內空亦能
住外空內外空空空大空勝義空有為空無
為空畢竟空無際空散無散空本性空自共
相空一切法空不可得空無性空自性空無性
自性空能住真如亦能住法界法性不虛妄性
不變異性平等性離生性法定法住實際虛
空界不思議界能脩四念住亦能脩四正斷
四神足五根五力七等覺支八聖道支能住

相空一切法空不可得空無性空自性空無性
自性空能住真如亦能住法界法性不虛妄性
不變異性平等性離生性法定法住實際虛
空界不思議界能脩四念住亦能脩四正斷
四神足五根五力七等覺支八聖道支能住
苦聖諦亦能住集滅道聖諦能脩四靜慮
亦能脩四無量四無色定能脩八解脫亦能
脩八勝處九次第定十遍處能脩空解脫門
亦能脩無相無願解脫門能脩一切陁羅尼門
亦能脩一切三摩地門能脩五眼亦能脩六
神通能脩佛十力亦能脩四無所畏四無礙
解大慈大悲大喜大捨十八佛不共法是菩薩
摩訶薩於如是時不見菩薩摩訶薩不見
菩薩摩訶薩名不見般若波羅蜜多不見
般若波羅蜜多名何以故善現是菩薩摩
訶薩脩行般若波羅蜜多於一切法善達
實相善達其中無雜染法清淨法故如是
善現諸菩薩摩訶薩脩行般若波羅蜜多覺
一切法名假施設法假施設
善現是菩薩摩訶薩於名法假如實覺已不
執著色不執著受想行識不執著眼處不
執著耳鼻舌身意處不執著色處不執
著聲香味觸法處不執著眼界色界眼識界
及眼觸眼觸為緣所生諸受乃至不執著意
界法界意識界及意觸意觸為緣所生諸受不執
著有為界不執著無為界不執著布施波羅

執著色不執著受想行識不執著眼處不
執著耳鼻舌身意處不執著色處不執
著聲香味觸法處不執著眼界色界眼識界
及眼觸眼觸為緣所生諸受乃至不執著意
界法界意識界及意觸意觸為緣所生諸受不執
著有為界不執著無為界不執著布施波羅
蜜多不執著淨戒安忍精進靜慮般若波羅蜜
多不執著諸相好不執著菩薩身不執著肉
眼乃至佛眼不執著智波羅蜜多及神通
波羅蜜多不執著內空乃至無性自性空不
執著成熟有情不執著嚴淨佛土不執著方
便善巧何以故善現以一切法皆無所有能著
所著著處著時不可得故如是善現諸菩薩
摩訶薩於一切法無所執著脩行般若波羅
蜜多時增益布施波羅蜜多增益淨戒安
忍精進靜慮般若波羅蜜多趣入菩薩正
性離生趣入菩薩不退轉地圓滿菩薩殊
勝神通如是菩薩殊勝神通得圓滿已從一
佛土趣一佛土為欲成熟諸有情故為欲嚴
淨自佛土故為見如來應正等覺及為見
已供養恭敬尊重讚歎令諸善根皆得生
長如是善根得生長已隨所樂聞諸佛正法
皆得聽受既聽受已乃至無上正等菩提
能不忘失普於一切陁羅尼門三摩地門皆
得自在如是善現諸菩薩摩訶薩脩行般若
波羅蜜多如實覺知名假法假無所執著

BD04938 號　大般若波羅蜜多經卷四〇六　（24–17）

已供養恭敬尊重讚歎令諸善根皆得生
長如是善根得生長已隨所樂聞諸佛正法
皆得聽受既聽受已乃至無上正等菩提
能不忘失普於一切陁羅尼門三摩地門皆
得自在如是善現諸菩薩摩訶薩脩行般若
波羅蜜多如實覺知名假法假無所執著
復次善現所言菩薩摩訶薩者於意云何即
色是菩薩摩訶薩不不也世尊即受想行
識是菩薩摩訶薩不不也世尊離色有菩
薩摩訶薩不不也世尊離受想行識有菩
薩摩訶薩不不也世尊即眼處是菩薩摩
訶薩不不也世尊即耳鼻舌身意處是菩薩
摩訶薩不不也世尊離眼處有菩薩摩訶薩
不不也世尊離耳鼻舌身意處有菩薩摩
訶薩不不也世尊即色處是菩薩摩訶薩
不不也世尊即聲香味觸法處是菩薩摩訶
薩不不也世尊離色處有菩薩摩訶薩不不
也世尊離聲香味觸法處有菩薩摩訶薩不不
也世尊即眼界是菩薩摩訶薩不不也世尊即
色界眼識界及眼觸眼觸為緣所生諸受是菩
薩摩訶薩不不也世尊離眼界有菩薩摩訶薩
不不也世尊離色界眼識界及眼觸眼觸為緣所
生諸受有菩薩摩訶薩不不也世尊即耳界
是菩薩摩訶薩不不也世尊即聲界耳識界
及耳觸耳觸為緣所生諸受是菩薩摩訶薩
不不也世尊離耳界有菩薩摩訶薩不不也
世尊離聲界耳識界及耳觸耳觸為緣所生

BD04938 號　大般若波羅蜜多經卷四〇六　（24–18）

不不也世尊離色界眼識界及眼觸眼觸為緣所
生諸受有菩薩摩訶薩不不也世尊即耳界
是菩薩摩訶薩不不也世尊即聲界耳識界
及耳觸耳觸為緣所生諸受是菩薩摩訶薩
不不也世尊離耳界有菩薩摩訶薩不不也
世尊離聲界耳識界及耳觸耳觸為緣所生
諸受有菩薩摩訶薩不不也世尊即鼻界是
菩薩摩訶薩不不也世尊即香界鼻識界
及鼻觸鼻觸為緣所生諸受是菩薩摩訶
薩不不也世尊離鼻界有菩薩摩訶薩不不
也世尊離香界鼻識界及鼻觸鼻觸為緣所
生諸受有菩薩摩訶薩不不也世尊即舌界是
菩薩摩訶薩不不也世尊即味界舌識界及
舌觸舌觸為緣所生諸受是菩薩摩訶薩不
不也世尊離舌界有菩薩摩訶薩不不也世
尊離味界舌識界及舌觸舌觸為緣所生諸
受有菩薩摩訶薩不不也世尊即身界是菩
薩摩訶薩不不也世尊即觸界身識界及身
觸身觸為緣所生諸受是菩薩摩訶薩不不也
世尊離身界有菩薩摩訶薩不不也世尊離
觸界身識界及身觸身觸為緣所生諸受有
菩薩摩訶薩不不也世尊即意界是菩薩摩
訶薩不不也世尊即法界意識界及意觸意
觸為緣所生諸受是菩薩摩訶薩不不也世
尊離意界有菩薩摩訶薩不不也世尊離法
界意識界及意觸意觸為緣所生諸受有菩

觸界身識界及身觸身觸為緣所生諸受有
菩薩摩訶薩不不也世尊即意界是菩薩摩
訶薩不不也世尊即法界意識界及意觸意
觸為緣所生諸受是菩薩摩訶薩不不也世
尊離意界有菩薩摩訶薩不不也世尊離法
界意識界及意觸意觸為緣所生諸受有菩
薩摩訶薩不不也世尊即地界是菩薩摩訶
薩不不也世尊即水火風空識界是菩薩摩
訶薩不不也世尊離地界有菩薩摩訶薩不
不也世尊離水火風空識界有菩薩摩訶薩
不不也世尊即無明是菩薩摩訶薩不不也
世尊即行識名色六處觸受愛取有生老死
是菩薩摩訶薩不不也世尊離無明有菩
薩摩訶薩不不也世尊離行乃至老死有菩
薩摩訶薩不不也世尊
尒時佛告具壽善現汝觀何義作如是言即
色等法非菩薩摩訶薩離色等法無菩薩摩
訶薩耶時具壽善現白佛言世尊若菩提若
薩埵若色等法尚畢竟不可得性非有故況
有菩薩摩訶薩此既非有如何可言即色等
法是菩薩摩訶薩離色等法有菩薩摩訶薩
佛告善現善哉善哉如是如是如汝所說
善現若菩提若薩埵若色等法不可得故諸
菩薩摩訶薩亦不可得諸菩薩摩訶薩不可
得故所行般若波羅蜜多亦不可得善現諸菩
薩摩訶薩脩行般若波羅蜜多時應如是覺
復次善現所言菩薩摩訶薩者於意云何即

佛告善現善哉善哉如是如是如汝所說
善現若善根若薩埵若色等法不可得故諸
菩薩摩訶薩亦不可得諸菩薩摩訶薩不可
得故所行般若波羅蜜多亦不可得善現諸菩
薩摩訶薩脩行般若波羅蜜多時應如是覺
復次善現所言菩薩摩訶薩者於意云何即
色真如是菩薩摩訶薩不不也世尊即受想
行識真如是菩薩摩訶薩不不也世尊離色
真如有菩薩摩訶薩不不也世尊離受想行
識真如有菩薩摩訶薩不不也世尊即眼處
真如是菩薩摩訶薩不不也世尊即耳鼻舌
身意處真如是菩薩摩訶薩不不也世尊離
眼處真如有菩薩摩訶薩不不也世尊離耳
鼻舌身意處真如有菩薩摩訶薩不不也世
尊即色處真如是菩薩摩訶薩不不也世尊
即聲香味觸法處真如是菩薩摩訶薩不不
也世尊離色處真如有菩薩摩訶薩不不也
世尊離聲香味觸法處真如有菩薩摩訶薩
不不也世尊即眼界真如是菩薩摩訶薩不
不也世尊即色界眼識界及眼觸眼觸為緣所
生諸受真如是菩薩摩訶薩不不也世尊離
眼界真如有菩薩摩訶薩不不也世尊離色
界眼識界及眼觸眼觸為緣所生諸受真如
有菩薩摩訶薩不不也世尊即耳界真如是
菩薩摩訶薩不不也世尊即聲界耳識界及
耳觸耳觸為緣所生諸受真如是菩薩摩訶

BD04938號　大般若波羅蜜多經卷四〇六　（24–21）

生諸受真如是菩薩摩訶薩不不也世尊離
眼界真如有菩薩摩訶薩不不也世尊離色
界眼識界及眼觸眼觸為緣所生諸受真如
有菩薩摩訶薩不不也世尊即耳界真如是
菩薩摩訶薩不不也世尊即聲界耳識界及
耳觸耳觸為緣所生諸受真如是菩薩摩訶
薩不不也世尊離耳界真如有菩薩摩訶薩
不不也世尊離聲界耳識界及耳觸耳觸為
緣所生諸受真如有菩薩摩訶薩不不也世
尊即鼻界真如是菩薩摩訶薩不不也世尊
即香界鼻識界及鼻觸鼻觸為緣所生諸受
真如是菩薩摩訶薩不不也世尊離鼻界真
如有菩薩摩訶薩不不也世尊離香界鼻識
界及鼻觸鼻觸為緣所生諸受真如有菩薩
摩訶薩不不也世尊即舌界真如是菩薩摩
訶薩不不也世尊即味界舌識界及舌觸
舌觸為緣所生諸受真如是菩薩摩訶薩不
不也世尊離舌界真如有菩薩摩訶薩不不
也世尊離味界舌識界及舌觸舌觸為緣所生
諸受真如有菩薩摩訶薩不不也世尊即
身界真如是菩薩摩訶薩不不也世尊即觸
界身識界及身觸身觸為緣所生諸受真如
是菩薩摩訶薩不不也世尊離身界真如有菩
薩摩訶薩不不也世尊離觸界身識界及身
觸身觸為緣所生諸受真如有菩薩摩訶
薩不不也世尊即意界真如是菩薩摩訶薩
不不也世尊即法界意識界及意觸意觸為

BD04938號　大般若波羅蜜多經卷四〇六　（24–22）

身界真如是菩薩摩訶薩不不也世尊即離
界身識界及身觸身觸爲緣所生諸受真如
是菩薩摩訶薩不不也世尊離身界真如有菩
薩摩薩不不也世尊離觸界身識界及身
觸身觸爲緣所生諸受真如有菩薩摩訶
薩不不也世尊即意界真如是菩薩摩訶薩
不不也世尊即法界意識界及意觸意觸爲
緣所生諸受真如是菩薩摩訶薩不不也世
尊離意界真如有菩薩摩訶薩不不也世尊
離法界意識界及意觸意觸爲緣所生諸受
真如有菩薩摩訶薩不不也世尊即地界真
是菩薩摩訶薩不不也世尊即水火風空識
界真如是菩薩摩訶薩不不也世尊離地
界真有菩薩摩訶薩不不也世尊離水火
風空識界真如有菩薩摩訶薩不不也世尊
即无明真如是菩薩摩訶薩不不也世尊
即行識名色六處觸受愛取有生老死真如
是菩薩摩訶薩不不也世尊離无明真如有菩
薩摩訶薩不不也世尊離行乃至老死真如
有菩薩摩訶薩也世尊
尒時佛告尊者善現汝觀何義作如是言即
色等法真如非菩薩摩訶薩離色等法真如
无菩薩摩訶薩耶時尊者善現白佛言世尊
色等法尚畢竟不可得性非故況有色等法
真如此真如既非有如何可言即色等法真
如是菩薩摩訶薩離色等法真如有菩薩
摩訶薩佛告善現善哉善哉如是如是如汝

BD04938 號　大般若波羅蜜多經卷四〇六　　（24–23）

是菩薩摩訶薩不不也世尊離无明真如有菩
薩摩訶薩不不也世尊離行乃至老死真如
有菩薩摩訶薩也世尊
尒時佛告尊者善現汝觀何義作如是言即
色等法真如非菩薩摩訶薩離色等法真如
无菩薩摩訶薩耶時尊者善現白佛言世尊
色等法尚畢竟不可得性非故況有色等法
真如此真如既非有如何可言即色等法真
如是菩薩摩訶薩離色等法真如有菩薩
摩訶薩佛告善現善哉善哉如是如是如汝
說善現色等法不可得故色等法真如亦不
可得色等法及真如不可得故諸菩薩摩訶
薩亦不可得諸菩薩摩訶薩不可得故所行
般若波羅蜜多亦不得善現諸菩薩摩訶
薩脩行般若波羅蜜多時應如是學

大般若波羅蜜多經卷第四百六

BD04938 號　大般若波羅蜜多經卷四〇六　　（24–24）

BD04938 號背　勘記　　（1–1）

BD04939 號　金光明最勝王經卷一〇　　（18–1）

等欲見往昔苦行菩薩本舍利不諸苾芻
言我等樂見世尊即以百福莊嚴相好之手
而按其地于時大地六種震動即便開裂七
寶制底忽然涌出衆寶羅網莊嚴其上大
衆見已生希有心尒時世尊即從座起作礼
右繞還就本座告阿難陀汝可開此制底之户
時阿難陀即開其户見七寶函奇珎間飾白
言世尊有七寶函衆寶莊校佛言汝可開函
時阿難陀奉教開已見有舍利白如珂雪拘
物頭花即白佛言函有舍利色妙異常佛言
阿難陀汝可持此大士骨來時阿難陀即取
其骨奉授世尊世尊受已告諸苾芻汝等應
觀苦行菩薩遺身舍利而說頌曰
菩薩勝德相應慧　勇猛精勤六度圓
常脩不息為菩提　大捨堅固心無倦
汝等苾芻咸應礼敬菩薩本身此之舍利乃
是無量戒定慧香之所熏馥最上福田極難
逢遇時諸苾芻及諸大衆咸皆至心合掌恭
敬頂礼舍利歎未曾有時阿難陀前礼佛足
白言世尊如來大師出過一切為諸有情之
所恭敬何因緣故礼此身骨佛告阿難陀我
因此骨速得无上正等菩提為報往恩我今
致礼復告阿難陀吾今為汝及諸大衆斷除
疑惑說是舍利往昔因緣汝等善思當一心
聽阿難陀曰我等樂聞願為開闡阿難陀過
去世時有一國王名曰大車巨富多財庫藏
盈滿軍兵武勇衆所欽伏常以正法施化黔

BD04939號　金光明最勝王經卷一〇　(18–2)

致礼復告阿難陀吾今為汝及諸大衆斷除
疑惑說是舍利往昔因緣汝等善思當一心
聽阿難陀曰我等樂聞願為開闡阿難陀過
去世時有一國王名曰大車巨富多財庫藏
盈滿軍兵武勇衆所欽伏常以正法施化黔
黎人民熾盛無有怨敵國大夫人誕生三子顏
容端正人所樂觀太子名曰摩訶波羅次子
名曰摩訶提婆幼子名曰摩訶薩埵是時大
王為欲遊觀縱賞山林其三王子亦皆隨從
為求花果捨父周旋至大竹林於中憩息
弟一王子作如是言我於今日心甚驚惶於
此林中將無猛獸損害於我弟二王子復作
是言我於自身初無悋惜恐於所愛有別離
苦弟三王子白二兄曰
此是神仙所居處　我無恐怖別離憂
身心充遍生歡喜　當獲殊勝諸功德
時諸王子各說本心所念之事次復前行見
有一虎產生七子纔經七日諸子圍繞飢渴
所逼身形羸瘦將死不久弟一王子作如是言
哀哉此虎產來七日七子圍繞無暇求食飢
渴所逼必還噉子薩埵王子問言此虎每常
所食何物弟一王子荅
虎豹豺師子　唯噉熱血肉　更無餘飲食　可濟此虎羸
弟二王子聞此語已作如是言此虎羸瘦飢
渴所逼餘命無幾我等何能為求如是難得
飲食誰復為斯自捨身命濟其飢苦弟一王

BD04939號　金光明最勝王經卷一〇　(18–3)

所食何物第一王子荅
虎豹豺師子 唯噉熱血肉 更無餘飲食 可濟此虛羸
第二王子聞此語已作如是言此虎羸瘦飢
渴所逼餘命無幾我等何能為求如是難得
飲食誰復為斯自捨身命濟其飢苦第一王
子言一切難捨無過己身薩埵王子言我等今
者於自己身各生愛戀復無智慧不能於他而
興利益然有上士懷大悲心常為利他忘
身濟物復作是念我今此身於百千生虛
棄爛壞曾無所益云何今日而不能捨以
濟飢苦如捐涕唾時諸王子作是語已各起
慈心悽傷愍念共觀羸虎目不暫移徘徊久
之俱捨而去尒時薩埵王子便作是念我捨
身命今正是時何以故
我從久來持此身 臭穢膿流不可愛
供給敷具并衣食 象馬車乘及珍財
變壞之法體無常 恒求難滿難保守
雖常供養懷怨害 終歸棄我不知恩
復次此身不堅於我無益可畏如賊不淨如
畫我於今日當使此身修廣大業於生死海
作大舟航棄捨輪迴令得出離復作是念若
捨此身則捨無量癰疽惡疾百千怖畏是
身唯有大小便利不堅如泡諸蟲所集血脉
筋骨共相連持甚可猒患是故我今應當
棄捨以求無上究竟涅槃永離憂患無常
苦惱生死休息斷諸塵累以定慧力圓滿熏
脩百福莊嚴成一切智諸佛所讚微妙法身

BD04939號　金光明最勝王經卷一〇　（18–4）

捨此身則捨無量癰疽惡疾百千怖畏是
身唯有大小便利不堅如泡諸蟲所集血脉
筋骨共相連持甚可猒患是故我今應當
棄捨以求無上究竟涅槃永離憂患無常
苦惱生死休息斷諸塵累以定慧力圓滿熏
脩百福莊嚴成一切智諸佛所讚微妙法身
既證得已施諸衆生無量法樂是時王子興大
勇猛發弘誓願以大悲念增益其心慮彼二兄情
懷怖懼共為留難不果所祈即便白言二兄前
去我且於後尒時王子摩訶薩埵還入林中
至其虎所脫去衣服置於竹上作是誓言
我為法界諸衆生 志求無上菩提處
起大悲心不傾動 當捨凡夫所愛身
菩提無患無熱惱 諸有智者之所樂
三界苦海諸衆生 我今拔濟令安樂
是時王子作是言已於餓虎前委身而卧由
此菩薩慈悲威勢虎無能為菩薩見已即
上高山投身于地復作是念虎今羸瘦不能
食我即起求刀竟不能得即以乾竹刺頸出
血漸近虎邊是時大地六種震動如風激水
涌沒不安日無精明如羅睺障諸方闇蔽無
復光輝天雨名花及妙香末繽紛亂墜遍滿
林中尒時虛空有諸天衆見是事已生隨喜心
歎未曾有咸共讚言善哉大士即說頌曰
大士救護運悲心 等視衆生如一子
勇猛大喜情無惓 捨身濟苦福難思
定至真常勝妙處 永離生死諸纏縛

BD04939號　金光明最勝王經卷一〇　（18–5）

血漸近虎邊是時大地六種震動如風激水
踊没不安日無精明如羅睺障諸方闇蔽無
復光輝天雨名花及妙香末繽紛亂墮遍滿
林中尒時虛空有諸天衆見是事已生隨喜心
歎未曾有咸共讃言善哉大士即說頌曰
大士救護運悲心　等視衆生如一子
勇猛大喜情無㥘　捨身濟苦福難思
定至真常勝妙處　永離生死諸纏縛
不久當獲菩提果　寂靜安樂證無生
是時餓虎既見菩薩頸下血流即便舐血噉
肉皆盡唯留餘骨尒時第一王子見地動已
告其弟曰
大地山河皆震動　諸方闇蔽日無光
天花亂墜遍空中　定是我弟捨身相
第二王子聞兄語已說伽他曰
我聞薩埵作悲言　見彼餓虎身羸瘦
飢苦所纏恐食子　我今疑弟捨其身
時二王子生大愁苦啼泣悲歎即共相隨還至
虎所見弟衣服在竹枝上骸骨及髮在處
縱横流血成泥霑汙其地見已悶絕不能自
持投身骨上久得蘇即起舉手哀號大哭
俱時歎曰
我弟貌端嚴　父母偏愛念　云何俱共出　捨身而不歸
父母若問時　我等如何荅　寧可同捐命　豈復自存身
時二王子悲泣懊惱漸捨而去時小王子所
將侍從互相謂曰王子何在宜共推求
尒時國大夫人寢高樓上便於夢中見不祥

BD04939號　金光明最勝王經卷一〇　（18–6）

俱時歎曰
我弟貌端嚴　父母偏愛念　云何俱共出　捨身而不歸
父母若問時　我等如何荅　寧可同捐命　豈復自存身
時二王子悲泣懊惱漸捨而去時小王子所
將侍從互相謂曰王子何在宜共推求
尒時國大夫人寢高樓上便於夢中見不祥
相被割兩乳牙齒墮落得三鴿鶵一為鷹奪
二被驚怖地動之時夫人遂覺心大愁惱作
如是言
何故今時大地動　江河林樹皆搖震
日無精光如覆蔽　目瞤乳動異常時
如箭射心憂苦逼　遍身戰掉不安隱
我之所夢不祥徵　必有非常灾變事
夫人兩乳忽然流出念此必有變怪之事時
有侍女聞外人言求覓王子今猶未得心大
驚怖即入宮中白夫人曰大家知不外聞諸
人散覓王子遍求不得時彼夫人聞是語已
生大憂惱悲淚盈目至大王所白言大王我
聞外人作如是語失我最小所愛之子王聞
語已驚惶失所悲哽而言苦哉今日失我愛
子即便捫淚慰喻夫人告言賢首汝勿憂慼
吾今共出求覓愛子王與大臣及諸人衆即
共出城各各分散隨處求覓未久之頃有一
大臣前白王曰聞王子在願勿憂愁其最小
者今猶未見王聞是語悲歎而言苦哉苦哉
失我愛子
初有子時歡喜少　後失子時憂苦多

BD04939號　金光明最勝王經卷一〇　（18–7）

吾今共出求覓愛子王与大臣及諸人衆即
共出城各各分散隨處求覓未久之㑹有一
大臣前白王曰聞王子在願勿憂愁其最小
者今猶未見王聞是語悲歎而言苦哉苦哉
失我愛子
初有子時歡喜少　後失子時憂苦多
若使我兒重壽命　縱我身亡不爲苦
夫人聞已憂惱纏懷如被箭中而嗟歎曰
我之三子并侍從　俱往林中共遊賞
最小愛子獨不還　定有乖離灾厄事
次第二臣來至王所王問臣曰愛子何在第
二大臣懊惱啼泣喉舌乾燥口不能言竟
無所荅夫人問曰
速報小子今何在　我身熱惱遍燒然
悶亂荒迷失本心　勿使我胷今破裂
時第二臣即以王子捨身之事具白王知王
及夫人聞其事已不勝悲噎望捨身處驟
駕前行詣竹林所至彼菩薩捨身之地見其
骸骨隨處交橫俱時投地悶絶將死猶如猛
風吹倒大樹心迷失緒都無所知時大臣等以
水遍灑王及夫人良久乃蘇舉手而哭咨嗟
歎曰
禍哉愛子端嚴相　因何死苦先來逼
若我得在汝前亡　豈見如斯大苦事
尒時夫人迷悶稍止頭髮蓬亂兩手推胷宛
轉于地如魚處陸若牛失子悲泣而言
我子誰屠割　餘骨散于地　失我所愛子　憂悲不自勝

禍哉愛子端嚴相　因何死苦先來逼
若我得在汝前亡　豈見如斯大苦事
尒時夫人迷悶稍止頭髮蓬亂兩手推胷宛
轉于地如魚處陸若牛失子悲泣而言
我子誰屠割　餘骨散于地　失我所愛子　憂悲不自勝
苦哉誰殺子　致斯憂惱事　我心非金剛　云何而不破
我夢中所見　兩乳皆被割　牙齒悉墮落　今遭大苦痛
又夢三鴿鶵　一被鷹擒去　今失所愛子　惡相表非虛
尒時大王及於夫人并二王子盡哀號哭瓔珞
不御与諸人衆共收菩薩遺身舍利爲於
供養置窣覩波中阿難陁汝等應知此即是
彼菩薩舍利復告阿難陁我於昔時雖具煩
惱貪瞋癡等能於地獄餓鬼傍生五趣之中
隨緣救濟令得出離何况今時煩惱都盡無
復餘習号天人師具一切智而不能爲一一
衆生經於多劫在地獄中及於餘處代受衆
苦令出生死煩惱輪迴尒時世尊欲重宣此
義而說頌言
我念過去世　無量無數劫　或時作國王　或復爲王子
常行於大施　及捨所愛身　願出離生死　至妙菩提處
昔時有大國　國主名大車　王子名勇猛　常施心無悋
王子有二兄　号大渠大天　三人同出遊　漸至山林所
見虎飢所逼　便生如是心　此虎飢火燒　更無餘可食
大士覩如斯　恐其將食子　捨身無所顧　救子不令傷
大地及諸山　一時皆震動　江海皆騰躍　驚波水逆流
天地失光明　昏冥無所見　林野諸禽獸　飛奔無所依

王子有二兄　号大渠大天　三人同出遊　漸至山林所
見虎飢所逼　便生如是心　此虎飢火燒　更無餘可食
大士覩如斯　恐其將食子　捨身無所顧　救子不令傷
大地及諸山　一時皆震動　江海皆騰躍　驚波水逆流
天地失光明　昏冥無所見　林野諸禽獸　飛奔失所依
二兄怪不還　憂惑生悲苦　即与諸侍從　林藪遍尋求
兄弟共籌議　復往深山處　四顧無所有　見虎處空林
其母并七子　口皆有血汙　殘骨并餘髮　縱橫在地中
復見有流血　散在竹林所　二兄既見已　心生大恐怖
悶絕俱躃地　荒迷不覺知　塵土坌其身　六情皆失念
王子諸侍從　啼泣心憂惱　以水灑令穌　舉手號咷哭
菩薩捨身時　慈母在宮內　五百諸婇女　共受於妙樂
夫人之兩乳　忽然自流出　遍體如針刺　苦痛不能安
欻生失子想　憂箭苦傷心　即白大王知　陳斯苦惱事
悲泣不堪忍　哀聲向王說　大王今當知　我生大苦惱
兩乳忽流出　禁止不隨心　如針遍刺身　煩冤胸欲破
我先夢惡徵　必當失愛子　願王濟我命　知兒存与亡
夢見三鴿鶵　小者是愛子　忽被鷹奪去　悲愁難具陳
我今沒憂海　趣死將不久　恐子命不全　願為速求覓
又聞外人語　小子求不得　我今意不安　願王哀愍我
夫人白王已　舉身而躃地　悲痛心悶絕　荒迷不覺知
婇女見夫人　悶絕在於地　舉聲皆大哭　憂惶失所依
王聞如是語　懷憂不自勝　因命諸群臣　尋求所愛子
皆共出城外　隨處而追覓　涕泣問諸人　王子今何在
今者為存亡　誰知所去處　云何令得見　適我憂惱心
諸人悉共傳　咸言王子死　聞者皆傷懷　悲歎苦難裁
尒時大車王　悲號從座起　即就夫人處　以水灑其身

BD04939號　金光明最勝王經卷一〇　（18–10）

婇女見夫人　悶絕在於地　舉聲皆大哭　憂惶失所依
王聞如是語　懷憂不自勝　因命諸群臣　尋求所愛子
皆共出城外　隨處而追覓　涕泣問諸人　王子今何在
今者為存亡　誰知所去處　云何令得見　適我憂惱心
諸人悉共傳　咸言王子死　聞者皆傷懷　悲歎苦難裁
尒時大車王　悲號從座起　即就夫人處　以水灑其身
夫人蒙水灑　久乃得醒悟　悲啼以問王　我兒今在不
王告夫人曰　我已使諸人　四向求王子　尚未有消息
王又告夫人　汝莫生煩惱　且當自安慰　可共出追尋
王即与夫人　嚴駕而前進　號動聲悽感　憂心若火然
士庶百千万　亦隨王出城　各欲求王子　悲號聲不絕
王求愛子故　目視於四方　見有一人來　被髮身塗血
遍體蒙塵坌　悲哭逆前來　王見是惡相　倍復生憂惱
王便舉兩手　哀號不自裁　初有一大臣　急忙至王所
進白大王曰　幸願勿悲哀　王之所愛子　今雖求未獲
不久當來至　以釋大王憂　王復更前行　見次大臣至
其臣詣王所　流淚白王言　二子今現在　被憂火所逼
其第三王子　已被無常吞　見餓虎初生　將欲食其子
彼薩埵王子　見此起悲心　願求無上道　當度一切眾
繫想妙菩提　廣大深如海　即上高山頂　投身餓虎前
虎羸不能食　以竹自傷頸　遂噉王子身　唯有餘骸骨
時王及夫人　聞已俱悶絕　心沒於憂海　煩惱火燒然
臣以栴檀水　灑王及夫人　俱起大悲號　舉手椎胸臆
第三大臣來　白王如是語　我見二王子　悶絕在林中
臣以冷水灑　尒乃蹔穌息　顧視於四方　如猛火周遍
蹔起而還伏　悲號不自勝　舉手以哀言　稱歎弟希有
王聞如是說　倍增憂火煎　夫人大號咷　高聲作是語

BD04939號　金光明最勝王經卷一〇　（18–11）

時王及夫人　聞已俱悶絶　心沒於憂海　煩惋火燒然
臣以旃檀水　灑王及夫人　俱起大悲號　舉手推胷臆
第三大臣來　白王如是語　我見二王子　悶絶在林中
臣以冷水灑　尒乃甦穌息　顧視於四方　如熾火周遍
蹔起而還伏　悲號不自勝　舉手以哀言　稱歎弟希有
王聞如是說　倍增憂火煎　夫人大號咷　高聲作是語
我之小子偏鍾愛　已為無常羅刹吞
餘有二子今現存　復被憂火所燒逼
我今速可之山下　安慰令其保餘命
即便馳駕望前路　一心詣彼捨身崖
路逢二子行啼泣　推胷懊惱失容儀
父母見已抱憂悲　俱往山林捨身處
既至菩薩捨身地　共聚悲號生大苦
脫去瓔珞盡哀心　收取菩薩身餘骨
与諸人衆同供養　共造七寶窣覩波
以彼舍利置函中　埜駕懷憂趣城邑
復告阿難陁　往時薩埵者　即我牟尼是　勿生於異念
王是父淨飯　后是母摩耶　太子謂慈氏　次男殊室利
虎是大世主　五兒五苾芻　一是大目連　一是舍利子
我為汝等說　往昔利他緣　如是菩薩行　成佛因當學
菩薩捨身時　發如是弘誓　願我身餘骨　來世益衆生
此是捨身處　七寶窣覩波　以經無量時　遂沉於厚地
由昔本願力　隨緣興濟度　為利於人天　從地而涌出
尒時世尊說是往昔因緣之時無量阿僧企耶
人天大衆皆大悲喜歎未曾有悉發阿耨多
羅三藐三菩提心復告樹神我為報恩故致
礼敬佛攝神力其窣覩波還沒于地

由昔本願力　隨緣興濟度　為利於人天　從地而涌出
尒時世尊說是往昔因緣之時無量阿僧企耶
人天大衆皆大悲喜歎未曾有悉發阿耨多
羅三藐三菩提心復告樹神我為報恩故致
礼敬佛攝神力其窣覩波還沒于地
金光明最勝王經十方菩薩讚歎品第廿七
尒時釋迦牟尼如來說是經時於十方世界有
無量百千万億諸菩薩衆各從本土詣鷲
峯山至世尊所五輪着地礼世尊已一心合掌
異口同音而讚歎曰
佛身微妙真金色　其光普照等金山
清淨柔耎若蓮花　無量妙彩而嚴飾
三十二相遍莊嚴　八十種好皆圓備
光明晒著無與等　離垢猶如淨滿月
其聲清澈甚微妙　如師子吼震雷音
八種微妙應群機　超勝迦陵頻伽等
百福妙相以嚴容　光明具足淨無垢
智慧澄明如大海　功德廣大若虛空
圓光遍滿十方界　隨緣普濟諸有情
煩惱愛染習皆除　法炬恒然不休息
哀愍利益諸衆生　現在未來能与樂
常為宣說第一義　令證涅槃真寂靜
佛說甘露殊勝法　能与甘露微妙義
引入甘露涅槃城　令受甘露無為樂
常於生死大海中　解脫一切衆生苦
令彼能住安隱路　恒与難思如意樂
如來德海甚深廣　非諸譬喻所能知

常為宣說第一義　令證涅槃真寂靜
佛說甘露殊勝法　能與甘露微妙義
引入甘露涅槃城　令受甘露無為樂
常於生死大海中　解脫一切眾生苦
令彼能住安隱路　恒與難思如意樂
如來德海甚深廣　非諸譬喻所能知
於眾常起大悲心　方便精勤恒不息
如來智海無邊際　一切人天共測量
假使千万億劫中　不能得知其少分
我今略讚佛功德　於德海中唯一渧
迴斯福聚施群生　皆願速證菩提果
尒時世尊告諸菩薩言善哉善哉汝等善能
如是讚佛功德利益有情廣興佛事能滅諸
罪生無量福

金光明最勝王經妙幢菩薩讚歎品第廿八

尒時妙幢菩薩即從座起偏袒右肩右膝着
地合掌向佛而說讚曰
牟尼百福相圓滿　無量功德以嚴身
廣大清淨人樂觀　猶如千日光明照
燄彩無邊光熾盛　如妙寶聚相端嚴
如日初出映虛空　紅白分明間金色
亦如金山光普照　悉能周遍百千土
能滅眾生無量苦　皆與無邊勝妙樂
諸相具足悉嚴淨　眾生樂觀無厭足
頭髮柔耎紺清色　猶如黑蜂集妙花
大喜大捨淨莊嚴　大慈大悲皆具足
眾妙相好為嚴飾　菩提分法之所成

能滅眾生無量苦　皆與無邊勝妙樂
諸相具足悉嚴淨　眾生樂觀無厭足
頭髮柔耎紺清色　猶如黑蜂集妙花
大喜大捨淨莊嚴　大慈大悲皆具足
眾妙相好為嚴飾　菩提分法之所成
如來能施眾福利　令彼常蒙大安樂
種種妙德共莊嚴　光明普照千万土
如來光相極圓滿　猶如赫日遍空中
佛如須弥功德具　示現能周於十方
如來金口妙端嚴　齒白齊密如珂雪
如來面貌無倫匹　眉間毫相常右旋
光潤鮮白等頗黎　猶如滿月居空界
佛告妙幢菩薩汝能如是讚佛功德不可思
議利益一切令未知者隨順修學

金光明最勝王經菩提樹神讚歎品第廿九

尒時菩提樹神亦以伽他讚世尊曰
敬禮如來清淨慧　敬禮常求正法慧
敬禮能離非法慧　敬禮恒無分別慧
希有世尊無邊行　希有難見比優曇
希有如海鎮山王　希有善逝光無量
希有調御弘慈願　希有釋種明逾日
能說如是經中寶　哀愍利益諸群生
牟尼寂靜諸根定　能入寂靜涅槃城
能住寂靜等持門　能知寂靜深境界
兩足中尊住空寂　聲聞弟子身亦空
一切法體性皆無　一切眾生悉空寂
我常憶念於諸佛　我常樂見諸世尊

能說如是經中實　義慈利益諸群生
牟尼寂靜諸根定　能入寂靜涅槃城
能住寂靜等持門　能知寂靜深境界
兩足中尊住空寂　聲聞弟子身亦空
一切法體性皆無　一切眾生悉空寂
我常憶念於諸佛　我常樂見諸世尊
我常發起慇重心　常得值遇如來日
我常頂礼於世尊　願常渴仰心不捨
悲泣流淚情無間　常得奉事不知猒
唯願世尊起悲心　和顏常得令我見
佛及聲聞眾清淨　願常普濟於人天
佛身本淨若虛空　亦如幻燄及水月
願說涅槃甘露法　能生一切功德聚
世尊所有淨境界　慈悲正行不思議
聲聞獨覺非所量　大仙菩薩不能測
唯願如來哀愍我　常令覩見大悲身
三業無倦奉慈尊　速出生死歸真際
尒時世尊聞是讚已以梵音聲告樹神曰善
哉善哉善女天汝能於我真實無妄清淨法
身自利利他宣揚妙相以此功德令汝速證
最上菩提一切有情同所修習若得聞者皆
入甘露無生法門
金光明最勝王經大辯才天女讚歎品第卅
尒時大辯才天女即從座起合掌恭敬以直
言詞讚世尊曰
南謨釋迦牟尼如來應正等覺身具金色咽
如螺貝面如滿月目類青蓮脣口赤好如頗

金光明最勝王經大辯才天女讚歎品第卅
尒時大辯才天女即從座起合掌恭敬以直
言詞讚世尊曰
南謨釋迦牟尼如來應正等覺身具金色咽
如螺貝面如滿月目類青蓮脣口赤好如頗
梨色鼻高脩直如截金鋌齒白齊密如拘物
頭花身光普照如百千日光彩映徹如贍部
金所有言詞皆無謬失示三解脫門開三菩
提路心常清淨意樂亦然佛所住處及所行
境亦常清淨離非威儀進止無謬六年苦行
三轉法輪度苦眾生令歸彼岸身相圓滿如
拘陀樹六度熏修三業無失具一切智自他
利滿所有宣說常為眾生言不虛設於釋種
中為大師子堅固勇猛具八解脫我今隨力
稱讚如來少分功德猶如蚊子飲大海水願
以此福廣及有情永離生死成無上道
尒時世尊告大辯天曰善哉善哉汝久修
習具大辯才今復於我廣陳讚歎令汝速證
無上法門相好圓明普利一切
金光明最勝王經付囑品第卅一
尒時世尊普告無量菩薩及諸人天一切大
眾汝等當知我於無量無數大劫勤修苦行
獲甚深法菩提正因已為汝說汝等誰能發
勇猛心恭敬守護我涅槃後於此法門廣宣
流布能[illegible]法[illegible]聞尒時眾中有六十
[illegible]胝諸天大眾異口同
[illegible]咸有欣樂之心於佛世

拘陁樹六度薰脩三業無失具一切智自他
利滿所有宣説常爲衆生言不虛設於釋種
中爲大師子堅固勇猛具八解脫我今隨力
稱讚如來少分功德猶如蚊子飲大海水願
以此福廣及有情永離生死成無上道
尒時世尊告大辯天曰善哉善哉汝久修
習具大辯才今復於我廣陳讚歎令汝速證
無上法門相好圓明普利一切
金光明冣勝王經付囑品第卅一
尒時世尊普告無量菩薩及諸人天一切大
衆汝等當知我於無量無數大劫勤修苦行
獲甚深法菩提正因已爲汝説汝等誰能發
勇猛心恭敬守護我涅槃後於此法門廣宣
流布能法 [illegible] 世間尒時衆中有六十
[illegible] 胝諸天大衆異口同
[illegible] 咸有欣樂之心於佛世
[illegible] 苦行所獲甚深微妙之
[illegible] 惜身命佛涅槃後
[illegible] 令正法久住世間尒
[illegible] 説加他曰

BD04939號　金光明最勝王經卷一〇　（18–18）

龍鬼神皆來集會一心聽佛說法瞻仰尊顔
目不暫捨佛言人生在世父母為親非父不生非
母不育是以寄託母胎懷身十月歲滿月充
母子俱顯生墮草上父母養育卧則蘭車父
母懷抱和和弄聲含笑未語飢時須食非母不
哺渴時須飲非母不乳母中飢時吞苦吐
甘推乾就濕非義不親非母不養慈母養
兒去離蘭車十指甲中食子不淨應各有八
斛四斗計論母恩昊天罔極嗚呼慈母云何
可報其恩阿難白佛言世尊云何報可其
恩唯願說之佛告阿難汝等諦聽善思念之吾
當為汝分別解說父母之恩昊天罔極云何可
報若有孝順慈孝之子能為父母作福造經或
以七月十五日能造佛槃盂蘭盆獻佛及僧
得果無量能報父母之恩若復有人書寫此
經流布世人受持讀誦當知此人報父母恩
父母云何可報但父母至於行來東西隣
里井竈碓磨不時還家我兒家中啼哭憶

報若有孝順慈孝之子能為父母作福造經或
以七月十五日能造佛槃盂蘭盆獻佛及僧
得果無量能報父母之恩若復有人書寫此
經流布世人受持讀誦當知此人報父母恩
父母云何可報但父母至於行來東西隣
里井竈碓磨不時還家我兒家中啼哭憶
我即來還家其兒遥見我來或在蘭車搖
頭弄腦或復曳腹隨行嗚呼向母母為其子
曲身下就長舒兩手拂拭塵土嗚和其口
開懷出乳以乳與之母見兒歡兒見母喜二情
恩悲親愛慈重莫復過二歲三歲弄意始行
於其食時非母不知父母行來值他坐席或
得餅餻不噉輟味懷挾來歸向與其子十來九
得恒常歡喜一過不得憍啼佯哭憍子不孝
又必五擿孝子不憍必有慈順遂至長大朋
友相隨梳頭摩髮欲得好衣覆蓋身體弊衣
破故父母自著親好綿帛先與其子至於行
來官私急疾傾心南北逐子東西橫上其
頭既索妻婦得他子女父母轉疏私房屋
室共相語樂父母年高氣力衰老終朝至暮
不來借問復或父孤母寡獨守空房猶如客
人寄止他舍常無恩愛復無濡被寒苦辛厄
難遭之甚年老色衰多饒蟣虱夙夜不卧長
吁歎息何罪宿愆生此不孝之子或時喚呼
瞋目驚怒婦兒罵詈低頭含笑妻復不孝
子復五擿夫妻和合同作五逆彼時喚呼急疾
取使十喚九違盡不從順罵詈瞋恚不如早死

BD04940號　父母恩重經　（3–2）

人壽似伏含常無恩愛後無濡被寒苦辛厄
難遭之甚年老色衰多饒蟣虱夙夜不卧長
吁歎息何罪宿愆生此不孝之子或時喚呼
瞋目驚怒婦兒罵詈低頭含嘆妻復不孝
子復五逆夫妻和合同作五逆彼時喚呼急疾
取使十喚九違盡不從順罵詈瞋恚不如早死
强在地上父母聞之悲哭懊惱流淚雙下啼
哭目腫汝初小時非吾不長但吾生汝不如本
無佛告阿難若善男子善女人能為父母受
持讀誦書寫父母恩重大乘摩訶般若波羅
蜜經一句一偈一逕耳目者所有五逆重罪悉
得消滅永盡無餘常得見佛聞法速得解
脫阿難從座而起偏袒右肩長跪合掌前
白佛言世尊此經云何名之云何奉持佛告阿難此
經名父母恩經若有一切衆生能為父母作福
造經燒香請佛礼拜供養三寶或飲食衆
僧當知是人能報父母其恩
帝釋梵王諸天人民一切衆生聞經歡喜發菩
薩心嚎哭動地淚下如雨五體投地信
受頂礼佛足歡喜奉行
佛說父母恩重經

乃食一十劫　喜歎未曾有　我等諸宮殿　蒙光故嚴飾
今以奉世尊　唯垂哀納受　願以此功德　普及於一切
我等與衆生　皆共成佛道
尒時五百万億諸梵天王偈讚佛已各白佛言
唯願世尊轉於法輪多所安隱多所度脫時
諸梵天王而說偈言
世尊轉法輪　擊甘露法鼓　度苦惱衆生　開示涅槃道
唯願受我請　以大微妙音　哀愍而敷演　无量劫習法
尒時大通智勝如来受十方諸梵天王及十六
王子請即時三轉十二行法輪若沙門婆羅
門若天魔梵及餘世間所不能轉謂是苦是
苦集是苦滅是苦滅道及廣說十二因緣法
无明緣行行緣識識緣名色名色緣六入六入緣
觸觸緣受受緣愛愛緣取取緣有有緣生
生緣老死憂悲苦惱无明滅則行滅行滅則識
滅識滅則名色滅名色滅則六入滅六入滅
六入滅則觸滅觸滅則受滅受滅則愛滅愛

BD04941號　妙法蓮華經卷三

（3–1）

苦集是苦滅是苦滅道及廣說十二因緣法
无明緣行行緣識識緣名名色緣六入六入緣
觸觸緣受受緣愛愛緣取取緣有有緣生
生緣老死憂悲苦惱无明滅則行滅行滅則識
滅識滅則名色滅名色滅則六入滅六入滅
六入滅則觸滅觸滅則受滅受滅則愛滅愛
滅則取滅取滅則有滅有滅則生滅生滅則
老死憂悲苦惱滅佛於天人大衆之中說是
法時六百万億那由他人以不受一切法故而
於諸漏心得解脫皆得深妙禪定三明六
通具八解脫第二第三第四說法時千万億
恒河沙那由他等衆生亦以不受一切法故
而於諸漏心得解脫從是已後諸聲聞衆无
量无邊不可稱數尒時十六王子皆以童子
出家而為沙弥諸根通利智慧明了已曾供
養百千万億諸佛淨脩梵行求阿耨多羅
三藐三菩提俱白佛言世尊是諸无量千万
億大德聲聞皆已成就世尊亦當為我等說
阿耨多羅三藐三菩提法我等聞已皆共脩
學世尊我等志願如来知見深心所念佛自
證知尒時轉輪聖王所將衆中八万億人見十
六王子出家亦求出家王即聽許尒時彼佛
受沙弥請過二万劫已乃於四衆之中說是大
乘經名妙法蓮華教菩薩法佛所護念說

BD04941號　妙法蓮華經卷三

（3–2）

學世尊我等志願如来知見深心所念佛自
證知尒時轉輪聖王所將衆中八万億人見十
六王子出家亦求出家王即聽許尒時彼佛
受沙弥請過二万劫已乃於四衆之中說是大
乘經名妙法蓮華教菩薩法佛所護念說
是經已十六沙弥為阿耨多羅三藐三菩提
故皆共受持諷誦通利說是經時十六菩薩沙
弥皆悉信受聲聞衆中亦有信解其餘衆
生千万億種皆生疑惑佛說是經於八千劫
未曾休癈說此經已即入靜室住於禪定八
万四千劫是時十六菩薩沙弥知佛入室寂
然禪定各昇法座亦於八万四千劫為四部
衆廣說分別妙法華經一一皆度六百万億
那由他恒河沙等衆生示教利喜令發阿耨
多羅三藐三菩提心大通智勝佛過八万四
千劫已從三昧起往詣法座安詳而坐普告
大衆是十六菩薩沙弥甚為希有諸根通利
智慧明了已曾供養无量千万億數諸佛於
諸佛所常脩梵行受持佛智開示衆生令入
其中汝等皆當數數親近而供養之所以者
何若聲聞辟支佛及諸菩薩能信是十六菩
薩所說經法受持不毀者是人皆當得阿耨
多羅三藐三菩提如来之慧佛告諸比丘是
十六菩薩常樂說是妙法蓮華經一一菩薩

BD04941 號　妙法蓮華經卷三　（3–3）

典但行礼拜乃至遠見四衆亦復故往礼拜
讚嘆而作是言我不敢輕於汝等汝等皆當
作佛四衆之中有生嗔恚心不淨者惡口罵
詈言是无智比丘從何所來自言我不輕汝
而與我等受記當得作佛我等不用如是虛
妄受記如此經歷多年常被罵詈不生嗔恚
常作是言汝當作佛說是語時衆人或以杖
木瓦石而打擲之避走遠住猶高聲唱言我
不敢輕於汝等汝等皆當作佛以其常作是
語故增上慢比丘比丘尼優婆塞優婆夷号
之為常不輕是比丘臨欲終時於虛空中具
聞威音王佛先所說法華經二十千万億偈
悉能受持即得如上眼根清淨耳鼻舌身意
根清淨得是六根清淨已更增壽命二百万
億那由他歲廣為人說是法華經
於時增上慢四衆比丘比丘尼優婆塞優婆
夷輕賤是人為作不輕名者見其得大神通
力樂說辯力大善寂力聞其所說皆信伏隨
從是菩薩復化千万億衆令住阿耨多羅三
藐三菩提命終之後得值二千億佛皆号曰
月燈明於其法中說是法華經以是因緣復

BD04942 號　妙法蓮華經（八卷本）卷七　（22–1）

億那由他歲廣為人說是法華經
於時增上慢四眾比丘比丘尼優婆塞優婆
夷輕賤是人為作不輕名者見其得大神通
力樂說辯力大善寂力聞其所說皆信伏隨
從是菩薩復化千万億眾令住阿耨多羅三
藐三菩提命終之後得值二千億佛皆号曰
月燈明於其法中說是法華經以是因緣復
值二千億佛同号雲自在燈王於此諸佛法
中受持讀誦為諸四眾說此經典故得是常
眼清淨耳鼻舌身意諸根清淨於四眾中說
法心无所畏得大勢是常不輕菩薩摩訶薩
供養如是若干諸佛恭敬尊重讚歎種諸
善根於後復值千万億佛亦於諸佛法中說
是經典功德成就當得作佛
得大勢於意云何尒時常不輕菩薩豈異人
乎則我身是若我於宿世不受持讀誦此經
為他人說者不能疾得阿耨多羅三藐三菩
提我於先佛所受持讀誦此經為他人說故
疾得阿耨多羅三藐三菩提得大勢彼時四
眾比丘比丘尼優婆塞優婆夷以瞋恚意輕
賤我故二百億劫常不值佛不聞法不見僧
千劫於阿鼻地獄受大苦惱畢是罪已復遇
常不輕菩薩教化阿耨多羅三藐三菩提得
大勢於汝意云何尒時四眾常輕是菩薩者
豈異人乎今此會中颰陀婆羅等五百菩薩
師子月等五百比丘尼思佛等五百優婆塞
皆於阿耨多羅三藐三菩提不退轉者是得

BD04942號　妙法蓮華經（八卷本）卷七　（22–2）

千劫於阿鼻地獄受大苦惱畢是罪已復遇
常不輕菩薩教化阿耨多羅三藐三菩提得
大勢於汝意云何尒時四眾常輕是菩薩者
豈異人乎今此會中颰陀婆羅等五百菩薩
師子月等五百比丘尼思佛等五百優婆塞
皆於阿耨多羅三藐三菩提不退轉者是得
大勢當知是法華經大饒益諸菩薩摩訶薩
能令至於阿耨多羅三藐三菩提是故諸菩
薩摩訶薩於如來滅後常應受持讀誦解說
書寫是經尒時世尊欲重宣此義而說偈言
過去有佛　号威音王　神智无量　將導一切
天人龍神　所共供養　是佛滅後　法欲盡時
有一菩薩　名常不輕　時諸四眾　計著於法
不輕菩薩　往到其所　而語之言　我不輕汝
汝等行道　皆當作佛　諸人聞已　輕毀罵詈
不輕菩薩　能忍受之　其罪畢已　臨命終時
得聞此經　六根清淨　神通力故　增益壽命
復為諸人　廣說是經　諸著法眾　皆蒙菩薩
教化成就　令住佛道　不輕命終　值无數佛
說是經故　得无量福　漸具功德　疾成佛道
彼時不輕　則我身是　時四部眾　著法之者
聞不輕言　汝當作佛　以是因緣　值无數佛
此會菩薩　五百之眾　并及四部　清信士女
今於我前　聽法者是　我於前世　勸是諸人
聽受斯經　第一之法　開示教人　令住涅槃
世世受持　如是經典　億億万劫　至不可議
時乃得聞　是法華經　億億万劫　至不可議

BD04942號　妙法蓮華經（八卷本）卷七　（22–3）

聞不輕言 汝當作佛 以是因緣 值无數佛
此會菩薩 五百之衆 并及四部 清信士女
今於我前 聽法者是 我於前世 勸是諸人
聽受斯經 第一之法 開示教人 令住涅槃
世世受持 如是經典 億億万劫 至不可議
時乃得聞 是法華經 億億万劫 至不可議
諸佛世尊 時說是經 是故行者 於佛滅後
聞如是經 勿生疑惑 應當一心 廣說此經
世世值佛 疾成佛道
妙法蓮華經如來神力品第廿一
尒時千世界微塵等菩薩摩訶薩從地踊出
者皆於佛前一心合掌瞻仰尊顏而白佛言
世尊我等於佛滅後世尊分身所在國土滅
度之處當廣說此經所以者何我等亦自欲
得是真淨大法受持讀誦解說書寫而供養
之尒時世尊於文殊師利等无量百千万億
舊住娑婆世界菩薩摩訶薩及諸比丘比丘
尼優婆塞優婆夷天龍夜叉乾闥婆阿修羅
迦樓羅緊那羅摩睺羅伽人非人等一切衆
前現大神力出廣長舌上至梵世一切毛孔
放於无量无數色光皆悉遍照十方世界衆
寶樹下師子座上諸佛亦復如是出廣長舌
放无量光
釋迦牟尼佛及寶樹下諸佛現神力時滿百
千歲然後還攝舌相一時謦欬俱共彈指是
二音聲遍至十方諸佛世界地皆六種震動
其中衆生天龍夜叉乾闥婆阿修羅迦樓羅
緊那羅摩睺羅伽人非人等以佛神力故皆

BD04942號　妙法蓮華經（八卷本）卷七

（22–4）

寶樹下師子座上諸佛亦復如是出廣長舌
放无量光
釋迦牟尼佛及寶樹下諸佛現神力時滿百
千歲然後還攝舌相一時謦欬俱共彈指是
二音聲遍至十方諸佛世界地皆六種震動
其中衆生天龍夜叉乾闥婆阿修羅迦樓羅
緊那羅摩睺羅伽人非人等以佛神力故皆
見此娑婆世界无量无邊百千万億衆寶樹
下師子座上諸佛及見釋迦牟尼佛共多寶
如來在寶塔中坐師子座又見无量无邊百
千万億菩薩摩訶薩及諸四衆恭敬圍遶釋
迦牟尼佛既見是已皆大歡喜得未曾有即
時諸天於虛空中高聲唱言過此无量无邊
百千万億阿僧祇世界有國名娑婆是中有
佛名釋迦牟尼今為諸菩薩摩訶薩說大乘
經名妙法蓮華教菩薩法佛所護念汝等當
深心隨喜亦當礼拜供養釋迦牟尼佛彼諸
衆生聞虛空中聲已合掌向娑婆世界作如是
言南无釋迦牟尼佛南无釋迦牟尼佛以種種
華香瓔珞幡蓋及諸嚴身之具珍寶妙物皆
共遙散娑婆世界所散諸物從十方來譬如
雲集變成寶帳遍覆此間諸佛之上于時十
方世界通達无导如一佛土
尒時佛告上行等菩薩大衆諸佛神力如是
无量无邊不可思議若我以是神力於无量
无邊百千万億阿僧祇劫為囑累故說此經
功德猶不能盡以要言之如來一切所有之
法如來一切自在神力如來一切秘要之藏

BD04942號　妙法蓮華經（八卷本）卷七

（22–5）

方世界通達无㝵如一佛土
尒時佛告上行等菩薩大眾諸佛神力如是
无量无邊不可思議若我以是神力於无量
无邊百千万億阿僧祇劫為囑累故說此經
功德猶不能盡以要言之如來一切所有之
法如來一切自在神力如來一切祕要之藏
如來一切甚深之事皆於此經宣示顯說是
故汝等於如來滅後應當一心受持讀誦解
說書寫如說脩行所在國土若有受持讀誦
解說書寫如說脩行若經卷所住之處若於
園中若於林中若於樹下若於僧房若白
衣舍若在殿堂若山谷曠野是中皆應起塔
供養所以者何當知是處即是道場諸佛於
此得阿耨多羅三藐三菩提諸佛於此轉于
法輪諸佛於此而般涅槃尒時世尊欲重宣
此義而說偈言
諸佛救世者　住於大神通　為悅眾生故　現无量神力
舌相至梵天　身放无數光　為求佛道者　現此希有事
諸佛謦欬聲　及彈指之聲　周聞十方國　地皆六種動
以佛滅度後　能持是經故　諸佛皆歡喜　現无量神力
囑累是經故　讚美受持者　於无量劫中　猶故不能盡
是人之功德　无邊无有窮　如十方虛空　不可得邊際
能持是經者　則為已見我　亦見多寶佛　及諸分身者
又見我今日　教化諸菩薩　能持是經者　令我及分身
滅度多寶佛　一切皆歡喜　十方現在佛　并過去未來
亦見亦供養　亦令得歡喜　諸佛坐道場　所得祕要法
能持是經者　不久亦當得　能持是經者　於諸法之義

BD04942號　妙法蓮華經（八卷本）卷七　（22-6）

囑累是經故　讚美受持者　於无量劫中　猶故不能盡
是人之功德　无邊无有窮　如十方虛空　不可得邊際
能持是經者　則為已見我　亦見多寶佛　及諸分身者
又見我今日　教化諸菩薩　能持是經者　令我及分身
滅度多寶佛　一切皆歡喜　十方現在佛　并過去未來
亦見亦供養　亦令得歡喜　諸佛坐道場　所得祕要法
能持是經者　不久亦當得　能持是經者　於諸法之義
名字及言辭　樂說无窮盡　如風於空中　一切无鄣㝵
於如來滅後　知佛所說經　因緣及次第　隨義如實說
如日月光明　能除諸幽冥　斯人行世間　能滅眾生闇
教无量菩薩　畢竟住一乘　是故有智者　聞此功德利
於我滅度後　應受持斯經　是人於佛道　決定无有疑

妙法蓮華經囑累品第廿二

尒時釋迦牟尼佛從法座起現大神力以右
手摩无量菩薩摩訶薩頂而作是言我於无
量百千万億阿僧祇劫脩集是難得阿耨多
羅三藐三菩提法今以付囑汝等汝等應當
一心流布此法廣令增益如是三摩諸菩薩
摩訶薩頂而作是言我於无量百千万億阿
僧祇劫脩集是難得阿耨多羅三藐三菩提
法今以付囑汝等汝等當受持讀誦廣宣此
法令一切眾生普得聞知所以者何如來有
大慈悲无諸慳悋亦无所畏能與眾生佛之
智慧如來智慧自然智慧如來是一切眾生
之大施主汝等亦應隨學如來之法勿生慳
悋於未來世若有善男子善女人信如來智
慧者當為演說此法華經使得聞知為令其
人得佛慧故若有眾生不信受者當於如來

BD04942號　妙法蓮華經（八卷本）卷七　（22-7）

大慈悲无諸慳悋亦无所畏能與衆生佛之
智慧如来智慧自然智慧如来是一切衆生
之大施主汝等亦應隨學如来之法勿生慳
悋於未来世若有善男子善女人信如来智
慧者當為演說此法華經使得聞知為令其
人得佛慧故若有衆生不信受者當於如来
餘深法中示教利喜汝等若能如是則為已
報諸佛之恩
時諸菩薩摩訶薩聞佛作是說已皆大歡喜
遍滿其身益加恭敬曲躬低頭合掌向佛俱
發聲言如世尊勅當具奉行唯然世尊願不
有慮諸菩薩摩訶薩衆如是三反俱發聲言
如世尊勅當具奉行唯然世尊願不有慮尒
時釋迦牟尼佛令十方来諸分身佛各還本
土而作是言諸佛各隨所安多寶佛塔還可
如故說是語時十方无量分身諸佛坐寶樹
下師子座上者及多寶佛并上行等无邊阿
僧祇菩薩大衆舍利弗等聲聞四衆及一切
世間天人阿脩羅等聞佛所說皆大歡喜

妙法蓮華經藥王菩薩本事品第廿三

尒時宿王華菩薩白佛言世尊藥王菩薩云
何遊於娑婆世界世尊是藥王菩薩有若干
百千万億那由他難行苦行善哉世尊願少
解說諸天龍神夜叉乾闥婆阿脩羅迦樓羅
緊那羅摩睺羅伽人非人等又他國土諸来
菩薩及此聲聞衆聞皆歡喜尒時佛告宿王
華菩薩乃往過去无量恒河沙劫有佛号日

何遊於娑婆世界世尊是藥王菩薩有若干
百千万億那由他難行苦行善哉世尊願少
解說諸天龍神夜叉乾闥婆阿脩羅迦樓羅
緊那羅摩睺羅伽人非人等又他國土諸来
菩薩及此聲聞衆聞皆歡喜尒時佛告宿王
華菩薩乃往過去无量恒河沙劫有佛号日
月淨明德如来應供正遍知明行足善逝世
間解无上士調御丈夫天人師佛世尊其佛
有八十億大菩薩摩訶薩七十二恒河沙大聲
聞衆佛壽四万二千劫菩薩壽命亦等彼國
无有女人地獄餓鬼畜生阿脩羅等及以
諸難地平如掌琉璃所成寶樹莊嚴寶帳覆
上垂寶華幡寶瓶香爐周遍國界七寶為臺
一樹一臺其樹去臺盡一箭道此諸寶樹皆
有菩薩聲聞而坐其下諸寶臺上各有百億
諸天作天伎樂歌歎於佛以為供養
尒時彼佛為一切衆生喜見菩薩及衆菩薩
諸聲聞衆說法華經是一切衆生喜見菩薩
樂習苦行於日月淨明德佛法中精進經行
一心求佛滿万二千歲已得現一切色身三
昧得此三昧已心大歡喜即作念言我得現
一切色身三昧皆是得聞法華經力我今當
供養日月淨明德佛及法華經即時入是三
昧於虛空中雨曼陀羅華摩訶曼陀羅華細
末堅黑栴檀滿虛空中如雲而下又雨海此
岸栴檀之香此香六銖價直娑婆世界以供
養佛作是供養已從三昧起而自念言我雖
以神力供養於佛不如以身供養即服諸香

昧於虗空中雨曼陁羅華摩訶曼陁羅華細
末堅黑栴檀滿虗空中如雨而下又雨海此
岸栴檀之香此香六銖價直娑婆世界以供
養佛作是供養已從三昧起而自念言我雖
以神力供養於佛不如以身供養即服諸香
栴檀薰陸兜樓婆畢力迦沉水膠香又飲瞻
蔔諸華香油滿千二百歲已香油塗身於日
月淨明德佛前以天寶衣而自纏身灌諸香
油以神通力願而自然身光明遍照八十億
恒河沙世界其中諸佛同時讚言善哉善哉
善男子是真精進是名真法供養如來若以
華香瓔珞燒香末香塗香天繒幡蓋及海此
岸栴檀之香如是等種種諸物供養所不能
及假使國城妻子布施亦所不及善男子是
名第一之施於諸施中最尊最上以法供養
諸如來故作是語已而各嘿然其身火然千
二百歲過是已後其身乃盡一切衆生喜見
菩薩作如是法供養已命終之後復生日月
淨明德佛國中於淨德王家結加趺坐忽然
化生即為其父而說偈言
大王今當知　我經行彼處　即時得一切　現諸身三昧
勤行大精進　捨所愛之身
說是偈已而白父言日月淨明德佛今故現
在我先供養佛已得解一切衆生語言陁羅
尼復聞是法華經八百千万億那由他甄迦
羅頻婆羅阿閦婆等偈大王我今當還供養
此佛白已即坐七寶之臺上昇虗空高七多

勤行大精進　捨所愛之身
說是偈已而白父言日月淨明德佛今故現
在我先供養佛已得解一切衆生語言陁羅
尼復聞是法華經八百千万億那由他甄迦
羅頻婆羅阿閦婆等偈大王我今當還供養
此佛白已即坐七寶之臺上昇虗空高七多
羅樹往到佛所頭面礼足合十指爪以偈讚佛
容顏甚奇妙　光明照十方　我適曾供養　今復還親覲
尒時一切衆生喜見菩薩說是偈已而白佛
言世尊世尊猶故在世尒時日月淨明德佛
告一切衆生喜見菩薩善男子我涅槃時到
滅盡時至汝可安施牀坐我於今夜當般涅
槃又勑一切衆生喜見菩薩善男子我以佛
法囑累於汝及諸菩薩大弟子并阿耨多羅
三藐三菩提法亦以三千大千七寶世界諸
寶樹寶臺及給侍諸天悉付於汝我滅度後
所有舍利亦付囑汝當令流布廣設供養應
起若干千塔如是日月淨明德佛勑一切衆
生喜見菩薩已於夜後分入於涅槃尒時一
切衆生喜見菩薩見佛滅度悲感懊惱戀慕
於佛即以海此岸栴檀為𧂐供養佛身而以
燒之火滅已後收取舍利作八万四千寶瓶
以起八万四千塔高三世界表刹莊嚴垂諸
幡蓋懸衆寶鈴
尒時一切衆生喜見菩薩復自念言我雖作
是供養心猶未足我今當更供養舍利便語
諸菩薩大弟子及天龍夜叉等一切大衆汝
等當一心念我供養日月淨明德佛舍利

以起八万四千塔高三世界表刹莊嚴垂諸
幡蓋懸衆寶鈴
尒時一切衆生憙見菩薩復自念言我雖作
是供養心猶未足我今當更供養舍利便語
諸菩薩大弟子及天龍夜叉等一切大衆汝
等當一心念我今供養日月淨明德佛舍利
作是語已即於八万四千塔前然百福莊嚴
臂七万二千歲而以供養令无數求聲聞衆
无量阿僧祇人發阿耨多羅三藐三菩提心
皆使得住現一切色身三昧尒時諸菩薩大
弟子天人阿脩羅等見其无臂憂惱悲哀而
作是言此一切衆生憙見菩薩是我等師教
化我者而今燒臂身不具足于時一切衆生
憙見菩薩於大衆中立此誓言我捨兩臂必
當得佛金色之身若實不虛令我兩臂還復
如故作是誓已自然還復由斯菩薩福德智
慧淳厚所致當尒之時三千大千世界六種
震動天雨寶華一切天人得未曾有
佛告宿王華菩薩於汝意云何一切衆生憙
見菩薩豈異人乎今藥王菩薩是也其所捨
身布施如是无量百千万億那由他數宿王
華若有發心欲得阿耨多羅三藐三菩提者
能燃手指乃至足一指供養佛塔勝以國城
妻子及三千大千國土山林河池諸珎寶物
而供養者若復有人以七寶滿三千大千世
界供養於佛及大菩薩辟支佛阿羅漢是人
所得功德不如受持此法華經乃至一四句

BD04942號　妙法蓮華經（八卷本）卷七　（22–12）

妻子及三千大千國土山林河池諸珎寶物
而供養者若復有人以七寶滿三千大千世
界供養於佛及大菩薩辟支佛阿羅漢是人
所得功德不如受持此法華經乃至一四句
偈其福最多宿王華譬如一切川流江河諸
水之中海為第一此法華經亦復如是於諸
如來所說經中最為深大又如土山黑山小
鐵圍山大鐵圍山及十寶山衆山之中須弥
山為第一此法華經亦復如是於諸經中最
為其上又如衆星之中月天子最為第一此
法華經亦復如是於千万億種諸經法中最
為照明又如日天子能除諸闇此經亦復如
是能破一切不善之闇又如諸小王中轉輪
聖王最為第一此經亦復如是於衆經中最
為其尊又如帝釋於三十三天中王此經亦
復如是諸經中王
又如大梵天王一切衆生之父此經亦復如
是一切賢聖學无學及發菩薩心者之父又
如一切凡夫人中須陁洹斯陁含阿那含阿
羅漢辟支佛為第一此經亦復如是一切如
來所說若菩薩所說若聲聞所說諸經法中
最為第一有能受持是經典者亦復如是於
一切衆生中亦為第一一切聲聞辟支佛中
菩薩為第一此經亦復如是於一切諸經法
中最為第一如佛為諸法王此經亦復如是
諸經中王宿王華此經能救一切衆生者此
經能令一切衆生離諸苦惱此經能大饒益

BD04942號　妙法蓮華經（八卷本）卷七　（22–13）

最為第一有能受持是經典者亦復如是於
一切衆生中亦為第一一切聲聞辟支佛中
菩薩為第一此經亦復如是於一切諸經法
中最為第一如佛為諸法王此經亦復如是
諸經中王宿王華此經能救一切衆生者此
經能令一切衆生離諸苦惱此經能大饒益
一切衆生充滿其願如清涼池能滿一切諸
渴之者如寒者得火如裸者得衣如商人得
主如子得母如渡者得船如病者得醫如闇得
燈如貧得寶如民得王如賈客得海如炬除
闇此法華經亦復如是能令衆生離一切苦
一切病痛能解一切生死之縛若人得聞此法
華經若自書若使人書所得功德以佛智慧
籌量多少不得其邊若書是經卷華香瓔珞
燒香末香塗香旛蓋衣服種種之燈蘇燈
油燈諸香油燈瞻蔔油燈須曼那油燈波羅羅
油燈婆利師迦油燈那婆摩利油燈供養所
得功德亦復无量宿王華若有人聞是藥王
菩薩本事品者亦得无量无邊功德若有女
人聞是藥王菩薩本事品能受持者盡是女
身後不復受若如來滅後後五百歲中若有
女人聞是經典如說脩行於此命終即往安
樂世界阿弥陁佛大菩薩衆圍遶住處生蓮
華中寶座之上不復為貪欲所惱亦復不為
嗔恚愚癡所惱亦復不為憍慢嫉妬諸垢所
惱得菩薩神通无生法忍得是忍已眼根清
淨以是清淨眼根見七百万二千億那由他
恒河沙等諸佛如来

BD04942號　妙法蓮華經（八卷本）卷七　（22–14）

樂世界阿弥陁佛大菩薩衆圍遶住處生蓮
華中寶座之上不復為貪欲所惱亦復不為
嗔恚愚癡所惱亦復不為憍慢嫉妬諸垢所
惱得菩薩神通无生法忍得是忍已眼根清
淨以是清淨眼根見七百万二千億那由他
恒河沙等諸佛如来
是時諸佛遥共讚言善哉善哉善男子汝能
於釋迦牟尼佛法中受持讀誦思惟是經為
他人說所得福德无量无邊火不能燒水不
能漂汝之功德千佛共說不能令盡汝今已
能破諸魔賊壞生死軍諸餘怨敵皆悉摧滅
善男子百千諸佛以神通力共守護汝於一
切世間天人之中无如汝者唯除如来其諸
聲聞辟支佛乃至菩薩智慧禪定无有與汝
等者宿王華此菩薩成就如是功德智慧之
力若有人聞是藥王菩薩本事品能隨喜讚
善者是人現世口中常出青蓮華香身毛孔
中常出牛頭栴檀香所得功德如上所說是
故宿王華以此藥王菩薩本事品囑累於汝
我滅度後後五百歲中廣宣流布於閻浮提
无令斷絕惡魔魔民諸天龍夜叉鳩槃茶等
得其便也宿王華汝當以神通之力守護是
經所以者何此經則為閻浮提人病之良藥
若人有病得聞是經病即消滅不老不死宿
王華汝若見有受持是經者應以青蓮華盛
滿末香供散其上散已作是念言此人不久
必當取草坐於道場破諸魔軍當吹法蠡擊
大法鼓度脫一切衆生老病死海是故求佛

BD04942號　妙法蓮華經（八卷本）卷七　（22–15）

經所以者何此經則為閻浮提人病之良藥
若人有病得聞是經病即消滅不老不死宿
王華汝若見有受持是經者應以青蓮華盛
滿末香供散其上散已作是念言此人不久
必當取草坐於道場破諸魔軍當吹法螺擊
大法鼓度脫一切眾生老病死海是故求佛
道者見有受持是經典人應當如是生恭敬
心說是藥王菩薩本事品時八万四千菩薩
得解一切眾生語言陀羅尼多寶如來於寶
塔中讚宿王華菩薩言善哉善哉宿王華汝
成就不可思議功德乃能問釋迦牟尼佛如
此之事利益无量一切眾生

妙法蓮華經妙音菩薩品第廿四

尒時釋迦牟尼佛放大人相肉髻光明及放
眉間白豪相光遍照東方百八万億那由他
恒河沙等諸佛世界過是數已有世界名淨
光莊嚴其國有佛号淨華宿王智如來應供
正遍知明行足善逝世間解无上士調御丈
夫天人師佛世尊无量无邊菩薩大眾恭敬
圍遶而為說法釋迦牟尼佛白豪光明遍照
其國尒時一切淨光莊嚴國中有一菩薩名
曰妙音久已殖眾德本供養親近无量百千
万億諸佛而悉成就甚深智慧得妙幢相三
昧法華三昧淨德三昧宿王戲三昧无緣三
昧智印三昧解一切眾生語言三昧集一切
功德三昧清淨三昧神通遊戲三昧慧炬三
昧莊嚴王三昧淨光明三昧淨藏三昧不共
三昧日旋三昧得如是百千万億恒河沙等

BD04942號　妙法蓮華經（八卷本）卷七

（22–16）

万億諸佛而悉成就甚深智慧得妙幢相三
昧法華三昧淨德三昧宿王戲三昧无緣三
昧智印三昧解一切眾生語言三昧集一切
功德三昧清淨三昧神通遊戲三昧慧炬三
昧莊嚴王三昧淨光明三昧淨藏三昧不共
三昧日旋三昧得如是百千万億恒河沙等
諸大三昧釋迦牟尼佛光照其身即白淨華
宿王智佛言世尊我當往詣娑婆世界礼拜
親近供養釋迦牟尼佛及見文殊師利法王
子菩薩藥王菩薩勇施菩薩宿王華菩薩上
行意菩薩莊嚴王菩薩藥上菩薩
尒時淨華宿王智佛告妙音菩薩汝莫輕彼
國生下劣想善男子彼娑婆世界高下不平
土石諸山穢惡充滿佛身卑小諸菩薩眾其
形亦小而汝身四万二千由旬我身六百八
十万由旬汝身第一端正百千万福光明殊
妙是故汝往莫輕彼國若佛菩薩及國土生
下劣想妙音菩薩白其佛言世尊我今詣娑
婆世界皆是如來之力如來神通遊戲如來
功德智慧莊嚴於是妙音菩薩不起于座身
不動搖而入三昧以三昧力於耆闍崛山去
法座不遠化作八万四千眾寶蓮華閻浮檀
金為莖白銀為葉金剛為鬚甄叔迦寶以為
其臺尒時文殊師利法王子見是蓮華而白
佛言世尊是何因緣先現此瑞有若干千万
蓮華閻浮檀金為莖白銀為葉金剛為鬚甄
叔迦寶以為其臺

BD04942號　妙法蓮華經（八卷本）卷七

（22–17）

金為茎白銀為葉金剛為鬚甄叔迦寶以為
其臺尒時文殊師利法王子見是蓮華而白
佛言世尊是何因緣先現此瑞有若干千万
蓮華閻浮檀金為茎白銀為葉金剛為鬚甄
叔迦寶以為其臺
尒時釋迦牟尼佛告文殊師利是妙音菩薩
摩訶薩欲從淨華宿王智佛國與八万四千
菩薩圍遶而來至此娑婆世界供養親近礼
拜於我亦欲供養聽法華經文殊師利白佛
言世尊是菩薩種何善本脩何功德而能有
是大神通力行何三昧願為我等說是三昧
名字我等亦欲勤脩行之行此三昧乃能見
是菩薩色相大小威儀進止唯願世尊以神
通力彼菩薩來令我得見尒時釋迦牟尼佛
告文殊師利此久滅度多寶如來當為汝等
而現其相時多寶佛告彼菩薩善男子來文
殊師利法王子欲見汝身
于時妙音菩薩於彼國沒與八万四千菩薩
俱共發來所經諸國六種震動皆悉雨於七
寶蓮華百千天樂不鼓自鳴是菩薩目如廣
大青蓮華葉政使和合百千万月其面貌端
正復過於此身真金色无量百千功德莊嚴
威德熾盛光明照曜諸相具足如那羅延堅
固之身入七寶臺上昇虛空去地七多羅樹
諸菩薩眾恭敬圍遶而來詣此娑婆世界耆
闍崛山到已下七寶臺以價直百千瓔珞持
至釋迦牟尼佛所頭面礼足奉上瓔珞而白

正復過於此身真金色无量百千功德莊嚴
威德熾盛光明照曜諸相具足如那羅延堅
固之身入七寶臺上昇虛空去地七多羅樹
諸菩薩眾恭敬圍遶而來詣此娑婆世界耆
闍崛山到已下七寶臺以價直百千瓔珞持
至釋迦牟尼佛所頭面礼足奉上瓔珞而白
佛言世尊淨華宿王智佛問訊世尊少病少
惱起居輕利安樂行不四大調和不世事可
忍不眾生易度不无多貪欲瞋恚愚癡嫉妬
慳慢不无不孝父母不敬沙門邪見不善心
不攝五情不世尊眾生能降伏諸魔怨不久
滅度多寶如來在七寶塔中來聽法不又問
訊多寶如來安隱少惱堪忍久住不世尊我
今欲見多寶佛身唯願世尊示我令見尒時
釋迦牟尼佛語多寶佛是妙音菩薩欲得相
見時多寶佛告妙音言善哉善哉汝能為供養
釋迦牟尼佛及聽法華經并見文殊師利等
故來至此
尒時華德菩薩白佛言世尊是妙音菩薩種
何善根脩何功德有是神力佛告華德菩薩
過去有佛名雲雷音王多陀阿伽度阿羅訶
三藐三佛陀國名現一切世間劫名喜見妙
音菩薩於万二千歲以十万種伎樂供養雲
雷音王佛并奉上八万四千七寶鉢以是因
緣果報今生淨華宿王智佛國有是神力華
德於汝意云何尒時雲雷音王佛所妙音菩
薩伎樂供養奉上寶器者豈異人乎今此妙
音菩薩摩訶薩是華德是妙音菩薩已曾供

雷音王佛并奉上八万四千七寶鉢以是因
緣果報今生淨華宿王智佛所有是神力華
德於汝意云何尒時雲雷音王佛所妙音菩
薩伎樂供養奉上寶器者豈異人乎今此妙
音菩薩摩訶薩是華德是妙音菩薩已曾供
養親近无量諸佛久殖德本又值恒河沙等
百千万億那由他佛
華德汝但見妙音菩薩其身在此而是菩薩
現種種身處處為諸衆生說是經典或現梵
王身或現帝釋身或現自在天身或現大自
在天身或現天大将軍身或現毗沙門天王身
或現轉輪聖王身或現諸小王身或現長者
身或現居士身或現宰官身或現婆羅門身
或現比丘比丘尼優婆塞優婆夷身或現長
者居士婦女身或現宰官婦女身或現婆羅
門婦女身或現童男童女身或現天龍夜叉
乾闥婆阿脩羅迦樓羅緊那羅摩睺羅伽人
非人等身而說是經諸有地獄餓鬼畜生及
衆難處皆能救濟乃至於王後宮變為女身
而說是經
華德是妙音菩薩能救護娑婆世界諸衆生
者是妙音菩薩如是種種變化現身在此娑
婆國土為諸衆生說是經典於神通變化智
慧无所損减是菩薩以若干智慧明照娑婆
世界令一切衆生各得所知於十方恒河沙
世界中亦復如是若應以聲聞形得度者現
聲聞形而為說法應以辟支佛形得度者現

BD04942號　妙法蓮華經（八卷本）卷七

（22–20）

者是妙音菩薩如是種種變化現身在此娑
婆國土為諸衆生說是經典於神通變化智
慧无所損减是菩薩以若干智慧明照娑婆
世界令一切衆生各得所知於十方恒河沙
世界中亦復如是若應以聲聞形得度者現
聲聞形而為說法應以辟支佛形得度者現
辟支佛形而為說法應以菩薩形得度者現
菩薩形而為說法應以佛形得度者即現佛
形而為說法如是種種隨所應度而為現形
乃至應以滅度而得度者示現滅度華德妙
音菩薩摩訶薩成就大神通智慧之力其事
如是
尒時華德菩薩白佛言世尊是妙音菩薩深
種善根世尊是菩薩住何三昧而能如是在
所變現度脫衆生佛告華德菩薩善男子其
三昧名現一切色身妙音菩薩住是三昧中
能如是饒益无量衆生說是妙音菩薩品時
與妙音菩薩俱來者八万四千人皆得現一
切色身三昧此娑婆世界无量菩薩亦得是
三昧及陁羅尼尒時妙音菩薩摩訶薩供養
釋迦牟尼佛及多寶佛塔已還歸本土所經
諸國六種震動雨寶蓮華作百千万億種種
伎樂既到本國與八万四千菩薩圍遶至淨
華宿王智佛所白佛言世尊我到娑婆世界
饒益衆生見釋迦牟尼佛及見多寶佛塔礼
拜供養又見文殊師利法王子及見藥王菩
薩得勤精進力菩薩勇施菩薩等亦令是八

BD04942號　妙法蓮華經（八卷本）卷七

（22–21）

三昧名現一切色身妙音菩薩住是三昧中
能如是饒益无量眾生說是妙音菩薩品時
與妙音菩薩俱來者八万四千人皆得現一
切色身三昧此娑婆世界无量菩薩亦得是
三昧及陀羅尼尒時妙音菩薩摩訶薩供養
釋迦牟尼佛及多寶佛塔已還歸本土所經
諸國六種震動雨寶蓮華作百千万億種種
伎樂既到本國與八万四千菩薩圍遶至淨
華宿王智佛所白佛言世尊我到娑婆世界
饒益眾生見釋迦牟尼佛及見多寶佛塔礼
拜供養又見文殊師利法王子及見藥王菩
薩得勤精進力菩薩勇施菩薩等亦令是八
万四千菩薩得現一切色身三昧說是妙音
菩薩來往品時四万二千天子得无生法忍
華德菩薩得法華三昧

妙法蓮華經卷第七

BD04942 號　妙法蓮華經（八卷本）卷七　（22–22）

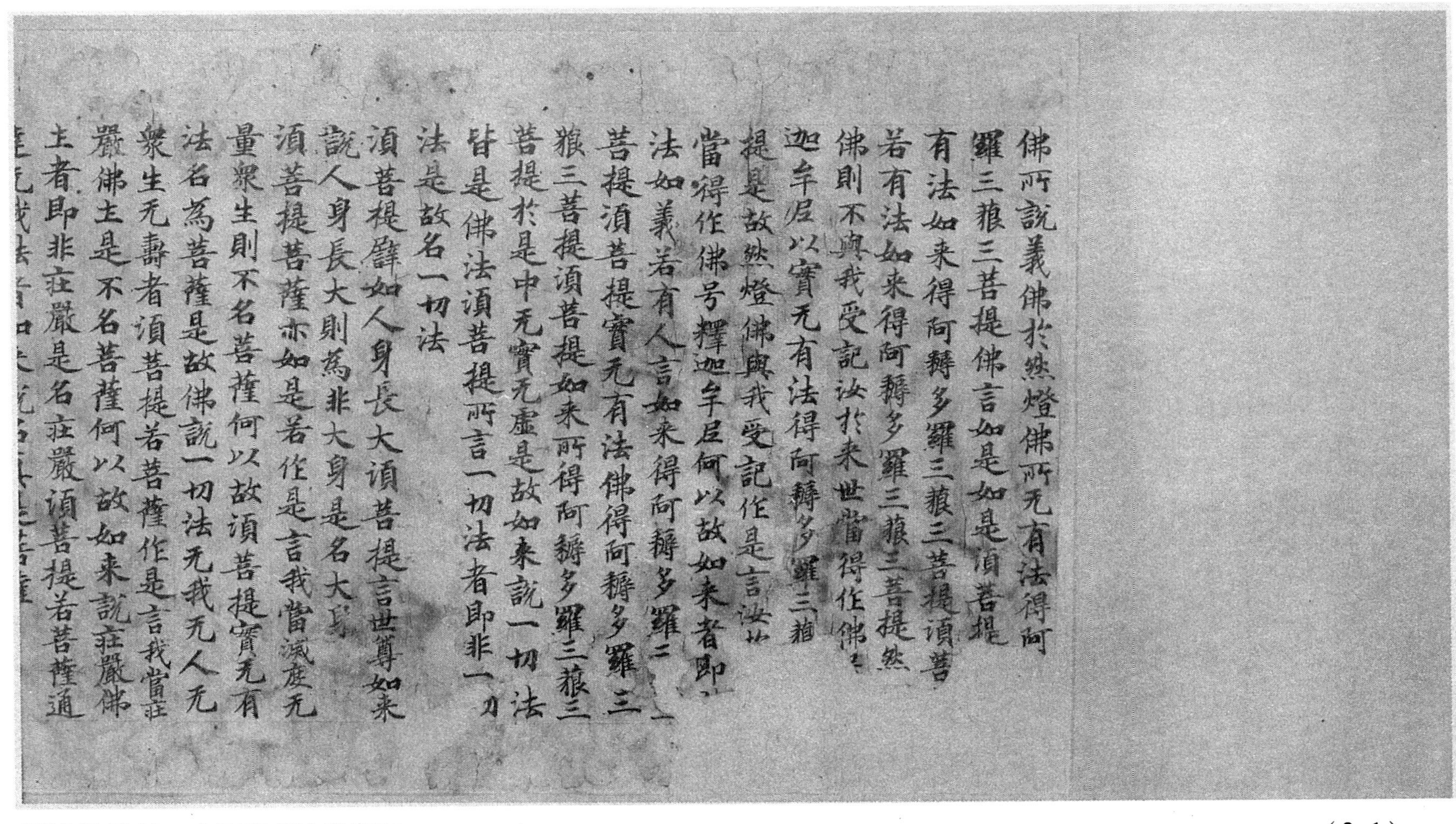

佛所說義佛於然燈佛所无有法得阿
羅三藐三菩提佛言如是如是須菩提
有法如來得阿耨多羅三藐三菩提須菩
若有法如來得阿耨多羅三藐三菩提然
佛則不與我受記汝於來世當得作佛
迦牟尼以實无有法得阿耨多羅三藐
提是故然燈佛與我受記作是言汝於
當得作佛號釋迦牟尼何以故如來者即
法如義若有人言如來得阿耨多羅三
菩提須菩提實无有法佛得阿耨多羅三
藐三菩提須菩提如來所得阿耨多羅三藐三
菩提於是中无實无虛是故如來說一切法
皆是佛法須菩提所言一切法者即非一切
法是故名一切法
須菩提譬如人身長大須菩提言世尊如來
說人身長大則為非大身是名大身
須菩提菩薩亦如是若作是言我當滅度无
量眾生則不名菩薩何以故須菩提實无有
法名為菩薩是故佛說一切法无我无人无
眾生无壽者須菩提若菩薩作是言我當莊
嚴佛土是不名菩薩何以故如來說莊嚴佛
土者即非莊嚴是名莊嚴須菩提若菩薩通

BD04943 號　金剛般若波羅蜜經　（2–1）

藐三菩提須菩提如來所得阿耨多羅三藐三
菩提於是中无實无虛是故如來說一切法
皆是佛法須菩提所言一切法者即非一切
法是故名一切法
須菩提譬如人身長大須菩提言世尊如來
說人身長大則為非大身是名大身
須菩提菩薩亦如是若作是言我當滅度无
量衆生則不名菩薩何以故須菩提實无有
法名為菩薩是故佛說一切法无我无人无
衆生无壽者須菩提若菩薩作是言我當莊
嚴佛土是不名菩薩何以故如來說莊嚴佛
土者即非莊嚴是名莊嚴須菩提若菩薩通
達无我法者如來說名真是菩薩
須菩提於意云何如來有肉眼不如是世尊
如來有肉眼須菩提於意云何如來有天眼
不如是世尊如來有天眼須菩提於意云何
如來有慧眼不如是世尊如來有慧眼須菩
提於意云何如來有法眼不如是世尊如來

BD04943號　金剛般若波羅蜜經　（2–2）

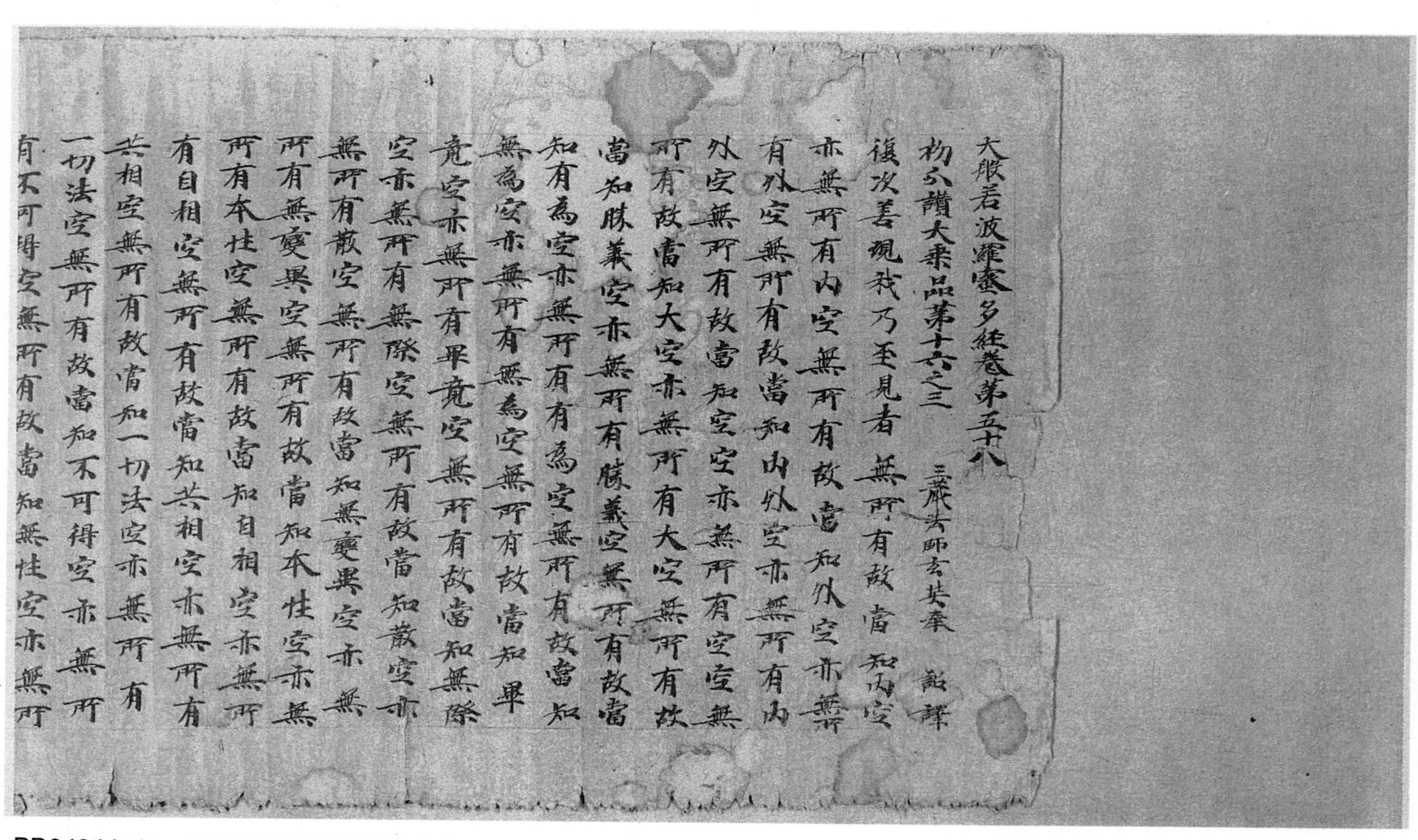

大般若波羅蜜多經卷第五十八　三藏法師玄奘奉　詔譯
初分讚大乘品第十六之三
復次善現我乃至見者無所有故當知內空
亦無所有內空無所有故當知外空亦無所
有外空無所有故當知內外空亦無所有內
外空無所有故當知空空亦無所有空空無
所有故當知大空亦無所有大空無所有故
當知勝義空亦無所有勝義空無所有故當
知有為空亦無所有有為空無所有故當知
無為空亦無所有無為空無所有故當知畢
竟空亦無所有畢竟空無所有故當知無際
空亦無所有無際空無所有故當知散空亦
無所有散空無所有故當知無變異空亦無
所有無變異空無所有故當知本性空亦無
所有本性空無所有故當知自相空亦無所
有自相空無所有故當知共相空亦無所有
共相空無所有故當知一切法空亦無所有
一切法空無所有故當知不可得空亦無所有
有不可得空無所有故當知無性空亦無所

BD04944號　大般若波羅蜜多經卷五八　（2–1）

所有故當知大空亦無所有大空無所有故
當知勝義空亦無所有勝義空無所有故當
知有為空亦無所有有為空無所有故當知
無為空亦無所有無為空無所有故當知畢
竟空亦無所有畢竟空無所有故當知無際
空亦無所有無際空無所有故當知散空亦
無所有散空無所有故當知無變異空亦無
所有無變異空無所有故當知本性空亦無
所有本性空無所有故當知自相空亦無所
有自相空無所有故當知共相空亦無所有
共相空無所有故當知一切法空亦無所有
一切法空無所有故當知不可得空亦無所
有不可得空無所有故當知無性空亦無所
有無性空無所有故當知自性空亦無所有
自性空無所有故當知無性自性空亦無所
有無性自性空無所有故當知虛空亦無所
有虛空無所有故當知大乘亦無所有大乘
無所有故當知無數亦無所有無數無所有
故當知無量亦無所有無量無所有故當知
無邊亦無所有無邊無所有故當知一切法

BD04944 號　大般若波羅蜜多經卷五八　　(2–2)

吾滅後惡世　能持是經者　當合掌禮敬　如供養世尊
上饌衆甘美　及種種衣服　供養是佛子　冀得須臾聞
若能於後世　受持是經者　我遣在人中　行於如來事
若於一劫中　常懷不善心　作色而罵佛　獲无量重罪
其有誦讀持　是法華經者　須臾加惡言　其罪復過彼
有人求佛道　而於一劫中　合掌在我前　以无數偈讚
由是讚佛故　得无量功德　歎美持經者　其福復過彼
於八十億劫　以冣妙色聲　及與香味觸　供養持經者
如是供養已　若得須臾聞　則應自欣慶　我今獲大利
藥王今告汝　我所說諸經　而於此經中　法華冣第一
尒時佛復告藥王菩薩摩訶薩我所說經典
无量千萬億已說今說當說而於其中此法華
經冣為難信難解藥王此經是諸佛秘要之
藏不可分布妄授與人諸佛世尊之所守護
從昔已來未曾顯說而此經者如來現在猶
多怨嫉況滅度後藥王當知如來滅後其能
書持讀誦供養為他人說者如來則為以衣
覆之又為他方現在諸佛之所[illegible]

BD04945 號　妙法蓮華經卷四　　(5–1)

千萬億已說今說當說而於其中此法華
經最為難信難解藥王此經是諸佛秘要之
藏不可分布妄授與人諸佛世尊之所守護
從昔已來未曾顯說而此經者如來現在猶
多怨嫉況滅度後藥王當知如來滅後其能
書持讀誦供養為他人說者如來則為以衣
覆之又為他方現在諸佛之所護念是人有
大信力及志願力諸善根力當知是人與如
來共宿則為如來手摩其頭藥王在在處處
若說若讀若誦若書若經卷所住處皆應起
七寶塔極令高廣嚴飾不須復安舍利所以
者何此中已有如來全身此塔應以一切華
香瓔珞繒蓋幢幡伎樂歌頌供養恭敬尊重
讚歎若有人得見此塔禮拜供養當知是等
皆近阿耨多羅三藐三菩提藥王多有人在
家出家行菩薩道若不能得見聞讀誦書持
供養是法華經者當知是人未善行菩薩道
若有得聞是經典者乃能善行菩薩之道其
有眾生求佛道者若見若聞是法華經聞已
信解受持者當知是人得近阿耨多羅三藐
三菩提藥王譬如有人渴乏須水於彼高原
穿鑿求之猶見乾土知水尚遠施功不已轉
見濕土遂漸至泥其心決定知水必近菩薩
亦復如是若未聞未解未能修習是法華經
當知是人去阿耨多羅三藐三菩提尚遠若

BD04945號　妙法蓮華經卷四　（5–2）

三菩提藥王譬如有人渴乏須水於彼高原
穿鑿求之猶見乾土知水尚遠施功不已轉
見濕土遂漸至泥其心決定知水必近菩薩
亦復如是若未聞未解未能修習是法華經
當知是人去阿耨多羅三藐三菩提尚遠若
得聞解思惟修習必知得近阿耨多羅三藐
三菩提所以者何一切菩薩阿耨多羅三藐
三菩提皆屬此經此經開方便門示真實相
是法華經藏深固幽遠無人能到今佛教化
成就菩薩而為開示藥王若有菩薩聞是法
華經驚疑怖畏當知是為新發意菩薩若聲
聞人聞是經驚疑怖畏當知是為增上慢者
藥王若有善男子善女人如來滅後欲為四
眾說是法華經者云何應說是善男子善女
人入如來室著如來衣坐如來座爾乃應為
四眾廣說斯經如來室者一切眾生中大慈
悲心是如來衣者柔和忍辱心是如來座者
一切法空是安住是中然後以不懈怠心為
諸菩薩及四眾廣說是法華經藥王我於餘
國遣化人為其集聽法眾亦遣化比丘比丘
尼優婆塞優婆夷聽其說法是諸化人聞法
信受隨順不逆若說法者在空閑處我時廣
遣天龍鬼神乾闥婆阿修羅等聽其說法我
雖在異國時時令說法者得見我身若於此
經忘失句逗我還為說令得具足爾時世尊

BD04945號　妙法蓮華經卷四　（5–3）

丘優婆塞優婆夷聽其說法是諸化人聞法
信受隨順不逆若說法者在空閑處我時廣
遣天龍鬼神乾闥婆阿脩羅等聽其說法我
雖在異國時時令說法者得見我身若於此
經忘失句逗我還為說令得具足尒時世尊
欲重宣此義而說偈言
欲捨諸懈怠 應當聽此經 是經難得聞 信受者亦難
如人渴須水 穿鑿於高原 猶見乾燥土 知去水尚遠
漸見濕土泥 決定知近水 藥王汝當知 如是諸人等
不聞法華經 去佛智甚遠 若聞是深經 決了聲聞法
是諸經之王 聞已諦思惟 當知此人等 近於佛智慧
若人說此經 應入如來室 著於如來衣 而坐如來座
處眾无所畏 廣為分別說 大慈悲為室 柔和忍辱衣
諸法空為座 處此為說法 若說此經時 有人惡口罵
加刀杖瓦石 念佛故應忍 我千万億土 現淨堅固身
於无量億劫 為眾生說法 若我滅度後 能說此經者
我遣化四眾 比丘比丘尼 及清信士女 供養於法師
引導諸眾生 集之令聽法 若人欲加惡 刀杖及瓦石
則遣變化人 為之作衛護 若說法之人 獨在空閑處
寂漠无人聲 讀誦此經典 我尒時為現 清淨光明身
若忘失章句 為說令通利 若人具是德 或為四眾說
空處讀誦經 皆得見我身 若人在空閑 我遣天龍王
夜叉鬼神等 為作聽法眾 是人樂說法 分別无罣礙
諸佛護念故 能令大眾喜 若親近法師 速得菩薩道
隨順是師學 得見恒沙佛

BD04945號　妙法蓮華經卷四　（5–4）

諸法空為座 處此為說法 若說此經時 有人惡口罵
加刀杖瓦石 念佛故應忍 我千万億土 現淨堅固身
於无量億劫 為眾生說法 若我滅度後 能說此經者
我遣化四眾 比丘比丘尼 及清信士女 供養於法師
引導諸眾生 集之令聽法 若人欲加惡 刀杖及瓦石
則遣變化人 為之作衛護 若說法之人 獨在空閑處
寂漠无人聲 讀誦此經典 我尒時為現 清淨光明身
若忘失章句 為說令通利 若人具是德 或為四眾說
空處讀誦經 皆得見我身 若人在空閑 我遣天龍王
夜叉鬼神等 為作聽法眾 是人樂說法 分別无罣礙
諸佛護念故 能令大眾喜 若親近法師 速得菩薩道
隨順是師學 得見恒沙佛
妙法蓮華經見寶塔品第十一
尒時佛前有七寶塔高五百由旬縱廣二百
五十由旬從地踊出住在空中種種寶物而
莊校之五千欄楯龕室千万无數幢幡以為
嚴飾垂寶瓔珞寶鈴万億而懸其上四面皆
出多摩羅跋栴檀之香充遍世界其諸幡蓋
以金銀琉璃車𤦲馬瑙真珠玫瑰七寶合成
高至四天王宮三十三天雨天曼陁羅華供

BD04945號　妙法蓮華經卷四　（5–5）

前一心同聲以偈頌曰
世尊甚希有　難可得值遇　具无量功德　能救護一切
天人之大師　哀愍於世間　十方諸衆生　普皆蒙饒益
我等所從來　五百万億國　捨深禪定樂　為供養佛故
我等先世福　宮殿甚嚴飾　今以奉世尊　唯願哀納受
尒時諸梵天王偈讚佛已各作是言唯願世
尊轉於法輪度脫衆生開涅槃道時諸梵天
王一心同聲而說偈言
世雄兩足尊　唯願演說法　以大慈悲力　度苦惱衆生
尒時大通智勝如來默然許之又諸比丘東
南方五百万億國土諸大梵王各自見宮殿
光明照曜昔所未有歡喜踊躍生希有心即
各相詣共議此事而彼衆中有一大梵天王
名曰大悲為諸梵衆而說偈言
是事何因緣　而現如此相　我等諸宮殿　光明昔未有
為大德天生　為佛出世間　未曾見此相　當共一心求
過千万億土　尋光共推之　多是佛出世　度脫苦衆生

BD04946 號　妙法蓮華經卷三　（3–1）

南方五百万億國土諸大梵王各自見宮殿
光明照曜昔所未有歡喜踊躍生希有心即
各相詣共議此事而彼衆中有一大梵天王
名曰大悲為諸梵衆而說偈言
是事何因緣　而現如此相　我等諸宮殿　光明昔未有
為大德天生　為佛出世間　未曾見此相　當共一心求
過千万億土　尋光共推之　多是佛出世　度脫苦衆生
尒時五百万億諸梵天王與宮殿俱各以衣
裓盛諸天華共詣西北方推尋是相見大通
智勝如來處于道場菩提樹下坐師子座諸
天龍王乾闥婆緊那羅摩睺羅伽人非人等
恭敬圍繞及見十六王子請佛轉法輪時諸
梵天王頭面禮佛繞百千帀即以天華而散
佛上所散之華如須弥山并以供養佛菩提
樹華供養已各以宮殿奉上彼佛而作是言
唯見哀愍饒益我等所獻宮殿願垂納處尒
時諸梵天王即於佛前一心同聲以偈頌曰
聖主天中王　迦陵頻伽聲　哀愍衆生者　我等今敬禮
世尊甚希有　久遠乃一現　一百八十劫　空過无有佛
三惡道充滿　諸天衆減少　今佛出於世　為衆生作眼
世間所歸趣　救護於一切　為衆生之父　哀愍饒益者
我等宿福慶　今得值世尊
尒時諸梵天王偈讚佛已各作是言唯願世
尊哀愍一切轉於法輪度脫衆生時諸梵天
王一心同聲而說偈言
大聖轉法輪　顯示諸法相　度苦惱衆生　令得大歡喜
衆生聞此法　得道若生天　諸惡道減少　忍善者增益

BD04946 號　妙法蓮華經卷三　（3–2）

爾時諸梵天王偈讚佛已各作是言唯願世
尊哀愍一切轉於法輪度脫衆生時諸梵天
王一心同聲而說偈言
大聖轉法輪　顯示諸法相　度苦惱衆生　令得大歡喜
衆生聞此法　得道若生天　諸惡道減少　忍善者增益
爾時大通智勝如來默然許之又諸比丘南
方五百万億國土諸大梵王各自見宮殿光
明照曜昔所未有歡喜踊躍生希有心即各
相詣共議此事以何因緣我等宮殿有此光
曜而彼衆中有一大梵天王名曰妙法爲諸
梵衆而說偈言
我等諸宮殿　光明甚威曜　此非無因緣　是相宜求之
過於百千劫　未曾見是相　爲大德天生　爲佛出世間
爾時五百万億諸梵天王與宮殿俱各以衣
裓盛諸天華共詣北方推尋是相見大通智
勝如來處于道場菩提樹下坐師子座諸天
龍王乾闥婆緊那羅摩睺羅伽人非人等恭
敬圍繞及見十六王子請佛轉法輪時諸梵
天王頭面礼佛繞百千帀即以天華而散佛
上所散之華如須弥山并以供養佛菩提樹
華供養已各以宮殿奉上彼佛而作是言唯
見哀愍饒益我等所獻宮殿願垂納處爾時
諸梵天王即於佛前一心同聲以偈頌曰
世尊甚難見　破諸煩惱者　過百三十劫　今乃得一見

BD04946號　妙法蓮華經卷三　（3–3）

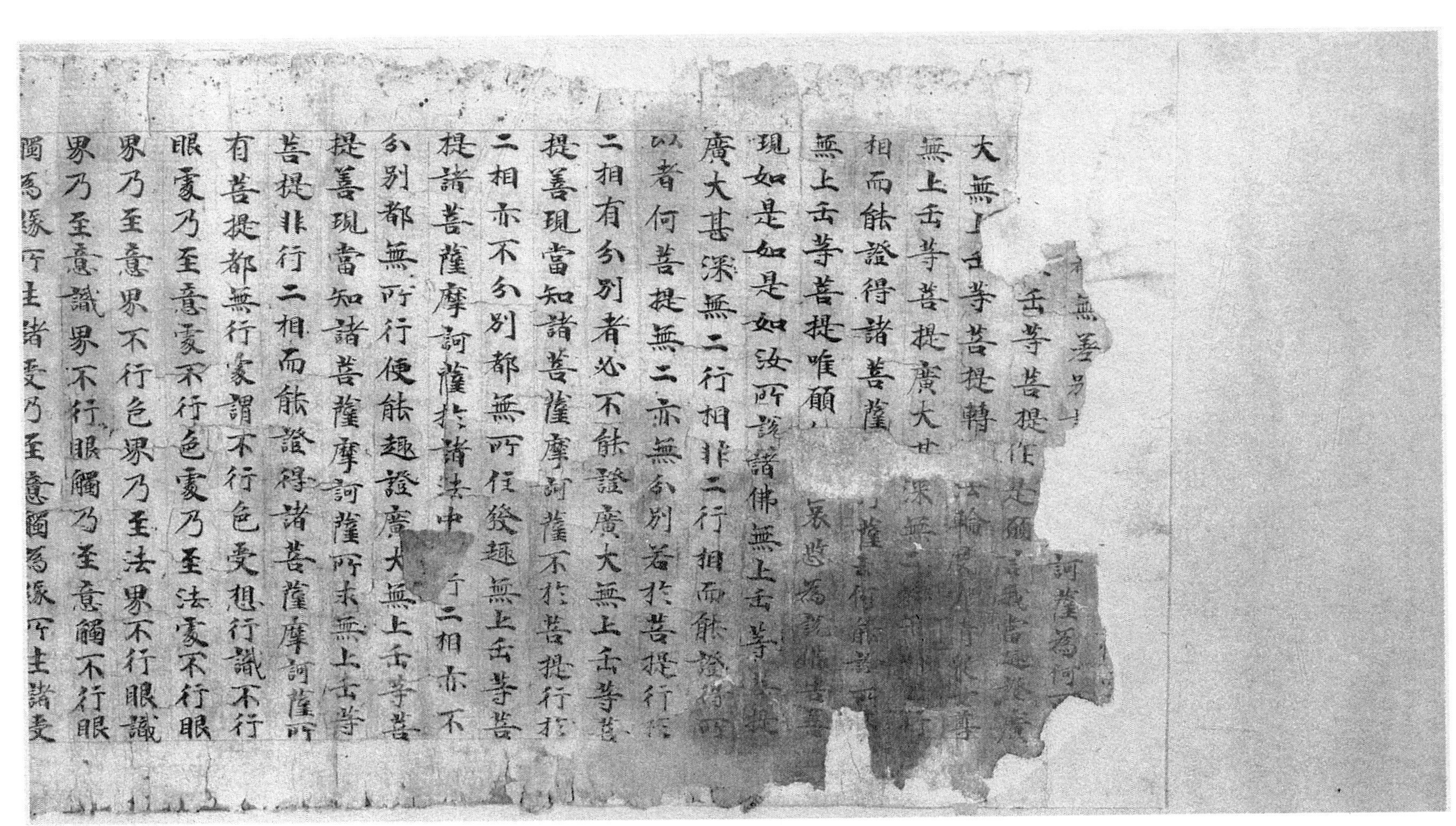

[illegible]無善[illegible]
[illegible]正等菩提作[illegible]
大無上正等菩提轉[illegible]
無上正等菩提廣大[illegible]
相而能證得諸菩薩[illegible]
無上正等菩提唯願[illegible]
現如是如是如汝所說諸佛無上正等菩提
廣大甚深無二行相非二行相而能證得所
以者何菩提無二亦無分別若於菩提行於
二相有分別者必不能證廣大無上正等菩
提善現當知諸菩薩摩訶薩不於菩提行於
二相亦不分別都無所住發趣無上正等菩
提諸菩薩摩訶薩於諸法中[illegible]行二相亦不
分別都無所行便能趣證廣大無上正等菩
提善現當知諸菩薩摩訶薩所求無上正等
菩提非行二相而能證得諸菩薩摩訶薩所
有菩提都無行處謂不行色受想行識不行
眼處乃至意處不行色處乃至法處不行眼
界乃至意界不行色界乃至法界不行眼識
界乃至意識界不行眼觸乃至意觸不行眼
觸爲緣所生諸受乃至意觸爲緣所生諸受

BD04947號　大般若波羅蜜多經卷五三四　（4–1）

提善現當知諸菩薩摩訶薩所求無上正等
菩提非行二相而能證得諸菩薩摩訶薩所
有菩提都無行處謂不行色受想行識不行
眼處乃至意處不行色處乃至法處不行眼
界乃至意界不行色界乃至法界不行眼識
界乃至意識界不行眼觸乃至意觸不行眼
觸為緣所生諸受乃至意觸為緣所生諸受
不行地界乃至識界不行因緣乃至增上緣
不行從緣所生諸法不行無明乃至老死不
行布施乃至般若波羅蜜多不行內空乃至
無性自性空不行真如乃至不思議界不行
苦集滅道聖諦不行四念住乃至八聖道支
不行四靜慮四無量四無色定不行空無相
無願解脫門不行八解脫乃至十遍處不行
淨觀地乃至如來地不行極喜地乃至法雲
地不行陀羅尼門三摩地門不行五眼六神
通不行如來十力乃至十八佛不共法不行
大慈大悲大喜大捨不行三十二大士相八
十隨好不行無忘失法恒住捨性不行一切
智道相智一切相智不行預流果乃至獨覺
菩提不行菩薩摩訶薩行不行無上正等菩
提所以者何諸菩薩摩訶薩所有菩提不
緣名聲執我我所謂彼菩提不作是念我行於
色受想行識乃至無上正等菩提復次善現
諸菩薩摩訶薩所有菩提非取故行非捨故
行於一切法無所分別具壽善現便白佛言

BD04947 號　大般若波羅蜜多經卷五三四　（4–2）

菩提不行菩薩摩訶薩行不行無上正等菩
提所以者何諸菩薩摩訶薩所有菩提不
緣名聲執我我所謂彼菩提不作是念我行於
色受想行識乃至無上正等菩提復次善現
諸菩薩摩訶薩所有菩提非取故行非捨故
行於一切法無所分別具壽善現便白佛言
若菩薩摩訶薩所有菩提非取故行非捨故
行於一切法無所分別諸菩薩摩訶薩所有
菩提當行何處佛告善現於意云何諸佛化
身所有菩提當行何處為取故行為捨故行
善現對曰不也世尊諸佛化身實無所有云
何可說所有菩提於是處行若取若捨佛告
善現於意云何諸阿羅漢夢中菩提當行何
處為取故行為捨故行善現對曰不也世尊
諸阿羅漢煩惱永盡惛沉睡眠蓋纏俱滅畢
竟無夢云何當有夢中菩提於是處行若取
若捨佛告善現如是如是如汝所說諸菩薩
摩訶薩行深般若波羅蜜多所有菩提亦復
如是非取故行非捨故行都無行處達一切
法本性空故具壽善現復白佛言若菩薩摩
訶薩行深般若波羅蜜多所有菩提非取故
行非捨故行都無行處謂不行色受想行識
廣說乃至不行無上正等菩提亦復不行一
切智智將無菩薩摩訶薩眾不行十地不行
布施乃至般若波羅蜜多不行四念住乃至
八聖道支不行十六空不行靜慮等持等至

BD04947 號　大般若波羅蜜多經卷五三四　（4–3）

廣說乃至不行無上正等菩提亦復不行一
切智智將無菩薩摩訶薩衆不行十地不行
布施乃至般若波羅蜜多不行四念住乃至
八聖道支不行十六空不行靜慮等持等至
乃至不行如來十力四無所畏四無礙解十
八佛不共法不行大慈大悲大喜大捨廣說
乃至八十隨好及餘無量無邊佛法不住菩薩
殊勝神通成熟有情嚴淨佛土而能證得一
切智智佛告善現諸菩薩摩訶薩所有菩提
雖無行處而諸菩薩摩訶薩衆為欲饒益諸
有情故要行十地及行布施波羅蜜多廣說
乃至要住菩薩殊勝神通成熟有情嚴淨佛
土乃能證得一切智智具壽善現復白佛言
諸菩薩摩訶薩所有菩提若無行處將無菩
薩摩訶薩衆為欲饒益諸有情故不住十地
久脩令滿不住布施乃至般若波羅蜜多久
脩令滿廣說乃至不住菩薩殊勝神通成熟
有情嚴淨佛土久脩令滿而能證得一切智
智佛告善現諸菩薩摩訶薩所有菩提雖無
行處而諸菩薩摩訶薩衆為欲饒益諸有情
故要住十地久脩令滿要住布施乃至般若
波羅蜜多久脩令滿廣說乃至要住菩薩殊
勝神通成熟有情嚴淨佛土久脩令滿乃能

BD04947 號　大般若波羅蜜多經卷五三四　　（4–4）

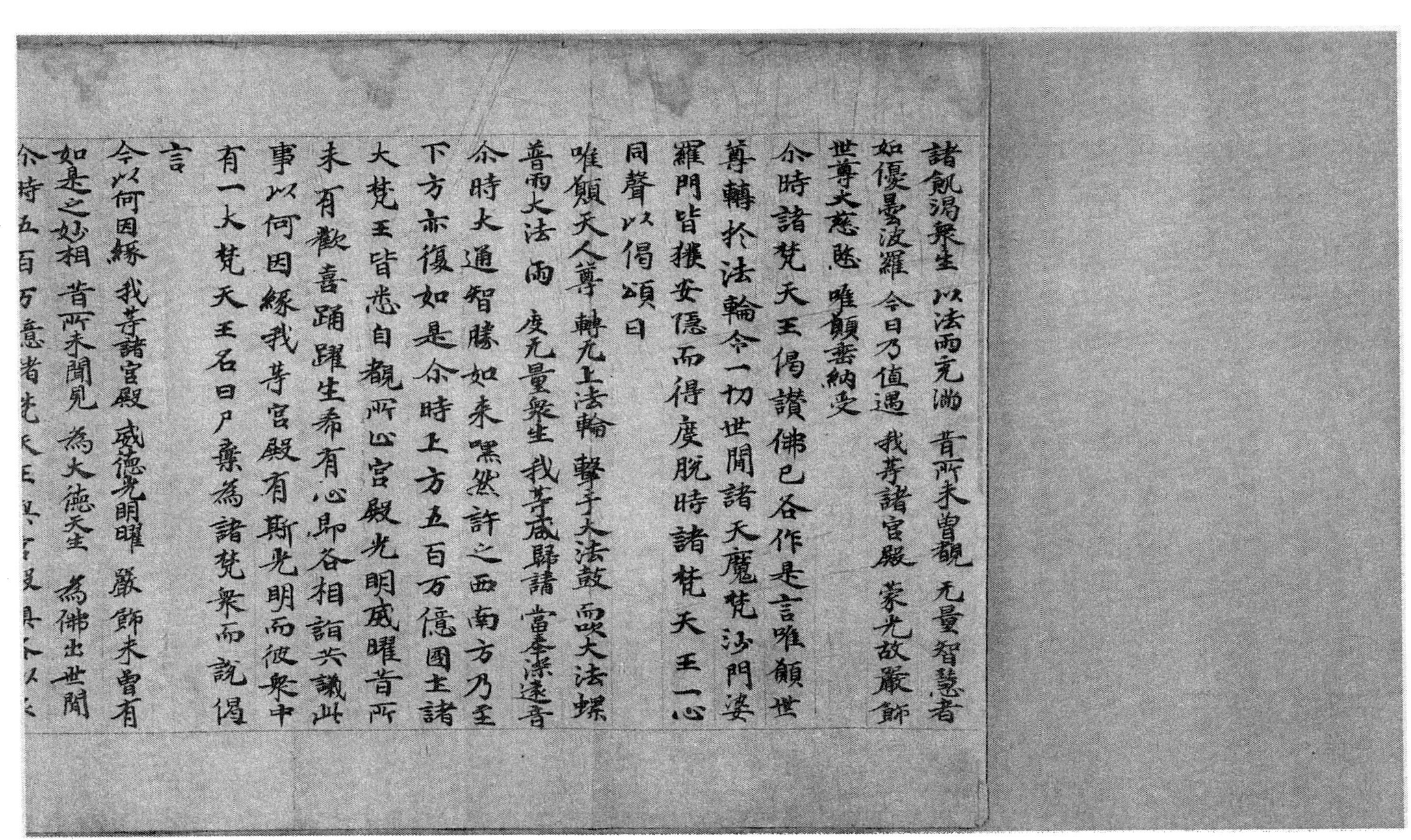
諸飢渴衆生　以法雨充滿　昔所未曾覩　无量智慧者
如優曇波羅　今日乃值遇　我等諸宮殿　蒙光故嚴飾
世尊大慈愍　唯願垂納受
尒時諸梵天王偈讚佛已各作是言唯願世
尊轉於法輪令一切世間諸天魔梵沙門婆
羅門皆獲安隱而得度脫時諸梵天王一心
同聲以偈頌曰
唯願天人尊　轉无上法輪　擊于大法鼓　而吹大法螺
普雨大法雨　度无量衆生　我等咸歸請　當演深遠音
尒時大通智勝如來嘿然許之西南方乃至
下方亦復如是尒時上方五百万億國土諸
大梵王皆悉自覩所止宮殿光明威曜昔所
未有歡喜踊躍生希有心即各相詣共議此
事以何因緣我等宮殿有斯光明而彼衆中
有一大梵天王名曰尸棄為諸梵衆而說偈
言
今以何因緣　我等諸宮殿　威德光明曜　嚴飾未曾有
如是之妙相　昔所未聞見　為大德天生　為佛出世間
尒時五百万億諸梵天王

BD04948 號　妙法蓮華經卷三　　（10–1）

事以何因緣我等宮殿有斯光明而彼衆中
有一大梵天王名曰尸棄為諸梵衆而說偈
言
今以何因緣　我等諸宮殿　威德光明曜　嚴飾未曾有
如是之妙相　昔所未聞見　為大德天生　為佛出世間
尒時五百万億諸梵天王與宮殿俱各以衣
裓盛諸天華共詣下方推尋是相見大通智
勝如來處于道場菩提樹下坐師子座諸天
龍王乾闥婆緊那羅摩睺羅伽人非人等恭
敬圍繞及見十六王子請佛轉法輪時諸梵
天王頭面礼佛繞百千帀即以天華而散佛
上所散之華如須弥山并以供養佛菩提樹
華供養已各以宮殿奉上彼佛而作是言唯
見哀愍饒益我等所獻宮殿願垂納處時諸
梵天王即於佛前一心同聲以偈頌曰
善哉見諸佛　救世之聖尊　能於三界獄　勉出諸衆生
普智天人尊　愍哀群萌類　能開甘露門　廣度於一切
於昔无量劫　空過无有佛　世尊未出時　十方常暗暝
三惡道增長　阿脩羅亦盛　諸天衆轉減　死多墮惡道
不從佛聞法　常行不善事　色力及智慧　斯等皆減少
罪業因緣故　失樂及樂想　住於邪見法　不識善儀則
不蒙佛所化　常墮於惡道　佛為世間眼　久遠時乃出
哀愍諸衆生　故現於世間　超出成正覺　我等甚欣慶
及餘一切衆　喜歎未曾有　我等諸宮殿　蒙光故嚴飾
今以奉世尊　唯垂哀納受　願以此功德　普及於一切
我等與衆生　皆共成佛道

BD04948號　妙法蓮華經卷三　（10–2）

罪業因緣故　失樂及樂想　住於邪見法　不識善儀則
不蒙佛所化　常墮於惡道　佛為世間眼　久遠時乃出
哀愍諸衆生　故現於世間　超出成正覺　我等甚欣慶
及餘一切衆　喜歎未曾有　我等諸宮殿　蒙光故嚴飾
今以奉世尊　唯垂哀納受　願以此功德　普及於一切
我等與衆生　皆共成佛道
尒時五百万億諸梵天王偈讚佛已各白佛
言唯願世尊轉於法輪多所安隱多所度脫
時諸梵天王而說偈言
世尊轉法輪　擊甘露法鼓　度苦惱衆生　開示涅槃道
唯願受我請　以大微妙音　哀愍而敷演　无量劫習法
尒時大通智勝如來受十方諸梵天王及十
六王子請即時三轉十二行法輪若沙門婆
羅門若天魔梵及餘世間所不能轉謂是苦
是苦集是苦滅是苦滅道及廣說十二因緣
法无明緣行行緣識識緣名色名色緣六入
六入緣觸觸緣受受緣愛愛緣取取緣有有
緣生生緣老死憂悲苦惱无明滅則行滅行
滅則識滅識滅則名色滅名色滅則六入滅
六入滅則觸滅觸滅則受滅受滅則愛滅愛
滅則取滅取滅則有滅有滅則生滅生滅則
老死憂悲苦惱滅佛於天人大衆之中說是
法時六百万億那由他人以不受一切法故
而於諸漏心得解脫皆得深妙禪定三明六
通具八解脫第二第三第四說法時千万億
恒河沙那由他等衆生亦以不受一切法故
而於諸漏心得解脫從是已後諸聲聞衆无

BD04948號　妙法蓮華經卷三　（10–3）

法時六百万億那由他人以不受一切法故
而於諸漏心得解脫皆得深妙禪定三明六
通具八解脫第二第三第四說法時千万億
恒河沙那由他等衆生亦以不受一切法故
而於諸漏心得解脫從是已後諸聲聞衆无
量无邊不可稱數尒時十六王子皆以童子
出家而為沙弥諸根通利智慧明了已曾供
養百千万億諸佛淨脩梵行求阿耨多羅三
藐三菩提俱白佛言世尊是諸无量千万億
大德聲聞皆已成就世尊亦當為我等說阿
耨多羅三藐三菩提法我等聞已皆共脩學
世尊我等志願如來知見深心所念佛自證
知尒時轉輪聖王所將衆中八万億人見十
六王子出家亦求出家王即聽許尒時彼佛
受沙弥請過二万劫已乃於四衆之中說是
大乘經名妙法蓮華教菩薩法佛所護念說
是經已十六沙弥為阿耨多羅三藐三菩提
故皆共受持諷誦通利說是經時十六菩薩
沙弥皆悉信受聲聞衆中亦有信解其餘衆
生千万億種皆生疑惑佛說是經於八千劫
未曾休廢說此經已即入靜室住於禪定八
万四千劫是時十六菩薩沙弥知佛入室寂
然禪定各昇法座亦於八万四千劫為四部
衆廣說分別妙法華經一一皆度六百万億
那由他恒河沙等衆生示教利喜令發阿耨
多羅三藐三菩提心大通智勝佛過八万四

BD04948號　妙法蓮華經卷三　（10–4）

万四千劫是時十六菩薩沙弥知佛入室寂
然禪定各昇法座亦於八万四千劫為四部
衆廣說分別妙法華經一一皆度六百万億
那由他恒河沙等衆生示教利喜令發阿耨
多羅三藐三菩提心大通智勝佛過八万四
千劫已從三昧起往詣法座安詳而坐普告
大衆是十六菩薩沙弥甚為希有諸根通利
智慧明了已曾供養无量千万億數諸佛於
諸佛所常脩梵行受持佛智開示衆生令入
其中汝等皆當數數親近而供養之所以者
何若聲聞辟支佛及諸菩薩能信是十六菩
薩所說經法受持不毀者是人皆當得阿耨
多羅三藐三菩提如來之慧佛告諸比丘是
十六菩薩常樂說是妙法蓮華經一一菩薩
所化六百万億那由他恒河沙等衆生世世
所生與菩薩俱從其聞法悉皆信解以此因
緣得值四万億諸佛世尊于今不盡諸比丘
我今語汝彼佛弟子十六沙弥今皆得阿耨
多羅三藐三菩提於十方國土現在說法有
无量百千万億菩薩聲聞以為眷屬其二沙
弥東方作佛一名阿閦在歡喜國二名須弥
頂東南方二佛一名師子音二名師子相南
方二佛一名虛空住二名常滅西南方二佛
一名帝相二名梵相西方二佛一名阿弥陁
二名度一切世間苦惱西北方二佛一名多
摩羅跋栴檀香神通二名須弥相北方二佛

BD04948號　妙法蓮華經卷三　（10–5）

弥東方作佛一名阿閦在歡喜國二名須弥
頂東南方二佛一名師子音二名師子相南
方二佛一名虛空住二名常滅西南方二佛
一名帝相二名梵相西方二佛一名阿弥陁
二名度一切世間苦惱西北方二佛一名多
摩羅跋栴檀香神通二名須弥相北方二佛
一名雲自在二名雲自在王東北方佛名壞
一切世間怖畏第十六我釋迦牟尼佛於娑
婆國土成阿耨多羅三藐三菩提諸比丘我
等為沙弥時各各敎化无量百千万億恒河
沙等衆生從我聞法為阿耨多羅三藐三菩
提此諸衆生于今有住聲聞地者我常敎化
阿耨多羅三藐三菩提是諸人等應以是法
漸入佛道所以者何如来智慧難信難解尒
時所化无量恒河沙等衆生者汝等諸比丘
及我滅度後未来世中聲聞弟子是也我滅
度後復有弟子不聞是經不知不覺菩薩所
行自於所得功德生滅度想當入涅槃我於
餘國作佛更有異名是人雖生滅度之想入
於涅槃而於彼土求佛智慧得聞是經唯以
佛乘而得滅度更无餘乘除諸如来方便說
法諸比丘若如来自知涅槃時到衆又清淨
信解堅固了達空法深入禪定便集諸菩薩
及聲聞衆為說是經世間无有二乘而得滅
度唯一佛乘得滅度耳比丘當知如来方便
深入衆生之性知其志樂小法深著五欲為
是等故說於涅槃是人若聞則便信受譬如

BD04948 號　妙法蓮華經卷三　（10–6）

法諸比丘若如来自知涅槃時到衆又清淨
信解堅固了達空法深入禪定便集諸菩薩
及聲聞衆為說是經世間无有二乘而得滅
度唯一佛乘得滅度耳比丘當知如来方便
深入衆生之性知其志樂小法深著五欲為
是等故說於涅槃是人若聞則便信受譬如
五百由旬險難惡道曠絕无人怖畏之處若
有多衆欲過此道至珎寶處有一導師聦慧
明達善知險道通塞之相將導衆人欲過此
難所將人衆中路懈退白導師言我等疲極
而復怖畏不能復進前路猶遠今欲退還導
師多諸方便而作是念此等可愍云何捨大
珎寶而欲退還作是念已以方便力於險道
中過三百由旬化作一城告衆人言汝等勿
怖莫得退還今此大城可於中止隨意所作
若入是城快得安隱若能前至寶所亦可得
去是時疲極之衆心大歡喜歎未曾有我等
今者免斯惡道快得安隱於是衆人前入化
城生已度想生安隱想尒時導師知此人衆
既得止息无復疲惓即滅化城語衆人言汝
等去来寶處在近向者大城我所化作為止
息耳諸比丘如来亦復如是今為汝等作大
導師知諸生死煩惱惡道險難長遠應去應
度若衆生但聞一佛乘者則不欲見佛不欲
親近便作是念佛道長遠久受勤苦乃可得
成佛知是心怯弱下劣以方便力而於中道
為止息故說二涅槃若衆生住於二地如来

BD04948 號　妙法蓮華經卷三　（10–7）

導師知諸生死煩惱惡道險難長遠應去應
度若衆生但聞一佛乘者則不欲見佛不欲
親近便作是念佛道長遠久受勤苦乃可得
成佛知是心怯弱下劣以方便力而於中道
為止息故說二涅槃若衆生住於二地如來
尒時即便為說汝等所作未辦汝所住地近
於佛慧當觀察籌量所得涅槃非真實也但
是如來方便之力於一佛乘分別說三如彼
導師為止息故化作大城既知息已而告之
言寶處在近此城非實我化作耳尒時世尊
欲重宣此義而說偈言
大通智勝佛　十劫坐道場　佛法不現前　不得成佛道
諸天神龍王　阿脩羅衆等　常雨於天華　以供養彼佛
諸天擊天鼓　并作衆伎樂　香風吹萎華　更雨新好者
過十小劫已　乃得成佛道　諸天及世人　心皆懷踊躍
彼佛十六子　皆與其眷屬　千万億圍繞　俱行至佛所
頭面礼佛足　而請轉法輪　聖師子法雨　充我及一切
世尊甚難值　久遠時一現　為覺悟群生　震動於一切
東方諸世界　五百万億國　梵宮殿光曜　昔所未曾有
諸梵見此相　尋來至佛所　散華以供養　并奉上宮殿
請佛轉法輪　以偈而讚歎　佛知時未至　受請嘿然坐
三方及四維　上下亦復尒　散華奉宮殿　請佛轉法輪
世尊甚難值　願以大慈悲　廣開甘露門　轉无上法輪
无量慧世尊　受彼衆人請　為宣種種法　四諦十二緣
无明至老死　皆從生緣有　如是衆過患　汝等應當知
宣暢是法時　六百万億姟　得盡諸苦際　皆成阿羅漢
第二說法時　千万恒沙衆　於諸法不受　亦得阿羅漢

BD04948號　妙法蓮華經卷三　（10–8）

請佛轉法輪　以偈而讚歎　佛知時未至　受請嘿然坐
三方及四維　上下亦復尒　散華奉宮殿　請佛轉法輪
世尊甚難值　願以大慈悲　廣開甘露門　轉无上法輪
无量慧世尊　受彼衆人請　為宣種種法　四諦十二緣
无明至老死　皆從生緣有　如是衆過患　汝等應當知
宣暢是法時　六百万億姟　得盡諸苦際　皆成阿羅漢
第二說法時　千万恒沙衆　於諸法不受　亦得阿羅漢
從是後得道　其數无有量　万億劫筭數　不能得其邊
時十六王子　出家作沙弥　皆共請彼佛　演說大乘法
我等及營從　皆當成佛道　願得如世尊　慧眼第一淨
佛知童子心　宿世之所行　以无量因緣　種種諸譬喻
說六波羅蜜　及諸神通事　分別真實法　菩薩所行道
說是法華經　如恒河沙偈　彼佛說經已　靜室入禪定
一心一處坐　八万四千劫　是諸沙弥等　知佛禪未出
為无量億衆　說佛无上慧　各各坐法座　說是大乘經
於佛宴寂後　宣揚助法化　一一沙弥等　所度諸衆生
有六百万億　恒河沙等衆　彼佛滅度後　是諸聞法者
在在諸佛土　常與師俱生　是十六沙弥　具足行佛道
今現在十方　各得成正覺　尒時聞法者　各在諸佛所
其有住聲聞　漸教以佛道　我在十六數　曽亦為汝說
是故以方便　引汝趣佛慧　以是本因緣　今說法華經
令汝入佛道　慎勿懷驚懼　譬如險惡道　迥絕多毒獸
又復无水草　人所怖畏處　无數千万衆　欲過此險道
其路甚曠遠　經五百由旬　時有一導師　強識有智慧
明了心決定　在險濟衆難　衆人皆疲惓　而白導師言
我等今頓乏　於此欲退還　導師作是念　此輩甚可愍
如何欲退還　而失大珎寶　尋時思方便　當設神通力

BD04948號　妙法蓮華經卷三　（10–9）

又復无水草 人所怖畏處 无數千万衆 欲過此險道
其路甚曠遠 經五百由旬 時有一導師 强識有智慧
明了心決定 在險濟衆難 衆人皆疲惓 而白導師言
我等今頓乏 於此欲退還 導師作是念 此輩甚可愍
如何欲退還 而失大珎寶 尋時思方便 當設神通力
化作大城郭 莊嚴諸舍宅 周帀有園林 渠流及浴池
重門高樓閣 男女皆充滿 即作是化已 慰衆言勿懼
汝等入此城 各可隨所樂 諸人既入城 心皆大歡喜
皆生安隱想 自謂已得度 導師知息已 集衆而告言
汝等當前進 此是化城耳 我見汝疲極 中路欲退還
故以方便力 權化作此城 汝今勤精進 當共至寶所
我亦復如是 為一切導師 見諸求道者 中路而懈廢
不能度生死 煩惱諸險道 故以方便力 為息說涅槃
言汝等苦滅 所作皆已辦 既知到涅槃 皆得阿羅漢
尒乃集大衆 為說真實法 諸佛方便力 分別說三乘
唯有一佛乘 息處故說二 今為汝說實 汝所得非滅
為佛一切智 當發大精進 汝證一切智 十力等佛法
具三十二相 乃是真實滅 諸佛之導師 為息說涅槃
既知是息已 引入於佛慧

BD04948 號　妙法蓮華經卷三　　（10–10）

等為四一者永息一切不善波浪智光大寶
二者滅一切法愛智光大寶三者大智慧光
大寶四者與如来等无量智光大寶佛子彼
菩薩摩訶薩脩集菩提時起无量生死不善
波浪一切諸天阿脩羅等悉无能亂如来以
息一切不善波浪智光大寶照曜菩薩不善
波浪令永息堅固安住无上三昧以滅一
切法愛智光大寶滅一切三昧難捨味著以
大慧智光大寶滅一切无明淨慧通達以與
如来等无量智光大寶以少方便出生如来
智慧之地佛子若无如来四種智光大寶乃
至一菩薩得如来地无有是處佛子是為菩
薩摩訶薩第五勝行智見如来應供等正覺
心濵次佛子譬如從水輪際上至非想非非
想天一切三千大千世界依虛空住謂无色
界衆生處色界衆生處欲界衆生處此三界
處悉依虛空而成虛空无有邊如来智慧

BD04949 號　大方廣佛華嚴經（晉譯五十卷本　異本）卷三一　　（31–1）

至一善薩得如来地无有是處佛子是為善
薩摩訶薩第五勝行智見如来應供等正覺
心復次佛子辟如從水輪際上至非想非非
想天一切三千大千世界依虛空住謂无色
界衆生處色界欲界衆生處此三界
處悉依虛空而彼虛空无有迫迮如来智慧
亦復如是一切聲聞緣覺菩薩知有為法智
慧知无為法智慧如是等一切智慧悉依如
来智慧而起悉依如来智慧而住如来智慧
无有迫迮何以故如来智慧无所不至故佛
子是為菩薩摩訶薩第六勝行知見如来應
供等正覺心復次佛子譬如雪山頂有藥王
樹名非從根生非不從生彼藥王樹從六百
八十万由旬下極金剛地水輪際生佛子此
藥王樹若生根時閻浮提樹一切根生若生
莖時閻浮提樹皆悉生莖若生枝葉華菓時
閻浮提樹一切悉生枝葉華菓此藥王樹根
能生莖莖能生根是故名曰不從根生非不
從根佛子此藥王樹一切諸處皆悉生長唯
除二處所謂地獄深坑及水輪中不得生長
而大藥王樹亦不捨生性如来智慧大藥王
樹亦復如是從一切如来種性中生於過去
世脩習大慈悲等无量无邊功德堅固正住
不可傾動三世无量善根智慧皆悉普覆一
切世間除滅一切惡道衆難巧方便莖淨法

BD04949號　大方廣佛華嚴經（晉譯五十卷本　異本）卷三一　（31–2）

樹亦復如是從一切如来種性中生於過去
世脩習大慈悲等无量无邊功德堅固正住
不可傾動三世无量善根智慧皆悉普覆一
切世間除滅一切惡道衆難巧方便莖淨法
界枝諸禪三昧解脫之葉七覺意華无上解
脫果陀羅尼持初无增減佛子如来智慧大
藥王樹復有異名名根堅固不壞何以故不
捨不斷菩薩衆行是故其根名曰不壞彼如
来智慧大藥王樹初生根時一切菩薩悉生
大慈悲根未曾捨離一切衆生初生莖時一
切菩薩皆悉生長堅固精進正直心莖初生
枝時一切菩薩生長一切波羅蜜枝初生葉
時一切菩薩生長一切淨戒威儀頭陁功德
之葉初生華時一切菩薩善根莊嚴相好華
敷初生果時一切菩薩得无生忍受佛記果
佛子如来智慧大藥王樹唯除二處不得生
長所謂聲聞緣覺涅槃地獄深坑及諸犯戒
邪見貪著非法器等而如来樹非生長其餘
一切應受化者皆悉生長而如来智慧大藥
王樹不增不減佛子是為菩薩摩訶薩第七
勝行知見如来應供等正覺心復次佛子辟
如火劫起時三千大千世界一切所有大地
草木金剛圍山皆悉熾然燒盡无餘設有一
人若以乾草投彼火中寧得不燃荅言不也
无不燒盡佛子彼所投草猶不可盡如来智

BD04949號　大方廣佛華嚴經（晉譯五十卷本　異本）卷三一　（31–3）

勝行知見如來應供等正覺心復次佛子譬
如大劫起時三千大千世界一切所有大地
草木金剛圍山皆悉熾然燒盡无餘設有一
人若以乾草投彼火中寧得不然否言不也
无不燒盡佛子彼所投草猶不可盡如來智
慧於一切衆生佛剎一切劫數一切諸法无
不悉知若有不知无有是處何以故如來智
慧不可破壞悉明達故佛子是爲菩薩摩訶
薩第八勝行知見如來應供等正覺心復次
佛子譬如風災壞世界時有大風起名曰壞
散悉能壞散摩滅大千世界金剛圍山一切
萬物尒時三千大千世界外復有風起名鄣
壞散風災不令風災得至餘方佛子若无此
鄣風十方无量无邊阿僧祇世界无不散滅
如來應供等正覺亦復如是有大智風名曰
散滅一切煩惱悉能散滅一切菩薩煩惱習
氣如來復有巧方便智風能持一切菩薩不
令究竟盡滅墮於聲聞辟支佛地菩薩摩訶
薩得此巧方便智風力故能過聲聞辟支佛
地佛子是爲菩薩摩訶薩第九勝行知見如
來應供等正覺心復次佛子如來智慧无處
不至何以故无有衆生无有衆生身如來智
慧不具足者但衆生顛倒不知如來智遠離
顛倒起一切智无師智无閡智佛子譬如有
一經卷如一三千大千世界大千世界一切

BD04949號　大方廣佛華嚴經（晉譯五十卷本　異本）卷三一　（31–4）

地佛子是爲菩薩摩訶薩第九勝行知見如
來應供等正覺心復次佛子如來智慧无處
不至何以故无有衆生无有衆生身如來智
慧不具足者但衆生顛倒不知如來智遠離
顛倒起一切智无師智无閡智佛子譬如有
一經卷如一三千大千世界大千世界一切
所有无不記錄若二千世界等悉記二千世
界中事小千世界等悉記小千世界中事四
天下等悉記四天下事須彌山王等悉記須
彌山王事地天宮等悉記地天宮殿中事欲
天宮等悉記欲界天宮殿中事色天宮等悉
記色界天宮殿中事若无色天宮等悉記无
色界天宮殿中事彼三千大千世界等經卷
在一微塵內一切微塵亦復如是時有一人
出興於世智慧聽達具足成就清淨天眼見
此經卷在微塵內如是念云何如此廣大經
卷在微塵內而不饒益衆生耶我當懃作
方便破彼微塵出此經卷饒益衆生尒時彼
人即作方便破壞微塵出此經卷饒益衆生
佛子如來智慧无相智慧无閡智慧具足在
於衆生身中但愚癡衆生顛倒想覆不知不
見不生信心
尒時如來以无鄣閡清淨天眼觀察一切衆
生觀已作如是言奇哉奇哉云何如來具足
智慧在於身中而不知見我當教彼衆生覺

BD04949號　大方廣佛華嚴經（晉譯五十卷本　異本）卷三一　（31–5）

於衆生身中但愚癡衆生顛倒想覆不知不
見不生信心
尒時如来以无鄣閡清淨天眼觀察一切衆
生觀已作如是言奇㦲奇㦲云何如来具足
智慧在於身中而不知見我當教彼衆生覺
悟聖道悉令永離妄想顛倒垢縛具見如来
智慧在其身内與佛无異如来即時教彼衆
生脩八聖道捨離虚空顛倒離顛倒已見如
来智與如来等饒益衆生佛子是為菩薩摩
訶薩第十勝行知見如来應供等正覺心佛
子菩薩摩訶薩有如是等无量无數諸勝妙
行知見如来應供等正覺心尒時普賢菩薩
欲重明此義以偈頌曰

欲知如来心　應解㝡勝智　如来智无量　㝡勝心亦然
十方諸世界　一切衆生類　皆悉依虚空　虚空无所依
一切法界中　衆生種種樂　方便巧智術　依㝡勝智起
一切諸智慧　悉知　聲智　如来㝡勝智　寂然无所依
聲聞緣覺乘　解脫智慧果　悉從法界起　法界无增減
㝡勝智如是　能起一切智　學智无學智　了達有无智
善逝无上智　出生一切智　非生非不生　皆悉无增減
譬如大海水　澤潤一切地　衆生善方便　求水无不得
大海地无念　我與衆生水　大海无增減　方便求悉得
十方諸世界　一切群生類　善逝智慧海　皆悉能潤澤
各各懃方便　脩習諸法門　一切脩行者　疾得智慧光
如娑伽龍王　有四妙寶珠　密置深寶藏　衆生无能見

譬如大海水　澤潤一切地　衆生善方便　求水无不得
大海地无念　我與衆生水　大海无增減　方便求悉得
十方諸世界　一切群生類　善逝智慧海　皆悉能潤澤
各各懃方便　脩習諸法門　一切脩行者　疾得智慧光
如娑伽龍王　有四妙寶珠　密置深寶藏　衆生无能見
端嚴而方正　常住於大海　因此四摩尼　出生一切寶
㝡勝四種智　无量不可稱　出生一切衆　无量諸智慧
安住大乘行　无量億莊嚴　除受記菩薩　一切莫能見
譬如大海中　有四摩尼寶　光热甚猛熱　能消大海水
若无此四寶　天地四漂沒　大海无增減　四域皆安住
如来四種智　无量不可稱　能正諸菩薩　不善根波浪
一切三世間　欲色无色界　離我及我所　安住於虚空
善逝智亦然　一切智根本　聲聞學无學　及諸緣覺智
菩薩普饒益　无量甚深智　悉依如来智　如来智无依
如彼雪山頂　有大藥王樹　名不從根生　非不從根生
由此藥王樹　生長因緣故　悉生閻浮提　一切諸樹林
彼樹根生時　一切樹根生　莖枝葉華實　一切亦如是
清淨甚深智　如来姓中生　依因如来智　出生脩行智
一切菩薩行　无量諸功德　如来智樹生　平等心地生
譬如劫盡時　猛盛大火害　設人投乾草　猶可燒不盡
善逝清淨智　无量无有邊　悉能分別知　三世衆生類
又知一切劫　一切諸佛剎　如是无量法　如来悉了知
譬如劫盡時　風災名壞散　能壞諸天地　金剛及須彌
剎外有風起　名曰鄣散壞　若无此散壞　十方悉摩滅
十力亦如是　智慧風无量　皆悉能散滅　菩薩諸煩惱
如来方便智　攝取諸菩薩　過聲聞緣覺　令住如来地

又知一切劫　一切諸佛刹　如是无量法　如来悉了知
譬如劫盡時　風災名壞散　能壞諸天地　金剛及須弥
刹外有風起　名曰鄣散壞　若无此散壞　十方悉摩滅
十力亦如是　智慧風无量　皆悉能散滅　菩薩諸煩惱
如来方便智　攝取諸菩薩　過聲聞緣覺　安住如来地
譬如微塵內　有一大經卷　三千世界等　无益衆生類
尒時有一人　出興於世間　破塵出經卷　饒益一切世
如来智如是　衆生悉具有　顛倒妄想覆　衆生不知見
如来教衆生　脩習八聖道　除滅一切鄣　究竟成菩提
佛子云何菩薩摩訶薩知見如来應供等正
覺境界此菩薩摩訶薩成就无量无邊无閡
智慧知一切衆生是如来境界一切世間一
切刹一切法一切衆生行如如不壞境界无
閡法界境界齊際无際境界无量虛空境界
非境界境界是如来境界佛子一切衆生无
量故如来境界无量一切世間无量故如来
境界无量乃至非境界境界无量故如来境
界无量非境界至一切處而无所至如来境
界亦復如是佛子菩薩摩訶薩知心境界是
如来境如心境界无量故如来境界无量何
以故隨心无量出生智慧亦復如是佛子譬
如大龍隨心降雨雨不從內亦不從外如来
境界亦復如是隨心所念念於念中出生无
量不可思議智彼諸如来智慧无来處佛子
一切大海水皆從龍王心願所起如来智海

BD04949號　大方廣佛華嚴經（晉譯五十卷本　異本）卷三一　（31–8）

如来境如心境界无量故如来境界无量何
以故隨心无量出生智慧亦復如是佛子譬
如大龍隨心降雨雨不從內亦不從外如来
境界亦復如是隨心所念念於念中出生无
量不可思議智彼諸如来智慧无来處佛子
一切大海水皆從龍王心願所起如来智海
亦復如是悉從大願力起佛子如来智海无
量无邊不可言說不可思議我說少喻汝今
諦聽佛子此閻浮提內流出二千五百河水
悉入大海俱耶尼內流出五千河水悉入大
海弗婆提內流出八千四百河水悉入大海
樹單越內流出一万河水悉入大海佛子此
四天下內如是二万五千河水悉入大海佛
子於意云何此水多少荅言甚多佛子復有
十光明龍王雨大海中悉過前水百光明龍
王雨大海中復悉過前大莊嚴龍王雨大海
中復悉過前摩那斯龍王雨大海中復悉過
前大雷龍王雨大海中復悉過前難陁跋難
陁龍王雨大海中復悉過前无量光明龍王
雨大海中復悉過前流出不斷龍王雨大海
中復悉過前大勝龍王雨大海中復悉過前
金剛光明龍王雨大海中復悉過前佛子如
是等八十億龍王各雨大海展轉過前娑伽
羅龍王太子名曰佛生雨大海中復悉過前
佛子彼十光明龍王所住謂池流入大海復

BD04949號　大方廣佛華嚴經（晉譯五十卷本　異本）卷三一　（31–9）

中湏悉過前大勝龍王雨大海中復悉過前
金剛光明龍王雨大海中湏悉過前佛子如
是等八十億龍王各雨大海展轉過前娑伽
羅龍王太子名曰佛生雨大海中湏悉過前
佛子彼十光明龍王所住淵池流入大海湏
悉過前百光明龍王所住淵池流入大海湏
悉過前大莊嚴龍王所住淵池流入大海湏
悉過前摩那斯龍王所住淵池流入大海湏
悉過前大雷龍王所住淵池流入大海湏悉
過前難陀跋難陀龍王所住淵池流入大海
湏悉過前无量光明龍王所住淵池流入大
海湏悉過前流注不斷龍王所住淵池流入
大海湏悉過前大勝龍王所住淵池流入大
海湏悉過前金剛光明龍王所住淵池流入
大海湏悉過前如是等廣說乃至娑伽羅龍
王太子所住淵池流入大海湏悉過前佛子
如彼十龍王及八十億龍王乃至娑伽羅龍
王太子雨大海及其淵池皆悉不及娑伽羅
龍王所雨大海娑伽羅龍王所住淵池涌出
流入大海倍復過前波涌流水青琉璃色盈
滿大海涌出有時是故海潮常不失時佛子
如是大海其水无量珍寶无量衆生无量大
地无量佛子於意云何彼大海水為无量不
荅言實尒其水深廣不可為喻佛子如是海
水深廣无量於来无量智海百分不及其一

BD04949號　大方廣佛華嚴經(晉譯五十卷本　異本)卷三一　(31-10)

滿大海涌出有時是故海潮常不失時佛子
如是大海其水无量珍寶无量衆生无量大
地无量佛子於意云何彼大海水為无量不
荅言實尒其水深廣不可為喻佛子如是海
水深廣无量於来无量智海百分不及其一
乃至不可為譬但随所應化為作譬喻佛子
菩薩摩訶薩知見如来智海深廣无量從初
發心乃至不斷菩薩无量行故智見道品寶
无量不斷三寶故知見无量衆生歡喜長養
一切聲聞學无學及緣覺故知見大地无量
從歡喜故乃至究竟无閡智地故佛子是為
菩薩摩訶薩知見如来應供等正覺境界无
量饒益一切衆生无量智慧故尒時普賢菩
薩欲重明此義以偈頌曰

離垢淨境界　无量不可稱　殊勝願力故　一切无有量
譬如心境界　无量无有邊　一切諸十力　境界亦如是
譬如大龍王　不離於本處　以心願力故　其雨无有量
雨水无從来　亦无有去處　龍王願力故　随心雨无量
一切十方剎　十力亦如是　本无所從来　去亦无所至
无量諸境界　悉從心緣起　一切諸法界　皆入一毛道
譬如大海水　无量无有邊　衆生及珍寶　大地亦无量
海水常湛然　皆悉同一味　随衆生受用　其味各不同
最勝亦如是　智慧海无量　三寶最勝故　是故寶无量
聲聞學无學　譬如佛无量　具備无上道　故說地无量

佛子云何菩薩摩訶薩知見如来應供等正

BD04949號　大方廣佛華嚴經(晉譯五十卷本　異本)卷三一　(31-11)

譬如大海水　无量无有邊　衆生及珍寶　大地亦无量
海水常湛然　皆悉同一味　隨衆生受用　其味各不同
㝡勝亦如是　智慧海无量　三寶㝡勝故　是故寶无量
聲聞學无學　譬如佛无量　具脩无上道　故說地无量
佛子云何菩薩摩訶薩知見如來應供等正
覺行此菩薩摩訶薩知見如來无閡行如如
行是如來行如如過去不滅未來不至現在
不起如來行亦如是不滅不至不起佛子譬
如法界无量无縛何以故法界无身故如來
行亦如是无量无縛何以故如來行无身故
佛子譬如鳥飛虛空逕百千年所遊行處不
可度量未遊行處亦不可量何以故虛空无
分齊故如來應供等正覺行亦復如是若使
有人於百千億那由他那由他劫分別解脫如
來之行已解說者不可限量未解說者亦不
可量何以故如來行无分齊故佛子如來應
供等正覺住如來住无所住故而能普為一
切衆生示現開導如來之行衆生見已出過
一切諸鄣閡道佛子譬如金翅鳥王飛行虛
空安住虛空以清淨眼觀察大海龍王宮殿
奮勇猛力以左右翅慱開海水悉令兩辟知
龍男女有命盡者而撮取之如來應供等正
覺金翅鳥王亦復如是安住无閡虛空之中
以清淨眼觀察法界諸宮殿中一切衆生若
有善根已成熟者奮勇猛十力心觀兩翅慱

BD04949號　大方廣佛華嚴經（晉譯五十卷本　異本）卷三一　（31–12）

空安住虛空以清淨眼觀察大海
奮勇猛力以左右翅慱開海水悉令兩辟知
龍男女有命盡者而撮取之如來應供等正
覺金翅鳥王亦復如是安住无閡虛空之中
以清淨眼觀察法界諸宮殿中一切衆生若
有善根已成熟者奮勇猛十力心觀兩翅慱
開生死大愛海水隨其所應出生死海除滅
一切妄想顛倒安立如來无閡之行佛子譬
如日月周行虛空不作是念我虛空從何所
來去至何所如來亦復如是周行无閡解脫
虛空分別一切法界饒益一切衆生廣作佛
事如來不作是念我有去來佛子菩薩摩訶
薩以如是等无量无邊勝行知見如來應供
等正覺行尒時普現菩薩欲重明此義以偈
頌曰
譬如如无盡　无生亦无滅　亦无有方處　求之不可見
如來亦如是　境界不可量　遠離於三世　其性悉如如
譬如諸法界　非界非不界　非有亦非无　非量非无量
功德持如是　所行不可量　非有亦非无　其身本无故
如鳥飛虛空　逕由百千年　行處未行處　皆悉不可量
若人百千劫　演說如來行　已說及未說　皆悉不可量
譬如金翅鳥　安住於虛空　觀察龍王宮　撮取其男女
十力亦如是　安住如來行　善根純熟者　令出煩惱海
譬如淨日月　周行於虛空　安樂一切衆　不念我能尒
如來亦如是　遊行諸法界　度脫一切衆　不念我能度
佛子菩薩摩訶薩知見如來應供等正

BD04949號　大方廣佛華嚴經（晉譯五十卷本　異本）卷三一　（31–13）

若人百千劫　演說如來行　已說及未說　皆悉不可量
譬如金翅鳥　安住於虛空　觀察龍王宮　撮取其男女
十力亦如是　安住如來行　善根純熟者　令出煩惱海
譬如淨日月　周行於虛空　安樂一切衆　不念我能令
如來亦如是　遊行諸法界　度脫一切衆　不念我能度
佛子云何菩薩摩訶薩知見如來應供等正
覺菩提此菩薩摩訶薩知見菩提解一切義
滅除疑惑不二等覺无想无行无退无量无
邊无特无脫遠離二邊知處非處知一切字
一切語言法知一切衆生心心所行知一切
根煩惱習性於一念中悉知三世一切諸法
佛子譬如大海為一切衆生色像之印是故
大海說名為印如來應供等正覺菩提亦復
如是一切衆生心念諸根現菩提中而无所
現故說如來為一切覺佛子一切諸佛菩提
一切文字所不能記一切語言所不能說不
可為譬但隨所應如來為之分別演說佛子
如來應供等正覺成菩提時住佛方便得一
切衆生等身得一切法等身得一切剎等身
得一切三世等身得一切如來等身得一切
諸佛等身得一切語言等身得一切法界等
身得虛空界等身得无閡法界等身得出生
无量界等身得一切行界等身得寂滅涅槃
界等身佛子隨如來所得身當知音聲及无
閡心亦復如是如來具足如是等三種清淨

BD04949號　大方廣佛華嚴經（晉譯五十卷本　異本）卷三一　（31–14）

得一切三世等身得一切如來等身得一切
諸佛等身得一切語言等身得一切法界等
身得虛空界等身得无閡法界等身得出生
无量界等身得一切行界等身得寂滅涅槃
界等身佛子隨如來所得身當知音聲及无
閡心亦復如是如來具足如是等三種清淨
无量佛子如來身中悉見一切衆生發菩提
心脩菩薩行成等正覺乃至見一切衆生寂
滅涅槃亦復如是皆悉一性以无性故无相
无盡无生无滅故我非我性故衆生非衆生
性故覺无所覺故法界无自性故虛空界无
自性故如是等覺一切无性无盡智自然智
一切如來无極大悲度脫衆生佛子譬如虛
空界世界若成若敗常无增減何以故虛空
无生滅故如來應供等正覺菩提若成未常
无增減一性无性捨離衆性佛子設有一人
出興於世彼能化作恒沙等心彼一一心悉
能化作恒沙如來无色无形如是恒沙等劫
常化不絕於意云何彼化如來寧為多不答
言我知仁意若化不化等无有異善哉善哉
佛子誠如所言佛子設使一切衆生於一念
中悉成正覺若成未成皆悉平等何以故菩
提无性故无增无減如來菩提皆悉一性所
謂无性佛子是為菩薩摩訶薩知見如來應
供等正覺菩提佛子如來應供等正覺成正

BD04949號　大方廣佛華嚴經（晉譯五十卷本　異本）卷三一　（31–15）

佛子誠如所言佛子設使一切衆生於一念
中悉成正覺若成未成皆悉平等何以故菩
提无性故无增无減如來菩提皆悉一性所
謂无性佛子是爲菩薩摩訶薩知見如來應
供等正覺菩提佛子如來應供等正覺成正
覺已正受三昧名曰善覺正受三昧已得菩
提身數與一切衆生身等如一三昧一切三
昧一切法門亦復如是佛子是爲菩薩摩訶
知見如來應供等正覺菩提身復次佛子菩
薩摩訶薩於一毛道悉知一切衆生等如來
之身如一毛道一切毛道一切法界處亦復
如是何以故如來菩提身无處不至无處不
有故如來應供等正覺本求菩提懃脩精進
法詣道場菩提樹下處師子坐成最正覺究
竟菩提復次佛子此菩薩摩訶薩自知身中
悉有一切諸佛菩提何以故彼菩薩心不離
一切如來菩提故如自心中一切衆生心中
亦復如是无量无邊无處不有不可破壞不
可思議佛子菩薩摩訶薩以如是等无量无
邊不可思議方便法門知見如來應供等正
覺菩提爾時普賢菩薩欲重明此義以偈頌
曰

菩提非二法　遠離於二邊　除滅一切惡　平等覺諸法
了達一切法　皆悉如虛空　非我非无我　等覺一切法
譬如諸大海　一切衆生類　色像悉顯現　故說一切印

BD04949號　大方廣佛華嚴經（晉譯五十卷本　異本）卷三一　（31–16）

曰
菩提非二法　遠離於二邊　除滅一切惡　平等覺諸法
了達一切法　皆悉如虛空　非我非无我　等覺一切法
譬如諸大海　一切衆生類　色像悉顯現　故說一切印
十方世界中　一切衆生類　无上菩提海　而海而不現
譬如虛空性　世界成壞時　若成若未成　虛空无增減
最勝亦如是　无上菩提道　若覺若未覺　一性亦无性
譬如无量劫　念念化諸佛　若化若不化　皆悉等无異
設一切衆生　一時成正覺　若成若未成　菩提无增減
最勝有三昧　名曰爲善覺　道場成菩提　逮得此三昧
普放无量光　一切衆生等　除滅一切闇　開悟諸羣生
三世一切劫　佛刹及諸劫　諸根心心法　一切虛妄法
於一佛身中　此法皆悉現　是故說菩提　无量无有邊
佛子云何菩薩摩訶薩知見如來應供等正
覺轉法輪此菩薩摩訶薩知見如來一切願
一切法轉无所轉本无所起三轉圓滿皆悉
清淨悉能遠離一切耶見離欲際非際一切
諸法如虛空際不可言說一切法寂滅涅槃
性故菩薩摩訶薩知見一切文字一切語言
法悉轉法輪如來音聲无所不至故知見法
輪如觸真實法性故知見一切音聲皆是一
聲如來以此而轉法輪佛轉法輪无有至故
知見轉法輪无漏无盡內外无所有故佛子
譬如文字於无量无數劫說不可盡如來應
供等正覺轉正法輪亦復如是一切文字一

BD04949號　大方廣佛華嚴經（晉譯五十卷本　異本）卷三一　（31–17）

法悉轉法輪如来音聲无所不至說知見法
輪如獨真實法性故知見一切音聲皆是一
聲如来以此而轉法輪佛轉法輪无有主故
知見轉法輪无漏无盡内外无所有故佛子
譬如文字於无量无數劫說不可盡如来應
供等正覺轉正法輪亦復如是一切文字一
切語言說不可盡如来法輪悉入一切語言
文字而无所住佛子譬如文章悉入一切字
數一切事數一切語言數一切筭數一切世
間出世間而无所住如来音聲亦復如是於
一切處无所不入於一切衆生一切法一切
業一切報一切心亦无所住一切衆生諸語
言法皆為法輪音聲所攝何以故一切音聲
不離法輪音聲故復次佛子此菩薩摩訶如
見如来應供等正覺出生法門轉法輪何等
為如来出生法門轉法輪如来以一切衆生
念念心心行等音聲為一切衆生而轉法輪
何以故佛子如来應供等正覺有三昧名曰
究竟无閡无畏如来正受三昧而轉法輪如
来入此三昧已出生一切衆生等音於一一
音中復生一切衆生等音而轉法輪悉令衆
生皆大歡喜佛子若如是知轉法輪者當知
是人則為隨順一切佛家不如是知則不隨
順諸如来家佛子是為菩薩摩訶薩知見如
来應供等正覺轉法輪尒時普賢菩薩欲重

BD04949號　大方廣佛華嚴經（晉譯五十卷本　異本）卷三一　（31–18）

来入此三昧已出生一切衆生等音於一一
音中復生一切衆生等音而轉法輪悉令衆
生皆大歡喜佛子若如是知轉法輪者當知
是人則為隨順一切佛家不如是知則不隨
順諸如来家佛子是為菩薩摩訶薩知見如
来應供等正覺轉法輪尒時普賢菩薩欲重
明此義以偈頌曰
如来轉法輪　三世无不至　所轉无所轉　求之不可得
譬如諸文字　說之不可盡　十力亦如是　轉法輪无盡
譬如章文字　悉入一切數　所入无所入　法輪亦如是
普入一切音　所入无所入　彼亦无自性　能令一切喜
出過一切數　究竟成菩提　欲說真實義　是故入三昧
以彼三昧力　出生妙音聲　悉與衆生等　而轉淨法輪
又復悉於彼　一一諸音聲　出生无量音　衆生語言法
大自在无念　我出彼衆音　隨其受化者　一切无不聞
譬如諸文字　不内亦不外　无漏不可盡　亦復无積聚
十力亦如是　轉清淨法輪　无漏不可盡　諸佛大神力
佛子云何菩薩摩訶薩知見如来應供等正
覺大般涅槃此菩薩摩訶薩欲知見如来應
供等正覺大般涅槃者當如是知如般涅槃
如来大般涅槃亦復如是如實際如法界虛
空界如實性如離欲際如无相際如我性際
如一切法性際如真實際般涅槃如来大般
涅槃亦復如是何以故涅槃非生滅法若法
不生當知不滅去无所至佛子如来應供等

BD04949號　大方廣佛華嚴經（晉譯五十卷本　異本）卷三一　（31–19）

覺大般涅槃此菩薩摩訶薩欲知見如來應
供等正覺大般涅槃者當如是知如般涅槃
如來大般涅槃亦復如是如實際如法界虛
空界如實性如離欲際如无相際如我性際
如一切法性際如真實際般涅槃如來大般
涅槃亦復如是何以故涅槃非生滅法若法
不生當知不滅去无所至佛子如來應供等
正覺不為菩薩演說顯現如來究竟涅槃何
以故欲令諸菩薩於一念中普現三世一切
諸佛悉現前故出生一切如來妙色亦復不
起二不二想何以故菩薩摩訶薩遠離諸想
无染著故佛子但如來欲令衆生歡喜故出
現於世欲令衆生憂悲感慕故示現涅槃其
實如來无有出世亦无涅槃何以故如來常
住如法界故為化衆生示現涅槃佛子設有
日出照現世間圎滿明淨與法界等於一切
世界淨水器中影无不現日无是念我能普
現一切淨水佛子彼時或有一水器破日不
現於意云何彼影不現豈日過耶答曰不也
水器破故日影不現佛子如來智慧圎滿淨
日一念出現悉能照明一切世界一切世界
一切衆生滅除垢濁淨心水器影无不顯常
現在前但破器濁心衆生不見如來法身影
像應見涅槃而得度者是故如來現般涅槃
其實如來不生不滅永无滅度佛子譬如大

BD04949號　大方廣佛華嚴經（晉譯五十卷本　異本）卷三一　（31–20）

一切衆生滅除垢濁淨心水器影无不顯常
現在前但破器濁心衆生不見如來法身影
像應見涅槃而得度者是故如來現般涅槃
其實如來不生不滅永无滅度佛子譬如大
火於一切世界能為火事焚燒草木无不盡
者有時彼火至无草木城邑聚落自然而滅
於意云何一切世間火悉滅不答曰不也如
來應供等正覺亦復如是於一切世界施作
佛事或一佛剎化度已周示現涅槃於意云
何一切世界如來悉滅耶答曰不也佛子是
為菩薩摩訶薩知見如來應供等正覺大般
涅槃復次佛子如大幻師善知幻術安住此
術於三千大千世界一切城邑聚落大王之
都普現幻身住持幻身壽命无盡時此幻師
於彼城邑聚落大王之都隨事訖處便捨幻
身於意云何三千大千世界幻身悉捨滅
耶答曰不也如來應供等正覺亦復如是善
知大慧幻術具足出生巧方便慧於一切法
界普能示現如來幻身常住如法界究竟如
虛空隨諸佛剎教化度脫已周說處示現涅
槃當知不以一剎示現涅槃故如來究竟永
滅度也佛子是為菩薩摩訶薩知見如來大
般涅槃復次佛子如來示現般涅槃時先入
不動三昧入三昧已於一一身各放无量億

BD04949號　大方廣佛華嚴經（晉譯五十卷本　異本）卷三一　（31–21）

虛空隨諸佛刹教化度脫已周訖處示現涅
槃當知不以一剎示現涅槃故如來究竟永
滅度也佛子是爲菩薩摩訶薩知見如來大
般涅槃復次佛子如來示現般涅槃時先入
不動三昧入三昧已於一一身各放无量億
千万那由他大光一一光明各出无量阿僧
祇妙寶蓮華一一蓮華各有不可說不可說
妙寶華鬚一一華鬚各有寶師子坐一一坐
上各有如來結跏趺坐彼時所現諸如來身
悉與一切衆生數等功德具足相好莊嚴究
竟本願時有衆生善根熟者如來身心皆調
伏稟受道化彼如來身究竟安住盡未來際
隨一切衆生所應受化未曾失時彼如來身
无有處所非實非虛如來但欲究竟過去諸
大願故欲令衆生長養諸善根故應現其身
常住不滅佛子是爲菩薩摩訶薩知見如來
應供等正覺大般涅槃復次佛子此菩薩摩
訶薩知見如來涅槃无量无邊究竟法界无
所鄣閡不生不滅淨如虛空安住實際隨其
所應而示現之本願所持不捨一切衆生一
切佛刹一切諸法尒時普賢菩薩欲重明此
義以偈頌曰
譬如圓滿日　一切法界等　影現一切水　唯除諸破器
㝡勝亦如是　普現一切世　衆生无信心　謂佛入涅槃
譬如猛盛火　焚燒一切物　无草木聚落　火則自然滅

BD04949號　大方廣佛華嚴經（晉譯五十卷本　異本）卷三一　（31–22）

義以偈頌曰
譬如圓滿日　一切法界等　影現一切水　唯除諸破器
㝡勝亦如是　普現一切世　衆生无信心　謂佛入涅槃
譬如猛盛火　焚燒一切物　无草木聚落　火則自然滅
㝡勝亦如是　充滿於法界　究竟諸佛事　示現入涅槃
譬如大幻師　示現无量身　如來亦如是　普現一切身
究竟諸佛事　示現般涅槃　隨應受化者　以此而示現
㝡勝有三昧　名曰不可動　究竟佛事已　然後入此定
念出无量佛　又放无量光　光有无量華　華有无量佛
㝡勝无量身　充滿諸法界　積集功德者　一切无不見
善逝淨法身　无量法界等　壽命淨莊嚴　一切悉具足
猶如无生性　如來興亦然　猶如无生性　涅槃亦如是
悉離諸言道　不可爲譬喻　天中天難勝　具足一切德
佛子云何菩薩摩訶薩知見於如來應供等
正覺所見聞恭敬供養所種善根此菩薩摩
訶薩知見於如來所見聞恭敬供養所種善
根皆悉不虛功德无盡離一切愛究竟解脫
果報不虛滿足諸願於一切有爲法中不可
窮盡而能隨順无爲智慧起諸佛智究竟未
來際具足一切諸如來地佛子譬如丈夫食
少金剛終竟不消要從身過至金剛輪際然
後乃住所以者何以彼金剛不可消故如是
佛子於如來所少殖善根能懷一切有爲煩
惱乃至究竟如來涅槃智慧然後乃住所以
者何於如來所殖諸善根不可盡故佛子譬

BD04949號　大方廣佛華嚴經（晉譯五十卷本　異本）卷三一　（31–23）

後乃住所以者何以彼金剛不可消故如是
佛子於如来所少殖善根能壞一切有為煩
惱乃至究竟如来涅槃智慧然後乃住所以
者何於如来所殖諸善根不可盡故佛子譬
如須弥山等大乾草聚若有人持如芥子火
悉能燒盡何以故火性悉能燒故佛子於如
来所種少善根亦復如是悉能燒滅一切煩
惱无有遺餘究竟涅槃何以故於如来所種
諸善根性究竟故佛子譬如雪山有大藥王
名曰善現若有見者眼得清淨若有聞者耳
得清淨若聞香者鼻得清淨若嘗味者舌得
清淨若聞觸者身得清淨若有取彼地土悉
能除滅无量衆病安隱快樂如来應供等正
覺无上藥王亦復如是常以一切諸方便行
饒益衆生若有得見如来色身眼得清淨若
有得聞如来名号耳得清淨若有得聞如来
戒香鼻得清淨若有得味如来法味舌得清
淨得金剛廣長清淨舌根悉能演說一切言
音若有得觸如来光者彼人即清淨色身究
竟逮得无上法身若有念如来者即念佛三
昧正念不亂若有得經卷地如来塔廟礼拜
供養彼衆生等具足善根滅煩惱患得賢聖
樂佛子乃至不信耶見衆生見聞佛者彼諸
衆生於見聞中所種善根果報不虚乃至究
竟涅斷一切惡諸不善根具足善根佛子於

BD04949號　大方廣佛華嚴經（晉譯五十卷本　異本）卷三一　（31–24）

昧正念不亂若有得經卷地如来塔廟礼拜
供養彼衆生等具足善根滅煩惱患得賢聖
樂佛子乃至不信耶見衆生見聞佛者彼諸
衆生於見聞中所種善根果報不虚乃至究
竟涅斷一切惡諸不善根具足善根佛子於
如来所見聞供養恭敬所種善根不可言說
不可為喻何以故如来不可思議過思議故
但隨所應佛為作喻佛子是為菩薩摩訶薩
知見於如来所見聞恭敬供養種諸善根亦
時諸菩薩摩訶薩白普賢菩薩言佛子當何
名此經云何奉持佛子此經名為一切諸佛
微密法藏一切世間不能思議如来所印大
智光明開發示現如来種姓長養一切菩薩
功德一切世間无能破壞隨順一切如来境
界令一切衆生皆悉清淨分別演說佛究竟
法佛子如是經典但為乘不可思議乘菩薩
摩訶薩一向專心求菩提者分別解說不為
餘人何以故此經不入一切衆生之手唯除
菩薩佛子譬如轉輪聖王所有七寶因此寶
故行轉輪王法聖王七寶无堪持者唯除第
一夫人所生太子具足成就聖王相者佛子
若轉輪王无此太子具衆德者壬命終後此
諸寶等自然散佛子此經如是不入一切衆
生之手唯除如来法王真子從諸如来種性
家生種如来相諸善根者若无此等佛之真

BD04949號　大方廣佛華嚴經（晉譯五十卷本　異本）卷三一　（31–25）

一夫人所生太子具足成就聖王相者佛子
若轉輪王无此太子具衆德者王命終後此
諸寶等自然散佛子此經如是不入一切衆
生之手唯除如来法王真子從諸如来種性
家生種如来相諸善根者若无此等佛之真
子斯經則滅何以故一切聲聞緣覺不聞此
經何况受持書寫解説无有是處唯除菩薩
摩訶薩能自誦持書寫經卷佛子是菩薩
摩訶薩聞此經者歡喜恭敬頂戴受持何以
故菩薩摩訶薩信樂此經少作方便必决定
得无上菩提佛子菩薩摩訶薩雖无量億那
由他刧行六波羅蜜脩習道品善根未聞此
經雖聞不信受持随順是等猶爲假名菩薩
不從如来種性家生佛子若菩薩摩訶薩得
聞此經聞已信向受持随順當知此等爲真
佛子從佛家生随順一切如来境界具足一
切菩薩正法安住一切種智境界遠離一切
世間諸法出生長養如来所行到一切菩薩
諸法彼岸於如来自在正法心无疑惑究竟
安住无師之地深入一切如来境界佛子菩
薩摩訶薩聞此經已應當發平等意行无量
心遠離一切虚妄之想究竟直心面對正念
一切如来脩習平等清淨猶如虚空分别觀
察一切菩薩行業與法界等具足成就一切
智智遠離一切世間垢濁發清淨心无淵一

BD04949號　大方廣佛華嚴經（晉譯五十卷本　異本）卷三一　（31–26）

薩摩訶薩聞此經已應當發平等意行无量
心遠離一切虚妄之想究竟直心面對正念
一切如来脩習平等清淨猶如虚空分别觀
察一切菩薩行業與法界等具足成就一切
智智遠離一切世間垢濁發清淨心无淵一
切十方世界深入一切菩薩法門平等觀察
三世諸佛具足善根功德智慧深入此等一
切諸法而无所入不念一法不念二法悉平
等觀无量諸法佛子菩薩摩訶薩成就如是
平等功德少作方便得无師智尒時普賢菩
薩欲重明此義以偈頌曰

若見聞如来　恭敬及供養　所殖諸善根　无量不可稱
一切有爲中　不可得窮盡　究滅諸煩惱　離苦得涅槃
譬如有一人　吞服小金剛　究竟不可消　下至金剛際
如是十力所　見聞供養福　具足金剛智　煩惱滅无餘
譬如乾草積　等彼須弥山　投火如芥子　燒盡悉无餘
如是善逝所　若殖少功德　燒滅諸煩惱　正趣到涅槃
譬如雪山中　有大藥王樹　見聞嗅味觸　除滅一切患
十力亦如是　若有見聞者　脩習勝功德　究竟成菩提

尒時十方不可說不可説百千億那由他佛
剎微塵等世界六種震動東涌西没西涌東
没南涌北没北涌南没邊涌中没中涌邊没
及十八相動所謂動遍動等遍動起遍起等
遍起覺遍覺等遍覺震遍震等遍震吼遍吼
等遍吼涌遍涌等遍涌尒時佛神力故法如

BD04949號　大方廣佛華嚴經（晉譯五十卷本　異本）卷三一　（31–27）

沒南涌北沒北涌南沒邊涌中沒中涌邊沒
及十八相動所謂動遍動等遍動起遍起等
遍起覺遍覺等遍覺震遍震等遍震吼遍吼
等遍吼涌遍涌等遍涌尒時佛神力故法如
是故雨衆華雲勝過諸天雨寶衣雲蓋雲幢
雲幡雲香雲塗香雲驕雲莊嚴雲衆寶雲菩
薩讚嘆雲菩薩身雲三藐三菩提雲普令不
可思議世界皆悉清淨雨如來妙音聲雲充
滿无量无邊法界如此四天下佛神力故令
諸菩薩皆大歡喜一切十方亦復如是尒時
十方各過八十不可說百千億那由他佛剎
微塵等世界之外各有八十不可說百千億
那由他世界微塵等如來悉現其身若近對
面同号普賢現已咸作是言善哉善哉佛子
乃能承佛神力隨順深法能說不可思議如
來性起正法佛子我等諸佛亦說此法十方
一切諸佛及諸菩薩亦復如是說此經時百
千佛剎微塵等菩薩得菩薩一切明一切三
昧受一生記當成阿耨多羅三藐三菩提記
一佛剎微塵等衆生發菩提心我等悉與受
記於未來世當成佛道悉同一号号佛勝境
界是故我等普為未來諸菩薩故護持此經
令久住世如此四天下所度衆生十方无量
阿僧祇不可思議不可稱不可量不可說法
界虛空界等一切世界所度衆生亦復如是

BD04949號　大方廣佛華嚴經（晉譯五十卷本　異本）卷三一　（31–28）

界是故我等普為未來諸菩薩故護持此經
令久住世如此四天下所度衆生十方无量
阿僧祇不可思議不可稱不可量不可說法
界虛空界等一切世界所度衆生亦復如是
盧舍那佛本願力故法如是故善根力故如
來无盡智故如來不失時故隨其所應化菩
薩故廣行普賢菩薩行故示現一切種智故
尒時十方各過十不可說百千億那由他佛
剎微塵等世界之外各有十不可說百千億
那由他佛剎微塵等菩薩來詣此土充滿一
切法界示現菩薩大妙莊嚴放光明網震動
一切世界壞散一切諸魔宮殿除滅一切惡
道諸難明一切如來功德讚嘆一切如來正
法普雨无量无邊供養雲雨示現无量種種
異身示現已身是无量諸佛法明之器時彼
諸菩薩承佛神力各作是言善哉善哉佛子
乃能說是如來不可壞法佛子我等一切悉
名普賢於普光明世界普勝如來所淨脩梵
行彼諸佛所亦說是經如是句如是味如是
相貌佛子我等承佛神力故法如是故於彼
世界來詣此土為汝作證一切十方盡法界
虛空一切世界亦復如是
尒時普賢菩薩承佛神力觀察一切諸菩薩
衆欲重明如來性起正法故欲說如來功德
欲明如來正法不可沮壞欲生一切善薩无
量智慧法明欲說一切具足佛法欲觀察一

BD04949號　大方廣佛華嚴經（晉譯五十卷本　異本）卷三一　（31–29）

虛空一切世界亦復如是

尒時普賢菩薩承佛神力觀察一切諸菩薩
衆欲重明如來性起正法故欲說如來功德
欲明如來正法不可俎壞欲生一切菩薩无
量智慧法明欲說一切具足佛法欲觀察一
切羣生顛心欲隨所應化不失時欲分別一
切无量无邊菩薩正法欲顯現一切如來變
化自在莊嚴欲明一切如來一身无異欲生
一切菩薩无量本行以偈頌曰

一切諸如來　所成就威儀　舉世悉稱譽　无能爲譬喻
爲饒益衆生　令悉開解故　以非喻爲喻　顯現真實義
如是微妙法　无量劫難聞　精進智慧者　乃聞如來藏
若有聞此經　歡喜恭敬者　此等已過去　供養无量佛
當知如此人　諸天常讚嘆　一切諸善逝　攝取常守護
一切諸善逝　世上世間勝　富勝歡喜衆　此經爲内藏
能出生无量　一切白淨道　是故離放逸　一心常奉行

大方廣佛華嚴經卷第卅一

BD04949號　大方廣佛華嚴經（晉譯五十卷本　異本）卷三一　（31–30）

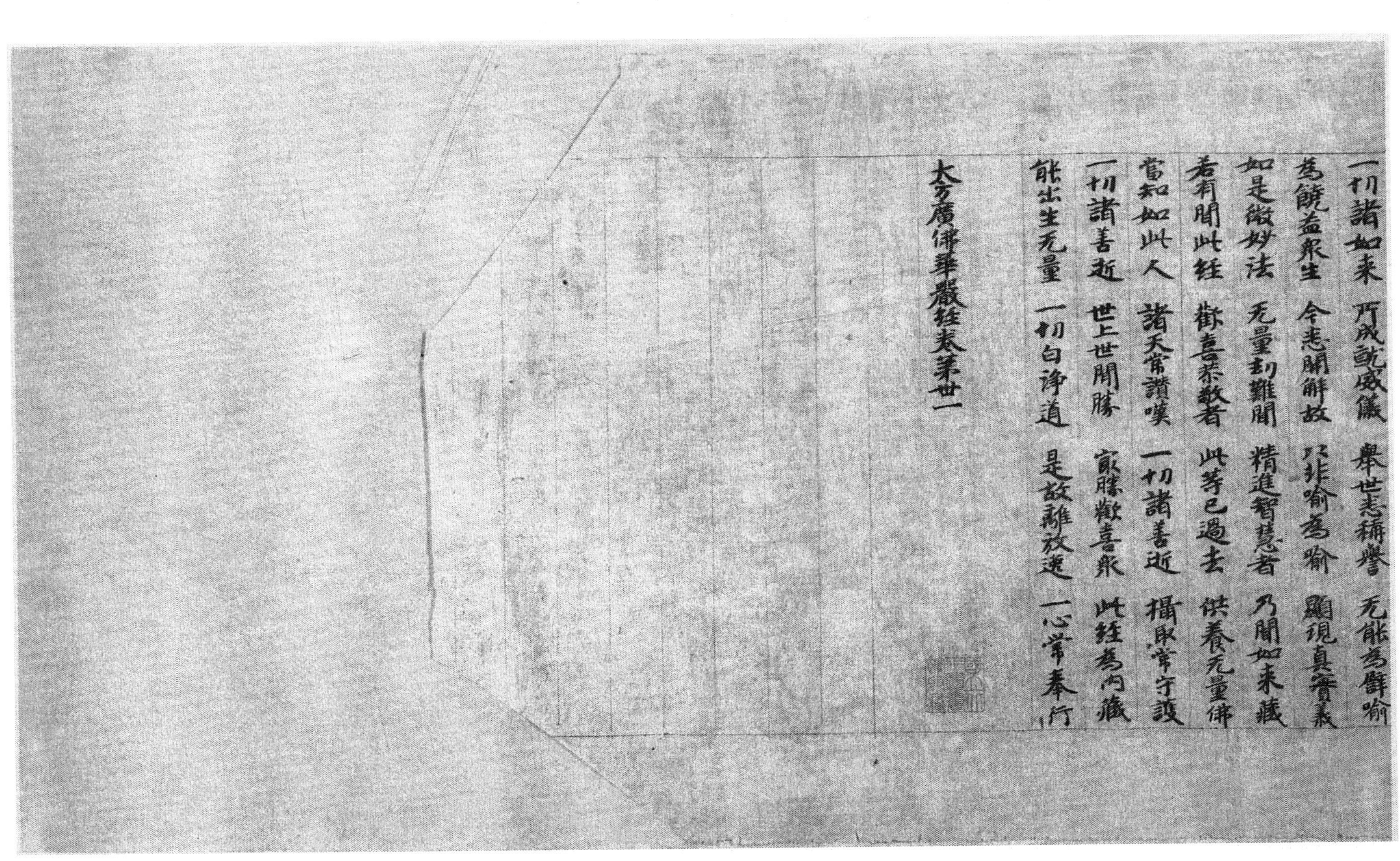

一切諸如來　所成就威儀　舉世悉稱譽　无能爲譬喻
爲饒益衆生　令悉開解故　以非喻爲喻　顯現真實義
如是微妙法　无量劫難聞　精進智慧者　乃聞如來藏
若有聞此經　歡喜恭敬者　此等已過去　供養无量佛
當知如此人　諸天常讚嘆　一切諸善逝　攝取常守護
一切諸善逝　世上世間勝　富勝歡喜衆　此經爲内藏
能出生无量　一切白淨道　是故離放逸　一心常奉行

大方廣佛華嚴經卷第卅一

BD04949號　大方廣佛華嚴經（晉譯五十卷本　異本）卷三一　（31–31）

[…]女[…]佛
南无法華盧舍那清淨雞都佛
南无□□頭摩光明藏佛
南无寶山雲燈佛
南无普覺華佛
南无種種光明弥留藏佛
南无光明輪峰王佛
南无福德雲畫佛
南无法峪雲幢佛
南无功德山威德佛
南无法日雲燈王佛
南无法雲稱勝月佛
南无法輪力雲佛
南无香僻幢智威德佛
南无法輪清淨勝月佛
南无金山威德賢佛
南无賢首弥留威德佛
南无普慧雲吼佛
南无法力勝山佛
南无香炎勝王佛
南无伽耶迦摩尼山聲佛
南无頂藏一切法光明輪佛
南无燃法輪威德佛
南无山峰勝威德佛
南无普精進炬光明雲佛
南无三昧賢寶天冠光明佛
南无勝寶光佛
南无法炬寶帳聲佛
南无樂法光明師子佛
南无莊嚴相月幢佛
南无光明山電雲佛
南无无垢幢佛
六千三百

BD04950號　佛名經（十二卷本）卷七　（6–1）

南无伽耶迦摩尼山聲佛
南无頂藏一切法光明輪佛
南无燃法輪威德佛
南无山峰勝威德佛
南无普精進炬光明雲佛
南无三昧賢寶天冠光明佛
南无勝寶光佛
南无法炬寶帳聲佛
南无樂法光明師子佛
南无莊嚴相月幢佛
南无光明山電雲佛
南无无垢幢佛
六千三百
南无无㝵法虛空光明佛
南无快智華敷身佛
南无世間妙光明聲佛
南无法三昧光明聲佛
南无法聲多藏佛
南无法大炎海聲佛
南无三世相鏡像威德佛
南无高法輪光明佛
南无法界師子光佛
南无盧舍那勝須弥佛
南无一切三昧海師子佛
南无普光慧燃燈佛
南无法界城燃燈佛
南无普門吼光王佛
南无賢首佛
南无普光首佛
南无胎王佛
南无法界燈佛
南无虛空山照佛
南无阿尼羅有眼佛
南无龍自在王佛
南无普照勝須弥王佛
南无无㝵虛空智雞都幢王佛
南无普智光明照十方吼佛
南无雲王吼聲佛
南无不空見佛
南无普照佛
南无寶聲佛
南无妙聲佛
南无金色寶作界妙山佛
南无金閻浮童子遮那光明佛
南无金色百光明佛
南无寶稱佛
南无不空稱佛
南无日愛佛
南无成就智義佛
南无普賢佛
南无无垢光明雞都王佛

BD04950號　佛名經（十二卷本）卷七　（6–2）

南无普明佛　南无寶聲佛
南无妙聲佛　南无金色寶作界妙山佛
南无金閻浮童子遮那光明佛　南无金色百光明佛
南无寶彌佛　南无不空彌佛
南无日愛佛　南无成就智義佛
南无普賢佛　南无无垢光明羅都王佛
南无寶炎佛　南无日月佛
南无海勝佛　南无法幢佛
南无无邊功德王佛　南无寶藏佛
南无无垢面佛　南无无量壽華佛
南无寶聚佛　南无智起佛
南无普護佛
尒時憂波摩那比丘從坐起偏袒右肩右膝
著地白佛言世尊世尊數佛過去佛告憂波
摩那比丘比丘辟如恒河沙世界下至水際
上盡有頂滿中微塵比丘有人於中衆尒時
微塵過恒河沙世界下一微塵如是過恒河
沙世界復下一塵如是盡尒所微塵比丘於
意云何若著微塵若不著微塵是微塵數可
知數不比丘言不也世尊佛告比丘比丘彼
微塵可知其數而彼過去同名釋迦牟尼佛
已入涅槃者不可數知比丘我知彼過去諸
佛如現前見彼諸佛毋同名摩訶摩耶父同
名輸頭檀王城同名迦毗羅彼諸佛弟一聲
聞弟子同名舍利弗目揵連侍者弟子同名

BD04950號　佛名經（十二卷本）卷七　（6–3）

微塵可知其數而彼過去同名釋迦牟尼佛
已入涅槃者不可數知比丘我知彼過去諸
佛如現前見彼諸佛毋同名摩訶摩耶父同
名輸頭檀王城同名迦毗羅彼諸佛弟一聲
聞弟子同名舍利弗目揵連侍者弟子同名
阿難何況種種異名毋異名父異名城異名
弟子異名侍者比丘彼若干世界彼人於何
等世界著微塵何等世界不著微塵彼諸世
界若著微塵不著微塵下至水際上至有頂
比丘復有弟二人取一微塵過彼若干微塵
數世界尒數佛國土阿僧祇億百千万那由
他世界為一步比丘彼人復過是若千微塵
數世界為一步彼人如是過百千万億那由
他阿僧祇劫行乃下一塵如是盡諸微塵比
丘如是若干世界滿中微塵復更著十方世
界比丘復過是世界著微塵彼諸世界下至
水際上至有頂滿中微塵比丘於意云何彼
微塵可知數不比丘言不也世尊佛告比丘
彼諸微塵可知其數彼同名毋同名父同名
弟子同名侍者同名釋迦牟尼佛不可知數
如釋迦牟尼不勝幢佛亦如是盧舍那佛亦
如是无垢勝眼佛亦如是无垢光明眼佛亦
如是光明清淨王佛亦如是善无垢清淨佛
亦如是成就无邊功德勝王佛亦如是寶光
明佛亦如是稱智佛亦如是聲德佛亦如是

BD04950號　佛名經（十二卷本）卷七　（6–4）

如釋迦牟尼不勝幢佛之如是盧舍那佛之
如是无垢勝眼佛之如是无垢光明眼佛之
如是光明清淨王佛之如是善无垢清淨佛
之如是成就无邊功德勝王佛之如是寶光
明佛之如是寂循佛之如是聲德佛之如是
波頭摩勝佛之如是日月佛之如是普寶蓋
佛之如是比丘汝當歸命如是等阿僧祇同
名佛
南无普光明鳶逕王佛　南无普照佛
南无藥王佛　南无弥留燈王佛
南无寶莊嚴佛　南无智成就佛
南无寶蓋佛　南无放炎佛
南无物成就佛　南无彌佛
南无三昧勝佛　南无寶觀佛
南无寶雞都佛　南无羅放佛
南无莎羅王佛　南无寶意雞兜王佛
南无大嚴佛　南无山自在王佛
南无旃陁佛　南无見義佛
南无自在幢佛　南无大弥留佛
南无无光勝佛　南无大莊嚴佛
南无大智幢佛　南无日藏佛
南无无畏上勝山王佛　南无梵自在佛
南无餘依心豐聲王佛　南无智雞兜佛
南无智炬住持佛　南无過一切世間佛
南无法照佛　南无无垢光佛

BD04950 號　佛名經（十二卷本）卷七　（6–5）

南无寶莊嚴佛　南无智成就佛
南无寶蓋佛　南无放炎佛
南无物成就佛　南无彌佛
南无三昧勝佛　南无寶觀佛
南无寶雞都佛　南无羅放佛
南无莎羅王佛　南无寶意雞兜王佛
南无大嚴佛　南无山自在王佛
南无旃陁佛　南无見義佛
南无自在幢佛　南无大弥留佛
南无无光勝佛　南无大莊嚴佛
南无大智幢佛　南无日藏佛
南无无畏上勝山王佛　南无梵自在佛
南无餘依心豐聲王佛　南无智雞兜佛
南无智炬住持佛　南无過一切世間佛
南无法照佛　南无无垢光佛
南无普光佛　南无一切勝佛

BD04950 號　佛名經（十二卷本）卷七　（6–6）

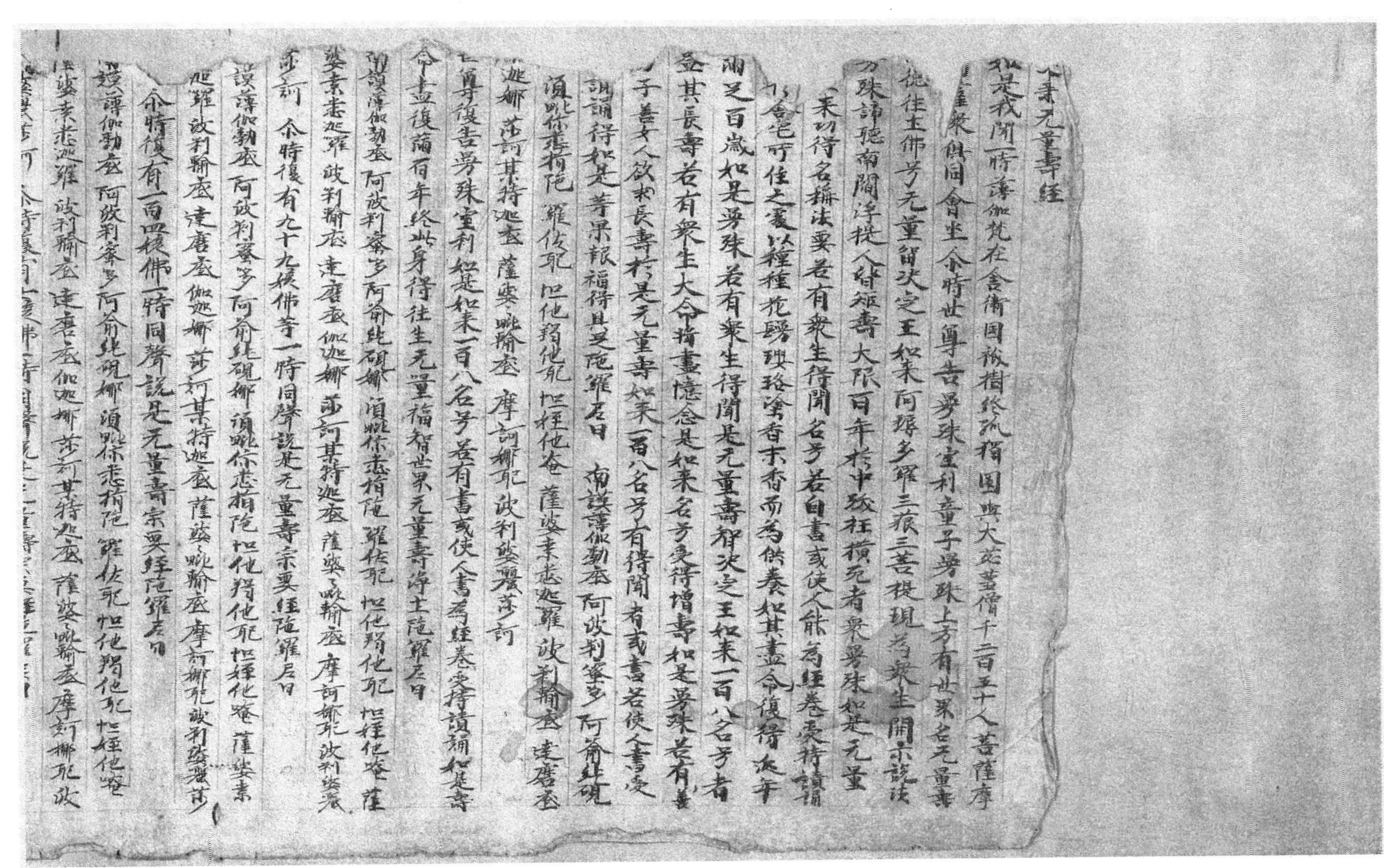

BD04951號　無量壽宗要經　（4–1）

BD04951號　無量壽宗要經　（4–2）

BD04951號　無量壽宗要經　　（4–3）

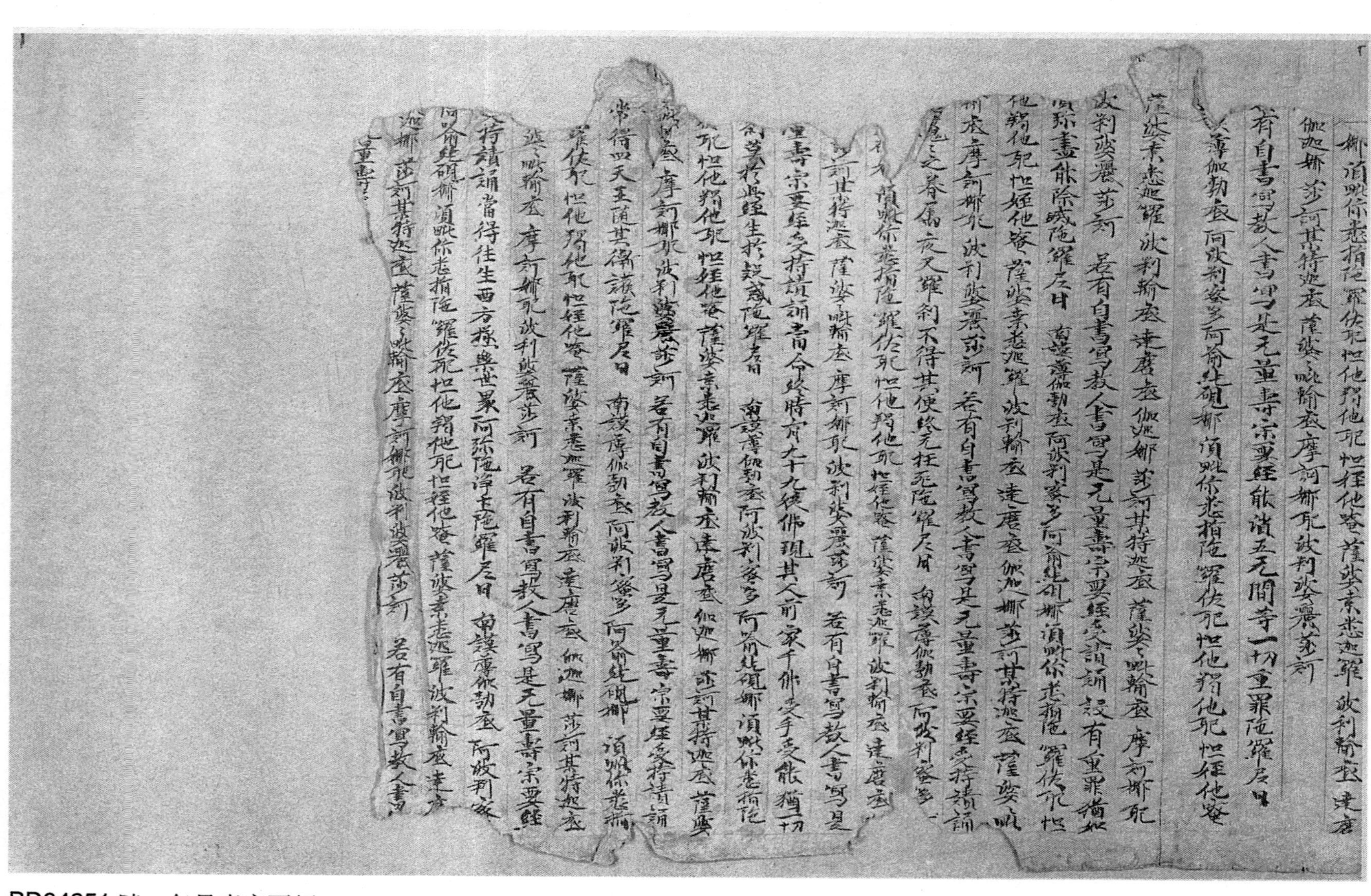

BD04951號　無量壽宗要經　　（4–4）

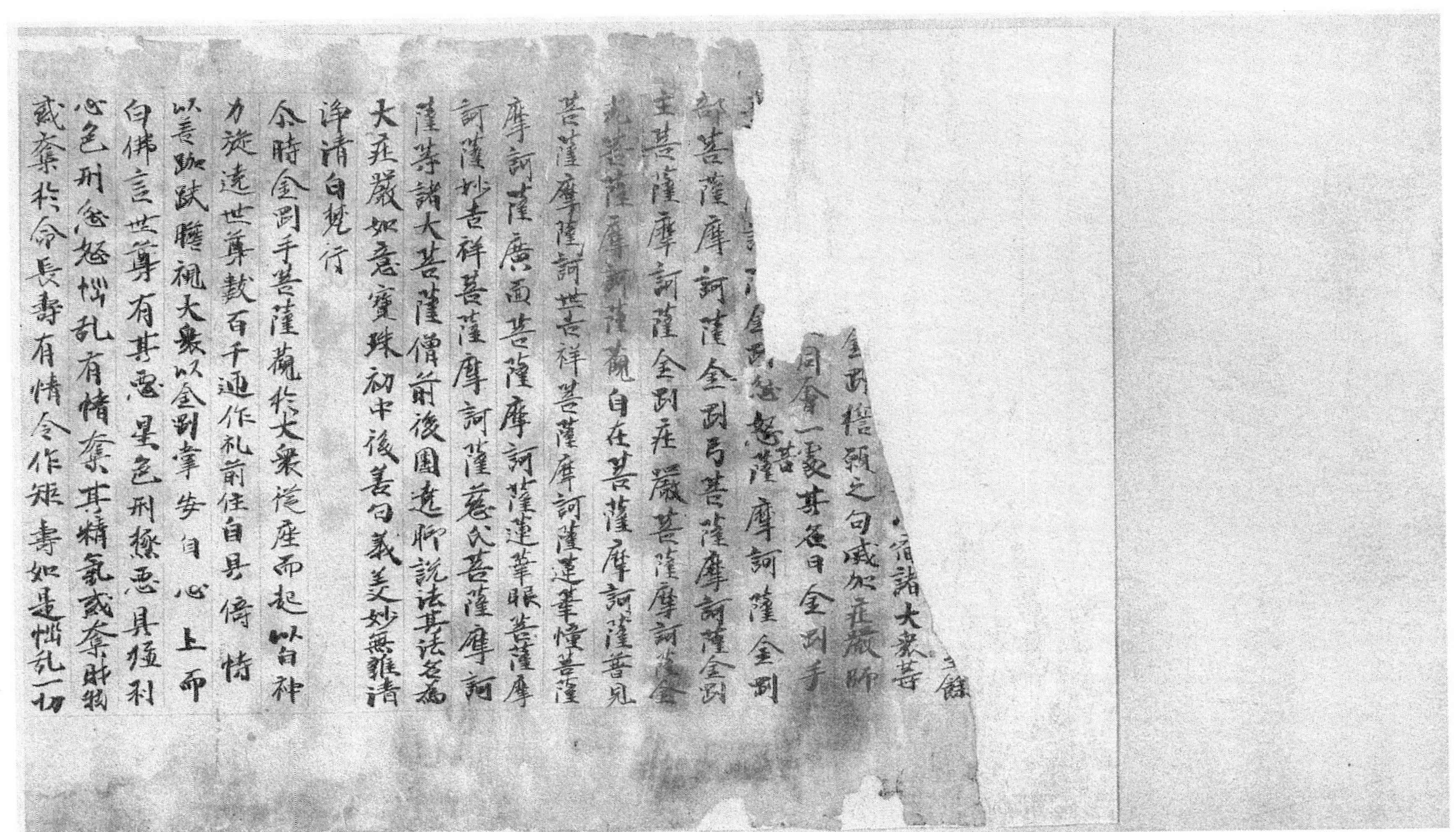

……餘
……宿諸大衆菩
金剛誓願之句威加莊嚴師
……同會一處其名曰金剛手
……金剛忿怒菩薩摩訶薩金剛
部菩薩摩訶薩金剛弓菩薩摩訶薩金剛
主菩薩摩訶薩金剛莊嚴菩薩摩訶薩金
光菩薩摩訶薩觀自在菩薩摩訶薩普見
菩薩摩訶薩世吉祥菩薩摩訶薩蓮華幢菩薩
摩訶薩廣面菩薩摩訶薩蓮華眼菩薩摩
訶薩妙吉祥菩薩摩訶薩慈氏菩薩摩訶
薩等諸大菩薩僧前後圍遶所說法其法名為
大莊嚴如意寶珠初中後善句義美妙無雜清
淨清白梵行
爾時金剛手菩薩觀於大衆從座而起以白神
力旋遶世尊數百千匝作禮前住自具倚　情
以善跏趺膝覩大衆以金剛掌安自心上而
白佛言世尊有其惡星色刑猛惡具猛利
心色刑忿怒惱亂有情奪其精氣或奪財物
或奪於命長壽有情令作短壽如是惱亂一切

BD04952號　諸星母陀羅尼經　（5–1）

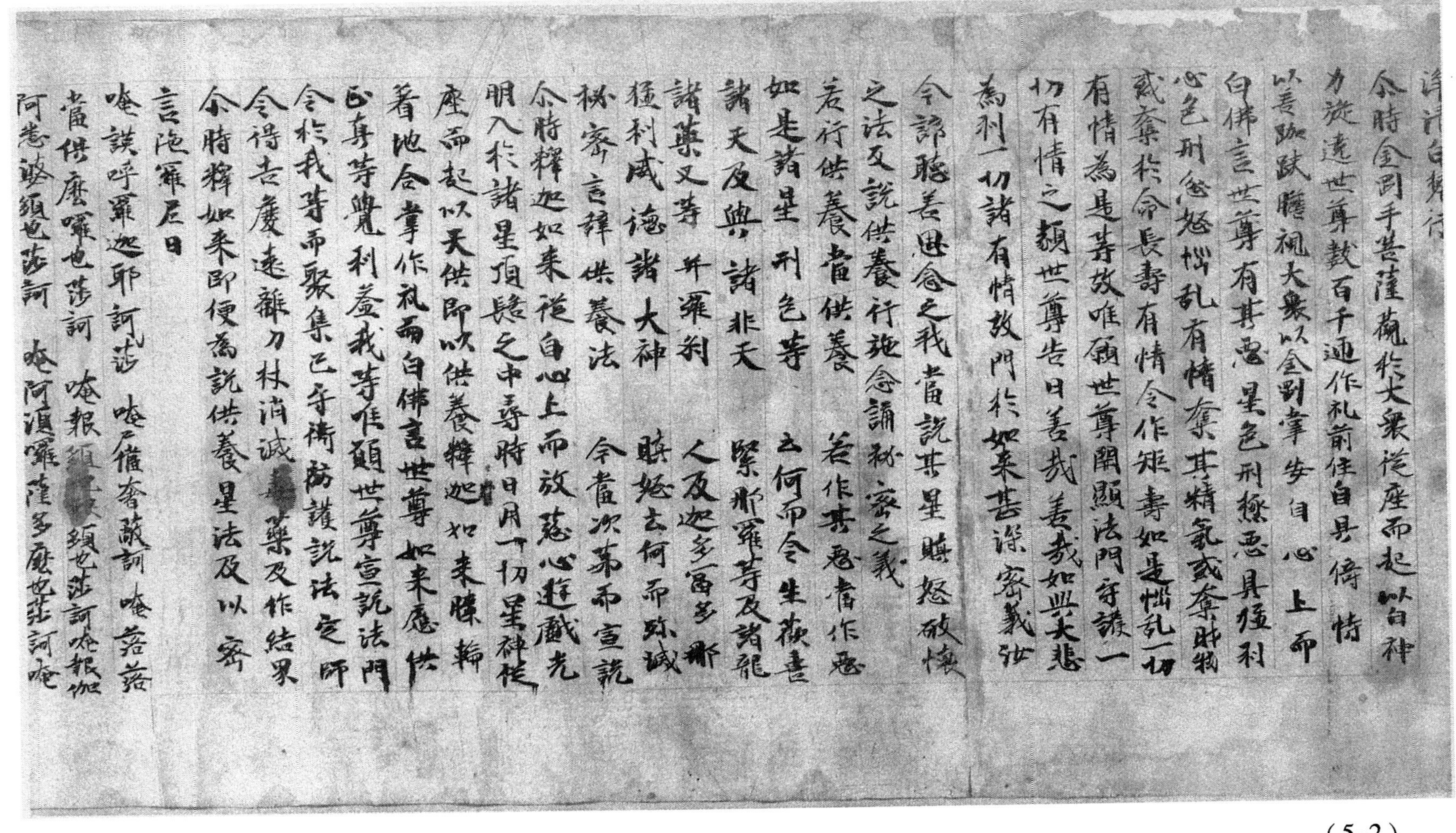

淨清白梵行
爾時金剛手菩薩觀於大衆從座而起以白神
力旋遶世尊數百千匝作禮前住自具倚　情
以善跏趺膝覩大衆以金剛掌安自心上而
白佛言世尊有其惡星色刑猛惡具猛利
心色刑忿怒惱亂有情奪其精氣或奪財物
或奪於命長壽有情令作短壽如是惱亂一切
有情為是等故唯願世尊開顯法門守護一
切有情之類世尊告曰善哉善哉如與大悲
為利一切諸有情故門於如來甚深密義汝
今諦聽善思念之我當說其星曜怒破壞
之法及說供養行施念誦秘密之義
若行供養當供養　若作其惡當作惡
如是諸星刑色等　云何而令生歡喜
諸天及與諸非天　緊那羅等及諸龍
諸藥叉等并羅刹　人及迦多富多那
猛利威德諸大神　睹婆云何而殄滅
秘密言辭供養法　今當次第而宣說
爾時釋迦如來從自心上而放慈心遊戲光
明入於諸星宿聚之中尋時日月一切星神從
座而起以天供即以供養釋迦如來瞻輪供
著地合掌作禮而白佛言世尊如來應供
正真等覺利益我等唯願世尊宣說法門
令於我等而聚集已守衛防護說法之師
令得吉慶遠離刀杖消滅毒藥及作結界
爾時釋迦如來即便為說供養星法及以密
言陀羅尼曰
唵謨呼羅迦耶訶娑　唵尸儞奢薩訶　唵菩菩
當供摩囉也莎訶　唵報[illegible]須也莎訶唵報伽
阿悉婆須也莎訶　唵阿須囉薩多摩也莎訶唵

BD04952號　諸星母陀羅尼經　（5–2）

令得吉慶遠離刀杖消滅[illegible]藥及作結界
尒時釋迦如來即便為説供養星法及以密
言陀羅尼曰
唵謨呼羅迦耶訶莎 唵尸儞奢薩訶 唵菩薩
嚢供摩囉也莎訶 唵粮須[illegible]須也莎訶唵粮伽
阿悉婆須也莎訶 唵阿湏囉薩多摩也莎訶唵
吒哩悉嚢繖羅那也莎訶 唵阿賽多畢哩耶莎
訶 唵藉底稱多薩莎訶
金剛手此則是彼九星秘密心呪讀便成辦
皆作十二指一色香壇中安[illegible]龕鐵凡鐵鋼
金銀等等器奉獻供養一一供養皆誦一百八
遍金剛手然後誦此諸星母陀羅尼秘密言
辞讃已之七遍一切諸星而作守護所有貧窮
悉得解脱合持欲盡而得[illegible]金剛手若苾
蒭苾蒭尼烏波索迦烏波斯迦及餘有情之
類若歷耳根而不中夭金剛 可諸星壇中設
供養已每日而讀誦者彼説法師一切諸星
如彼所願悉令滿足與彼[illegible]畫諸事
皆得消滅
尒時釋迦如來即便為説諸星母陀羅尼説呪曰
南謨佛陀耶 南謨波㮈囉馱囉耶 南麽鉢麼
達囉耶 南麽薩婆迦囉訶 南麽薩婆阿奢
波囉甫迦喃 南謨諾奢多囉喃 南謨㗚荼奢
囉尸喃 怛也他 沒底沒底 撒室囉撒室囉 鉢明
鉢明 娑囉娑囉 鉢婆囉鉢婆囉 三婆囉
三婆囉 基多耶基多耶 麽囉麽囉 麽訖
陀麽訖陀 伽須耶 薩婆瑟遣 供噌供噌
晉那晉那 乞舍波耶乞舍波耶 肩脳星伝
頞麽耶頞麽戈 咄嚕多你 達奢耶捐

BD04952號　諸星母陀羅尼經　（5–3）

囉尸喃 怛也他 沒底沒底 撒室囉撒室囉 鉢明
鉢明 娑囉娑囉 鉢婆囉鉢婆囉 三婆囉
三婆囉 基多耶基多耶 麽囉麽囉 麽訖
陀麽訖陀 伽須耶 薩婆瑟遣 供噌供噌
晉那晉那 乞舍波耶乞舍波耶 肩脳星伝
頞麽耶頞麽戈 咄嚕多你 達奢耶捐
麽喃薄伽薄帝 菩叉耶菩叉耶 麽那婆
波哩波藍婆囉波薩都王悉荼 薩婆
吒訶 那乞奢多囉 陂多麽繖你 繖囉
你繖囉薄伽薄底 麽訶摩电 薩賊
耶咄悉荼麽奢耶 波波你 麽替底 替底
都嚕都嚕 替底 謀揄謀揄 資謀資
謀 訶婆訶蔽屋吒哩屋吒訶 參迷
甫囉耶迷 末努多藍 薩婆怛他迦多
阿伭悉伭 婆麽耶莎訶 唵莎訶 吽莎訶
紇哩莎訶 吽莎訶 怛觥莎訶 鉢麽須囉
莎訶 阿室哆耶莎訶 藕麽耶莎訶 須囉
你須多耶莎訶 沒他耶莎訶 勃多悉波伭
曳莎訶 伽伽囉耶莎訶 吒奢那跋那耶莎訶
囉訶蔽莎訶 鷄多蔽莎訶 沒他耶莎訶
繖㮈囉達囉耶莎訶 鉢麽須莎訶 枸麽囉
耶莎訶 謨乞沙多囉難莎訶 薩婆烏鉢
多囉繖難莎訶 唵薩繖比底 叭叭莎訶
金剛手此是諸星母陀羅尼秘密呪句成辦
一切諸事根本金剛手此陀羅尼秘密呪句
從於九月白月七日而起於首具足長浄至
十四日供養諸星而受持之月十五日若能
盡夜而讀誦者至滿九年無其死畏亦無星
流障碍怖畏亦無月宿作惡怖畏而憶宿命
亦能供養一切諸星一切諸星隨其所願而授

BD04952號　諸星母陀羅尼經　（5–4）

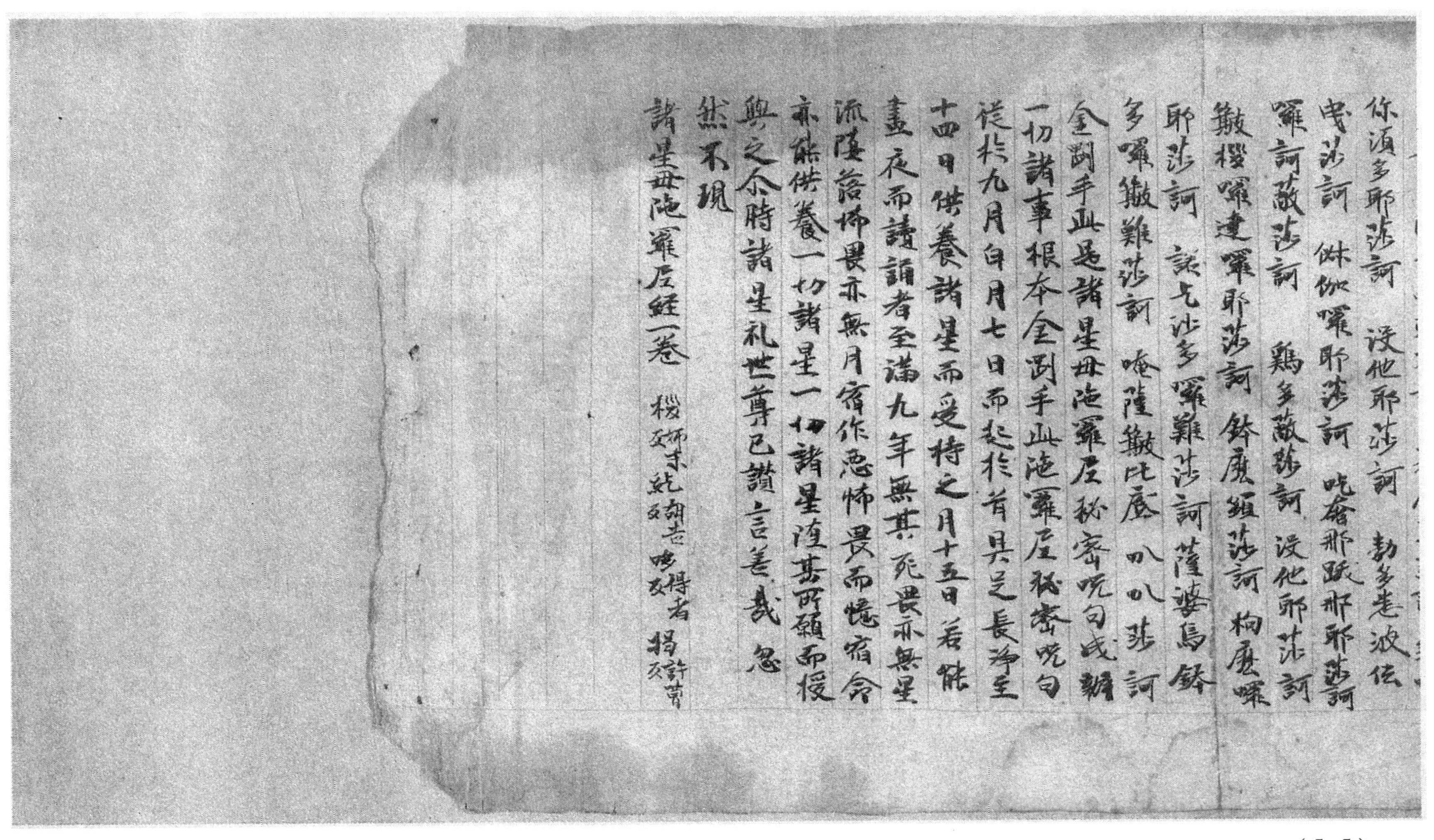

你須多耶莎訶　没他耶莎訶　勃多悉波伱
曳莎訶　你伽囉耶莎訶　吃奢那跋那耶莎訶
囉訶薩莎訶　鶏多薩莎訶　没他耶沫莎訶
皺摻囉達囉耶莎訶　鉢麼缩莎訶　枸麼囉
耶莎訶　訖乞沙多囉難莎訶　薩婆烏鉢
多囉皺難莎訶　唵薩皺比底　叭叭莎訶
金剛手此是諸星母陁羅尼秘密呪句成辦
一切諸事根本金剛手此陁羅尼秘密呪句
從於九月白月七日而起於首具足長淨至
十四日供養諸星而受持之月十五日若能
晝夜而讀誦者至滿九年無其死畏亦無星
流隕諸怖畏亦無月宿作惡怖畏而悕宿命
亦能供養一切諸星一切諸星隨其所願而授
與之尒時諸星礼世尊已讃言善哉忽
然不現
諸星母陁羅尼經一卷

BD04952號　諸星母陀羅尼經　（5–5）

序品第一
薄伽梵在
深法界
九万八千人
善調伏如大象王諸漏已除
脫慧善解脫所作已畢捨諸重擔
盡諸有結得大自在住清淨戒善巧方便智慧
莊嚴證八解脫已到彼岸其名曰具壽阿若
憍陳如具壽阿說侍多具壽婆濕波具壽摩
訶那摩具壽婆帝利迦大迦攝波優樓頻螺
迦攝伽耶迦攝那提迦攝舍利子大目乾連唯
阿難陁住於學地如是等諸大聲聞各於晡
時從定而起往詣佛所頂礼佛足右繞三匝
退坐一面
復有菩薩摩訶薩百千万億人俱有大威德
如大龍王名稱普聞衆所知識施戒清淨常樂
奉持忍行精勤經無量劫越諸靜慮繫念

BD04953號　金光明最勝王經卷一　（11–1）

時從定而起往詣佛所頂礼佛足右繞三匝
退坐一面
復有菩薩摩訶薩百千万億人俱有大威德
如大龍王名稱普聞衆所知識施戒清淨常樂
奉持忍行精勤經無量劫超諸静慮繫念
現前開闡慧門善修方便自在遊戲微妙神通
逮得惣持辯才無盡斷諸煩惱累染皆亡不
久當成一切種智降魔軍衆而擊法鼓制諸
外道令起淨心轉妙法輪度人天衆十方佛土
悉已莊嚴六趣有情無不蒙益成就大智具
足大忍住大慈悲心有大堅固力歷事諸佛
不般涅槃發弘誓心盡未來際廣於佛所深
種深淨因於三世法悟無生忍逾於二乘所行
境界以大善巧化諸世間於大師教能善敷
演秘密之法甚深空性皆已了知無復疑惑
其名曰無障礙轉法輪菩薩常發心轉法輪
菩薩常精進菩薩不休息菩薩慈氏菩薩
妙吉祥菩薩觀自在菩薩惣持自在王菩薩
大辯莊嚴王菩薩妙高山王菩薩大海深王菩
薩寶幢菩薩大寶幢菩薩地藏菩薩虛空
藏菩薩寶手自在菩薩金剛手菩薩歡喜力
菩薩大法力菩薩大莊嚴光菩薩大金光莊
嚴菩薩淨戒菩薩常定菩薩極清淨慧菩
薩堅固精進菩薩心如虛空菩薩不斷大願
菩薩施藥菩薩療諸煩惱病菩薩醫王菩
薩歡喜高王菩薩得上授記菩薩大雲淨光菩

BD04953 號　金光明最勝王經卷一

（11–2）

菩薩大法力菩薩大莊嚴光菩薩大金光莊
嚴菩薩淨戒菩薩常定菩薩極清淨慧菩
薩堅固精進菩薩心如虛空菩薩不斷大願
菩薩施藥菩薩療諸煩惱病菩薩醫王菩
薩歡喜高王菩薩得上授記菩薩大雲淨光菩
薩大雲持法菩薩大雲名稱樂菩薩大雲現
無邊稱菩薩大雲師子吼菩薩大雲牛王吼
菩薩大雲吉祥菩薩大雲寶德菩薩大雲日藏
菩薩大雲月藏菩薩大雲星光菩薩大雲火
光菩薩大雲電光菩薩大雲雷音菩薩大雲
慧雨充遍菩薩大雲清淨雨王菩薩大雲花
樹王菩薩大雲青蓮花香菩薩大雲寶旃檀
香清涼身菩薩大雲除闇菩薩大雲破翳菩
薩如是等無量大菩薩衆各於晡時從定而
起往詣佛所頂礼佛足右繞三匝退坐一面
復有梨車毗童子五億八千其名曰師子光童
子師子慧童子法授童子因陁羅授童子大
光童子大猛童子佛護童子法護童子僧護
童子金剛護童子虛空護童子虛空吼童
子寶藏童子吉祥妙藏童子如是等人而為
上首悉皆安住無上菩提於大乘中深信歡
喜各於晡時往詣佛所頂礼佛足右繞三匝
退坐一面
復有四万二千天子其名曰喜見天子喜悅
天子日光天子月髻天子明慧天子虛空淨
慧天子除煩惱天子吉祥天子如是等天而

BD04953 號　金光明最勝王經卷一

（11–3）

善各於晡時往諸佛所頂礼佛足右繞三匝
退坐一面
復有四万二千天子其名曰喜見天子喜悅
天子日光天子月髻天子明慧天子虛空淨
慧天子除煩惱天子吉祥天子如是等天而
為上首皆發弘願護持大乘紹隆正法能使
不絕各於晡時往諸佛所頂礼佛足右繞三
匝退坐一面
復有二万八千龍王蓮花面龍王醫羅葉龍
王大力龍王大吼龍王小波龍王持駃水龍王
金面龍王如意王是等龍王而為上首於大
乘法常樂受持發深信心稱揚擁護各於
晡時往諸佛所頂礼佛足右繞三匝退坐一面
復有三万六千諸藥叉衆毗沙門天王而為
上首其名曰菴婆藥叉持菴婆藥叉蓮花光
藏藥叉蓮花面藥叉顰眉藥叉現大怖畏藥
叉動藥叉吞食藥叉是等藥叉悉皆愛樂如
來正法深心護持不生疲懈各於晡時往詣
佛所頂礼佛足右繞三匝退坐一面
復有四万九千揭路荼王香象勢力王而為上
首及餘健闥婆阿蘇羅緊那羅莫呼洛伽
等山林海海一切神仙并諸大國所有王衆中
宮后妃淨信男女人天大衆悉皆雲集咸願
擁護無上大乘讀誦受持書寫流布各於晡
時往諸佛所頂礼佛足右繞三匝退坐一面
如是等聲聞菩薩人天大衆龍神八部既雲

BD04953號　金光明最勝王經卷一　（11–4）

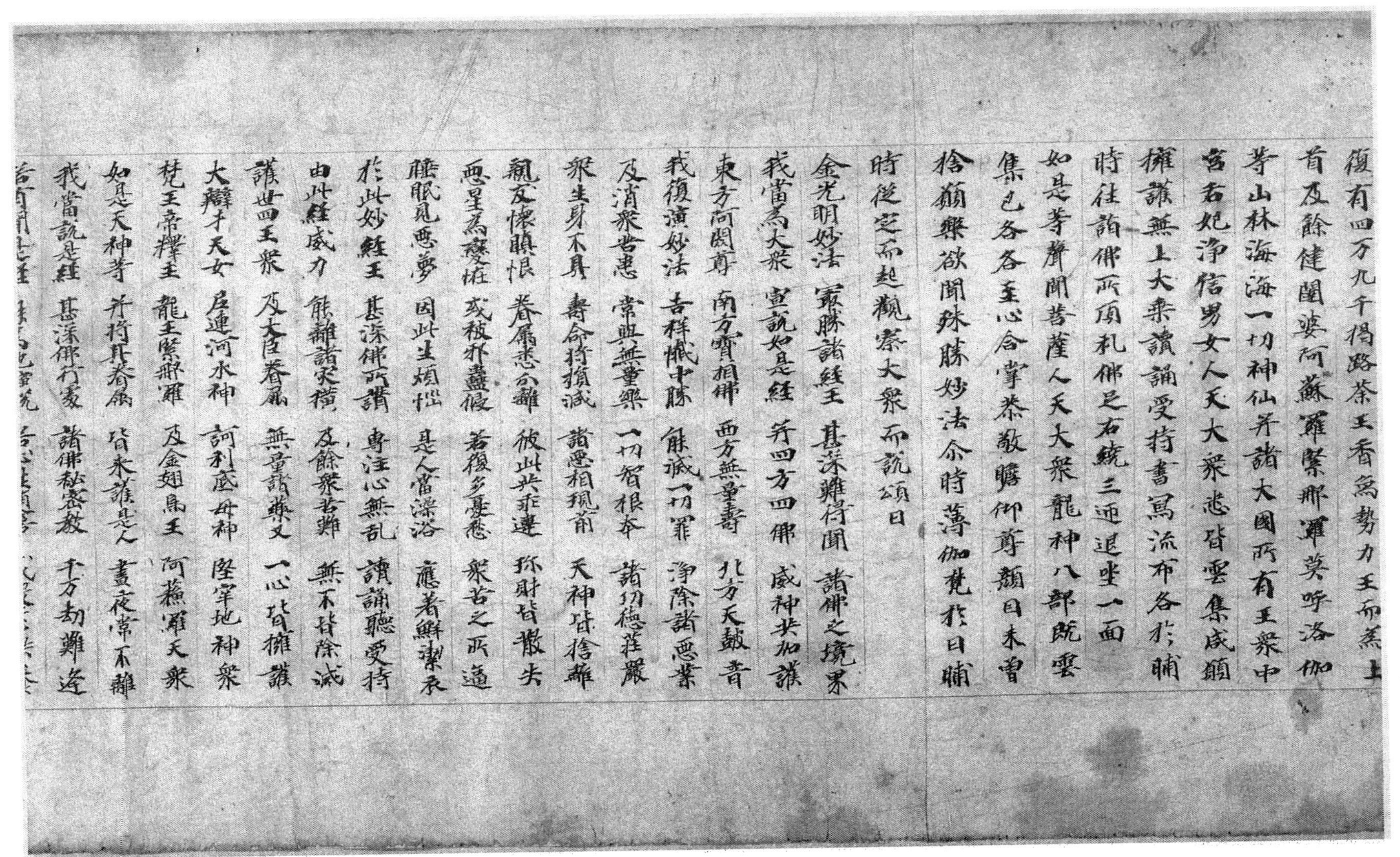

復有四万九千揭路荼王香象勢力王而為上
首及餘健闥婆阿蘇羅緊那羅莫呼洛伽
等山林海海一切神仙并諸大國所有王衆中
宮后妃淨信男女人天大衆悉皆雲集咸願
擁護無上大乘讀誦受持書寫流布各於晡
時往詣佛所頂礼佛足右繞三匝退坐一面
如是等聲聞菩薩人天大衆龍神八部既雲
集已各各至心合掌恭敬瞻仰尊顏目未曾
捨願樂欲聞殊勝妙法尒時薄伽梵於日晡
時從定而起觀察大衆而說頌曰
金光明妙法　最勝諸經王　甚深難得聞　諸佛之境界
我當為大衆　宣說如是經　并四方四佛　威神共加護
東方阿閦尊　南方寶相佛　西方無量壽　北方天鼓音
我復演妙法　吉祥懺中勝　能滅一切罪　淨除諸惡業
及消衆苦患　常與無量樂　一切智根本　諸功德莊嚴
衆生身不具　壽命將損減　諸惡相現前　天神皆捨離
親友懷瞋恨　眷屬悉分離　彼此共乖違　珍財皆散失
惡星為變怪　或被邪蠱侵　若復多憂惱　衆苦之所逼
睡眠見惡夢　因此生煩惱　是人當澡浴　應著鮮潔衣
於此妙經王　甚深佛所讚　專注心無乱　讀誦聽受持
由此經威力　能離諸災橫　及餘衆苦難　無不皆除滅
護世四王衆　及大臣眷屬　無量諸藥叉　一心皆擁護
大辯才天女　尼連河水神　訶利底母神　堅牢地神衆
梵王帝釋主　龍王緊那羅　及金翅鳥王　阿蘇羅天衆
如是天神等　并將其眷屬　皆來護是人　晝夜常不離
我當說是經　甚深佛行處　諸佛秘密教　千万劫難逢

BD04953號　金光明最勝王經卷一　（11–5）

由此經威力　能離諸灾横　及餘衆苦難　無不皆除滅
護世四王衆　及大臣眷屬　無量諸藥叉　一心皆擁護
大辯才天女　尼連河水神　訶利底母神　堅牢地神衆
梵王帝釋主　龍王緊那羅　及金翅鳥王　阿蘇羅天衆
如是天神等　并將其眷屬　皆來護是人　晝夜常不離
我當說是經　甚深佛行處　諸佛秘密教　千万劫難逢
若有聞是經　能為他演說　若心生隨喜　或設於供養
如是諸人等　當於無量劫　常為諸天人　龍神所恭敬
此福聚無量　數過於恒沙　讀誦是經者　當獲斯功德
亦為十方尊　深行諸菩薩　擁護持經者　令離諸苦難
供養是經者　如是澡浴身　飲食及香花　恒起慈悲意
若欲聽是經　令心淨無垢　常生歡喜念　能長諸功德
若以尊重心　聽聞是經者　善生於人趣　遠離諸苦難
彼人善根熟　諸佛之所讚　方得聞是經　及以懺悔法

金光明最勝王經如來壽量品第二

尒時王舍大城有一菩薩摩訶薩名曰妙幢已
於過去無量俱胝那庾多百千佛所承事供
養殖諸善根是時妙幢菩薩獨於靜處作
是思惟以何因緣釋迦牟尼如來壽命短促
唯八十年復作是念如佛所說有二因緣得壽
命長云何為二一者不害生命二者施他飲食
然釋迦牟尼如來曾於無量百千万億無
數大劫不害生命行十善道常以飲食惠
施一切飢餓衆生乃至己身血肉骨髓亦持
施與令得飽滿況餘飲食時彼菩薩於世尊
所作是念時以佛威力其室忽然廣博嚴淨

BD04953號　金光明最勝王經卷一　（11–6）

命長云何為二一者不害生命二者施他飲食
然釋迦牟尼如來曾於無量百千万億無
數大劫不害生命行十善道常以飲食惠
施一切飢餓衆生乃至己身血肉骨髓亦持
施與令得飽滿況餘飲食時彼菩薩於世尊
所作是念時以佛威力其室忽然廣博嚴淨
帝青琉璃種種衆寶雜彩間飾如佛淨土有
妙香氣過諸天香芬馥充滿於其四面各有
上妙師子之座四寶所成以天寶衣而敷其上
復於此座有妙蓮華種種珎寶以為嚴飾
量等如來自然顯現於蓮華上有四如來東
方不動南方寶相西方無量壽北方天鼓音
是四如來各於其座跏趺而坐放大光明周遍
照耀王舍大城及此三千大千世界乃至十方
恒河沙等諸佛國土雨諸天華奏諸天樂尒
時於此贍部洲中及三千大千世界所有衆生
以佛威力受勝妙樂無有乏少若身不具皆
蒙具足盲者能視聾者得聞瘂者能言愚
者得智若心亂者得本心若衣無者得衣服
被惡賤者人所敬有垢穢者身清潔於此世
間所有利益未曾有事悉皆顯現
尒時妙幢菩薩見四如來及希有事歡喜踊躍
合掌一心瞻仰諸佛殊勝之相亦復思惟釋
迦牟尼如來無量功德唯於壽命生疑惑心
云何如來功德無量壽命短促唯八十年
尒時四佛告妙幢菩薩言善男子汝今不應

BD04953號　金光明最勝王經卷一　（11–7）

尒時妙幢菩薩見四如來及希有事歡喜踊躍
合掌一心瞻仰諸佛殊勝之相亦復思惟釋
迦牟尼如來無量功德唯於壽命生疑惑心
云何如來功德無量壽命短促唯八十年
尒時四佛告妙幢菩薩言善男子汝今不應
思忖如來壽命長短何以故善男子我等不
見諸天世間梵摩沙門婆羅門等人及非人
有能筭知佛之壽量知其齊限唯除無上正
遍知者時四如來欲說釋迦牟尼佛所有壽
量以佛威力欲色界天諸龍鬼神健闥婆阿
蘇羅揭路荼緊那羅莫呼洛伽及無量百千
億那庾多菩薩摩訶薩悉來集會入妙幢
菩薩淨妙室中尒時四佛於大衆中欲顯釋迦
牟尼如來所有壽量而說頌曰
一切諸海水　可知其渧數　無有能數知　釋迦之壽量
析諸妙高山　如芥可知數　無有能數知　釋迦之壽量
一切大地土　可知其塵數　無有能筭知　釋迦之壽量
假使量虛空　可得盡邊際　無有能度知　釋迦之壽量
若人住億劫　盡力常筭數　亦復不能知　世尊之壽量
不害衆生命　及施於飲食　由斯二種因　得壽命長遠
是故大覺尊　壽命難知數　如劫無邊際　壽量亦如是
妙幢汝當知　不應起疑惑　最勝壽無量　莫能知數者
尒時妙幢菩薩聞四如來說釋迦牟尼佛壽
量無限白言世尊云何如來示現如是短促壽
量時四世尊告妙幢菩薩言善男子彼釋迦
牟尼佛於五濁世出現之時人壽百年稟性
下劣善根微薄復無信解

BD04953號　金光明最勝王經卷一　（11–8）

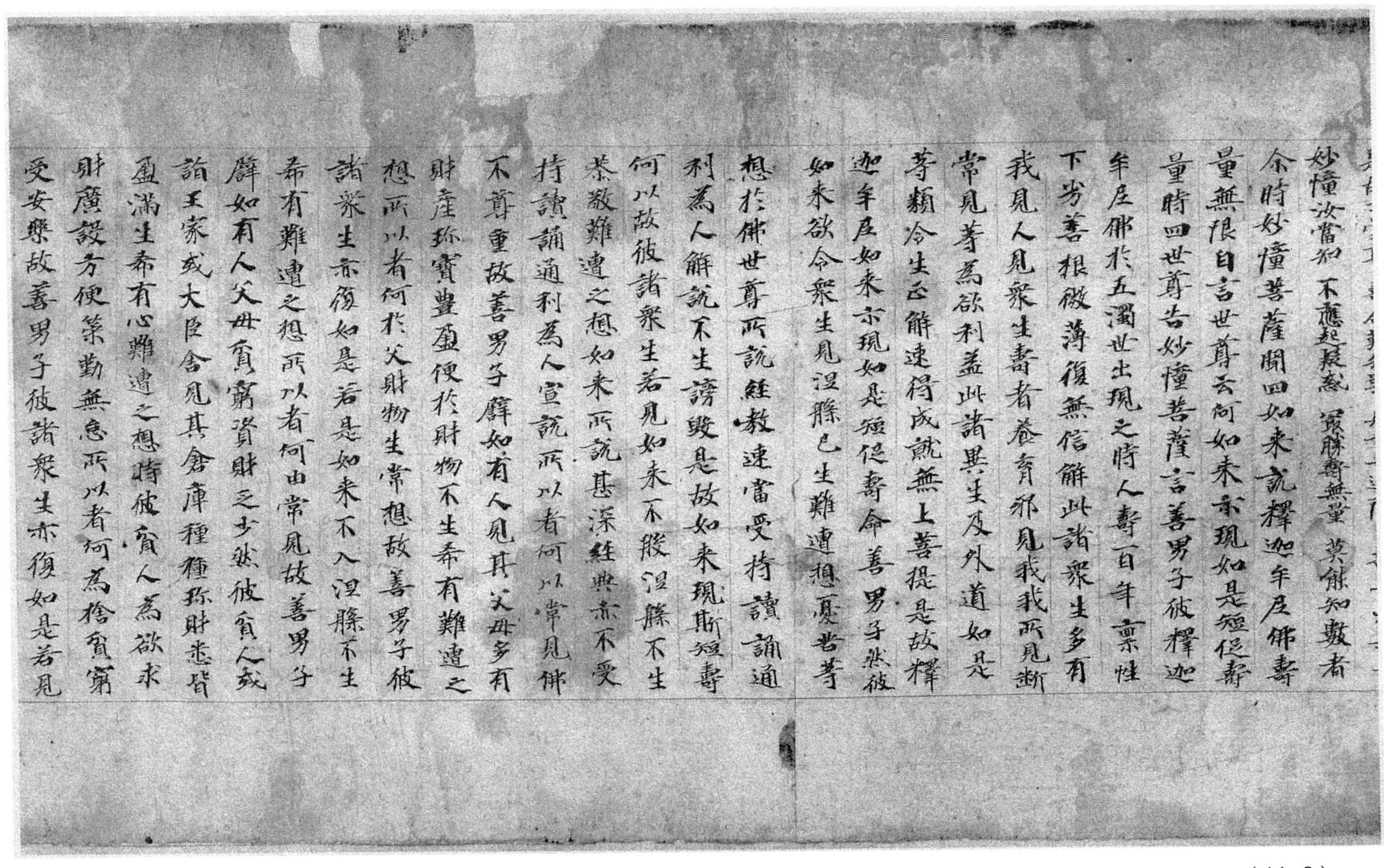
妙幢汝當知　不應起疑惑　最勝壽無量　莫能知數者
尒時妙幢菩薩聞四如來說釋迦牟尼佛壽
量無限白言世尊云何如來示現如是短促壽
量時四世尊告妙幢菩薩言善男子彼釋迦
牟尼佛於五濁世出現之時人壽百年稟性
下劣善根微薄復無信解此諸衆生多有
我見人見衆生壽者養育邪見我我所見斷
常見等為欲利益此諸異生及外道如是
等類令生正解速得成就無上菩提是故釋
迦牟尼如來示現如是短促壽命善男子然彼
如來欲令衆生見涅槃已生難遭想憂苦等
想於佛世尊所說經教速當受持讀誦通
利為人解說不生謗毀是故如來現斯短壽
何以故彼諸衆生若見如來不般涅槃不生
恭敬難遭之想如來所說甚深經典亦不受
持讀誦通利為人宣說所以者何以常見佛
不尊重故善男子譬如有人見其父母多有
財產珍寶豐盈便於財物不生希有難遭之
想所以者何於父財物生常想故善男子彼
諸衆生亦復如是若見如來不入涅槃不生
希有難遭之想所以者何由常見故善男子
譬如有人父母貧窮資財乏少然彼貧人或
詣王家或大臣舍見其倉庫種種珍財悉皆
盈滿生希有心難遭之想時彼貧人為欲求
財廣設方便策勤無怠所以者何為捨貧窮
受安樂故善男子彼諸衆生亦復如是若見

BD04953號　金光明最勝王經卷一　（11–9）

希有難遭之想所以者何由常見故善男子
譬如有人父母貧窮資財乏少然彼貧人或
詣王家或大臣舍見其倉庫種種珍財悉皆
盈滿生希有心難遭之想時彼貧人爲欲求
財廣設方便策勤無怠所以者何爲捨貧窮
受安樂故善男子彼諸衆生亦復如是若見
如來入於涅槃生難遭想乃至憂苦等想復
作是念於無量劫諸佛如來出現於世如烏
曇跋花時乃一現彼諸衆生發希有心起難
遭想若遇如來心生敬信聞說正法生實語
想所有經典悉皆受持不生毀謗善男子以
是因緣彼佛世尊不久住世速入涅槃善男子
是諸如來以如是等善巧方便成就衆生尒
時四佛說是語已忽然不現
尒時妙幢菩薩摩訶薩與無量百千菩薩及
無量億那庾多百千衆生俱共往詣鷲峯山
中釋迦牟尼如來正遍知所頂礼佛足在一面
立時妙幢菩薩以如上事具白世尊時四如
來亦詣鷲峯至釋迦牟尼佛所各隨本方
就座而坐告侍者菩薩言善男子汝今可詣
釋迦牟尼佛所爲我致問少病少惱起居輕
利安樂行不復作是言善哉善哉釋迦牟尼
如來今可演說金光明經甚深法要爲欲饒
益一切衆生除去飢饉令得安樂我當隨喜
時彼侍者各詣釋迦牟尼佛所頂礼雙足却
住一面俱白佛言彼天人師致問無量少病少
惱起居輕利安樂行不復作是言善哉善

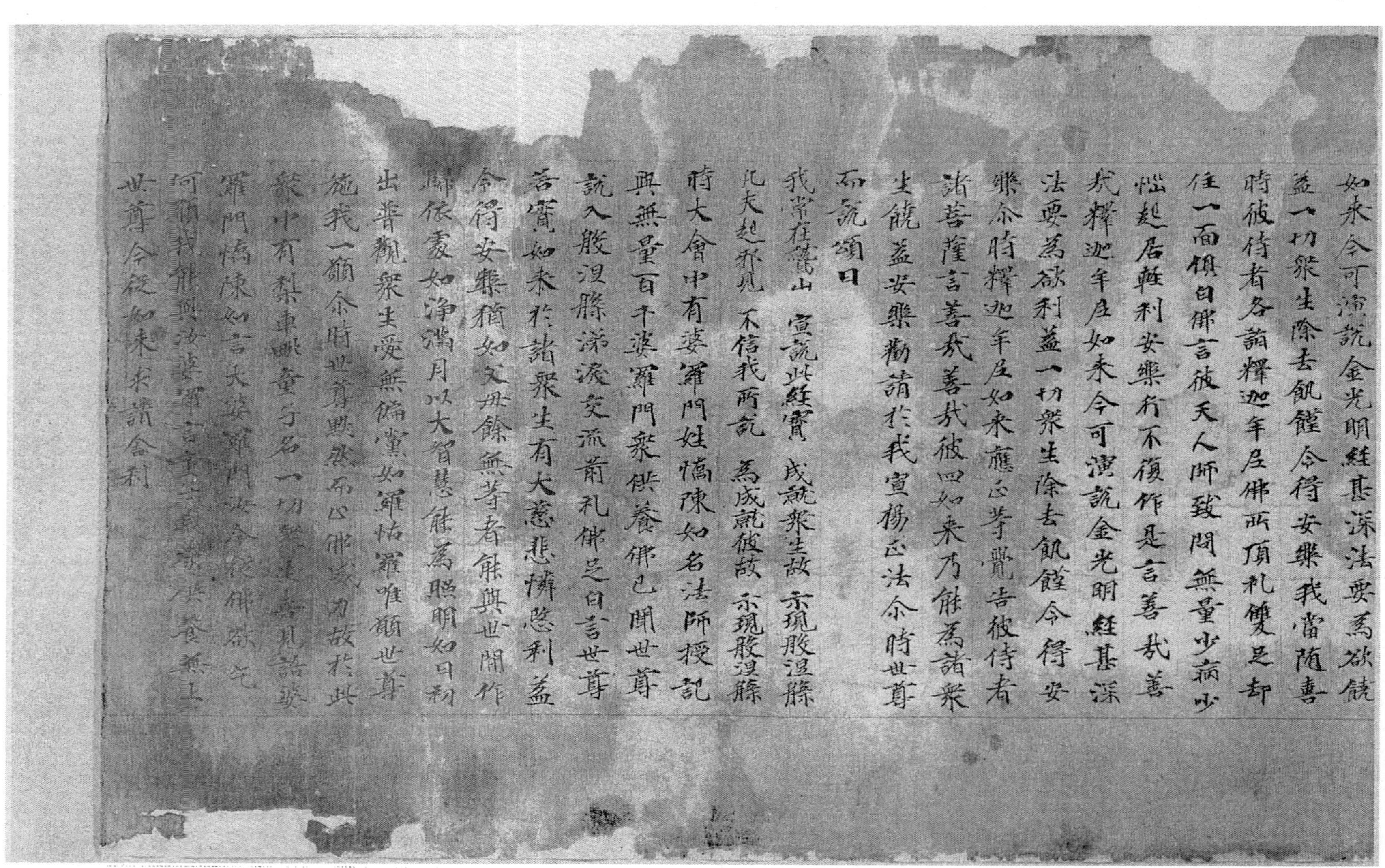

如來今可演說金光明經甚深法要爲欲饒
益一切衆生除去飢饉令得安樂我當隨喜
時彼侍者各詣釋迦牟尼佛所頂礼雙足却
住一面俱白佛言彼天人師致問無量少病少
惱起居輕利安樂行不復作是言善哉善
哉釋迦牟尼如來今可演說金光明經甚深
法要爲欲利益一切衆生除去飢饉令得安
樂尒時釋迦牟尼如來應正等覺告彼侍者
諸菩薩言善哉善哉彼四如來乃能爲諸衆
生饒益安樂勸請於我宣揚正法尒時世尊
而說頌曰
我常在鷲山　宣說此經寶　成就衆生故　示現般涅槃
凡夫起邪見　不信我所說　爲成就彼故　示現般涅槃
時大會中有婆羅門姓憍陳如名法師授記
與無量百千婆羅門衆供養佛已聞世尊
說入般涅槃涕淚交流前礼佛足白言世尊
若實如來於諸衆生有大慈悲憐愍利益
令得安樂猶如父母餘無等者能與世間作
歸依處如淨滿月以大智慧能爲照明如日初
出普觀衆生愛無偏黨如羅怙羅唯願世尊
施我一願尒時世尊默然而止佛威力故於此
衆中有梨車毗童子名一切衆生喜見語婆
羅門憍陳如言大婆羅門汝今從佛欲乞
何願我能與汝婆羅門言我欲供養無上
世尊今從如來求請舍利

相无人相无衆生相无壽者相是故須菩提
菩薩應離一切相發阿耨多羅三藐三菩提
心不應住色生心不應住聲香味觸法
應生无所住心若心有住則為非住
說菩薩心不應住色布施須菩提菩
益一切衆生應如是布施如來說一
即是非相又說一切衆生則非衆生
如來是真語者實語者如語者不誑
異語者須菩提如來所得法此法无
須菩提若菩薩心住於相而行布施如
闇則无所見若菩薩心不住法而行布施如
人有目日光明照見種種色須菩提當來之
世若有善男子善女人能於此經受持讀誦
則為如來以佛智慧悉知是人悉見是人皆
得成就无量无邊功德
須菩提若有善男子善女人初日分以恒河
沙等身布施中日分復以恒河沙等身布施
後日分亦以恒河沙等身布施如是无量百
千万億劫以身布施若復有人聞此經典信

BD04954號　金剛般若波羅蜜經　（8–1）

則為如來以佛智慧悉知是人悉見是人皆
得成就无量无邊功德
須菩提若有善男子善女人初日分以恒河
沙等身布施中日分復以恒河沙等身布施
後日分亦以恒河沙等身布施如是无量百
千万億劫以身布施若復有人聞此經典信
心不逆其福勝彼何況書寫受持讀誦為人
解說須菩提以要言之是經有不可思議不
可稱量无邊功德如來為發大乘者說為發
最上乘者說若有人能受持讀誦廣為人說
如來悉知是人悉見是人皆成就不可量不可
稱无有邊不可思議功德如是人等則為
荷擔如來阿耨多羅三藐三菩提何以故須
菩提若樂小法者著我見人見衆生見壽者
見則於此經不能聽受讀誦為人解說須菩
提在在處處若有此經一切世間天人阿脩
羅所應供養當知此處則為是塔皆應恭敬
作礼圍遶以諸華香而散其處
復次須菩提善男子善女人受持讀誦此經
若為人輕賤是人先世罪業應墮惡道以今
世人輕賤故先世罪業則為消滅當得阿耨
多羅三藐三菩提須菩提我念過去无量阿
僧祇劫於然燈佛前得值八百四千万億那
由他諸佛悉皆供養承事无空過者若復有

BD04954號　金剛般若波羅蜜經　（8–2）

復次須菩提善男子善女人受持讀誦此經
若為人輕賤是人先世罪業應墮惡道以今
世人輕賤故先世罪業則為消滅當得阿耨
多羅三藐三菩提須菩提我念過去无量阿
僧祇劫於燃燈佛前得值八百四千万億那
由他諸佛悉皆供養承事无空過者若復有
人於後末世能受持讀誦此經所得功德於
我所供養諸佛功德百分不及一千万億分
至筭數譬喻所不能及須菩提若善男子善
女人於後末世有受持讀誦此經所得功德我
若具說者或有人聞心則狂亂狐疑不信須
菩提當知是經義不可思議果報亦不可思議
尒時須菩提白佛言世尊善男子善女人發
阿耨多羅三藐三菩提心云何應住云何降
伏其心佛告須菩提善男子善女人發阿耨多
羅三藐三菩提者當生如是心我應滅度
一切眾生滅度一切眾生已而无有一眾生
實滅度者何以故若菩薩有我相人相眾生
相壽者相則非菩薩所以者何須菩提實无
有法發阿耨多羅三藐三菩提者須菩提於
意云何如來於燃燈佛所有法得阿耨多羅
三藐三菩提不不也世尊如我解佛所說義
佛於燃燈佛所无有法得阿耨多羅三藐三
菩提佛言如是如是須菩提實无有法如來
得阿耨多羅三藐三菩提須菩提若有法如

BD04954 號　金剛般若波羅蜜經

（8–3）

意云何如來於燃燈佛所有法得阿耨多羅
三藐三菩提不不也世尊如我解佛所說義
佛於燃燈佛所无有法得阿耨多羅三藐三
菩提佛言如是如是須菩提實无有法如來
得阿耨多羅三藐三菩提須菩提若有法如
來得阿耨多羅三藐三菩提者燃燈佛則不
與我授記汝於來世當得作佛号釋迦牟尼
以實无有法得阿耨多羅三藐三菩提是故
燃燈佛與我授記作是言汝於來世當得作
佛号釋迦牟尼何以故如來者即諸法如義
若有人言如來得阿耨多羅三藐三菩提須
菩提實无有法佛得阿耨多羅三藐三菩提
須菩提如來所得阿耨多羅三藐三菩提於
是中无實无虛是故如來說一切法皆是佛
法須菩提所言一切法者即非一切法是故
名一切法須菩提譬如人身長大須菩提言世
尊如來說人身長大則為非大身是名大身
須菩提菩薩亦如是若作是言我當滅度
无量眾生則不名菩薩何以故須菩提實
无有法名為菩薩是故佛說一切法无我无
人无眾生无壽者須菩提若菩薩作是言我
當莊嚴佛土是不名菩薩何以故如來說莊
嚴佛土者即非莊嚴是名莊嚴須菩提若菩
薩通達无我法者如來說名真是菩薩
須菩提於意云何如來有肉眼不如是世尊

BD04954 號　金剛般若波羅蜜經

（8–4）

无量衆生則不名菩薩何以故須菩提實
无有法名為菩薩是故佛說一切法无我无
人无衆生无壽者須菩提若菩薩作是言我
當莊嚴佛土是不名菩薩何以故如來說莊
嚴佛土者即非莊嚴是名莊嚴須菩提若菩
薩通達无我法者如來說名真是菩薩
須菩提於意云何如來有肉眼不如是世尊
如來有肉眼須菩提於意云何如來有天眼
不如是世尊如來有天眼須菩提於意云何
如來有慧眼不如是世尊如來有慧眼須菩
提於意云何如來有法眼不如是世尊如來
有法眼須菩提於意云何如來有佛眼不如
是世尊如來有佛眼須菩提於意云何如恒
河中所有沙佛說是沙不如是世尊如來說
是沙須菩提於意云何如一恒河中所有沙
有如是等恒河是諸恒河所有沙數佛世界
如是寧為多不甚多世尊佛告須菩提尒所
國土中所有衆生若干種心如來悉知何以故
如來說諸心皆為非心是名為心所以者何
須菩提過去心不可得現在心不可得未來
心不可得須菩提於意云何若有人滿三千
大千世界七寶以用布施是人以是因緣得福
多不如是世尊此人以是因緣得福甚多
須菩提若福德有實如來不說得福德多以
福德无故如來說得福德多

BD04954 號　金剛般若波羅蜜經　（8–5）

須菩提過去心不可得現在心不可得未來
心不可得須菩提於意云何若有人滿三千
大千世界七寶以用布施是人以是因緣得福
多不如是世尊此人以是因緣得福甚多
須菩提若福德有實如來不說得福德多以
福德无故如來說得福德多
須菩提於意云何佛可以具足色身見不不
也世尊如來不應以具足色身見何以故如
來說具足色身即非具足色身是名具足色
身須菩提於意云何如來可以具足諸相見
不不也世尊如來不應以具足諸相見何以
故如來說諸相具足即非具足是名諸相具
足須菩提汝勿謂如來作是念我當有所說
法莫作是念何以故若人言如來有所說法
即為謗佛不能解我所說故須菩提說法者
无法可說是名說法須菩提白佛言世尊佛
得阿耨多羅三藐三菩提為无所得耶如是
如是須菩提我於阿耨多羅三藐三菩提乃
至无有少法可得是名阿耨多羅三藐三
菩提復次須菩提是法平等无有高下是名阿
耨多羅三藐三菩提以无我无人无衆生无
壽者脩一切善法則得阿耨多羅三藐三菩
提須菩提所言善法者如來說非善法是名
善法須菩提若三千大千世界中所有諸須
弥山王如是等七寶聚有人持用布施若人

BD04954 號　金剛般若波羅蜜經　（8–6）

菩提復次須菩提是法平等无有高下是名阿
耨多羅三藐三菩提以无我无人无衆生无
壽者脩一切善法則得阿耨多羅三藐三菩
提須菩提所言善法者如來說非善法是名
善法須菩提若三千大千世界中所有諸須
弥山王如是等七寶聚有人持用布施若人
以此般若波羅蜜經乃至四句偈等受持爲
他人說於前福德百分不及一百千万億分
乃至筭數譬喻所不能及
須菩提於意云何汝等勿謂如來作是念我
當度衆生須菩提莫作是念何以故實无有
衆生如來度者若有衆生如來度者如來
則有我人衆生壽者須菩提如來說有我者
則非有我而凡夫之人以爲有我須菩提凡夫
者如來說則非凡夫須菩提於意云何可以
三十二相觀如來不須菩提言如是如是以
三十二相觀如來佛言須菩提若以三十二
相觀如來者轉輪聖王則是如來須菩提白
佛言世尊如我解佛所說義不應以三十二
相觀如來尒時世尊而說偈言
若以色見我　以音聲求我　是人行邪道　不能見如來
須菩提汝若作是念如來不以具足相故得
阿耨多羅三藐三菩提須菩提莫作是念如
來不以具足相故得阿耨多羅三藐三菩提
須菩提汝若作是念發阿耨多羅三藐三菩

BD04954號　金剛般若波羅蜜經　（8–7）

三十二相觀如來不須菩提言如是如是以
三十二相觀如來佛言須菩提若以三十二
相觀如來者轉輪聖王則是如來須菩提白
佛言世尊如我解佛所說義不應以三十二
相觀如來尒時世尊而說偈言
若以色見我　以音聲求我　是人行邪道　不能見如來
須菩提汝若作是念如來不以具足相故得
阿耨多羅三藐三菩提須菩提莫作是念如
來不以具足相故得阿耨多羅三藐三菩提
須菩提汝若作是念發阿耨多羅三藐三菩
者者說諸法斷滅莫作是念何以故發阿耨
多羅三藐三菩提者於法不說斷滅相須菩
提若菩薩以滿恒河沙等世界七寶布施若
復有人知一切法无我得成於忍此菩薩勝
前菩薩所得功德何以故須菩提以諸菩薩
不受福德故須菩提白佛言世尊云何菩薩
不受福德須菩提菩薩所作福德不應貪着
是故佛說不受福德須菩提若有人言如來

BD04954號　金剛般若波羅蜜經　（8–8）

我
少智樂小法
雖復說三乘　但爲教菩薩　舍利
深淨微妙音　喜稱南无佛　復作如是念
如諸佛所說　我亦隨順行　思惟是事已　即趣波
諸法寂滅相　不可以言宣　以方便力故　爲五比丘說
是名轉法輪　便有涅槃音　及以阿羅漢　法僧差別名
從久遠劫來　讚示涅槃法　生死苦永盡　我常如是說
舍利弗當知　我見佛子等　志求佛道者　无量千万億
咸以恭敬心　皆來至佛所　曾從諸佛聞　方便所說法
我即作是念　所以出於世　爲說佛慧故　今正是其時
舍利弗當知　鈍根小智人　着相憍慢者　不能信是法
我今喜无畏　於諸菩薩中　正直捨方便　但說无上道
菩薩聞是法　疑網皆已除　千二百羅漢　悉亦當作佛
如三世諸佛　說法之儀式　我今亦如是　說无分別法
諸佛興出世　懸遠值遇難　正使出于世　說是法復難
无量无數劫　聞是法亦難　能聽是法者　斯人亦復難
譬如優曇華　一切皆愛樂

BD04955號　妙法蓮華經卷一　（3–1）

舍利弗當知　鈍根小智人　着相憍慢者　不能信是法
我今喜无畏　於諸菩薩中　正直捨方便　但說无上道
菩薩聞是法　疑網皆已除　千二百羅漢　悉亦當作佛
如三世諸佛　說法之儀式　我今亦如是　說无分別法
諸佛興出世　懸遠值遇難　正使出于世　說是法復難
无量无數劫　聞是法亦難　能聽是法者　斯人亦復難
譬如優曇華　一切皆愛樂　天人所希有　時時乃一出
聞法歡喜讚　乃至發一言　則爲已供養　一切三世佛
是人甚希有　過於優曇華　汝等勿有疑　我爲諸法王
普告諸大衆　但以一乘道　教化諸菩薩　无聲聞弟子
汝等舍利弗　聲聞及菩薩　當知是妙法　諸佛之祕要
以五濁惡世　但樂着諸欲　如是等衆生　終不求佛道
當來世惡人　聞佛說一乘　迷惑不信受　破法墮惡道
有慚愧清淨　志求佛道者　當爲如是等　廣讚一乘道
舍利弗當知　諸佛法如是　以万億方便　隨宜而說法
其不習學者　不能曉了此　汝等既已知　諸佛世之師
隨宜方便事　无復諸疑惑　心生大歡喜　自知當作佛

妙法蓮華經卷第一

BD04955號　妙法蓮華經卷一　（3–2）

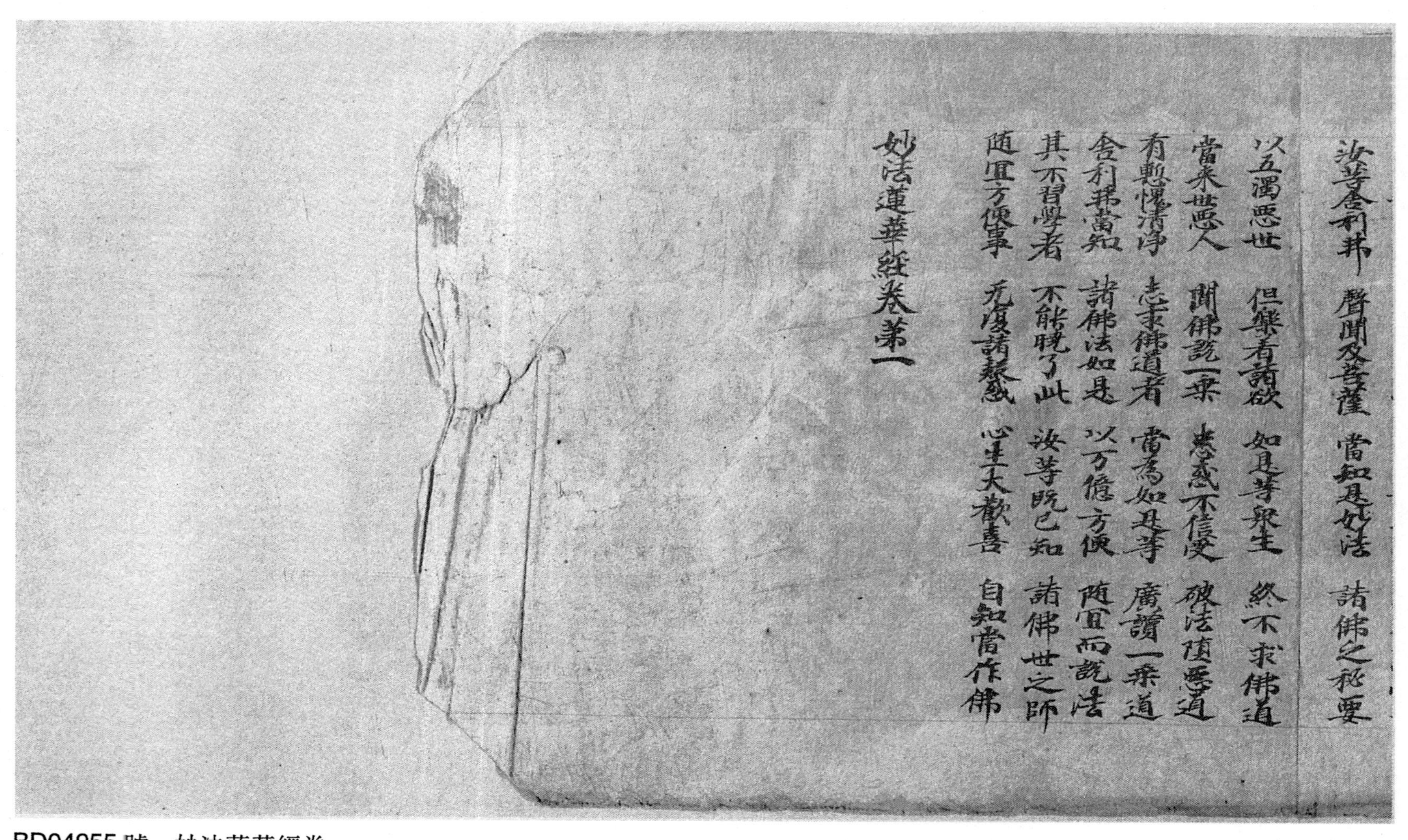
汝等舍利弗　聲聞及菩薩　當知是妙法　諸佛之秘要
以五濁惡世　但樂著諸欲　如是等衆生　終不求佛道
當來世惡人　聞佛說一乘　迷惑不信受　破法墮惡道
有慚愧清淨　志求佛道者　當爲如是等　廣讚一乘道
舍利弗當知　諸佛法如是　以万億方便　隨宜而說法
其不習學者　不能曉了此　汝等既已知　諸佛世之師
隨宜方便事　无復諸疑惑　心生大歡喜　自知當作佛
妙法蓮華經卷第一

BD04955號　妙法蓮華經卷一　（3–3）

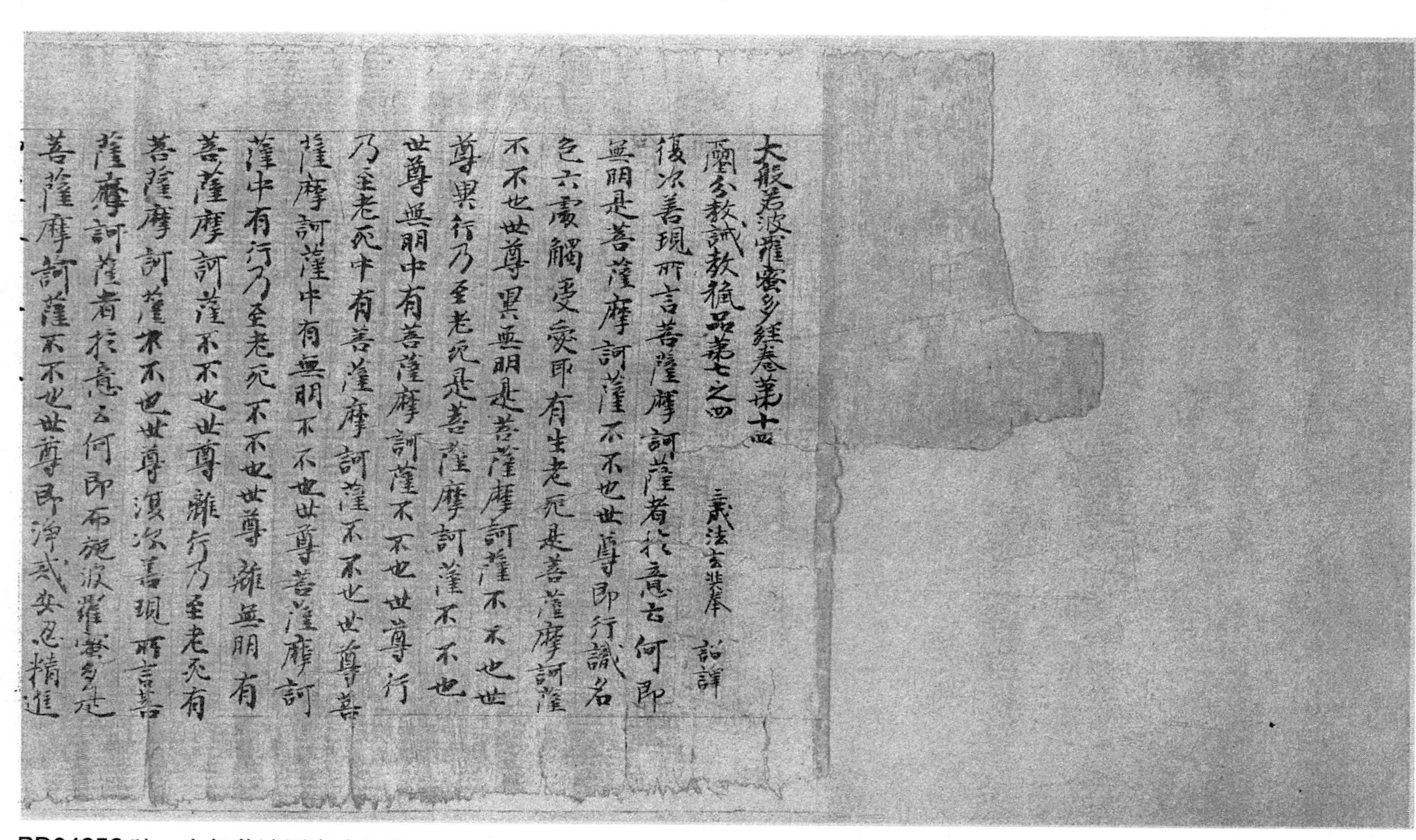
大般若波羅蜜多經卷第十四
初分教誡教授品第七之四　三藏法玄奘奉　詔譯
復次善現所言菩薩摩訶薩者於意云何即
無明是菩薩摩訶薩不不也世尊即行識名
色六處觸受愛取有生老死是菩薩摩訶薩
不不也世尊異無明是菩薩摩訶薩不不也世
尊異行乃至老死是菩薩摩訶薩不不也
世尊無明中有菩薩摩訶薩不不也世尊行
乃至老死中有菩薩摩訶薩不不也世尊菩
薩摩訶薩中有無明不不也世尊菩薩摩訶
薩中有行乃至老死不不也世尊離無明有
菩薩摩訶薩不不也世尊離行乃至老死有
菩薩摩訶薩不不也世尊復次善現所言菩
薩摩訶薩者於意云何即布施波羅蜜多是
菩薩摩訶薩不不也世尊即淨戒安忍精進

BD04956號　大般若波羅蜜多經卷一四　（5–1）

薩摩訶薩中有無明不不也世尊菩薩摩訶
薩中有行乃至老死不不也世尊離無明有
菩薩摩訶薩不不也世尊離行乃至老死有
菩薩摩訶薩不不也世尊復次善現所言菩
薩摩訶薩者於意云何即布施波羅蜜多是
菩薩摩訶薩不不也世尊即淨戒安忍精進
靜慮般若波羅蜜多是菩薩摩訶薩不不也
世尊異布施波羅蜜多是菩薩摩訶薩不不
也世尊異淨戒安忍精進靜慮般若波羅蜜
多是菩薩摩訶薩不不也世尊布施波羅蜜
多中有菩薩摩訶薩不不也世尊淨戒安忍
精進靜慮般若波羅蜜多中有菩薩摩訶薩
不不也世尊菩薩摩訶薩中有布施波羅蜜
多不不也世尊菩薩摩訶薩中有淨戒安忍
精進靜慮般若波羅蜜多不不也世尊離布
施波羅蜜多有菩薩摩訶薩不不也世尊離
淨戒安忍精進靜慮般若波羅蜜多有菩薩
摩訶薩不不也世尊復次善現所言菩薩摩
訶薩者於意云何即內空是菩薩摩訶薩不
不也世尊即外空內外空空空大空勝義空
有為空無為空畢竟空無際空散空無變異
空本性空自相空共相空一切法空不可得
空無性空自性空無性自性空是菩薩摩訶
薩不不也世尊異內空是菩薩摩訶薩不不
也世尊異外空乃至無性自性空是菩薩摩
訶薩不不也世尊內空中有菩薩摩訶薩不
不也世尊外空乃至無性自性空中有菩薩

BD04956號　大般若波羅蜜多經卷一四　　（5–2）

空無性空自性空無性自性空是菩薩摩訶
薩不不也世尊異內空是菩薩摩訶薩不不
也世尊異外空乃至無性自性空是菩薩摩
訶薩不不也世尊內空中有菩薩摩訶薩不
不也世尊外空乃至無性自性空中有菩薩
摩訶薩不不也世尊菩薩摩訶薩中有內空
不不也世尊菩薩摩訶薩中有外空乃至無
性自性空不不也世尊離內空有菩薩摩訶
薩不不也世尊離外空乃至無性自性空有
菩薩摩訶薩不不也世尊
復次善現所言菩薩摩訶薩者於意云何即
真如是菩薩摩訶薩不不也世尊即法界法
性不虛妄性不變異性平等性離生性法定
法住實際虛空界不思議界是菩薩摩訶薩
不不也世尊異真如是菩薩摩訶薩不不也
世尊異法界乃至不思議界是菩薩摩訶薩
不不也世尊真如中有菩薩摩訶薩不不也世
尊法界乃至不思議界中有菩薩摩訶薩
不不也世尊菩薩摩訶薩中有真如不不也
世尊菩薩摩訶薩中有法界乃至不思議界
不不也世尊離真如有菩薩摩訶薩不不也
世尊離法界乃至不思議界有菩薩摩訶薩
不不也世尊復次善現所言菩薩摩訶薩者
於意云何即四念住是菩薩摩訶薩不不也
世尊即四正斷四神足五根五力七等覺支
八聖道支是菩薩摩訶薩不不也世尊異四
念住是菩薩摩訶薩不不也世尊異四正斷

BD04956號　大般若波羅蜜多經卷一四　　（5–3）

世尊離法界乃至不思議界有菩薩摩訶薩
不不不也世尊復次善現所言菩薩摩訶薩者
於意云何即四念住是菩薩摩訶薩不不也
世尊即四正斷四神足五根五力七等覺支
八聖道支是菩薩摩訶薩不不也世尊異四
念住是菩薩摩訶薩不不也世尊異四正斷
乃至八聖道支是菩薩摩訶薩不不也世尊
四念住中有菩薩摩訶薩不不也世尊四正
斷乃至八聖道支中有菩薩摩訶薩不不也
世尊菩薩摩訶薩中有四念住不不也世尊
菩薩摩訶薩中有四正斷乃至八聖道支不不
也世尊離四念住有菩薩摩訶薩不不也世尊
離四正斷乃至八聖道支有菩薩摩訶薩不不
也世尊復次善現所言菩薩摩訶薩者於意云
何即苦聖諦是菩薩摩訶薩不不也世尊即集
滅道聖諦是菩薩摩訶薩不不也世尊異苦
聖諦是菩薩摩訶薩不不也世尊異集滅道
聖諦是菩薩摩訶薩不不也世尊苦聖諦中
有菩薩摩訶薩不不也世尊集滅道聖諦中
有菩薩摩訶薩不不也世尊菩薩摩訶薩中
有苦聖諦不不也世尊菩薩摩訶薩中有集
滅道聖諦不不也世尊離苦聖諦有菩薩摩
訶薩不不也世尊離集滅道聖諦有菩薩摩
訶薩不不也世尊復次善現所言菩薩摩訶
薩者於意云何即四靜慮是菩薩摩訶薩不
不也世尊即四無量四無色定是菩薩摩訶
薩不不也世尊異四靜慮是菩薩摩訶薩不

BD04956號　大般若波羅蜜多經卷一四　（5–4）

離四正斷乃至八聖道支有菩薩摩訶薩不不
也世尊復次善現所言菩薩摩訶薩者於意云
何即苦聖諦是菩薩摩訶薩不不也世尊即集
滅道聖諦是菩薩摩訶薩不不也世尊異苦
聖諦是菩薩摩訶薩不不也世尊異集滅道
聖諦是菩薩摩訶薩不不也世尊苦聖諦中
有菩薩摩訶薩不不也世尊集滅道聖諦中
有菩薩摩訶薩不不也世尊菩薩摩訶薩中
有苦聖諦不不也世尊菩薩摩訶薩中有集
滅道聖諦不不也世尊離苦聖諦有菩薩摩
訶薩不不也世尊離集滅道聖諦有菩薩摩
訶薩不不也世尊復次善現所言菩薩摩訶
薩者於意云何即四靜慮是菩薩摩訶薩不
不也世尊即四無量四無色定是菩薩摩訶
薩不不也世尊異四靜慮是菩薩摩訶薩不
不也世尊異四無量四無色定是菩薩摩訶
薩不不也世尊四靜慮中有菩薩摩訶薩不
不也世尊四無量四無色定中有菩薩摩訶

BD04956號　大般若波羅蜜多經卷一四　（5–5）

BD04956號背　勘記　（1–1）

住捨性無二無二分故世尊云何以外空內
外空空空大空勝義空有為空無為空畢竟
空無際空散空無變異空本性空自相空共
相空一切法空不可得空無性空自性空無性
自性空無二為方便無生為方便無所得
為方便迴向一切智智脩習無忘失法恒住
捨性慶喜外空內外空空空大空勝義空有
為空無為空畢竟空無際空散空無變異空
本性空自相空共相空一切法空不可得空
無性空自性空無性自性空外空乃至無性
自性空性空何以故以外空乃至無性自性
空性空與無忘失法恒住捨性無二無二分
故慶喜由此故說以內空等無二為方便無
生為方便無所得為方便迴向一切智智脩
習無忘失法恒住捨性世尊云何以內空無
二為方便無生為方便無所得為方便迴向
一切智智脩習一切智道相智一切相智慶
喜內空內空性空何以故以內空性空與一
切智道相智一切相智無二無二分故世尊
云何以外空內外空空空大空勝義空有為
空無為空畢竟空無際空散空無變異空本

BD04957號　大般若波羅蜜多經卷一一八　（10–1）

習無忘失法恒住捨性世尊云何以内空無
二爲方便無生爲方便無所得爲方便迴向
一切智智脩習一切智道相智一切相智慶
喜内空内空性空何以故以内空性空與一
切智道相智一切相智無二無二分故世尊
云何以外空内外空空空大空勝義空有爲
空無爲空畢竟空無際空散空無變異空本
性空自相空共相空一切法空不可得空無性
性空自性空無性自性空無二爲方便無生
爲方便無所得爲方便迴向一切智智脩習
一切智道相智一切相智慶喜外空内外空
空空大空勝義空有爲空無爲空畢竟空無
際空散空無變異空本性空自相空共相空
一切法空不可得空無性空自性空無性自
性空外空乃至無性自性空性空何以故以
外空乃至無性自性空性空與一切智道相
智一切相智無二無二分故慶喜由此故説
以内空等無二爲方便無生爲方便無所得
爲方便迴向一切智智脩習一切智道相智
一切相智世尊云何以内空無二爲方便無
生爲方便無所得爲方便迴向一切智智脩
習一切陁羅尼門一切三摩地門慶喜内空
内空性空何以故以内空性空與一切陁羅
尼門一切三摩地門無二無二分故世尊云
何以外空内外空空空大空勝義空有爲空

BD04957號　大般若波羅蜜多經卷一一八　（10–2）

生爲方便無所得爲方便迴向一切智智脩
習一切陁羅尼門一切三摩地門慶喜内空
内空性空何以故以内空性空與一切陁羅
尼門一切三摩地門無二無二分故世尊云
何以外空内外空空空大空勝義空有爲空
無爲空畢竟空無際空散空無變異空本性
空自相空共相空一切法空不可得空無性
空自性空無性自性空無二爲方便無生爲
方便無所得爲方便迴向一切智智脩習一
切陁羅尼門一切三摩地門慶喜外空内外
空空空大空勝義空有爲空無爲空畢竟空
無際空散空無變異空本性空自相空共相
空一切法空不可得空無性空自性空無性
自性空外空乃至無性自性空性空何以故
以外空乃至無性自性空性空與一切陁羅
尼門一切三摩地門無二無二分故慶喜由
此故説以内空等無二爲方便無生爲方便
無所得爲方便迴向一切智智脩習一切陁
羅尼門一切三摩地門世尊云何以内空無
二爲方便無生爲方便無所得爲方便迴向
一切智智脩習菩薩摩訶薩行慶喜内空
空性空何以故以内空性空與菩薩摩訶
薩行無二無二分故世尊云何以外空内外
空空空大空勝義空有爲空無爲空畢竟空
無際空散空無變異空本性空自相空共相
空一切法空不可得空無性空自性空無性

BD04957號　大般若波羅蜜多經卷一一八　（10–3）

一切智智脩習菩薩摩訶薩行慶喜内空
空性空何以故以内空性空與彼菩薩摩訶
薩行無二無二分故世尊云何以外空内外
空空空大空勝義空有為空無為空畢竟空
無際空散空無變異空本性空自相空共相
空一切法空不可得空無性空自性空無性
自性空無二為方便無生為方便無所得為
方便迴向一切智智脩習菩薩摩訶薩行慶
喜外空内外空空空大空勝義空有為空無
為空畢竟空無際空散空無變異空本性空
自相空共相空一切法空不可得空無性空
自性空無性自性空外空乃至無性自性空
性空何以故以外空乃至無性自性空性空
與彼菩薩摩訶薩行無二無二分故慶喜由
此故說以内空等無二為方便無生為方便
無所得為方便迴向一切智智脩習菩薩摩
訶薩行世尊云何以内空無二為方便無生
為方便無所得為方便迴向一切智智脩習
無上正等菩提慶喜内空内空性空何以故
以内空性空與彼無上正等菩提無二無二
分故世尊云何以外空内外空空空大空勝
義空有為空無為空畢竟空無際空散空無
變異空本性空自相空共相空一切法空不
可得空無性空自性空無性自性空無二為
方便無生為方便無所得為方便迴向一切
智智脩習無上正等菩提慶喜内空内外空
空空大空勝義空有為空無為空畢竟空無

BD04957號　大般若波羅蜜多經卷一一八　（10–4）

義空有為空無為空畢竟空無[illegible]
變異空本性空自相空共相空一切法空不
可得空無性空自性空無性自性空無二為
方便無生為方便無所得為方便迴向一切
智智脩習無上正等菩提慶喜内空内外空
空空大空勝義空有為空無為空畢竟空無
際空散空無變異空本性空自相空共相空
一切法空不可得空無性空自性空無性自
性空外空乃至無性自性空性空何以故以
外空乃至無性自性空性空與彼無上正等
菩提無二無二分故慶喜由此故說以内空等
無二為方便無生為方便無所得為方便
迴向一切智智脩習無上正等菩提
世尊云何以真如無二為方便無生為方便
無所得為方便迴向一切智智脩習布施淨
戒安忍精進靜慮般若波羅蜜多慶喜真如
真如性空何以故以真如性空與布施淨戒
安忍精進靜慮般若波羅蜜多無二無二分故
世尊云何以法界法性不虛妄性不變異性
平等性離生性法定法住實際虛空界不思
議界無二為方便無生為方便無所得為方
便迴向一切智智脩習布施淨戒安忍精進
靜慮般若波羅蜜多慶喜法界法性不虛妄
性不變異性平等性離生性法定法住實際
虛空界不思議界法界乃至不思議界性空
何以故以法界乃至不思議界性空與布施
淨戒安忍精進靜慮般若波羅蜜多無二無

BD04957號　大般若波羅蜜多經卷一一八　（10–5）

便迴向一切智智[illegible]
靜慮般若波羅蜜多慶喜法界法性不虛妄
性不變異性平等性離生性法定法住實際
虛空界不思議界法界乃至不思議界性空
何以故以法界乃至不思議界性空與布施
淨戒安忍精進靜慮般若波羅蜜多無二無
二分故慶喜由此故說以真如等無二為方
便無生為方便無所得為方便迴向一切智
智脩習布施淨戒安忍精進靜慮般若波羅
蜜多世尊云何以真如無二為方便無生為
方便無所得為方便迴向一切智智安住內
空外空內外空空空大空勝義空有為空無
為空畢竟空無際空散空無變異空本性
空自性空共相空一切法空不可得空無性
空自性空無性自性空慶喜真如真如性空
何以故以真如性空與彼內空乃至無性自
性空無二無二分故世尊云何以法界法性
不虛妄性不變異性平等性離生性法定法
住實際虛空界不思議界無二為方便無生
為方便無所得為方便迴向一切智智安住
內空外空內外空空空大空勝義空有為空
無為空畢竟空無際空散空無變異空本性
空自相空共相空一切法空不可得空無性
空自性空無性自性空慶喜法界法性不虛
妄性不變異性平等性離生性法定法住實
際虛空界不思議界法界乃至不思議界性
空何以故以法界乃至不思議界性空與彼
[illegible]

BD04957號　大般若波羅蜜多經卷一一八　（10–6）

無為空畢竟空無際空散空無變異空本性
空自相空共相空一切法空不可得空無性
空自性空無性自性空慶喜法界法性不虛
妄性不變異性平等性離生性法定法住實
際虛空界不思議界法界乃至不思議界性
空何以故以法界乃至不思議界性空與彼
內空乃至無性自性空無二無二分故慶喜
由此故說以真如等無二為方便無生為方
便無所得為方便迴向一切智智安住內空
乃至無性自性空世尊云何以真如無二為
方便無生為方便無所得為方便迴向一切
智智安住真如法界法性不虛妄性不變異
性平等性離生性法定法住實際虛空界不
思議界慶喜真如真如性空何以故以真如
性空與彼真如乃至不思議界無二無二分
故世尊云何以法界法性不虛妄性不變異
性平等性離生性法定法住實際虛空界不
思議界無二為方便無生為方便無所得為
方便迴向一切智智安住真如法界法性不
虛妄性不變異性平等性離生性法定法住
實際虛空界不思議界慶喜法界法性不
虛妄性不變異性平等性離生性法定法住
實際虛空界不思議界法界乃至不思議界性
空何以故以法界乃至不界議界性空與
彼真如乃至不思議界無二無二分故慶喜由
此故說以真如等無二為方便無生為方便
無所得為方便迴向一切智智安住真如乃

BD04957號　大般若波羅蜜多經卷一一八　（10–7）

虛妄性不變異性平等性離生性法定法住
實際虛空界不思議界法界乃至不思議界性
空何以故以法界乃至不思議界性空與
彼真如乃至不思議界無二無二分故慶喜由
此故說以真如等無二為方便無生為方便
無所得為方便迴向一切智智安住真如乃
至不思議界世尊云何以真如無二為方便
無生為方便無所得為方便迴向一切智智
安住苦集滅道聖諦慶喜真如真如性空何
以故以真如性空與彼苦集滅道聖諦無二
無二分故世尊云何以法界法性不虛妄性
不變異性平等性離生性法定法住實際虛
空界不思議界無二為方便無生為方便無
所得為方便迴向一切智智安住苦集滅
道聖諦慶喜法界法性不虛妄性不變異性
平等性離生性法定法住實際虛空界不思
議界法界乃至不思議界性空何以故以法界
乃至不思議界性空與彼苦集滅道聖諦無
二無二分故慶喜由此故說以真如等無二
為方便無生為方便無所得為方便迴向一
切智智安住苦集滅道聖諦
世尊云何以真如無二為方便無生為方便
無所得為方便迴向一切智智脩習四靜慮
四無量四無色定慶喜真如真如性空何以
故以真如性空與四靜慮四無量四無色定
無二無二分故世尊云何以法界法性 不虛
妄性不變異性平等性離生性法定法住實

BD04957號　大般若波羅蜜多經卷一一八　（10–8）

世尊云何以真如無二為方便無生為方便無
無所得為方便迴向一切智智脩習四靜慮
四無量四無色定慶喜真如真如性空何以
故以真如性空與四靜慮四無量四無色定
無二無二分故世尊云何以法界法性 不虛
妄性不變異性平等性離生性法定法住實
際虛空界不思議界無二為方便無生為方
便無所得為方便迴向一切智智脩習四靜
慮四無量四無色定慶喜法界法性不虛妄性
不變異性平等性離生性法定法住實際 虛
空界不思議界法界乃至不思議界性空何
以故以法界乃至不思議界性空與四靜慮
四無量四無色定無二無二分故慶喜由此
故說以真如等無二為方便無生為方便無
所得為方便迴向一切智智脩習四靜慮四
無量四無色定世尊云何以真如無二為方
便無生為方便無所得為方便迴向一切智
智脩習八解脫八勝處九次第定十遍處慶
喜真如真如性空何以故以真如性空與八
解脫八勝處九次第定十遍處無二無二分
故世尊云何以法界法性不虛妄性不變異
性平等性離生性法定法住實際虛空界不
思議界無二為方便無生為方便無所得為
方便迴向一切智智脩習八解脫八勝處九
次第定十遍處慶喜法界法性不虛妄性不
變異性平等性離生性法定法住實際虛空
界不思議界法界乃至不思議界性空何
以故以法界乃至不思議界性空與八解脫

BD04957號　大般若波羅蜜多經卷一一八　（10–9）

智脩習八解脫八勝處九次第定十遍處慶
喜真如真如性空何以故以真如性空與八
解脫八勝處九次第定十遍處無二無二分
故世尊云何以法界法性不虛妄性不變異
性平等性離生性法定法住實際虛空界不
思議界無二為方便無生為方便無所得為
方便迴向一切智智脩習八解脫八勝處九
次第定十遍處慶喜法界法性不虛妄性不
變異性平等性離生性法定法住實際虛空
界不思議界法界乃至不思議界性空何
以故以法界乃至不思議界性空與八解脫
八勝處九次第定十遍處無二無二分故慶
喜由此故說以真如等無二為方便無生為
方便無所得為方便迴向一切智智
解脫八勝處九次第定十遍處世
真如無二為方便無生為方便無
便迴向一切智智脩習四念住四正
足五根五力七等覺支八聖道支

BD04957號　大般若波羅蜜多經卷一一八　（10–10）

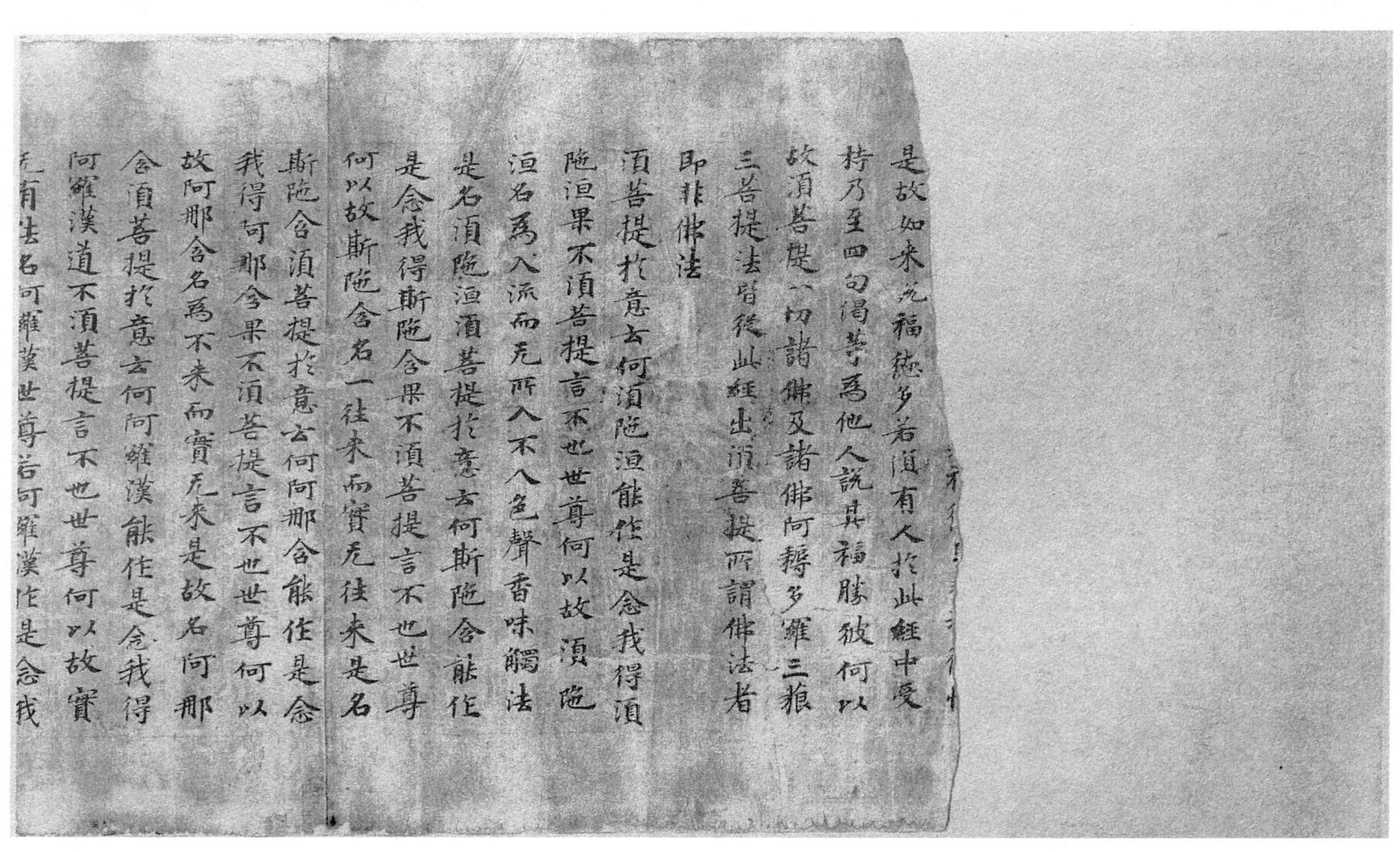
是故如來說福德多若復有人於此經中受
持乃至四句偈等為他人說其福勝彼何以
故須菩提一切諸佛及諸佛阿耨多羅三藐
三菩提法皆從此經出須菩提所謂佛法者
即非佛法
須菩提於意云何須陁洹能作是念我得須
陁洹果不須菩提言不也世尊何以故須陁
洹名為入流而无所入不入色聲香味觸法
是名須陁洹須菩提於意云何斯陁含能作
是念我得斯陁含果不須菩提言不也世尊
何以故斯陁含名一往來而實无往來是名
斯陁含須菩提於意云何阿那含能作是念
我得阿那含果不須菩提言不也世尊何以
故阿那含名為不來而實无來是故名阿那
含須菩提於意云何阿羅漢能作是念我得
阿羅漢道不須菩提言不也世尊何以故實
无有法名阿羅漢世尊若阿羅漢作是念我

BD04958號　金剛般若波羅蜜經　（5–1）

斯陁含須菩提於意云何阿那含能作是念
我得阿那含果不須菩提言不也世尊何以
故阿那含名爲不來而實无來是故名阿那
含須菩提於意云何阿羅漢能作是念我得
阿羅漢道不須菩提言不也世尊何以故實
无有法名阿羅漢世尊若阿羅漢作是念我
得阿羅漢道即爲著我人衆生壽者世尊佛
說我得无諍三昧人中最爲第一是第一離
欲阿羅漢我不作是念我是離欲阿羅漢世
尊我若作是念我得阿羅漢道世尊則不說
須菩提是樂阿蘭那行者以須菩提實无所
行而名須菩提是樂阿蘭那行
佛告須菩提於意云何如來昔在然燈佛所
於法有所得不不也世尊如來昔在然燈佛
所於法實无所得須菩提於意云何菩薩莊
嚴佛土不不也世尊何以故莊嚴佛土者則
非莊嚴是名莊嚴是故須菩提諸菩薩摩訶
薩應如是生清淨心不應住色生心不應住
聲香味觸法生心應无所住而生其心須菩
提譬如有人身如須弥山王於意云何是身
爲大不須菩提言甚大世尊何以故佛說非
身是名大身
須菩提如恒河中所有沙數如是沙等恒河
於意云何是諸恒河沙寧爲多不須菩提言

爲大不須菩提言甚大世尊何以故佛說非
身是名大身
須菩提如恒河中所有沙數如是沙等恒河
於意云何是諸恒河沙寧爲多不須菩提言
甚多世尊但諸恒河尚多无數何況其沙須
菩提我今實言告汝若有善男子善女人以
七寶滿尒所恒河沙數三千大千世界以用
布施得福多不須菩提言甚多世尊佛告須
菩提若有善男子善女人於此經中乃至受
持四句偈等爲他人說而此福德勝前福德
復次須菩提隨說是經乃至四句偈等當知
此處一切世間天人阿脩羅皆應供養如佛
塔廟何況有人盡能受持讀誦須菩提當知
是人成就最上第一希有之法若是經典所
在之處則爲有佛若尊重弟子
尒時須菩提白佛言世尊當何名此經我等云
何奉持佛告須菩提是經名爲金剛般若
波羅蜜以是名字汝當奉持所以者何須菩
提佛說般若波羅蜜則非般若波羅蜜須菩
提於意云何如來有所說法不須菩提白佛
言世尊如來无所說須菩提於意云何三千
大千世界所有微塵是爲多不須菩提言甚
多世尊須菩提諸微塵如來說非微塵是名
微塵如來說世界非世界是名世界須菩提

持佛說般若波羅蜜則非般若波羅蜜須菩
提扵意云何如來有所說法不須菩提白佛
言世尊如來无所說須菩提扵意云何三千
大千世界所有微塵是為多不須菩提言甚
多世尊須菩提諸微塵如來說非微塵是名
微塵如來說世界非世界是名世界須菩提
扵意云何可以三十二相見如來不不也世
尊何以故如來說三十二相即是非相是名
三十二相須菩提若有善男子善女人以恒
河沙等身命布施若復有人扵此經中乃至
受持四句偈等為他人說其福甚多
尒時須菩提聞說是經深解義趣涕淚悲泣
而白佛言希有世尊佛說如是甚深經典我
從昔來所得慧眼未曾得聞如是之經世尊
若復有人得聞是經信心清淨則生實相當
知是人成就第一希有功德世尊是實相者
則是非相是故如來說名實相世尊我今得
聞如是經典信解受持不足為難若當來世
後五百歲其有衆生得聞是經信解受持是
人則為第一希有何以故此人无我相人相
衆生相壽者相所以者何我相即是非相人
相衆生相壽者相即是非相何以故離一切
諸相則名諸佛
佛告須菩提如是如是若復有人得聞是經
不驚不怖不畏當知是人甚為希有何以故

BD04958號　金剛般若波羅蜜經　（5–4）

知是人成就第一希有功德世尊是實相者
則是非相是故如來說名實相世尊我今得
聞如是經典信解受持不足為難若當來世
後五百歲其有衆生得聞是經信解受持是
人則為第一希有何以故此人无我相人相
衆生相壽者相所以者何我相即是非相人
相衆生相壽者相即是非相何以故離一切
諸相則名諸佛
佛告須菩提如是如是若復有人得聞是經
不驚不怖不畏當知是人甚為希有何以故
須菩提如來說第一波羅蜜非第一波羅蜜
是名第一波羅蜜
須菩提忍辱波羅蜜如來說非忍辱波羅蜜
何以故須菩提如我昔為歌利王割截身體
我扵尒時无我相无人相无衆生相无壽者
相何以故我扵往昔節節支解時若有我相

BD04958號　金剛般若波羅蜜經　（5–5）

若一切智智清淨若內空清淨若平等
性清淨无二无二分无別无斷故一切智智
清淨故外空內外空空空大空勝義空有為
空无為空畢竟空无際空散空无變異空本
自相空共相空一切法空不可得空无
自性空无性自性空清淨外空乃至无性
清淨故平等性清淨何以故若一
切智智清淨若外空乃至无性自性空清淨
若平等性清淨无二无二分无別无斷故善
現一切智智清淨故真如清淨真如清淨故
平等性清淨何以故若一切智智清淨若真
如清淨若平等性清淨无二无二分无別无
斷[illegible]切智智清淨故法界法性不虛妄性
不變異性離生性法定法住實際虛空界不
思議界清淨法界乃至不思議界清淨故平
等性清淨何以故若一切智智清淨若法界
乃至不思議界清淨若平等性清淨无二无
二分无別无斷故善現一切智智清淨故苦
聖諦清淨苦聖諦清淨故平等性清淨何以
故若一切智智清淨若苦聖諦清淨若平等
[illegible]

BD04959號　大般若波羅蜜多經卷二六〇　　（7–1）

思議界清淨法界乃至不思議界清淨故平
等性清淨何以故若一切智智清淨若法界
乃至不思議界清淨若平等性清淨无二无
二分无別无斷故善現一切智智清淨故苦
聖諦清淨苦聖諦清淨故平等性清淨何以
故若一切智智清淨若苦聖諦清淨若平等
性清淨无二无二分无別无斷故一切智智
清淨故集滅道聖諦清淨集滅道聖諦清淨
故平等性清淨何以故若一切智智清淨若
集滅道聖諦清淨若平等性清淨无二无二
分无別无斷故
善現一切智智清淨故四靜慮清淨四靜慮
清淨故平等性清淨何以故若一切智智清
淨若四靜慮清淨若平等性清淨无二无二
分无別无斷故一切智智清淨故四无量四
无色定清淨四无量四无色定清淨故平等
性清淨何以故若一切智智清淨若四无量
四无色定清淨若平等性清淨无二无二分
无別无斷故善現一切智智清淨故八解脫
清淨八解脫清淨故平等性清淨何以故若
一切智智清淨若八解脫清淨若平等性清
淨无二无二分无別无斷故一切智智清淨
故八勝處九次第定十遍處清淨八勝處九
次第定十遍處清淨故平等性清淨何以故
若一切智智清淨若八勝處九次第定十遍
處清淨若平等性清淨无二无二分无別无
斷故善現一切智智清淨故四念住清淨四

BD04959號　大般若波羅蜜多經卷二六〇　　（7–2）

淨无二无二分无別无斷故一切智智清淨
故八勝處九次第定十遍處清淨八勝處九
次第定十遍處清淨故平等性清淨何以故
若一切智智清淨若八勝處九次第定十遍
處清淨若平等性清淨无二无二分无別无
斷故善現一切智智清淨故四念住清淨四
念住清淨故平等性清淨何以故若一切智
智清淨若四念住清淨若平等性清淨无二
无二分无別无斷故一切智智清淨故四正斷
四神足五根五力七等覺支八聖道支清
淨四正斷乃至八聖道支清淨故平等性清
淨何以故若一切智智清淨若四正斷乃至
八聖道支清淨若平等性清淨无二无二分
无別无斷故善現一切智智清淨故空解脫
門清淨空解脫門清淨故平等性清淨何以
故若一切智智清淨若空解脫門清淨若平
等性清淨无二无二分无別无斷故一切智
智清淨故无相无願解脫門清淨无相无願
解脫門清淨故平等性清淨何以故若一切
智智清淨若无相无願解脫門清淨若平等
性清淨无二无二分无別无斷故善現一切
智智清淨故菩薩十地清淨菩薩十地清淨
故平等性清淨何以故若一切智智清淨若
菩薩十地清淨若平等性清淨无二无二分
无別无斷故
善現一切智智清淨故五眼清淨五眼清淨
故平等性清淨何以故若一切智智清淨若

BD04959號　大般若波羅蜜多經卷二六〇　（7–3）

智智清淨故菩薩十地清淨菩薩十地清淨
故平等性清淨何以故若一切智智清淨若
菩薩十地清淨若平等性清淨无二无二分
无別无斷故
善現一切智智清淨故五眼清淨五眼清淨
故平等性清淨何以故若一切智智清淨若
五眼清淨若平等性清淨无二无二分无別
无斷故一切智智清淨故六神通清淨六神
通清淨故平等性清淨何以故若一切智智
清淨若六神通清淨若平等性清淨无二无
二分无別无斷故善現一切智智清淨故佛十
力清淨佛十力清淨故平等性清淨何以
故若一切智智清淨若佛十力清淨若平等
性清淨无二无二分无別无斷故一切智智
清淨故四无所畏四无导解大慈大悲大喜
大捨十八佛不共法清淨四无所畏乃至十八
佛不共法清淨故平等性清淨何以故若一
切智智清淨若四无所畏乃至十八佛不
共法清淨若平等性清淨无二无二分无別
无斷故善現一切智智清淨故无忘失法清
淨无忘失法清淨故平等性清淨何以故若
一切智智清淨若无忘失法清淨若平等性
清淨无二无二分无別无斷故一切智智清
淨故恒住捨性清淨恒住捨性清淨故平等
性清淨何以故若一切智智清淨若恒住捨
性清淨若平等性清淨无二无二分无別无
斷故善現一切智智清淨故一切智清淨

BD04959號　大般若波羅蜜多經卷二六〇　（7–4）

一切智智清淨若无忘失法清淨若平等性
清淨无二无二分无別无斷故一切智智清
淨故恒住捨性清淨恒住捨性清淨故平等
性清淨何以故若一切智智清淨若恒住捨
性清淨若平等性清淨无二无二分无別无
斷故善現一切智智清淨故一切智清淨一
切智清淨故平等性清淨何以故若一切智
智清淨若一切智清淨若平等性清淨无二
无二分无別无斷故一切智智清淨故道相
智一切相智清淨道相智一切相智清淨故
平等性清淨何以故若一切智智清淨若道
相智一切相智清淨若平等性清淨无二无
二分无別无斷故善現一切智智清淨故一切
陁羅尼門清淨一切陁羅尼門清淨故平
等性清淨何以故若一切智智清淨若一切
陁羅尼門清淨若平等性清淨无二无二分
无別无斷故一切智智清淨故一切三摩地
門清淨一切三摩地門清淨故平等性清淨
何以故若一切智智清淨若一切三摩地門
清淨若平等性清淨无二无二分无別无斷
故
善現一切智智清淨故預流果清淨預流果
清淨故平等性清淨何以故若一切智智清
淨若預流果清淨若平等性清淨无二无二
分无別无斷故一切智智清淨故一來不還
阿羅漢果清淨一來不還阿羅漢果清淨故
平等性清淨何以故若一切智智清淨若一

淨若預流果清淨若平等性清淨无二无二
分无別无斷故一切智智清淨故一來不還
阿羅漢果清淨一來不還阿羅漢果清淨故
平等性清淨何以故若一切智智清淨若一
來不還阿羅漢果清淨若平等性清淨无二
无二分无別无斷故善現一切智智清淨故
獨覺菩提清淨獨覺菩提清淨故平等性
清淨何以故若一切智智清淨若獨覺菩提
清淨若平等性清淨无二无二分无別无斷故
善現一切智智清淨故一切菩薩摩訶薩行
清淨一切菩薩摩訶薩行清淨故平等性清
淨何以故若一切智智清淨若一切菩薩摩
訶薩行清淨平等性清淨无二无二分无
別无斷故善現一切智智清淨故諸佛无上
正等菩提清淨諸佛无上正等菩提清淨故
平等性清淨何以故若一切智智清淨若諸
佛无上正等菩提清淨若平等性清淨无二
无二分无別无斷故
復次善現一切智智清淨故色清淨色清淨
故離生性清淨何以故若一切智智清淨若
色清淨若離生性清淨无二无二分无別无
斷故一切智智清淨故受想行識清淨受想
行識清淨故離生性清淨何以故若一切智
智清淨若受想行識清淨若離生性清淨无
二无二分无別无斷故善現一切智智清淨
故眼處清淨眼處清淨故離生性清淨何以

无二分无別无斷故善現一切智智清淨故
獨覺菩提清淨獨覺菩提清淨故平等性
清淨何以故若一切智智清淨若獨覺菩提
清淨若平等性清淨无二无二分无別无斷故
善現一切智智清淨故一切菩薩摩訶薩行
清淨一切菩薩摩訶薩行清淨故平等性清
淨何以故若一切智智清淨若一切菩薩摩
訶薩行清淨若平等性清淨无二无二分无
別无斷故善現一切智智清淨故諸佛无上
正等菩提清淨諸佛无上正等菩提清淨故
平等性清淨何以故若一切智智清淨若諸
佛无上正等菩提清淨若平等性清淨无二
无二分无別无斷故
復次善現一切智智清淨故色清淨色清淨
故離生性清淨何以故若一切智智清淨若
色清淨若離生性清淨无二无二分无別无
斷故一切智智清淨故受想行識清淨受想
行識清淨故離生性清淨何以故若一切智
智清淨若受想行識清淨若離生性清淨无
二无二分无別无斷故善現一切智智清淨
故眼處清淨眼處清淨故離生性清淨何以

BD04959號　大般若波羅蜜多經卷二六〇　（7–7）

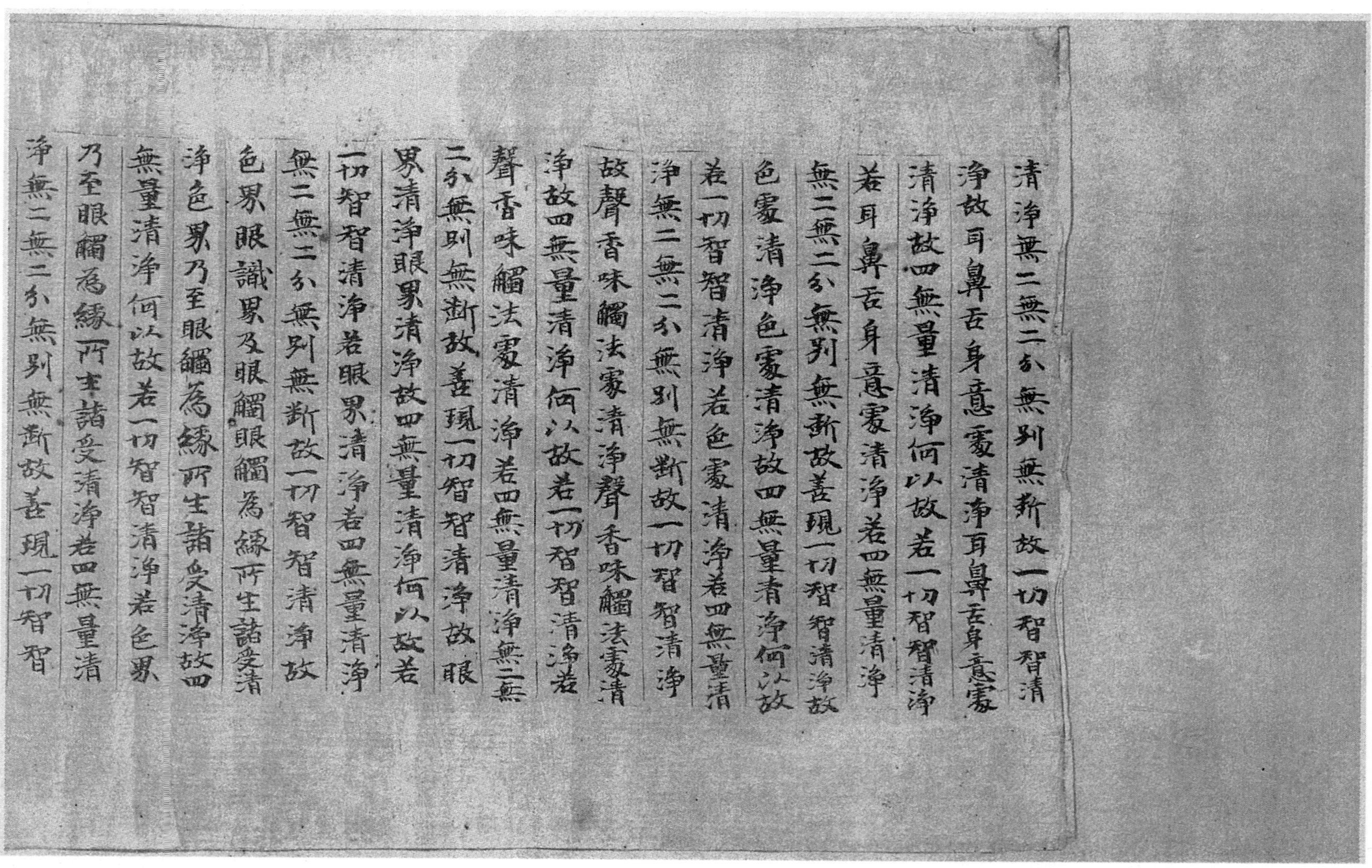
清淨無二無二分無別無斷故一切智智清
淨故耳鼻舌身意處清淨耳鼻舌身意處
清淨故四無量清淨何以故若一切智智清淨
若耳鼻舌身意處清淨若四無量清淨
無二無二分無別無斷故善現一切智智清淨故
色處清淨色處清淨故四無量清淨何以故
若一切智智清淨若色處清淨若四無量清
淨無二無二分無別無斷故一切智智清淨
故聲香味觸法處清淨聲香味觸法處清
淨故四無量清淨何以故若一切智智清淨若
聲香味觸法處清淨若四無量清淨無二無
二分無別無斷故善現一切智智清淨故眼
界清淨眼界清淨故四無量清淨何以故若
一切智智清淨若眼界清淨若四無量清淨
無二無二分無別無斷故一切智智清淨故
色界眼識界及眼觸眼觸為緣所生諸受清
淨色界乃至眼觸為緣所生諸受清淨故四
無量清淨何以故若一切智智清淨若色界
乃至眼觸為緣所生諸受清淨若四無量清
淨無二無二分無別無斷故善現一切智智

BD04960號　大般若波羅蜜多經卷二六五　（3–1）

一切智智清淨若眼界清淨若四無量清淨
無二無二分無別無斷故一切智智清淨故
色界眼識界及眼觸眼觸爲緣所生諸受清
淨色界乃至眼觸爲緣所生諸受清淨故四
無量清淨何以故若一切智智清淨若色界
乃至眼觸爲緣所生諸受清淨若四無量清
淨無二無二分無別無斷故善現一切智智
清淨故耳界清淨耳界清淨故四無量清淨
何以故若一切智智清淨若耳界清淨若四
無量清淨無二無二分無別無斷故一切智
智清淨故聲界耳識界及耳觸耳觸爲緣所
生諸受清淨聲界乃至耳觸爲緣所生諸受
清淨故四無量清淨何以故若一切智智清
淨若聲界乃至耳觸爲緣所生諸受清淨若
四無量清淨無二無二分無別無斷故善現
一切智智清淨故鼻界清淨鼻界清淨故四
無量清淨何以故若一切智智清淨若鼻界
清淨若四無量清淨無二無二分無別無斷
故一切智智清淨故香界鼻識界及鼻觸鼻
觸爲緣所生諸受清淨香界乃至鼻觸爲緣
所生諸受清淨故四無量清淨何以故若一
切智智清淨若香界乃至鼻觸爲緣所生諸
受清淨若四無量清淨無二無二分無別無
斷故善現一切智智清淨故舌界清淨舌界
清淨故四無量清淨何以故若一切智智清
淨若舌界清淨若四無量清淨無二無二分

BD04960號　大般若波羅蜜多經卷二六五　（3–2）

切智智清淨若香界乃至鼻觸爲緣所生諸
受清淨若四無量清淨無二無二分無別無
斷故善現一切智智清淨故舌界清淨舌界
清淨故四無量清淨何以故若一切智智清
淨若舌清淨若四無量清淨無二無二分
無別無斷故一切智智清淨故味界舌識界
及舌觸舌觸爲緣所生諸受清淨味界乃至
舌觸爲緣所生諸受清淨故四無量清淨何
以故若一切智智清淨若味界乃至舌觸爲緣
所生諸受清淨若四無量清淨無二無二分
無別無斷故善現一切智智清淨故身界
清淨身界清淨故四無量清淨何以故若一
切智智清淨若身界清淨若四無量清淨無
二無二分無別無斷故一切智智清淨故觸
界身識界及身觸身觸爲緣所生諸受清淨
觸界乃至身觸爲緣所生諸受清淨故四無
量清淨何以故若一切智智清淨若觸界乃
至身觸爲緣所生諸受清淨若四無量清淨
無二無二分無別無斷故善現一切智智清
淨故意界清淨意界清淨故四無量清淨何
以故若一切智智清淨若意界清淨若四無
量清淨無二無二分無別無斷故一切智智

BD04960號　大般若波羅蜜多經卷二六五　（3–3）

BD04960 號背　勘記

（1–1）

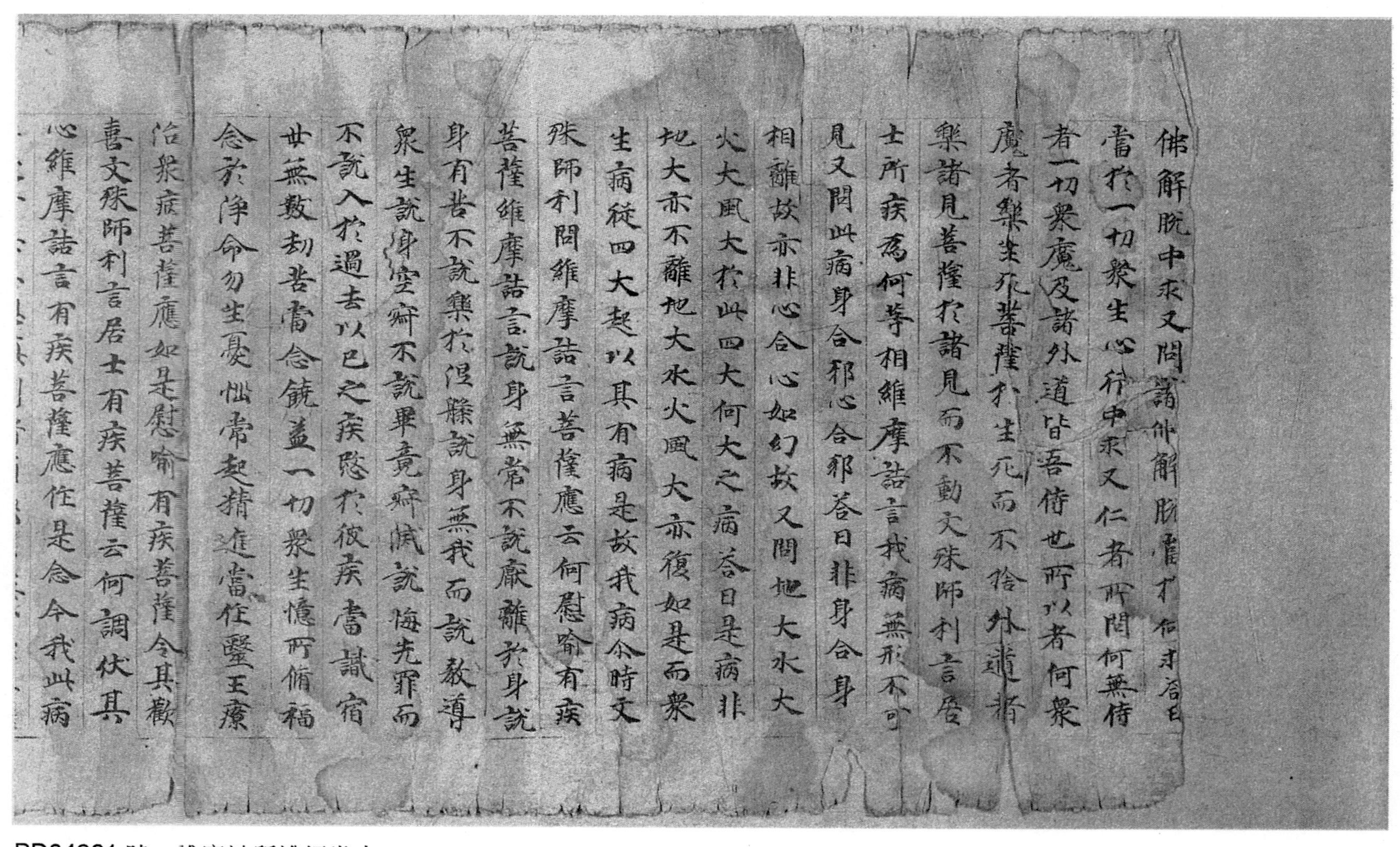

佛解脱中求又問諸佛解脱當於何求荅曰
當於一切衆生心行中求又仁者所問何無侍
者一切衆魔及諸外道皆吾侍也所以者何衆
魔者樂生死菩薩於生死而不捨外道者
樂諸見菩薩於諸見而不動文殊師利言居
士所疾爲何等相維摩詰言我病無形不可
見又問此病身合耶心合耶荅曰非身合身
相離故亦非心合心如幻故又問地大水大
火大風大於此四大何大之病荅曰是病非
地大亦不離地大水火風大亦復如是而衆
生病從四大起以其有病是故我病尒時文
殊師利問維摩詰言菩薩應云何慰喻有疾
菩薩維摩詰言說身無常不說猒離於身說
身有苦不說樂於涅槃說身無我而說教導
衆生說身空寂不說畢竟寂滅說悔先罪而
不說入於過去以己之疾愍於彼疾當識宿
世無數刧苦當念饒益一切衆生憶所脩福
念於淨命勿生憂惱常起精進當作醫王療
治衆病菩薩應如是慰喻有疾菩薩令其歡
喜文殊師利言居士有疾菩薩云何調伏其
心維摩詰言有疾菩薩應作是念今我此病

BD04961 號　維摩詰所説經卷中

（28–1）

不說入於過去以己之疾愍於彼疾當識宿
世無數劫苦當念饒益一切衆生憶所脩福
念於淨命勿生憂惱常起精進當作醫王療
治衆病菩薩應如是慰喻有疾菩薩令其歡
喜文殊師利言居士有疾菩薩云何調伏其
心維摩詰言有疾菩薩應作是念今我此病
皆從前世妄想顛倒諸煩惱生無有實法誰
受病者所以者何四大合故假名為身四大
無主身亦無我又此病起皆由著我是故於
我不應生著既知病本即除我想及衆生想
當起法想應作是念但以衆法合成此身起
唯法起滅唯法滅又此法者各不相知起時
不言我起滅時不言我滅彼有疾菩薩為滅
法想當作是念此法想者亦是顛倒顛倒者
是即大患我應離之云何為離離我我所云
何離我我所謂離二法云何離二法謂不念
內外諸法行於平等云何平等謂我等涅槃
等所以者何我及涅槃此二皆空以何為空
但以名字空故空如此二法無決定性得是平
等無有餘病唯有空病空病亦空是有疾菩
薩以無所受而受諸受未具佛法亦不滅受
而取證也設身有苦念惡趣衆生起大悲心
我既調伏亦當調伏一切衆生但除其病而
不除法為斷病本而教導之何謂病本謂有
攀緣從有攀緣則為病本何所攀緣謂之三

BD04961號　維摩詰所說經卷中　（28–2）

但以名字空故空如此二法無決定性得是平
等無有餘病唯有空病空病亦空是有疾菩
薩以無所受而受諸受未具佛法亦不滅受
而取證也設身有苦念惡趣衆生起大悲心
我既調伏亦當調伏一切衆生但除其病而
不除法為斷病本而教導之何謂病本謂有
攀緣從有攀緣則為病本何所攀緣謂之三
界云何斷攀緣以無所得若無所得則無攀
緣何謂無所得謂離二見何謂二見謂內見
外見是無所得文殊師利是為有疾菩薩調
伏其心為斷老病死苦是菩薩菩提若不如
是已所脩治為無惠利譬如勝怨乃可為勇
如是兼除老病死者菩薩之謂也彼有疾菩
薩應復作是念如我此病非真非有衆生病亦
非真非有作是觀時於諸衆生若起愛見大
悲即應捨離所以者何菩薩斷除客塵煩惱
而起大悲愛見悲者則於生死有疲厭心若
能離此無有疲厭在在所生不為愛見之所
覆也所生無縛能為衆生說法解縛如佛所
說若自有縛能解彼縛無有是處若自無縛
能解彼縛斯有是處是故菩薩不應起縛何
謂縛何謂解貪著禪味是菩薩縛以方便生
是菩薩解又無方便慧縛有方便慧解無慧
方便縛有慧方便解何謂無方便慧縛謂菩
薩以愛見心莊嚴佛土成就衆生於空無相
[illegible]中而自調伏是名無方便慧縛何謂

BD04961號　維摩詰所說經卷中　（28–3）

謂縛何謂解貪著禪味是菩薩縛以方便生
是菩薩解又無方便慧縛有方便慧解無慧
方便縛有慧方便解何謂無方便慧縛謂菩
薩以愛見心莊嚴佛土成就衆生於空無相
無作法中而自調伏是名無方便慧縛何謂
有方便慧解謂不以愛見心莊嚴佛土成就
衆生於空無相無作法中以自調伏而不疲
厭是名有方便慧解何謂無慧方便縛謂菩
薩住貪欲瞋恚邪見等諸煩惱而殖衆德本
是名無慧方便縛何謂有慧方便解謂離諸
貪欲瞋恚邪見等諸煩惱而殖衆德本迴向
阿耨多羅三藐三菩提是名有慧方便解文
殊師利彼有疾菩薩應如是觀諸法又復觀
身無常苦空非我是名為慧雖身有疾常在
生死饒益一切而不厭惓是名方便又復觀
身身不離病病不離身是病是身非新非故
是名為慧設身有疾而不永滅是名方便文
殊師利有疾菩薩應如是調伏其心不住其
中亦復不住不調伏心所以者何若住不調
伏心是愚人法若住調伏心是聲聞法是故
菩薩不當住於調伏不調伏心離此二法是
菩薩行在於生死不為汙行住於涅槃不
永滅度是菩薩行非凡夫行非賢聖行是菩薩
行非垢行非淨行是菩薩行雖過魔行而現
降衆魔是菩薩行求一切智无非時求是菩

BD04961 號　維摩詰所說經卷中　（28–4）

伏心是愚人法若住調伏心是聲聞法是故
菩薩不當住於調伏不調伏心離此二法是
菩薩行在於生死不為汙行住於涅槃不
永滅度是菩薩行非凡夫行非賢聖行是菩薩
行非垢行非淨行是菩薩行雖過魔行而現
降衆魔是菩薩行求一切智无非時求是菩
薩行雖觀諸法不生而不入正位是菩薩行
雖觀十二緣起而入諸耶見是菩薩行雖攝
一切衆生而不愛著是菩薩行雖樂遠離而不
依身心盡是菩薩行雖行三界而不壞法性是
菩薩行雖行於空而殖衆德本是菩薩行雖
行无相而度衆生是菩薩行雖行无作而現
受身是菩薩行雖行无起而起一切善行是
菩薩行雖行六波羅蜜而遍知衆生心心數
法是菩薩行雖行六通而不盡漏是菩薩行
雖行四无量心而不貪著生於梵世是菩薩
行雖行禪定解脫三昧而不隨禪生是菩薩
行雖行四念處而不畢竟離身受心法是
菩薩行雖行四正勤而不捨身心精進是菩
薩行雖行四如意足而得自在神通是菩薩
行雖行五根而分別衆生諸根利鈍是菩薩
行雖行五力而樂求佛十力是菩薩行雖行
七覺分而分別佛之智慧是菩薩行雖行八
正道而樂行无量佛法是菩薩行雖行止觀
助道之法而不畢竟墮於寂滅是菩薩行雖行
諸法不生不滅而不相好莊嚴其身是菩薩

BD04961 號　維摩詰所說經卷中　（28–5）

行雖行五根而分別衆生諸根利鈍是菩薩
行雖行五力而樂求佛十力是菩薩行雖行
七覺分而分別佛之智慧是菩薩行雖行八
正道而樂行无量佛法是菩薩行雖行止觀
助道之法而不畢竟隨於寂滅是菩薩行雖行
諸法不生不滅而不相好莊嚴其身是菩薩
行雖現聲聞辟支佛威儀而不捨佛法是菩
薩行雖隨諸法究竟淨相而隨所應爲現
其身是菩薩行雖觀諸佛國土永寂如空而
現種種清淨佛土是菩薩行雖得佛道轉
于法輪入於涅槃而不捨於菩薩之道是菩薩
行說是語時文殊師利所將大衆其中八千
天子皆發阿耨多羅三藐三菩提心
不思議品第六
尒時舍利弗見此室中无有床座作是念斯
諸菩薩大弟子衆當於何坐長者維摩詰知
其意語舍利弗言云何仁者爲法來耶求床
座耶舍利弗言我爲法來非爲床座維摩詰
言唯舍利弗夫求法者不貪軀命何况床坐
夫求法者非有色受想行識之求非有界入
之求非有欲色无色之求唯舍利弗夫求法
者不著佛求不著法求不著衆求夫求法者
无見苦求无斷集求无造盡證脩道之求所
以者何法无戲論若言我當見苦斷集證滅脩
道是則戲論非求法也唯舍利弗法名寂滅若

BD04961 號　維摩詰所說經卷中　（28–6）

夫求法者非有色受想行識之求非有界入
之求非有欲色无色之求唯舍利弗夫求法
者不著佛求不著法求不著衆求夫求法者
无見苦求无斷集求无造盡證脩道之求所
以者何法无戲論若言我當見苦斷集證滅脩
道是則戲論非求法也唯舍利弗法名寂滅若
行生滅是求生滅非求法也法名无染若染
於法乃至涅槃是則染著非求法也法无行
處若行於法是則行處非求法也法无處
所若著處所是則著處非求法也法名无相
若隨相識是則求相非求法也法不可住若住
於法是則住法非求法也法不可見聞覺知
若行見聞覺知是則見聞覺知非求法也法
名无爲若行有爲是求有爲非求法也是故
舍利弗若求法者於一切法應无所求說是
語時五百天子於諸法中得法眼淨
尒時長者維摩詰問文殊師利仁者遊於无
量千万億阿僧祇國何等佛土有好上妙功
德成就師子之座文殊師利言居士東方度卅
六恒河沙國有世界名須弥相其佛号須弥
燈王今現在彼佛身長八万四千由旬其師子
座高八万四千由旬嚴飾第一於是長者維
摩詰現神通力即時彼佛遣三万二千師子
座高廣嚴好來入維摩詰室諸菩薩大弟
子釋梵四天王等昔所未見其室廣博悉苞

BD04961 號　維摩詰所說經卷中　（28–7）

燈王今現在彼佛身長八万四千由旬其師子
座高八万四千由旬嚴飾第一於是長者維
摩詰現神通力即時彼佛遣三万二千師子
座高廣嚴好來入維摩詰室諸菩薩大弟
子釋梵四天王等昔所未見其室廣博悉苞
容受三万二千師子座无所妨礙於毗耶離
城及閻浮提四天下亦不迫迮悉見如故尒時
維摩詰語文殊師利就師子座與諸菩薩上
人俱坐當自立身如彼座像其得神通
菩薩即自變身為四万二千由旬坐師子座
諸新發意菩薩及大弟子皆不能昇尒時
維摩詰語舍利弗就師子座舍利弗言居士
此座高廣吾不能昇維摩詰言唯舍利弗為
須弥燈王如來作礼乃可得坐於是新發意
菩薩及大弟子即為須弥燈王如來作礼便
得坐師子座舍利弗言居士未曾有也如是
小室乃容受此高廣之座於毗耶離城无所妨
礙又於閻浮提聚落城邑及四天下諸天龍王
鬼神宮殿亦不迫迮維摩詰言唯舍利弗諸
佛菩薩有解脫名不可思議若菩薩住是解
脫者以須弥之高廣內芥子中无所增減須
弥山王本相如故而四天王忉利諸天不覺不
知己之所入唯應度者乃見須弥入芥子中
是名不可思議解脫法門又以四大海水入一
毛孔不嬈魚鱉黿鼉水性之屬而彼大海本
相如故諸龍鬼神阿脩羅等不覺不知己之所

BD04961號　維摩詰所說經卷中　（28–8）

脫者以須弥之高廣內芥子中无所增減須
弥山王本相如故而四天王忉利諸天不覺不
知己之所入唯應度者乃見須弥入芥子中
是名不可思議解脫法門又以四大海水入一
毛孔不嬈魚鱉黿鼉水性之屬而彼大海本
相如故諸龍鬼神阿脩羅等不覺不知己之所
入於此衆生亦无所嬈又舍利弗住不可思議
解脫菩薩斷取三千大千世界如陶家輪著
右掌中擲過恒河沙世界之外其中衆生不
覺不知己之所往又復還置本處都不使人
有往來想而此世界本相如故又舍利弗或
有衆生樂久住世而可度者菩薩即演七
日以為一劫令彼衆生謂之一劫或有衆生
不樂久住而可度者菩薩即促一劫以為七
日令彼衆生謂之七日又舍利弗住不可思
議解脫菩薩以一切佛土嚴飾之事集在一
國示於衆生又菩薩以一佛土衆生置之右
掌飛到十方遍示一切而不動本處又舍利
弗十方衆生供養諸佛之具菩薩於一毛
孔皆令得見又十方國土所有日月星宿於
一毛孔普使見之又舍利弗十方世界所有諸
風菩薩悉能吸著口中而身无損外諸樹木
亦不摧折又十方世界劫盡燒時以一切火內
於腹中火事如故而不為害又於下方過恒
河沙等諸佛世界取一佛土舉著上方過恒河

BD04961號　維摩詰所說經卷中　（28–9）

一毛孔普使見之又舍利弗十方世界所有諸
風菩薩悉能吸著口中而身无損外諸樹木
亦不摧折又十方世界劫盡燒時以一切火內
於腹中火事如故而不爲害又於下方過恒
河沙等諸佛世界取一佛土舉著上方過恒河
沙无數世界如持針鋒舉一棗葉而无所嬈又
舍利弗住不可思議解脫菩薩能以神通現
作佛身或現辟支佛身或現聲聞身或現帝
釋身或現梵王身或現世主身或現轉輪王
身又十方世界所有衆聲上中下音皆能變
之令作佛聲演出无常苦空无我之音及十
方諸佛所說種種之法皆於其中普令得聞
舍利弗我今略說菩薩不可思議解脫之力
若廣說者窮劫不盡是時大迦葉聞說菩
薩不可思議解脫法門歎未曾有謂舍利
弗譬如有人於盲者前現衆色像非彼所
見一切聲聞聞是不可思議解脫法門不能
解了爲若此也智者聞是其誰不發阿耨
多羅三藐三菩提心我等何爲永絕其根
於此大乘已如敗種一切聲聞聞是不可思
議解脫法門皆應號泣聲震三千大千世界
一切菩薩應大欣慶頂受此法若有菩薩信
解不可思議解脫門者一切魔衆无如之何大
迦葉說是語時三万二千天子皆發阿耨多
羅三藐三菩提心
尒時維摩詰語大迦葉二者十方无量阿僧

議解脫法門皆應號泣聲震三千大千世界
一切菩薩應大欣慶頂受此法若有菩薩信
解不可思議解脫門者一切魔衆无如之何大
迦葉說是語時三万二千天子皆發阿耨多
羅三藐三菩提心
尒時維摩詰語大迦葉仁者十方无量阿僧
祇世界中作魔王者多是住不可思議解脫
菩薩以方便力教化衆生現作魔王又迦葉十
方无量菩薩或有人從乞手足耳鼻頭目髓
腦血肉皮骨聚落城邑妻子奴婢象馬車
乘金銀瑠璃車璖馬瑙珊瑚琥珀真珠珂貝
衣服飲食如此乞者多是住不可思議解脫
菩薩以方便力而往試之令其堅固所以者何
住不可思議解脫菩薩有威德力故行逼迫示
諸衆生如是難事凡夫下劣无有力勢不能
如是逼迫菩薩譬如龍象蹴蹋非驢所堪是
名住不可思議解脫菩薩智慧方便之門

觀衆生品第七

尒時文殊師利問維摩詰言菩薩云何觀於
衆生維摩詰言譬如幻師見所幻人菩薩觀
衆生爲若此如智者見水中月如鏡中見其
面像如熱時焰如呼聲響如空中雲如水聚
沫如水上泡如芭蕉堅如電久住如第五大
如第六陰如第七情如十三入如十九界菩薩觀
衆生爲若此如无色界色如焦穀牙如須陀洹

衆生爲若此如智者見水中月如鏡中見其
面像如熱時焰如呼聲響如空中雲如水聚
沫如水上泡如芭蕉堅如電久住如第五大
如第六陰如第七情如十三入如十九界菩薩觀
衆生爲若此如无色界色如燋穀牙如須陁洹
身見如阿那含入胎如阿羅漢三毒如得忍菩
薩貪恚毀禁如佛煩惱習如盲者見色如
入滅盡定出入息如空中鳥跡如石女兒如
化人煩惱如夢所見已悟如滅度者受身
如无烟之火菩薩衆生爲若此
文殊師利言若菩薩作是觀者云何行慈維
摩詰言菩薩作是觀已自念我當爲衆生説
如斯法是即真實慈也行寂滅慈无所生故
行不熱慈无煩惱故行等之慈等三世故行
无諍慈无所起故行不二慈内外不合故行不
壊慈畢竟盡故行堅固慈心无毀故行清淨
慈諸法性淨故行无邊慈如虚空故行阿羅
漢慈破結賊故行菩薩慈安衆生故行如來
慈得如相故行佛之慈覺衆生故行自然慈
无因得故行菩提慈等一味故行无等慈斷
諸愛故行大悲慈導以大乘故行无厭慈觀
空无我故行法施慈无遺惜故行持戒慈化
毀禁故行忍辱慈護彼我故行精進慈荷負
衆生故行禪定慈不受味故行智慧慈无不
知時故行方便慈一切示現故行无隱慈直

BD04961 號　維摩詰所説經卷中

（28–12）

諸愛故行大悲慈導以大乘故行无厭慈觀
空无我故行法施慈无遺惜故行持戒慈化
毀禁故行忍辱慈護彼我故行精進慈荷負
衆生故行禪定慈不受味故行智慧慈无不
知時故行方便慈一切示現故行无隱慈直
心清淨故行深心慈无雜行故行无誑慈不
虚假故行安樂慈令得佛樂故菩薩之慈爲
若此也
文殊師利又問何謂爲悲答曰菩薩所作功
德皆與一切衆生共之何謂爲喜答曰有所
饒益歡喜无悔何謂爲捨答曰所作福祐无
所希望文殊師利又問生死有畏菩薩當何
所依維摩詰言菩薩於生死畏中當依如來
功德之力文殊師利又問菩薩欲依如來功德之
力當於何住答曰菩薩欲依如來功德力者
當住度脱一切衆生又問欲度衆生當何
所除答曰欲度衆生除其煩惱又問欲除
煩惱當何所行答曰當行正念又問云何行
於正念答曰當行不生不滅又問何法不生何
法不滅答曰不善不生善法不滅又問善不善
孰爲本答曰身爲本又問身孰爲本答曰欲
貪爲本又問欲貪孰爲本答曰虚妄分别
爲本又問虚妄分别孰爲本答曰顛倒想
爲本又問顛倒想孰爲本答曰无住爲本又
問无住孰爲本答曰无住則无本文殊師利

BD04961 號　維摩詰所説經卷中

（28–13）

孰為本答曰身為本又問身孰為本答曰欲
貪為本又問欲貪孰為本答曰虛妄分別
為本又問虛妄分別孰為本答曰顛倒想
為本又問顛倒想孰為本答曰无住為本又
問无住孰為本答曰无住則无本文殊師利
從无住本立一切法
時維摩詰室有一天女見諸大人聞所說法
便現其身即以天華散諸菩薩大弟子上華
至諸菩薩即皆墮落至大弟子便著不墮一
切弟子神力去華不能令去尒時天問舍利
弗何故去華答曰此華不如法是以去之天曰
勿謂此華為不如法所以者何是華无所分別
仁者自生分別想耳若於佛法出家有所分
別為不如法若无分別是則如法觀諸菩薩
華不著者以斷一切分別想故譬如人畏時非
人得其便如是弟子畏生死故色聲香味觸
得其便畏者一切五欲无五欲无已離畏者一
切五欲无能為也結習未盡華著身耳結習
盡者華不著也舍利弗言天止此室其已久
如答曰我止此室如耆年解脫舍利弗言止
此久耶天曰耆年解脫亦何如久舍利弗默然
不答天曰如何耆舊大智而默答曰解脫者无
所言說故吾於是不知所云天曰言說文字皆
解脫相所以者何解脫者不內不外不在兩閒
文字亦不內不外不在兩閒是故舍利弗无離文

BD04961號　維摩詰所說經卷中

(28–14)

此久耶天曰耆年解脫亦何如久舍利弗默然
不答天曰如何耆舊大智而默答曰解脫者无
所言說故吾於是不知所云天曰言說文字皆
解脫相所以者何解脫者不內不外不在兩閒
文字亦不內不外不在兩閒是故舍利弗无離文
字說解脫也所以者何一切諸法皆解脫相舍利
弗言不復以離婬怒癡為解脫乎天曰佛為增
上慢人說離婬怒癡為解脫耳若无增上慢者
佛說婬怒癡性即是解脫舍利弗言善哉善
哉天女汝何所得以何為證辯乃如是天曰我
无得无證故辯如是所以者何若有得有證者
則於佛法為增上慢舍利弗問天汝於三乘
為何志求天曰以聲聞法化眾生故我為聲聞
以因緣法化眾生故我為辟支佛以大悲化眾
生故我為大乘舍利弗如人入瞻蔔林唯齅瞻
蔔不齅餘香如是若入此室但聞佛功德之
香不樂聞聲聞辟支佛功德香也舍利弗其有
釋梵四天王諸天龍鬼神等入此室者聞斯上
人講說正法皆樂佛功德之香發心而出舍利
弗吾止此室十有二年初不聞說聲聞辟支佛
法但聞菩薩大慈大悲不可思議諸佛之法舍
利弗此室常現八未曾有難得之法何等為八
此室常以金色光照晝夜无異不以日月所照
為明是為一未曾有難得之法此室入者不
為諸垢之所惱也是為二未曾有難得之法

BD04961號　維摩詰所說經卷中

(28–15)

[illegible]不可思議諸佛之法舍
利弗此室常現八未曾有難得之法何等為八
此室常以金色光照晝夜无異不以日月所照
為明是為一未曾有難得之法此室入者不
為諸垢之所惱也是為二未曾有難得之法
此室常有釋梵四天王他方菩薩来會
不絕是為三未曾有難得之法此室常說六
波羅蜜不退轉法是為四未曾有難得之法
此室常作天人第一之樂絃出无量法化之聲
是為五未曾有難得之法此室有四大藏衆
寶積滿周窮濟之求得无盡是為六未曾
有難得之法此室釋迦牟尼佛阿弥陁佛阿
閦佛寶德寶焰寶月寶嚴難勝師子響一切
利成如是等十方无量諸佛是上人念時即皆
為来廣說諸佛秘要法藏說已還去是為七
未曾有難得之法此室一切諸天嚴飾宮殿
諸佛淨土皆於中現是為八未曾有難得
之法舍利弗此室常現八未曾有難得之
法誰有見斯不思議事而復樂於聲聞法乎
舍利弗言汝何以不轉女身天曰我從十二年来
求女人相了不可得當何所轉譬如幻師化作幻
女若有人問言何以不轉女身是人為正問不舍
利弗言不也幻无定相當何所轉天曰一切諸法
亦復如是无有定相云何乃問不轉女身即時
天女以神通力變舍利弗身令如天女天自化
身如舍利弗而問言何以不轉女身舍利弗以

求女人相了不可得當何所轉譬如幻師化作幻
女若有人問言何以不轉女身是人為正問不舍
利弗言不也幻无定相當何所轉天曰一切諸法
亦復如是无有定相云何乃問不轉女身即時
天女以神通力變舍利弗身令如天女天自化
身如舍利弗而問言何以不轉女身舍利弗以
天女像而荅言我今不知何轉而變為女身
天曰舍利弗若能轉此女身則一切女人亦
復如是雖現女身而非女也是故佛一切佛法
非男非女即時天女還攝神力令舍利弗
身還復如故天問舍利弗女身色相今何所
在舍利弗言女身色相无在无不在天曰
一切諸法亦復如是无在无不在夫无在无
不在者佛所說也舍利弗問天汝於此沒當
生何所天曰佛化所生吾如彼生曰佛化所生
非沒生也天曰衆生猶然无沒生也舍利弗問
天汝久如當得阿耨多羅三藐三菩提天曰
如舍利弗還為凡夫我乃當成阿耨多羅三藐
三菩提舍利弗言我作凡夫无有是處天曰我
得阿耨多羅三藐三菩提亦无是處所以者
何菩提无住處是故无有得者舍利弗言今諸
佛得阿耨多羅三藐三菩提已得當得今得如
恒河沙皆何謂乎天曰皆以世俗文字數故說
有三世非謂菩提有去来今天曰舍利弗汝得
阿羅漢道耶曰无所得故而得天曰諸佛菩薩
[illegible]

何菩薩无住處是故无有得者舍利弗言今諸
佛得阿耨多羅三藐三菩提已得當得如
恒河沙皆何謂乎天曰皆以世俗文字數故說
有三世非謂菩提有去來今天曰舍利弗汝得
阿羅漢道耶曰无所得故而得天曰諸佛菩薩
亦復如是无所得故而得尒時維摩詰語舍
利弗是天女曾已供養九十二億佛已能遊戲
菩薩神通所願具足得无生忍住不退轉以
本願故隨意能現教化衆生

佛道品第八

尒時文殊師利問維摩詰言菩薩云何通達
佛道維摩詰言若菩薩行於非道是為通
達佛道又問云何菩薩行於非道荅曰若菩
薩行五无間而无惱恚至于地獄无諸罪垢
至于畜生无有无明憍慢等過至于餓鬼而具
足功德行色无色界道不以為勝示行貪欲
離諸染著示行瞋恚於諸衆生无有恚閡示行
愚癡而以智慧調伏其心示行慳貪而捨內
外所有不惜身命示行毀禁而安住淨戒乃
至小罪猶懷大懼示行瞋恚而常慈忍示行
懈怠而懃脩功德示行亂意而常念定示行
愚癡而通達世間出世間慧示行諂偽而
善方便隨諸經義示行憍慢而於衆生猶如
橋梁示行諸煩惱而心常清淨示入於魔而
順佛智慧不隨他教示入聲聞而為衆生說
未聞法示入辟支佛而成就大悲教化衆生

BD04961號　維摩詰所說經卷中　（28–18）

愚癡而通達世間出世間慧示行諂偽而
善方便隨諸經義示行憍慢而於衆生猶如
橋梁示行諸煩惱而心常清淨示入於魔而
順佛智慧不隨他教示入聲聞而為衆生說
未聞法示入辟支佛而成就大悲教化衆生
示入貧窮而有寶手功德无盡示入形殘而
具諸相好以自莊嚴示入下賤而生佛種性中
具諸功德示入羸劣醜陋而得那羅延身一切
衆生之所樂見示入老病而永斷病根超越
死畏示有資生而恒觀无常无所貪著示有
妻妾婇女而常遠離五欲淤泥現於訥鈍而
成就辯才揔持无失示入邪濟而以正濟度
諸衆生現遍入諸道而斷其因緣現於涅槃
而不斷生死文殊師利菩薩能如是行於非
道是為通達佛道於是維摩詰問文殊師利
何等為如來種文殊師利言有身為種无明
有愛為種貪恚癡為種四顛倒為種五蓋為
種六入為種七識處為種八邪法為種九惱
處為種十不善道為種以要言之六十二見
及一切煩惱皆是佛種曰何謂也荅曰若見
无為入正位者不能復發阿耨多羅三藐
三菩提心辟如高原陸地不生蓮華卑濕
淤泥乃生蓮華如是見无為法入正位者
終不復能生於佛法煩惱泥中乃有衆生
起佛法耳又如殖衆於空終不得生糞壤之

BD04961號　維摩詰所說經卷中　（28–19）

无為入正位者不能復發阿耨多羅三藐
三菩提心譬如高原陸地不生蓮華卑濕
淤泥乃生蓮華如是見无為法入正位者
終不復能生於佛法煩惱泥中乃有衆生
起佛法耳又如殖種於空終不得生糞壤之
地乃能滋茂如是入无為正位者不生佛法
起於我見如須弥山猶能發于阿耨多羅三
藐三菩提心生佛法矣是故當知一切煩惱
為如來種譬如不入巨海不能得无價寶珠
如是不入煩惱大海則不能生一切智寶之心
尒時大迦葉歎言善哉善哉文殊師利快說
此語誠如所言塵勞之疇為如來種我等今
者不復堪任發阿耨多羅三藐三菩提心乃
至五无間罪猶能發意生於佛法而今我等
永不能發譬如根敗之士其於五欲不能復利
如是聲聞諸結斷者於佛法中无所復益永
不志願是故文殊師利凡夫於佛法有反復
而聲聞无也所以者何凡夫聞佛法能起无
上道心不斷三寶正使聲聞終身聞佛法力
无畏等永不能發无上道意尒時會中有菩
薩名普現色身問維摩詰言居士父母妻子
親戚眷屬吏民知識悉為是誰奴婢僮僕象
馬車乘皆何所在於是維摩詰以偈荅曰
智度菩薩母　方便以為父　一切衆導師　无不由是生
法喜以為妻　慈悲心為女　善心誠實男　畢竟空寂舍

BD04961 號　維摩詰所說經卷中　（28–20）

无畏等永不能發无上道意尒時會中有菩
薩名普現色身問維摩詰言居士父母妻子
親戚眷屬吏民知識悉為是誰奴婢僮僕象
馬車乘皆何所在於是維摩詰以偈荅曰
智度菩薩母　方便以為父　一切衆導師　无不由是生
法喜以為妻　慈悲心為女　善心誠實男　畢竟空寂舍
弟子衆塵勞　隨意之所轉　道品善知識　由是成正覺
諸度法等侶　四攝為伎女　歌詠誦法言　以此為音樂
總持之園苑　无漏法林樹　覺意淨妙華　解脫智慧果
八解之浴池　定水湛然滿　布以七淨華　浴此无垢人
象馬五通馳　大乘以為車　調御以一心　遊於八正路
相具以嚴容　衆好飾其姿　慙愧之上服　深心為華鬘
富有七財寶　教授以滋息　如所說脩行　迴向為大利
四禪為床座　從於淨命生　多聞增智慧　以為自覺音
甘露法之食　解脫味為漿　淨心以澡浴　戒品為塗香
摧滅煩惱賊　勇健无能踰　降伏四種魔　勝幡建道場
雖知无起滅　示彼故有生　悉現諸國土　如日无不現
供養於十方　无量億如來　諸佛及已身　无有分別想
雖知諸佛國　及與衆生空　而常脩淨土　教化於群生
諸有衆生類　形聲及威儀　无畏力菩薩　一時能盡現
覺知衆魔事　而示隨其行　以善方便智　隨意皆能現
或示老病死　成就諸群生　了知如幻化　通達无有礙
或現劫盡燒　天地皆洞然　衆人有常想　照令知无常
无數億衆生　俱來請菩薩　一時到其舍　化令向佛道
經書禁呪術　工巧諸伎藝　盡現行此事　饒益諸群生
世間衆道法　悉於中出家　因以解人惑　而不墮邪見

BD04961 號　維摩詰所說經卷中　（28–21）

……而示隨其行　以善方便智　隨意皆能現
或示老病死　成就諸群生　了知如幻化　通達无有礙
或現劫盡燒　天地皆洞然　衆人有常想　照令知无常
无數億衆生　俱來請菩薩　一時到其舍　化令向佛道
經書禁呪術　工巧諸伎藝　盡現行此事　饒益諸群生
世間衆道法　悉於中出家　因以解人惑　而不墮邪見
或作日月天　梵王世界主　或時作地水　或復作風火
劫中有疾疫　現作諸藥草　若有服之者　除病消衆毒
劫中有飢饉　現身作飲食　先救彼飢渴　却以法語人
劫中有刀兵　為之起慈悲　化彼諸衆生　令住无諍地
若有大戰陣　立之以等力　菩薩現威勢　降伏使和安
一切國土中　諸有地獄處　輙往到于彼　勉濟諸苦惱
一切國土中　畜生相噉食　皆現生於彼　為之作利益
示受於五欲　亦復現行禪　令魔心憒亂　不能得其便
火中生蓮華　是可謂希有　在欲而行禪　希有亦如是
或現作婬女　引諸好色者　先以欲鉤牽　後令入佛智
或為邑中主　或作商人導　國師及大臣　以祐利衆生
諸有貧窮者　現為无盡藏　因以勸導之　令發菩提心
我心憍慢者　為現大力士　消伏諸貢高　令住佛上道
其有恐懼者　居前而慰安　先施以无畏　後令發道心
或現離婬欲　為五通仙人　開導諸群生　令住戒忍慈
見須供事者　現為作僮僕　既悅可其意　乃發以道心
隨彼之所須　得入於佛道　以善方便力　皆能給足之
如是道无量　所行无有崖　智慧无邊際　度脫无數衆
假令一切佛　於无數億劫　讚歎其功德　猶尚不能盡
誰聞如是法　不發菩提心　除彼不肖人　癡冥无智者

見須供事者　現為作僮僕　既悅可其意　乃發以道心
隨彼之所須　得入於佛道　以善方便力　皆能給足之
如是道无量　所行无有崖　智慧无邊際　度脫无數衆
假令一切佛　於无數億劫　讚歎其功德　猶尚不能盡
誰聞如是法　不發菩提心　除彼不肖人　癡冥无智者

入不二法門品第九

尒時維摩詰謂衆菩薩言諸仁者云何菩薩入不二法門各隨所樂說之會中有菩薩名法自在說言諸仁者生滅為二法本不生今則无滅得此无生法忍是為入不二法門

德首菩薩曰我我所為二因有我故便有我所若无有我則无我所是為入不二法門

不眴菩薩曰受不受為二若法不受則不可得以不可得故无取无捨无作无行是為入不二法門

德頂菩薩曰垢淨為二見垢實性則无淨相順於滅相是為入不二法門

善宿菩薩曰是動是念為二不動則无念无念則无分別通達此者是為入不二法門

善眼菩薩曰一相无相為二若知一相即是无相亦不取无相入於平等是為入不二法門

妙臂菩薩曰菩薩心聲聞心為二觀心相空如幻化者无菩薩心无聲聞心是為入不二法門

弗沙菩薩曰善不善為二若不起善不善入无相際而通達者是為入不二法門

……為入不二法門
妙臂菩薩曰菩薩心聲聞心為二觀心相空
如幻化者无菩薩心无聲聞心是為入不二
法門
弗沙菩薩曰善不善為二若不起善不善入
无相際而通達者是為入不二法門
師子菩薩曰罪福為二若達罪性則與福无
異以金剛慧決了此相无縛无解者是為入
不二法門
師子意菩薩曰有漏无漏為二若得諸法等
則不起漏不漏想不著於相亦不住无相
是為入不二法門
淨解菩薩曰有為无為為二若離一切數則
心如虛空以清淨慧无所礙者是為入不二
法門
那羅延菩薩曰世間出世間為二世間性空
即是出世間於其中不入不出不溢不散是
為入不二法門
善意菩薩曰生死涅槃為二若見生死性則无
生死无縛无解不然不滅如是解者是為
入不二法門
現見菩薩曰盡不盡為二法若究竟盡若不
盡皆是无盡相无盡相即是空空則无有盡
不盡相如是入者是為入不二法門
普首菩薩曰我无我為二我尚不可得非我
何可得見我實性者不復起二是為入不二
法門

BD04961號　維摩詰所說經卷中　（28–24）

入不二法門
現見菩薩曰盡不盡為二法若究竟盡若不
盡皆是无盡相无盡相即是空空則无有盡
不盡相如是入者是為入不二法門
普首菩薩曰我无我為二我尚不可得非我
何可得見我實性者不復起二是為入不二
法門
電天菩薩曰明无明為二无明實性即是明
明亦不可取離一切數於其中平等无二者是
為入不二法門
喜見菩薩曰色色空為二色即是空非色滅
空色性自空如是受想行識識空為二識即
是空非識滅空識性自空於其中而通達者
是為入不二法門
明相菩薩曰四種異空種異為二四種性即是
空種性如前際後際空故中際亦空若能如
是知諸種性者是為入不二法門
妙意菩薩曰眼色為二若知眼性於色不貪
不恚不癡是名寂滅如是耳鼻香舌味身觸
意法為二若知意性於法不貪不恚不癡是
名寂滅安住其中是為入不二法門
无盡意菩薩曰布施迴向一切智為二布施性
即是迴向一切智性如是持戒忍辱精進
禪定智慧迴向一切智為二智慧性即是迴向
一切智性於其中入一相者是為入不二法門
深慧菩薩曰是空是无相无作為二空即

BD04961號　維摩詰所說經卷中　（28–25）

无盡意菩薩曰布施迴向一切智爲二布施性
即是迴向一切智性如是持戒忍辱精進
禪定智慧迴向一切智爲二智慧性即是迴向
一切智性於其中入一相者是爲入不二法門
深慧菩薩曰是空是无相无作爲二空即
是无相无相即是无作若空无相无作則无心
意識於一解脫門即是三解脫門者是爲入
不二法門
寂根菩薩曰佛法衆爲二佛即是法法即是
衆是三寶皆无爲相與虛空等一切法亦尒
能隨此行者是爲入不二法門
心无㝵菩薩曰身身滅爲二身即是身滅所
以者何見身實相者不起見身及見滅身身
與滅身无二无分別於其中不驚不懼者是
爲入不二法門
上善菩薩曰身口意善爲二是三業皆无作
相无作相即口无作相口无作相即意无作
相是三業无作相即一切法无作相能如是
隨无作慧者是爲入不二法門
福田菩薩曰福行罪行不動行爲二三行實
性即是空空則无福行无罪行无不動行於
此三行而不起者是爲入不二法門
華嚴菩薩曰從我起二爲二見我實相者不
起二法若不住二法則无有識无所識者是
爲入不二法門
德藏菩薩曰有所得相爲二若无所得則

性即是空空則无福行无罪行无不動行於
此三行而不起者是爲入不二法門
華嚴菩薩曰從我起二爲二見我實相者不
起二法若不住二法則无有識无所識者是
爲入不二法門
德藏菩薩曰有所得相爲二若无所得則
无取捨者是爲入不二法門
月上菩薩曰闇與明爲二无闇无明則无有
二所以者何如入滅受想定无闇无明一切法
亦復如是於其中平等入者是爲入不二法門
寶印手菩薩曰樂涅槃不樂世間爲二若不
樂涅槃不猒世間則无有二所以者何若有
縛則有解若本无縛其誰求解无縛无解
則无樂猒是爲入不二法門
珠頂王菩薩曰正道耶道爲二住正道者則
不分別是耶是正離此二法是爲入不二法門
樂實菩薩曰實不實爲二實見者尚不見實
何況非實所以者何非肉眼所見慧眼乃能見
而此慧眼无見无不見是爲入不二法門
如是諸菩薩各各說已問文殊利何等是菩
薩入不二法門文殊師利曰如我意者於一
切法无言无說无示无識離諸問答是爲入
不二法門於是文殊師利問維摩詰言我等
各自說已仁者當說何等是菩薩入不二法
門時維摩詰默然无言文殊師利歎言善
哉善哉乃至无有文字語言是真入不二

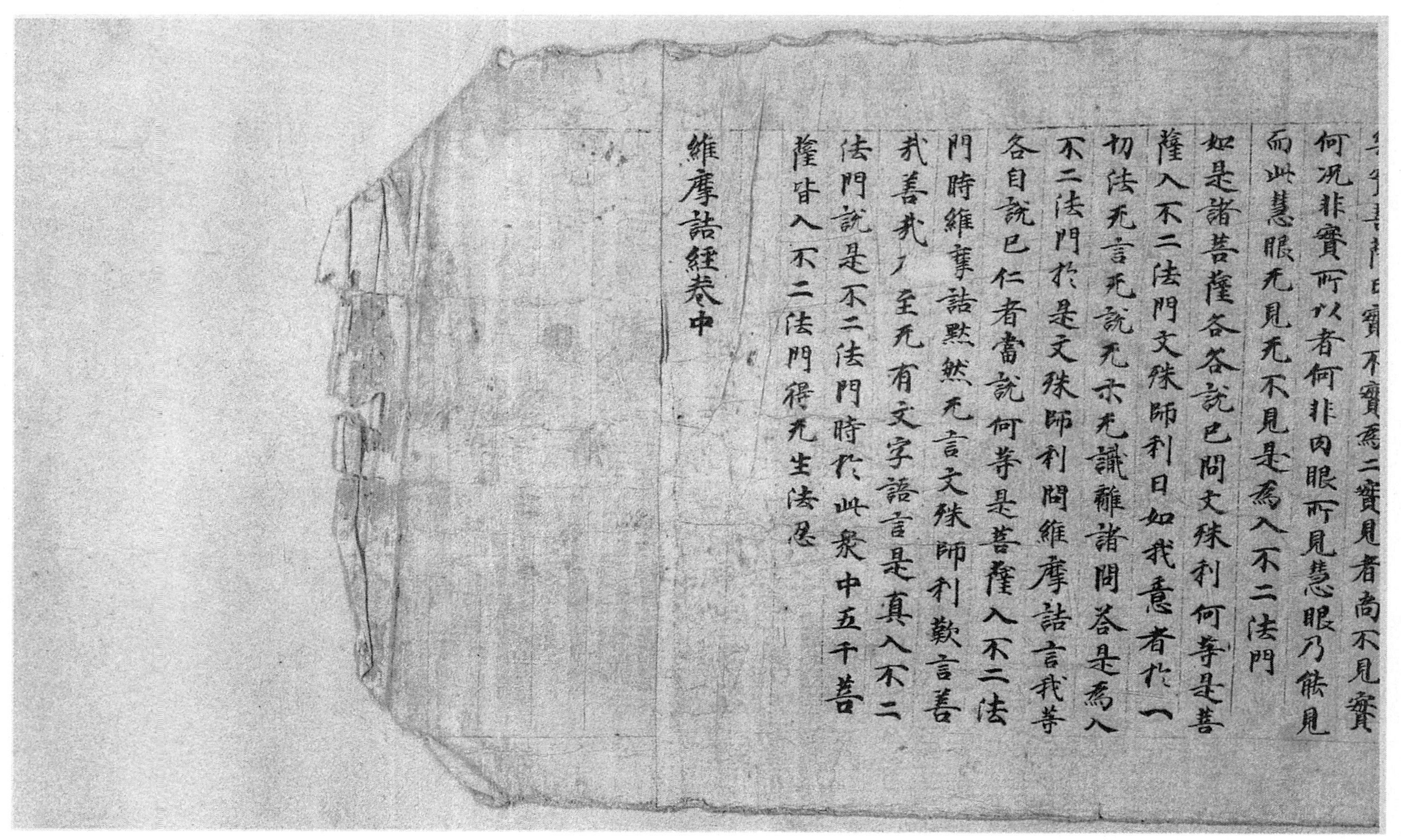
[illegible]菩薩曰寶不寶為二寶見者尚不見寶
何况非寶所以者何非肉眼所見慧眼乃能見
而此慧眼无見无不見是為入不二法門
如是諸菩薩各各說已問文殊利何等是菩
薩入不二法門文殊師利曰如我意者於一
切法无言无說无示无識離諸問荅是為入
不二法門於是文殊師利問維摩詰言我等
各自說已仁者當說何等是菩薩入不二法
門時維摩詰默然无言文殊師利歎言善
哉善哉乃至无有文字語言是真入不二
法門說是不二法門時於此衆中五千菩
薩皆入不二法門得无生法忍

維摩詰經卷中

BD04961號　維摩詰所說經卷中　（28–28）

BD04961號背　雜寫　（1–1）

BD04962 號背　護首及勘記　（1–1）

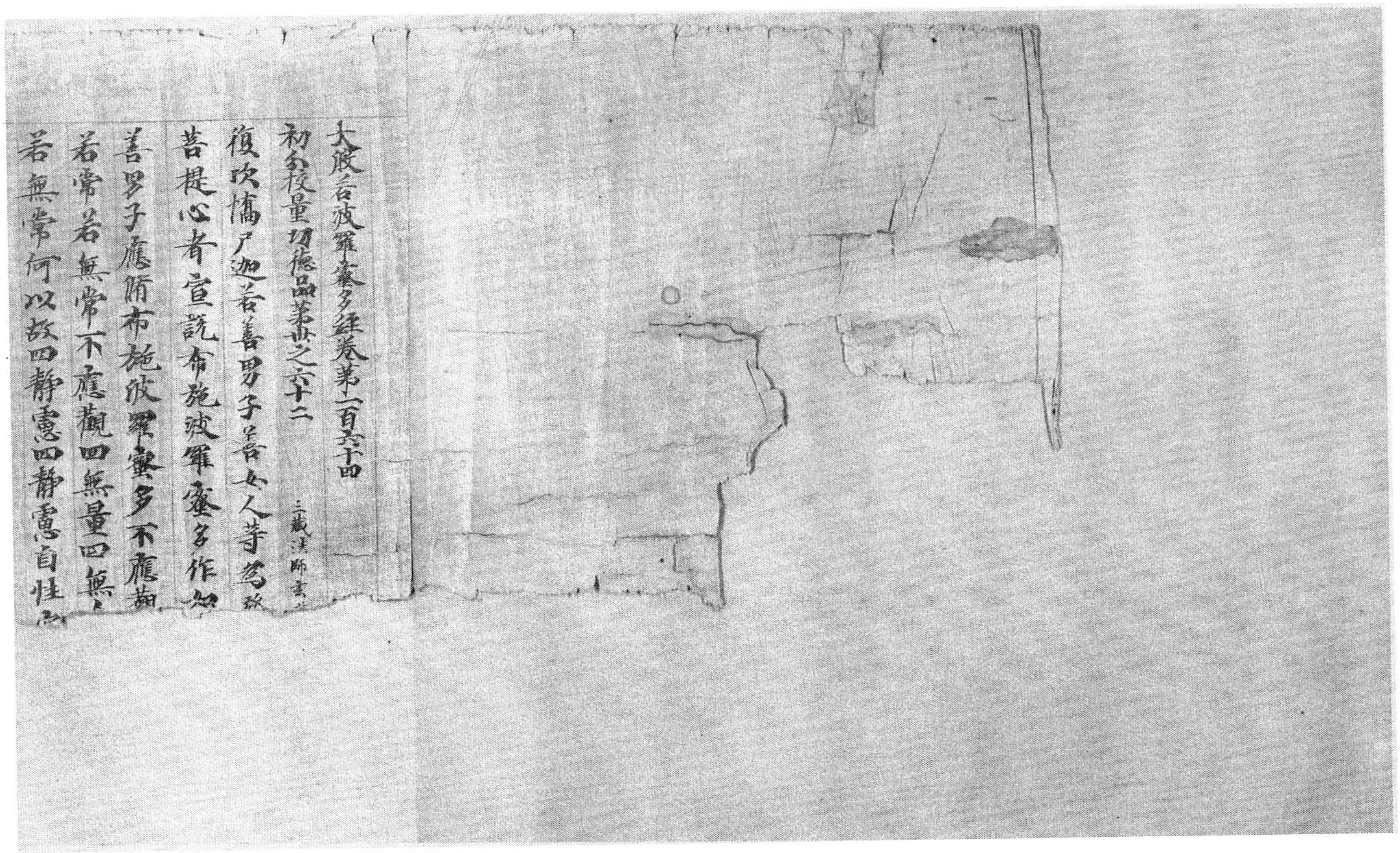

大般若波羅蜜多經卷第一百六十四
初分校量功德品第卅之六十二　三藏法師玄
復次憍尸迦若善男子善女人等爲
菩提心者宣說布施波羅蜜多作如
善男子應脩布施波羅蜜多不應觀
若常若無常不應觀四無量四無
若無常何以故四靜慮四靜慮自性

BD04962 號　大般若波羅蜜多經卷一六四　（4–1）

初分校量功德品第卅之六十二　三藏法師玄
復次憍尸迦若善男子善女人等為發
菩提心者宣說布施波羅蜜多作如
善男子應脩布施波羅蜜多不應觀
若常若無常不應觀四無量四無
若無常何以故四靜慮四靜慮自性空
量四無色定四無量四無色定自性
靜慮自性即非自性是四無量四
性亦非自性若非自性即是布施波
於此布施波羅蜜多四靜慮不可得彼常無
常亦不可得四無量四無色定皆不可得彼
常無常亦不可得所以者何此中尚無四靜
慮等可得何況有彼常與無常汝若能脩如
是布施是脩布施波羅蜜多復作是言汝善
男子應脩布施波羅蜜多不應觀四靜慮若
樂若苦不應觀四無量四無色定若樂若苦
何以故四靜慮四靜慮自性空四無量四無
色定四無量四無色定自性空是四靜慮自
性即非自性是四無量四無色定自性亦非
自性若非自性即是布施波羅蜜多於此布
施波羅蜜多四靜慮不可得彼樂與苦亦不
可得四無量四無色定皆不可得彼樂與苦
亦不可得所以者何此中尚無四靜慮等可得
何況有彼樂之與苦汝若能脩如是布施
是脩布施波羅蜜多復作是言汝善男子應
脩布施波羅蜜多不應觀四靜慮若我若無
我不應觀四無量四無色定若我若無我何

BD04962 號　大般若波羅蜜多經卷一六四　　（4–2）

施波羅蜜多四靜慮不可得彼樂與苦亦不
可得四無量四無色定皆不可得彼樂與苦
亦不可得所以者何此中尚無四靜慮等可得
何況有彼樂之與苦汝若能脩如是布施
是脩布施波羅蜜多復作是言汝善男子應
脩布施波羅蜜多不應觀四靜慮若我若無
我不應觀四無量四無色定若我若無我何
以故四靜慮四靜慮自性空四無量四無色
定四無量四無色定自性空是四靜慮自性
即非自性是四無量四無色定自性亦非自
性若非自性即是布施波羅蜜多於此布施
波羅蜜多四靜慮不可得彼我無我亦不可
得四無量四無色定皆不可得彼我無我亦
不可得所以者何此中尚無四靜慮等可得
何況有彼我與無我汝若能脩如是布施是
脩布施波羅蜜多復作是言汝善男子應脩
布施波羅蜜多不應觀四靜慮若淨若不淨
不應觀四無量四無色定若淨若不淨何以
故四靜慮四靜慮自性空四無量四無色定
四無量四無色定自性空是四靜慮自性即
非自性是四無量四無色定自性亦非自性
若非自性即是布施波羅蜜多於此布施波
羅蜜多四靜慮不可得彼淨不淨亦不可得
四無量四無色定皆不可得彼淨不淨亦不
可得所以者何此中尚無四靜慮等可得何
況有彼淨與不淨汝若能脩如是布施是脩
布施波羅蜜多憍尸迦是善男子善女人等
作此等說是為宣說真正布施波羅蜜多

BD04962 號　大般若波羅蜜多經卷一六四　　（4–3）

脩布施波羅蜜多復作是言汝善男子應脩
布施波羅蜜多不應觀四靜慮若淨若不淨
不應觀四無量四無色定若淨若不淨何以
故四靜慮四靜慮自性空四無量四無色定
四無量四無色定自性空是四靜慮自性即
非自性是四無量四無色定自性亦非自性
若非自性即是布施波羅蜜多於此布施波
羅蜜多四靜慮不可得彼淨不淨亦不可得
四無量四無色定皆不可得彼淨不淨亦不
可得所以者何此中尚無四靜慮等可得何
況有彼淨與不淨汝若能脩如是布施是脩
布施波羅蜜多憍尸迦是善男子善女人等
作此等說是為宣說真正布施波羅蜜多
復次憍尸迦若善男子善女人等為發無上
菩提心者宣說布施波羅蜜多作如是言汝
善男子應脩布施波羅蜜多不應觀八解脫
若常若無常不應觀八勝處九次第定十遍
處若常若無常何以故八解脫八解脫自性

BD04962號　大般若波羅蜜多經卷一六四　（4–4）

沙[illegible]云何如一恒河中所有沙有
如是等恒河是諸恒河所有沙數佛世界如
是寧為多不甚多世尊佛告須菩提尒所國
土中所有眾生若干種心如來悉知何以故如
來說諸心皆為非心是名為心所以者何
須菩提過去心不可得現在心不可得未來
心不可得須菩提於意云何若有人滿三千
大千世界七寶以用布施是人以是因緣得
福多不如是世尊此人以是因緣得福甚多
須菩提若福德有實如來不說得福德多以
福德无故如來說得福德多
須菩提於意云何佛可以具足色身見不不
也世尊如來不應以具足色身見何以故如來
說具足色身即非具足色身是名具足色身須
菩提於意云何如來可以具足諸相見不不
也世尊如來不應以具足諸相見何以故如
來說諸相具足即非具足是名諸相具足須
菩提汝勿謂如來作是念我當有所說法莫
作是念何以故若人言如來有所說法即為
謗佛不能解我所說故須菩提說法者无法
可說是名說法須菩提白佛言世尊佛得阿

BD04963號　金剛般若波羅蜜經　（5–1）

菩提於意云何如来可以具足諸相見不不
也世尊如来不應以具足諸相見何以故如
来說諸相具足即非具足是名諸相具足須
菩提汝勿謂如来作是念我當有所說法莫
作是念何以故若人言如来有所說法即為
謗佛不能解我所說故須菩提說法者无法
可說是名說法須菩提白佛言世尊佛得阿
耨多羅三藐三菩提為无所得耶如是如是
須菩提我於阿耨多羅三藐三菩提乃至无
有少法可得是名阿耨多羅三藐三菩提復
次須菩提是法平等无有高下是名阿耨多
羅三藐三菩提以无我无人无衆生无壽者脩
一切善法則得阿耨多羅三藐三菩提須
菩提所言善法者如来說非善法是名善法
須菩提若三千大千世界中所有諸須弥山
王如是等七寶聚有人持用布施若人以此
般若波羅蜜經乃至四句偈等受持讀誦為
他人說於前福德百分不及一百千萬億分乃至
算數譬喻所不能及
須菩提於意云何汝等勿謂如来作是念我
當度衆生須菩提莫作是念何以故實无有
衆生如来度者若有衆生如来度者如来則
有我人衆生壽者須菩提如来說有我者則
非有我而凡夫之人以為有我須菩提凡夫
者如来說則非凡夫須菩提於意云何可以
三十二相觀如来不須菩提言如是如是以

BD04963號　金剛般若波羅蜜經　（5–2）

當度衆生須菩提莫作是念何以故實无有
衆生如来度者若有衆生如来度者如来則
有我人衆生壽者須菩提如来說有我者則
非有我而凡夫之人以為有我須菩提凡夫
者如来說則非凡夫須菩提於意云何可以
三十二相觀如来不須菩提言如是如是以
三十二相觀如来佛言須菩提若以三十二
相觀如来者轉輪聖王則是如来須菩提白
佛言世尊如我解佛所說義不應以三十二
相觀如来尒時世尊而說偈言
若以色見我　以音聲求我　是人行邪道　不能見如来
須菩提汝若作是念如来不以具足相故得
阿耨多羅三藐三菩提須菩提莫作是念如
来不以具足相故得阿耨多羅三藐三菩提
須菩提汝若作是念發阿耨多羅三藐三菩
提者說諸法斷滅相莫作是念何以故發阿
耨多羅三藐三菩提者於法不說斷滅相須
菩提若菩薩以滿恒河沙等世界七寶布施
若復有人知一切法无我得成於忍此菩薩
勝前菩薩所得功德須菩提以諸菩薩不受
福德故須菩提白佛言世尊云何菩薩不受
福德須菩提菩薩所作福德不應貪著是故
說不受福德須菩提若有人言如来若来若
去若坐若卧是人不解我所說義何以故如
来者无所從来亦无所去故名如来
須菩提若善男子善女人以三千大千世界

BD04963號　金剛般若波羅蜜經　（5–3）

說不受福德須菩提若有人言如來若來若
去若坐若臥是人不解我所說義何以故如
來者无所從來亦无所去故名如來
須菩提若善男子善女人以三千大千世界
碎為微塵於意云何是微塵衆寧為多不甚
多世尊何以故若是微塵衆實有者佛則不
說是微塵衆所以者何佛說微塵衆則非微
塵衆是名微塵衆世尊如來所說三千大千
世界則非世界是名世界何以故若世界實
有者則是一合相如來說一合相則非一合
相是名一合相須菩提一合相者則是不可
說但凡夫之人貪著其事須菩提若人言佛
說我見人見衆生見壽者見須菩提於意云
何是人解我所說義不世尊是人不解如來
所說義何以故世尊說我見人見衆生見壽
者見即非我見人見衆生見壽者見是名我
見人見衆生見壽者見須菩提發阿耨多羅
三藐三菩提心者於一切法應如是知如是
見如是信解不生法相須菩提所言法相者
如來說即非法相是名法相須菩提若有人
以滿无量阿僧祇世界七寶持用布施若有
善男子善女人發菩薩心者持於此經乃至
四句偈等受持讀誦為人演說其福勝彼云
何為人演說不取於相如如不動何以故
一切有為法　如夢幻泡影　如露亦如電　應作如是觀
佛說是經已長老須菩提及諸比丘比丘尼

BD04963號　金剛般若波羅蜜經　（5–4）

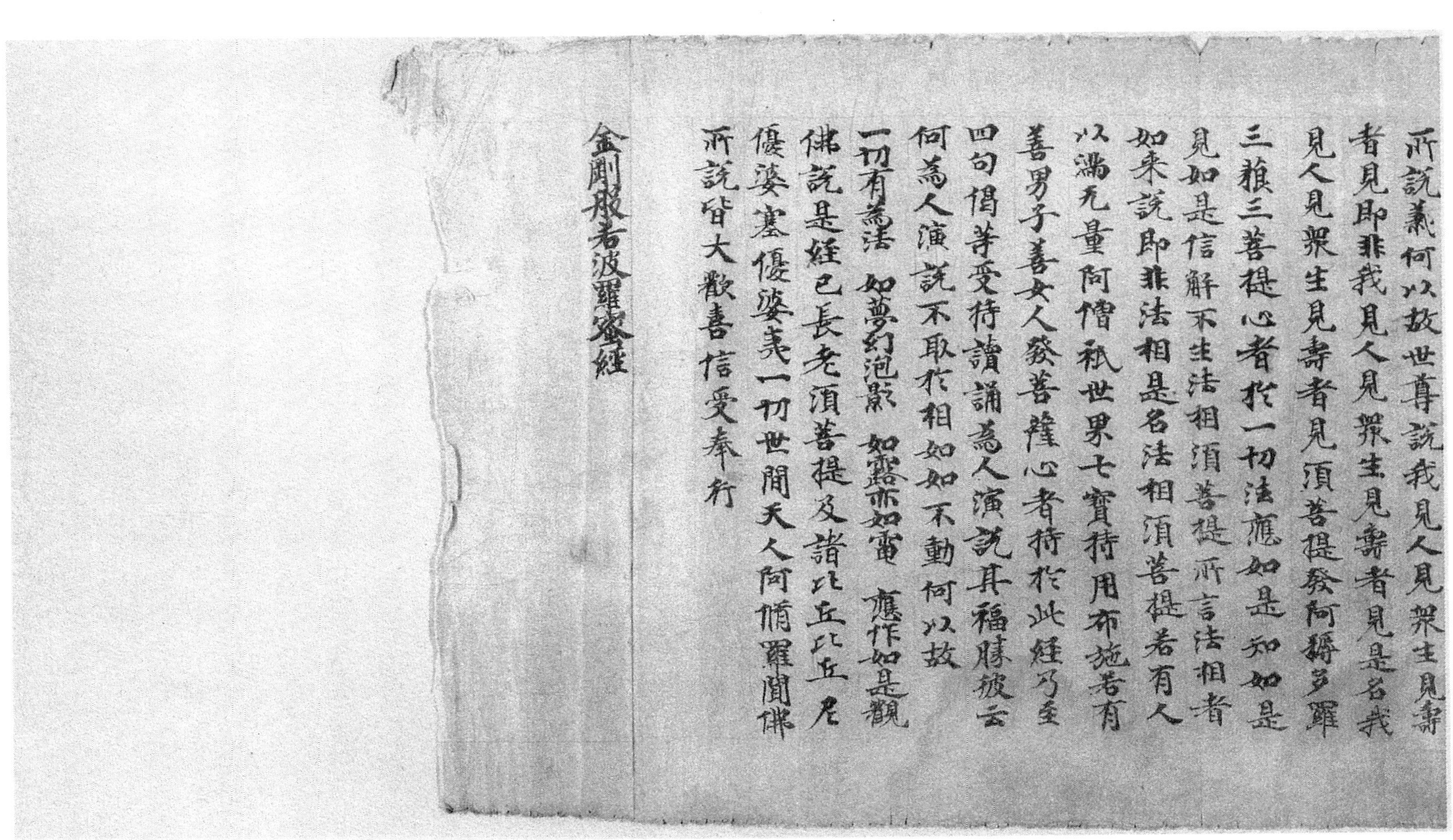
所說義何以故世尊說我見人見衆生見壽
者見即非我見人見衆生見壽者見是名我
見人見衆生見壽者見須菩提發阿耨多羅
三藐三菩提心者於一切法應如是知如是
見如是信解不生法相須菩提所言法相者
如來說即非法相是名法相須菩提若有人
以滿无量阿僧祇世界七寶持用布施若有
善男子善女人發菩薩心者持於此經乃至
四句偈等受持讀誦為人演說其福勝彼云
何為人演說不取於相如如不動何以故
一切有為法　如夢幻泡影　如露亦如電　應作如是觀
佛說是經已長老須菩提及諸比丘比丘尼
優婆塞優婆夷一切世間天人阿脩羅聞佛
所說皆大歡喜信受奉行
金剛般若波羅蜜經

BD04963號　金剛般若波羅蜜經　（5–5）

墮惡趣
第六大願我来世得菩提時若諸有情其身
下劣諸根不具醜陋頑愚盲聾瘖瘂攣躄背僂
白癩癲狂種種病苦聞我名已一切皆得端政黠
慧諸根完具無諸疾苦
第七大願我来世得菩提時若諸有情衆病
逼切無救無歸無醫無藥無親無家貧窮多
苦我之名号一經其耳衆病悉除身心安樂家
屬資具悉皆豊足乃至證得無上菩提
第八大願我来世得菩提時若有女人為女
百惡之所逼惱極生厭離願捨女身聞我名已
一切皆得轉女成男具丈夫相乃至證得無上
菩提
第九大願我来世得菩提時令諸有情出魔
羂網解脫一切外道纏縛若墮種種惡見稠林
皆當引攝置於正見漸令修習諸菩薩行速
證無上正等菩提
第十大願我来世得菩提時若諸有情王法
所纏縛錄鞭撻繫閉牢獄或當刑戮及餘無

BD04964號　藥師琉璃光如來本願功德經　（13–1）

菩提
第九大願我来世得菩提時令諸有情出魔
羂網解脫一切外道纏縛若墮種種惡見稠林
皆當引攝置於正見漸令修習諸菩薩行速
證無上正等菩提
第十大願我来世得菩提時若諸有情王法
所纏縛錄鞭撻繫閉牢獄或當刑戮及餘無
量災難淩辱悲愁煎迫身心受苦若聞我名
以我福德威神力故皆得解脫一切憂苦
第十一大願我来世得菩提時若諸有情飢
渴所惱為求食故造諸惡業得聞我名專念
受持我當先以上妙飲食飽足其身後以法味
畢竟安樂而建立之
第十二大願我来世得菩提時若諸有情貧
無衣服蚊虻寒熱晝夜逼惱若聞我名專念
受持如其所好即得種種上妙衣服亦得一切
寶莊嚴具華鬘塗香鼓樂衆伎隨心所翫皆
令滿足
曼殊室利是為彼世尊藥師琉璃光如来應
正等覺行菩薩道時所發十二微妙上願復次
曼殊室利彼世尊藥師瑠璃光如来行菩薩
道時所發大願及彼佛土功德莊嚴我若一劫
若一劫餘說不能盡然彼佛土一向清淨無有女
人亦無惡趣及苦音聲瑠璃為地金繩界道
城闕宮閣軒窓羅網皆七寶成亦如西方極
樂世界功德莊嚴等無差别於其國中有二
菩薩摩訶薩一名日光遍照二名月光遍照
是彼無量無數菩薩衆之上首悉能持彼世
[illegible]

BD04964號　藥師琉璃光如來本願功德經　（13–2）

若一劫餘說不能盡然彼佛土一向清淨無有女
人亦無惡趣及苦音聲瑠璃爲地金繩界道
城闕宮閣軒窓羅網皆七寶成亦如西方極
樂世界功德莊嚴等無差別於其國中有二
菩薩摩訶薩一名日光遍照二名月光遍照
是彼無量無數菩薩衆之上首悉能持彼世
尊藥師瑠璃光如来正法寶藏是故曼殊室
利諸有信心善男子善女人等應當願生彼
佛世界
尒時世尊復告曼殊室利童子言曼殊室利
有諸衆生不識善惡唯懷貪悋不知布施及施
果報愚癡無智闕於信根多聚財寶勤加守
護見乞者来其心不憙設不獲已而行施時如
割身完深生痛惜復有無量慳貪有情積
聚資財於其自身尚不受用何況能與父母妻
子奴婢作使及来乞者彼諸有情從此命終生
餓鬼界或傍生趣由昔人間曾得蹔聞藥師瑠
璃光如来名故今在惡趣蹔得憶念彼如来名
即於念時從彼處沒還生人中得宿命念畏惡
趣苦不樂欲樂好行惠施讚歎施者一切所有悉
無貪惜漸次尚能以頭目手足血完身分施来求
者况餘財物
復次曼殊室利若諸有情雖於如来受諸學處
而破尸羅有雖不破尸羅而破軌則有於尸羅軌則
雖得不壞然毀正見有雖不毀正見而棄多聞
於佛所說契經深義不能解了有雖多聞而增上
慢由增上慢覆蔽心故自是非他嫌謗正法爲魔
伴黨如是愚人自行邪見復令無量俱胝有情
墮大險坑此諸有情應於地獄傍生鬼趣流轉無

BD04964號　藥師琉璃光如來本願功德經　（13–3）

於如来受諸學處
而破尸羅有雖不破尸羅而破軌則有於尸羅軌則
雖得不壞然毀正見有雖不毀正見而棄多聞
於佛所說契經深義不能解了有雖多聞而增上
慢由增上慢覆蔽心故自是非他嫌謗正法爲魔
伴黨如是愚人自行邪見復令無量俱胝有情
墮大險坑此諸有情應於地獄傍生鬼趣流轉無
窮若得聞此藥師瑠璃光如来名号便捨惡行脩
諸善法不墮惡趣設有不能捨諸惡行脩行善
法墮惡趣者以彼如来本願威力令其現前蹔聞
名号從彼命終還生人趣得正見精進善調意
樂便能捨家趣於非家如来法中受持學處無
有毀犯正見多聞解甚深義離增上慢不謗正
法不爲魔伴漸次脩行諸菩薩行速得圓滿
復次曼殊室利若諸有情慳貪嫉妬自讚毀他
當墮三惡趣中無量千歲受諸劇苦受劇苦已
從彼命終来生人間作牛馬駝驢恒被鞭撻飢渴
逼惱又常負重隨路而行或得爲人生居下賤作
人奴婢受他駈役恒不自在若昔人中曾聞世尊
藥師瑠璃光如来名号由此善因今復憶念至心歸
依以佛神力衆苦解脫諸根聰利智慧多聞恒求勝
法常遇善友永斷魔羂破無明㲉竭煩惱河解
脫一切生老病死憂悲苦惱
復次曼殊室利若諸有情好憙乖離更相鬪訟惱
亂自他以身語意造作增長種種惡業展轉常
爲不饒益事互相謀害告召山林樹塚等神殺諸
衆生取其血完祭祀藥叉羅刹婆等書怨人名
作其形像以惡呪術而呪咀之厭媚蠱道呪起屍鬼

BD04964號　藥師琉璃光如來本願功德經　（13–4）

復次曼殊室利若諸有情好憙乖離更相鬪訟惱
亂自他以身語意造作增長種種惡業展轉常
為不饒益事互相謀害告名山林樹塚等神殺諸
衆生取其血宍祭祀藥叉羅刹婆等書怨人名
作其形像以惡呪術而呪咀之厭媚蠱道呪起死鬼
令斷彼命及壞其身是諸有情若得聞此藥師
瑠璃光如来名号彼諸惡事悉不能害一切展轉
起慈心利益安樂無損惱意及嫌恨心各各歡悅
於自所受生於喜足不相侵淩互為饒益
復次曼殊室利若有四衆苾芻苾芻尼鄔波索
迦鄔波斯迦及餘淨信善男子善女人等有能受
持八分齋戒或經一年或復三月受持學處以此
善根願生西方極樂世界無量壽佛所聽聞正
法而未定者若聞世尊藥師瑠璃光如来名号
臨命終時有八菩薩乘神通来示其道路即於
彼界種種雜色衆寶華中自然化生或有因此
生於天上雖生天中而本善根亦未窮盡不復更
生諸餘惡趣天上壽盡還生人間或為輪王統攝
四洲威德自在安立無量百千有情於十善道或生
刹帝利婆羅門居士大家多饒財寶倉庫盈溢
形相端嚴眷屬具足聰明智慧勇健威猛如大
力士若是女人得聞世尊藥師如来名号至心受
持於後不復更受女身
尒時曼殊室利童子白佛言世尊我當誓於像
法轉時以種種方便令諸淨信善男子善女人等
得聞世尊藥師瑠璃光如来名号乃至睡中亦以
佛名覺悟其耳世尊若於此經受持讀誦或復

BD04964 號　藥師琉璃光如來本願功德經

（13–5）

力士若是女人得聞世尊藥師如来名号至心受
持於後不復更受女身
尒時曼殊室利童子白佛言世尊我當誓於像
法轉時以種種方便令諸淨信善男子善女人等
得聞世尊藥師瑠璃光如来名号乃至睡中亦以
佛名覺悟其耳世尊若於此經受持讀誦或復
為他演說開示若自書若教人書恭敬尊重以
種種華香塗香末香燒香花鬘瓔珞幡蓋伎樂
而為供養以五色綵作囊盛之掃灑淨處敷設高
座而用安處
尒時四大天王與其眷屬及餘無量百千天衆皆詣
其所供養守護世尊若此經寶流行之處有能受
持以彼世尊藥師瑠璃光如来本願功德及聞名号
當知是處無復橫死亦復不為諸惡鬼神奪其
精氣設已奪者還得如故身心安樂
佛告曼殊室利如是如是如汝所說曼殊室利若有
淨信善男子善女人等欲供養彼世尊藥師瑠璃
光如来者應先造立彼佛形像敷清淨座而安處之
散種種花燒種種香以種種幢幡莊嚴其處七日七
夜受八分齋戒食清淨食澡浴香潔著新淨衣應生
無垢濁心無怒害心於一切有情起利益安樂慈悲喜
捨平等之心鼓樂歌讚右遶佛像復應念彼如来
本願功德讀誦此經思惟其義演說開示隨所樂願
一切皆遂求長壽得長壽求富饒得富饒求官位得
官位求男女得男女若復有人忽得惡夢見諸惡
想或怪鳥来集或於住處百怪出現此人若以衆妙
資具恭敬供養彼世尊藥師瑠璃光如来者惡夢
惡想諸不吉祥皆悉隱沒不能為患或水火刀毒懸
險惡象師子虎狼熊羆毒虵惡蠍蜈蚣蚰蜒蚊虻等

BD04964 號　藥師琉璃光如來本願功德經

（13–6）

一切皆遂求長壽得長壽求冨饒得冨饒求官位得
官位求男女得男女若復有人忽得悪夢見諸悪
想或恠鳥来集或於住處百恠出現此人若以衆妙
資具恭敬供養彼世尊藥師瑠璃光如来者悪夢
悪想諸不吉祥皆悉隠没不能為患或水火刀毒懸
嶮悪象師子虎狼熊羆毒虵悪蝎蜈蚣蚰蜒蚊虻等
怖若能至心憶念彼佛恭敬供養一切怖畏皆得解
脱若他國侵擾盗賊反亂憶念恭敬彼如来者
亦皆解脱
復次曼殊室利若有浄信善男子善女人等乃
至盡形不事餘天唯當一心歸佛法僧受持禁戒
若五戒十戒菩薩四百戒苾芻二百五十戒苾芻尼
五百戒於所受中或有毀犯怖墮悪趣若能専念
彼佛名号恭敬供養者必定不受三悪趣生或有
女人臨當産時受於極苦若能至心稱名礼讃恭敬
供養彼如来者衆苦皆除所生之子身分具足形
色端正見者歡喜利根聰明安隠少病無有非人
奪其精氣
尒時世尊告阿難言如我稱揚彼佛世尊藥師瑠
璃光如来所有功徳此是諸佛甚深行處難可解
了汝為信不阿難白言大徳世尊我於如来所説
契經不生疑惑所以者何一切如来身語意業無不
清浄世尊此日月輪可令堕落妙高山王可使傾動
諸佛所言無有異也世尊有諸衆生信根不具聞
説諸佛甚深行處作是思惟云何但念藥師瑠璃
光如来一佛名号便獲尒所功徳勝利由此不信返生
誹謗彼於長夜失大利樂堕諸悪趣流轉無窮佛

BD04964 號　藥師琉璃光如來本願功德經　（13–7）

契經不生疑惑所以者何一切如来身語意業無不
清浄世尊此日月輪可令堕落妙高山王可使傾動
諸佛所言無有異也世尊有諸衆生信根不具聞
説諸佛甚深行處作是思惟云何但念藥師瑠璃
光如来一佛名号便獲尒所功徳勝利由此不信返生
誹謗彼於長夜失大利樂堕諸悪趣流轉無窮佛
告阿難是諸有情若聞世尊藥師瑠璃光如来名
号至心受持不生疑惑堕悪趣者無有是處阿難
此是諸佛甚深所行難可信解汝今能受當知皆
是如来威力阿難一切聲聞獨覺及未登地諸菩
薩等皆悉不能如實信解唯除一生所繫菩薩
阿難人身難得於三寶中信敬尊重亦難可得聞
世尊藥師瑠璃光如来名号復難於是阿難彼藥
師瑠璃光如来無量菩薩行無量巧方便無量廣
大願我若一劫若一劫餘而廣説者劫可速盡彼佛
行願善巧方便無有盡也尒時衆中有一菩薩摩
訶薩名曰救脱即從座起偏袒一肩右膝著地曲躬
合掌而白佛言大徳世尊像法轉時有諸衆生為
種種患之所困厄長病羸瘦不能飲食喉脣乾燥
見諸方暗死相現前父母親屬朋友知識啼泣圍繞
然彼自身卧在本處見琰魔使引其神識至于琰
魔法王之前然諸有情有倶生神隨其所作若罪若
福皆具書之盡持授與琰魔法王尒時彼王推問其
人筭計所作隨其罪福而處斷之時彼病人親屬知
識若能為彼歸依世尊藥師瑠璃光如来請諸衆

BD04964 號　藥師琉璃光如來本願功德經　（13–8）

魔法王之前然諸有情有俱生神隨其所作若罪若
福皆具書之盡持授與琰魔法王尒時彼王推問其
人筭計所作隨其罪福而處斷之時彼病人親屬知
識若能為彼歸依世尊藥師瑠璃光如来請諸衆
僧轉讀此經然七層之燈懸五色續命神旛或有是
處彼識得還如在夢中明了自見或經七日或二十一
日或三十五日或四十九日彼識還時如從夢覺皆自
憶知善不善業所得果報由自證見業果報故乃
至命難亦不造作諸惡之業是故淨信善男子善
女人等皆應受持藥師瑠璃光如来名号隨力所
能恭敬供養
尒時阿難問救脫菩薩曰善男子應云何恭敬供
養彼世尊藥師瑠璃光如来續命旛燈復云何造
救脫菩薩言大德若有病人欲脫病苦當為其人
七日七夜受持八分齋戒應以飲食及餘資具隨
力所辦供養苾芻僧晝夜六時礼拜供養彼世尊
藥師瑠璃光如来讀誦此經四十九遍然四十九燈造
彼如来形像七軀一一像前各置七燈一一燈量大如
車輪乃至四十九日光明不絕造五色綵旛長四十九摞
手應放雜類衆生至四十九可得過度危厄之難不
為諸橫惡鬼所持
復次阿難若刹帝利灌頂王等災難起時所謂人衆
疾疫難他國侵逼難自界叛逆難星宿變怪難日

BD04964 號　藥師琉璃光如來本願功德經

（13–9）

車輪乃至四十九日光明不絕造五色綵旛長四十九摞
手應放雜類衆生至四十九可得過度危厄之難不
為諸橫惡鬼所持
復次阿難若刹帝利灌頂王等災難起時所謂人衆
疾疫難他國侵逼難自界叛逆難星宿變怪難日
月薄蝕難非時風雨難過時不雨難彼刹帝利灌
頂王等尒時應於一切有情起慈悲心赦諸繫閉依
前所說供養之法供養彼世尊藥師瑠璃光如来
由此善根及彼如来本願力故令其國界即得安隱
風雨順時穀稼成熟一切有情無病歡樂於其國中
無有暴惡藥叉等神惱有情者一切惡相皆即隱沒
而刹帝利灌頂王等壽命色力無病自在皆得增益
阿難若帝后妃主儲君王子大臣輔相中宮綵女百官
黎庶為病所苦及餘厄難亦應造立五色神旛然
燈續明放諸生命散雜色華燒衆名香病得除愈
衆難解脫
尒時阿難問救脫菩薩言善男子云何已盡之命而
可增益救脫菩薩言大德汝豈不聞如来說有九橫
死耶是故勸造續命旛燈脩諸福德以脩福故盡
其壽命不經苦患阿難問言九橫云何救脫菩薩言
有諸有情得病雖輕然無醫藥及看病者設復遇
醫授以非藥實不應死而便橫死又信世間邪魔
外道妖孽之師妄說禍福便生恐動心不自正卜問
覓禍殺種種衆生解奏神明呼諸魍魎請乞福祐
欲冀延年終不能得愚癡迷惑信邪倒見遂令橫

BD04964 號　藥師琉璃光如來本願功德經

（13–10）

其壽命不經苦患阿難問言九横云何救脫菩薩言
有諸有情得病雖輕然醫藥及看病者設復遇
醫授以非藥實不應死而便横死又信世間邪魔
外道妖孽之師妄說禍福便生恐動心不自正卜問
覓禍殺種種衆生解奏神明呼諸魍魎請乞福祐
欲冀延年終不能得愚癡迷惑信邪倒見遂令横
死入於地獄無有出期是名初横二者横被王法之
所誅戮三者畋獵嬉戲耽婬嗜酒放逸無度横爲
非人奪其精氣四者横爲火焚五者横爲水溺六
者横爲種種惡獸所噉七者横墮山崖八者横爲
毒藥厭禱呪咀起屍鬼等之所中害九者飢渴所
困不得飲食而便横死是爲如来略說横死有此九
種其餘復有無量横難可具說
復次阿難彼琰魔王主領世間名籍之記若諸有
情不孝五逆破辱三寶壞君臣法毀於信戒琰
魔法王隨罪輕重考而罰之是故我今勸諸有情
然燈造幡放生修福令度苦厄不遭衆難
尒時衆中有十二藥叉大將俱在會坐所謂
宮毗羅大將　伐折羅大將　迷企羅大將　安底羅大將
頞儞羅大將　珊底羅大將　因達羅大將　波夷羅大將
摩虎羅大將　真達羅大將　招杜羅大將　毗羯羅大將
此十二藥叉大將一一各有七千藥叉以爲眷屬同
時舉聲白佛言世尊我等今者蒙佛威力得
聞世尊藥師瑠璃光如来名号不復更有惡趣
之怖我等相率皆同一心乃至盡形歸佛法僧誓

BD04964 號　藥師琉璃光如來本願功德經　（13–11）

摩虎羅大將　真達羅大將　招杜羅大將　毗羯羅大將
此十二藥叉大將一一各有七千藥叉以爲眷屬同
時舉聲白佛言世尊我等今者蒙佛威力得
聞世尊藥師瑠璃光如来名号不復更有惡趣
之怖我等相率皆同一心乃至盡形歸佛法僧誓
當荷負一切有情爲作義利饒益安樂隨於何等
村城國邑空閑林中若有流布此經或復受持藥
師琉璃光如来名号恭敬供養者我等眷屬衛
護是人皆使解脫一切苦難諸有願求悉令滿足
或有疾厄求度脫者亦應讀誦此經以五色縷
結我名字得如願已然後解結尒時世尊讚諸藥
叉大將言善哉善哉大藥叉將汝等念報世尊藥
師瑠璃光如来恩德者常應如是利益安樂一
切有情
尒時阿難白佛言世尊當何名此法門我等云何
奉持佛告阿難此法門名說藥師瑠璃光如来本願
功德亦名說十二神將饒益有情結願神呪亦名
拔除一切業鄣應如是持時薄伽梵說是語已
諸菩薩摩訶薩及大聲聞國王大臣婆羅門居
士天龍藥叉揵達縛阿素洛揭路荼緊捺洛莫
呼洛伽人非人等一切大衆聞佛所說皆大歡喜信
受奉行

藥師瑠璃光如来本願功德經

BD04964 號　藥師琉璃光如來本願功德經　（13–12）

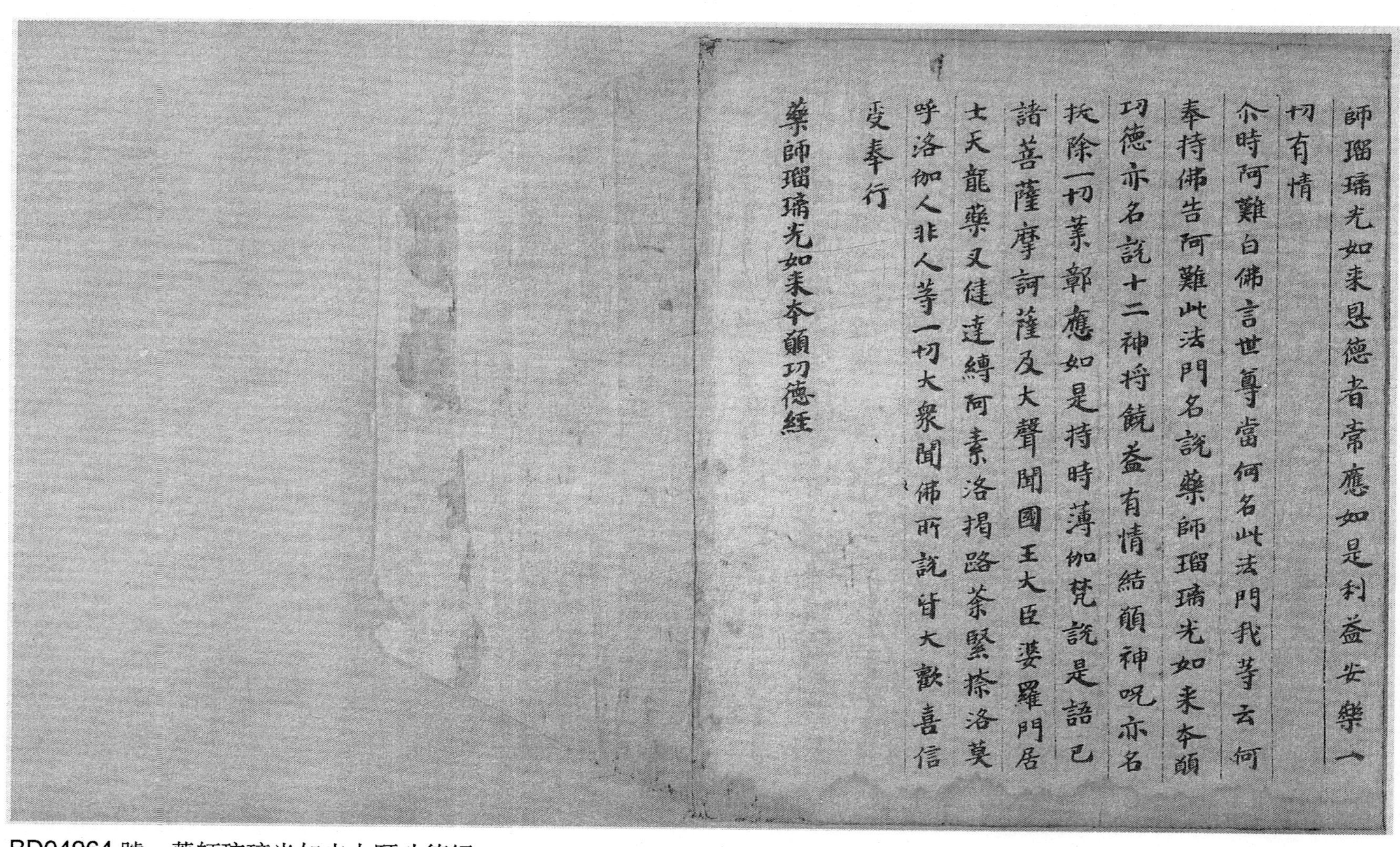
師瑠璃光如来恩德者常應如是利益安樂一
切有情
尒時阿難白佛言世尊當何名此法門我等云何
奉持佛告阿難此法門名說藥師瑠璃光如来本願
功德亦名說十二神將饒益有情結願神呪亦名
拔除一切業鄣應如是持時薄伽梵說是語已
諸菩薩摩訶薩及大聲聞國王大臣婆羅門居
士天龍藥叉揵達縛阿素洛揭路荼緊捺洛莫
呼洛伽人非人等一切大衆聞佛所說皆大歡喜信
受奉行
藥師瑠璃光如来本願功德經

BD04964 號　藥師琉璃光如來本願功德經　（13–13）

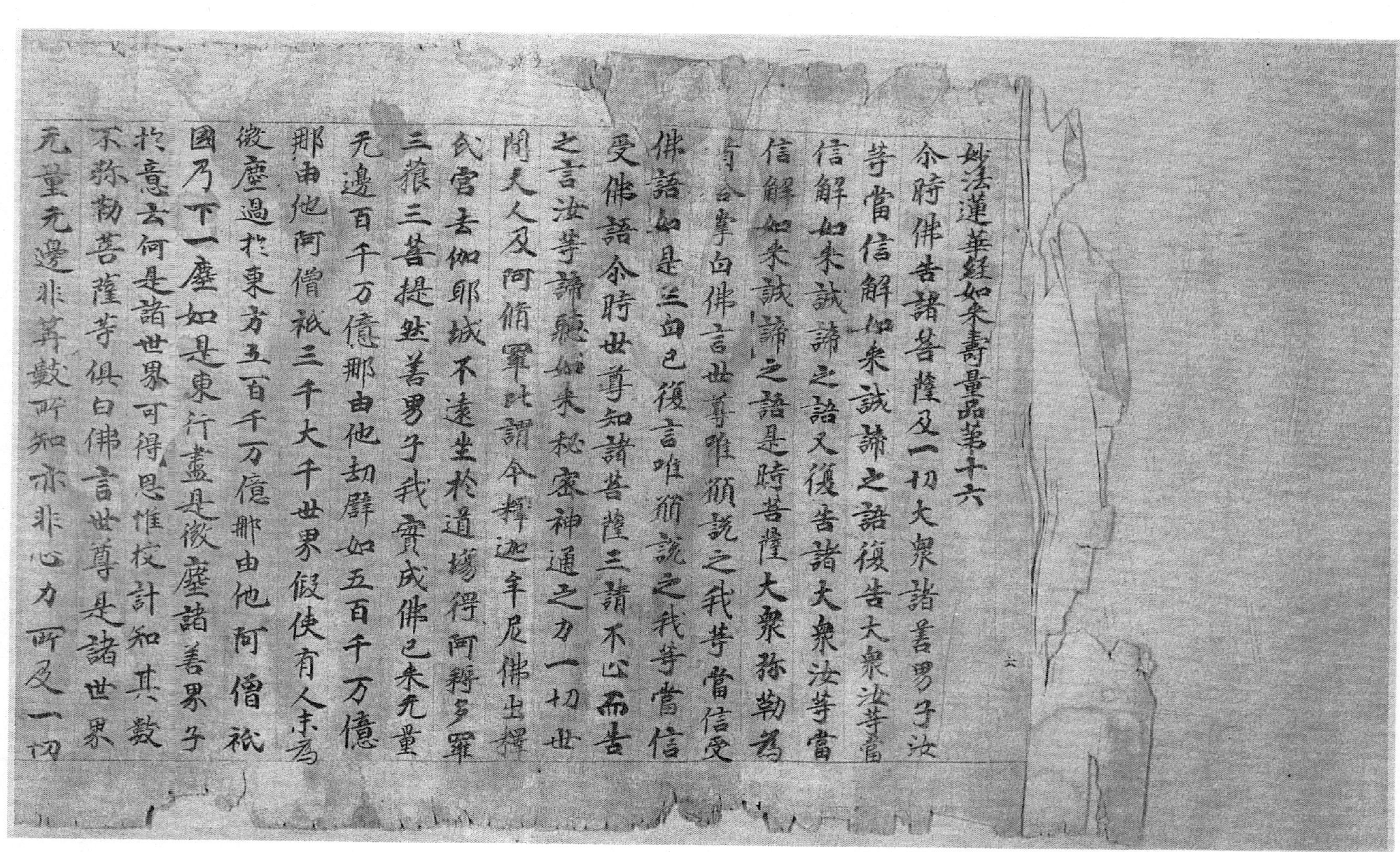
妙法蓮華經如来壽量品第十六
尒時佛告諸菩薩及一切大衆諸善男子汝
等當信解如来誠諦之語復告大衆汝等當
信解如来誠諦之語又復告諸大衆汝等當
信解如来誠諦之語是時菩薩大衆弥勒為
首合掌白佛言世尊唯願說之我等當信受
佛語如是三白已復言唯願說之我等當信
受佛語尒時世尊知諸菩薩三請不止而告
之言汝等諦聽如来祕密神通之力一切世
間天人及阿脩羅皆謂今釋迦牟尼佛出釋
氏宮去伽耶城不遠坐於道場得阿耨多羅
三藐三菩提然善男子我實成佛已来无量
无邊百千万億那由他劫譬如五百千万億
那由他阿僧祇三千大千世界假使有人末為
微塵過於東方五百千万億那由他阿僧祇
國乃下一塵如是東行盡是微塵諸善男子
於意云何是諸世界可得思惟校計知其數
不弥勒菩薩等俱白佛言世尊是諸世界
无量无邊非算數所知亦非心力所及一切

BD04965 號　妙法蓮華經（八卷本）卷六　（25–1）

那由他阿僧祇三千大千世界假使有人末為
微塵過於東方五百千万億那由他阿僧祇
國乃下一塵如是東行盡是微塵諸善男子
於意云何是諸世界可得思惟校計知其數
不彌勒菩薩等俱白佛言世尊是諸世界
无量无邊非算數所知亦非心力所及一切
聲聞辟支佛以无漏智不能思惟知其限數
我等住阿惟越致地於是事中亦所不達世
尊如是諸世界无量无邊介時佛告大菩薩
衆諸善男子今當分明宣語汝等是諸世界
若著微塵及不著者盡以為塵一塵一劫我
成佛已来復過於此百千万億那由他阿僧
祇劫自從是来我常在此娑婆世界說法教
化亦於餘處百千万億那由他阿僧祇國導
利衆生諸善男子於是中間我說然燈佛等
又復言其入於涅槃如是皆以方便分別諸
善男子若有衆生来至我所我以佛眼觀
其信等諸根利鈍隨所應度處處自說名字
不同年紀大小亦復現言當入涅槃又以種種方
便說微妙法能令衆生發歡喜心諸善男子
如来見諸衆生樂於小法德薄垢重者為是
人說我少出家得阿耨多羅三藐三菩提
然我實成佛已来久遠若斯但以方便教化
衆生令入佛道作如是說諸善男子如来所
演經典皆為度脫衆生或說己身或說他身
或示己身或示他身或示己事或示他事諸
所言說皆實不虛所以者何如来如實知見

BD04965號　妙法蓮華經（八卷本）卷六　（25–2）

……阿耨多羅三藐三菩提
然我實成佛已来久遠若斯但以方便教化
衆生令入佛道作如是說諸善男子如来所
演經典皆為度脫衆生或說己身或說他身
或示己身或示他身或示己事或示他事諸
所言說皆實不虛所以者何如来如實知見
三界之相无有生死若退若出亦无在世及
滅度者非實非虛非如非異不如三界見於
三界如斯之事如来明見无有錯謬以諸衆
生有種種性種種欲種種行種種憶想分別
故欲令生諸善根以若干因緣譬喻言辭種
種說法所作佛事未曾暫廢如是我成佛已
来甚大久遠壽命无量阿僧祇劫常住不滅
諸善男子我本行菩薩道所成壽命今猶未
盡復倍上數然今非實滅度而便唱言當取
滅度如来以是方便教化衆生所以者何若
佛久住於世薄德之人不種善根貧窮下賤
貪著五欲入於憶想妄見網中若見如来常
在不滅便起憍恣而懷猒怠不能生難遭之
想恭敬之心是故如来以方便說比丘當知諸
佛出世難可值遇所以者何諸薄德人過无
量百千万億劫或有見佛或不見者以此
事故我作是言諸比丘如来難可得見斯
衆生等聞如是語必當生於難遭之想心懷戀
慕渴仰於佛便種善根是故如来雖不實滅
而言滅度又善男子諸佛如来法皆如是為
度衆生皆實不虛譬如良醫智慧聰達明練

BD04965號　妙法蓮華經（八卷本）卷六　（25–3）

事故我作是言諸比丘如来難可得見斯
衆生等聞如是語必當生於難遭之想心懷戀
慕渴仰於佛便種善根是故如来雖不實滅
而言滅度又善男子諸佛如来法皆如是爲
度衆生皆實不虚譬如良醫智慧聡達明練
方藥善治衆病其人多諸子息若十二十乃
至一百數以有事緣遠至餘國諸子於後飲他
毒藥藥發悶亂宛轉于地是時其父還来歸
家諸子飲毒或失本心或不失者遥見其父
皆大歡喜拜跪問訊善安隱歸我等愚癡
誤服毒藥願見救療更賜壽命父見子等苦
惱如是依諸經方求好藥草色香美味皆悉具
足擣篩和合與子令服而作是言此大良藥
色香美味皆悉具足汝等可服速除苦惱无
復衆患其諸子中不失心者見此良藥色香
俱好即便服之病盡除愈餘失心者見其父
来雖亦歡喜問訊求索治病然與其藥而不
肯服所以者何毒氣深入失本心故於此好色
香藥而謂不美父作是念此子可愍爲毒所
中心皆顛倒雖見我喜求索救療如是好
藥而不肯服我今當設方便令服此藥即作
是言汝等當知我今衰老死時已至是好良
藥今留在此汝可取服勿憂不差作是教已
復至他國遣使還告汝父已死是時諸子聞父
背喪心大憂惱而作是念若父在者慈愍
我等能見救護今者捨我遠喪他國自惟孤
露无復恃怙常懷悲感心遂醒悟乃知此藥

BD04965號　妙法蓮華經（八卷本）卷六　（25–4）

藥今留在此汝可取服勿憂不差作是教已
復至他國遣使還告汝父已死是時諸子聞父
背喪心大憂惱而作是念若父在者慈愍
我等能見救護今者捨我遠喪他國自惟孤
露无復恃怙常懷悲感心遂醒悟乃知此藥
色味香美即取服之毒病皆愈其父聞子
悉已得差尋便来歸咸使見之諸善男子於意
云何頗有人能説此良醫虚妄罪不　不也世
尊佛言我亦如是成佛已来无量无邊百千
万億那由他阿僧祇劫爲衆生故以方便力
言當滅度亦无有能如法説我虚妄過者尒
時世尊欲重宣此義而説偈

自我得佛来　所經諸劫數　无量百千万　億載阿僧祇
常説法教化　无數億衆生　令入於佛道　尒来无量劫
爲度衆生故　方便現涅槃　而實不滅度　常住此説法
我常住於此　以諸神通力　令顛倒衆生　雖近而不見
衆見我滅度　廣供養舍利　咸皆懷戀慕　而生渴仰心
衆生既信伏　質直意柔軟　一心欲見佛　不自惜身命
時我及衆僧　俱出靈鷲山　我時語衆生　常在此不滅
以方便力故　現有滅不滅　餘國有衆生　恭敬信樂者
我復於彼中　爲説无上法　汝等不聞此　但謂我滅度
我見諸衆生　没在於苦惱　故不爲現身　令其生渴仰
因其心戀慕　乃出爲説法　神通力如是　於阿僧祇劫
常在靈鷲山　及餘諸住處　衆生見劫盡　大火所燒時
我此土安隱　天人常充滿　園林諸堂閣　種種寶莊嚴
寶樹多華菓　衆生所遊樂　諸天擊天鼓　常作衆伎樂

BD04965號　妙法蓮華經（八卷本）卷六　（25–5）

我見諸衆生　沒在於苦惱　故不為現身　令其生渴仰
因其心戀慕　乃出為說法　神通力如是　於阿僧祇劫
常在靈鷲山　及餘諸住處　衆生見劫盡　大火所燒時
我此土安隱　天人常充滿　園林諸堂閣　種種寶莊嚴
寶樹多華果　衆生所遊樂　諸天擊天鼓　常作衆伎樂
雨曼陁羅華　散佛及大衆　我淨土不毀　而衆見燒盡
憂怖諸苦惱　如是悉充滿　是諸罪衆生　以惡業因緣
過阿僧祇劫　不聞三寶名　諸有修功德　柔和質直者
則皆見我身　在此而說法　或時為此衆　說佛壽无量
久乃見佛者　為說佛難值　我智力如是　慧光照无量
壽命无數劫　久修業所得　汝等有智者　勿於此生疑
當斷令永盡　佛語實不虛　如醫善方便　為治狂子故
實在而言死　无能說虛妄　我亦為世父　救諸苦患者
為凡夫顛倒　實在而言滅　以常見我故　而生憍恣心
放逸著五欲　墮於惡道中　我常知衆生　行道不行道
隨應所可度　為說種種法　每自作是意　以何令衆生
得入无上道　速成就佛身
妙法蓮華經分別功德品第十七
尒時大會聞佛說壽命劫數長遠如是无量
无邊阿僧祇衆生得大饒益於時世尊告彌
勒菩薩摩訶薩阿逸多我說是如來壽命長遠
時六百八十万億那由他恒河沙衆生得无
生法忍復千倍菩薩摩訶薩得聞持陁羅
尼門復有一世界微塵數菩薩摩訶薩得樂
說无㝵辯才復有一世界微塵數菩薩摩訶
薩得百万億无量旋陁羅尼復有三千大千

BD04965號　妙法蓮華經（八卷本）卷六　（25–6）

時六百八十万億那由他恒河沙衆生得无
生法忍復千倍菩薩摩訶薩得聞持陁羅
尼門復有一世界微塵數菩薩摩訶薩得樂
說无㝵辯才復有一世界微塵數菩薩摩訶
薩得百万億无量旋陁羅尼復有三千大千
世界微塵數菩薩摩訶薩能轉不退法輪復
有二千中國土微塵數菩薩摩訶薩能轉清
淨法輪復有小千國土微塵數菩薩摩訶薩
八生當得阿耨多羅三藐三菩提復有四
四天下微塵數菩薩摩訶薩四生當得阿耨
多羅三藐三菩提復有三四天下微塵數菩
薩摩訶薩三生當得阿耨多羅三藐三菩提
復有二四天下微塵數菩薩摩訶薩二生當得
阿耨多羅三藐三菩提復有一四天下微塵
數菩薩摩訶薩一生當得阿耨多羅三藐三
菩提復有八世界微塵數衆生皆發阿耨多
羅三藐三菩提心佛說是諸菩薩摩訶薩
得大法利時於虛空中雨曼陁羅華摩訶曼
陁羅華以散无量百千万億寶樹下師子座
上諸佛并散七寶塔中師子座上釋迦牟尼
佛及久滅度多寶如來亦散一切諸大菩薩
及四部衆又雨細末栴檀沈水香等於虛空中
天鼓自鳴妙聲深遠又雨千種天衣垂諸瓔
珞真珠瓔珞摩尼珠瓔珞如意珠瓔珞遍
於九方衆寶香爐燒无價香自然周至供養
大會一一佛上有諸菩薩執持幡蓋次第而
上至于梵天是諸菩薩以妙音聲歌无量

BD04965號　妙法蓮華經（八卷本）卷六　（25–7）

及四部衆又雨細末栴檀沈水香等於虛空中
天鼓自鳴妙聲深遠又雨千種天衣垂諸瓔
珞真珠瓔珞摩尼珠瓔珞如意珠瓔珞遍
於九方衆寶香爐燒无價香自然周至供養
大會一一佛上有諸菩薩執持幡蓋次第而
上至于梵天是諸菩薩以妙音聲歌无量
頌讚歎諸佛尒時弥勒菩薩從座而起偏
袒右肩合掌向佛而說偈言
佛說希有法　昔所未曾聞　世尊有大力　壽命不可量
无數諸佛子　聞世尊分別　說得法利者　歡喜充遍身
或住不退地　或得陁羅尼　或无礙樂說　万億旋揔持
或有大千界　微塵數菩薩　各各皆能轉　不退之法輪
或有中千界　微塵數菩薩　各各皆能轉　清淨之法輪
復有小千界　微塵數菩薩　餘各八生在　當得成佛道
復有四三二　如是四天下　微塵數菩薩　隨數生成佛
或一四天下　微塵數菩薩　餘有一生在　當成一切智
如是等衆生　聞佛壽長遠　得无量无漏　清淨之果報
復有八世界　微塵數衆生　聞佛說壽命　皆發无上心
世尊說无量　不可思議法　多有所饒益　如虛空无邊
雨天曼陁羅　摩訶曼陁羅　釋梵如恒沙　无數佛土來
雨栴檀沈水　繽紛而亂墜　如鳥飛空下　供散於諸佛
天鼓虛空中　自然出妙聲　天衣千万種　旋轉而來下
衆寶妙香爐　燒无價之香　自然悉周遍　供養諸世尊
其大菩薩衆　執七寶幡蓋　高妙万億種　次第至梵天
一一諸佛前　寶幢懸勝幡　亦以千万偈　歌詠諸如來
如是種種事　昔所未曾有　聞佛壽无量　一切皆歡喜
佛名聞十方　廣饒益衆生　一切具善根　以助无上心

BD04965號　妙法蓮華經（八卷本）卷六　（25–8）

天鼓虛空中　自然出妙聲　天衣千万種　旋轉而來下
衆寶妙香爐　燒无價之香　自然悉周遍　供養諸世尊
其大菩薩衆　執七寶幡蓋　高妙万億種　次第至梵天
一一諸佛前　寶幢懸勝幡　亦以千万偈　歌詠諸如來
如是種種事　昔所未曾有　聞佛壽无量　一切皆歡喜
佛名聞十方　廣饒益衆生　一切具善根　以助无上心
尒時佛告弥勒菩薩摩訶薩阿逸多其有衆
生聞佛壽命長遠如是乃至能生一念信解
所得功德无有限量若有善男子善女人為
阿耨多羅三藐三菩提於八十万億那由他
劫行五波羅蜜檀波羅蜜尸波羅蜜羼提
波羅蜜毗梨耶波羅蜜禪波羅蜜除般若波
羅蜜以是功德比前功德百分千分百千万
億分不及其一乃至筭數譬喻所不能知若
善男子有如是功德於阿耨多羅三藐三菩
提退者无有是處尒時世尊欲重宣此義
而說偈言
若人求佛慧　於八十万億　那由他劫數　行五波羅蜜
於是諸劫中　布施供養佛　及緣覺弟子　并諸菩薩衆
珍異之飲食　上服與卧具　栴檀立精舍　以園林莊嚴
如是等布施　種種皆微妙　盡此諸劫數　以迴向佛道
若復持禁戒　清淨无缺漏　求於无上道　諸佛之所歎
若復行忍辱　住於調柔地　設衆惡來加　其心不傾動
諸有得法者　懷於增上慢　為此所輕惱　如是亦能忍
若復勤精進　志念常堅固　於无量億劫　一心不懈息
又於无數劫　住於空閑處　若坐若經行　除睡常攝心
以是因緣故　能生諸禪定　八十億万劫　安住心不亂

BD04965號　妙法蓮華經（八卷本）卷六　（25–9）

若復行忍辱　住於調柔地　設衆惡来加　其心不傾動
諸有得法者　懷於增上慢　為此所輕惱　如是亦能忍
若復勤精進　志念常堅固　於无量億劫　一心不懈息
又於无數劫　住於空閑處　若坐若經行　除睡常攝心
以是因緣故　能生諸禪定　八十億万劫　安住心不亂
持此一心福　願求无上道　我得一切智　盡諸禪定際
是人於百千　万億劫數中　行此諸功德　如上之所說
有善男女等　聞我說壽命　乃至一念信　其福過於彼
若人悉无有　一切諸疑悔　深心須臾信　其福為如此
其有諸菩薩　无量劫行道　聞我說壽命　是則能信受
如是諸人等　頂受此經典　願我於未来　長壽度衆生
如今日世尊　諸釋中之王　道場師子吼　說法无所畏
我等未来世　一切所尊敬　坐於道場時　說壽亦如是
若有深心者　清淨而質直　多聞能總持　隨義解佛語
如是諸人等　於此无有疑
又阿逸多若有聞佛壽命長遠解其言趣是
人所得功德无有限量能起如来无上之慧
何況廣聞是經若教人聞若自持若教人
持若自書若教人書若以華香瓔珞幢幡繒蓋
香油蘇燈供養經卷是人功德无量无邊能生
一切種智阿逸多若善男子善女人聞我
說壽命長遠深心信解則為見佛常在耆闍
崛山共大菩薩諸聲聞衆圍繞說法又見此
娑婆世界其地琉璃坦然平正閻浮檀金以
界八道寶樹行列諸臺樓觀皆悉寶成其菩
薩衆咸處其中若有能如是觀者當知是為

說壽命長遠深心信解則為見佛常在耆闍
崛山共大菩薩諸聲聞衆圍繞說法又見此
娑婆世界其地琉璃坦然平正閻浮檀金以
界八道寶樹行列諸臺樓觀皆悉寶成其菩
薩衆咸處其中若有能如是觀者當知是為
深信解相又復如来滅後若聞是經而不毀
呰起隨喜心當知已為深信解相何況讀誦
受持之者斯人則為頂戴如来阿逸多是善
男子善女人不須為我復起塔寺及作僧坊
以四事供養衆僧所以者何是善男子善女
人受持讀誦是經典者為已起塔造立僧坊
供養衆僧則為以佛舍利起七寶塔高廣漸
小至于梵天懸諸幡蓋及衆寶鈴華香瓔
珞末香塗香燒香衆鼓伎樂簫笛箜篌種
種儛戲以妙音聲歌唄讚頌則為於无量千万
億劫作是供養已阿逸多若我滅後聞是經典
有能受持若自書若教人書則為起立僧坊以
赤栴檀作諸殿堂三十有二高八多羅樹
高廣嚴好百千比丘於其中止園林流池經
行禪窟衣服飲食床褥湯藥一切樂具滿
其中如是僧坊堂閣若干百千万億其數无
量以此現前供養於我及比丘僧是故我說
如来滅後若有受持讀誦為他人說若自書
若教人書供養經卷不須復起塔寺及造
僧坊供養衆僧況復有人能持是經兼行
布施持戒忍辱精進一心智慧其德最勝无

量以此現前供養於我及比丘僧是故我說
如來滅後若有受持讀誦為他人說若自書
若教人書供養經卷不須復起塔寺及造
僧坊供養衆僧況復有人能持是經兼行
布施持戒忍辱精進一心智慧其德最勝无
量无邊譬如虛空東西南北四維上下无量
无邊是人功德亦復如是无量无邊疾至一切種
智若人讀誦受持是經為他人說若自書若
教人書復能起塔及造僧坊供養讚歎聲聞
衆僧亦以百千万億讚歎之法讚歎菩薩功
德又為他人種種因緣隨義解說此法華經
復能清淨持戒與柔和者而共同止忍辱无
瞋志念堅固常貴坐禪得諸深定精進勇
猛攝諸善法利根智慧善答問難阿逸多若
我滅後諸善男子善女人受持讀誦是經典
者復有如是諸善功德當知是人已趣道場近
阿耨多羅三藐三菩提坐道樹下阿逸多是
善男子若坐若立若行處此中便應起塔一
切天人皆應供養如佛之塔尒時世尊欲重
宣此義而說偈言
若我滅度後　能奉持此經　斯人福无量　如上之所說
是則為具足　一切諸供養　以舍利起塔　七寶而莊嚴
表剎甚高廣　漸小至梵天　寶鈴千万億　風動出妙音
又於无量劫　而供養此塔　華香諸瓔珞　天衣衆伎樂
然香油蘇燈　周帀常照明　惡世法末時　能持是經者
則為已如上　具足諸供養　若能持此經　則如佛現在

BD04965號　妙法蓮華經（八卷本）卷六　（25-12）

表剎甚高廣　漸小至梵天　寶鈴千万億　風動出妙音
又於无量劫　而供養此塔　華香諸瓔珞　天衣衆伎樂
然香油蘇燈　周帀常照明　惡世法末時　能持是經者
則為已如上　具足諸供養　若能持此經　則如佛現在
以牛頭栴檀　起僧坊供養　堂有三十二　高八多羅樹
上饌妙衣服　床臥皆具足　百千衆住處　園林諸流池
經行及禪窟　種種皆嚴好　若有信解心　受持讀誦書
若復教人書　及供養經卷　散華香末香　以須曼瞻蔔
阿提目多伽　薰油常然之　如是供養者　得无量功德
如虛空无邊　其福亦如是　況復持此經　兼布施持戒
忍辱樂禪定　不瞋不惡口　恭敬於塔廟　謙下諸比丘
遠離自高心　常思惟智慧　有問難不瞋　隨順為解說
若能行是行　功德不可量　若見此法師　成就如是德
應以天華散　天衣覆其身　頭面接足礼　生心如佛想
又應作是念　不久詣道樹　得无漏无為　廣利諸人天
其所住止處　經行若坐臥　乃至說一偈　是中應起塔
莊嚴令妙好　種種以供養　佛子住此地　則是佛受用
常在於其中　經行及坐臥

妙法蓮華經隨喜功德品第十八

尒時弥勒菩薩摩訶薩白佛言世尊若有善
男子善女人聞是法華經隨喜者得幾所福
而說偈言
世尊滅度後　其有聞是經　若能隨喜者　為得幾所福
尒時佛告弥勒菩薩摩訶薩阿逸多如來滅
後若比丘比丘尼優婆塞優婆夷及餘智者
若長若幼聞是經隨喜已從法會出至於餘

BD04965號　妙法蓮華經（八卷本）卷六　（25-13）

世尊滅度後　其有聞是經　若能隨喜者　為得幾所福
尒時佛告弥勒菩薩摩訶薩阿逸多如來滅
後若比丘比丘尼優婆塞優婆夷及餘智者
若長若幼聞是經隨喜已從法會出至於餘
處若在僧坊若空閑地若城邑巷陌聚落田
里如其所聞為父母宗親善友知識隨力演
說是諸人等聞已隨喜復行轉教餘人聞已
亦隨喜轉教如是展轉至第五十阿逸多其第
五十善男子善女人隨喜功德我今說之汝
當善聽若四百万億阿僧祇世界六趣四生
衆生卵生胎生濕生化生若有形无形有
想无想非有想非无想无足二足四足多足
如是等在衆生數者有人求福隨其所欲娛
樂之具皆給與之一一衆生與滿閻浮提金銀
瑠璃車𤦲馬瑙珊瑚虎珀諸妙珎寶及象
馬車乘七寶所成宮殿樓閣等是大施主如
是布施滿八十年已而作是念我已施衆生
娛樂之具隨意所欲然此衆生皆已衰老年
過八十髮白面皺將死不久我當以佛法而訓
導之即集此衆生宣布法化示教利喜一時
皆得須陁洹道斯陁含道阿那含道阿羅
漢道盡諸有漏於深禪定皆得自在具八解
脫於汝意云何是大施主所得功德寧為多
不弥勒白佛言世尊是人功德甚多无量无
邊若是施主但施衆生一切樂具功德无量
何況令得阿羅漢果佛告弥勒我今分明語

BD04965 號　妙法蓮華經（八卷本）卷六　（25–14）

漢道盡諸有漏於深禪定皆得自在具八解
脫於汝意云何是大施主所得功德寧為多
不弥勒白佛言世尊是人功德甚多无量无
邊若是施主但施衆生一切樂具功德无量
何況令得阿羅漢果佛告弥勒我今分明語
汝是人以一切樂具施於四百万億阿僧祇
世界六趣衆生又令得阿羅漢果所得功德
不如是第五十人聞法華經一偈隨喜功德
百分千分百千万億分不及其一乃至筭數
譬喻所不能知阿逸多如是第五十人展轉
聞法華經隨喜功德尚无量无邊阿僧祇何
況最初於會中聞而隨喜者其福復勝无量
无邊阿僧祇不可得比又阿逸多若人為是
經故往詣僧坊若坐若立須臾聽受緣是功
德轉身所生得好上妙象馬車乘珎寶輦轝
及乘天宮若復有人於講法處坐更有人來
勸令坐聽若分座令坐是人功德轉身得帝
釋坐處若梵王坐處若轉輪聖王所坐之處
阿逸多若復有人語餘人言有經名法華可
共往聽即受其教乃至須臾間聞是人功德
轉身得與陁羅尼菩薩共生一處利根智慧
百千万世終不瘖瘂口氣不臭舌常无病口
亦无病齒不垢黑不黃不踈亦不缺落不差
不曲脣不下垂亦不褰縮不麤澀不瘡緊亦
不缺壞亦不喎斜不厚不大亦不黧黑无諸
可惡鼻不匾𠋫亦不曲戾面色不黑亦不狹
長亦不窊曲无有一切不可喜相

BD04965 號　妙法蓮華經（八卷本）卷六　（25–15）

百千万世終不瘖瘂口氣不臭舌常无病口
亦无病齒不垢黑不黄不踈亦不缺落不差
不曲脣不下垂亦不褰縮不麁澁不瘡緊亦
不缺壞亦不喎斜不厚不大亦不黎黑无諸
可惡鼻不匾㔸亦不曲戾面色不黑亦不狹
長亦不窊曲无有一切不可悪相脣舌牙齒
悉皆嚴好鼻脩高直面貌圓滿眉高而長額
廣平正人相具足世世所生見佛聞法信受
教誨阿逸多汝且觀是勸於一人令往聽法
功德如此何況一心聽說讀誦而於大衆為人
分別如說脩行尒時世尊欲重宣此義而說偈言
若人於法會　得聞是經典　乃至於一偈　隨喜為他說
如是展轉教　至于第五十　㝡後人獲福　今當分別之
如有大施主　供給无量衆　具滿八十歲　隨意之所欲
見彼衰老相　髮白而面皺　齒踈形枯竭　念其死不久
我今應當教　令得於道果　即為方便說　涅槃真實法
世皆不牢固　如水沫泡焰　汝等咸應當　疾生猒離心
諸人聞是法　皆得阿羅漢　具足六神通　三明八解脫
㝡後第五十　聞一偈隨喜　是人福勝彼　不可為譬喻
如是展轉聞　其福尚无量　何況於法會　初聞隨喜者
若有勸一人　將引聽法華　言此經深妙　千万劫難遇
即受教往聽　乃至須臾聞　斯人之福報　今當分別說
世世无口患　齒不踈黄黑　脣不厚褰缺　无有可悪相
舌不乾黑短　鼻高脩且直　額廣而平正　面目悉端嚴
為人所憙見　口氣无臭穢　優鉢華之香　常從其口出
若故詣僧坊　欲聽法華經　須臾聞歡喜　今當說其福

BD04965號　妙法蓮華經（八卷本）卷六　（25–16）

即受教往聽　乃至須臾聞　斯人之福報　今當分別說
世世无口患　齒不踈黄黑　脣不厚褰缺　无有可悪相
舌不乾黑短　鼻高脩且直　額廣而平正　面目悉端嚴
為人所憙見　口氣无臭穢　優鉢華之香　常從其口出
若故詣僧坊　欲聽法華經　須臾聞歡喜　今當說其福
後生天人中　得妙象馬車　珎寶之輦轝　及乘天宮殿
若於講法處　勸人坐聽經　是福因緣得　釋梵轉輪座
何況一心聽　解說其義趣　如說而脩行　其福不可限

妙法蓮華經法師功德品第十九

尒時佛告常精進菩薩摩訶薩若善男子善
女人受持是法華經若讀若誦若解說若書
寫是人當得八百眼功德千二百耳功德八
百鼻功德千二百舌功德八百身功德千二
百意功德以是功德莊嚴六根皆令清淨是
善男子善女人父母所生清淨肉眼見於三
千大千世界內外所有山林河海下至阿鼻
地獄上至有頂亦見其中一切衆生及業因
緣果報生處悉見悉知尒時世尊欲重宣
此義而說偈言
若於大衆中　以无所畏心　說是法華經　汝聽其功德
是人得八百　功德殊勝眼　以是莊嚴故　其目甚清淨
父母所生眼　悉見三千界　內外弥樓山　須弥及鐵圍
并諸餘山林　大海江河水　下至阿鼻獄　上至有頂處
其中諸衆生　一切皆悉見　雖未得天眼　肉眼力如是
復次常精進若善男子善女人受持此經若
讀若誦若解說若書寫得千二百耳功德以

BD04965號　妙法蓮華經（八卷本）卷六　（25–17）

父母所生眼　悉見三千界　內外彌樓山　須彌及鐵圍
并諸餘山林　大海江河水　下至阿鼻獄　上至有頂處
其中諸衆生　一切皆悉見　雖未得天眼　肉眼力如是
復次常精進若善男子善女人受持此經若
讀若誦若解說若書寫得千二百耳功德以
是清淨耳聞三千大千世界下至阿鼻地獄
上至有頂其中內外種種語言音聲象聲馬
聲牛聲車聲啼哭聲愁嘆聲螺聲鼓聲鍾聲
鈴聲笑聲語聲男聲女聲童子聲童女聲法
聲非法聲苦聲樂聲凡夫聲聖人聲喜聲不
喜聲天聲龍聲夜叉聲乾闥婆聲阿脩羅聲
迦樓羅聲緊那羅聲摩睺羅伽聲火聲水聲
風聲地獄聲畜生聲餓鬼聲比丘聲比丘尼
聲聲聞聲辟支佛聲菩薩聲佛聲以要言之
三千大千世界中一切內外所有諸聲雖未
得天耳以父母所生清淨常耳皆悉聞知如
是分別種種音聲而不壞耳根尒時世尊欲
重宣此義而說偈言
父母所生耳　清淨无濁穢　以此常耳聞　三千世界聲
象馬車牛聲　鍾鈴螺鼓聲　琴瑟箜篌聲　簫笛之音聲
清淨好歌聲　聽之而不著　无數種人聲　聞悉能解了
又聞諸天聲　微妙之歌音　及聞男女聲　童男童女聲
山川嶮谷中　迦陵頻伽聲　命命等諸鳥　悉聞其音聲
地獄衆苦痛　種種楚毒聲　餓鬼飢渴逼　求索飲食聲
諸阿脩羅等　居在大海邊　自共語言時　出于大音聲
如是說法者　安住於此間　遙聞是衆聲　而不壞耳根
十方世界中　禽獸鳴相呼　其說法之人　於此悉聞之

BD04965號　妙法蓮華經（八卷本）卷六　（25–18）

又聞諸天聲　微妙之歌音　及聞男女聲　童男童女聲
山川嶮谷中　迦陵頻伽聲　命命等諸鳥　悉聞其音聲
地獄衆苦痛　種種楚毒聲　餓鬼飢渴逼　求索飲食聲
諸阿脩羅等　居在大海邊　自共語言時　出于大音聲
如是說法者　安住於此間　遙聞是衆聲　而不壞耳根
十方世界中　禽獸鳴相呼　其說法之人　於此悉聞之
其諸梵天上　光音及遍淨　乃至有頂天　言語之音聲
法師住於此　悉皆得聞之　一切比丘衆　及諸比丘尼
若讀誦經典　若為他人說　法師住於此　悉皆得聞之
復有諸菩薩　讀誦於經法　若為他人說　撰集解其義
如是諸音聲　悉皆得聞之　諸佛大聖尊　教化衆生者
於諸大衆中　演說微妙法　持此法華者　悉皆得聞之
三千大千界　內外諸音聲　下至阿鼻獄　上至有頂天
皆聞其音聲　而不壞耳根　其耳聰利故　悉能分別知
持是法華者　雖未得天耳　但用所生耳　功德已如是
復次常精進若善男子善女人受持是經若
讀若誦若解說若書寫成就八百鼻功德以
是清淨鼻根聞於三千大千世界上下內外
種種諸香須曼那華香闍提華香末利華香
瞻蔔華香波羅羅華香赤蓮華香青蓮華
香白蓮華香華樹香菓樹香栴檀香沉水香多
摩羅跋香多伽羅香及千万種和香若末若
丸若塗香持是經者於此間住悉能分別又
復別知衆生之香象香馬香牛羊等香男香
女香童子香童女香及草木叢林香若近若
遠所有諸香悉皆得聞分別不錯持是經者
雖住於此亦聞天上諸天之香波利質多羅拘

BD04965號　妙法蓮華經（八卷本）卷六　（25–19）

丸若塗香持是經者於此間住悉能分別又
復別知眾生之香象香馬香牛羊等香男香
女香童子香童女香及草木叢林香若近若
遠所有諸香悉皆得聞分別不錯持是經者
雖住於此亦聞天上諸天之香波利質多羅拘
鞞陀羅樹香及曼陀羅華香摩訶曼陀羅
華香曼殊沙華香摩訶曼殊沙華香栴檀沈
水種種末香諸雜華香如是等天香和合所出
之香无不聞知又聞諸天身香釋提桓因在
勝殿上五欲娛樂嬉戲時香若在妙法堂
上為忉利諸天說法時香若於諸園遊戲時
香及餘天等男女身香皆悉遙聞如是展轉
乃至梵世上至有頂諸天身香亦皆聞之并
聞諸天所燒之香及聲聞香辟支佛香菩薩
香諸佛身香亦皆遙聞知其所在雖聞此
香然於鼻根不壞不錯若欲分別為他人說憶
念不謬尒時世尊欲重宣此義而說偈言
是人鼻清淨　於此世界中　若香若臭物　種種悉聞知
須曼那闍提　多摩羅栴檀　沈水及桂香　種種華菓香
及知眾生香　男子女人香　說法者遠住　聞香知所在
大勢轉輪王　小轉輪及子　群臣諸宮人　聞香知所在
身所著珍寶　及地中寶藏　轉輪王寶女　聞香知所在
諸人嚴身具　衣服及瓔珞　種種所塗香　聞則知其身
諸天若行坐　遊戲及神變　持是法華者　聞香悉能知
諸樹華菓實　及蘇油香氣　持經者住此　悉知其所在

BD04965號　妙法蓮華經（八卷本）卷六　（25–20）

大勢轉輪王　小轉輪及子　群臣諸宮人　聞香知所在
身所著珍寶　及地中寶藏　轉輪王寶女　聞香知所在
諸人嚴身具　衣服及瓔珞　種種所塗香　聞則知其身
諸天若行坐　遊戲及神變　持是法華者　聞香悉能知
諸樹華菓實　及蘇油香氣　持經者住此　悉知其所在
諸山深嶮處　栴檀樹華敷　眾生在中者　聞香皆能知
鐵圍山大海　地中諸眾生　持經者聞香　悉知其所在
阿修羅男女　及其諸眷屬　鬪諍遊戲時　聞香皆能知
曠野險隘處　師子象虎狼　野牛水牛等　聞香知所在
若有懷妊者　未辯其男女　无根及非人　聞香悉能知
以聞香力故　知其初懷妊　成就不成就　安樂產福子
以聞香力故　知男女所念　染欲癡恚心　亦知脩善者
地中眾伏藏　金銀諸珍寶　銅器之所盛　聞香悉能知
種種諸瓔珞　无能識其價　聞香知貴賤　出處及所在
天上諸華等　曼陀曼殊沙　波利質多樹　聞香悉能知
天上諸宮殿　上中下差別　眾寶華莊嚴　聞香悉能知
天園林勝殿　諸觀妙法堂　在中而娛樂　聞香悉能知
諸天若聽法　或受五欲時　來往行坐臥　聞香悉能知
天女所著衣　好華香莊嚴　周旋遊戲時　聞香悉能知
如是展轉上　乃至於梵世　入禪出禪者　聞香悉能知
光音遍淨天　乃至于有頂　初生及退沒　聞香悉能知
諸比丘眾等　於法常精進　若坐若經行　及讀誦經法
或在林樹下　專精而坐禪　持經者聞香　悉知其所在
菩薩志堅固　坐禪若讀誦　或為人說法　聞香悉能知
在在方世尊　一切所恭敬　愍眾而說法　聞香悉能知
眾生在佛前　聞經皆歡喜　如法而修行　聞香悉能知

BD04965號　妙法蓮華經（八卷本）卷六　（25–21）

如是展轉上　乃至於梵世　入禪出禪者　聞香悉能知
光音遍淨天　乃至于有頂　初生及退沒　聞香悉能知
諸比丘衆等　於法常精進　若坐若經行　及讀誦經法
或在林樹下　專精而坐禪　持經者聞香　悉知其所在
菩薩志堅固　坐禪若讀誦　或為人說法　聞香悉能知
在在方世尊　一切所恭敬　愍衆而說法　聞香悉能知
衆生在佛前　聞經皆歡喜　如法而脩行　聞香悉能知
雖未得菩薩　无漏法生鼻　而是持經者　先得此鼻相
復次常精進　若善男子善女人受持是經　若
讀若誦若解說若書寫　得千二百舌功德　若
好若醜　若美不美　及諸苦澁物　在其舌根　皆
變成上味　如天甘露　无不美者　若以舌根於大
衆中有所演說　出深妙聲　能入其心　皆令歡
喜快樂　又諸天子天女　釋梵諸天　聞是深
妙音聲　有所演說　言論次第　皆悉來聽　及諸
龍龍女　夜叉夜叉女　乾闥婆乾闥婆女　阿脩
羅阿脩羅女　迦樓羅迦樓羅女　緊那羅緊那
羅女　摩睺羅伽摩睺羅伽女　為聽法故　皆來
親近恭敬供養　及比丘比丘尼　優婆塞優婆
夷　國王王子　羣臣眷屬　小轉輪王　大輪轉王
七寶千子　內外眷屬　乘其宮殿　俱來聽法　以
是菩薩善說法故　婆羅門居士　國內人民　盡
其形壽　隨侍供養　又諸聲聞　辟支佛　菩薩　諸
佛常樂見之　是人所在方面　諸佛皆向其處說
法　悉能受持一切佛法　又能出於深妙法音
尒時世尊欲重宣此義　而說偈言

BD04965號　妙法蓮華經（八卷本）卷六　（25–22）

是菩薩善說法故　婆羅門居士　國內人民　盡
其形壽　隨侍供養　又諸聲聞　辟支佛　菩薩　諸
佛常樂見之　是人所在方面　諸佛皆向其處說
法　悉能受持一切佛法　又能出於深妙法音
尒時世尊欲重宣此義　而說偈言
是人舌根淨　終不受惡味　其有所食噉　悉皆成甘露
以深淨妙音　於大衆說法　以諸因緣喻　引導衆生心
聞者皆歡喜　設諸上供養　諸天龍夜叉　及阿脩羅等
皆以恭敬心　而共來聽法　是說法之人　若欲以妙音
遍滿三千界　隨意即能至　大小轉輪王　及千子眷屬
合掌恭敬心　常來聽受法　諸天龍夜叉　羅剎毗舍闍
亦以歡喜心　常樂來供養　梵天王魔王　自在大自在
如是諸天衆　常來至其所　諸佛及弟子　聞其說法音
常念而守護　或時為現身
復次常精進　若善男子善女人受持是經　若
讀若誦若解說若書寫　得八百身功德　得清
淨身　如淨琉璃　衆生憙見　其身淨故　三千大
千世界衆生　生時死時　上下好醜　生善處惡
處　悉於中現　及鐵圍山　大鐵圍山　弥樓山　摩
訶弥樓山等諸山　及其中衆生　悉於中現　下
至阿鼻地獄　上至有頂　所有及衆生　悉於中
現　若聲聞辟支佛　菩薩諸佛說法　皆於身中
現其色像　尒時世尊欲重宣此義　而說偈言
若持法華者　其身甚清淨　如彼淨琉璃　衆生皆憙見
又如淨明鏡　悉見諸色像　菩薩於淨身　皆見世所有

BD04965號　妙法蓮華經（八卷本）卷六　（25–23）

諸弥樓山等諸山及其中衆生悉於中現下
至阿鼻地獄上至有頂所有及衆生悉於中
現若聲聞辟支佛菩薩諸佛說法皆於身中
現其色像尒時世尊欲重宣此義而說偈言
若持法華者　其身甚清淨　如彼淨瑠璃　衆生皆喜見
又如淨明鏡　悉見諸色像　菩薩於淨身　皆見世所有
唯獨自明了　餘人所不見　三千世界中　一切諸群萌
天人阿脩羅　地獄鬼畜生　如是諸色像　皆於身中現
諸天等宮殿　乃至於有頂　鐵圍及弥樓　摩訶弥樓山
諸大海水等　皆於身中現　諸佛及聲聞　佛子菩薩等
若獨若在衆　說法悉皆現　雖未得无漏　法性之妙身
以清淨常體　一切於中現
復次常精進若善男子善女人如來滅後受
持是經若讀若誦若解說若書寫得千二百意
功德以是清淨意根乃至聞一偈一句通達无
量无邊之義解是義已能演說一句一
偈至於一月四月乃至一歲諸所說法隨其
義趣皆與實相不相違背若說俗間經書治
世語言資生業等皆順正法三千大千世界
六趣衆生心之所行心所動作心所戲論皆悉
知之雖未得无漏智慧而其意根清淨如此
是人有所思惟籌量言說皆是佛法无不真
實亦是先佛經中所說尒時世尊欲重宣
此義而說偈言
是人意清淨　明利无穢濁　以此妙意根　知上中下法
乃至聞一偈　通達无量義　次第如法說　月四月至歲

BD04965號　妙法蓮華經（八卷本）卷六　（25–24）

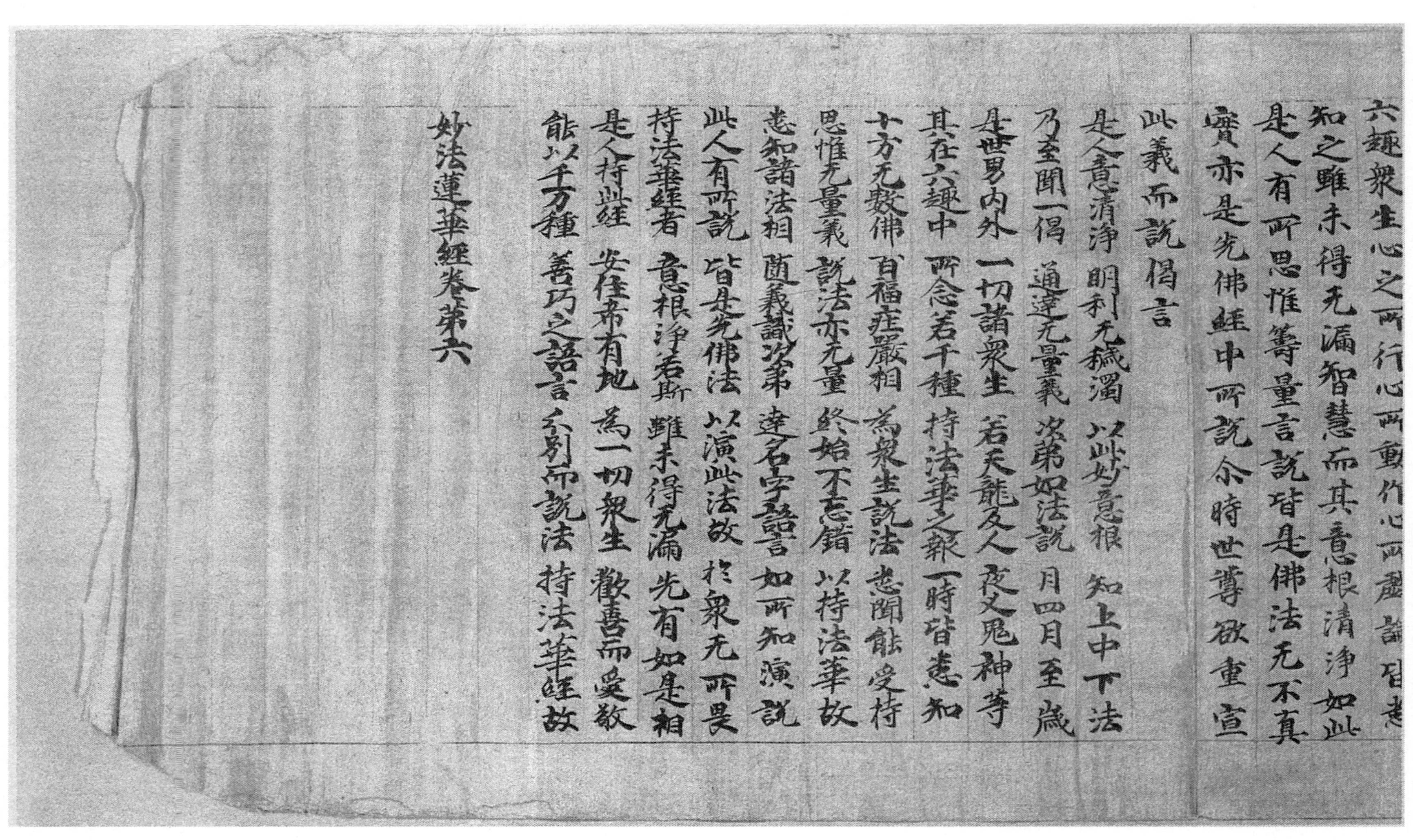

六趣衆生心之所行心所動作心所戲論皆悉
知之雖未得无漏智慧而其意根清淨如此
是人有所思惟籌量言說皆是佛法无不真
實亦是先佛經中所說尒時世尊欲重宣
此義而說偈言
是人意清淨　明利无穢濁　以此妙意根　知上中下法
乃至聞一偈　通達无量義　次第如法說　月四月至歲
是世界內外　一切諸衆生　若天龍及人　夜叉鬼神等
其在六趣中　所念若干種　持法華之報　一時皆悉知
十方无數佛　百福莊嚴相　為衆生說法　悉聞能受持
思惟无量義　說法亦无量　終始不忘錯　以持法華故
悉知諸法相　隨義識次第　達名字語言　如所知演說
此人有所說　皆是先佛法　以演此法故　於衆无所畏
持法華經者　意根淨若斯　雖未得无漏　先有如是相
是人持此經　安住希有地　為一切衆生　歡喜而愛敬
能以千万種　善巧之語言　分別而說法　持法華經故

妙法蓮華經卷第六

BD04965號　妙法蓮華經（八卷本）卷六　（25–25）

来世後五百歲其有衆生得聞是經信解
受持是人則爲第一希有何以故此人无我相
人相衆生相壽者相所以者何我相即是非相
人相衆生相壽者相即是非相何以故離一切諸
相則名諸佛佛告須菩提如是如是若復
有人得聞是經不驚不怖不畏當知是人
甚爲希有何以故須菩提如来說第一波
羅蜜非第一波羅蜜是名第一波羅蜜
須菩提忍辱波羅蜜如来說非忍辱波羅蜜
何以故須菩提如我昔爲歌利王割截身體
我於尒時无我相无人相无衆生相无壽者
相何以故我於往昔節節支解時若有我
相人相衆生相壽者相應生瞋恨須菩提
又念過去於五百世作忍辱仙人於尒所世无
我无人相无衆生相无壽者相是故須菩提
菩薩應離一切相發阿耨多羅三藐三菩提
心不應住色生心不應住聲香味觸法生心
應生无所住心若心有住則爲非住是故

BD04966號　金剛般若波羅蜜經　（6-1）

何以故須菩提如我昔爲歌利王割截身體
我於尒時无我相无人相无衆生相无壽者
相何以故我於往昔節節支解時若有我
相人相衆生相壽者相應生瞋恨須菩提
又念過去於五百世作忍辱仙人於尒所世无
我无人相无衆生相无壽者相是故須菩提
菩薩應離一切相發阿耨多羅三藐三菩提
心不應住色生心不應住聲香味觸法生心
應生无所住心若心有住則爲非住是故
佛說菩薩心不應住色布施須菩提菩薩
爲利益一切衆生應如是布施如来說一切
諸相即是非相又說一切衆生則非衆生須菩
提如来是真語者實語者如語者不誑語
者不異語者須菩提如来所得法此法无
實无虛須菩提若菩薩心住於法而行布施
如人入闇則无所見若菩薩心不住法而行布
施如人有目日光明照見種種色須菩提當
来之世若有善男子善女人能於此經受持
讀誦則爲如来以佛智慧悉知是人悉見
是人皆得成就无量无邊功德
須菩提若有善男子善女人初日分以恒河沙
等身布施中日分復以恒河沙等身布施後日
分亦以恒河沙等身布施如是无量百千万
億劫以身布施若復有人聞此經典信心
不逆其福勝彼何況書寫受持讀誦爲人
解說須菩提以要言之是經有不可思議不

BD04966號　金剛般若波羅蜜經　（6-2）

須菩提若有善男子善女人初日分以恒河沙
等身布施中日分復以恒河沙等身布施後日
分亦以恒河沙等身布施如是无量百千万
億劫以身布施若復有人聞此經典信心
不逆其福勝彼何況書寫受持讀誦為人
解說須菩提以要言之是經有不可思議不
可稱量无邊功德如來為發大乘者說為發
最上乘者說若有人能受持讀誦廣為人說
如來悉知是人悉見是人皆得成就不可量
不可稱无有邊不可思議功德如是人等則
為荷擔如來阿耨多羅三藐三菩提何以故
須菩提若樂小法者著我見人見衆生見壽
者見則於此經不能聽受讀誦為人解說須
菩提在在處處若有此經一切世間天人阿
脩羅所應供養當知此處則為是塔皆應
恭敬作禮圍繞以諸華香而散其處
復次須菩提若善男子善女人受持讀誦此經
若為人輕賤是人先世罪業應墮惡道以今
世人輕賤故先世罪業則為消滅當得阿
耨多羅三藐三菩提須菩提我念過去
无量阿僧祇劫於然燈佛前得值八百四
千万億那由他佛悉皆供養承事无空過
者若復有人於後末世能受持讀誦此經
所得功德於我所供養諸佛功德百分不及
一千万億分乃至筭數譬喻所不能及須菩
提若善男子善女人於後末世有受持讀誦

BD04966號　金剛般若波羅蜜經　（6–3）

无量阿僧祇劫於然燈佛前得值八百四
千万億那由他佛悉皆供養承事无空過
者若復有人於後末世能受持讀誦此經
所得功德於我所供養諸佛功德百分不及
一千万億分乃至筭數譬喻所不能及須菩
提若善男子善女人於後末世有受持讀誦
此經所得功德我若具說者或有人聞心則
狂亂狐疑不信須菩提當知是經義不可
思議果報亦不可思議
尒時須菩提白佛言世尊善男子善女人發
阿耨多羅三藐三菩提心云何應住云何降伏
其心佛告須菩提善男子善女人發阿耨多羅
三藐三菩提者當生如是心我應滅度一切衆
生滅度一切衆生已而无有一衆生實滅度
者何以故若菩薩有我相人相衆生相壽
者相則非菩薩所以者何須菩提實无有
法發阿耨多羅三藐三菩提者須菩提於
意云何如來於然燈佛所有法得阿耨多羅
三藐三菩提不不也世尊如我解佛所說義
佛於然燈佛所无有法得阿耨多羅三藐三
菩提佛言如是如是須菩提實无有法如
來得阿耨多羅三藐三菩提
須菩提若有法如來得阿耨多羅三藐三菩提
者然燈佛則不與我受記汝於來世當得作
佛号釋迦牟尼以實无有法得阿耨多羅三

BD04966號　金剛般若波羅蜜經　（6–4）

佛於然燈佛所无有法得阿耨多羅三藐三
菩提佛言如是如是須菩提實无有法如
来得阿耨多羅三藐三菩提
須菩提若有法如来得阿耨多羅三藐三菩提
者然燈佛則不與我受記汝於来世當得作
佛号釋迦牟尼以實无有法得阿耨多羅三
藐三菩提是故然燈佛與我受記作是言汝
於来世當得作佛号釋迦牟尼何以故如来
者即諸法如義若有人言如来得阿耨多羅
三藐三菩提須菩提實无有法佛得阿耨
多羅三藐三菩提須菩提如来所得阿耨
多羅三藐三菩提於是中无實无虛是故
如来說一切法皆是佛法須菩提所言一切法
者即非一切法是故名一切法須菩提譬如
人身長大須菩提言世尊如来說人身長
大則非大身是名大身須菩提菩薩亦如
是若作是言我當滅度无量衆生則不名
菩薩何以故須菩提實无有法名為菩薩是故
佛說一切法无我无人无衆生无壽者須菩提
菩薩若作是言我當莊嚴佛土是不名菩薩
何以故如来說莊嚴佛土者即非莊嚴是
名莊嚴須菩提若菩薩通達无我法者
如来說名真是菩薩
須菩提於意云何如来有肉眼不如是世
尊如来有肉眼須菩提於意云何如来有天
眼不如是世尊如来有天眼須菩提於意云

BD04966號　金剛般若波羅蜜經　（6–5）

如来說一切法皆是佛法須菩提所言一切法
者即非一切法是故名一切法須菩提譬如
人身長大須菩提言世尊如来說人身長
大則非大身是名大身須菩提菩薩亦如
是若作是言我當滅度无量衆生則不名
菩薩何以故須菩提實无有法名為菩薩是故
佛說一切法无我无人无衆生无壽者須菩提
菩薩若作是言我當莊嚴佛土是不名菩薩
何以故如来說莊嚴佛土者即非莊嚴是
名莊嚴須菩提若菩薩通達无我法者
如来說名真是菩薩
須菩提於意云何如来有肉眼不如是世
尊如来有肉眼須菩提於意云何如来有天
眼不如是世尊如来有天眼須菩提於意云
何如来有慧眼不如是世尊如来有慧眼
須菩提於意云何如来有法眼不如是世
尊如来有法眼須菩提於意云何如来有佛
眼不如是世尊如来有佛眼須菩提於意云
何恒河中所有沙佛說是沙不如是世尊如
来說是沙須菩提於意云何如一恒河中所有

BD04966號　金剛般若波羅蜜經　（6–6）

其前世所脩集業隨業受報不生惡心貪
求他國各各自生利益之心生於慈心安樂
之心不諍訟心不破壞心无繫縛心无楚撻
心各於其土自生愛樂上下和睦猶如水乳
心相愛念增諸善根以是因緣故此閻浮提
安隱豐樂人民熾盛大地沃壤陰陽和調時
不越序日月星宿不失常度風雨隨時无諸
灾橫人民豐溢自足於財心无貪恡亦无
嫉妬等行十善其人壽終多生天上天宮充滿
增益天衆若未來世有諸人王聽是經典及
供養恭敬受持是經四部之衆是王則為安
樂利益汝等四王及餘眷屬无量百千諸鬼
神等何以故汝等四王若得時時聞是經典
則為已得正法之水服甘露味增益身力心
進勇銳具諸威德是諸人王若能至心聽受
是典則為已能供養於我若供養我則是供
養過去未來現在諸佛若能供養過去未
來現在諸佛則得无量不可思議功德之聚
以是因緣是諸人王應得擁護及后妃婇女
中宮眷屬諸王子等亦應得護衰惱消滅快
樂熾盛宮殿堂宇安隱清淨无諸災變護宅
之神增長威德亦受无量歡悅快樂是諸國
土所有人民悉受種種五欲之樂一切惡事

BD04967號　金光明經卷二　（17–1）

是典則為已能供養於我若供養我則是供
養過去未來現在諸佛若能供養過去未
來現在諸佛則得无量不可思議功德之聚
以是因緣是諸人王應得擁護及后妃婇女
中宮眷屬諸王子等亦應得護衰惱消滅快
樂熾盛宮殿堂宇安隱清淨无諸災變護宅
之神增長威德亦受无量歡悅快樂是諸國
土所有人民悉受種種五欲之樂一切惡事
悉皆消滅
尒時四天王白佛言世尊未來之世若有人
王欲得護身及后妃婇女諸王子等宮殿屋
宅得第一護身所王領家為殊勝具不可思
議王者功德欲得攝取无量福聚國土无有
他方怨賊无諸憂惱及諸苦事世尊如是人
王不應放逸散乱其心應生恭敬謙下之心
應當莊嚴第一微妙最勝宮宅種種香汁持
用灑地散種種華敷大法坐師子之座並以
无量珍琦異物而為校飾張施種種无數微
妙幢幡寶蓋當淨洗浴以香塗身著好淨衣
瓔珞自嚴坐小卑座不自高大除去自在離
諸放逸謙下自卑除去憍慢正念聽受如是
妙典於說法者生世尊想復於宮內后妃王
子婇女眷屬生慈哀心和顏與語勸以種種
供養之具供養法師是王尒時既勸化已即
生无量歡喜快樂心懷悅豫倍復自勵不生
疲倦多作利益於說法者倍生恭敬
尒時佛告四天大王尒時人王應著白淨鮮
潔之衣種種瓔珞齊整莊嚴執持素白微
妙上蓋服飾容儀不失常則躬出奉迎說
法之人何以故是王如是隨其舉足步步之中

BD04967號　金光明經卷二　（17–2）

生无量歡喜快樂心懷悅豫倍復自勵不生
疲倦多作利益於說法者倍生恭敬
尒時佛告四天大王尒時人王應著白淨鮮
潔之衣種種瓔珞齊整莊嚴執持素白繖
妙上蓋服飾容儀不失常則躬出奉迎說
法之人何以故是王如是隨其舉足步步之中
即是供養值遇百千億那由他諸佛世尊復
得超越如是等劫生死之難復於來世尒時
劫中常得封受轉輪王位隨其步步亦得
如是現世功德不可思議自在之力常得勝
殊妙七寶人天宮殿在在生處增益壽命言
語辯了人所信用無所畏忌有大名稱常為
人天之所恭敬天上人中受上妙樂得大勢
力具足威德身色微妙端嚴第一常值諸佛
遇善知識成就具足無量福聚汝等四天王
如是人王見如是等種種無量功德利益是
故此王應當躬出奉迎法師若一由旬至百
千由旬於說法師應生佛想應作是念今日
釋迦如來正知入於我宮受我供養為我說
法我聞是法即不退轉於阿耨多羅三藐三
菩提已為得值百千萬億那由他佛為已供養
過去未來現在諸佛已得畢竟三惡道苦我
今已種百千無量轉輪聖王釋梵之因已種
無邊善根種子已令無量百千萬億諸眾生
等度於生死已集無量無邊福聚後宮眷屬
已得擁護宮宅諸處悉已消滅國土無有怨
賊棘刺他方怨敵不能侵陵汝等四王如是
人王應作如是供養正法清淨聽受是妙經
典及恭敬供養尊重讚嘆持是經典四部
之眾亦當迴此所得最勝功德之分施與汝等

BD04967號　金光明經卷二　（17–3）

今已種百千無量轉輪聖王釋梵之因已種
無邊善根種子已令無量百千萬億諸眾生
等度於生死已集無量無邊福聚後宮眷屬
已得擁護宮宅諸處悉已消滅國土無有怨
賊棘刺他方怨敵不能侵陵汝等四王如是
人王應作如是供養正法清淨聽受是妙經
典及恭敬供養尊重讚嘆持是經典四部
之眾亦當迴此所得最勝功德之分施與汝等
及餘眷屬諸天鬼神聚集如是諸善功德現
世常得無量無邊不可思議自在之利威德
勢力成就具足能以正法摧伏諸惡
尒時四王白佛言世尊若未來世有諸人王
作如是等恭敬正法至心聽受是妙經典及
恭敬供養尊重讚嘆持是經典四部之眾嚴
治舍宅香汁灑地專心正念聽說法時我等
四王亦當在中共聽此法願諸人王為自利
故以已所得功德少分施與我等世尊是諸
人王於說法者所坐之處為我等故燒種種
香供養是經是妙香氣於一念頃即至我等
諸天宮殿其香即時變成香蓋其香微妙金
色晃曜照我等宮釋宮梵宮大辯神天功德
神天堅牢地神散脂鬼神大將第二十八
部鬼神大將摩醯首羅金剛密迹摩尼跋
陀鬼神大將鬼子母與五百鬼子周匝圍繞阿
耨達龍王娑竭羅龍王如是等眾自於宮殿
各各得聞是妙香氣及見香蓋光明普照是
香蓋光明亦照一切諸天宮殿佛告四王是香
蓋光明非但至汝四王宮殿何以故是諸人
王手擎香鑪供養經時其香遍布於一念
頃遍至三千大千世界百億日月百億大海
百億須彌山百億大鐵圍山小鐵圍山及諸
山王百億四天下百億四天王百億三

BD04967號　金光明經卷二　（17–4）

名名得聞是妙香氣及見香蓋光明普照是
香蓋光明亦照一切諸天宮殿佛告四王是香
蓋光明非但至汝四王宮殿何以故是諸人
王手擎香鑪供養經時其香遍布於一念
頃遍至三千大千世界百億日月百億大海
百億須彌山百億大鐵圍山小鐵圍山及諸
山王百億四天下百億四天王百億三十三
天乃至百億非想非非想天於此三千大千
世界百億三十三天一切龍鬼乾闥婆阿脩
羅迦樓羅緊那羅摩睺羅伽宮殿虛空悉滿
種種香烟雲蓋其蓋金光亦照宮殿如是三
千大千世界所有種種香烟香蓋皆是此經
威神力故是諸人王手擎香鑪供養經時種
種香氣不但遍此三千大千世界於一念頃
亦遍十方無量無邊恒河沙等百千万億
諸佛世界於諸佛上虛空之中亦成香蓋金
色普照亦復如是諸佛世尊聞是妙香見是
香蓋及金色光於十方界恒河沙等諸佛世
尊作如是等神力變化已異口同音讚說法
者稱讚善哉善哉大士汝能廣宣流布如是
甚深微妙經典則為成就無量無邊不可
思議功德之聚若有聞是甚深經典所得
功德則為不少況持讀誦為他眾生開示分
別演說其義何以故善男子此金光明微妙
經典無量無邊億那由他諸菩薩等若得聞
者即不退轉於阿耨多羅三藐三菩提爾時
十方無量無邊恒河沙等諸佛世界現在諸
佛異口同聲作如是言善男子汝於來世畢
竟當得坐於道場菩提樹下於三界中最尊
最勝出過一切眾生之上勤脩力故受諸苦

BD04967號　金光明經卷二　（17–5）

者即不退轉於阿耨多羅三藐三菩提爾時
十方無量無邊恒河沙等諸佛世界現在諸
佛異口同聲作如是言善男子汝於來世畢
竟當得坐於道場菩提樹下於三界中最尊
最勝出過一切眾生之上勤脩力故受諸苦
行善能莊嚴菩提道場能壞三千大千世界
外道邪論摧伏諸魔怨賊異形覺了諸法第
一寂滅清淨無垢甚深無上菩提之道善男
子汝已能坐金剛坐處轉於無上諸佛所讚十
二種行甚深法輪能擊無上最大法鼓能吹
無上極妙法蠡能竪無上最勝法幢能然無
上極明法炬能雨無上甘露法雨能斷無量煩惱
怨結能令無量百千万億那由他眾度於無岸
可畏大海能脫生死無際輪轉復遇無量百
千万億那由他佛
爾時四天王復白佛言世尊是金光明微妙
經典能得未來現在種種無量功德是故人
王若得聞是微妙經典則為已於百千万億
無量佛所種諸善根我以敬念是人王故復
見無量福德利故我等四王及餘眷屬無量
百千万億鬼神於自宮殿見是種種香烟雲
蓋瑞應之時或當隱蔽不現其身為聽法故
當至是王所止宮殿講法之處大梵天王釋
提桓因大辯天神功德天神堅牢地神散脂
鬼神大將軍等二十八部鬼神大將摩醯首
羅金剛密迹摩尼跋陀鬼神大將鬼子母及
五百鬼子周迊圍繞阿耨達龍王娑竭羅龍
王無量百千万億那由他鬼神諸天如是等眾
為聽法故悉自隱蔽不現其身至是人王所

BD04967號　金光明經卷二　（17–6）

鬼神大將軍等二十八部鬼神大將摩醯首
羅金剛密迹摩尼跋陁鬼神大將鬼子母及
五百鬼子周匝圍繞阿耨達龍王娑竭羅龍
王無量百千万億那由他鬼神諸天如是等衆
為聽法故悉自隱蔽不現其身至是人王所
上宮殿講法之處世尊我等四王及餘眷屬
無量鬼神悉當同心以是人王為善知識同
共一行善相應行能為無上大法施主以甘
露味充足我等我等應當擁護是王除其衰
患令得安隱及其宮宅國土城邑諸惡灾患
悉令消滅世尊若有人王於此經典心生捨離
不樂聽聞其心不欲恭敬供養尊重讚嘆若四
部衆有受持讀誦講說之者亦復不能恭敬
供養尊重讚嘆我等四王及餘眷屬無量鬼
神即便不得聞此正法背甘露味失大法
利無有勢力及以威德減損天衆增長惡趣
世尊我等四王及無量鬼神捨其國土不但
我等亦有無量守護國土諸舊善神皆悉捨
去我等諸天及諸鬼神既捨離已其國當有
種種灾異一切人民失其善心唯有繫縛瞋
恚鬪諍互相破壞多諸疾疫彗星現怪流星
崩落五星諸宿違失常度兩日並現日月薄
蝕白黑惡虹數數出現大地震動發大音聲
暴風惡雨无日不有穀米勇貴饑饉凍餓
多有他方怨賊侵掠其國人民多受苦惱其
地无有可愛樂處世尊我等四王及諸无
量百千鬼神并守國土諸舊善神遠離去時
生如是等无量惡事世尊若有人王欲得自
護及王國土多受安樂欲令國土一切衆生悉

BD04967號　金光明經卷二　（17–7）

多有他方怨賊侵掠其國人民多受苦惱其
地无有可愛樂處世尊我等四王及諸无
量百千鬼神并守國土諸舊善神遠離去時
生如是等无量惡事世尊若有人王欲得自
護及王國土多受安樂欲令國土一切衆生悉
皆成就具足快樂欲得摧伏一切外敵欲得
擁護一切國土欲以正法正治國土欲得除滅
衆生怖畏世尊是人王等應當畢定聽是
經典及恭敬供養讚誦受持是經典者我等
四王及无量鬼神以是法食善根因緣得服
甘露无上法味增長身力心進勇銳增益諸
天何以故由是人王至心聽受是經典故如
諸梵王說出欲論釋提桓因種種善論五通
之人神仙之論世尊梵天釋提桓因五通神
人雖有百千億那由他无量勝論是金光明
於中最勝所以者何如来說是金光明經為
衆生故為令一切閻浮提內諸人王等以正
法治為與一切衆生安樂為欲愛護一切衆
生欲令衆生无諸苦惱无有他方怨賊棘刺
所有諸惡皆而不向欲令國土无有憂惱以
正法教无有諍訟是故人王各於國土應
然法炬熾然正法增益天衆我等四王及
无量鬼神閻浮提內諸天善神以是因緣得
服甘露法味充足得大威德進力具足閻浮
提內安隱豐樂人民熾盛安樂其處復於来
世无量百千不可思議那由他劫常受微妙第
一快樂復得值遇无量諸佛種諸善根然
後證成阿耨多羅三藐三菩提得如是等无

BD04967號　金光明經卷二　（17–8）

服甘露法味充足得大威德進力具足閻浮
提內安隱豐樂人民熾盛安樂其處復於來
世无量百千不可思議那由他劫常受微妙第
一快樂復得值遇无量諸佛種諸善根然
後證成阿耨多羅三藐三菩提得如是等无
量功德悉是如来應正遍知說如来過於百千
億那由他諸梵天等以大悲力故亦過无量百
千億那由他釋提桓因以昔行力故是故如
来為諸眾生演說如是金光明經若閻浮
提一切眾生及諸人王世間出世所作國事
所造世論皆因此經欲令眾生得安樂故
釋迦如来示現是經廣宣流布世尊以是因
緣故是諸人王應當畢定聽受供養恭敬尊
重讚嘆是經尒時佛復告四天王汝等四王及
餘眷屬无量百千那由他鬼神是諸人王若
能至心聽是經典供養恭敬尊重讚嘆汝等
四王亦應擁護滅其衰患而與安樂若有人
能廣宣流布如是妙典於人天中大作佛事能
大利益无量眾生如是之人汝等四王必當
擁護莫令他緣而得擾亂令心濡靜受於
快樂續復當得廣宣是經尒時四天王即從
坐起偏袒右肩右膝著地長跪合掌於世
尊前以偈讚曰

佛月淨淨　滿足莊嚴　佛日暉曜　放千光明
如来面目　最上明淨　齒白无垢　如蓮華根
功德无量　猶如大海　智淵无邊　法水具足
百千三昧　无有缺減　足下平滿　千輻相現
足指網縵　猶如鵝王
光明晃曜　如寶山王　微妙清淨　如鍊真金

BD04967號　金光明經卷二　（17–9）

佛月淨淨　滿足莊嚴　佛日暉曜　放千光明
如来面目　最上明淨　齒白无垢　如蓮華根
功德无量　猶如大海　智淵无邊　法水具足
百千三昧　无有缺減　足下平滿　千輻相現
足指網縵　猶如鵝王　微妙清淨　如鍊真金
光明晃曜　如寶山王　佛功德山　我今敬礼
所有福德　不可思議　應物現形　如水中月
佛真法身　猶如虛空　是故我今　稽首佛月
无有鄣㝵　如炎如化
尒時世尊　以偈答曰
此金光明　諸經之王　甚深最勝　无有上
十力世尊　之所宣說　汝等四王　應當勤護
以是因緣　是深妙典　能與眾生　无量快樂
為諸眾生　安樂利益　故久流布　於閻浮提
能滅三千　大千世界　所有惡趣　无量諸苦
閻浮提內　諸人王等　心生慈愍　正法治世
若能流布　此妙經典　則令其土　安隱豐熟
所有眾生　悉受快樂　若有人王　欲愛己身
及其國土　欲令豐盛　應當至心　淨潔洗浴
往法會所　聽受是典　是經能作　所有善事
摧伏一切　內外怨敵　復能除滅　无量怖畏
是諸經王　能與一切　无量眾生　安隱快樂
譬如寶樹　在人家中　悉能出生　一切珎寶
是妙經典　亦復如是　悉能出生　諸王功德
如清冷水　能除渴乏　是妙經典　亦復如是
能除諸王　功德渴乏
譬如珎寶　異物篋器　悉在于手　隨意所用
是金光明　亦復如是　隨意能與　諸王法寶
是金光明　微妙經典　常為諸天　恭敬供養

BD04967號　金光明經卷二　（17–10）

是妙經[illegible]　[illegible]如是　悉能出生　諸王[illegible]
如清冷水　能除渴之　是妙經典　亦復如是
能除諸王　切德渴之
譬如珍寶　異物滿器　悉在于手　隨意所用
是金光明　亦復如是　隨意能與　諸王法寶
是金光明　微妙經典　常為諸天　恭敬供養
亦為護世　四天大王　威神勢力　之所護持
十方諸佛　常念是經　若有演說　稱讚善哉
亦有百千　无量鬼神　從十方来　擁護是人
若有得聞　是妙經典　心生歡喜　踊躍无量
閻浮提內　无量大眾　皆悉歡喜　集聽是法
聽是經故　具諸威德　增益天眾　精氣身力
尒時四天王聞是偈已白佛言世尊我從昔
来未曾得聞如是微妙寂滅之法我聞是
已心生悲喜涕淚橫流舉身戰動支體怡解
復得无量不可思議具是妙樂以天曼陀羅
華摩訶曼陀羅華供養奉散於如来上作如
是等供養佛已復白佛言世尊我等四王各
各自有五百鬼神常當隨逐是說法者而為守護
金光明經大辯神品第七
尒時大辯神白佛言世尊是說法者我當益
其樂說辯才令其所說莊嚴次第善得大智
若是經中有失文字句義違錯我能令是說
法比丘次第還得能與惣持令不忘失若有
眾生於百千佛所種諸善根是說法者為
是等故於閻浮提廣宣流布是妙經典令不
斷絕復令无量无邊眾生得聞是經當令是
等悉得猛利不可思議大智惠聚不可稱量
福德之報善解无量種種方便善能辯暢一
切諸論善知世間種種伎術能出生死得不

BD04967號　金光明經卷二　（17–11）

眾生於百千佛所種諸善根是說法者為
是等故於閻浮提廣宣流布是妙經典令不
斷絕復令无量无邊眾生得聞是經當令是
等悉得猛利不可思議大智惠聚不可稱量
福德之報善解无量種種方便善能辯暢一
切諸論善知世間種種伎術能出生死得不
退轉必定疾得阿耨多羅三藐三菩提
金光明經功德天品第八
尒時功德天白佛言世尊是說法者我當隨
之所須之物衣服飲食臥具醫藥及餘資
生供給是人無所乏少令心安住晝夜歡樂
正念思惟是經章句分別深義若有眾生於
百千佛所種諸善根是說法者為是等故
於閻浮提廣宣流布是妙經典令不斷絕是
諸眾生聽是經已於未来世无量百千那由他
劫常在天上人中受樂值遇諸佛速成阿耨多
羅三藐三菩提三惡道苦悉畢无餘世尊我
已於過去寶華功德海琉璃金山照明如来
應供正遍知明行足善逝世間解无上士調
御丈夫天人師佛世尊所種善根是故我今
隨所念方隨所視方隨所至方令无量百千
眾生受諸快樂若衣服飲食資生之具金銀
七寶真珠琉璃珊瑚虎珀璧玉珂貝悉无所
乏若有人能稱金光明微妙經典為我供養
諸佛世尊三稱我名燒香供養供養佛已
別以香華種種美味供施於我灑散諸方
當知是人即能聚集資財寶物以是因緣增
長地味地神諸天悉得歡喜所種穀米芽莖
枝葉菓實滋茂樹神歡喜出生无量種種諸

BD04967號　金光明經卷二　（17–12）

之若有人能稱金光明微妙經典為我供養
諸佛世尊三稱我名燒香供養供養佛已
別以香華種種美味供施於我灑散諸方
當知是人即能聚集資財寶物以是因緣增
長地味地神諸天悉得歡喜所種穀米芽莖
枝葉菓實滋茂樹神歡喜出生無量種種諸
物我時慈念諸衆生故多與資生所須之物
世尊於此北方毗沙門王有城名曰阿尼曼陀其
城有園名德華光於是園中有最勝園名曰
金幢七寶極妙此即是我常所住處若有欲
得財寶增長是人當於自所住處應淨掃灑
洗浴其身著鮮白衣妙香塗身為我至心三
稱彼佛寶華琉璃世尊名号礼拜供養燒香
散華亦當三稱金光明經至誠發願別以香
華種種美味供施於我散灑諸方爾時當說如是
章句
波利富樓那遮利　三曼陀達舍尼
摩訶毗訶羅伽帝　三曼陀毗陀那伽帝
摩訶迦梨波帝　波婆祢
薩婆三曼陀　脩鉢梨富餘
阿夜那達摩帝　摩訶毗鼓畢帝
摩訶彌勒簸僧祇帝　醯帝簁三博祇㣔帝
三曼陀阿咃　阿㝹婆羅尼
是灌頂章句畢定吉祥真實不虛等行衆
生及中善根應當受持讀誦通利七日七夜
受持八戒朝暮淨心香華供養十方諸佛常為
己身及諸衆生迴向具足阿耨多羅三藐三
菩提作是誓願令我所求皆得吉祥自於所
居房舍屋宅淨潔掃除若自住處若阿蘭
若處以香泥塗地燒微妙香敷淨好坐以種種

是灌頂章句畢定吉祥真實不虛等行衆
生及中善根應當受持讀誦通利七日七夜
受持八戒朝暮淨心香華供養十方諸佛常為
己身及諸衆生迴向具足阿耨多羅三藐三
菩提作是誓願令我所求皆得吉祥自於所
居房舍屋宅淨潔掃除若自住處若阿蘭
若處以香泥塗地燒微妙香敷淨好坐以種種
華香布散其地以待於我我於爾時如一念
頃入其室宅即坐其座從此日夜令此居處
若村邑若僧坊若露處無所乏少若錢若金
若珎寶若牛羊若穀米一切所須即得具
悉受快樂若能以已所作善根最勝之分迴
與我者我當終身不遠其人於所住處至心
誦念隨其所求令得成就應當至心礼如是
等諸佛世尊其名曰寶勝如來無垢熾寶光
明王相如來金炎光明如來金百光明照藏
如來金山寶蓋如來金華炎光相如來大炬
如來寶相如來亦應敬礼信相菩薩金光明
菩薩金藏菩薩常悲菩薩法上菩薩亦應敬
礼東方阿閦如來南方寶相如來西方無量
壽佛北方微妙聲佛
金光明經堅牢地神品第九
爾時地神堅牢白佛言世尊是金光明經若
現在世若未來世在在處處若城邑聚落若
山澤空處若王宮宅世尊隨是經典所流布
處是地爾中敷師子座令說法者坐其座上
廣演宣說是妙經典我當在中常作宿衛隱
蔽其身於法座下頂戴其足我聞法已得服
甘露無上法味增益身力而此大地深十六
万八千由旬從金剛際至海地上悉得衆味
增長具足豐壤肥濃過於今日以是之故閻

處是地分中敷師子座令說法者坐其座上
廣演宣說是妙經典我當在中常作宿衛隱
蔽其身在法座下頂戴其足我聞法已得服
甘露无上法味增益身力而此大地深十六
万八千由旬從金剛際至海地上悉得衆味
增長具足豐壤肥濃過於今日以是之故閻
浮提內藥草樹木根莖枝葉華菓滋茂美
色香味皆悉具足衆生食已增長壽命色力
辯安六情諸根具足通利威德顏貌端嚴殊
特成就如是種種等已所作事業多得成辦
有大勢力精勤勇猛是故世尊閻浮提內安
隱豐樂人民熾盛一切衆生多受快樂應心適
意隨其所樂是諸衆生得是威德大勢力已
能供養是金光明經及恭敬供養受持經者
四部之衆我於尒時當往其所為諸衆生受
快樂故請說法者廣令宣布如是妙典何以
故世尊是金光明若廣說時我及眷屬所得
功德倍過於常增長身力心進勇銳世尊我
服甘露无上味已閻浮提地縱廣七千由旬
豐壤倍常世尊如此大地衆生所依悉能增
長一切所須之物增長一切所須物已令諸
衆生隨意所用受於快樂種種飲食衣服
卧具宮殿屋宅樹木林菀河池泉井如是等
物因依於地悉皆具足是故世尊是諸衆生
為知我恩應作是念我當畢定聽受是經供養
恭敬尊重讚嘆作是念已即從住處若城邑
聚落舍宅空地往法會所聽受是經即聽受
已還其所心各慶相慶作如是言我等今者
聞此甚深无上妙法已為攝取不可思議切
德之聚值遇无量无邊諸佛三惡道報已德
解脫於未來世常生天上人中受樂是諸衆

BD04967 號　金光明經卷二　（17–15）

恭敬尊重讚嘆作是念已即從住處若城邑
聚落舍宅空地往法會所聽受是經即聽受
已還其所心各慶相慶作如是言我等今者
聞此甚深无上妙法已為攝取不可思議切
德之聚值遇无量无邊諸佛三惡道報已德
解脫於未來世常生天上人中受樂是諸衆
生各於住處若為他人演說是經若說一喻
一品一緣若復稱嘆一佛菩薩一四句偈乃
至一句及稱是經首題名字世尊隨是衆生
所住之處其地具足豐壤肥濃過於餘地凡
是因地所生之物悉得增長滋茂廣大悉令
衆生受於快樂多饒財寶好行惠施心常堅
固深信三寶尒時佛告地神堅牢若有衆生
乃至聞是金光明經一句之義人中命終隨
意往生三十三天地神若有衆生為欲供養
是經典故莊嚴屋宅乃至張懸一幡一蓋
或以一衣欲界六天已有自然七寶宮殿是
人命終即往生彼地神於諸七寶宮殿之中各
各自然有七天女共相娛樂日夜常受不可
思議微妙快樂尒時地神白佛言世尊以是
因緣說法比丘坐法座時我常晝夜衛護不
離隱蔽其形在其座下頂戴其足世尊若
有衆生於百千佛所種諸善根是說法者為
是等故於閻浮提廣宣流布是妙經典不令
斷絕是諸衆生聽是經已未來世中无量百
千那由他劫於天上人中常受快樂值遇諸
佛疾成阿耨多羅三藐三菩提三惡道苦
悉斷無餘

金光明經卷第二

BD04967 號　金光明經卷二　（17–16）

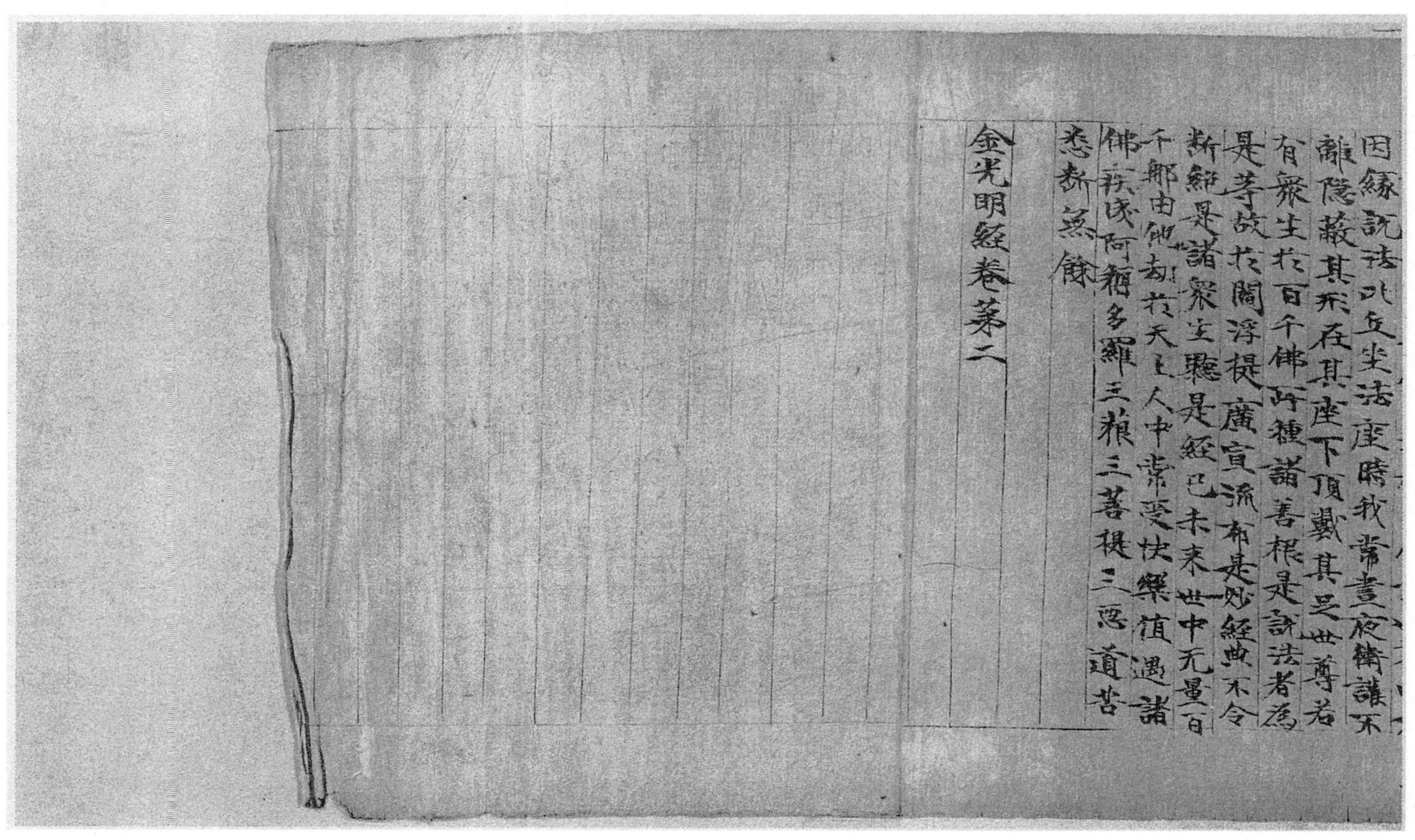

BD04967 號　金光明經卷二　（17–17）

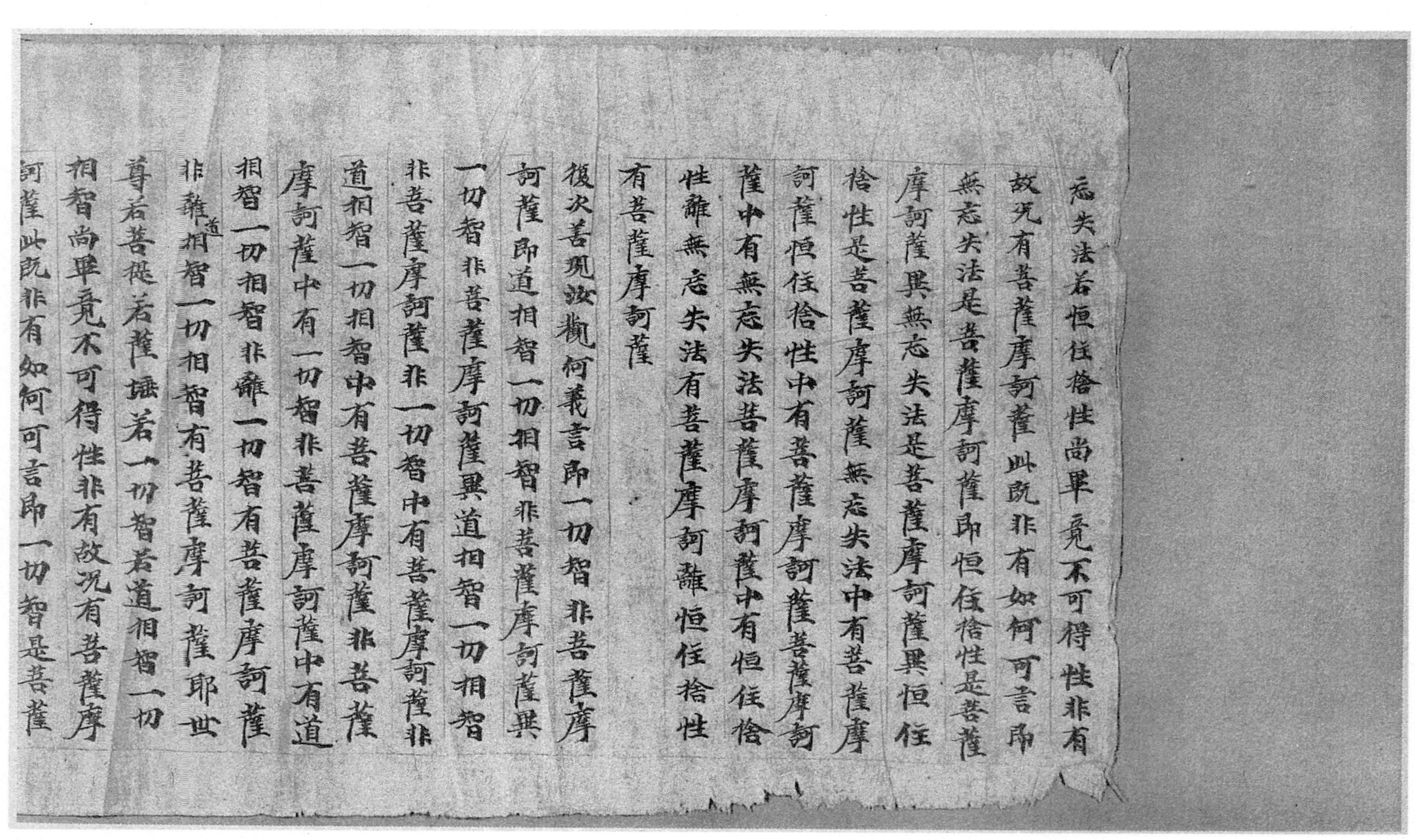

BD04968 號　大般若波羅蜜多經（兌廢稿）卷一五　（2–1）

重

訶薩既道相智一切相智非菩薩摩訶薩異
一切智非菩薩摩訶薩異道相智一切相智
非菩薩摩訶薩非一切智中有菩薩摩訶薩非
道相智一切相智中有菩薩摩訶薩非菩薩
摩訶薩中有一切智非菩薩摩訶薩中有道
相智一切相智非離一切智有菩薩摩訶薩
非離道相智一切相智有菩薩摩訶薩耶世
尊若菩提若薩埵若一切智若道相智一切
相智尚畢竟不可得性非有故況有菩薩摩
訶薩此既非有如何可言即一切智是菩薩
訶薩此既非有如何可言即一切智是菩薩
摩訶薩即道相智一切相智是菩薩摩訶薩
異一切智是菩薩摩訶薩異道相智一切相
智是菩薩摩訶薩一切智中有菩薩摩訶薩
道相智一切相智中有菩薩摩訶薩菩薩摩
訶薩中有一切智菩薩摩訶薩中有道相智
一切相智離一切智有菩薩摩訶薩離道相
智一切相智有菩薩摩訶薩

BD04968號　大般若波羅蜜多經（兌廢稿）卷一五　（2–2）

尒時舍利……心悅踊躍
而白佛言今……世尊聞
未曾有所以者何我昔從佛聞如是法見諸
菩薩受記作佛而我等不預斯事甚自感傷
失於如來无量智見世尊我常獨處山林樹
下若坐若行每作是念我等同入法性云何
如來以小乘法而見濟度然是我咎非世尊
也所以者何若我等待說所因成就阿耨多
羅三藐三菩提者必以大乘而得度脫然我
等不解方便隨宜所說初聞佛法遇便信受
思惟取證世尊我從昔來終日竟夜每自尅
責而今從佛聞所未聞未曾有法斷諸疑悔
身意泰然快得安隱今日乃知真是佛子從
佛口生從法化生得佛法分尒時舍利弗欲
重宣此義而說偈言
我聞是法音　得所未曾有　心懷大歡喜　疑網皆已除
昔來蒙佛教　不失於大乘　佛音甚希有　能除衆生惱
我已得漏盡　聞亦除憂惱　我處於山谷　或在林樹下
若坐若經行　常思惟是事　嗚呼深自責　云何而自欺
我等亦佛子　同入无漏法　不能於未來　演說无上道
金色三十二　十力諸解脫　同共一法中　而不得此事

BD04969號　妙法蓮華經卷二　（30–1）

重宣此義而說偈言
我聞是法音　得所未曾有　心懷大歡喜　疑網皆已除
昔來蒙佛教　不失於大乘　佛音甚希有　能除衆生惱
我已得漏盡　聞亦除憂惱　我處於山谷　或在林樹下
若坐若經行　常思惟是事　嗚呼深自責　云何而自欺
我等亦佛子　同入无漏法　不能於未來　演說无上道
金色三十二　十力諸解脫　同共一法中　而不得此事
八十種妙好　十八不共法　如是等功德　而我皆已失
我獨經行時　見佛在大衆　名聞滿十方　廣饒益衆生
自惟失此利　我為自欺誑　我常於日夜　每思惟是事
欲以問世尊　為失為不失　我常見世尊　稱讚諸菩薩
以是於日夜　籌量如此事　今聞佛音聲　隨宜而說法
无漏難思議　令衆至道場　我本著邪見　為諸梵志師
世尊知我心　拔邪說涅槃　我悉除邪見　於空法得證
尒時心自謂　得至於滅度　而今乃自覺　非是實滅度
若得作佛時　具三十二相　天人夜叉衆　龍神等恭敬
是時乃可謂　永盡滅无餘　佛於大衆中　說我當作佛
聞如是法音　疑悔悉已除　初聞佛所說　心中大驚疑
將非魔作佛　惱亂我心耶　佛以種種緣　譬喻巧言說
其心安如海　我聞疑網斷　佛說過去世　无量滅度佛
安住方便中　亦皆說是法　現在未來佛　其數无有量
亦以諸方便　演說如是法　如今者世尊　從生及出家
得道轉法輪　亦以方便說　世尊說實道　波旬无此事
以是我定知　非是魔作佛　我墮疑網故　謂是魔所為
聞佛柔軟音　深遠甚微妙　演暢清淨法　我心大歡喜

BD04969號　妙法蓮華經卷二　（30–2）

安住方便中　亦皆說是法　現在未來佛　其數无有量
亦以諸方便　演說如是法　如今者世尊　從生及出家
得道轉法輪　亦以方便說　世尊說實道　波旬无此事
以是我定知　非是魔作佛　我墮疑網故　謂是魔所為
聞佛柔軟音　深遠甚微妙　演暢清淨法　我心大歡喜
疑悔永已盡　安住實智中　我定當作佛　為天人所敬
轉无上法輪　教化諸菩薩
尒時佛告舍利弗吾今於天人沙門婆羅門
等大衆中說我昔曾於二万億佛所為无上
道故常教化汝汝亦長夜隨我受學我以方
便引導汝故生我法中舍利弗我昔教汝志
願佛道汝今悉忘而便自謂已得滅度我今
還欲令汝憶念本願所行道故為諸聲聞說
是大乘經名妙法蓮華教菩薩法佛所護念
舍利弗汝於未來世過无量无邊不可思議
劫供養若干千万億佛奉持正法具足菩薩
所行之道當得作佛号曰華光如來應供正
遍知明行足善逝世間解无上士調御丈夫
天人師佛世尊國名離垢其土平正清淨嚴
飾安隱豐樂天人熾盛琉璃為地有八交道
黃金為繩以界其側其傍各有七寶行樹常
有華菓華光如來亦以三乘教化衆生舍利
弗彼佛出時雖非惡世以本願故說三乘法
其劫名大寶莊嚴何故名曰大寶莊嚴其國
中以菩薩為大寶故彼諸菩薩无量无邊不

BD04969號　妙法蓮華經卷二　（30–3）

黄金為繩以界其側其傍各有七寶行樹常
有華菓華光如來亦以三乘教化衆生舍利
弗彼佛出時雖非惡世以本願故說三乘法
其劫名大寶莊嚴何故名曰大寶莊嚴其國
中以菩薩為大寶故彼諸菩薩无量无邊不
可思議筭數譬喻所不能及非佛智力无能
知者若欲行時寶華承足此諸菩薩非初發
意皆久殖德本於无量百千万億佛所淨脩
梵行恒為諸佛之所稱歎常脩佛慧具大神
通善知一切諸法之門質直无偽志念堅固
如是菩薩充滿其國舍利弗華光佛壽十二
小劫除為王子未作佛時其國人民壽八小
劫華光如來過十二小劫授堅滿菩薩阿耨
多羅三藐三菩提記告諸比丘是堅滿菩薩
次當作佛号曰華足安行多陁阿伽度阿羅
訶三藐三佛陁其佛國土亦復如是舍利弗
是華光佛滅度之後正法住世三十二小劫
像法住世亦三十二小劫尒時世尊欲重宣
此義而說偈言
舍利弗来世　成佛普智尊　号名曰華光　當度无量衆
供養无數佛　具足菩薩行　十力等功德　證於无上道
過无量劫已　劫名大寶嚴　世界名離垢　清淨无瑕穢
以琉璃為地　金繩界其道　七寶雜色樹　常有華菓實
彼國諸菩薩　志念常堅固　神通波羅蜜　皆已悉具足
於无數佛所　善學菩薩道　如是等大士　華光佛所化

BD04969號　妙法蓮華經卷二　(30–4)

供養无數佛　具足菩薩行　十力等功德　證於无上道
過无量劫已　劫名大寶嚴　世界名離垢　清淨无瑕穢
以琉璃為地　金繩界其道　七寶雜色樹　常有華菓實
彼國諸菩薩　志念常堅固　神通波羅蜜　皆已悉具足
於无數佛所　善學菩薩道　如是等大士　華光佛所化
佛為王子時　弃國捨世榮　於冣末後身　出家成佛道
華光佛住世　壽十二小劫　其國人民衆　壽命八小劫
佛滅度之後　正法住於世　三十二小劫　廣度諸衆生
正法滅盡已　像法三十二　舍利廣流布　天人普供養
華光佛所為　其事皆如是　其兩足聖尊　冣勝无倫匹
彼即是汝身　宜應自欣慶
尒時四部衆比丘比丘尼優婆塞優婆夷天
龍夜叉乾闥婆阿脩羅迦樓羅緊那羅摩睺
羅伽等大衆見舍利弗於佛前受阿耨多羅
三藐三菩提記心大歡喜踊躍无量各各脫
身所著上衣以供養佛釋提桓因梵天王等
與无數天子亦以天妙衣天曼陁羅華摩訶
曼陁羅華等供養於佛所散天衣住虛空中
而自迴轉諸天伎樂百千万種於虛空中一
時俱作雨衆天華而作是言佛昔於波羅柰
初轉法輪今乃復轉无上冣大法輪尒時諸
天子欲重宣此義而說偈言
昔於波羅柰　轉四諦法輪　分別說諸法　五衆之生滅
今復轉冣妙　无上大法輪　是法甚深奧　少有能信者
我等從昔来　數聞世尊說　未曾聞如是　深妙之上法

BD04969號　妙法蓮華經卷二　(30–5)

初轉法輪今乃復轉无上最大法輪尒時諸
天子欲重宣此義而說偈言
昔於波羅柰　轉四諦法輪　分別說諸法　五衆之生滅
今復轉最妙　无上大法輪　是法甚深奧　少有能信者
我等從昔來　數聞世尊說　未曾聞如是　深妙之上法
世尊說是法　我等皆隨喜　大智舍利弗　今得受尊記
我等亦如是　必當得作佛　於一切世間　最尊无有上
佛道叵思議　方便隨宜說　我所有福業　今世若過世
及見佛功德　盡迴向佛道
尒時舍利弗白佛言世尊我今无復疑悔親
於佛前得受阿耨多羅三藐三菩提記是諸
千二百心自在者昔住學地佛常教化言我
法能離生老病死究竟涅槃是學无學人亦
各自以離我見及有无見等謂得涅槃而今
於世尊前聞所未聞皆墮疑惑善哉世尊願
為四衆說其因緣令離疑悔尒時佛告舍利
弗我先不言諸佛世尊以種種因緣譬喻言
辭方便說法皆為阿耨多羅三藐三菩提耶
是諸所說皆為化菩薩故然舍利弗今當復
以譬喻更明此義諸有智者以譬喻得解舍
利弗若國邑聚落有大長者其年衰邁財富
无量多有田宅及諸僮僕其家廣大唯有一
門多諸人衆一百二百乃至五百人止住其
中堂閣朽故墻壁頹落柱根腐敗梁棟傾危
周帀俱時欻然火起焚燒舍宅長者諸子若

BD04969 號　妙法蓮華經卷二　（30–6）

以譬喻更明此義諸有智者以譬喻得解舍
利弗若國邑聚落有大長者其年衰邁財富
无量多有田宅及諸僮僕其家廣大唯有一
門多諸人衆一百二百乃至五百人止住其
中堂閣朽故墻壁頹落柱根腐敗梁棟傾危
周帀俱時欻然火起焚燒舍宅長者諸子若
十二十或至三十在此宅中長者見是大火
從四面起即大驚怖而作是念我雖能於此
所燒之門安隱得出而諸子等於火宅內樂
著嬉戲不覺不知不驚不怖火來逼身苦痛
切己心不猒患无求出意舍利弗是長者作
是思惟我身手有力當以衣裓若以几案從
舍出之復更思惟是舍唯有一門而復狹小
諸子幼稚未有所識戀著戲處或當墮落為
火所燒我當為說怖畏之事此舍已燒宜時
疾出无令為火之所燒害作是念已如所思
惟具告諸子汝等速出父雖憐愍善言誘喻
而諸子等樂著嬉戲不肯信受不驚不畏了
无出心亦復不知何者是火何者為舍云何
為失但東西走戲視父而已尒時長者即作
是念此舍已為大火所燒我及諸子若不時
出必為所焚我今當設方便令諸子等得免
斯害父知諸子先心各有所好種種珍玩奇
異之物情必樂著而告之言汝等所可玩好
希有難得汝若不取後必憂悔如此種種羊

BD04969 號　妙法蓮華經卷二　（30–7）

出必為所焚我今當設方便令諸子等得免
斯害父知諸子先心各有所好種種珎玩奇
異之物情必樂著而告之言汝等所可玩好
希有難得汝若不取後必憂悔如此種種羊
車鹿車牛車今在門外可以遊戲汝等於此
火宅宜速出來隨汝所欲皆當與汝尒時諸
子聞父所說珎玩之物適其願故心各勇銳
互相推排競共馳走爭出火宅是時長者見
諸子等安隱得出皆於四衢道中露地而坐
无復障礙其心泰然歡喜踊躍時諸子等各
白父言父先所許玩好之具羊車鹿車牛車
願時賜與舍利弗尒時長者各賜諸子等一
大車其車高廣衆寳莊校周帀欄楯四面懸
鈴又於其上張設幰蓋亦以珎奇雜寳而嚴
餝之寳繩交絡垂諸華瓔重敷綩綖安置丹
枕駕以白牛膚色充潔形體姝好有大筋力
行步平正其疾如風又多僕從而侍衛之所
以者何是大長者財富无量種種諸藏悉皆
充溢而作是念我財物无極不應以下劣小
車與諸子等今此幼童皆是吾子愛无偏黨
我有如是七寳大車其數无量應當等心各
各與之不宜差別所以者何以我此物周給
一國猶尚不匱何況諸子是時諸子各乘大
車得未曾有非本所望舍利弗於汝意云何
是長者等與諸子珎寳大車寧有虛妄不舍

一國猶尚不匱何況諸子是時諸子各乘大
車得未曾有非本所望舍利弗於汝意云何
是長者等與諸子珎寳大車寧有虛妄不舍
利弗言不也世尊是長者但令諸子得免火
難全其軀命非為虛妄何以故若全身命便
為已得玩好之具況復方便於彼火宅而拔
濟之世尊若是長者乃至不與最小一車猶
不虛妄何以故是長者先作是意我以方便令
子得出以是因緣无虛妄也何況長者自知
財富无量欲饒益諸子等與大車佛告舍
利弗善哉善哉如汝所言舍利弗如來亦復
如是則為一切世間之父於諸怖畏衰惱憂
患无明闇蔽永盡无餘而悉成就无量知見
力无所畏有大神力及智慧力具足方便智
慧波羅蜜大悲常无懈惓恒求善事利益
一切而生三界朽故火宅為度衆生生老病
死憂悲苦惱愚癡闇蔽三毒之火教化令
得阿耨多羅三藐三菩提見諸衆生為生老
病死憂悲苦惱之所燒煑亦以五欲財利故
受種種苦又以貪著追求故現受衆苦後受
地獄畜生餓鬼之苦若生天上及在人間貧
窮困苦愛別離苦怨憎會苦如是等種種諸
苦衆生沒在其中歡喜遊戲不覺不知不驚
不怖亦不生厭不求解脫於此三界火宅東
西馳走雖遭大苦不以為患舍利弗佛見此

窮困苦愛別離苦怨憎會苦如是等種種諸
苦衆生沒在其中歡喜遊戲不覺不知不驚
不怖亦不生猒不求解脫於此三界火宅東
西馳走雖遭大苦不以為患舍利弗佛見此
已便作是念我為衆生之父應拔其苦難與
无量无邊佛智慧樂令其遊戲舍利弗如来
復作是念若我但以神力及智慧力捨於方
便為諸衆生讚如来知見力无所畏者衆生
不能以是得度所以者何是諸衆生未免生
老病死憂悲苦惱而為三界火宅所燒何由
能解佛之智慧舍利弗如彼長者雖復身手
有力而不用之但以慇勤方便免濟諸子火
宅之難然後各與珎寶大車如来亦復如是
雖有力无所畏而不用之但以智慧方便於
三界火宅拔濟衆生為說三乘聲聞辟支佛
佛乘而作是言汝等莫得樂住三界火宅勿
貪麁弊色聲香味觸也若貪著生愛則為所
燒汝等速出三界當得三乘聲聞辟支佛佛乘
我今為汝保任此事終不虛也汝等但當勤
脩精進如来以是方便誘進衆生復作是言
汝等當知此三乘法皆是聖所稱歎自在无
繫无所依求乘是三乘以无漏根力覺道禪
定解脫三昧等而自娛樂便得无量安隱快
樂舍利弗若有衆生内有智性從佛世尊聞
法信受慇勤精進欲速出三界自求涅槃是

BD04969號　妙法蓮華經卷二　（30–10）

汝等當知此三乘法皆是聖所稱歎自在无
繫无所依求乘是三乘以无漏根力覺道禪
定解脫三昧等而自娛樂便得无量安隱快
樂舍利弗若有衆生内有智性從佛世尊聞
法信受慇勤精進欲速出三界自求涅槃是
名聲聞乘如彼諸子為求羊車出於火宅若
有衆生從佛世尊聞法信受慇勤精進求自
然慧樂獨善寂深知諸法因緣是名辟支佛
乘如彼諸子為求鹿車出於火宅若有衆生
從佛世尊聞法信受勤脩精進求一切智佛
智自然智无師智如来知見力无所畏愍念
安樂无量衆生利益天人度脫一切是名大
乘菩薩求此乘故名為摩訶薩如彼諸子為
求牛車出於火宅舍利弗如彼長者見諸子
等安隱得出火宅到无畏處自惟財富无量
等以大車而賜諸子如来亦復如是為一切
衆生之父若見无量億千衆生以佛教門出
三界苦怖畏險道得涅槃樂如来尒時便作
是念我有无量无邊智慧力无畏等諸佛法
藏是諸衆生皆是我子等與大乘不令有人
獨得滅度皆以如来滅度而滅度之是諸衆
生脫三界者悉與諸佛禪定解脫等娛樂之
具皆是一相一種聖所稱歎能生淨妙第一
之樂舍利弗如彼長者初以三車誘引諸子
然後但與大車寶物莊嚴安隱第一然彼長
者无虛妄之咎如来亦復如是无有虛妄初

BD04969號　妙法蓮華經卷二　（30–11）

生既三界者，悉與諸佛禪定解脫等娛樂之
具，皆是一相一種，聖所稱歎，能生淨妙第一
之樂。舍利弗，如彼長者初以三車誘引諸子，
然後但與大車寶物莊嚴，安隱第一，然彼長
者无虛妄之咎。如來亦復如是，无有虛妄。初
說三乘引導眾生，然後但以大乘而度脫之。
何以故？如來有无量智慧力无所畏諸法之
藏，能與一切眾生大乘之法，但不盡能受。舍
利弗，以是因緣，當知諸佛方便力故，於一佛
乘分別說三。佛欲重宣此義，而說偈言：
譬如長者　有一大宅　其宅久故　而復頓弊
堂舍高危　柱根摧朽　梁棟傾斜　基陛頹毀
牆壁圮坼　泥塗褫落　覆苫亂墜　椽梠差脫
周障屈曲　雜穢充遍　有五百人　止住其中
鵄梟鵰鷲　烏鵲鳩鴿　蚖蛇蝮蠍　蜈蚣蚰蜒
守宮百足　狖狸鼷鼠　諸惡虫輩　交橫馳走
屎尿臭處　不淨流溢　蜣蜋諸虫　而集其上
狐狼野干　咀嚼踐蹋　齰齧死屍　骨肉狼藉
由是群狗　競來搏撮　飢羸慞惶　處處求食
鬪諍摣掣　啀喍嗥吠　其舍恐怖　變狀如是
處處皆有　魑魅魍魎　夜叉惡鬼　食噉人肉
毒虫之屬　諸惡禽獸　孚乳產生　各自藏護
夜叉競來　爭取食之　食之既飽　惡心轉熾
鬪諍之聲　甚可怖畏　鳩槃荼鬼　蹲踞土埵
或時離地　一尺二尺　往返遊行　縱逸嬉戲

BD04969號　妙法蓮華經卷二　（30–12）

夜叉競來　爭取食之　食之既飽　惡心轉熾
鬪諍之聲　甚可怖畏　鳩槃荼鬼　蹲踞土埵
或時離地　一尺二尺　往返遊行　縱逸嬉戲
捉狗兩足　撲令失聲　以腳加頸　怖狗自樂
復有諸鬼　其身長大　裸形黑瘦　常住其中
發大惡聲　叫呼求食　復有諸鬼　其咽如針
復有諸鬼　首如牛頭　或食人肉　或復噉狗
頭髮蓬亂　殘害凶險　飢渴所逼　叫喚馳走
夜叉餓鬼　諸惡鳥獸　飢急四向　窺看窓牖
如是諸難　恐畏无量　是朽故宅　屬于一人
其人近出　未久之間　於後舍宅　欻然火起
四面一時　其焰俱熾　棟梁椽柱　爆聲震裂
摧折墮落　牆壁崩倒　諸鬼神等　揚聲大叫
鵰鷲諸鳥　鳩槃荼等　周慞惶怖　不能自出
惡獸毒虫　藏竄孔穴　毗舍闍鬼　亦住其中
薄福德故　為火所逼　共相殘害　飲血噉肉
野干之屬　並已前死　諸大惡獸　競來食噉
臭烟熢㶿　四面充塞　蜈蚣蚰蜒　毒蛇之類
為火所燒　爭走出穴　鳩槃荼鬼　隨取而食
又諸餓鬼　頭上火燃　飢渴熱惱　周慞悶走
其宅如是　甚可怖畏　毒害火災　眾難非一
是時宅主　在門外立　聞有人言　汝諸子等
先因遊戲　來入此宅　稚小无知　歡娛樂著
長者聞已　驚入火宅　方宜救濟　令无燒害
告喻諸子　說眾患難　惡鬼毒虫　災火蔓莚

BD04969號　妙法蓮華經卷二　（30–13）

先因遊戲 來入此宅 稚小无知 歡娛樂著
長者聞已 驚入火宅 方宜救濟 令无燒害
告喻諸子 說衆患難 惡鬼毒虫 灾火蔓莚
衆苦次第 相續不絕 毒虵蚖蝮 及諸夜叉
鳩槃荼鬼 野干狐狗 鵰鷲鵄梟 百足之屬
飢渴惱急 甚可怖畏 此苦難處 況復大火
諸子无知 雖聞父誨 猶故樂著 嬉戲不已
是時長者 而作是念 諸子如此 益我愁惱
今此舍宅 无一可樂 而諸子等 躭湎嬉戲
不受我教 將為火害 即便思惟 設諸方便
告諸子等 我有種種 珍玩之具 妙寶好車
羊車鹿車 大牛之車 今在門外 汝等出來
吾為汝等 造作此車 隨意所樂 可以遊戲
諸子聞說 如此諸車 即時奔競 馳走而出
到於空地 離諸苦難 長者見子 得出火宅
住於四衢 坐師子座 而自慶言 我今快樂
此諸子等 生育甚難 愚小无知 而入險宅
多諸毒虫 魑魅可畏 大火猛焰 四面俱起
而此諸子 貪樂嬉戲 我已救之 令得脫難
是故諸人 我今快樂 爾時諸子 知父安坐
皆詣父所 而白父言 願賜我等 三種寶車
如前所許 諸子出來 當以三車 隨汝所欲
今正是時 唯垂給與 長者大冨 庫藏衆多
金銀琉璃 車渠馬瑙 以衆寶物 造諸大車
莊校嚴飾 周帀欄楯 四面懸鈴 金繩交絡

BD04969號 妙法蓮華經卷二 （30-14）

如前所許 諸子出來 當以三車 隨汝所欲
今正是時 唯垂給與 長者大冨 庫藏衆多
金銀琉璃 車渠馬瑙 以衆寶物 造諸大車
莊校嚴飾 周帀欄楯 四面懸鈴 金繩交絡
真珠羅網 張施其上 金華諸瓔 處處垂下
衆綵雜飾 周帀圍繞 柔軟繒纊 以為茵蓐
上妙細疊 價直千億 鮮白淨潔 以覆其上
有大白牛 肥壯多力 形體姝好 以駕寶車
多諸儐從 而侍衛之 以是妙車 等賜諸子
諸子是時 歡喜踊躍 乘是寶車 遊於四方
嬉戲快樂 自在无礙 告舍利弗 我亦如是
衆聖中尊 世間之父 一切衆生 皆是吾子
深著世樂 无有慧心 三界无安 猶如火宅
衆苦充滿 甚可怖畏 常有生老 病死憂患
如是等火 熾然不息 如來已離 三界火宅
寂然閑居 安處林野 今此三界 皆是我有
其中衆生 悉是吾子 而今此處 多諸患難
唯我一人 能為救護 雖復教詔 而不信受
於諸欲染 貪著深故 是以方便 為說三乘
令諸衆生 知三界苦 開示演說 出世間道
是諸子等 若心決定 具足三明 及六神通
有得緣覺 不退菩薩 汝舍利弗 我為衆生
以此譬喻 說一佛乘 汝等若能 信受是語
一切皆當 得成佛道 是乘微妙 清淨第一
於諸世間 為无有上 佛所悅可 一切衆生

BD04969號 妙法蓮華經卷二 （30-15）

是諸子等　若心決定　具足三明　及六神通
有得緣覺　不退菩薩　汝舍利弗　我為眾生
以此譬喻　說一佛乘　汝等若能　信受是語
一切皆當　得成佛道　是乘微妙　清淨第一
於諸世間　為无有上　佛所悅可　一切眾生
所應稱讚　供養礼拜　无量億千　諸力解脫
禪定智慧　及佛餘法　得如是乘　令諸子等
日夜劫數　常得遊戲　與諸菩薩　及聲聞眾
乘此寶乘　直至道場　以是因緣　十方諦求
更无餘乘　除佛方便　告舍利弗　汝諸人等
皆是吾子　我則是父　汝等累劫　眾苦所燒
我皆濟拔　令出三界　我雖先說　汝等滅度
但盡生死　而實不滅　今所應作　唯佛智慧
若有菩薩　於是眾中　能一心聽　諸佛實法
諸佛世尊　雖以方便　所化眾生　皆是菩薩
若人小智　深著愛欲　為此等故　說於苦諦
眾生心喜　得未曾有　佛說苦諦　真實无異
若有眾生　不知苦本　深著苦因　不能暫捨
為是等故　方便說道　諸苦所因　貪欲為本
若滅貪欲　无所依止　滅盡諸苦　名第三諦
為滅諦故　脩行於道　離諸苦縛　名得解脫
是人於何　而得解脫　但離虛妄　名為解脫
其實未得　一切解脫　佛說是人　未實滅度
斯人未得　无上道故　我意不欲　令至滅度
我為法王　於法自在　安隱眾生　故現於世

BD04969號　妙法蓮華經卷二　（30–16）

是人於何　而得解脫　但離虛妄　名為解脫
其實未得　一切解脫　佛說是人　未實滅度
斯人未得　无上道故　我意不欲　令至滅度
我為法王　於法自在　安隱眾生　故現於世
汝舍利弗　我此法印　為欲利益　世間故說
在所遊方　勿妄宣傳　若有聞者　隨喜頂受
當知是人　阿鞞跋致　若有信受　此經法者
是人已曾　見過去佛　恭敬供養　亦聞是法
若人有能　信汝所說　則為見我　亦見於汝
及比丘僧　并諸菩薩　斯法華經　為深智說
淺識聞之　迷惑不解　一切聲聞　及辟支佛
於此經中　力所不及　汝舍利弗　尚於此經
以信得入　況餘聲聞　其餘聲聞　信佛語故
隨順此經　非己智分　又舍利弗　憍慢懈怠
計我見者　莫說此經　凡夫淺識　深著五欲
聞不能解　亦勿為說　若人不信　毀謗此經
則斷一切　世間佛種　或復嚬蹙　而懷疑惑
汝當聽說　此人罪報　若佛在世　若滅度後
其有誹謗　如斯經典　見有讀誦　書持經者
輕賤憎嫉　而懷結恨　此人罪報　汝今復聽
其人命終　入阿鼻獄　具足一劫　劫盡更生
如是展轉　至无數劫　從地獄出　當墮畜生
若狗野干　其形頷瘦　黧黮疥癩　人所觸嬈
又復為人　之所惡賤　常困飢渴　骨肉枯竭
生受楚毒　死被瓦石　斷佛種故　受斯罪報

BD04969號　妙法蓮華經卷二　（30–17）

其人命終　入阿鼻獄　具足一劫　劫盡更生
如是展轉　至无數劫　從地獄出　當墮畜生
若狗野干　其形頹瘦　黧黮疥癩　人所觸嬈
又復為人　之所惡賤　常困飢渴　骨肉枯竭
生受楚毒　死被瓦石　斷佛種故　受斯罪報
若作駱駝　或生驢中　身常負重　加諸杖捶
但念水草　餘无所知　謗斯經故　獲罪如是
有作野干　來入聚落　身體疥癩　又无一目
為諸童子　之所打擲　受諸苦痛　或時致死
於此死已　更受蟒身　其形長大　五百由旬
聾騃无足　宛轉腹行　為諸小虫　之所唼食
晝夜受苦　无有休息　謗斯經故　獲罪如是
若得為人　諸根暗鈍　矬陋攣躄　盲聾背傴
有所言說　人不信受　口氣常臭　鬼魅所著
貧窮下賤　為人所使　多病痟瘦　无所依怙
雖親附人　人不在意　若有所得　尋復忘失
若修醫道　順方治病　更增他疾　或復致死
若自有病　无人救療　設服良藥　而復增劇
若他反逆　抄劫竊盜　如是等罪　橫羅其殃
如斯罪人　永不見佛　眾聖之王　說法教化
如斯罪人　常生難處　狂聾心亂　永不聞法
於无數劫　如恒河沙　生輒聾瘂　諸根不具
常處地獄　如遊園觀　在餘惡道　如己舍宅
駝驢猪狗　是其行處　謗斯經故　獲罪如是
若得為人　聾盲瘖瘂　貧窮諸衰　以自莊嚴
水腫乾痟　疥癩癰疽　如是等病　以為衣服

BD04969 號　妙法蓮華經卷二　（30–18）

如斯罪人　常生難處　狂聾心亂　永不聞法
於无數劫　如恒河沙　生輒聾瘂　諸根不具
常處地獄　如遊園觀　在餘惡道　如己舍宅
駝驢猪狗　是其行處　謗斯經故　獲罪如是
若得為人　聾盲瘖瘂　貧窮諸衰　以自莊嚴
水腫乾痟　疥癩癰疽　如是等病　以為衣服
身常臭處　垢穢不淨　深著我見　增益瞋恚
婬欲熾盛　不擇禽獸　謗斯經故　獲罪如是
告舍利弗　謗斯經者　若說其罪　窮劫不盡
以是因緣　我故語汝　无智人中　莫說此經
若有利根　智慧明了　多聞強識　求佛道者
如是之人　乃可為說　若人曾見　億百千佛
殖諸善本　深心堅固　如是之人　乃可為說
若人精進　常修慈心　不惜身命　乃可為說
若人恭敬　无有異心　離諸凡愚　獨處山澤
如是之人　乃可為說　又舍利弗　若見有人
捨惡知識　親近善友　如是之人　乃可為說
若見佛子　持戒清潔　如淨明珠　求大乘經
如是之人　乃可為說　若人无瞋　質直柔軟
常愍一切　恭敬諸佛　如是之人　乃可為說
復有佛子　於大眾中　以清淨心　種種因緣
譬喻言辭　說法无礙　如是之人　乃可為說
若有比丘　為一切智　四方求法　合掌頂受
但樂受持　大乘經典　乃至不受　餘經一偈
如是之人　乃可為說　如人至心　求佛舍利
如是求經　得已頂受　其人不復　志求餘經

BD04969 號　妙法蓮華經卷二　（30–19）

若有比丘　為一切智　四方求法　合掌頂受
但樂受持　大乘經典　乃至不受　餘經一偈
如是之人　乃可為說　如人至心　求佛舍利
如是求經　得已頂受　其人不復　志求餘經
亦未曾念　外道典籍　如是之人　乃可為說
告舍利弗　我說是相　求佛道者　窮劫不盡
如是等人　則能信解　汝當為說　妙法華經

妙法蓮華經信解品第四

尒時慧命須菩提摩訶迦旃延摩訶迦葉摩
訶目揵連從佛所聞未曾有法世尊授舍利
弗阿耨多羅三藐三菩提記發希有心歡喜
踊躍即從座起整衣服偏袒右肩右膝著地
一心合掌曲躬恭敬瞻仰尊顏而白佛言我
等居僧之首年並朽邁自謂已得涅槃无所
堪任不復進求阿耨多羅三藐三菩提世尊
往昔說法既久我時在座身體疲懈但念空
无相无作於菩薩法遊戲神通淨佛國土成
就衆生心不憙樂所以者何世尊令我等出
於三界得涅槃證又今我等年已朽邁於佛
教化菩薩阿耨多羅三藐三菩提不生一念
好樂之心我等今於佛前聞授聲聞阿耨多
羅三藐三菩提記心甚歡喜得未曾有不謂
於今忽然得聞希有之法深自慶幸獲大善
利无量珎寶不求自得世尊我等今者樂說
譬喻以明斯義譬若有人年既幼稚捨父逃

BD04969號　妙法蓮華經卷二　　（30–20）

羅三藐三菩提記心甚歡喜得未曾有不謂
於今忽然得聞希有之法深自慶幸獲大善
利无量珎寶不求自得世尊我等今者樂說
譬喻以明斯義譬若有人年既幼稚捨父逃
逝久住他國或十二十至五十歲年既長大
加復窮困馳騁四方以求衣食漸漸遊行遇
向本國其父先來求子不得中止一城其家
大富財寶无量金銀琉璃珊瑚虎珀頗梨珠
等其諸倉庫悉皆盈溢多有僮僕臣佐吏民
象馬車乘牛羊无數出入息利乃遍他國商
估賈客亦甚衆多時貧窮子遊諸聚落經歷
國邑遂到其父所止之城父每念子與子離
別五十餘年而未曾向人說如此事但自思
惟心懷悔恨自念老朽多有財物金銀珎寶
倉庫盈溢无有子息一旦終沒財物散失无
所委付是以慇懃每憶其子復作是念我若
得子委付財物坦然快樂无復憂慮世尊尒
時窮子傭賃展轉遇到父舍住立門側遙見
其父踞師子床寶几承足諸婆羅門剎利居
士皆恭敬圍繞以真珠瓔珞價直千万莊嚴
其身吏民僮僕手執白拂侍立左右覆以寶
帳垂諸華幡香水灑地散衆名華羅列寶物
出內取與有如是等種種嚴飾威德特尊窮
子見父有大力勢即懷恐怖悔來至此竊作
是念此或是王或是王等非我傭力得物之

BD04969號　妙法蓮華經卷二　　（30–21）

帳垂諸華幡香水灑地散衆名華羅列寶物
出内取與有如是等種種嚴飾威德特尊窮
子見父有大力勢即懷恐怖悔来至此竊作
是念此或是王或是王等非我傭力得物之
處不如往至貧里肆力有地衣食易得若久
住此或見逼迫強使我作作是念已疾走而
去時冨長者於師子座見子便識心大歡喜
即作是念我財物庫藏今有所付我常思念
此子无由見之而忽自来甚適我願我雖年
朽猶故貪惜即遣傍人急追將還尒時使者
疾走往捉窮子驚愕稱怨大喚我不相犯何
為見捉使者執之逾急強牽將還于時窮子
自念无罪而被囚執此必定死轉更惶怖悶
絶躃地父遥見之而語使言不須此人勿強
將来以冷水灑面令得醒悟莫復與語所以
者何父知其子志意下劣自知豪貴為子所
難審知是子而以方便不語他人云是我子
使者語之我今放汝隨意所趣窮子歡喜得
未曾有從地而起往至貧里以求衣食尒時
長者將欲誘引其子而設方便密遣二人形
色憔悴无威德者汝可詣彼徐語窮子此有
作處倍與汝直窮子若許將来使作若言欲
何所作便可語之雇汝除糞我等二人亦共
汝作時二使人即求窮子既已得之具陳上
事尒時窮子先取其價尋與除糞其父見子

BD04969號　妙法蓮華經卷二　（30–22）

色憔悴无威德者汝可詣彼徐語窮子此有
作處倍與汝直窮子若許將来使作若言欲
何所作便可語之雇汝除糞我等二人亦共
汝作時二使人即求窮子既已得之具陳上
事尒時窮子先取其價尋與除糞其父見子
愍而怪之又以他日於窓牖中遥見子身羸
瘦憔悴糞土塵坌汙穢不淨即脫瓔珞細軟
上服嚴飾之具更著麁弊垢膩之衣塵土坌
身右手執持除糞之器狀有所畏語諸作人
汝等勤作勿得懈息以方便故得近其子後
復告言咄男子汝常此作勿復餘去當加汝
價諸有所須瓮器米麵鹽酢之屬莫自疑難
亦有老弊使人須者相給好自安意我如汝
父勿復憂慮所以者何我年老大而汝少壯
汝常作時无有欺怠瞋恨怨言都不見汝有
此諸惡如餘作人自今已後如所生子即時
長者更與作字名之為兒尒時窮子雖欣此
遇猶故自謂客作賤人由是之故於二十年
中常令除糞過是已後心相體信入出无難
然其所止猶在本處世尊尒時長者有疾自
知將死不久語窮子言我今多有金銀珎寶
倉庫盈溢其中多少所應取與汝悉知之我
心如是當體此意所以者何今我與汝便為
不異宜加用心无令漏失尒時窮子即受教
勑領知衆物金銀珎寶及諸庫藏而无悕取

BD04969號　妙法蓮華經卷二　（30–23）

倉庫盈溢其中多少所應取與汝悉知之我
心如是當體此意所以者何今我與汝便為
不異宜加用心无令漏失尒時窮子即受教
勅領知衆物金銀珎寶及諸庫藏而无悕取
一飡之意然其所止故在本處下劣之心亦
未能捨復經少時父知子意漸已通泰成就
大志自鄙先心臨欲終時而命其子并會親
族國王大臣剎利居士皆悉已集即自宣言
諸君當知此是我子我之所生於某城中捨
吾逃走跉跰辛苦五十餘年其本字某我名
某甲昔在本城懷憂推覓忽於此間遇會得
之此實我子我實其父今我所有一切財物皆
是子有先所出內是子所知世尊是時窮
子聞父此言即大歡喜得未曾有而作是念
我本无心有所悕求今此寶藏自然而至世
尊大富長者則是如來我等皆似佛子如來
常說我等為子世尊我等以三苦故於生死
中受諸熱惱迷惑无知樂著小法今日世尊
令我等思惟蠲除諸法戲論之糞我等於中
勤加精進得至涅槃一日之價既得此已心大
歡喜自以為足便自謂言於佛法中勤精進
故所得弘多然世尊先知我等心著弊欲樂
於小法便見縱捨不為分別汝等當有如來
知見寶藏之分世尊以方便力說如來智慧
我等從佛得涅槃一日之價以為大得於此

BD04969號　妙法蓮華經卷二　（30–24）

歡喜自以為足便自謂言於佛法中勤精進
故所得弘多然世尊先知我等心著弊欲樂
於小法便見縱捨不為分別汝等當有如來
知見寶藏之分世尊以方便力說如來智慧
我等從佛得涅槃一日之價以為大得於此
大乘无有志求我等又因如來智慧為諸菩
薩開示演說而自於此无有志願所以者何
佛知我等心樂小法以方便力隨我等說而
我等不知真是佛子今我等方知世尊於佛
智慧无所悋惜所以者何我等昔來真是佛
子而但樂小法若我等有樂大之心佛則為
我說大乘法於此經中唯說一乘而昔於菩
薩前毀呰聲聞樂小法者然佛實以大乘教
化是故我等說本无心有所悕求今法王大
寶自然而至如佛子所應得者皆已得之尒
時摩訶迦葉欲重宣此義而說偈言
我等今日　聞佛音教　歡喜踊躍　得未曾有
佛說聲聞　當得作佛　无上寶聚　不求自得
譬如童子　幼稚无識　捨父逃逝　遠到他土
周流諸國　五十餘年　其父憂念　四方推求
求之既疲　頓止一城　造立舍宅　五欲自娛
其家巨富　多諸金銀　車𤦲馬瑙　真珠琉璃
象馬牛羊　輦轝車乘　田業僮僕　人民衆多
出入息利　乃遍他國　商估賈人　无處不有
千万億衆　圍繞恭敬　常為王者　之所愛念

BD04969號　妙法蓮華經卷二　（30–25）

其家巨富 多諸金銀 車𤦲馬瑙 真珠琉璃
象馬牛羊 輦轝車乗 田業僮僕 人民衆多
出入息利 乃遍他國 商估賈人 无處不有
千万億衆 圍繞恭敬 常為王者 之所愛念
群臣豪族 皆共宗重 以諸緣故 往来者衆
豪冨如是 有大力勢 而年朽邁 益憂念子
夙夜惟念 死時將至 癡子捨我 五十餘年
庫藏諸物 當如之何 尒時窮子 求索衣食
從邑至邑 從國至國 或有所得 或无所得
飢餓羸瘦 體生瘡癬 漸次經歷 到父住城
傭賃展轉 遂至父舍 尒時長者 於其門内
施大寶帳 處師子座 眷屬圍繞 諸人侍衛
或有計筭 金銀寶物 出内財産 注記券疏
窮子見父 豪貴尊嚴 謂是國王 若是王等
驚怖自恠 何故至此 覆自念言 我若久住
或見逼迫 強驅使作 思惟是已 馳走而去
借問貧里 欲往傭作 長者是時 在師子座
遥見其子 嘿而識之 即勑使者 追捉將来
窮子驚喚 迷悶躃地 是人執我 必當見煞
何用衣食 使我至此 長者知子 愚癡狹劣
不信我言 不信是父 即以方便 更遣餘人
眇目座陋 无威徳者 汝可語之 云當相雇
除諸糞穢 倍與汝價 窮子聞之 歡喜随来
為除糞穢 淨諸房舍 長者於牖 常見其子
念子愚劣 樂為鄙事 於是長者 著弊垢衣

BD04969號　妙法蓮華經卷二　（30–26）

眇目座陋 无威徳者 汝可語之 云當相雇
除諸糞穢 倍與汝價 窮子聞之 歡喜随来
為除糞穢 淨諸房舍 長者於牖 常見其子
念子愚劣 樂為鄙事 於是長者 著弊垢衣
執除糞器 往到子所 方便附近 語令勤作
既益汝價 并塗足油 飲食充足 薦席厚煖
如是苦言 汝當勤作 又以軟語 若如我子
長者有智 漸令入出 經二十年 執作家事
示其金銀 真珠頗梨 諸物出入 皆使令知
猶處門外 止宿草菴 自念貧事 我无此物
父知子心 漸已曠大 欲與財物 即聚親族
國王大臣 剎利居士 於此大衆 說是我子
捨我他行 經五十歳 自見子来 已二十年
昔於某城 而失是子 周行求索 遂来至此
凡我所有 舍宅人民 悉以付之 恣其所用
子念昔貧 志意下劣 今於父所 大獲珎寶
并及舍宅 一切財物 甚大歡喜 得未曾有
佛亦如是 知我樂小 未曾說言 汝等作佛
而說我等 得諸无漏 成就小乗 聲聞弟子
佛勑我等 說冣上道 脩習此者 當得成佛
我承佛教 為大菩薩 以諸因緣 種種譬喻
若干言辞 說无上道 諸佛子等 從我聞法
日夜思惟 精勤脩習 是時諸佛 即授其記
汝於来世 當得作佛 一切諸佛 秘藏之法
但為菩薩 演其實事 而不為我 說斯真要

BD04969號　妙法蓮華經卷二　（30–27）

我承佛教 為大菩薩 以諸因緣 種種譬喻
若干言辭 說无上道 諸佛子等 從我聞法
日夜思惟 精勤脩習 是時諸佛 即授其記
汝於來世 當得作佛 一切諸佛 秘藏之法
但為菩薩 演其實事 而不為我 說斯真要
如彼窮子 得近其父 雖知諸物 心不悕取
我等雖說 佛法寶藏 自无志願 亦復如是
我等內滅 自謂為足 唯了此事 更无餘事
我等若聞 淨佛國土 教化眾生 都无欣樂
所以者何 一切諸法 皆悉空寂 无生无滅
无大无小 无漏无為 如是思惟 不生喜樂
我等長夜 於佛智慧 无貪无著 无復志願
而自於法 謂是究竟 我等長夜 脩習空法
得脫三界 苦惱之患 住最後身 有餘涅槃
佛所教化 得道不虛 則為已得 報佛之恩
我等雖為 諸佛子等 說菩薩法 以求佛道
而於是法 永无願樂 導師見捨 觀我心故
初不勸進 說有實利 如富長者 知子志劣
以方便力 柔伏其心 然後乃付 一切財物
佛亦如是 現希有事 知樂小者 以方便力
調伏其心 乃教大智 我等今日 得未曾有
非先所望 而今自得 如彼窮子 得无量寶
世尊我今 得道得果 於无漏法 得清淨眼
我等長夜 持佛淨戒 始於今日 得其果報
法王法中 久脩梵行 今得无漏 无上大果

BD04969號　妙法蓮華經卷二　（30–28）

調伏其心 乃教大智 我等今日 得未曾有
非先所望 而今自得 如彼窮子 得无量寶
世尊我今 得道得果 於无漏法 得清淨眼
我等長夜 持佛淨戒 始於今日 得其果報
法王法中 久脩梵行 今得无漏 无上大果
我等今者 真是聲聞 以佛道聲 令一切聞
我等今者 真阿羅漢 於諸世間 天人魔梵
普於其中 應受供養 世尊大恩 以希有事
憐愍教化 利益我等 无量億劫 誰能報者
手足供給 頭頂禮敬 一切供養 皆不能報
若以頂戴 兩肩荷負 於恒沙劫 盡心恭敬
又以美饍 无量寶衣 及諸卧具 種種湯藥
牛頭栴檀 及諸珍寶 以起塔廟 寶衣布地
如斯等事 以用供養 於恒沙劫 亦不能報
諸佛希有 无量无邊 不可思議 大神通力
无漏无為 諸法之王 能為下劣 忍于斯事
取相凡夫 隨宜為說 諸佛於法 得最自在
知諸眾生 種種欲樂 及其志力 隨所堪任
以无量喻 而為說法 隨諸眾生 宿世善根
又知成熟 未成熟者 種種籌量 分別知已
於一乘道 隨宜說三

妙法蓮華經卷第二

BD04969號　妙法蓮華經卷二　（30–29）

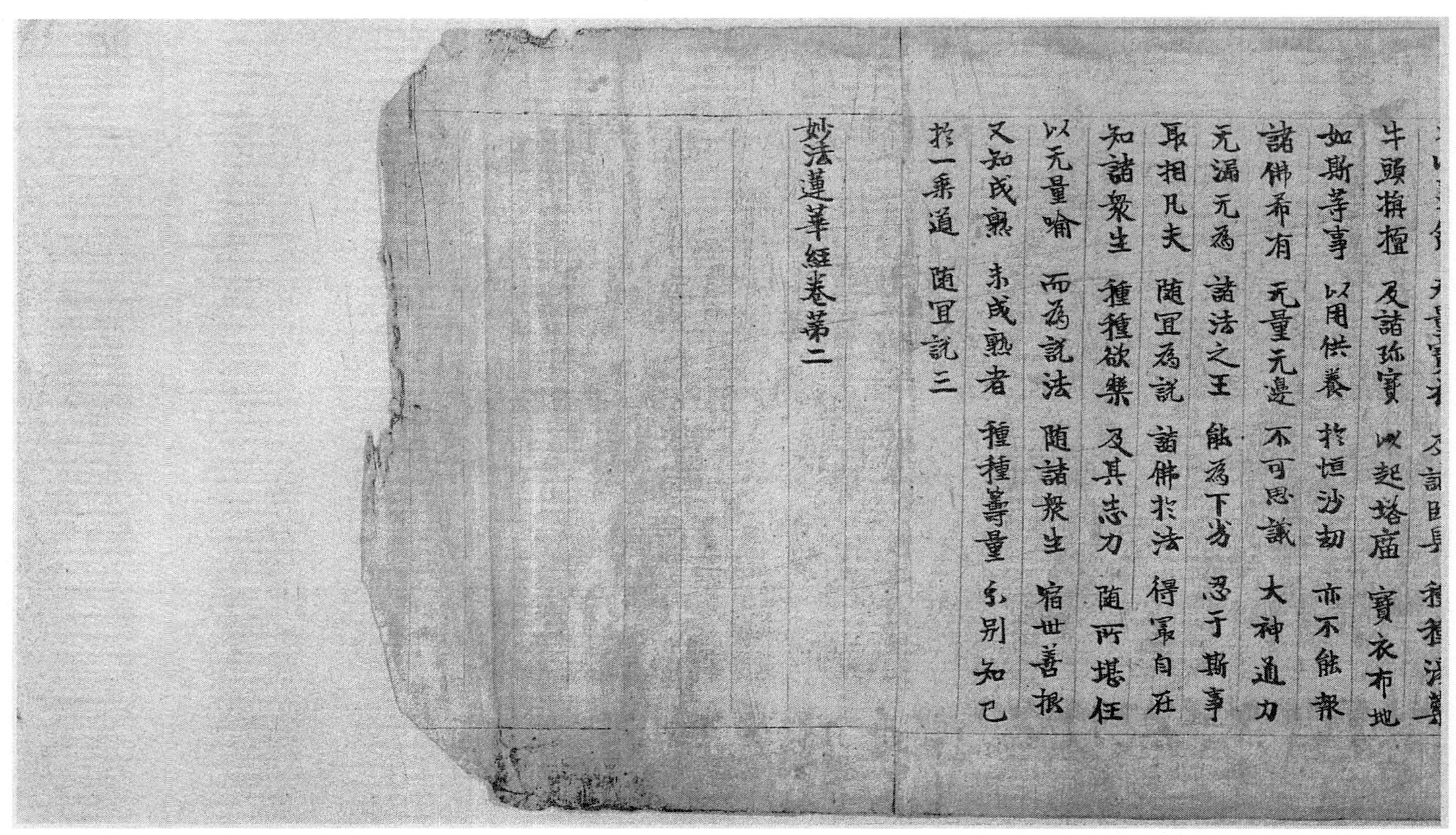

又以美饍 无量寶衣 及諸臥具 種種湯藥
牛頭栴檀 及諸珍寶 以起塔廟 寶衣布地
如斯等事 以用供養 於恒沙劫 亦不能報
諸佛希有 无量无邊 不可思議 大神通力
无漏无為 諸法之王 能為下劣 忍于斯事
取相凡夫 隨宜為說 諸佛於法 得冣自在
知諸衆生 種種欲樂 及其志力 隨所堪任
以无量喻 而為說法 隨諸衆生 宿世善根
又知成熟 未成熟者 種種籌量 分別知已
於一乘道 隨宜說三

妙法蓮華經卷第二

BD04969號　妙法蓮華經卷二　　（30–30）

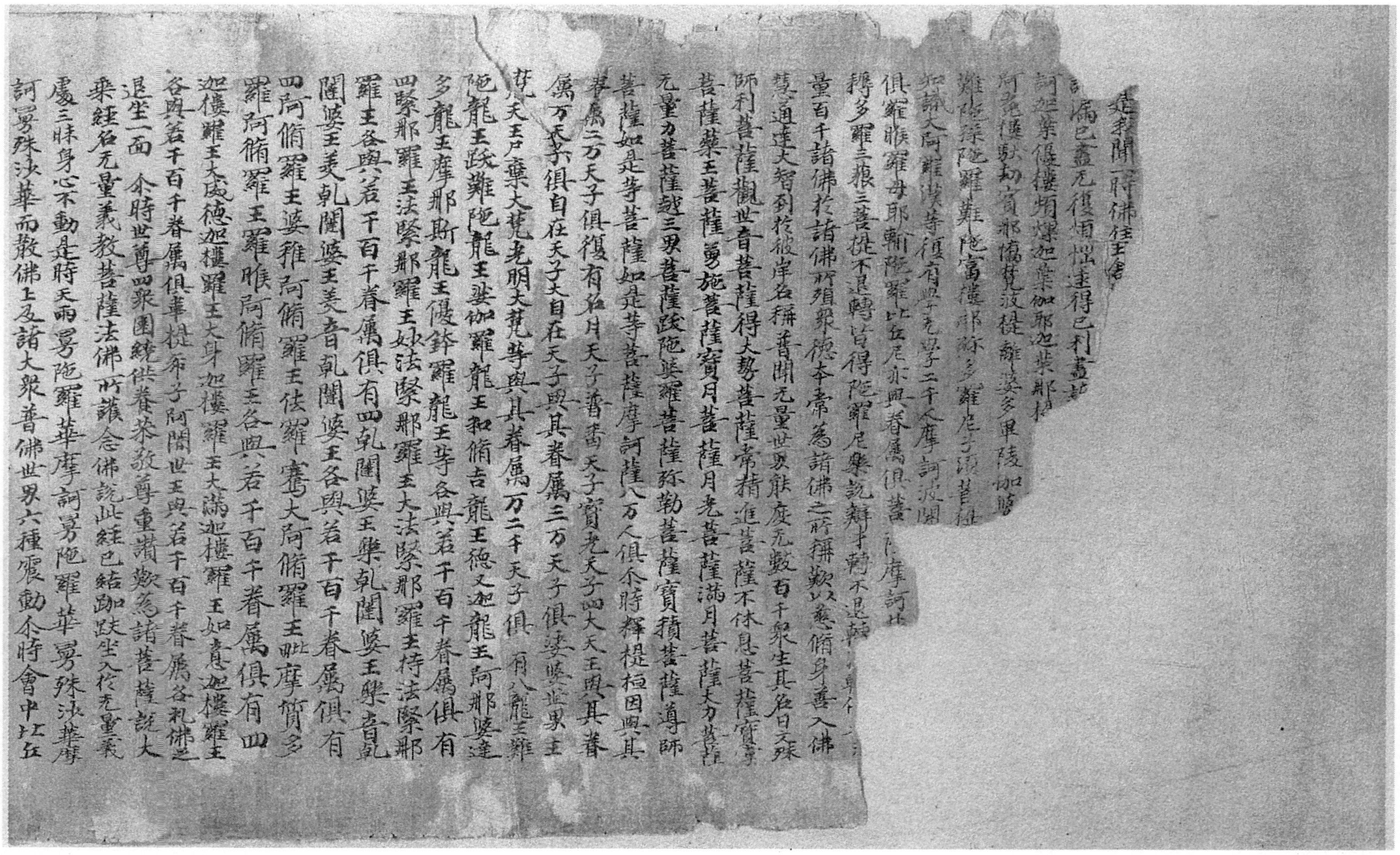

是我聞一時佛住王舍
漏已盡无復煩惱逮得己利盡諸
訶迦葉優樓頻螺迦葉伽耶迦葉那提
阿㝹樓䭾劫賓那憍梵波提離婆多畢陵伽婆
難陁孫陁羅難陁富樓那弥多羅尼子須菩提
識大阿羅漢等復有學无學二千人摩訶波闍
俱羅睺羅母耶輸陁羅比丘尼亦與眷屬俱菩薩摩訶薩
耨多羅三藐三菩提不退轉皆得陁羅尼樂說辯才轉不退
量百千諸佛於諸佛所殖衆德本常為諸佛之所稱歎以慈脩身善入佛
慧通達大智到於彼岸名稱普聞无量世界能度无數百千衆生其名曰文殊
師利菩薩觀世音菩薩得大勢菩薩常精進菩薩不休息菩薩寶掌
菩薩藥王菩薩勇施菩薩寶月菩薩月光菩薩滿月菩薩大力菩薩
无量力菩薩越三界菩薩跋陁婆羅菩薩弥勒菩薩寶積菩薩導師
菩薩如是等菩薩摩訶薩八万人俱尒時釋提桓因與其
眷屬二万天子俱復有名月天子普香天子寶光天子四大天王與其眷
屬万天子俱自在天子大自在天子與其眷屬三万天子俱娑婆世界主
梵天王尸棄大梵光明大梵等與其眷屬万二千天子俱有八龍王難
陁龍王跋難陁龍王娑伽羅龍王和脩吉龍王德叉迦龍王阿那婆達
多龍王摩那斯龍王優鉢羅龍王等各與若干百千眷屬俱有
四緊那羅王法緊那羅王妙法緊那羅王大法緊那羅王持法緊那
羅王各與若干百千眷屬俱有四乾闥婆王樂乾闥婆王樂音乾
闥婆王美乾闥婆王美音乾闥婆王各與若干百千眷屬俱有
四阿脩羅王婆稚阿脩羅王佉羅騫䭾阿脩羅王毗摩質多
羅阿脩羅王羅睺阿脩羅王各與若干百千眷屬俱有四
迦樓羅王大威德迦樓羅王大身迦樓羅王大滿迦樓羅王如意迦樓羅王
各與若干百千眷屬俱韋提希子阿闍世王與若干百千眷屬各礼佛足
退坐一面　尒時世尊四衆圍繞供養恭敬尊重讚歎為諸菩薩說大
乘經名无量義教菩薩法佛所護念佛說此經已結跏趺坐入於无量義
處三昧身心不動是時天雨曼陁羅華摩訶曼陁羅華曼殊沙華摩
訶曼殊沙華而散佛上及諸大衆普佛世界六種震動尒時會中比丘

BD04970號　妙法蓮華經（兑廢稿）卷一　　（9–1）

羅王各與若干百千眷屬俱有四乾闥婆王樂乾闥婆王樂音乾
闥婆王美乾闥婆王美音乾闥婆王各與若干百千眷屬俱有
四阿脩羅王婆稚阿脩羅王佉羅騫馱阿脩羅王毗摩質多
羅阿脩羅王羅睺阿脩羅王各與若干百千眷屬俱有四
迦樓羅王大威德迦樓羅王大身迦樓羅王大滿迦樓羅王如意迦樓羅王
各與若干百千眷屬俱韋提希子阿闍世王與若干百千眷屬各禮佛足
退坐一面　尒時世尊四衆圍繞供養恭敬尊重讚歎為諸菩薩說大
乘經名无量義教菩薩法佛所護念佛說此經已結跏趺坐入於无量義
處三昧身心不動是時天雨曼陁羅華摩訶曼陁羅華曼殊沙華摩
訶曼殊沙華而散佛上及諸大衆普佛世界六種震動尒時會中比丘
比丘尼優婆塞優婆夷天龍夜叉乾闥婆阿脩羅迦樓羅緊那羅摩睺
羅伽人非人及諸小王轉輪聖王是諸大衆得未曾有歡喜合掌一心觀
佛尒時放眉間白毫相光照東方万八千世界靡不周遍下至阿鼻地獄上
至阿迦尼吒天於此世界盡見彼土六趣衆生又見彼土現在諸佛及聞諸佛所
說經法并見彼諸比丘比丘尼優婆塞優婆夷諸脩行得道者復見諸
菩薩摩訶薩種種因緣種種信解種種相貌行菩薩道復見諸佛般
涅槃後以佛舍利起七寶塔尒時弥勒菩薩作是念今者世尊現神變
相以何因緣而有此瑞今佛世尊入于三昧是不可思議現希有事當以問誰
誰能荅者復作此念是文殊師利法王之子已曾親近供養過去无量諸
佛必應見此希有之相我今當問尒時比丘比丘尼優婆塞優婆夷及諸天
龍鬼神等咸作此念是佛光明神通之相今當問誰尒時弥勒菩薩欲
自決疑又觀四衆比丘比丘尼優婆塞優婆夷及諸天龍鬼神等衆會之心
而問文殊師利言以何因緣而有此瑞神通之相放大光明照于東方万八千土悉
見彼佛國界莊嚴於是弥勒菩薩欲重宣此義以偈問曰
文殊師利　導師何故　眉間白毫　大光普照　雨曼陁羅　曼殊沙華
栴檀香風　悅可衆心　以是因緣　地皆嚴淨　而此世界　六種震動
時四部衆　咸皆歡喜　身意快然　得未曾有　眉間光明　照于東方
万八千土　皆如金色　從阿鼻獄　上至有頂　諸世界中　六道衆生
生死所趣　善惡業緣　受報好醜　於此悉見　又覩諸佛　聖主師子
演說經典　微妙第一　其聲清淨　出柔軟音　教諸菩薩　无數億万
梵音深妙　令人樂聞　各於世界　講說正法　種種因緣　以无量喻
照明佛法　開悟衆生　若人遭苦　猒老病死　為說涅槃　盡諸苦際
若人有福　曾供養佛　志求勝法　為說緣覺　若有佛子　脩種種行
求无上慧　為說淨道　文殊師利　我住於此　見聞若斯　及千億事
如是衆多　今當略說　我見彼土　恒沙菩薩　種種因緣　而求佛道
或有行施　金銀珊瑚　真珠摩尼　車𤦲馬瑙　金剛諸珍　奴婢車乘
寶飾輦轝　歡喜布施　迴向佛道　願得是乘　三界第一　諸佛所歎

BD04970號　妙法蓮華經（兑廢稿）卷一

（9–2）

演說經典　微妙第一　其聲清淨　出柔軟音　教諸菩薩　无數億万
梵音深妙　令人樂聞　各於世界　講說正法　種種因緣　以无量喻
照明佛法　開悟衆生　若人遭苦　猒老病死　為說涅槃　盡諸苦際
若人有福　曾供養佛　志求勝法　為說緣覺　若有佛子　脩種種行
求无上慧　為說淨道　文殊師利　我住於此　見聞若斯　及千億事
如是衆多　今當略說　我見彼土　恒沙菩薩　種種因緣　而求佛道
或有行施　金銀珊瑚　真珠摩尼　車𤦲馬瑙　金剛諸珍　奴婢車乘
寶飾輦轝　歡喜布施　迴向佛道　願得是乘　三界第一　諸佛所歎
或有菩薩　駟馬寶車　欄楯華蓋　軒飾布施　復見菩薩　身肉手足
及妻子施　求无上道　又見菩薩　頭目身體　欣樂施與　求佛智慧
文殊師利　我見諸王　往詣佛所　便捨樂土　宮殿臣妾　剃除鬚髮
而被法服　或見菩薩　而作比丘　獨處閑靜　樂誦經典　又見菩薩
勇猛精進　入於深山　思惟佛道　又見離欲　常處空閑　深脩禪定
得五神通　又見菩薩　安禪合掌　以千万偈　讚諸法王　復見菩薩
智深志固　能問諸佛　聞悉受持　又見佛子　定慧具足　以无量喻
為衆講法　欣樂說法　化諸菩薩　破魔兵衆　而擊法鼓　又見菩薩
寂然宴默　天龍恭敬　不以為喜　又見菩薩　處林放光　濟地獄苦
令入佛道　又見佛子　未嘗睡眠　經行林中　懃求佛道　又見具戒
威儀无缺　淨如寶珠　以求佛道　又見佛子　住忍辱力　增上慢人
惡罵捶打　皆悉能忍　以求佛道　又見菩薩　離諸戲咲　及癡眷屬
親近智者　一心除亂　攝念山林　億千万歲　以求佛道　或見菩薩
餚饍飲食　百種湯藥　施佛及僧　名衣上服　價直千万　或无價衣
施佛及僧　千万億種　栴檀寶舍　衆妙卧具　施佛及僧　清淨園林
華菓茂盛　流泉浴池　施佛及僧　如是等施　種種微妙　歡喜无猒
求无上道　或有菩薩　說寂滅法　種種教詔　无數衆生　或見菩薩
觀諸法性　无有二相　猶如虛空　又見佛子　心无所著　以此妙慧
求无上道　文殊師利　又有菩薩　佛滅度後　供養舍利　又見佛子
造諸塔廟　无數恒沙　嚴飾國界　寶塔高妙　五千由旬　縱廣正等
二千由旬　一一塔廟　各千幢幡　珠交露幔　寶鈴和鳴　諸天龍神
人及非人　香華伎樂　常以供養　文殊師利　諸佛子等　為供舍利
嚴飾塔廟　國界自然　殊特妙好　如天樹王　其華開敷　佛放一光
我及衆會　見此國界　種種殊妙　諸佛神力　智慧希有　放一淨光
照无量國　我等見此　得未曾有　佛子文殊　願決衆疑　四衆欣仰
瞻仁及我　世尊何故　放斯光明　佛子時荅　決疑令喜　何所饒益
演斯光明　佛坐道場　所得妙法　為欲說此　為當授記　示諸佛土
衆寶嚴淨　及見諸佛　此非小緣　文殊當知　四衆龍神　瞻察仁者
為說何等　尒時文殊師利語弥勒菩薩摩訶薩及諸大士善男子

BD04970號　妙法蓮華經（兑廢稿）卷一

（9–3）

嚴飾塔廟　國界自然　殊特妙好　如天樹王　其華開敷　佛放一光
我及眾會　見此國界　種種殊妙　諸佛神力　智慧希有　放一淨光
照无量國　我等見此　得未曾有　佛子文殊　願決眾疑　四眾欣仰
瞻仁及我　世尊何故　放斯光明　佛子時答　決疑令喜　何所饒益
演斯光明　佛坐道場　所得妙法　為欲說此　為當授記　示諸佛土
眾寶嚴淨　及見諸佛　此非小緣　文殊當知　四眾龍神　瞻察仁者
為說何等　尒時文殊師利語彌勒菩薩摩訶薩及諸大士善男子
等如我惟忖今佛世尊欲說大法雨大法雨吹大法螺擊大法鼓演大法
義諸善男子我於過去諸佛曾見此瑞放斯光已即說大法是故當
知今佛現光亦復如是欲令眾生咸得聞知一切世間難信之法故現斯
瑞諸善男子如過去无量无邊不可思議阿僧祇劫尒時有佛号日月燈
明如來應供正遍知明行足善逝世間解无上士調御丈夫天人師佛世尊
演說正法初善中善後善其義深遠其語巧妙純一无雜具足清白梵行
之相為求聲聞者說應四諦法度生老病死究竟涅槃為求辟支佛者
說應十二因緣法為諸菩薩說應六波羅蜜令得阿耨多羅三藐三
菩提成一切種智次復有佛亦名日月燈明次復有佛亦名日月燈明如
是二万佛皆同一字号日月燈明又同一姓姓頗羅墮彌勒當知初佛後佛
皆同一字名日月燈明十号具足所可說法初中後善其最後佛未出家時
有八子一名有意二名善意三名无量意四名寶意五名增意六名除疑意
七名響意八名法意是八王子威德自在各領四天下諸王子聞父出家得
阿耨多羅三藐三菩提悉捨王位亦隨出家發大乘意常脩梵行皆
為法師已於千万佛所殖諸善本是時日月燈明佛說大乘經名无量義
教菩薩法佛所護念說是經已即於大眾中結加趺坐入於无量義處三
昧身心不動是時天雨曼陁羅華摩訶曼陁羅華曼殊沙華摩訶
曼殊沙華而散佛上及諸大眾普佛世界六種震動尒時會中比丘比丘
尼優婆塞優婆夷天龍夜叉乾闥婆阿脩羅緊那羅摩睺羅伽人
非人及諸小王轉輪聖王等是諸大眾得未曾有歡喜合掌一心觀佛尒
時如來放眉間白毫相光照東方万八千佛土靡不周遍如今所見是諸
佛土彌勒當知尒時會中有二十億菩薩樂欲聽法是諸菩薩見此
光明普照佛土得未曾有欲知此光所為因緣時有菩薩名曰妙光有
八百弟子是時日月燈明佛從三昧起因妙光菩薩說大乘經名妙法蓮華
教菩薩法佛所護念六十小劫不起于座時會聽者亦坐一處六十小劫身心不
動聽佛所說謂如食頃是時眾中无有一人若身若心而生懈惓日月燈明佛
於六十小劫說是經已即於梵魔沙門婆羅門及天人阿脩羅眾中而宣此
言如來於今日中夜當入无餘涅槃時有菩薩名曰德藏日月燈明佛即授
其記告諸比丘是德藏菩薩次當作佛号曰淨身多陁阿伽度阿羅訶
三藐三佛陁佛授記已便於中夜入无餘涅槃佛滅度後妙光菩薩持妙法蓮

BD04970號　妙法蓮華經（兌廢稿）卷一　（9–4）

八百弟子是時日月燈明佛從三昧起因妙光菩薩說大乘經名妙法蓮華
教菩薩法佛所護念六十小劫不起于座時會聽者亦坐一處六十小劫身心不
動聽佛所說謂如食頃是時眾中无有一人若身若心而生懈惓日月燈明佛
於六十小劫說是經已即於梵魔沙門婆羅門及天人阿脩羅眾中而宣此
言如來於今日中夜當入无餘涅槃時有菩薩名曰德藏日月燈明佛即授
其記告諸比丘是德藏菩薩次當作佛号曰淨身多陁阿伽度阿羅訶
三藐三佛陁佛授記已便於中夜入无餘涅槃佛滅度後妙光菩薩持妙法蓮
華經滿八十小劫為人演說日月燈明佛八子皆師妙光妙光教化令其堅固阿
耨多羅三藐三菩提是諸王子供養无量百千万億佛已皆成佛道其最
後成佛者名曰然燈八百弟子中有一人号曰求名貪著利養雖復讀誦眾
經而不通利多所忘失故号求名是人亦以種諸善因緣故得值无量百千万
億諸佛供養恭敬尊重讚歎彌勒當知尒時妙光菩薩豈異人乎我
身是也求名菩薩汝身是也今見此瑞與本无異是故惟忖今日如來當說
大乘經名妙法蓮華教菩薩法佛所護念尒時文殊師利於大眾中欲重
宣此義而說偈言　我念過去世　无量无數劫　有佛人中尊　号日月燈明
世尊演說法　度无量眾生　无數億菩薩　令入佛智慧　佛未出家時
所生八王子　見大聖出家　亦隨脩梵行　時佛說大乘　經名无量義
於諸大眾中　而為廣分別　佛說此經已　即於法座上　跏趺坐三昧
名无量義處　天雨曼陁華　天鼓自然鳴　諸天龍鬼神　供養人中尊
一切諸佛土　即時大震動　佛放眉間光　現諸希有事　此光照東方
万八千佛土　示一切眾生　生死業報處　有見諸佛土　以眾寶莊嚴
瑠璃頗梨色　斯由佛光照　及見諸天人　龍神夜叉眾　乾闥緊那羅
各供養其佛　又見諸如來　自然成佛道　身色如金山　端嚴甚微妙
如淨瑠璃中　內現真金像　世尊在大眾　敷演深法義　一一諸佛土
聲聞眾无數　因佛光所照　悉見彼大眾　或有諸比丘　在於山林中
精進持淨戒　猶如護明珠　又見諸菩薩　行施忍辱等　其數如恒沙
斯由佛光照　又見諸菩薩　深入諸禪定　身心寂不動　以求无上道
尒時四部眾　見日月燈佛　現大神通力　其心皆歡喜　各各自相問
是事何因緣　天人所奉尊　適從三昧起　讚妙光菩薩　汝為世間眼
一切所歸信　能奉持法藏　如我所說法　唯汝能證知　世尊既讚歎
令妙光歡喜　說是法華經　滿六十小劫　不起於此座　所說上妙法
是妙光法師　悉皆能受持　佛說是法華　令眾歡喜已　尋即於是日
告於天人眾　諸法實相義　已為汝等說　我今於中夜　當入於涅槃
汝一心精進　當離於放逸　諸佛甚難值　億劫時一遇　世尊諸子等
聞佛入涅槃　各各懷悲惱　佛滅一何速　聖主法之王　安慰无量眾
我若滅度時　汝等勿憂怖　是德藏菩薩　於无漏實相　心已得通達
其次當作佛　号曰為淨身　亦度无量眾　佛此夜滅度　如薪盡火滅

BD04970號　妙法蓮華經（兌廢稿）卷一　（9–5）

令妙光歡喜　說是法華經　滿六十小劫　不起於此座　所說上妙法
是妙光法師　悉皆能受持　佛說是法華　令衆歡喜已　尋即於是日
告於天人衆　諸法實相義　已為汝等說　我今於中夜　當入於涅槃
汝一心精進　當離於放逸　諸佛甚難值　億劫時一遇　世尊諸子等
聞佛入涅槃　各各懷悲惱　佛滅一何速　聖主法之王　安慰无量衆
我若滅度時　汝等勿憂怖　是德藏菩薩　於无漏實相　心已得通達
其次當作佛　号曰為淨身　亦度无量衆　佛此夜滅度　如薪盡火滅
分布諸舍利　而起无量塔　比丘比丘尼　其數如恒沙　倍復加精進
以求无上道　是妙光法師　奉持佛法藏　八十小劫中　廣宣法華經
是諸八王子　妙光所開化　堅固无上道　當見无數佛　供養諸佛已
隨順行大道　相繼得成佛　轉次而授記　最後天中天　号曰燃燈佛
諸仙之導師　度脫无量衆　是妙光法師　時有一弟子　心常懷懈怠
貪著於名利　求名利无猒　多遊族姓家　棄捨所習誦　廢忘不通利
以是因緣故　号之為求名　亦行衆善業　得見无數佛　供養於諸佛
隨順行大道　具六波羅蜜　今見釋師子　其後當作佛　号名曰弥勒
廣度諸衆生　其數无有量　彼佛滅度後　懈怠者汝是　妙光法師者
今則我身是　我見燈明佛　本光瑞如此　以是知今佛　欲說法華經
今相如本瑞　是諸佛方便　今佛放光明　助發實相義　諸人今當知
合掌一心待　佛當雨法雨　充足求道者　諸求三乘人　若有疑悔者
佛當為除斷　令盡无有餘

妙法蓮華經方便品第二

尒時世尊從三昧安詳而起告舍利弗諸佛智慧甚深无量其智慧門難解難
入一切聲聞辟支佛所不能知所以者何佛曾親近百千万億无數諸佛盡行諸
佛无量道法勇猛精進名稱普聞成就甚深未曾有法隨宜所說意趣
難解舍利弗吾從成佛已來種種因緣種種譬喻廣演言教无數方便
引導衆生令離諸著所以者何如來方便知見波羅蜜皆已具足舍利弗
如來知見廣大深遠无量无礙力无所畏禪定解脫三昧深入无際成就一切
未曾有法舍利弗如來能種種分別巧說諸法言辭柔軟悅可衆心舍利弗取
要言之无量无邊未曾有法佛悉成就止舍利弗不須復說所以者何佛所
成就第一希有難解之法唯佛與佛乃能究盡諸法實相所謂諸法如是相
如是性如是力如是作如是因如是緣如是果如是報如是本末究竟等尒時
世尊欲重宣此義而說偈言
世雄不可量　諸天及世人　一切衆生類　无能知佛者　佛力无所畏　解脫諸三昧
及佛諸餘法　无能測量者　本從无數佛　具足行諸道　甚深微妙法　難見難可了
於无量億劫　行此諸道已　道場得成果　我已悉知見　如是大果報　種種性相義
我及十方佛　乃能知是事　是法不可示　言辭相寂滅　諸餘衆生類　无有能得解

BD04970號　妙法蓮華經（兌廢稿）卷一

（9–6）

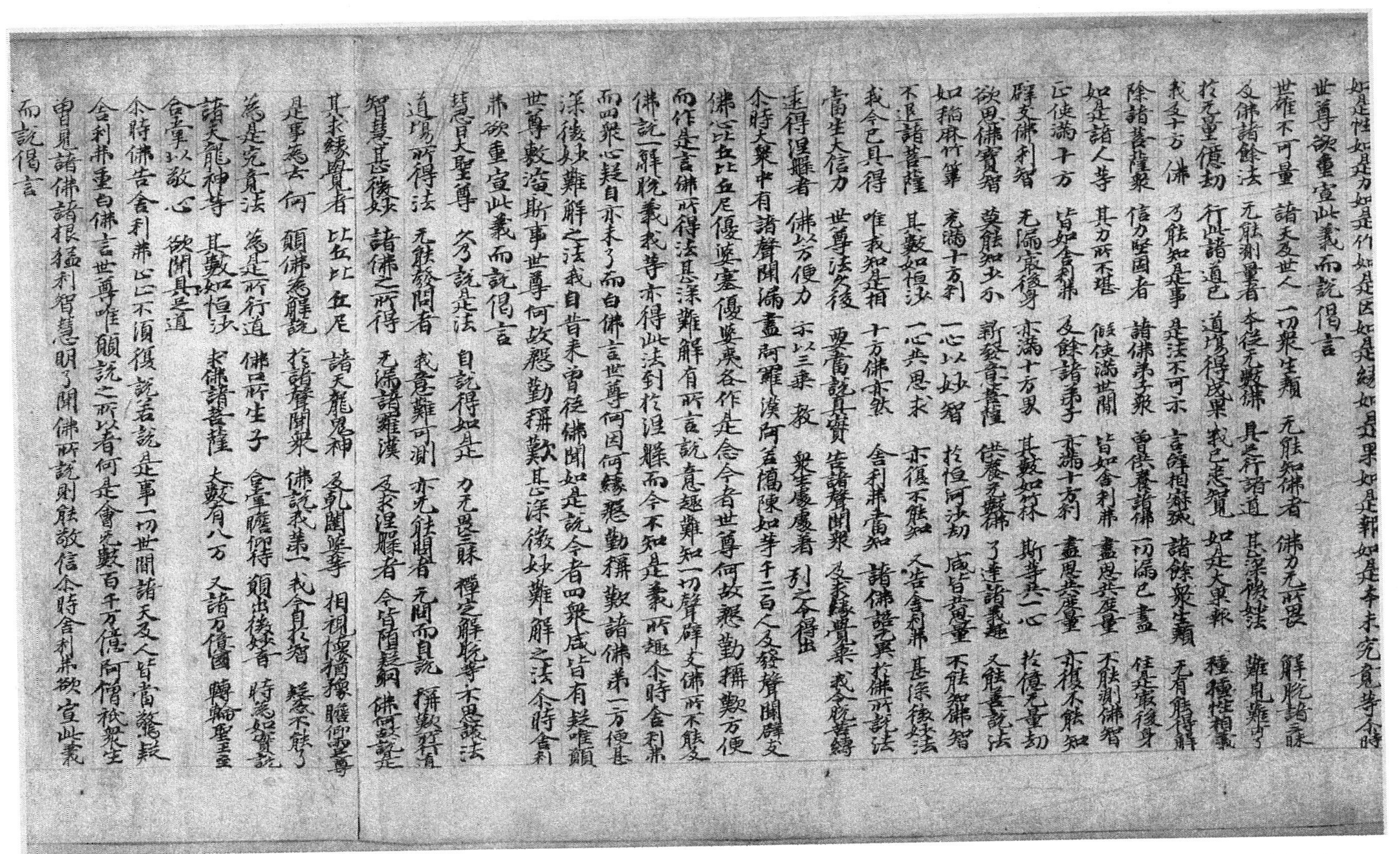
如是性如是力如是作如是因如是緣如是果如是報如是本末究竟等尒時
世尊欲重宣此義而說偈言
世雄不可量　諸天及世人　一切衆生類　无能知佛者　佛力无所畏　解脫諸三昧
及佛諸餘法　无能測量者　本從无數佛　具足行諸道　甚深微妙法　難見難可了
於无量億劫　行此諸道已　道場得成果　我已悉知見　如是大果報　種種性相義
我及十方佛　乃能知是事　是法不可示　言辭相寂滅　諸餘衆生類　无有能得解
除諸菩薩衆　信力堅固者　諸佛弟子衆　曾供養諸佛　一切漏已盡　住是最後身
如是諸人等　其力所不堪　假使滿世間　皆如舍利弗　盡思共度量　不能測佛智
正使滿十方　皆如舍利弗　及餘諸弟子　亦滿十方刹　盡思共度量　亦復不能知
辟支佛利智　无漏最後身　亦滿十方界　其數如竹林　斯等共一心　於億无量劫
欲思佛實智　莫能知少分　新發意菩薩　供養无數佛　了達諸義趣　又能善說法
如稻麻竹葦　充滿十方刹　一心以妙智　於恒河沙劫　咸皆共思量　不能知佛智
不退諸菩薩　其數如恒沙　一心共思求　亦復不能知　又告舍利弗　甚深微妙法
我今已具得　唯我知是相　十方佛亦然　舍利弗當知　諸佛語无異　於佛所說法
當生大信力　世尊法久後　要當說真實　告諸聲聞衆　及求緣覺乘　我今脫苦縛
逮得涅槃者　佛以方便力　示以三乘教　衆生處處著　引之令得出
尒時大衆中有諸聲聞漏盡阿羅漢阿若憍陳如等千二百人及發聲聞辟支
佛心比丘比丘尼優婆塞優婆夷各作是念今者世尊何故慇懃稱歎方便
而作是言佛所得法甚深難解有所言說意趣難知一切聲聞辟支佛所不能及
佛說一解脫義我等亦得此法到於涅槃而今不知是義所趣尒時舍利弗
知四衆心疑自亦未了而白佛言世尊何因何緣慇懃稱歎諸佛第一方便甚
深微妙難解之法我自昔來未曾從佛聞如是說今者四衆咸皆有疑唯願
世尊敷演斯事世尊何故慇懃稱歎甚深微妙難解之法尒時舍利
弗欲重宣此義而說偈言
慧日大聖尊　久乃說是法　自說得如是　力无畏三昧　禪定解脫等　不可思議法
道場所得法　无能發問者　我意難可測　亦无能問者　无問而自說　稱歎所行道
智慧甚微妙　諸佛之所得　无漏諸羅漢　及求涅槃者　今皆墮疑網　佛何故說是
其求緣覺者　比丘比丘尼　諸天龍鬼神　及乾闥婆等　相視懷猶豫　瞻仰兩足尊
是事為云何　願佛為解說　於諸聲聞衆　佛說我第一　我今自於智　疑惑不能了
為是究竟法　為是所行道　佛口所生子　合掌瞻仰待　願出微妙音　時為如實說
諸天龍神等　其數如恒沙　求佛諸菩薩　大數有八万　又諸万億國　轉輪聖王至
合掌以敬心　欲聞具足道
尒時佛告舍利弗止止不須復說若說是事一切世間諸天及人皆當驚疑
舍利弗重白佛言世尊唯願說之所以者何是會无數百千万億阿僧祇衆生
曾見諸佛諸根猛利智慧明了聞佛所說則能敬信尒時舍利弗欲宣此義
而說偈言

BD04970號　妙法蓮華經（兌廢稿）卷一

（9–7）

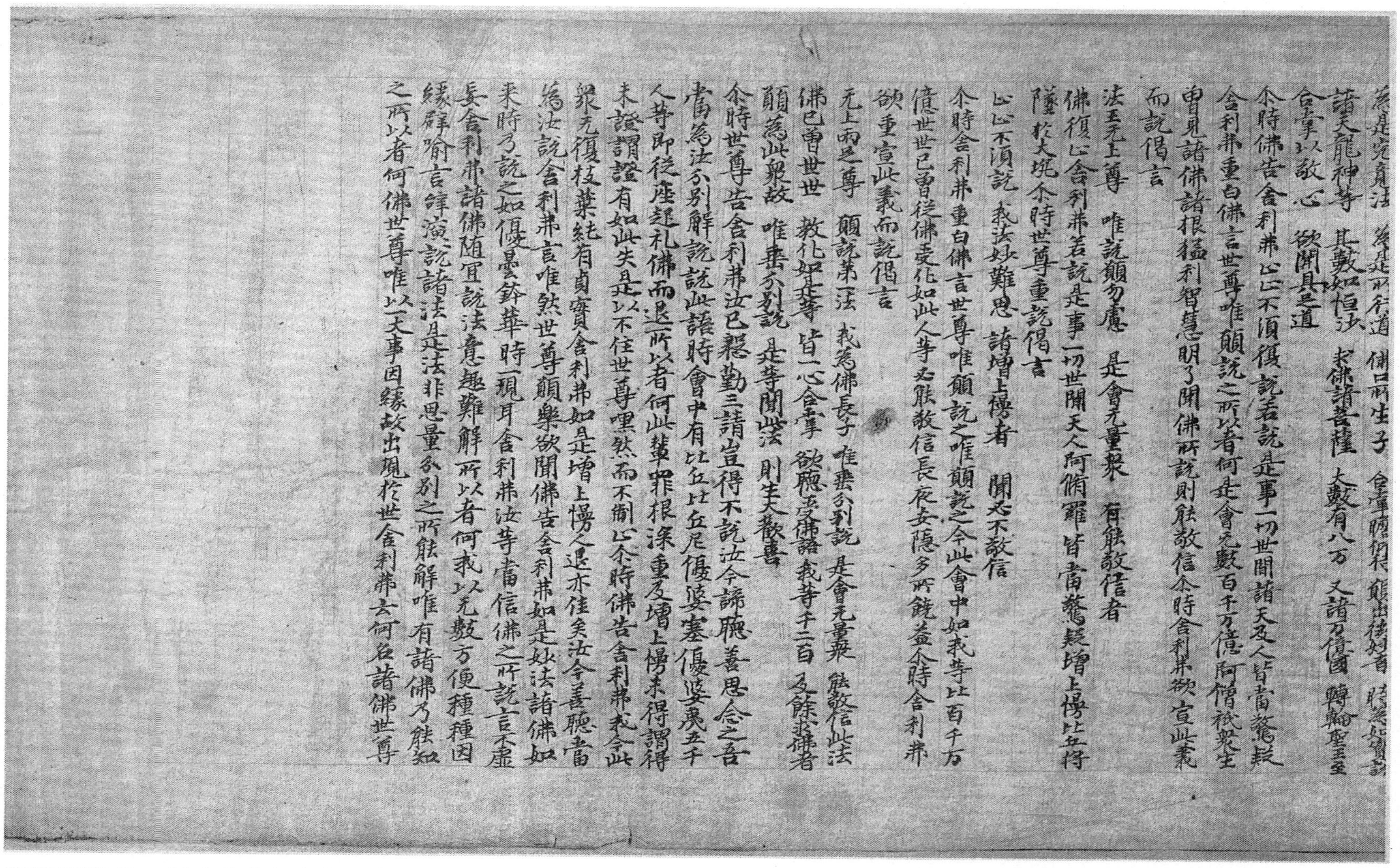

為是究竟法　為是所行道　佛口所生子　合掌瞻仰待　願出微妙音　時為如實說
諸天龍神等　其數如恒沙　求佛諸菩薩　大數有八万　又諸万億國　轉輪聖王至
合掌以敬心　欲聞具足道
尒時佛告舍利弗止止不須復說若說是事一切世間諸天及人皆當驚疑
舍利弗重白佛言世尊唯願說之所以者何是會无數百千万億阿僧祇衆生
曾見諸佛諸根猛利智慧明了聞佛所說則能敬信尒時舍利弗欲宣此義
而說偈言
法王无上尊　唯說願勿慮　是會无量衆　有能敬信者
佛復止舍利弗若說是事一切世間天人阿脩羅皆當驚疑增上慢比丘將
墜於大坑尒時世尊重說偈言
止止不須說　我法妙難思　諸增上慢者　聞必不敬信
尒時舍利弗重白佛言世尊唯願說之唯願說之今此會中如我等比百千万
億世世已曾從佛受化如此人等必能敬信長夜安隱多所饒益尒時舍利弗
欲重宣此義而說偈言
无上兩足尊　願說第一法　我為佛長子　唯垂分別說　是會无量衆　能敬信此法
佛已曾世世　教化如是等　皆一心合掌　欲聽受佛語　我等千二百　及餘求佛者
願為此衆故　唯垂分別說　是等聞此法　則生大歡喜
尒時世尊告舍利弗汝已慇勤三請豈得不說汝今諦聽善思念之吾
當為汝分別解說說此語時會中有比丘比丘尼優婆塞優婆夷五千
人等即從座起礼佛而退所以者何此輩罪根深重及增上慢未得謂得
未證謂證有如此失是以不住世尊嘿然而不制止尒時佛告舍利弗我今此
衆无復枝葉純有貞實舍利弗如是增上慢人退亦佳矣汝今善聽當
為汝說舍利弗言唯然世尊願樂欲聞佛告舍利弗如是妙法諸佛如
來時乃說之如優曇鉢華時一現耳舍利弗汝等當信佛之所說言不虛
妄舍利弗諸佛隨宜說法意趣難解所以者何我以无數方便種種因
緣譬喻言辭演說諸法是法非思量分別之所能解唯有諸佛乃能知
之所以者何諸佛世尊唯以一大事因緣故出現於世舍利弗云何名諸佛世尊

BD04970號　妙法蓮華經（兌廢稿）卷一　（9–8）

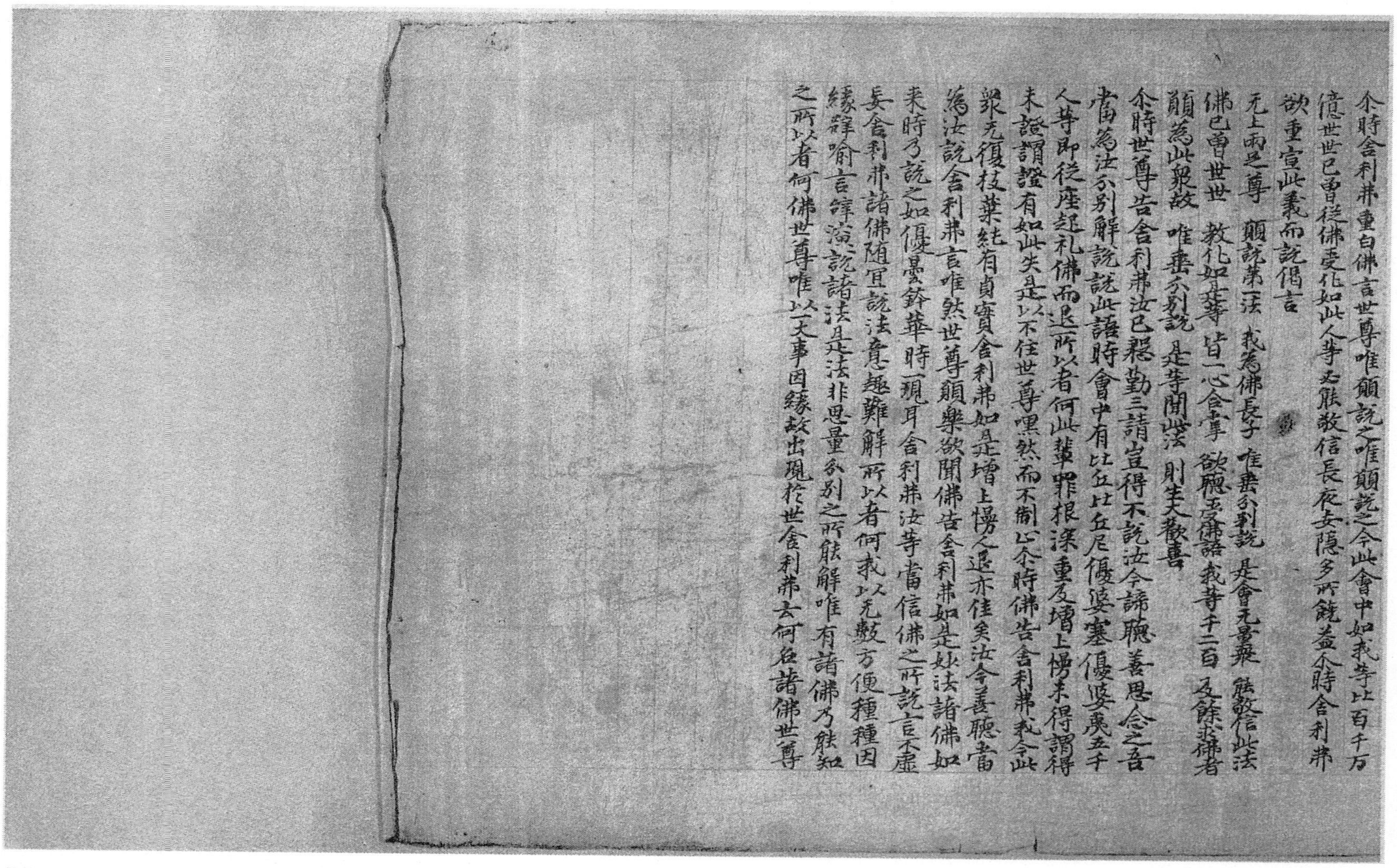

尒時舍利弗重白佛言世尊唯願說之唯願說之今此會中如我等比百千万
億世世已曾從佛受化如此人等必能敬信長夜安隱多所饒益尒時舍利弗
欲重宣此義而說偈言
无上兩足尊　願說第一法　我為佛長子　唯垂分別說　是會无量衆　能敬信此法
佛已曾世世　教化如是等　皆一心合掌　欲聽受佛語　我等千二百　及餘求佛者
願為此衆故　唯垂分別說　是等聞此法　則生大歡喜
尒時世尊告舍利弗汝已慇勤三請豈得不說汝今諦聽善思念之吾
當為汝分別解說說此語時會中有比丘比丘尼優婆塞優婆夷五千
人等即從座起礼佛而退所以者何此輩罪根深重及增上慢未得謂得
未證謂證有如此失是以不住世尊嘿然而不制止尒時佛告舍利弗我今此
衆无復枝葉純有貞實舍利弗如是增上慢人退亦佳矣汝今善聽當
為汝說舍利弗言唯然世尊願樂欲聞佛告舍利弗如是妙法諸佛如
來時乃說之如優曇鉢華時一現耳舍利弗汝等當信佛之所說言不虛
妄舍利弗諸佛隨宜說法意趣難解所以者何我以无數方便種種因
緣譬喻言辭演說諸法是法非思量分別之所能解唯有諸佛乃能知
之所以者何諸佛世尊唯以一大事因緣故出現於世舍利弗云何名諸佛世尊

BD04970號　妙法蓮華經（兌廢稿）卷一　（9–9）

得聞法已如說修行正化於世能令勝位永
保安寧國內居人咸蒙利益
尒時世尊於大衆中告堅牢地神曰汝當聽
過去有王名力尊幢其王有子名曰妙幢
受灌頂位未久之頃尒時父王告妙幢言有
王法正論名天主教法我於昔時受灌頂位
而為國主我之父王名智力尊幢為我說
是王法正論我依此論於二万歲善治國土
我不曾憶起一念心行於非法汝於今日亦應
如是勿以非法而治於國云何名為王法正
論汝今善聽當為汝說尒時力尊幢王即為
其子以妙伽他說正論曰
我說王法論 利安諸有情 為斷世間疑 滅除衆過失
一切諸天主 及以人中王 當生歡喜心 合掌聽我說
往昔諸天主 集在金剛山 四王從座起 請問於大梵
梵王衆勝尊 天中大自在 願哀愍我等 為斷諸疑惑
云何處人世 而得名為天 復以何因緣 号名曰天子
云何生人間 獨得為人主 云何在天上 復得作天王
如是護世間 問彼梵王已 尒時梵天主 即便為彼說

BD04971 號　金光明最勝王經（兌廢稿）卷八　（2–1）

是王法正論我依此論於二万歲善治國土
我不曾憶起一念心行於非法汝於今日亦應
如是勿以非法而治於國云何名為王法正
論汝今善聽當為汝說尒時力尊幢王即為
其子以妙伽他說正論曰
我說王法論 利安諸有情 為斷世間疑 滅除衆過失
一切諸天主 及以人中王 當生歡喜心 合掌聽我說
往昔諸天主 集在金剛山 四王從座起 請問於大梵
梵王衆勝尊 天中大自在 願哀愍我等 為斷諸疑惑
云何處人世 而得名為天 復以何因緣 号名曰天子
云何生人間 獨得為人主 云何在天上 復得作天王
如是護世間 問彼梵王已 尒時梵天主 即便為彼說
護世汝當知 為利有情故 問我治國法 我說應善聽
由先善業力 天生得作王 若在於人中 統領為人主
諸天共加護 然後入母胎 既至母胎中 諸天復守護
雖生在人世 尊勝故名天 由諸天護持 亦得名天子
三十三天主 分力助人王 及一切諸天 亦資自在力
除滅諸非法 惡業令不生 教有情修善 使得生天上
人及蘇羅衆 并揵闥婆等 羅剎旃荼羅 悉皆資半力
父母資半力 令捨惡修善 諸天共護持 示其善惡報
現造善惡業 令於現世中 諸天共護持 示其善惡報

BD04971 號　金光明最勝王經（兌廢稿）卷八　（2–2）

人欲求親見過去未來現在諸佛恭敬供養
者應當受持此陀羅尼何以故此陀羅尼乃是
過現未來諸佛之母是故當知持此陀羅尼
者具大福德已於過去无量佛所殖諸善
本今得受持於戒清淨不毀不缺无有障礙
決定能入甚深法門世尊即為說持呪法先
稱諸佛及菩薩名至心禮敬然後誦呪
南謨十方一切諸佛　南謨諸大菩薩摩訶薩
南謨聲聞緣覺一切賢聖
南謨釋迦牟尼佛　南謨東方不動佛
南謨南方寶幢佛　南謨西方阿弥陀佛
南謨北方天鼓音王佛　南謨上方廣衆德佛
南謨下方明德佛　南謨寶藏佛
南謨善光佛　南謨普明佛
南謨香積王佛　南謨蓮花勝佛
南謨平等見佛　南謨寶髻佛
南謨寶上佛　南謨寶光佛
南謨无垢光明佛　南謨辯才莊嚴思惟佛
南謨淨月光稱相王佛　南謨花嚴光佛

BD04972號　金光明最勝王經卷五

（6–1）

南謨平等見佛　南謨寶髻佛
南謨寶上佛　南謨寶光佛
南謨无垢光明佛　南謨辯才莊嚴思惟佛
南謨淨月光稱相王佛　南謨花嚴光佛
南謨光明王佛　南謨善光无垢稱王佛
南謨觀察无畏自在佛　南謨无畏名稱佛
南謨最勝王佛
南謨觀自在菩薩摩訶薩　南謨地藏菩薩摩訶薩
南謨虛空藏菩薩摩訶薩　南謨妙吉祥菩薩摩訶薩
南謨金剛手菩薩摩訶薩　南謨普賢菩薩摩訶薩
南謨无盡意菩薩摩訶薩　南謨大勢至菩薩摩訶薩
南謨慈氏菩薩摩訶薩　南謨善惠菩薩摩訶薩
陀羅尼曰
南謨曷唎怛娜怛唎夜也　怛姪他
君睇　君睇　矩折囇　矩折囇
壹室哩　窶室哩　莎訶
佛告善住菩薩此陀羅尼是三世佛母若
有善男子善女人持此呪者能生无量无邊
福德之聚即是供養恭敬尊重讚歎无數諸
佛如是諸佛皆與此人授阿耨多羅三藐三
菩提記善住若有人能持此呪者隨其所欲
衣食財寶多聞聰慧无病長壽獲福其多
隨所願求无不遂意善住持是呪者乃至未證
无上菩提常與金城山菩薩慈氏菩薩大海菩
薩觀自在菩薩妙吉祥菩薩大氷伽羅菩薩等
而共居止為諸菩薩之所攝護善住當知

BD04972號　金光明最勝王經卷五

（6–2）

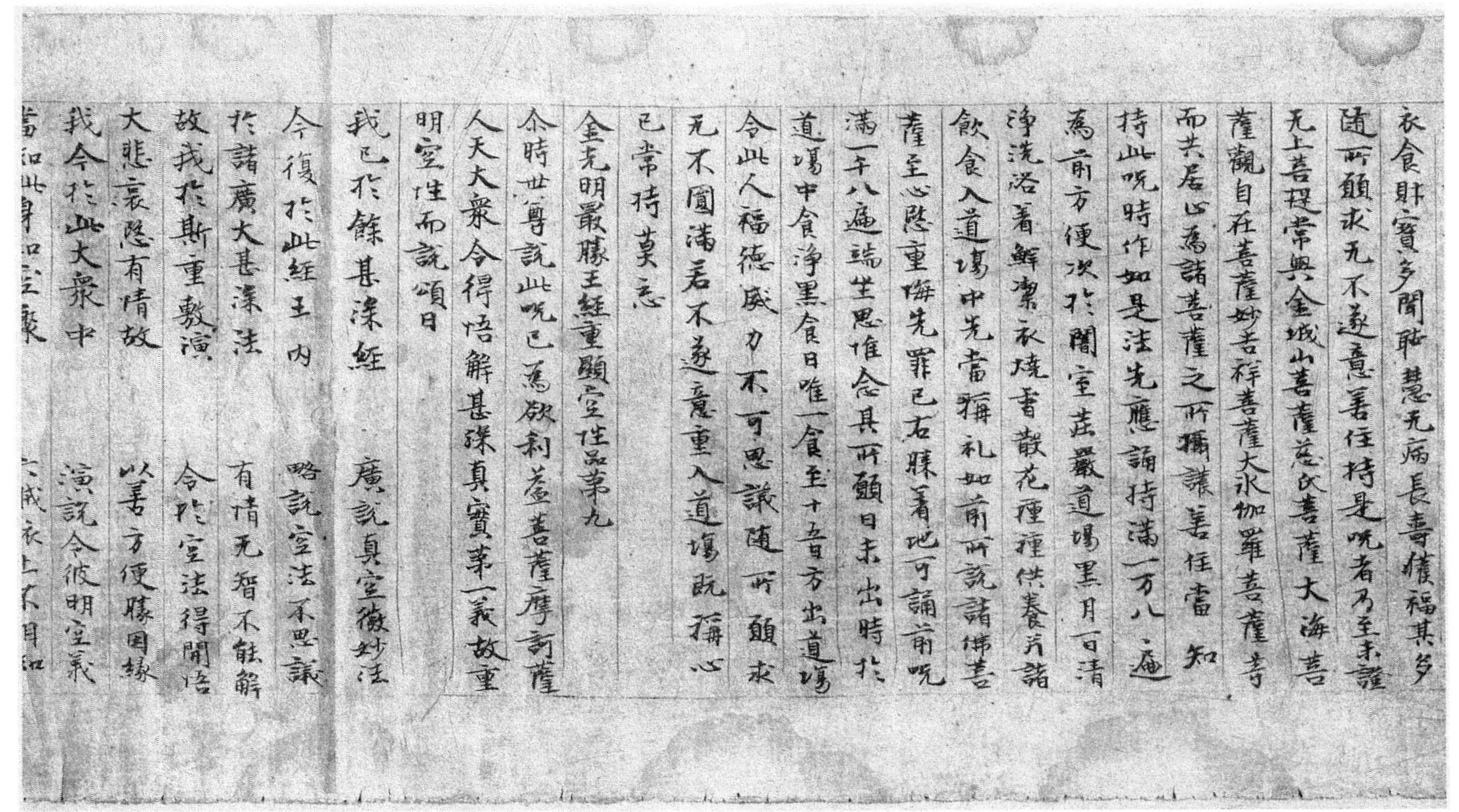

衣食財寶多聞聡慧无病長壽獲福甚多
隨所願求无不遂意善住持是呪者乃至未證
无上菩提常與金城山菩薩慈氏菩薩大海菩
薩觀自在菩薩妙吉祥菩薩大氷伽羅菩薩等
而共居止為諸菩薩之所攝護善住當知
持此呪時作如是法先應誦持滿一万八遍
為前方便次於闇室莊嚴道場黑月一日清
淨洗浴著鮮潔衣燒香散花種種供養并諸
飲食入道場中先當稱礼如前所說諸佛菩
薩至心慇重悔先罪已右膝著地可誦前呪
滿一千八遍端坐思惟念其所願日未出時於
道場中食淨黑食日唯一食至十五日方出道場
令此人福德威力不可思議隨所願求
无不圓滿若不遂意重入道場既稱心
已常持莫忘

金光明最勝王經重顯空性品第九

尒時世尊說此呪已為欲利益菩薩摩訶薩
人天大衆令得悟解甚深真實第一義故重
明空性而說頌曰

我已於餘甚深經　廣說真空微妙法
今復於此經王內　略說空法不思議
於諸廣大甚深法　有情无智不能解
故我於斯重敷演　令於空法得開悟
大悲哀愍有情故　以善方便勝因緣
我今於此大衆中　演說令彼明空義
當知此身如空聚　六賊依止不相知

BD04972號　金光明最勝王經卷五　（6–3）

今復於此經王內　略說空法不思議
於諸廣大甚深法　有情无智不能解
故我於斯重敷演　令於空法得開悟
大悲哀愍有情故　以善方便勝因緣
我今於此大衆中　演說令彼明空義
當知此身如空聚　六賊依止不相知
六塵諸賊別依根　各不相知亦如是
眼根常觀於色處　耳根聽聲不斷絶
鼻根恒嗅於香境　舌根鎮嘗於美味
身根受於輕耎觸　意根了法不知猒
此等六根隨事起　各於自境生分別
識如幻化非真實　依止根處妄貪求
如人奔走空聚中　六識依根亦如是
心遍馳求隨處轉　託根緣境了諸事
常愛色聲香味觸　於法尋思無暫停
隨緣遍行於六根　如鳥飛空无障礙
籍此諸根作依處　方能了別於外境
此身无知无作者　體不堅固託緣成
皆從虛妄分別生　譬如機關由業轉
地水火風共成身　隨彼因緣招異果
同在一處相違害　如四毒蛇居一篋
此四大蛇性各異　雖居一處有昇沉
或上或下遍於身　斯等終歸於滅法
於此四種毒蛇中　地水二蛇多沈下
風火二蛇性輕舉　由此乖違衆病生
心識依止於此身　造作種種善惡業

BD04972號　金光明最勝王經卷五　（6–4）

同在一處相違害　如四毒虵居一篋
此四大虵性各異　雖居一處有昇沉
或上或下遍於身　斯等終歸於滅法
於此四種毒虵中　地水二虵多沉下
風火二虵性輕舉　由此乖違衆病生
心識依止於此身　造作種種善惡業
當往人天三惡趣　隨其業力受身形
遭諸疾病身死後　大小便利悉盈流
膿爛蟲蛆不可樂　棄在尸林如朽木
汝等當觀法如是　云何執有我衆生
一切諸法悉无常　悉從无明緣力起
彼諸大種咸虛妄　本非實有體无生
故說大種性皆空　知此浮虛非實有
无明自性本是无　藉衆緣力和合有
於一切時失正慧　故我說彼為无明
行識為緣有名色　六處及觸受隨生
愛取有緣生老死　憂悲苦惱恒隨逐
衆苦惡業常纏迫　生死輪迴无息時
本來非有體是空　由不如理生分別
我斷一切諸煩惱　常以正智現前行
了五蘊宅悉皆空　求證菩提真實處
我開甘露大城門　示現甘露微妙器
既得甘露真實味　常以甘露施群生
我擊最勝大法鼓　我吹最勝大法蠡
我然最勝大明燈　我降最勝大法雨

BD04972號　金光明最勝王經卷五　（6–5）

行識為緣有名色　六處及觸受隨生
愛取有緣生老死　憂悲苦惱恒隨逐
衆苦惡業常纏迫　生死輪迴无息時
本來非有體是空　由不如理生分別
我斷一切諸煩惱　常以正智現前行
了五蘊宅悉皆空　求證菩提真實處
我開甘露大城門　示現甘露微妙器
既得甘露真實味　常以甘露施群生
我擊最勝大法鼓　我吹最勝大法蠡
我然最勝大明燈　我降最勝大法雨
降伏煩惱諸怨結　建立无上大法幢
於生死海濟群生　我當關閉三惡趣
煩惱熾火燒衆生　无有救護无依止
清涼甘露充足彼　身心熱惱並皆除
由是我於无量劫　恭敬供養諸如來
堅持禁戒趣菩提　求證法身安樂處
施他眼耳及手足　妻子僮僕心无悋
財寶七珍莊嚴具　隨來求者咸供給
忍等諸度皆遍修　十地圓滿成正覺

BD04972號　金光明最勝王經卷五　（6–6）

乃至不受 外道典籍 如是之人 乃可為說

汝當為說 妙法華經

妙法蓮華經信解品第四

旃延摩訶迦葉摩訶目乾連從佛所聞未曾有法世尊

記發希有心歡喜踊躍即從座起整衣服偏袒右肩右膝

等顏而白佛言我等居僧之首年並朽邁自謂已得涅槃無所堪任

三菩提世尊往昔說法既久我時在座身體疲懈但念空無相無作於菩

佛國土成就眾生心不喜樂所以者何世尊令我等出於三界得涅槃證又今我等年已朽邁

於佛教化菩薩阿耨多羅三藐三菩提一念好樂之心我等今於佛前聞授聲聞阿耨

多羅三藐三菩提記心甚歡喜得未曾有謂於今忽然得聞希有之法深自慶幸獲大善

利無量珍寶不求自得世尊我等今者樂說譬喻以明斯義譬如有人年既幼稚捨父逃

逝久住他國或十二十至五十歲年既長大加復窮困馳騁四方以求衣食漸漸遊行遇向本國其

父先來求子不得中止一城其家大富財寶無量金銀琉璃珊瑚虎珀頗梨珠等其諸倉庫

悉皆盈溢多有僮僕臣佐吏民象馬車乘牛羊無數出入息利乃遍他國商估賈客亦甚眾

多時貧窮子遊諸聚落經歷國邑遂到其父所止之城父每念子與子離別五十餘年而未

曾向人說如此事但自思惟心懷悔恨自念老朽多有財物金銀珍寶倉庫盈溢無有子息

一旦終沒財物散失無所委付是以慇懃每憶其子復作是念我若得子委付財物坦然快樂

無復憂慮世尊爾時窮子傭賃展轉遇到父舍住立門側遙見其父踞師子牀寶几承

足諸婆羅門剎利居士皆恭敬圍繞以真珠瓔珞價直千萬莊嚴其身吏民僮僕手執白拂

侍立左右覆以寶帳垂諸華幡香水灑地散眾名華羅列寶物出內取與有如是等種種

嚴飾威德特尊窮子見父有大力勢即懷恐怖悔來至此竊作是念此或是王或是王等非

我傭力得物之處不如往至貧里肆力有地衣食易得若久住此或見逼迫強使我作作是

念已疾走而去時富長者於師子座見子便識心大歡喜即作是念我財物庫藏今有

所付我常思念此子無由見之而忽自來甚適我願我雖年朽猶故貪惜即遣傍人急

追將還爾時使者疾走往捉窮子驚愕稱怨大喚我不相犯何為見捉使者執之愈急強

牽將還于時窮子自念無罪而被囚執此必定死轉更惶怖悶絕躄地父遙見之而語

使言不須此人勿強將來以冷水灑面令得醒悟莫復與語所以者何父知其子志意下劣

自知豪貴為子所難審知是子而以方便不語他人云是我子使者語之我今放汝隨意

所趣窮子歡喜得未曾有從地而起往至貧里以求衣食爾時長者將欲誘引其子

而設方便密遣二人形色憔悴無威德者汝可詣彼徐語窮子此有作處倍與汝直

BD04973 號 1　妙法蓮華經卷二

（20–1）

[illegible]懷恐怖悔來至此竊作是念此或是王或是王等非
我傭力得物之處不如往至貧里肆力有地衣食易得若久住此或見逼迫強使我作作是
念已疾走而去時富長者於師子座見子便識心大歡喜即作是念我財物庫藏今有
所付我常思念此子無由見之而忽自來甚適我願我雖年朽猶故貪惜即遣傍人急
追將還爾時使者疾走往捉窮子驚愕稱怨大喚我不相犯何為見捉使者執之逾急強
牽將還于時窮子自念無罪而被囚執此必定死轉更惶怖悶絕躄地父遙見之而語
使言不須此人勿強將來以冷水灑面令得醒悟莫復與語所以者何父知其子志意下劣
自知豪貴為子所難審知是子而以方便不語他人云是我子使者語之我今放汝隨意
所趣窮子歡喜得未曾有從地而起往至貧里以求衣食爾時長者將欲誘引其子
而設方便密遣二人形色憔悴無威德者汝可詣彼徐語窮子此有作處倍與汝直
窮子若許將來使作若言欲何所作便可語之雇汝除糞我等二人亦共汝作時二使
人即求窮子既已得之具陳上事爾時窮子先取其價尋與除糞其父見子愍而怪
之又以他日於窗牖中遙見子身羸瘦憔悴糞土塵坌污穢不淨即脫瓔珞細
軟上服嚴飾之具更著麤弊垢膩之衣塵土坌身右手執持除糞之器狀有所畏
語諸作人汝等勤作勿得懈息以方便故得近其子後復告言咄男子汝常此作勿復
餘去當加汝價諸有所須瓫器米麵鹽醋之屬莫自疑難亦有老弊使人須者相給
好自安意我如汝父勿復憂慮所以者何我年老大而汝少壯汝常作時無有欺怠瞋
恨怨言都不見汝有此諸惡如餘作人自今已後如所生子即時長者更與作字名之
為兒爾時窮子雖欣此遇猶故自謂客作賤人由是之故於二十年中常令除糞過是已後
心相體信入出無難然其所止猶在本處世尊爾時長者有疾自知將死不久語窮子
言我今多有金銀珍寶倉庫盈溢其中多少所應取與汝悉知之我心如是當體此意所
以者何今我與汝便為不異宜加用心無令漏失爾時窮子即受教勅領知眾物金銀珍寶
及諸庫藏而無希取一餐之意然其所止故在本處下劣之心亦未能捨復經少時父知子
意漸已通泰成就大志自鄙先心臨欲終時而命其子并會親族國王大臣剎利居士
皆悉已集即自宣言諸君當知此是我子我之所生於某城中捨吾逃走伶俜辛苦五十
餘年其本字某我名某甲昔在本城懷憂推覓忽於此間遇會得之此實我子我實其父
今吾所有一切財物皆是子有先所出內是子所知世尊是時窮子聞父此言即大歡喜得
未曾有而作是念我本無心有所希求今此寶藏自然而至世尊大富長者則是如來我
等皆似佛子如來常說我等為子世尊我等以三苦故於生死中受諸熱惱迷惑無知樂
著小法今日世尊令我等思惟蠲除諸法戲論之糞我等於中勤加精進得至涅槃一
日之價既得此已心大歡喜自以為足而便自謂於佛法中勤精進故所得弘多然世尊
先知我等心著弊欲樂於小法便見縱捨不為分別汝等當有如來知見寶藏之分世尊以
方便力說如來智慧我等從佛得涅槃一日之價以為大得於此大乘無有志求我等又因
如來智慧為諸菩薩開示演說而自於此無有志願所以者何佛知我等心樂小法以方便
力隨我等說而我等不知真是佛子今我等方知世尊於佛智慧無所悋惜所以者何我
等昔來真是佛子而但樂小法若我等有樂大之心佛則為我說大乘法今此經中唯說
一乘而昔於菩薩前毀呰聲聞樂小法者然佛實以大乘教化是故我等說本無心有所希
求今法王大寶自然而至如佛子所應得者皆已得之爾時摩訶迦葉欲重宣此義而說
偈言 我等今日 聞佛音教 歡喜踊躍 得未曾有 佛說聲聞 當得作佛 無上寶聚
不求自得 譬如童子 幼稚無識 捨父逃逝 遠到他土 周流諸國 五十餘年 其父憂念
四方推求 求之既疲 頓止一城 造立舍宅 五欲自娛 其家巨富 多諸金銀 車𤦲馬瑙 真珠琉璃 象馬牛羊

BD04973 號 1　妙法蓮華經卷二

力隨我等說而我等不知真是佛子今我等方知世尊於佛智慧無所悋惜所以者何我
等昔來真是佛子而但樂小法若我等有樂大之心佛則為我說大乘法今此經中唯說
一乘而昔於菩薩前毀呰聲聞樂小法者然佛實以大乘教化是故我等說本無心有所希
求今法王大寶自然而至如佛子所應得者皆已得之尒時摩訶迦葉欲重宣此義而說
偈言 我等今日 聞佛音教 歡喜踊躍 得未曾有 佛說聲聞 當得作佛 無上寶聚
不求自得 譬如童子 幼稚無識 捨父逃逝 遠到他土 周流諸國 五十餘年 其父憂念
四方推求 求之既疲 頓止一城 造立舍宅 五欲自娛 其家巨富 多諸金銀 車𤦲馬瑙 真珠琉璃 象馬牛羊
輦輿車乘 田業僮僕 人民眾多 出入息利 乃遍他國 商估賈人 無處不有 千萬億眾 圍遶恭敬 常為王者
之所愛念 群臣豪族 皆共宗重 以諸緣故 往來者眾 豪富如是 有大力勢 而年朽邁 益憂念子 夙夜惟念
死時將至 癡子捨我 五十餘年 庫藏諸物 當如之何 尒時窮子 求索衣食 從邑至邑 從國至國 或有所得
或無所得 飢餓羸瘦 體生瘡癬 漸次經歷 到父住城 傭賃展轉 遂至父舍 尒時長者 於其門內 施大寶帳
處師子座 眷屬圍遶 諸人侍衛 或有計算 金銀寶物 出內財產 注記券疏 窮子見父 豪貴尊嚴 謂是國王
若是王等 驚怖自怪 何故至此 覆自念言 我若久住 或見逼迫 強驅使作 思惟是已 馳走而去 借問貧里
欲往傭作 長者是時 在師子座 遙見其子 默而識之 即勅使者 追捉將來 窮子驚喚 迷悶躄地 是人執我
必當見殺 何用衣食 使我至此 長者知子 愚癡狹劣 不信我言 不信是父 即以方便 更遣餘人 眇目矬陋
無威德者 汝可語之 云當相雇 除諸糞穢 倍與汝價 窮子聞之 歡喜隨來 為除糞穢 淨諸房舍 長者於牖
常見其子 念子愚劣 樂為鄙事 於是長者 著弊垢衣 執除糞器 往到子所 方便附近 語令勤作 既益汝價
并塗足油 飲食充足 薦席厚暖 如是苦言 汝當勤作 又以軟語 若如我子 長者有智 漸令入出
經二十年 執作家事 示其金銀 真珠頗梨 諸物出入 皆使令知 猶處門外 止宿草庵 自念貧事 我無此物
父知子心 漸已廣大 欲與財物 即聚親族 國王大臣 剎利居士 於此大眾 說是我子 捨我他行 經五十歲
自見子來 已二十年 昔於某城 而失是子 周行求索 遂來至此 凡我所有 舍宅人民 悉以付之 恣其所用
子念昔貧 志意下劣 今於父所 大獲珍寶 并及舍宅 一切財物 甚大歡喜 得未曾有 佛亦如是 知我樂小
未曾說言 汝等作佛 而說我等 得諸無漏 成就小乘 聲聞弟子 佛勅我等 說最上道 修習此者 當得成佛
我承佛教 為大菩薩 以諸因緣 種種譬喻 若干言辭 說無上道 諸佛子等 從我聞法
日夜思惟 精勤修習 是時諸佛 即授其記 汝於來世 當得作佛 一切諸佛 祕藏之法 但為菩薩 演其實事
而不為我 說斯真要 如彼窮子 得近其父 雖知諸物 心不希取 我等雖說 佛法寶藏 自無志願 亦復如是
我等內滅 自謂為足 唯了此事 更無餘事 我等若聞 淨佛國土 教化眾生 都無欣樂 所以者何 一切諸法
皆悉空寂 無生無滅 無大無小 無漏無為 如是思惟 不生喜樂 我等長夜 於佛智慧 無貪無著 無復志願
而自於法 謂是究竟 我等長夜 修習空法 得脫三界 苦惱之患 住最後身 有餘涅槃 佛所教化 得道不虛
則為已得 報佛之恩 我等雖為 諸佛子等 說菩薩法 以求佛道 而於是法 永無願樂 導師見捨 觀我心故
初不勸進 說有實利 如富長者 知子志劣 以方便力 柔伏其心 然後乃付 一切財物 佛亦如是 現希有事
知樂小者 以方便力 調伏其心 乃教大智 我等今日 得未曾有 非先所望 而今自得 如彼窮子 得無量寶
世尊我今 得道得果 於無漏法 得清淨眼 我等長夜 持佛淨戒 始於今日 得其果報 法王法中 久修梵行
今得無漏 無上大果 我等今者 真是聲聞 以佛道聲 令一切聞 我等今者 真阿羅漢 於諸世間 天人魔梵
普於其中 應受供養 世尊大恩 以希有事 憐愍教化 利益我等 無量億劫 誰能報者 手足供給 頭頂禮敬
一切供養 皆不能報 若以頂戴 兩肩荷負 於恒沙劫 盡心恭敬 又以美膳 無量寶衣 及諸臥具 種種湯藥
牛頭栴檀 及諸珍寶 以起塔廟 寶衣布地 如斯等事 以用供養 於恒沙劫 亦不能報 諸佛希有 無量無邊
不可思議 大神通力 無漏無為 諸法之王 能為下劣 忍于斯事 取相凡夫 隨宜為說 諸佛於法 得最自在
知諸眾生 種種欲樂 及其志力 隨所堪任 以無量喻 而為說法 隨諸眾生 宿世善根 又知成熟 未成熟者
種種籌量 分別知已 於一乘道 隨宜說三

妙法蓮華經卷第二

世尊我今 得道得果 於無漏法 得清淨眼 我等長夜 持佛淨戒 始於今日 得其果報 法王法中 久修梵行
今得無漏 無上大果 我等今者 真是聲聞 以佛道聲 令一切聞 我等今者 真阿羅漢 於諸世間 天人魔梵
普於其中 應受供養 世尊大恩 以希有事 憐愍教化 利益我等 無量億劫 誰能報者 手足供給 頭頂禮敬
一切供養 皆不能報 若以頂戴 兩肩荷負 於恒沙劫 盡心恭敬 又以美膳 無量寶衣 及諸臥具 種種湯藥
牛頭栴檀 及諸珍寶 以起塔廟 寶衣布地 如斯等事 以用供養 於恒沙劫 亦不能報 諸佛希有 無量無邊
不可思議 大神通力 無漏無為 諸法之王 能為下劣 忍于斯事 取相凡夫 隨宜為說 諸佛於法 得最自在
知諸眾生 種種欲樂 及其志力 隨所堪任 以無量喻 而為說法 隨諸眾生 宿世善根 又知成熟 未成熟者
種種籌量 分別知已 於一乘道 隨宜說三

妙法蓮華經卷第三 妙法蓮華經卷第二

妙法蓮華經藥草喻品第五 三

尒時世尊告摩訶迦葉及諸大弟子 善哉善哉 迦葉善說如來真實功德 誠如所
言 如來復有無量無邊阿僧祇功德 汝等若於無量億劫說不能盡 迦葉當知 如來是諸法
之王 若有所說 皆不虛也 於一切法 以智方便而演說之 其所說法 皆悉到於一切智地 如來觀
知一切諸法之所歸趣 亦知一切眾生深心所行 通達無礙 又於諸法究盡明了 示諸眾生一切智
慧 迦葉 譬如三千大千世界山川谿谷土地所生卉木叢林及諸藥草 種類若干 名色各異
密雲彌布 遍覆三千大千世界 一時等澍 其澤普洽 卉木叢林及諸藥草 小根小莖 小枝
小葉 中根中莖 中枝中葉 大根大莖 大枝大葉 諸樹大小 隨上中下 各有所受 一雲所雨 稱其
種性而得生長 華菓敷實 雖一地所生 一雨所潤 而諸草木各有差別 迦葉當知 如來亦復
如是 出現於世 如大雲起 以大音聲 普遍世界天人阿脩羅 如彼大雲遍覆三千大千國土
於大眾中 而唱是言 我是如來 應供 正遍知 明行足 善逝 世間解 無上士 調御丈夫 天人師
佛 世尊 未度者令度 未解者令解 未安者令安 未涅槃者令得涅槃 今世後世 如實
知之 我是一切知者 一切見者 知道者 開道者 說道者 汝等天人阿脩羅眾 皆應到此 為
聽法故 尒時無數千萬億種眾生 來至佛所而聽法 如來于時觀是眾生諸根利鈍
精進懈怠 隨其所堪而為說法 種種無量 皆令歡喜 快得善利 是諸眾生聞是
法已 現世安隱 後生善處 以道受樂 亦得聞法 既聞法已 離諸障礙 於諸法中 任力
所能 漸得入道 如彼大雲雨於一切卉木叢林及諸藥草 如其種性 具足蒙潤 各得生長
如來說法 一相一味 所謂解脫相 離相 滅相 究竟至於一切種智 其有眾生聞如來法 若
持讀誦 如說脩行 所得功德 不自覺知 所以者何 唯有如來知此眾生種相體性 念何
事 思何事 脩何事 云何念 云何思 云何脩 以何法念 以何法思 以何法脩 以何法得何法 眾生住於
種種之地 唯有如來如實見之 明了無礙 如彼卉木叢林諸藥草等 而不自知上中下性 如
來知是一相一味之法 所謂解脫相 離相 滅相 究竟涅槃 常寂滅相 終歸於空 佛知是已
觀眾生心欲而將護之 是故不即為說一切種智 汝等迦葉 甚為希有 能知如來隨宜說
法 能信能受 所以者何 諸佛世尊隨宜說法 難解難知 尒時世尊欲重宣此義而說
偈言
破有法王 出現世間 隨眾生欲 種種說法 如來尊重 智慧深遠 久默斯要
不務速說 有智若聞 則能信解 無智疑悔 則為永失 是故迦葉 隨力為說 以種種緣 令得正見
迦葉當知 譬如大雲 起於世間 遍覆一切 慧雲含潤 電光晃曜 雷聲遠震 令眾悅豫 日光掩蔽 地上清涼
靉靆垂布 如可承攬 其雨普等 四方俱下 流澍無量 率土充洽 山川險谷 幽邃所生 卉木藥草 大小諸樹
百穀苗稼 甘蔗蒲萄 雨之所潤 無不豐足 乾地普洽 藥木並茂 其雲所出 一味之水 草木叢林 隨分受潤
一切諸樹 上中下等 稱其大小 各得生長 根莖枝葉 華菓光色 一雨所及 皆得鮮澤 如其體相 性分大小
所潤是一 而各滋茂 佛亦如是 出現於世 譬如大雲 普覆一切 既出于世 為諸眾生 分別演說 諸法之實
大聖世尊 於諸天人 一切眾中 而宣是言 我為如來 兩足之尊 出于世間 猶如大雲 充潤一切 枯槁眾生
皆令離苦 得安隱樂 世間之樂 及涅槃樂

法能信能受。所以者何？諸佛世尊隨宜說法，難解難知。爾時世尊欲重宣此義而說
偈言：
破有法王　出現世間　隨眾生欲　種種說法　如來尊重　智慧深遠　久嘿斯要
不務速說　有智若聞　則能信解　无智疑悔　則為永失　是故迦葉　隨力為說　以種種緣　令得正見
迦葉當知　譬如大雲　起於世間　遍覆一切　慧雲含潤　電光晃曜　雷聲遠震　令眾悅豫　日光掩蔽　地上清涼
靉靆垂布　如可承攬　其雨普等　四方俱下　流澍无量　率土充洽　山川險谷　幽邃所生　卉木藥草　大小諸樹
百穀苗稼　甘蔗蒲桃　雨之所潤　无不豐足　乾地普洽　藥木並茂　其雲所出　一味之水　草木叢林　隨分受潤
一切諸樹　上中下等　稱其大小　各得生長　根莖枝葉　華菓光色　一雨所及　皆得鮮澤　如其體相　性分大小
所潤是一　而各滋茂　佛亦如是　出現於世　譬如大雲　普覆一切　既出于世　為諸眾生　分別演說　諸法之實
大聖世尊　於諸天人　一切眾中　而宣是言　我為如來　兩足之尊　出于世間　猶如大雲　充潤一切　枯槁眾生
皆令離苦　得安隱樂　世間之樂　及涅槃樂　諸天人眾　一心善聽　皆應到此　覲无上尊　我為世尊　无能及者
安隱眾生　故現於世　為大眾說　甘露淨法　其法一味　解脫涅槃　以一妙音　演暢斯義　常為大乘　而作因緣
我觀一切　普皆平等　无有彼此　愛憎之心　我无貪著　亦无限礙　恒為一切　平等說法　如為一人　眾多亦然
常演說法　曾无他事　去來坐立　終不疲猒　充足世間　如雨普潤　貴賤上下　持戒毀戒　威儀具足　及不具足
正見邪見　利根鈍根　等雨法雨　而无懈惓　一切眾生　聞我法者　隨力所受　住於諸地　或處人天　轉輪聖王
釋梵諸王　是小藥草　知无漏法　能得涅槃　起六神通　及得三明　獨處山林　常行禪定　得緣覺證　是中藥草
求世尊處　我當作佛　行精進定　是上藥草　又諸佛子　專心佛道　常行慈悲　自知作佛　決定无疑　是名小樹
安住神通　轉不退輪　度无量億　百千眾生　如是菩薩　名為大樹　佛平等說　如一味雨　隨眾生性　所受不同
如彼草木　所稟各異　佛以此喻　方便開示　種種言辭　演說一法　於佛智慧　如海一渧　我雨法雨　充滿世間
一味之法　隨力修行　如彼叢林　藥草諸樹　隨其大小　漸增茂好　諸佛之法　常以一味　令諸世間　普得具足
漸次修行　皆得道果　聲聞緣覺　處於山林　住最後身　聞法得果　是名藥草　各得增長　若諸菩薩
智慧堅固　了達三界　求最上乘　是名小樹　而得增長　復有住禪　得神通力　聞諸法空　心大歡喜
放无數光　度諸眾生　是名大樹　而得增長　如是迦葉　佛所說法　譬如大雲　以一味雨　潤於人華
各得成實　迦葉當知　以諸因緣　種種譬喻　開示佛道　是我方便　諸佛亦然　今為汝等　說最實事
諸聲聞眾　皆非滅度　汝等所行　是菩薩道　漸漸修學　悉當成佛　妙法蓮華經授記品第六
爾時世尊說是偈已，告諸大眾，唱如是言：我此弟子摩訶迦葉，於未來世當得奉覲三百
萬億諸佛世尊，供養恭敬，尊重讚歎，廣宣諸佛无量大法。於最後身得成為佛，名曰光明
如來、應供、正遍知、明行足、善逝、世間解、无上士、調御丈夫、天人師、佛、世尊。國名光德，劫名大莊
嚴。佛壽十二小劫，正法住世二十小劫，像法亦住二十小劫。國界嚴飾，无諸穢惡、瓦礫荊棘、便利
不淨。其土平正，无有高下、坑坎堆阜。琉璃為地，寶樹行列，黃金為繩，以界道側，散諸寶華，周
遍清淨。其國菩薩无量千億，諸聲聞眾亦復无數。无有魔事，雖有魔及魔民，皆護佛法。爾
時世尊欲重宣此義而說偈言：告諸比丘　我以佛眼　見是迦葉　於未來世　過无數劫　當得作佛
而於來世　供養奉覲　三百萬億　諸佛世尊　為佛智慧　淨修梵行　供養最上　二足尊已　修習一切
无上之慧　於最後身　得成為佛　其土清淨　琉璃為地　多諸寶樹　行列道側　金繩界道　見者歡喜
常出好香　散眾名華　種種奇妙　以為莊嚴　其地平正　无有丘坑　諸菩薩眾　不可稱計　其心調柔
逮大神通　奉持諸佛　大乘經典　諸聲聞眾　无漏後身　法王之子　亦不可計　乃以天眼　不能數知
其佛當壽　十二小劫　正法住世　二十小劫　像法亦住　二十小劫　光明世尊　其事如是
爾時大目揵連、須菩提、摩訶迦旃延等，皆悉悚慄，一心合掌，瞻仰尊顏，目不暫捨，即共同
聲而說偈言：大雄猛世尊　諸釋之法王　哀愍我等故　而賜佛音聲　若知我深心　見為授記者
如以甘露灑　除熱得清涼　如從飢國來　忽遇大王饍　心猶懷疑懼　未敢即便食　若復得王教
然後乃敢食　我等亦如是　每惟小乘過　不知當云何　得佛无上慧　雖聞佛音聲　言我等作佛
心尚懷憂懼　如未敢便食　若蒙佛授記　爾乃快安樂　大雄猛世尊　常欲安世間　願賜我等記

BD04973號2　妙法蓮華經卷三

（20–5）

无上之慧 於最後身 得成為佛 其土清淨 瑠璃為地 多諸寶樹 行列道側 金繩界道 見者歡喜
常出好香 散眾名華 種種奇妙 以為莊嚴 其地平正 无有丘坑 諸菩薩眾 不可稱計 其心調柔
逮大神通 奉持諸佛 大乘經典 諸聲聞眾 无漏後身 法王之子 亦不可計 乃以天眼 不能數知
其佛當壽 十二小劫 正法住世 二十小劫 像法亦住 二十小劫 光明世尊 其事如是
尒時大目揵連須菩提摩訶迦旃延等皆悉悚慄一心合掌瞻仰世尊目不暫捨即共同
聲而說偈言 大雄猛世尊 諸釋之法王 哀愍我等故 而賜佛音聲 若知我深心 見為授記者
如以甘露灑 除熱得清涼 如從飢國來 忽遇大王饍 心猶懷疑懼 未敢即便食 若復得王教
然後乃敢食 我等亦如是 每惟小乘過 不知當云何 得佛无上慧 雖聞佛音聲 言我等作佛
心尚懷憂懼 如未敢便食 若蒙佛授記 尒乃快安樂 大雄猛世尊 常欲安世間 願賜我等記
如飢須教食
尒時世尊知諸大弟子心之所念告諸比丘是須菩提於當來世奉覲三
百万億那由他佛供養恭敬尊重讚歎常修梵行具菩薩道於最後身得成為佛号曰名相
如來應供正遍知明行足善逝世間解无上士調御丈夫天人師佛世尊劫名有寶國名寶生其土平正
頗梨為地寶樹莊嚴无諸丘坑沙礫荊棘便利之穢寶華覆地周遍清淨其土人民皆處寶臺
珎妙樓閣聲聞弟子无量无邊筭數譬喻所不能知諸菩薩眾无數千万億那由他佛壽
十二小劫正法住世二十小劫像法亦住二十小劫其佛常處虛空為眾說法度脫无量菩薩及
聲聞眾尒時世尊欲重宣此義而說偈言 諸比丘眾 今告汝等 皆當一心 聽我所說
我大弟子 須菩提者 當得作佛 号曰名相 當供无數 万億諸佛 隨佛所行 漸具大道 最後身得 三十二相
端正姝妙 猶如寶山 其佛國土 嚴淨第一 眾生見者 无不愛樂 佛於其中 度无量眾 其佛法中 多諸菩薩
皆悉利根 轉不退輪 彼國常以 菩薩莊嚴 諸聲聞眾 不可稱數 皆得三明 具六神通 住八解脫 有大威德
其佛說法 現於无量 神通變化 不可思議 諸天人民 數如恒沙 皆共合掌 聽受佛語 其佛當壽 十二小劫
正法住世 二十小劫 像法亦住 二十小劫 尒時世尊復告諸比丘眾我今語汝是大迦旃延於當來
世以諸供具供養奉事八千億佛恭敬尊重諸佛滅後各起塔廟高千由旬縱廣正等五百由旬
皆以金銀瑠璃車𤦲馬瑙真珠玫瑰七寶合成眾華瓔珞塗香末香燒香繒蓋幢幡供養塔
廟過是已後當復供養二万億佛亦復如是供養是諸佛已具菩薩道當得作佛号曰閻浮那
提金光如來應供正遍知明行足善逝世間解无上士調御丈夫天人師佛世尊其土平正頗梨為地寶
樹莊嚴黃金為繩以界道側妙華覆地周遍清淨見者歡喜无四惡道地獄餓鬼畜生阿脩羅道多
有天人諸聲聞眾及諸菩薩无量万億莊嚴其國佛壽十二小劫正法住世二十小劫
像法亦住二十小劫尒時世尊欲重宣此義而說偈言 諸比丘眾 皆一心聽 如我所說 真實无異
是迦旃延 當以種種 妙好供具 供養諸佛 諸佛滅後 起七寶塔 亦以華香 供養舍利 其最後身 得佛智慧
成等正覺 國土清淨 度脫无量 万億眾生 皆為十方 之所供養 佛之光明 无能勝者 其佛号曰 閻浮金光
菩薩聲聞 斷一切有 无量无數 莊嚴其國 尒時世尊復告大眾我今語汝是大目揵連當以種種
供具供養八千諸佛恭敬尊重諸佛滅後各起塔廟高千由旬縱廣正等五百由旬以金銀
瑠璃車𤦲馬瑙真珠玫瑰七寶合成眾華瓔珞塗香末香燒香繒蓋幢幡以用供養過是已後
當復供養二百万億諸佛亦復如是當得成佛号曰多摩羅跋栴檀香如來應供正遍知明行足善
逝世間解无上士調御丈夫天人師佛世尊劫名喜滿國名意樂其土平正頗梨為地寶樹莊嚴散
真珠華周遍清淨見者歡喜多諸天人菩薩聲聞其數无量佛壽二十四小劫正法住世四十小劫像法
亦住四十小劫尒時世尊欲重宣此義而說偈言 我此弟子 大目揵連 捨是身已 得見八千
二百万億 諸佛世尊 為佛道故 供養恭敬 於諸佛所 常修梵行 於无量劫 奉持佛法 諸佛滅後
起七寶塔 長表金剎 華香伎樂 而以供養 諸佛塔廟 漸漸具足 菩薩道已 於意樂國 而得作佛
号多摩羅 栴檀之香 其佛壽命 二十四劫 常為天人 演說佛道 聲聞无量 如恒河沙 三明六通 有大威德
菩薩无數 志固精進 於佛智慧 皆不退轉 佛滅度後 正法當住 四十小劫 像法亦尒 我諸弟子 威德具足 其數五百

真珠華周遍清淨見者歡喜多諸天人菩薩聲聞其數无量佛壽二十四小劫正法住世四十小劫像法
亦住四十小劫尒時世尊欲重宣此義而說偈言　我此弟子　大目揵連　捨是身已　得見八千
二百万億　諸佛世尊　為佛道故　供養恭敬　於諸佛所　常修梵行　於无量劫　奉持佛法　諸佛滅後
起七寶塔　長表金剎　華香伎樂　而以供養　諸佛塔廟　漸漸具足　菩薩道已　於意樂國　而得作佛
號多摩羅　栴檀之香　其佛壽命　二十四劫　常為天人　演說佛道　聲聞无量　如恒河沙　三明六通　有大威德
菩薩无數　志固精進　於佛智慧　皆不退轉　佛滅度後　正法當住　四十小劫　像法亦尒　我諸弟子　威德具足　其數五百
皆當授記　於未來世　咸得成佛　我及汝等　宿世因緣　吾今當說　汝等善聽
妙法蓮華經化城喻品第七
佛告諸比丘乃往過去无量无邊不可思議阿僧祇劫尒時有佛名大通智勝如來應供正遍知明行足
善逝世間解无上士調御丈夫天人師佛世尊其國名好成劫名大相諸比丘彼佛滅度已來甚大久遠譬
如三千大千世界所有地種假使有人磨以為墨過於東方千國土乃下一點大如微塵又過千國土復下一
點如是展轉盡地種墨於汝等意云何是諸國土若筭師若筭師弟子能得邊際知其數不不也世
尊諸比丘是人所經國土若點不點盡末為塵一塵一劫彼
佛滅度已來復過是數无量无邊百千万億阿僧祇劫我以如來知見力故觀彼久遠猶若今日尒時世
尊欲重宣此義而說偈言　我念過去世　无量无邊劫　有佛兩足尊　名大通智勝　如人以力磨
三千大千土　盡此諸地種　皆悉以為墨　過於千國土　乃下一塵點　如是展轉點　盡此諸塵墨　如是諸國土
點與不點等　復盡末為塵　一塵為一劫　此諸微塵數　其劫復過是　彼佛滅度來　如是无量劫　如來无礙智
知彼佛滅度　及聲聞菩薩　如見今滅度　諸比丘當知　佛智淨微妙　无漏无所礙　通達无量劫
佛告諸比丘大通智勝佛壽五百四十万億那由他劫其佛本坐道場破魔軍已垂得阿耨多羅
三藐三菩提而諸佛法不現在前如是一小劫乃至十小劫結加趺坐身心不動而諸佛法猶不在前
尒時忉利諸天先為彼佛於菩提樹下敷師子座高一由旬佛於此座當得阿耨多羅三藐三菩
提適坐此座時諸梵天王雨眾天華面百由旬香風時來吹去萎華更雨新者如是不絕滿
十小劫供養於佛乃至滅度常雨此華四王諸天為供養佛常擊天鼓其餘諸天作天伎樂
滿十小劫至于滅度亦復如是諸比丘大通智勝佛過十小劫諸佛之法乃現在前成阿耨多
羅三藐三菩提其佛未出家時有十六子其第一者名曰智積諸子各有種種珍異玩好之具
聞父得成阿耨多羅三藐三菩提皆捨所珍往詣佛所諸母涕泣而隨送之其祖轉輪聖王與
一百大臣及餘百千万億人民皆共圍遶隨至道場咸欲親近大通智勝如來供養恭敬尊重
讚歎到已頭面禮足遶佛畢已一心合掌瞻仰世尊以偈頌曰　大威德世尊　為度眾生故　於无量億歲
尒乃得成佛　諸願已具足　善哉吉无上　世尊甚希有　一坐十小劫　身體及手足　靜然安不動　其心常惔怕
未曾有散亂　究竟永寂滅　安住无漏法　今者見世尊　安隱成佛道　我等得善利　稱慶大歡喜　眾生常苦惱
盲冥无導師　不識苦盡道　不知求解脫　長夜增惡趣　減損諸天眾　從冥入於冥　永不聞佛名　今佛得最上
安隱无漏道　我等及天人　為得最大利　是故咸稽首　歸命无上尊　尒時十六王子偈讚佛已勸請
世尊轉於法輪咸作是言世尊說法多所安隱憐愍饒益諸天人民重說偈言
世雄无等倫　百福自莊嚴　得无上智慧　願為世間說　度脫於我等　及諸眾生類　為分別顯示
令得是智慧　若我等得佛　眾生亦復然　世尊知眾生　深心之所念　亦知所行道　又知智慧力
欲樂及修福　宿命所行業　世尊悉知已　當轉无上輪　佛告諸比丘大通智勝佛得阿
耨多羅三藐三菩提時十方各五百万億諸佛世界六種震動其國中間幽冥之處日月
威光所不能照而皆大明其中眾生各得相見咸作是言此中云何忽生眾生又其國界諸天宮
殿乃至梵宮六種震動大光普照遍滿世界勝諸天光尒時東方五百万億諸國土中梵天
宮殿光明照曜倍於常明諸梵天王各作是念今者宮殿光明昔所未有以何因緣而現此相是
時諸梵天王即各相詣共議此事時彼眾中有一大梵天王名救一切為諸梵眾而說偈言
我等諸宮殿　光明昔未有　此是何因緣　宜各共求之　為大德天生　為佛出世間　而此大光明　遍照於十方

（20–7）

BD04973號2　妙法蓮華經卷三

宿命所行業　世尊悉知已　當轉无上輪　佛告諸比丘大通智勝佛得阿
耨多羅三藐三菩提時十方各五百万億諸佛世界六種震動其國中間幽冥之處日月
威光所不能照而皆大明其中衆生各得相見咸作是言此中云何忽生衆生又其國界諸天宮
殿乃至梵宮六種震動大光普照遍滿世界勝諸天光尒時東方五百万億諸國土中梵天
宮殿光明照曜倍於常明諸梵天王各作是念今者宮殿光明昔所未有以何因緣而現此相是
時諸梵天王即各相詣共議此事時彼衆中有一大梵天王名救一切為諸梵衆而說偈言
我等諸宮殿　光明昔未有　此是何因緣　宜各共求之　為大德天生　為佛出世間　而此大光明　遍照於十方
尒時五百万億國土諸梵天王與宮殿俱各以衣祴盛諸天華共詣西方推尋是相見大通智
勝如來處于道場菩提樹下坐師子座諸天龍王乾闥婆緊那羅摩睺羅伽人非人等恭
敬圍繞及見十六王子請佛轉法輪即時諸梵天王頭面礼佛繞百千帀即以天華而散佛上其
所散華如須弥山并以供養佛菩提樹其菩提樹高十由旬華供養已各以宮殿奉上彼佛而
作是言唯見哀愍饒益我等所獻宮殿願垂納受時諸梵天王即於佛前一心同聲以偈頌曰
世尊甚希有　難可得值遇　具无量功德　能救護一切　天人之大師　哀愍於世間　十方諸衆生　普皆蒙饒益
我等所從來　五百万億國　捨深禪定樂　為供養佛故　我等先世福　宮殿甚嚴飾　今以奉世尊　唯願哀納受
尒時諸梵天王偈讚佛已各作是言唯願世尊轉於法輪度脫衆生開涅槃道時諸梵天王一心同
聲而說偈言　世雄兩足尊　唯願演說法　以大慈悲力　度苦惱衆生　尒時大通智勝如來默然
許之又諸比丘東南方五百万億國土諸大梵王各自見宮殿光明照曜昔所未有歡喜踊躍生希
有心即各相詣共議此事時彼衆中有一大梵天王名曰大悲為諸梵衆而說偈言　是事何因緣　而現如此相
我等諸宮殿　光明昔未有　為大德天生　為佛出世間　未曾見此相　當共一心求　過千万億土　尋光共推之　多是佛出世
度脫苦衆生　尒時五百万億諸梵天王與宮殿俱各以衣祴盛諸天華共詣西北方推尋是相見大通
智勝如來處于道場菩提樹下坐師子座諸天龍王乾闥婆緊那羅摩睺羅伽人非人等恭敬
圍繞及見十六王子請佛轉法輪時諸梵天王頭面礼佛繞百千帀即以天華而散佛上所散之華如須弥
山并以供養佛菩提樹華供養已各以宮殿奉上彼佛而作是言唯見哀愍饒益我等所獻宮殿願
垂納受尒時諸梵天王即於佛前一心同聲以偈頌曰　聖主天中王　迦陵頻伽聲　哀愍衆生者　我等今敬礼
世尊甚希有　久遠乃一現　一百八十劫　空過无有佛　三惡道充滿　諸天衆減少　今佛出於世　為衆生作眼
世間所歸趣　救護於一切　為衆生之父　哀愍饒益者　我等宿福慶　今得值世尊
尒時諸梵天王偈讚佛已各作是言唯願世尊哀愍一切轉於法輪度脫衆生時諸梵天王一心同
聲而說偈言　大聖轉法輪　顯示諸法相　度苦惱衆生　令得大歡喜　衆生聞此法　得道若生天　諸惡道減少
忍善者增益　尒時大通智勝如來默然許之又諸比丘南方五百万億國土諸大梵王各自見
宮殿光明照曜昔所未有歡喜踊躍生希有心即各相詣共議此事以何因緣我等宮殿有此光
曜而彼衆中有一大梵天王名曰妙法為諸梵衆而說偈言　我等諸宮殿　光明甚威曜　此非无因緣
是相宜求之　過於百千劫　未曾見是相　為大德天生　為佛出世間　尒時五百万億諸梵天王與宮殿俱各以
衣祴盛諸天華共詣北方推尋是相見大通智勝如來處于道場菩提樹下坐師子座諸天龍王乾闥
婆緊那羅摩睺羅伽人非人等恭敬圍繞及見十六王子請佛轉法輪時諸梵天王頭面礼佛繞百千帀即
以天華而散佛上所散之華如須弥山并以供養佛菩提樹華供養已各以宮殿奉上彼佛而作是言唯
見哀愍饒益我等所獻宮殿願垂納受尒時諸梵天王即於佛前一心同聲以偈頌曰
世尊甚難見　破諸煩惱者　過百三十劫　今乃得一見　諸飢渴衆生　以法雨充滿　昔所未曾覩　无量智慧者
如優曇鉢華　今日乃值遇　我等諸宮殿　蒙光故嚴飾　世尊大慈悲　唯願垂納受　尒時諸梵天王偈讚
佛已各作是言唯願世尊轉於法輪令一切世間諸天魔梵沙門婆羅門皆獲安隱而得度脫時諸梵
天王一心同聲以偈頌曰　唯願天人尊　轉无上法輪　擊于大法鼓　而吹大法螺　普雨大法雨　度无量衆生

BD04973號2　妙法蓮華經卷三　（20–8）

以天華而散佛上所散之華如須弥山并以供養佛菩提樹華供養已各以宮殿奉上彼佛而作是言唯
見哀愍饒益我等所獻宮殿願垂納受尒時諸梵天王即於佛前一心同聲以偈頌曰
世尊甚難見　破諸煩惱者　過百三十劫　今乃得一見　諸飢渴衆生　以法雨充滿　昔所未曾覩　无量智慧者
如優曇鉢華　今日乃值遇　我等諸宮殿　蒙光故嚴飾　世尊大慈悲　唯願垂納受　尒時諸梵天王偈讚
佛已各作是言唯願世尊轉於法輪令一切世間諸天魔梵沙門婆羅門皆獲安隱而得度脫時諸梵
天王一心同聲以偈頌曰　唯願天人尊　轉无上法輪　擊于大法鼓　而吹大法螺　普雨大法雨　度无量衆生
我等咸歸請　當演深遠音　尒時大通智勝如來嘿然許之西南方乃至下方亦復如是尒時上
方五百万億國土諸大梵王皆悉自覩所止宮殿光明威曜昔所未有歡喜踊躍生希有心即各相
詣共議此事以何因緣我等宮殿有斯光明時彼衆中有一大梵天王名曰尸棄為諸梵衆而說偈言
今以何因緣　我等諸宮殿　威德光明曜　嚴飾未曾有　如是之妙相　昔所未聞見　為大德天生　為佛出世間
尒時五百万億諸梵天王與宮殿俱各以衣裓盛諸天華共詣下方推尋是相見大通智勝如來處于
道場菩提樹下坐師子座諸天龍王乾闥婆緊那羅摩睺羅伽人非人等恭敬圍繞及見十六王子
請佛轉法輪時諸梵天王頭面礼佛繞百千帀即以天華而散佛上所散之華如須弥山并以供養佛
菩提樹華供養已各以宮殿奉上彼佛而作是言唯見哀愍饒益我等所獻宮殿願垂納受時諸
梵天王即於佛前一心同聲以偈頌曰　善哉見諸佛　救世之聖尊　能於三界獄　勉出諸衆生　普智天人尊
哀愍群萠類　能開甘露門　廣度於一切　於昔无量劫　空過无有佛　世尊未出時　十方常闇冥　三惡道增長
阿脩羅亦盛　諸天衆轉減　死多墮惡道　不從佛聞法　常行不善事　色力及智慧　斯等皆減少
罪業因緣故　失樂及樂想　住於邪見法　不識善儀則　不蒙佛所化　常墮於惡道
佛為世間眼　久遠時乃出　哀愍諸衆生　故現於世間　超出成正覺　我等甚欣慶　及餘一切衆　喜歎未曾有
我等諸宮殿　蒙光故嚴飾　今以奉世尊　唯垂哀納受　願以此功德　普及於一切　我等與衆生　皆共成佛道
尒時五百万億諸梵天王偈讚佛已各白佛言唯願世尊轉於法輪多所安隱多所度脫時諸
梵天王而說偈言　世尊轉法輪　擊甘露法鼓　度苦惱衆生　開示涅槃道　唯願受我請　以大微妙音
哀愍而敷演　无量劫習法　尒時大通智勝如來受十方諸梵天王及十六王子請即時三轉
十二行法輪若沙門婆羅門若天魔梵及餘世間所不能轉謂是苦是苦集是苦滅是苦滅道及
廣說十二因緣法无明緣行行緣識識緣名色名色緣六入六入緣觸觸緣受受緣愛愛緣取取緣
有有緣生生緣老死憂悲苦惱无明滅則行滅行滅則識滅識滅則名色滅名色滅則六入滅
六入滅則觸滅觸滅則受滅受滅則愛滅愛滅則取滅取滅則有滅有滅則生滅生滅則老死
憂悲苦惱滅佛於天人大衆之中說是法時六百万億那由他人以不受一切法故而於諸漏心
得解脫皆得深妙禪定三明六通具八解脫第二第三第四說法時千万億恒河沙那由他等
衆生亦以不受一切法故而於諸漏心得解脫從是已後諸聲聞衆无量无邊不可稱數尒
時十六王子皆以童子出家而為沙弥諸根通利智慧明了已曾供養百千万億諸佛淨脩
梵行求阿耨多羅三藐三菩提俱白佛言世尊是諸无量千万億大德聲聞皆已成就世尊亦
當為我等說阿耨多羅三藐三菩提法我等聞已皆共脩學世尊我等志願如來知見深心所念
佛自證知尒時轉輪聖王所將衆中八万億人見十六王子出家亦求出家王即聽許尒時彼佛
受沙弥請過二万劫已乃於四衆之中說是大乘經名妙法蓮華教菩薩法佛所護念說是經已
十六沙弥為阿耨多羅三藐三菩提故皆共受持諷誦通利說是經時十六菩薩沙弥皆悉信受
聲聞衆中亦有信解其餘衆生千万億種皆生疑惑佛說是經於八千劫未曾休廢說此經已即入靜室住於禪定八万四千劫是
時十六菩薩沙弥知佛入室寂然禪定各昇法座亦於八万四千劫為四部衆廣說分別妙法華經
一一皆度六百万億那由他恒河沙等衆生示教利喜令發阿耨多羅三藐三菩提心大通智勝佛
過八万四千劫已從三昧起往詣法座安詳而坐普告大衆是十六菩薩沙弥甚為希有諸根通利智
慧明了已曾供養无量千万億數諸佛於諸佛所常脩梵行受持佛智開示衆生令入其中汝等皆

念佛自證知尒時轉輪聖王所將衆中八万億人見十六王子出家亦求出家王即聽許尒時彼佛
受沙弥請過二万劫已乃於四衆之中說是大乘經名妙法蓮華教菩薩法佛所護念說是經已
十六沙弥為阿耨多羅三藐三菩提故皆共受持諷誦利通說是經時十六菩薩沙弥皆悉信受
聲聞衆中亦有信解其餘衆生千万億種皆生疑惑佛說是經（於八千劫未曾休廢說此經）已即入靜室住於禪定八万四千劫是
時十六菩薩沙弥知佛入室寂然禪定各昇法座亦於八万四千劫為四部衆廣說分別妙法華經
一一皆度六百万億那由他恒河沙等衆生示教利喜令發阿耨多羅三藐三菩提心大通智勝佛
過八万四千劫已從三昧起往詣法座安詳而坐普告大衆是十六菩薩沙弥甚為希有諸根通利智
慧明了已曾供養无量千万億數諸佛於諸佛所常脩梵行受持佛智開示衆生令入其中汝等皆
當數數親近而供養之所以者何若聲聞辟支佛及諸菩薩能信是十六菩薩所說經法受持不毀
者是人皆當得阿耨多羅三藐三菩提如來之慧佛告諸比丘是十六菩薩常樂說是妙法蓮華
經一一菩薩所化六百万億那由他恒河沙等衆生世世所生與菩薩俱從其聞法悉皆信解以此因
緣得值四万億諸佛世尊于今不盡諸比丘我今語汝彼佛弟子十六沙弥今皆得阿耨多羅三藐
三菩提於十方國土現在說法有无量百千万億菩薩聲聞以為眷屬其二沙弥東方作佛一名阿閦
在歡喜國二名須弥頂東南方二佛一名師子音二名師子相南方二佛一名虛空住二名常滅西
南方二佛一名帝相二名梵相西方二佛一名阿弥陁二名度一切世間苦惱西北方二佛一名多摩羅跋
旃檀香神通二名須弥相北方二佛一名雲自在二名雲自在王東北方佛名壞一切世間怖畏第十
六我釋迦牟尼佛於娑婆國土成阿耨多羅三藐三菩提諸比丘我等為沙弥時各各教化无量
百千万億恒河沙等衆生從我聞法為阿耨多羅三藐三菩提此諸衆生于今有住聲聞地者
我常教化阿耨多羅三藐三菩提是諸人等應以是法漸入佛道所以者何如來智慧難信難解
尒時所化无量恒河沙等衆生者汝等諸比丘及我滅度後未來世中聲聞弟子是也我滅度後
復有弟子不聞是經不知不覺菩薩所行自於所得功德生滅度想當入涅槃我於餘國作佛更
有異名是人雖生滅度之想入於涅槃而於彼土求佛智慧得聞是經唯以佛乘而得滅度更无餘
乘除諸如來方便說法諸比丘若如來自知涅槃時到衆又清淨信解堅固了達空法深入
禪定便集諸菩薩及聲聞衆為說是經世間无有二乘而得滅度唯一佛乘得滅度耳比丘當
知如來方便深入衆生之性知其志樂小法深著五欲為是等故說於涅槃是人若聞則便信受
譬如五百由旬險難惡道曠絕无人怖畏之處若有多衆欲過此道至珎寶處有一導師聰慧
明達善知險道通塞之相將導衆人欲過此難所將人衆中路懈退白導師言我等疲極而復怖
畏不能復進前路猶遠今欲退還導師多諸方便而作是念此等可愍云何捨大珎寶而欲退
還作是念已以方便力於險道中過三百由旬化作一城告衆人言汝等勿怖莫得退還今此大城
可於中止隨意所作若入是城快得安隱若能前至寶所亦可得去是時疲極之衆心大歡喜歎未
曾有我等今者免斯惡道快得安隱於是衆人前入化城生已度想生安隱想尒時導師知此人衆
既得止息无復疲惓即滅化城語衆人言汝等去來寶處在近向者大城我所化作為止息耳諸比丘
如來亦復如是今為汝等作大導師知諸生死煩惱惡道險難長遠應去應度若衆生但聞一佛
乘者則不欲見佛不欲親近便作是念佛道長遠久受懃苦乃可得成佛知是心怯弱下劣以方便
力而於中道為止息故說二涅槃若衆生住於二地如來尒時即便為說汝等所作未辦汝所住地近
於佛慧當觀察籌量所得涅槃非真實也但是如來方便之力於一佛乘分別說三如彼導師
為止息故化作大城既知息已而告之言寶處在近此城非實我化作耳尒時世尊欲重宣此義而
說偈言　大通智勝佛　十劫坐道場　佛法不現前　不得成佛道　諸天神龍王　阿脩羅衆等　常雨於天華
以供養彼佛　諸天擊天鼓　并作衆伎樂　香風吹萎華　更雨新好者　過十小劫已　乃得成佛道　諸天及世人
心皆懷踊躍　彼佛十六子　皆與其眷屬　千万億圍繞　俱行至佛所　頭面礼佛足　而請轉法輪　聖師子法雨
充我及一切　世尊甚難值　久遠時一現　為覺悟群生　震動於一切　東方諸世界　五百万億國　梵宮殿光耀

BD04973號2　妙法蓮華經卷三

（20–10）

力而於中道為止息故說二涅槃若眾生住於二地如來爾時即便為說汝等所作未辦汝所住地近
於佛慧當觀察籌量所得涅槃非真實也但是如來方便之力於一佛乘分別說三如彼導師
為止息故化作大城既知息已而告之言寶處在近此城非實我化作耳爾時世尊欲重宣此義而
說偈言　大通智勝佛　十劫坐道場　佛法不現前　不得成佛道　諸天神龍王　阿脩羅眾等　常雨於天華
以供養彼佛　諸天擊天鼓　并作眾伎樂　香風吹萎華　更雨新好者　過十小劫已　乃得成佛道　諸天及世人
心皆懷踊躍　彼佛十六子　皆與其眷屬　千萬億圍繞　俱行至佛所　頭面禮佛足　而請轉法輪　聖師子法雨
充我及一切　世尊甚難值　久遠時一現　為覺悟群生　震動於一切　東方諸世界　五百萬億國　梵宮殿光耀
昔所未曾有　諸梵見此相　尋來至佛所　散華以供養　并奉上宮殿　請佛轉法輪　以偈而讚歎　佛知時未至
受請默然坐　三方及四維　上下亦復爾　散華奉宮殿　請佛轉法輪　世尊甚難值　願以大慈悲　廣開甘露門
轉無上法輪　無量慧世尊　受彼眾人請　為宣種種法　四諦十二緣　無明至老死　皆從生緣有　如是眾過患
汝等應當知　宣暢是法時　六百萬億姟　得盡諸苦際　皆成阿羅漢　第二說法時　千萬恒沙眾　於諸法不受
亦得阿羅漢　從是後得道　其數無有量　萬億劫算數　不能得其邊　時十六王子　出家作沙彌　皆共請彼佛
演說大乘法　我等及營從　皆當成佛道　願得如世尊　慧眼第一淨　佛知童子心　宿世之所行　以無量因緣
種種諸譬喻　說六波羅蜜　及諸神通事　分別真實法　菩薩所行道　說是法華經　如恒河沙偈
彼佛說經已　靜室入禪定　一心一處坐　八萬四千劫　是諸沙彌等　知佛禪未出　為無量億眾　說佛無上慧
各各坐法座　說是大乘經　於佛宴寂後　宣揚助法化　一一沙彌等　所度諸眾生　有六百萬億　恒河沙等眾
彼佛滅度後　是諸聞法者　在在諸佛土　常與師俱生　是十六沙彌　具足行佛道　今現在十方　各得成正覺
爾時聞法者　各在諸佛所　其有住聲聞　漸教以佛道　我在十六數　曾亦為汝說　是故以方便　引汝趣佛慧
以是本因緣　今說法華經　令汝入佛道　慎勿懷驚懼　譬如險惡道　迥絕多毒獸　又復無水草　人所怖畏處
無數千萬眾　欲過此險道　其路甚曠遠　經五百由旬　時有一導師　強識有智慧　明了心決定　在險濟眾難
眾人皆疲惓　而白導師言　我等今頓乏　於此欲退還　導師作是念　此輩甚可愍　如何欲退還　而失大珍寶
尋時思方便　當設神通力　化作大城郭　莊嚴諸舍宅　周匝有園林　渠流及浴池　重門高樓閣　男女皆充滿
即作是化已　慰眾言勿懼　汝等入此城　各可隨所樂　諸人既入城　心皆大歡喜　皆生安隱想　自謂已得度
導師知息已　集眾而告言　汝等當前進　此是化城耳　我見汝疲極　中路欲退還　故以方便力　權化作此城
汝今勤精進　當共至寶所
我亦復如是　為一切導師　見諸求道者　中路而懈廢　不能度生死　煩惱諸險道　故以方便力　為息說涅槃
言汝等苦滅　所作皆已辦
既知到涅槃　皆得阿羅漢　爾乃集大眾　為說真實法　諸佛方便力　分別說三乘　唯有一佛乘　息處故說二
今為汝說實　汝所得非滅　為佛一切智　當發大精進　汝證一切智　十力等佛法　具三十二相　乃是真實滅
諸佛之導師　為息說涅槃　既知是息已　引入於佛慧

妙法蓮華經卷第三

妙法蓮華經五百弟子授記品第八　四

爾時富樓那彌多羅尼子從佛聞是智慧方便隨宜說
法又聞授諸大弟子阿耨多羅三藐三菩提記復聞宿世因緣之事復聞諸佛有大自在神通之力得
未曾有心淨踊躍即從座起到於佛前頭面禮足却住一面瞻仰尊顏目不暫捨而作是念世尊
甚奇特所為希有隨順世間若干種性以方便知見而為說法拔出眾生處處貪著我等於佛功德
言不能宣唯佛世尊能知我等深心本願爾時佛告諸比丘汝等見是富樓那彌多羅尼子不我
常稱其於說法人中最為第一亦常歎其種種功德精勤護持助宣我法能於四眾示教利喜具
足解釋佛之正法而大饒益同梵行者自捨如來無能盡其言論之辯汝等勿謂富樓那但能
護持助宣我法亦於過去九十億諸佛所護持助宣佛之正法於彼說法人中亦最第一又於諸
佛所說空法明了通達得四無礙智常能審諦清淨說法無有疑惑具足菩薩神通之力隨
其壽命常修梵行彼佛世人咸皆謂之實是聲聞而富樓那以斯方便饒益無量百千眾生又
化無量阿僧祇人令立阿耨多羅三藐三菩提為淨佛土故常作佛事教化眾生諸比丘富樓那

BD04973號2　妙法蓮華經卷三
BD04973號3　妙法蓮華經卷四

到於佛前頭面礼足却住一面瞻仰尊顏目不暫捨而作是念世尊
奇特所為希有隨順世間若干種性以方便知見而為說法拔出眾生處處貪著我等於佛功德
言不能宣唯佛世尊能知我等深心本願尒時佛告諸比丘汝等見是富樓那彌多羅尼子不我
常稱其於說法人中最為第一亦常歎其種種功德精勤護持助宣我法能於四眾示教利喜具
足解釋佛之正法而大饒益同梵行者自捨如來无能盡其言論之辯汝等勿謂富樓那但能
護持助宣我法亦於過去九十億諸佛所護持助宣佛之正法於彼說法人中亦最第一又於諸
佛所說空法明了通達得四无礙智常能審諦清淨說法无有疑惑具足菩薩神通之力隨
其壽命常脩梵行彼佛世人咸皆謂之實是聲聞而富樓那以斯方便饒益无量百千眾生又
化无量阿僧祇人令立阿耨多羅三藐三菩提為淨佛土故常作佛事教化眾生諸比丘富樓那
亦於七佛說法人中而得第一今於我所說法人中亦為第一於賢劫中當來諸佛說法人中亦復
第一而皆護持助宣佛法亦於未來護持助宣无量无邊諸佛之法教化饒益无量眾生令立阿
耨多羅三藐三菩提為淨佛土故常勤精進教化眾生漸漸具足菩薩之道過无量阿僧祇劫當
於此土得阿耨多羅三藐三菩提號曰法明如來應供正遍知明行足善逝世間解无上士調御
丈夫天人師佛世尊其佛以恒河沙等三千大千世界為一佛土七寶為地地平如掌无有山陵谿
澗溝壑七寶臺觀充滿其中諸天宮殿近處虛空人天交接兩得相見无諸惡道亦无女
人一切眾生皆以化生无有婬欲得大神通身出光明飛行自在志念堅固精進智慧普皆金
色三十二相而自莊嚴其國眾生常以二食一者法喜食二者禪悅食有无量阿僧祇千万億那
由他諸菩薩眾得大神通四无礙智善能教化眾生之類其聲聞眾筭數校計所不能知皆得
具足六通三明及八解脫其佛國土有如是等无量功德莊嚴成就劫名寶明國名善淨其佛
壽命无量阿僧祇劫法住甚久佛滅度後起七寶塔遍滿其國尒時世尊欲重宣此義而說偈言
諸比丘諦聽 佛子所行道 善學方便故 不可得思議 知眾樂小法 而畏於大智 是故諸菩薩 作聲聞緣覺
以无數方便 化諸眾生類 自說是聲聞 去佛道甚遠 度脫无量眾 皆悉得成就 雖小欲懈怠 漸當令作佛
內祕菩薩行 外現是聲聞 少欲厭生死 實自淨佛土 示眾有三毒 又現邪見相 我弟子如是 方便度眾生
若我具足說 種種現化事 眾生聞是者 心則懷疑惑 今此富樓那 於昔千億佛 勤修所行道 宣護諸佛法
為求无上慧 而於諸佛所 現居弟子上 多聞有智慧 所說无所畏 能令眾歡喜 未曾有疲惓 而以助佛事
已度大神通 具四无礙智 知眾根利鈍 常說清淨法 演暢如是義 教諸千億眾 令住大乘法 而自淨佛土
未來亦供養 无量无數佛 護助宣正法 亦自淨佛土 常以諸方便 說法无所畏 度不可計眾 成就一切智
供養諸如來 護持法寶藏 其後得成佛 號名曰法明 其國名善淨 七寶所合成 劫名為寶明 菩薩眾甚多
其數无量億 皆度大神通 威德力具足 充滿其國土 聲聞亦无數 三明八解脫 得四无礙智 以是等為僧
其國諸眾生 婬欲皆已斷 純一變化生 具相莊嚴身 法喜禪悅食 更无餘食想 无有諸女人 亦无諸惡道
富樓那比丘 功德悉成滿 當得斯淨土 賢聖眾甚多 如是无量事 我今但略說
尒時千二百阿羅漢心自在者作是念我等歡喜得未曾有若世尊各見授記如餘大弟子者不亦快
乎佛知此等心之所念告摩訶迦葉是千二百阿羅漢我今當現前次第與授阿耨多羅三藐三
菩提記於此眾中我大弟子憍陳如比丘當供養六万二千億佛然後得成為佛號曰普明如來應供
正遍知明行足善逝世間解无上士調御丈夫天人師佛世尊其五百阿羅漢優樓頻螺迦葉伽耶迦
葉那提迦葉迦留陀夷優陀夷阿㝹樓馱離婆多劫賓那薄拘羅周陁莎伽陁等皆當得阿
耨多羅三藐三菩提盡同一号名曰普明尒時世尊欲重宣此義而說偈言
憍陳如比丘 當見无量佛 過阿僧祇劫 乃成等正覺 常放大光明 具足諸神通 名聞遍十方 一切之所敬
常說无上道 故號為普明 其國土清淨 菩薩皆勇猛 咸昇妙樓閣 遊諸十方國 以无上供具 奉獻於諸佛
作是供養已 心懷大歡喜 須臾還本國 有如是神力 佛壽六万劫 正法住倍壽 像法復倍是 法滅天人憂
其五百比丘 次第當作佛 同號曰普明 轉次而授記 我滅度之後 某甲當作佛 其所化世間 亦如我今日
國土之嚴淨 及諸神通力 菩薩聲聞眾 正法及像法 壽命劫多少 皆如上所說

BD04973號3　妙法蓮華經卷四　　（20–12）

葉那提迦葉迦留陀夷優陀夷阿㝹樓馱離婆多劫賓那薄拘羅周陀莎伽陀等皆當得阿
耨多羅三藐三菩提盡同一號名曰普明爾時世尊欲重宣此義而說偈言
憍陳如比丘 當見無量佛 過阿僧祇劫 乃成等正覺 常放大光明 具足諸神通 名聞遍十方 一切之所敬
常說無上道 故號為普明 其國土清淨 菩薩皆勇猛 咸昇妙樓閣 遊諸十方國 以無上供具 奉獻於諸佛
作是供養已 心懷大歡喜 須臾還本國 有如是神力 佛壽六萬劫 正法住倍壽 像法復倍是 法滅天人憂
其五百比丘 次第當作佛 同號曰普明 轉次而授記 我滅度之後 某甲當作佛 其所化世間 亦如我今日
國土之嚴淨 及諸神通力 菩薩聲聞眾 正法及像法 壽命劫多少 皆如上所說 迦葉汝已知 五百自在者
餘諸聲聞眾 亦當復如是 其不在此會 汝當為宣說 爾時五百阿羅漢於佛前得受記已
歡喜踊躍即從座起到於佛前頭面禮足悔過自責世尊我等常作是念自謂已得究竟滅
度今乃知之如無智者所以者何我等應得如來智慧而便自以小智為足世尊譬如有人至親
友家醉酒而臥是時親友官事當行以無價寶珠繫其衣裏與之而去其人醉臥都不覺知起
已遊行到於他國為衣食故勤力求索甚大艱難若少有所得便以為足於後親友會遇見之而作
是言咄哉丈夫何為衣食乃至如是我昔欲令汝得安樂五欲自恣於某年日月以無價寶珠繫汝
衣裏今故現在而汝不知勤苦憂惱以求自活甚為癡也汝今可以此寶貿易所須常可如意無所
乏短佛亦如是為菩薩時教化我等令發一切智心而尋廢忘不知不覺既得阿羅漢道自謂
滅度資生艱難得少為足一切智願猶在不失今者世尊覺悟我等作如是言諸比丘汝等所得
非究竟滅我久令汝等種佛善根以方便故示涅槃相而汝謂為實得滅度世尊我今乃知實是
菩薩得受阿耨多羅三藐三菩提記以是因緣甚大歡喜得未曾有爾時阿若憍陳如等欲
重宣此義而說偈言 我等聞無上 安隱授記聲 歡喜未曾有 禮無量智佛 今於世尊前
自悔諸過咎 於無量佛寶 得少涅槃分 如無智愚人 便自以為足 譬如貧窮人 往至親友家
其家甚大富 具設諸餚饍 以無價寶珠 繫著內衣裏 默與而捨去 時臥不覺知 是人既已起 遊行詣他國
求衣食自濟 資生甚艱難 得少便為足 更不願好者 不覺內衣裏 有無價寶珠 與珠之親友 後見此貧人
苦切責之已 示以所繫珠 貧人見此珠 其心大歡喜 富有諸財物 五欲而自恣 我等亦如是 世尊於長夜
常愍見教化 令種無上願 我等無智故 不覺亦不知 得少涅槃分 自足不求餘 今佛覺悟我 言非實滅度
得佛無上慧 爾乃為真滅 我今從佛聞 授記莊嚴事 及轉次受記 身心遍歡喜

妙法蓮華經授學無學人記品第九

爾時阿難羅睺羅而作是念我等每自思惟設得
授記不亦快乎即從座起到於佛前頭面禮足俱白佛言世尊我等於此亦應有分唯有如來
我等所歸又我等為一切世間天人阿修羅所見知識阿難常為侍者護持法藏羅睺羅是佛
之子若佛見授阿耨多羅三藐三菩提記者我願既滿眾望亦足爾時學無學聲聞弟子
二千人皆從座起偏袒右肩到於佛前一心合掌瞻仰世尊如阿難羅睺羅所願住立一面爾時
佛告阿難汝於來世當得作佛號山海慧自在通王如來應供正遍知明行足善逝世間解無上士
調御丈夫天人師佛世尊當供養六十二億諸佛護持法藏然後得阿耨多羅三藐三菩提
教化二十千萬億恒河沙諸菩薩等令成阿耨多羅三藐三菩提國名常立勝幡其土清淨琉璃為地
劫名妙音遍滿其佛壽命無量千萬億阿僧祇劫若人於千萬億無量阿僧祇劫中算數校計不
能得知正法住世倍於壽命像法住世復倍正法阿難是山海慧自在通王佛為十方無量千萬億恒
河沙等諸佛如來所共讚歎稱其功德爾時世尊欲重宣此義而說偈言
我今僧中說 阿難持法者 當供養諸佛 然後成正覺 號曰山海慧 自在通王佛 其國土清淨 名常立勝幡
教化諸菩薩 其數如恒沙 佛有大威德 名聞滿十方 壽命無有量 以愍眾生故 正法倍壽命 像法復倍是
如恒河沙等 無數諸眾生 於此佛法中 種佛道因緣 爾時會中新發意菩薩八千人咸作是念我等
尚不聞諸大菩薩得如是記有何因緣而諸聲聞得如是決爾時世尊知諸菩薩心之所念而告
之曰諸善男子我與阿難等於空王佛所同時發阿耨多羅三藐三菩提心阿難常樂多聞我

（20–13）

BD04973 號 3　妙法蓮華經卷四

河沙等諸佛如來所共讚歎稱其功德。尒時世尊欲重宣此義而說偈言
我今僧中說 阿難持法者 當供養諸佛 然後成正覺 號曰山海慧 自在通王佛 其國土清淨 名常立勝幡
教化諸菩薩 其數如恒沙 佛有大威德 名聞滿十方 壽命无有量 以愍衆生故 正法倍壽命 像法復倍是
如恒河沙等 无數諸衆生 於此佛法中 種佛道因緣 尒時會中新發意菩薩八千人咸作是念我等
尚不聞諸大菩薩得如是記有何因緣而諸聲聞得如是決。尒時世尊知諸菩薩心之所念而告
之曰諸善男子我與阿難等於空王佛所同時發阿耨多羅三藐三菩提心阿難常樂多聞我
常懃精進是故我已得成阿耨多羅三藐三菩提而阿難護持我法亦護將來諸佛法
藏教化成就諸菩薩衆其本願如是故獲斯記阿難面於佛前自聞授記及國土莊嚴所願
具足心大歡喜得未曾有即時憶念過去无量千万億諸佛法藏通達无㝵如今所聞亦識本願。
尒時阿難而說偈言 世尊甚希有 令我念過去 无量諸佛法 如今日所聞 我今无復疑 安住於佛道
方便為侍者 護持諸佛法。 尒時佛告羅睺羅汝於來世當得作佛號蹈七寶華如來應供正
遍知明行足善逝世間解无上士調御丈夫天人師佛世尊當供養十世界微塵等數諸佛如來常為
諸佛而作長子猶如今也是蹈七寶華佛國土莊嚴壽命劫數所化弟子正法像法亦如山海慧自
在通王如來无異亦為此佛而作長子過是已後當得阿耨多羅三藐三菩提。尒時世尊欲重宣此義
而說偈言 我為太子時 羅睺為長子 我今成佛道 受法為法子 於未來世中 見无量億佛
皆為其長子 一心求佛道 羅睺羅密行 唯我能知之 現為我長子 以示諸衆生 无量億千万 功德不可數
安住於佛法 以求无上道。 尒時世尊見學无學二千人其意柔軟寂然清淨一心觀佛佛告阿
難汝見是學无學二千人不。唯然已見。阿難是諸人等當供養五十世界微塵數諸佛如來恭敬尊重
護持法藏末後同時於十方國各得成佛皆同一號名曰寶相如來應供正遍知明行足善逝世間解
无上士調御丈夫天人師佛世尊壽命一劫國土莊嚴聲聞菩薩正法像法皆悉同等。尒時世尊欲重
宣此義而說偈言 是二千聲聞 今於我前住 悉皆與授記 未來當成佛 所供養諸佛 如上說塵數
護持其法藏 後當成正覺 各於十方國 悉同一名号 俱時坐道場 以證无上道 皆名為寶相 國土及弟子
正法與像法 悉等无有異 咸以諸神通 度十方衆生 名聞普周遍 漸入於涅槃 妙法蓮華經法師品第十
尒時學无學二千人聞佛授記歡喜踊躍而說偈言 世尊慧燈明 我聞授記音 心歡喜充滿 如甘露見灌
妙法蓮華經法師品第十
尒時世尊因藥王菩薩告八万大士藥王汝見是大衆中无量諸天龍王夜叉乹闥婆阿脩羅迦樓羅緊那
羅摩睺羅伽人與非人及比丘比丘尼優婆塞優婆夷求聲聞者求辟支佛者求佛道者如是等類咸
於佛前聞妙法華經一句一偈乃至一念隨喜者我皆與授記當得阿耨多羅三藐三菩提。佛告藥王又如
來滅度之後若有人聞妙法華經乃至一偈一句一念隨喜者我亦與授阿耨多羅三藐三菩提記。若復
有人受持讀誦解說書寫妙法華經乃至一偈於此經卷敬視如佛種種供養華香瓔珞末香塗香
燒香繒蓋幢幡衣服伎樂乃至合掌恭敬。藥王當知是諸人等已曾供養十万億佛於諸佛所成就
大願愍衆生故生此人間。 藥王若有人問何等衆生於未來世當得作佛應示是諸人等於未來
世必得作佛。何以故。若善男子善女人於法華經乃至一句受持讀誦解說書寫種種供養經卷
華香瓔珞末香塗香燒香繒蓋幢幡衣服伎樂合掌恭敬。是人一切世間所應瞻奉應以如來供養而供
養之。當知此人是大菩薩成就阿耨多羅三藐三菩提哀愍衆生願生此間廣演分別妙法華經。何況
盡能受持種種供養者。藥王當知是人自捨清淨業報於我滅度後愍衆生故生於惡世廣演此經。
若是善男子善女人我滅度後能竊為一人說法華經乃至一句當知是人則如來使如來所遣行如
來事。何況於大衆中廣為人說。藥王若有惡人以不善心於一劫中現於佛前常毀罵佛其罪尚輕。若人
以一惡言毀訾在家出家讀誦法華經者其罪甚重。藥王其有讀誦法華經者當知是人以佛莊嚴
而自莊嚴則為如來肩所荷擔。其所至方應隨向礼一心合掌恭敬供養尊重讚歎華香瓔珞末香
塗香燒香繒蓋幢幡衣服餚饍作諸伎樂人中上供而供養之應持天寶而以散之天上寶聚應
以奉獻。所以者何。是人歡喜說法須臾聞之即得究竟阿耨多羅三藐三菩提故。尒時世尊欲重宣此
義而說偈言 若欲住佛道 成就自然智 常當懃供養 受持法華者 其有欲疾得 一切種智慧

量能受持種種供養者藥王當知是人自捨清淨業報於我滅後愍衆生故生於惡世廣演此經
若是善男子善女人我滅度後能竊為人說法華經乃至一句當知是人則是如來使如來所遣行如
來事何況於大衆中廣為人說藥王若有惡人以不善心於一劫中現於佛前常毀罵佛其罪尚輕若人
以一惡言毀呰在家出家讀誦法華經者其罪甚重藥王其有讀誦法華經者當知是人以佛莊嚴
而自莊嚴則為如來肩所荷擔其所至方應隨向禮一心合掌恭敬供養尊重讚歎華香瓔珞末香
塗香燒香繒蓋幢幡衣服餚饍作諸伎樂人中上供而供養之應持天寶而以散之天上寶聚應
以奉獻所以者何是人歡喜說法須臾聞之即得究竟阿耨多羅三藐三菩提故尒時世尊欲重宣此
義而說偈言

若欲住佛道　成就自然智　常當懃供養　受持法華者　其有欲疾得　一切種智慧
當受持是經　并供持經者　若有能受持　妙法華經者　當知佛所使　愍念諸衆生　諸有能受持　妙法華經者
捨於清淨土　愍衆故生此　當知如是人　自在所欲生　能於此惡世　廣說無上法　應以天華香　及天寶衣服
天上妙寶聚　供養說法者　吾滅後惡世　能持是經者　當合掌禮敬　如供養世尊　上饌衆甘美　及種種衣服
供養是佛子　冀得須臾聞　若能於後世　受持是經者　我遣在人中　行於如來事　若於一劫中　常懷不善心
作色而罵佛　獲無量重罪　其有讀誦持　是法華經者　須臾加惡言　其罪復過彼　有人求佛道　而於一劫中
合掌在我前　以無數偈讚　由是讚佛故　得無量功德　歎美持經者　其福復過彼　於八十億劫　以最妙色聲
及與香味觸　供養持經者　如是供養已　若得須臾聞　則應自欣慶　我今獲大利　藥王今告汝　我所說諸經
而於此經中　法華最第一

尒時佛復告藥王菩薩摩訶薩我所說經典無量千億已說今說
當說而於其中此法華經最為難信難解藥王此經是諸佛祕要之藏不可分布妄授與人
諸佛世尊之所守護從昔已來未曾顯說而此經者如來現在猶多怨嫉況滅度後藥王當知如
來滅後其能書持讀誦供養為他人說者如來則為以衣覆之又為他方現在諸佛之所護念是人
有大信力及志願力諸善根力當知是人則與如來共宿則為如來手摩其頭藥王在在處處若說
若讀若誦若書若經卷所住處皆應起七寶塔極令高廣嚴飾不須復安舍利所以者何此中已
有如來全身此塔應以一切華香瓔珞繒蓋幢幡伎樂歌頌供養恭敬尊重讚歎若有人得見此塔禮
拜供養當知是等皆近阿耨多羅三藐三菩提藥王多有人在家出家行菩薩道若不能得見
聞讀誦書持供養是法華經者當知是人未善行菩薩道若有得聞是經典者乃能善行菩薩之道
其有衆生求佛道者若見若聞是法華經聞已信解受持者當知是人得近阿耨多羅三藐三菩提藥
王譬如有人渴乏須水於彼高原穿鑿求之猶見乾土知水尚遠施功不已轉見濕土遂漸至泥其心決定
知水必近菩薩亦復如是若未聞未解未能修習是法華經當知是人去阿耨多羅三藐三菩提尚遠若得
聞解思惟修習必知得近阿耨多羅三藐三菩提所以者何一切菩薩阿耨多羅三藐三菩提皆屬此經開
方便門示真實相是法華經藏深固幽遠無人能到今佛教化成就菩薩而為開示藥王若有菩薩聞是
法華經驚疑怖畏當知是為新發意菩薩若聲聞人聞是經驚疑怖畏當知是為增上慢者
藥王若有善男子善女人如來滅後欲為四衆說是法華經者云何應說是善男子善女人入如來
室著如來衣坐如來座尒乃應為四衆廣說斯經如來室者一切衆生中大慈悲心是如來衣者柔和忍
辱心是如來座者一切法空是安住是中然後以不懈怠心為諸菩薩及四衆廣說是法華經藥王我於餘
國遣化人為其集聽法衆亦遣化比丘比丘尼優婆塞優婆夷聽其說法是諸化人聞法信受隨順不逆若
說法者在空閑處我時廣遣天龍鬼神乾闥婆阿修羅等聽其說法我雖在異國時時令說法
者得見我身若於此經忘失句逗我還為說令得具足尒時世尊欲重宣此義而說偈言

欲捨諸懈怠　應當聽此經　是經難得聞　信受者亦難　如人渴須水　穿鑿於高原　猶見乾燥土　知去水尚遠
漸見濕土泥　決定知近水　藥王汝當知　如是諸人等　不聞法華經　去佛智甚遠
若聞是深經　決了聲聞法　是諸經之王　聞已諦思惟　當知此人等　近於佛智慧
若人說此經　應入如來室　著於如來衣　而坐如來座　處衆無所畏　廣為分別說
大慈悲為室　柔和忍辱衣　諸法空為座　處此為說法　若說此經時　有人惡口罵　加刀杖瓦石　念佛故應忍

BD04973 號 3　妙法蓮華經卷四　　（20–15）

國遣化人為其集聽法眾亦遣化比丘比丘尼優婆塞優婆夷聽其說法是諸人化聞法信受隨順不逆若
說法者在空閑處我時廣遣天龍鬼神乾闥婆阿修羅等聽其說法我雖在異國時時令說法
者得見我身若於此經忘失句逗我還為說令得具足爾時世尊欲重宣此義而說偈言
欲捨諸懈怠　應當聽此經　是經難得聞　信受者亦難　如人渴須水　穿鑿於高原　猶見乾燥土　知去水尚遠
漸見濕土泥　決定知近水　藥王汝當知　如是諸人等　不聞法華經　去佛智甚遠
若聞是深經　決了聲聞法　是諸經之王　聞已諦思惟　當知此人等　近於佛智慧
若人說此經　應入如來室　著於如來衣　而坐如來座　處眾無所畏　廣為分別說
大慈悲為室　柔和忍辱衣　諸法空為座　處此為說法　若說此經時　有人惡口罵　加刀杖瓦石　念佛故應忍
我千萬億土　現淨堅固身　於無量億劫　為眾生說法　若我滅度後　能說此經者　我遣化四眾　比丘比丘尼
及清信士女　供養於法師　引導諸眾生　集之令聽法　若人欲加惡　刀杖及瓦石　則遣變化人　為之作衛護
若說法之人　獨在空閑處　寂寞無人聲　讀誦此經典　我爾時為現　清淨光明身　若忘失章句　為說令通利
若人具是德　或為四眾說　空處讀誦經　皆得見我身　若人在空閑　我遣天龍王　夜叉鬼神等　為作聽法眾
是人樂說法　分別無罣礙　諸佛護念故　能令大眾喜　若親近法師　速得菩薩道　隨順是師學　得見恒沙佛

妙法蓮華經見寶塔品第十一

爾時佛前有七寶塔高五百由旬縱廣二百五十由旬從地踊出住在
空中種種寶物而莊校之五千欄楯龕室千萬無數幢幡以為嚴飾垂寶瓔珞寶鈴萬億而懸其上
四面皆出多摩羅跋栴檀之香充遍世界其諸幡蓋以金銀琉璃車璩馬瑙真珠玫瑰七寶合
成高至四天王宮三十三天雨天曼陀羅華供養寶塔餘諸天龍夜叉乾闥婆阿修羅迦樓羅緊那
羅摩睺羅伽人非人等千萬億眾以一切華香瓔珞幡蓋伎樂供養寶塔恭敬尊重讚歎爾時
寶塔中出大音聲歎言善哉善哉釋迦牟尼世尊能以平等大慧教菩薩法佛所護念妙法華經
為大眾說如是如是釋迦牟尼世尊如所說者皆是真實爾時四眾見大寶塔住在空中又聞塔中
所出音聲皆得法喜怪未曾有從座而起恭敬合掌却住一面爾時有菩薩摩訶薩名大樂說
知一切世間天人阿修羅等心之所疑而白佛言世尊以何因緣有此寶塔從地踊出又於其中發是音
聲爾時佛告大樂說菩薩此寶塔中有如來全身乃往過去東方無量千萬億阿僧祇世界國名
寶淨彼中有佛號曰多寶其佛行菩薩道時作大誓願若我成佛滅度之後於十方國土有說法
華經處我之塔廟為聽是經故踊現其前為作證明讚言善哉彼佛成道已臨滅度時於天人大
眾中告諸比丘我滅度後欲供養我全身者應起一大塔其佛以神通願力十方世界在在處處若有
說法華經者彼之寶塔皆踊出其前全身在於塔中讚言善哉善哉大樂說今多寶如來塔聞說
法華經故從地踊出讚言善哉善哉是時大樂說菩薩以如來神力故白佛言世尊我等願欲見此佛
身佛告大樂說菩薩摩訶薩是多寶佛有深重願若我寶塔為聽法華經故出於諸佛前時其
有欲以我身示四眾者彼佛分身諸佛在於十方世界說法盡還集一處然後我身乃出現耳大樂說我
分身諸佛在於十方世界說法者今應當集大樂說白佛言世尊我等亦願欲見世尊分身諸佛禮拜供
養爾時佛放白毫一光即見東方五百萬億那由他恒河沙等國土諸佛彼諸國土皆以頗梨為地寶樹寶衣
以為莊嚴無數千萬億菩薩充滿其中遍張寶幔寶網羅上彼國諸佛以大妙音而說諸法及見無量千萬億菩薩遍
滿諸國為眾說法南西北方四維上下白毫相光所照之處亦復如是爾時十方諸佛各告眾菩薩言善
男子我今應往娑婆世界釋迦牟尼佛所并供養多寶如來寶塔時娑婆世界即變清淨琉璃為地
寶樹莊嚴黃金為繩以界八道無諸聚落村營城邑大海江河山川林藪燒大寶香曼陀羅華遍布其
地以寶網幔羅覆其上懸諸寶鈴唯留此會眾移諸天人置於他土是時諸佛各將一大菩薩以為侍者
至娑婆世界各到寶樹下一一寶樹高五百由旬枝葉華果次第莊嚴諸寶樹下皆有師子之座
高五由旬亦以大寶而校飾之爾時諸佛各於此座結加趺坐如是展轉遍滿三千大千世界而於釋迦
牟尼佛一方所分之身猶故未盡時釋迦牟尼佛欲容受所分身諸佛故八方各更變二百萬億那

男子我今應往娑婆世界供養多寶如來寶塔時娑婆世界即變清淨瑠璃為地
寶樹莊嚴黃金為繩以界八道無諸聚落村營城邑大海江河山川林藪燒大寶香曼陀羅華遍布其
地以寶網幔羅覆其上懸諸寶鈴唯留此會眾移諸天人置於他土是時諸佛各將一大菩薩以為侍者
至娑婆世界各到寶樹下一一寶樹高五百由旬枝葉華菓次第莊嚴諸寶樹下各有師子之座
高五由旬亦以大寶而校飾之爾時諸佛各於此座結加趺坐如是展轉遍滿三千大千世界而於釋迦
牟尼佛一方所分之身猶故未盡時釋迦牟尼佛欲容受所分身諸佛故八方各更變二百万億那
由他國皆令清淨无有地獄餓鬼畜生及阿脩羅又移諸天人置於他土所化之國亦以瑠璃為地寶
樹莊嚴樹高五百由旬枝葉華菓次第嚴飾樹下皆有寶師子座高五由旬種種諸寶以為莊校亦
无大海江河及目真鄰陀山摩訶目真鄰陀山鐵圍山大鐵圍山須弥山等諸山王通為一佛國土寶
地平正寶交露幔遍覆其上懸諸幡蓋燒大寶香諸天寶華遍布其地釋迦牟尼佛為諸佛
當來坐故復於八方各變二百万億那由他國皆令清淨无有地獄餓鬼畜生及阿脩羅又移諸天人置
於他土所化之國亦以瑠璃為地寶樹莊嚴樹高五百由旬枝葉華菓次第莊嚴樹下皆有寶師子座
高五由旬亦以大寶而校飾之亦无大海江河及目真鄰
陀山摩訶目真鄰陀山鐵圍山大鐵圍山須弥山等諸山王通為一佛國土寶地平正寶交露幔遍覆其上懸
諸幡蓋燒大寶香諸天寶華遍布其地爾時東方釋迦牟尼佛所分之身百千万億那由他恒河沙等國土中
諸佛各各說法來集於此如是次第十方諸佛皆悉來集坐於八方爾時一一方四百万億那由他國土諸
佛如來遍滿其中是時諸佛各在寶樹下坐師子座皆遣侍者問訊釋迦牟尼佛各齎寶華
滿掬而告之言善男子汝往詣耆闍崛山釋迦牟尼佛所如我辭曰少病少惱氣力安樂及菩薩
聲聞眾悉安隱不以此寶華散佛供養而作是言彼某甲佛與欲開此寶塔諸佛遣使亦復如
是尒時釋迦牟尼佛見所分身佛悉已來集各各坐於師子之座皆聞諸佛與欲同開寶塔
即從座起住虛空中一切四眾起立合掌一心觀佛於是釋迦牟尼佛以右指開七寶塔戶出大
音聲如却關鑰開大城門即時一切眾會皆見多寶如來於寶塔中坐師子座全身不散如
入禪定又聞其言善哉善哉釋迦牟尼佛快說是法華經我為聽是經故而來至此尒時四眾
等見過去无量千万億劫滅度佛說如是言歎未曾有以天寶華聚散多寶佛及釋迦牟尼
佛上　尒時多寶佛於寶塔中分半座與釋迦牟尼佛而作是言釋迦牟尼佛可就此座即時
釋迦牟尼佛入其塔中坐其半座結加趺坐尒時大眾見二如來在七寶塔中師子座上結加趺
坐各作是念佛座高遠唯願如來以神通力令我等輩俱處虛空即時釋迦牟尼佛以神通力
接諸大眾皆在虛空以大音聲普告四眾誰能於此娑婆國土廣說妙法華經今正是時如來不
久當入涅槃佛欲以此妙法華經付囑有在尒時世尊欲重宣此義而說偈言
聖主世尊　雖久滅度　在寶塔中　尚為法來　諸人云何　不懃為法
此佛滅度　无央數劫　處處聽法　以難遇故　彼佛本願　我滅度後　在在所往　常為聽法　又我分身
无量諸佛　如恒沙等　來欲聽法　及見滅度　多寶如來
各捨妙土　及弟子眾　天人龍神　諸供養事　令法久住　故來至此
為坐諸佛　以神通力　移无量眾　令國清淨　諸佛各各　詣寶樹下　如清淨池　蓮華莊嚴　其寶樹下
諸師子座　佛坐其上　光明嚴飾　如夜闇中　然大炬火
身出妙香　遍十方國　眾生蒙薰　喜不自勝　譬如大風　吹小樹枝　以是方便　令法久住　告諸大眾
我滅度後　誰能護持　讀誦斯經　今於佛前　自說誓言
其多寶佛　雖久滅度　以大誓願　而師子吼　多寶如來　及与我身　所集化佛　當知此意　諸佛子等
誰能護法　當發大願　令得久住　其有能護　此經法者　則為供養　我及多寶　此多寶佛　處於寶塔
常遊十方　為是經故　亦復供養　諸來化佛　莊嚴光飾　諸世界者　若說此經　則為見我　多寶如來
及諸化佛　諸善男子　各諦思惟　此為難事　宜發大願　諸餘經典　數如恒沙　雖說此等　未足為難

（20–17）

BD04973號3　妙法蓮華經卷四

為坐諸佛 以神通力 移无量衆 令國清淨 諸佛各各 詣寶樹下 如清淨池 蓮華莊嚴 其寶樹下
諸師子座 佛坐其上 光明嚴飾 如夜闇中 然大炬火
身出妙香 遍十方國 衆生蒙薰 喜不自勝 譬如大風 吹小樹枝 以是方便 令法久住 告諸大衆
我滅度後 誰能護持 讀誦斯經 今於佛前 自說誓言
其多寶佛 雖久滅度 以大誓願 而師子吼 多寶如來 及與我身 所集化佛 當知此意 諸佛子等
誰能護法 當發大願 令得久住 其有能護 此經法者 則為供養 我及多寶 此多寶佛 處於寶塔
常遊十方 為是經故 亦復供養 諸來化佛 莊嚴光飾 諸世界者 若說此經 則為見我 多寶如來
及諸化佛 諸善男子 各諦思惟 此為難事 宜發大願 諸餘經典 數如恒沙 雖說此等 未足為難
若接須彌 擲置他方 无數佛土 亦未為難 若以足指 動大千界 遠擲他國 亦未為難 若立有頂
為衆演說 无量餘經 亦未為難 若佛滅後 於惡世中 能說此經 是則為難 假使有人 手把虛空
而以遊行 亦未為難 於我滅後 若自書持 若使人書 是則為難 若以大地 置足甲上 昇於梵天
亦未為難 佛滅度後 於惡世中 暫讀此經 是則為難 假使劫燒 擔負乾草 入中不燒 亦未為難
我滅度後 若持此經 為一人說 是則為難 若持八萬 四千法藏 十二部經 為人演說 令諸聽者
得六神通 雖能如是 亦未為難 於我滅後 聽受此經 問其義趣 是則為難 若人說法 令千萬億
无量无數 恒沙衆生 得阿羅漢 具六神通 雖有是益 亦未為難 於我滅後 若能奉持 如斯經典
是則為難 我為佛道 於无量土 從始至今 廣說諸經 而於其中 此經第一 若有能持 則持佛身
諸善男子 於我滅後 誰能受持 讀誦此經 今於佛前 自說誓言
此經難持 若暫持者 我則歡喜 諸佛亦然 如是之人 諸佛所歎 是則勇猛 是則精進 是名持戒
行頭陀者 是為疾得 无上佛道 能於來世 讀持此經 是真佛子 住淳善地 佛滅度後 能解其義 是諸天人
世間之眼 於恐畏世 能須臾說 一切天人 皆應供養

妙法蓮華經提婆達多品第十二

尒時佛告諸菩薩及天人四衆 吾於過去无量劫中 求法華經 无有懈惓 於多劫中 常作國王 發願
求於无上菩提 心不退轉 為欲滿足六波羅蜜 勤行布施 心无悋惜 象馬七珍 國城妻子 奴婢僕從 頭
目髓腦 身肉手足 不惜軀命 時世人民 壽命无量 為於法故 捐捨國位 委政太子 擊鼓宣令 四方
求法 誰能為我說大乘者 吾當終身供給走使 時有仙人 來白王言 我有大乘 名妙法華經 若不違
我 當為宣說 王聞仙言 歡喜踊躍 即隨仙人 供給所須 採菓汲水 拾薪設食 乃至以身而為床座
身心无惓 于時奉事 經於千歲 為於法故 精勤給侍 令无所乏 尒時世尊 欲重宣此義 而說偈言
我念過去劫 為求大法故 雖作世國王 不貪五欲樂 搥鐘告四方 誰有大法者 若為我解說 身當為奴僕 時有阿私仙
來白於大王 我有微妙法 世間所希有 若能修行者 吾當為汝說 時王聞仙言 心生大喜悅 即便隨仙人 供給於所須
採薪及菓蓏 隨時恭敬與 情存妙法故 身心无懈惓 普為諸衆生 勤求於大法 亦不為己身 及以五欲樂 故為大國王
勤求獲此法 遂致得成佛 今故為汝說
佛告諸比丘 尒時王者 則我身是 時仙人者 今提婆達
多是 由提婆達多善知識故 令我具足六波羅蜜 慈悲喜捨 三十二相 八十種好 紫磨金色 十力 四无
所畏 四攝法 十八不共 神通道力 成等正覺 廣度衆生 皆因提婆達多善知識故 告諸四衆 提婆達多
却後過无量劫 當得成佛 号曰天王如來 應供 正遍知 明行足 善逝 世間解 无上士 調御丈夫 天人師 佛
世尊 世界名天道 時天王佛 住世二十中劫 廣為衆生 說於妙法 恒河沙衆生 得阿羅漢果 无量衆生
發緣覺心 恒河沙衆生 發无上道心 得无生忍 至不退轉 時天王佛 般涅槃後 正法住世二
十中劫 全身舍利 起七寶塔 高六十由旬 縱廣四十由旬 諸天人民 悉以雜華 末香 燒香 塗香 衣服
瓔珞 幢幡 寶蓋 伎樂 歌頌 禮拜供養七寶妙塔 无量衆生 得阿羅漢果 无量衆生 悟辟支佛 不
可思議衆生 發菩提心 至不退轉 佛告諸比丘 未來世中 若有善男子 善女人 聞妙法華經
提婆達多品 淨心信敬 不生疑惑者 不墮地獄 餓鬼 畜生 生十方佛前 所生之處 常聞此
經 若生人天中 受勝妙樂 若在佛前 蓮華化生 於時下方 多寶世尊 所從菩薩 名曰智積 白多
寶佛 當還本土 釋迦牟尼佛告智積曰 善男子 且待須臾 此有菩薩 名文殊師利 可與相見

BD04973號3 妙法蓮華經卷四 (20–18)

世二十中劫廣為衆生說於妙法恒河沙衆生得阿羅漢果无量衆生
發緣覺心恒河沙衆生發无上道心得无生忍至不退轉時天王佛般涅槃後正法住世二
十中劫全身舍利起七寶塔高六十由旬縱廣四十由旬諸天人民悉以雜華末香燒香塗香衣服
瓔珞幢幡寶蓋伎樂歌頌禮拜供養七寶妙塔无量衆生得阿羅漢果无量衆生悟辟支佛不
可思議衆生發菩提心至不退轉佛告諸比丘未來世中若有善男子善女人聞妙法華經
提婆達多品淨心信敬不生疑惑者不墮地獄餓鬼畜生生十方佛前所生之處常聞此
經若生人天中受勝妙樂若在佛前蓮華化生於時下方多寶世尊所從菩薩名曰智積白多
寶佛當還本土釋迦牟尼佛告智積曰善男子且待須臾此有菩薩名文殊師利可與相見
論說妙法可還本土尒時文殊師利坐千葉蓮華大如車輪俱來菩薩亦坐寶蓮華從於大海
娑竭羅龍宮自然踊出住虛空中詣靈鷲山從蓮華下至於佛所頭面敬禮二世尊足修敬
已畢往智積所共相慰問却坐一面智積菩薩問文殊師利仁往龍宮所化衆生其數幾何文
殊師利言其數无量不可稱計非口所宣非心所測且待須臾自當有證所言未竟无數菩
薩坐寶蓮華從海踊出詣靈鷲山住在虛空此諸菩薩皆是文殊師利之所化度具菩薩行
皆共論說六波羅蜜本聲聞人在虛空中說聲聞行今皆修行大乘空義文殊師利謂智積曰於
海教化其事如是尒時智積菩薩以偈讚曰　大智德勇健　化度无量衆　今此諸大會　及我皆已見
演暢實相義　開闡一乘法　廣導諸衆生　令速成菩提　文殊師利言我於海中唯常宣說妙法華
經智積問文殊師利言此經甚深微妙諸經中寶世所希有頗有衆生勤加精進修行此經速
得佛不文殊師利言有娑竭羅龍王女年始八歲智慧利根善知衆生諸根行業得陀羅尼諸
佛所說甚深秘藏悉能受持深入禪定了達諸法於剎那頃發菩提心得不退轉辯才无礙
慈念衆生猶如赤子功德具足心念口演微妙廣大慈悲仁讓志意和雅能至菩提智積菩薩
言我見釋迦如來於无量劫難行苦行積功累德求菩提道未曾止息觀三千大千世界乃至
无有如芥子許非是菩薩捨身命處為衆生故然後乃得成菩提道不信此女於須臾頃便成正
覺言論未訖時龍王女忽現於前頭面禮敬却住一面以偈讚曰　深達罪福相　遍照於十方
微妙淨法身　具相三十二　以八十種好　用莊嚴法身　天人所戴仰　龍神咸恭敬　一切衆生類　无不宗奉者
又聞成菩提　唯佛當證知　我闡大乘教　度脫苦衆生　時舍利弗語龍女言汝謂不久得无上道
是事難信所以者何女身垢穢非是法器云何能得无上菩提佛道懸曠經无量劫勤苦積行具修諸
度然後乃成又女人身猶有五障一者不得作梵天王二者帝釋三者魔王四者轉輪聖王五者佛身
云何女身速得成佛尒時龍女有一寶珠價直三千大千世界持以上佛佛即受之龍女謂智積菩薩
尊者舍利弗言我獻寶珠世尊納受是事疾不答言甚疾女言以汝神力觀我成佛復速於此當時衆
會皆見龍女忽然之間變成男子具菩薩行即往南方无垢世界坐寶蓮華成等正覺三十二相
八十種好普為十方一切衆生演說妙法尒時娑婆世界菩薩聲聞天龍八部人與非人皆遙見彼龍
女成佛普為時會人天說法心大歡喜悉遙敬禮无量衆生聞法解悟得不退轉无量衆
生得受道記无垢世界六反震動娑婆世界三千衆生住不退地三千衆生發菩提心而得
受記智積菩薩及舍利弗一切衆會默然信受

妙法蓮華經勸持品第十三

尒時藥王菩薩摩訶薩及大樂說菩薩摩訶薩與二萬菩薩眷屬俱皆於佛前作是誓言唯
願世尊不以為慮我等於佛滅後當奉持讀誦說此經典後惡世衆生善根轉少多增上慢貪
利供養增不善根遠離解脫雖難可教化我等當起大忍力讀誦此經持說書寫種種供
養不惜身命尒時衆中五百阿羅漢得受記者白佛言世尊我等亦自誓願於異國土廣說此
經復有學无學八千人得受記者從座而起合掌向佛作是誓言世尊我等亦當於他國土廣
說此經所以者何是娑婆國中人多弊惡懷增上慢功德淺薄瞋濁諂曲心不實故尒時佛姨母摩
訶波闍波提比丘尼與學无學比丘尼六千人俱從座而起一心合掌瞻仰尊顏目不暫捨於時世
尊告憍曇彌何故憂色而視如來

BD04973號3　妙法蓮華經卷四

（20–19）

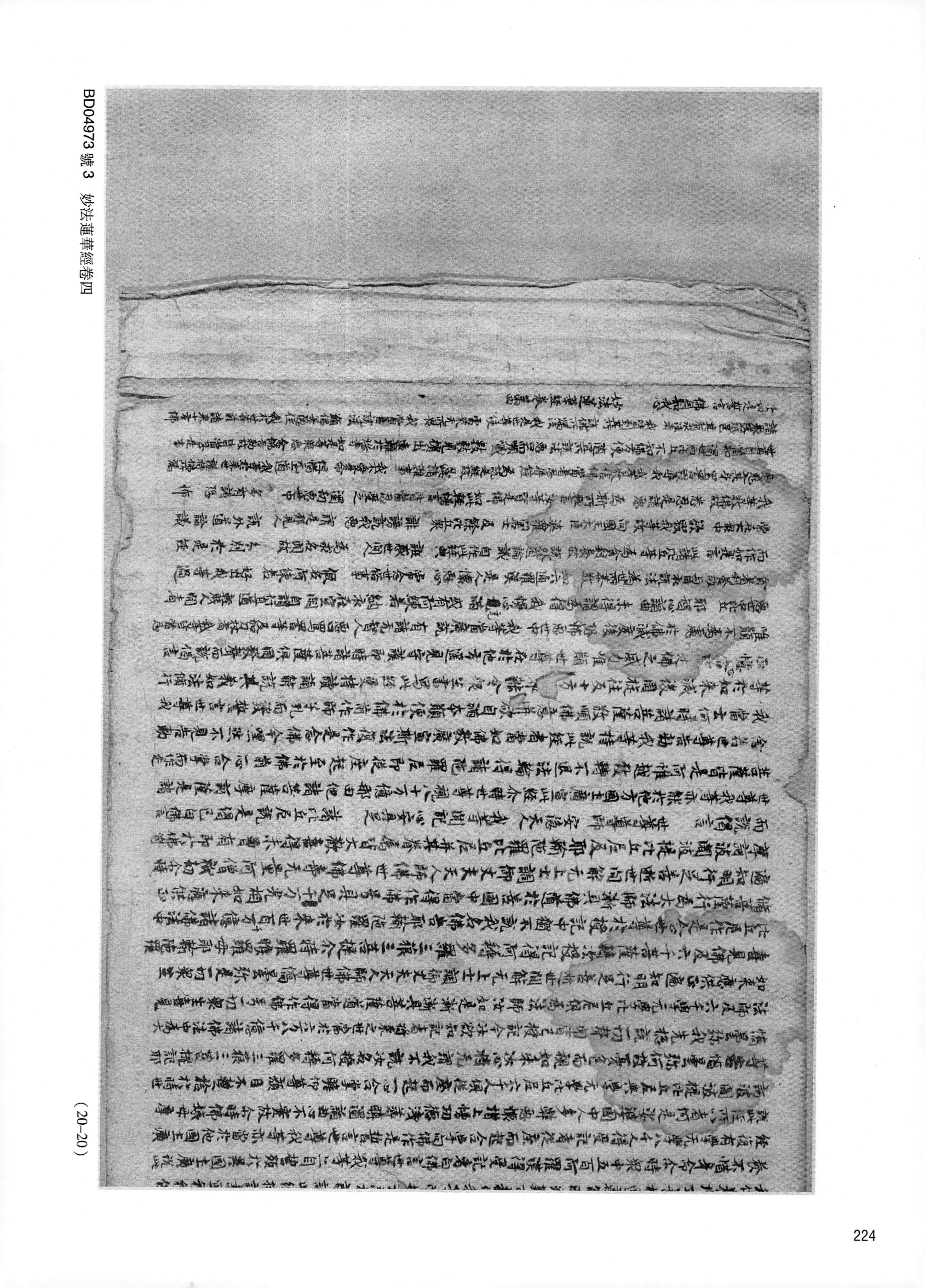

BD04973號3　妙法蓮華經卷四

（20–20）

天[illegible][illegible]復有名月天
子四大天王與其眷屬一万天子俱自在天
子大自在天子與其眷屬三万天子俱娑婆世
界主梵天王尸棄大梵光明大梵等與其眷
屬万二千天子俱有八龍王難陁龍王跋難陁
龍王娑伽羅龍王和脩吉龍王德叉迦龍王
阿那婆達多龍王摩那斯龍王優鉢羅龍王
等各與若干百千眷屬俱有四緊那羅王法
緊那羅王妙法緊那羅王大法緊那羅王
持法緊那羅王各與若干百千眷屬俱有四
乾闥婆王樂乾闥婆王樂音乾闥婆王美乾
闥婆王美音乾闥婆王各與若干百千眷屬
俱有四阿脩羅王婆稚阿脩羅王佉羅騫大
阿脩羅王毗摩質多羅阿脩羅王羅睺阿脩
羅王各與若干百千眷屬俱有四迦樓羅王
大威德迦樓羅王大身迦樓羅王大滿迦樓
羅王如意迦樓羅王各與若干百千眷屬俱
韋提希子阿闍世王與若干百千眷屬俱各

BD04974號　妙法蓮華經卷一　（24–1）

乾闥婆王樂乾闥婆王樂音乾闥婆王美乾
闥婆王美音乾闥婆王各與若干百千眷屬
俱有四阿脩羅王婆稚阿脩羅王佉羅騫大
阿脩羅王毗摩質多羅阿脩羅王羅睺阿脩
羅王各與若干百千眷屬俱有四迦樓羅王
大威德迦樓羅王大身迦樓羅王大滿迦樓
羅王如意迦樓羅王各與若干百千眷屬俱
韋提希子阿闍世王與若干百千眷屬俱各
礼佛足退坐一面
尒時世尊四衆圍繞供養恭敬尊重讚歎爲
諸菩薩說大乘經名无量義教菩薩法佛所
護念佛說此經已結加趺坐入於无量義處
三昧身心不動是時天雨曼陁羅華摩訶曼
陁羅華曼殊沙華摩訶曼殊沙華而散佛上
及諸大衆普佛世界六種震動尒時會中比
丘比丘尼優婆塞優婆夷天龍夜叉乾闥婆阿
脩羅迦樓羅緊那羅摩睺羅伽人非人及
諸小王轉輪聖王是諸大衆得未曾有歡喜
合掌一心觀佛尒時佛放眉間白毫相光照
東方万八千世界靡不周遍下至阿鼻地獄
上至阿迦尼吒天於此世界盡見彼土六趣
衆生又見彼土現在諸佛及聞諸佛所說經法
并見彼諸比丘比丘尼優婆塞優婆夷諸脩
行得道者復見諸菩薩摩訶薩種種因緣
種種信解種種相貌行菩薩道復見諸佛般涅
槃者復見諸佛般涅槃後以佛舍利起七寶

BD04974號　妙法蓮華經卷一　（24–2）

上至阿迦尼吒天。於此世界，盡見彼土六趣
衆生。又見彼土現在諸佛，及聞諸佛所說經法，
并見彼諸比丘、比丘尼、優婆塞、優婆夷，諸脩
行得道者。復見諸菩薩摩訶薩，種種因緣、
種種信解、種種相貌，行菩薩道。復見諸佛般涅
槃者。復見諸佛般涅槃後，以佛舍利起七寶
塔。尒時彌勒菩薩作是念：今者世尊現神變
相，以何因緣而有此瑞？今佛世尊入于三昧，是
不可思議，現希有事，當以問誰？誰能荅者？復
作此念：是文殊師利法王之子，已曾親近供
養過去無量諸佛，必應見此希有之相，我今
當問。尒時比丘、比丘尼、優婆塞、優婆夷，及諸
天龍鬼神等，咸作此念：是佛光明神通之
相，今當問誰？尒時彌勒菩薩欲自決疑，又觀
四衆比丘、比丘尼、優婆塞、優婆夷，及諸天龍
鬼神等衆會之心，而問文殊師利言：以何因
緣而有此瑞神通之相，放大光明，照于東方
万八千土，悉見彼佛國界莊嚴？於是彌勒菩
薩欲重宣此義，以偈問曰：

文殊師利　導師何故　眉間白豪　大光普照
雨曼陁羅　曼殊沙華　栴檀香風　悅可衆心
以是因緣　地皆嚴淨　而此世界　六種震動
時四部衆　咸皆歡喜　身意快然　得未曾有
眉間光明　照于東方　万八千土　皆如金色
從阿鼻獄　上至有頂　諸世界中　六道衆生
生死所趣　善惡業緣　受報好醜　於此悉見
又覩諸佛　聖主師子　演說經典　微妙第一

BD04974號　妙法蓮華經卷一　（24–3）

雨曼陁羅　曼殊沙華　栴檀香風　悅可衆心
以是因緣　地皆嚴淨　而此世界　六種震動
時四部衆　咸皆歡喜　身意快然　得未曾有
眉間光明　照于東方　万八千土　皆如金色
從阿鼻獄　上至有頂　諸世界中　六道衆生
生死所趣　善惡業緣　受報好醜　於此悉見
又覩諸佛　聖主師子　演說經典　微妙第一
其聲清淨　出柔軟音　教諸菩薩　無數億万
梵音深妙　令人樂聞　各於世界　講說正法
種種因緣　以無量喻　照明佛法　開悟衆生
若人遭苦　猒老病死　爲說涅槃　盡諸苦際
若人有福　曾供養佛　志求勝法　爲說緣覺
若有佛子　脩種種行　求无上慧　爲說淨道
文殊師利　我住於此　見聞若斯　及千億事
如是衆多　今當略說　我見彼土　恒沙菩薩
種種因緣　而求佛道　或有行施　金銀珊瑚
真珠摩尼　車𤦲馬瑙　金剛諸珍　奴婢車乘
寶飾輦輿　歡喜布施　迴向佛道　願得是乘
三界第一　諸佛所歎　或有菩薩　駟馬寶車
欄楯華蓋　軒飾布施　復見菩薩　身肉手足
及妻子施　求无上道　又見菩薩　頭目身體
欣樂施與　求佛智慧　文殊師利　我見諸王
往詣佛所　問无上道　便捨樂土　宮殿臣妾
剃除鬚髮　而被法服　或見菩薩　而作比丘
獨處閑靜　樂誦經典　又見菩薩　勇猛精進
入於深山　思惟佛道　又見離欲　常處空閑
深脩禪定　得五神通　又見菩薩　安禪合掌

BD04974號　妙法蓮華經卷一　（24–4）

欣樂施與　求佛智慧　文殊師利　我見諸王
往詣佛所　問无上道　便捨樂土　宮殿臣妾
剃除鬚髮　而被法服　或見菩薩　而作比丘
獨處閑靜　樂誦經典　又見菩薩　勇猛精進
入於深山　思惟佛道　又見離欲　常處空閑
深脩禪定　得五神通　又見菩薩　安禪合掌
以千萬偈　讚諸法王　復見菩薩　智深志固
能問諸佛　聞悉受持　又見佛子　定慧具足
以无量喻　為眾講法　欣樂說法　化諸菩薩
破魔兵眾　而擊法鼓　又見菩薩　寂然宴默
天龍恭敬　不以為喜　又見菩薩　處林放光
濟地獄苦　令入佛道　又見佛子　未嘗睡眠
經行林中　勤求佛道　又見具戒　威儀无缺
淨如寶珠　以求佛道　又見佛子　住忍辱力
增上慢人　惡罵捶打　皆悉能忍　以求佛道
又見菩薩　離諸戲笑　及癡眷屬　親近智者
一心除亂　攝念山林　億千萬歲　以求佛道
或見菩薩　餚饍飲食　百種湯藥　施佛及僧
名衣上服　價直千萬　或无價衣　施佛及僧
千萬億種　栴檀寶舍　眾妙臥具　施佛及僧
清淨園林　華果茂盛　流泉浴池　施佛及僧
如是等施　種種微妙　歡喜无猒　求无上道
或有菩薩　說寂滅法　種種教詔　无數眾生
或見菩薩　觀諸法性　无有二相　猶如虛空
又見佛子　心无所著　以此妙慧　求无上道
文殊師利　又見菩薩　佛滅度後　供養舍利

BD04974號　妙法蓮華經卷一　（24–5）

如是等施　種種微妙　歡喜无猒　求无上道
或有菩薩　說寂滅法　種種教詔　无數眾生
或見菩薩　觀諸法性　无有二相　猶如虛空
又見佛子　心无所著　以此妙慧　求无上道
文殊師利　又見菩薩　佛滅度後　供養舍利
又見佛子　造諸塔廟　无數恒沙　嚴飾國界
寶塔高妙　五千由旬　縱廣正等　二千由旬
一一塔廟　各千幢幡　珠交露幔　寶鈴和鳴
諸天龍神　人及非人　香華伎樂　常以供養
文殊師利　諸佛子等　為供舍利　嚴飾塔廟
國界自然　殊特妙好　如天樹王　其華開敷
佛放一光　我及眾會　見此國界　種種殊妙
諸佛神力　智慧希有　放一淨光　照无量國
我等見此　得未曾有　佛子文殊　願決眾疑
四眾欣仰　瞻仁及我　世尊何故　放斯光明
佛子時荅　決疑令喜　何所饒益　演斯光明
佛坐道場　所得妙法　為欲說此　為當授記
示諸佛土　眾寶嚴淨　及見諸佛　此非小緣
文殊當知　四眾龍神　瞻察仁者　為說何等
尒時文殊師利語彌勒菩薩摩訶薩及諸
大士善男子等如我惟忖今佛世尊欲說大法
雨大法雨吹大法螺擊大法鼓演大法義諸
善男子我於過去諸佛曾見此瑞放斯光已
即說大法是故當知今佛現光亦復如是欲
令眾生咸得聞知一切世間難信之法故現
斯瑞諸善男子如過去无量无邊不可思議

BD04974號　妙法蓮華經卷一　（24–6）

雨大法雨吹大法螺擊大法鼓演大法義諸
善男子我於過去諸佛曾見此瑞放斯光已
即說大法是故當知今佛現光亦復如是欲
令衆生咸得聞知一切世間難信之法故現
斯瑞諸善男子如過去无量无邊不可思議
阿僧祇劫尒時有佛号日月燈明如來應供
正遍知明行足善逝世間解无上士調御丈
夫天人師佛世尊演說正法初善中善後善
其義深遠其語巧妙純一无雜具足清白梵
行之相為求聲聞者說應四諦法度生老病
死究竟涅槃為求辟支佛者說應十二因緣
法為諸菩薩說應六波羅蜜令得阿耨多羅
三藐三菩提成一切種智次復有佛亦名日
月燈明次復有佛亦名日月燈明如是二万
佛皆同一字号日月燈明又同一姓姓頗羅
墮弥勒當知初佛後佛皆同一字名日月燈
明十号具足所可說法初中後善其最後佛
未出家時有八王子一名有意二名善意三
名无量意四名寶意五名增意六名除疑意
七名響意八名法意是八王子威德自在各領
四天下是諸王子聞父出家得阿耨多羅三
藐三菩提悉捨王位亦隨出家發大乘意
常脩梵行皆為法師已於千万佛所殖諸善
本是時日月燈明佛說大乘經名无量義教
菩薩法佛所護念說是經已即於大衆中
結跏趺坐入於无量義處三昧身心不動是

BD04974號　妙法蓮華經卷一　（24–7）

四天下是諸王子聞父出家得阿耨多羅三
藐三菩提悉捨王位亦隨出家發大乘意
常脩梵行皆為法師已於千万佛所殖諸善
本是時日月燈明佛說大乘經名无量義教
菩薩法佛所護念說是經已即於大衆中
結跏趺坐入於无量義處三昧身心不動是
時天雨曼陀羅華摩訶曼陀羅華曼殊沙華
摩訶曼殊沙華而散佛上及諸大衆普佛世界
六種震動尒時會中比丘比丘尼優婆塞優婆
夷天龍夜叉乾闥婆阿脩羅迦樓羅緊那
羅摩睺羅伽人非人及諸小王轉輪聖王等
是諸大衆得未曾有歡喜合掌一心觀佛尒
時如來放眉間白毫相光照東方万八千佛
土靡不周遍如今所見是諸佛土弥勒當知
尒時會中有二十億菩薩樂欲聽法是諸菩
薩見此光明普照佛土得未曾有欲知此光
所為因緣時有菩薩名曰妙光有八百弟子
是時日月燈明佛從三昧起因妙光菩薩說
大乘經名妙法蓮華教菩薩法佛所護念六
十小劫不起于座時會聽者亦坐一處六十
小劫身心不動聽佛所說謂如食頃是時衆
中無有一人若身若心而生懈惓日月燈明
佛於六十小劫說是經已即於梵魔沙門婆
羅門及天人阿脩羅衆中而宣此言如來於
今日中夜當入无餘涅槃時有菩薩名曰德
藏日月燈明佛即授其記告諸比丘是德藏
[illegible]

BD04974號　妙法蓮華經卷一　（24–8）

中無有一人若身若心而生懈惓日月燈明
佛於六十小劫說是經已即於梵魔沙門婆
羅門及天人阿脩羅衆中而宣此言如來於
今日中夜當入无餘涅槃時有菩薩名曰德
藏日月燈明佛即授其記告諸比丘是德藏
菩薩次當作佛号曰淨身多陀阿伽度阿羅
訶三藐三佛陀佛授記已便於中夜入无餘
涅槃佛滅度後妙光菩薩持妙法蓮華經滿
八十小劫為人演說日月燈明佛八子皆師
妙光妙光教化令其堅固阿耨多羅三藐三
菩提是諸王子供養无量百千万億佛已皆
成佛道其最後成佛者名曰然燈八百弟子
中有一人号曰求名貪著利養雖復讀誦衆
經而不通利多所忘失故号求名是人亦以
種諸善根因緣故得值无量百千万億諸佛供
養恭敬尊重讚歎彌勒當知尒時妙光菩
薩豈異人乎我身是也求名菩薩汝身是也
今見此瑞與本无異是故惟忖今日如來當
說大乘經名妙法蓮華教菩薩法佛所護念
尒時文殊師利於大衆中欲重宣此義而說
偈言
我念過去世　无量无數劫　有佛人中尊　号日月燈明
世尊演說法　度无量衆生　无數億菩薩　令入佛智慧
佛未出家時　所生八王子　見大聖出家　亦隨脩梵行
時佛說大乘　經名无量義　於諸大衆中　而為廣分別
佛說此經已　即於法座上　跏趺坐三昧　名无量義處
天雨曼陀華　天鼓自然鳴　諸天龍鬼神　供養人中尊

BD04974號　妙法蓮華經卷一　（24–9）

我念過去世　无量无數劫　有佛人中尊　号日月燈明
世尊演說法　度无量衆生　无數億菩薩　令入佛智慧
佛未出家時　所生八王子　見大聖出家　亦隨脩梵行
時佛說大乘　經名无量義　於諸大衆中　而為廣分別
佛說此經已　即於法座上　跏趺坐三昧　名无量義處
天雨曼陀華　天鼓自然鳴　諸天龍鬼神　供養人中尊
一切諸佛土　即時大震動　佛放眉間光　現諸希有事
此光照東方　万八千佛土　示一切衆生　生死業報處
有見諸佛土　以衆寶莊嚴　瑠璃頗梨色　斯由佛光照
及見諸天人　龍神夜叉衆　乾闥緊那羅　各供養其佛
又見諸如來　自然成佛道　身色如金山　端嚴甚微妙
如淨瑠璃中　内現真金像　世尊在大衆　敷演深法義
一一諸佛土　聲聞衆无數　因佛光所照　悉見彼大衆
或有諸比丘　在於山林中　精進持淨戒　猶如護明珠
又見諸菩薩　行施忍辱等　其數如恒沙　斯由佛光照
又見諸菩薩　深入諸禪定　身心寂不動　以求无上道
又見諸菩薩　知法寂滅相　各於其國土　說法求佛道
尒時四部衆　見日月燈佛　現大神通力　其心皆歡喜
各各自相問　是事何因緣　天人所奉尊　適從三昧起
讚妙光菩薩　汝為世間眼　一切所歸信　能奉持法藏
如我所說法　唯汝能證知　世尊既讚歎　令妙光歡喜
說是法華經　滿六十小劫　不起於此座　所說上妙法
是妙光法師　悉皆能受持　佛說是法華　令衆歡喜已
尋即於是日　告於天人衆　諸法實相義　已為汝等說
我今於中夜　當入於涅槃　汝一心精進　當離於放逸
諸佛甚難值　億劫時一遇　世尊諸子等　聞佛入涅槃
各各懷悲惱　佛滅一何速　聖主法之王　安慰无量衆

BD04974號　妙法蓮華經卷一　（24–10）

尋即於是日　告於天人衆　諸法實相義　已爲汝等說
我今於中夜　當入於涅槃　汝一心精進　當離於放逸
諸佛甚難值　億劫時一遇　世尊諸子等　聞佛入涅槃
各各懷悲惱　佛滅一何速　聖主法之王　安慰无量衆
我若滅度時　汝等勿憂怖　是德藏菩薩　於无漏實相
心已得通達　其次當作佛　號曰爲淨身　亦度无量衆
佛此夜滅度　如薪盡火滅　分布諸舍利　而起无量塔
比丘比丘尼　其數如恒沙　倍復加精進　以求无上道
是妙光法師　奉持佛法藏　八十小劫中　廣宣法華經
是諸八王子　妙光所開化　堅固无上道　當見无數佛
供養諸佛已　隨順行大道　相繼得成佛　轉次而授記
最後天中天　號曰然燈佛　諸仙之導師　度脫无量衆
是妙光法師　時有一弟子　心常懷懈怠　貪著於名利
求名利无猒　多遊族姓家　棄捨所習誦　廢忘不通利
以是因緣故　號之爲求名　亦行衆善業　得見无數佛
供養於諸佛　隨順行大道　具六波羅蜜　今見釋師子
其後當作佛　號名曰彌勒　廣度諸衆生　其數无有量
彼佛滅度後　懈怠者汝是　妙光法師者　今則我身是
我見燈明佛　本光瑞如此　以是知今佛　欲說法華經
今相如本瑞　是諸佛方便　今佛放光明　助發實相義
諸人今當知　合掌一心待　佛當雨法雨　充足求道者
諸求三乘人　若有疑悔者　佛當爲除斷　令盡无有餘

妙法蓮華經方便品第二

尒時世尊從三昧安詳而起告舍利弗諸佛
智慧甚深无量其智慧門難解難入一切聲
聞辟支佛所不能知所以者何佛曾親近百

BD04974號　妙法蓮華經卷一　（24–11）

妙法蓮華經方便品第二

尒時世尊從三昧安詳而起告舍利弗諸佛
智慧甚深无量其智慧門難解難入一切聲
聞辟支佛所不能知所以者何佛曾親近百
千萬億无數諸佛盡行諸佛无量道法勇猛
精進名稱普聞成就甚深未曾有法隨宜所
說意趣難解舍利弗吾從成佛已來種種因
緣種種譬喻廣演言教无數方便引導衆生
令離諸著所以者何如來方便知見波羅蜜
皆已具足舍利弗如來知見廣大深遠无量
无礙力无所畏禪定解脫三昧深入无際成就
一切未曾有法舍利弗如來能種種分別巧
說諸法言辭柔軟悅可衆心舍利弗取要
言之无量无邊未曾有法佛悉成就止舍利
弗不須復說所以者何佛所成就第一希有
難解之法唯佛與佛乃能究盡諸法實相所
謂諸法如是相如是性如是體如是力如是作
如是因如是緣如是果如是報如是本末究
竟等尒時世尊欲重宣此義而說偈言
世雄不可量　諸天及世人　一切衆生類　无能知佛者
佛力无所畏　解脫諸三昧　及佛諸餘法　无能測量者
本從无數佛　具足行諸道　甚深微妙法　難見難可了
於无量億劫　行此諸道已　道場得成果　我已悉知見
如是大果報　種種性相義　我及十方佛　乃能知是事
是法不可示　言辭相寂滅　諸餘衆生類　无有能得解
除諸菩薩衆　信力堅固者　諸佛弟子衆　曾供養諸佛

BD04974號　妙法蓮華經卷一　（24–12）

本從无數佛　具足行諸道　甚深微妙法　難見難可了
於无量億劫　行此諸道已　道場得成果　我已悉知見
如是大果報　種種性相義　我及十方佛　乃能知是事
是法不可示　言辞相寂滅　諸餘衆生類　无有能得解
除諸菩薩衆　信力堅固者　諸佛弟子衆　曾供養諸佛
一切漏已盡　住是最後身　如是諸人等　其力所不堪
假使滿世間　皆如舍利弗　盡思共度量　不能測佛智
正使滿十方　皆如舍利弗　及餘諸弟子　亦滿十方刹
盡思共度量　亦復不能知　辟支佛利智　无漏最後身
亦滿十方界　其數如竹林　斯等共一心　於億无量劫
欲思佛實智　莫能知少分　新發意菩薩　供養无數佛
了達諸義趣　又能善說法　如稻麻竹葦　充滿十方刹
一心以妙智　於恒河沙劫　咸皆共思量　不能知佛智
不退諸菩薩　其數如恒沙　一心共思求　亦復不能知
又告舍利弗　无漏不思議　甚深微妙法　我今已具得
唯我知是相　十方佛亦然　舍利弗當知　諸佛語无異
於佛所說法　當生大信力　世尊法久後　要當說真實
告諸聲聞衆　及求緣覺乘　我令脫苦縛　逮得涅槃者
佛以方便力　示以三乘教　衆生處處著　引之令得出
尒時大衆中有諸聲聞漏盡阿羅漢阿若憍
陳如等千二百人及發聲聞辟支佛心比丘比
丘尼優婆塞優婆夷各作是念今者世尊
何故慇懃稱歎方便而作是言佛所得法甚
深難解有所言說意趣難知一切聲聞辟支
佛所不能及佛說一解脫義我等亦得此法
到於涅槃而今不知是義所趣尒時舍利弗
知四衆心疑自亦未了而白佛言世尊何因

何故慇懃稱歎方便而作是言佛所得法甚
深難解有所言說意趣難知一切聲聞辟支
佛所不能及佛說一解脫義我等亦得此法
到於涅槃而今不知是義所趣尒時舍利弗
知四衆心疑自亦未了而白佛言世尊何因
何緣慇懃稱歎諸佛第一方便甚深微妙難
解之法我自昔來未曾從佛聞如是說今者
四衆咸皆有疑唯願世尊敷演斯事世尊何
故慇懃稱歎甚深微妙難解之法尒時舍利
弗欲重宣此義而說偈言
慧日大聖尊　久乃說是法　自說得如是　力无畏三昧
禪定解脫等　不可思議法　道場所得法　无能發問者
我意難可測　亦无能問者　无問而自說　稱歎所行道
智慧甚微妙　諸佛之所得　无漏諸羅漢　及求涅槃者
今皆墮疑網　佛何故說是　其求緣覺者　比丘比丘尼
諸天龍鬼神　及乾闥婆等　相視懷猶豫　瞻仰兩足尊
是事爲云何　願佛爲解說　於諸聲聞衆　佛說我第一
我今自於智　疑惑不能了　爲是究竟法　爲是所行道
佛口所生子　合掌瞻仰待　願出微妙音　時爲如實說
諸天龍神等　其數如恒沙　求佛諸菩薩　大數有八万
又諸万億國　轉輪聖王至　合掌以敬心　欲聞具足道
尒時佛告舍利弗止止不須復說若說是事
一切世間諸天及人皆當驚疑舍利弗重白
佛言世尊唯願說之唯願說之所以者何是
會无數百千萬億阿僧祇衆生曾見諸佛諸
根猛利智慧明了聞佛所說則能敬信尒時
舍利弗欲重宣此義而說偈言

尒時佛告舍利弗止止不須復說若說是事
一切世間諸天及人皆當驚疑舍利弗重白
佛言世尊唯願說之唯願說之所以者何是
會无數百千萬億阿僧祇衆生曾見諸佛諸
根猛利智慧明了聞佛所說則能敬信尒時
舍利弗欲重宣此義而說偈言
法王无上尊　唯說願勿慮　是會无量衆　有能敬信者
佛復止舍利弗若說是事一切世間天人阿
脩羅皆當驚疑增上慢比丘將墜於大坑尒
時世尊重說偈言
止止不須說　我法妙難思　諸增上慢者　聞必不敬信
尒時舍利弗重白佛言世尊唯願說之唯願
說之今此會中如我等比百千萬億世世已
曾從佛受化如此人等必能敬信長夜安隱
多所饒益尒時舍利弗欲重宣此義而說偈言
无上兩足尊　願說第一法　我為佛長子　唯垂分別說
是會无量衆　能敬信此法　佛已曾世世　教化如是等
皆一心合掌　欲聽受佛語　我等千二百　及餘求佛者
願為此衆故　唯垂分別說　是等聞此法　則生大歡喜
尒時世尊告舍利弗汝已慇懃三請豈得不
說汝今諦聽善思念之吾當為汝分別解說
說此語時會中有比丘比丘尼優婆塞優婆
夷五千人等即從座起礼佛而退所以者何
此輩罪根深重及增上慢未得謂得未證謂
證有如此失是以不住世尊默然而不制止
尒時佛告舍利弗我今此衆无復枝葉純有

夷五千人等即從座起礼佛而退所以者何
此輩罪根深重及增上慢未得謂得未證謂
證有如此失是以不住世尊默然而不制止
尒時佛告舍利弗我今此衆无復枝葉純有
貞實舍利弗如是增上慢人退亦佳矣汝今
善聽當為汝說舍利弗言唯然世尊願樂欲
聞佛告舍利弗如是妙法諸佛如來時乃說
之如優曇鉢華時一現耳舍利弗汝等當信
佛之所說言不虛妄舍利弗諸佛隨宜說法
意趣難解所以者何我以无數方便種種因
緣譬喻言辭演說諸法是法非思量分別之
所能解唯有諸佛乃能知之所以者何諸佛世
尊唯以一大事因緣故出現於世舍利弗云
何名諸佛世尊唯以一大事因緣故出現於
世諸佛世尊欲令衆生開佛知見使得清淨
故出現於世欲示衆生佛之知見故出現於
世欲令衆生悟佛知見故出現於世欲令衆
生入佛知見道故出現於世舍利弗是為諸
佛以一大事因緣故出現於世佛告舍利弗諸
佛如來但教化菩薩諸有所作常為一事唯
以佛之知見示悟衆生舍利弗如來但以一
佛乘故為衆生說法无有餘乘若二若三舍
利弗一切十方諸佛法亦如是舍利弗過去
諸佛以无量无數方便種種因緣譬喻言辭
而為衆生演說諸法是法皆為一佛乘故是
諸衆生從諸佛聞法究竟皆得一切種智舍

佛乘故爲衆生說法无有餘乘若二若三舍
利弗一切十方諸佛法亦如是舍利弗過去
諸佛以无量无數方便種種因緣譬喻言辭
而爲衆生演說諸法是法皆爲一佛乘故是
諸衆生從諸佛聞法究竟皆得一切種智舍
利弗未來諸佛當出於世亦以无量无數方
便種種因緣譬喻言辭而爲衆生演說諸法
是法皆爲一佛乘故是諸衆生從佛聞法究
竟皆得一切種智舍利弗現在十方无量百
千万億佛土中諸佛世尊多所饒益安樂
衆生是諸佛亦以无量无數方便種種因緣
譬喻言辭而爲衆生演說諸法是法皆爲一
佛乘故是諸衆生從佛聞法究竟皆得一切
種智舍利弗是諸佛但教化菩薩欲以佛之
知見示衆生故欲以佛之知見悟衆生故欲
令衆生入佛之知見故舍利弗我今亦復如
是知諸衆生有種種欲深心所著隨其本性
以種種因緣譬喻言辭方便力故而爲說法
舍利弗如此皆爲得一佛乘一切種智故舍
利弗十方世界中尚无二乘何況有三舍利
弗諸佛出於五濁惡世所謂劫濁煩惱濁
衆生濁見濁命濁如是舍利弗劫濁亂時衆
生垢重慳貪嫉妒成就諸不善根故諸佛以
方便力於一佛乘分別說三舍利弗若我弟
子自謂阿羅漢辟支佛者不聞不知諸佛如
來但教化菩薩事此非佛弟子非阿羅漢非
辟支佛又舍利弗是諸比丘比丘尼自謂已得

BD04974號　妙法蓮華經卷一　（24–17）

方便力於一佛乘分別說三舍利弗若我弟
子自謂阿羅漢辟支佛者不聞不知諸佛如
來但教化菩薩事此非佛弟子非阿羅漢非
辟支佛又舍利弗是諸比丘比丘尼自謂已得
阿羅漢是最後身究竟涅槃便不復志求阿
耨多羅三藐三菩提當知此輩皆是增上慢
人所以者何若有比丘實得阿羅漢若不信此
法无有是處除佛滅度後現前无佛所以者
何佛滅度後如是等經受持讀誦解義者
是人難得若遇餘佛於此法中便得決了舍
利弗汝等當一心信解受持佛語諸佛如來
言无虛妄无有餘乘唯一佛乘尒時世尊欲
重宣此義而說偈言
比丘比丘尼　有懷增上慢　優婆塞我慢　優婆夷不信
如是四衆等　其數有五千　不自見其過　於戒有缺漏
護惜其瑕疵　是小智已出　衆中之糟糠　佛威德故去
斯人尠福德　不堪受是法　此衆无枝葉　唯有諸貞實
舍利弗善聽　諸佛所得法　无量方便力　而爲衆生說
衆生心所念　種種所行道　若干諸欲性　先世善惡業
佛悉知是已　以諸緣譬喻　言辭方便力　令一切歡喜
或說脩多羅　伽陀及本事　本生未曾有　亦說於因緣
譬喻并祇夜　優波提舍經　鈍根樂小法　貪著於生死
於諸无量佛　不行深妙道　衆苦所惱亂　爲是說涅槃
我設是方便　令得入佛慧　未曾說汝等　當得成佛道
所以未曾說　說時未至故　今正是其時　決定說大乘
我此九部法　隨順衆生說　入大乘爲本　以故說是經

BD04974號　妙法蓮華經卷一　（24–18）

譬喻并祇夜　優波提舍經　鈍根樂小法　貪著於生死
於諸无量佛　不行深妙道　衆苦所惱亂　為是說涅槃
我設是方便　令得入佛慧　未曾說汝等　當得成佛道
所以未曾說　說時未至故　今正是其時　決定說大乘
我此九部法　隨順衆生說　入大乘為本　以故說是經
有佛子心淨　柔軟亦利根　无量諸佛所　而行深妙道
為此諸佛子　說是大乘經　我記如是人　來世成佛道
以深心念佛　脩持淨戒故　此等聞得佛　大喜充遍身
佛知彼心行　故為說大乘　聲聞若菩薩　聞我所說法
乃至於一偈　皆成佛无疑　十方佛土中　唯有一乘法
无二亦无三　除佛方便說　但以假名字　引導於衆生
說佛智慧故　諸佛出於世　唯此一事實　餘二則非真
終不以小乘　濟度於衆生　佛自住大乘　如其所得法
定慧力莊嚴　以此度衆生　自證无上道　大乘平等法
若以小乘化　乃至於一人　我則墮慳貪　此事為不可
若人信歸佛　如來不欺誑　亦無貪嫉意　斷諸法中惡
故佛於十方　而獨无所畏　我以相嚴身　光明照世間
无量衆所尊　為說實相印　舍利弗當知　我本立誓願
欲令一切衆　如我等无異　如我昔所願　今者已滿足
化一切衆生　皆令入佛道　若我遇衆生　盡教以佛道
无智者錯亂　迷惑不受教　我知此衆生　未曾脩善本
堅著於五欲　癡愛故生惱　以諸欲因緣　墜墮三惡道
輪迴六趣中　備受諸苦毒　受胎之微形　世世常增長
薄德少福人　衆苦所逼迫　入邪見稠林　若有若无等
依止此諸見　具足六十二　深著虛妄法　堅受不可捨
我慢自矜高　諂曲心不實　於千万億劫　不聞佛名字
亦不聞正法　如是人難度　是故舍利弗　我為設方便

薄德少福人　衆苦所逼迫　入邪見稠林　若有若无等
依止此諸見　具足六十二　深著虛妄法　堅受不可捨
我慢自矜高　諂曲心不實　於千万億劫　不聞佛名字
亦不聞正法　如是人難度　是故舍利弗　我為設方便
說諸盡苦道　示之以涅槃　我雖說涅槃　是亦非真滅
諸法從本來　常自寂滅相　佛子行道已　來世得作佛
我有方便力　開示三乘法　一切諸世尊　皆說一乘道
今此諸大衆　皆應除疑惑　諸佛語无異　唯一无二乘
過去无數劫　无量滅度佛　百千万億種　其數不可量
如是諸世尊　種種緣譬喻　无數方便力　演說諸法相
是諸世尊等　皆說一乘法　化无量衆生　令入於佛道
又諸大聖主　知一切世間　天人群生類　深心之所欲
更以異方便　助顯第一義　若有衆生類　值諸過去佛
若聞法布施　或持戒忍辱　精進禪智等　種種脩福慧
如是諸人等　皆已成佛道　諸佛滅度已　若人善軟心
如是諸衆生　皆已成佛道　諸佛滅度已　供養舍利者
起万億種塔　金銀及頗梨　車𤦲與馬瑙　玫瑰瑠璃珠
清淨廣嚴飾　莊校於諸塔　或有起石廟　栴檀及沉水
木櫁并餘材　甎瓦泥土等　若於曠野中　積土成佛廟
乃至童子戲　聚沙為佛塔　如是諸人等　皆已成佛道
若人為佛故　建立諸形像　刻彫成衆相　皆已成佛道
或以七寶成　鍮石赤白銅　白鑞及鉛錫　鐵木及與泥
或以膠漆布　嚴飾作佛像　如是諸人等　皆已成佛道
彩畫作佛像　百福莊嚴相　自作若使人　皆已成佛道
乃至童子戲　若草木及筆　或以指爪甲　而畫作佛像
如是諸人等　漸漸積功德　具足大悲心　皆已成佛道

乃至童子戲 聚沙為佛塔 如是諸人等 皆已成佛道
若人為佛故 建立諸形像 刻雕成衆相 皆已成佛道
或以七寶成 鍮石赤白銅 白鑞及鉛錫 鐵木及與泥
或以膠漆布 嚴飾作佛像 如是諸人等 皆已成佛道
采畫作佛像 百福莊嚴相 自作若使人 皆已成佛道
乃至童子戲 若草木及筆 或以指爪甲 而畫作佛像
如是諸人等 漸漸積功德 具足大悲心 皆已成佛道
但化諸菩薩 度脫无量衆 若人於塔廟 寶像及畫像
以華香幡蓋 敬心而供養 若使人作樂 擊鼓吹角貝
簫笛琴箜篌 琵琶鐃銅鈸 如是衆妙音 盡持以供養
或以歡喜心 歌唄頌佛德 乃至一小音 皆已成佛道
若人散亂心 乃至以一華 供養於畫像 漸見无數佛
或有人禮拜 或復但合掌 乃至舉一手 或復小低頭
以此供養像 漸見无量佛 自成无上道 廣度无數衆
入无餘涅槃 如薪盡火滅 若人散亂心 入於塔廟中
一稱南无佛 皆已成佛道 於諸過去佛 在世或滅度
若有聞是法 皆已成佛道 未來諸世尊 其數无有量
是諸如來等 亦方便說法 一切諸如來 以无量方便
度脫諸衆生 入佛无漏智 若有聞法者 无一不成佛
諸佛本誓願 我所行佛道 普欲令衆生 亦同得此道
未來世諸佛 雖說百千億 无數諸法門 其實為一乘
諸佛兩足尊 知法常无性 佛種從緣起 是故說一乘
是法住法位 世間相常住 於道場知已 導師方便說
天人所供養 現在十方佛 其數如恒沙 出現於世間
安隱衆生故 亦說如是法 知第一寂滅 以方便力故
雖示種種道 其實為佛乘 知衆生諸行 深心之所念
過去所習業 欲性精進力 及諸根利鈍 以種種因緣

BD04974號　妙法蓮華經卷一　（24–21）

是法住法位 世間相常住 於道場知已 導師方便說
天人所供養 現在十方佛 其數如恒沙 出現於世間
安隱衆生故 亦說如是法 知第一寂滅 以方便力故
雖示種種道 其實為佛乘 知衆生諸行 深心之所念
過去所習業 欲性精進力 及諸根利鈍 以種種因緣
譬喻亦言辭 隨應方便說 今我亦如是 安隱衆生故
以種種法門 宣示於佛道 我以智慧力 知衆生性欲
方便說諸法 皆令得歡喜 舍利弗當知 我以佛眼觀
見六道衆生 貧窮无福慧 入生死險道 相續苦不斷
深著於五欲 如犛牛愛尾 以貪愛自蔽 盲瞑无所見
不求大勢佛 及與斷苦法 深入諸邪見 以苦欲捨苦
為是衆生故 而起大悲心 我始坐道場 觀樹亦經行
於三七日中 思惟如是事 我所得智慧 微妙最第一
衆生諸根鈍 著樂癡所盲 如斯之等類 云何而可度
尒時諸梵王 及諸天帝釋 護世四天王 及大自在天
并餘諸天衆 眷屬百千萬 恭敬合掌禮 請我轉法輪
我即自思惟 若但讚佛乘 衆生沒在苦 不能信是法
破法不信故 墜於三惡道 我寧不說法 疾入於涅槃
尋念過去佛 所行方便力 我今所得道 亦應說三乘
作是思惟時 十方佛皆現 梵音慰喻我 善哉釋迦文
第一之導師 得是无上法 隨諸一切佛 而用方便力
我等亦皆得 最妙第一法 為諸衆生類 分別說三乘
少智樂小法 不自信作佛 是故以方便 分別說諸果
雖復說三乘 但為教菩薩 舍利弗當知 我聞聖師子
深淨微妙音 稱南无諸佛 復作如是念 我出濁惡世
如諸佛所說 我亦隨順行 思惟是事已 即趣波羅㮈

BD04974號　妙法蓮華經卷一　（24–22）

我等亦皆得　最妙第一法　為諸衆生類　分別說三乘
少智樂小法　不自信作佛　是故以方便　分別說諸果
雖復說三乘　但為教菩薩　舍利弗當知　我聞聖師子
深淨微妙音　稱南无諸佛　復作如是念　我出濁惡世
如諸佛所說　我亦隨順行　思惟是事已　即趣波羅柰
諸法寂滅相　不可以言宣　以方便力故　為五比丘說
是名轉法輪　便有涅槃音　及以阿羅漢　法僧差別名
從久遠劫來　讚示涅槃法　生死苦永盡　我常如是說
舍利弗當知　我見佛子等　志求佛道者　无量千万億
咸以恭敬心　皆來至佛所　曾從諸佛聞　方便所說法
我即作是念　如來所以出　為說佛慧故　今正是其時
舍利弗當知　鈍根小智人　著相憍慢者　不能信是法
今我喜无畏　於諸菩薩中　正直捨方便　但說无上道
菩薩聞是法　疑網皆已除　千二百羅漢　悉亦當作佛
如三世諸佛　說法之儀式　我今亦如是　說无分別法
諸佛興出世　懸遠值遇難　正使出于世　說是法復難
无量无數劫　聞是法亦難　能聽是法者　斯人亦復難
譬如優曇華　一切皆愛樂　天人所希有　時時乃一出
聞法歡喜讚　乃至發一言　則為已供養　一切三世佛
是人甚希有　過於優曇華　汝等勿有疑　我為諸法王
普告諸大衆　但以一乘道　教化諸菩薩　无聲聞弟子
汝等舍利弗　聲聞及菩薩　當知是妙法　諸佛之秘要
以五濁惡世　但樂著諸欲　如是等衆生　終不求佛道
當來世惡人　聞佛說一乘　迷惑不信受　破法墮惡道
有慚愧清淨　志求佛道者　當為如是等　廣讚一乘道
舍利弗當知　諸佛法如是　以万億方便　隨宜而說法

BD04974號　妙法蓮華經卷一　　（24–23）

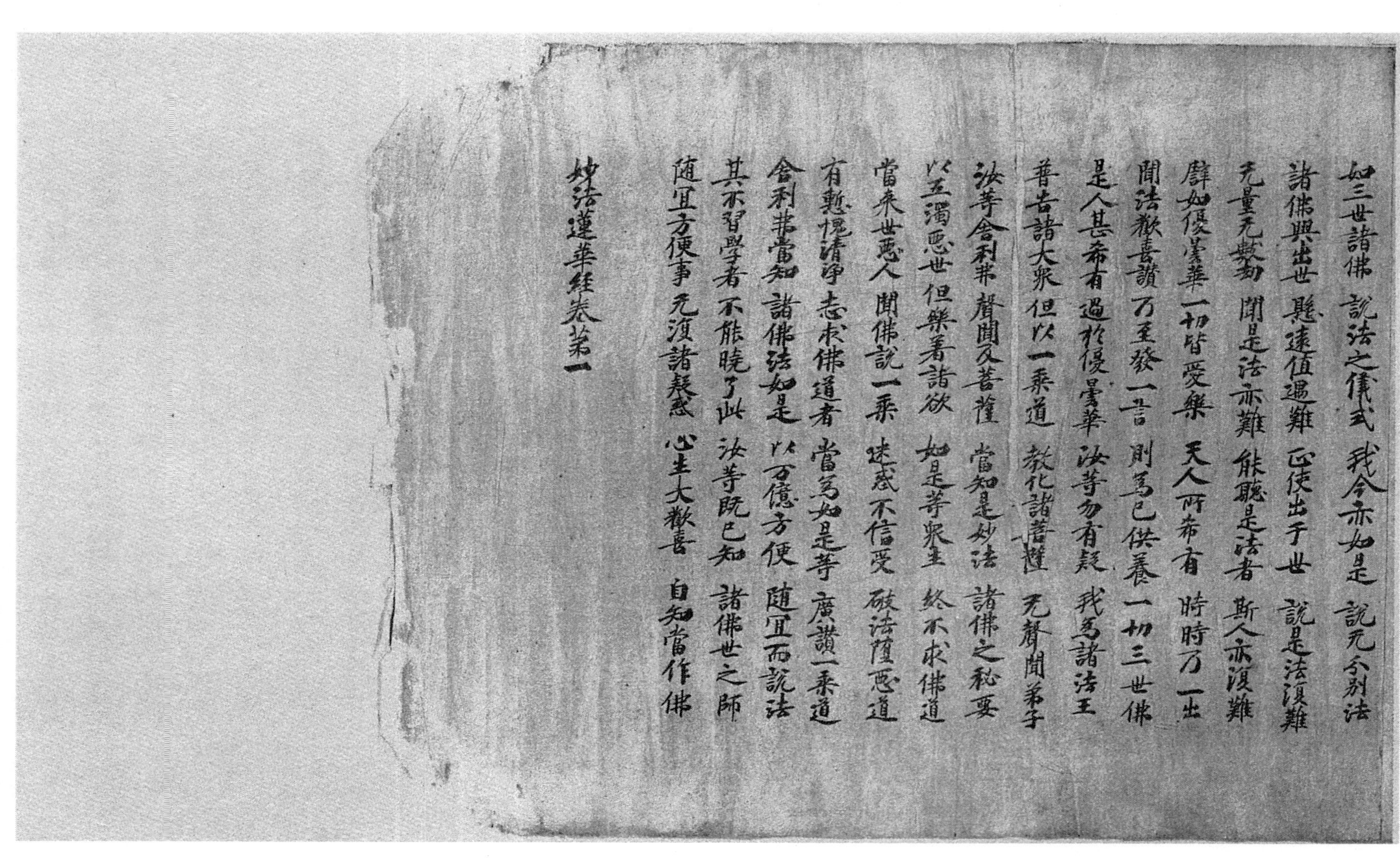
如三世諸佛　說法之儀式　我今亦如是　說无分別法
諸佛興出世　懸遠值遇難　正使出于世　說是法復難
无量无數劫　聞是法亦難　能聽是法者　斯人亦復難
譬如優曇華　一切皆愛樂　天人所希有　時時乃一出
聞法歡喜讚　乃至發一言　則為已供養　一切三世佛
是人甚希有　過於優曇華　汝等勿有疑　我為諸法王
普告諸大衆　但以一乘道　教化諸菩薩　无聲聞弟子
汝等舍利弗　聲聞及菩薩　當知是妙法　諸佛之秘要
以五濁惡世　但樂著諸欲　如是等衆生　終不求佛道
當來世惡人　聞佛說一乘　迷惑不信受　破法墮惡道
有慚愧清淨　志求佛道者　當為如是等　廣讚一乘道
舍利弗當知　諸佛法如是　以万億方便　隨宜而說法
其不習學者　不能曉了此　汝等既已知　諸佛世之師
隨宜方便事　无復諸疑惑　心生大歡喜　自知當作佛

妙法蓮華經卷第一

BD04974號　妙法蓮華經卷一　　（24–24）

南无照輪光明佛 南无方差别佛
南无靈空然燈佛 南无无病勝佛
南无智光明佛 南无憶意佛
南无照佛 南无明佛
南无福德光明勝佛 南无家勝佛
南无大悲雲勝佛 南无力光明意佛
南无現一切衆生色佛 南无過勝佛
南无脩光明佛 南无曇无竭佛
南无風疾行勝佛 南无清淨幢佛
南无妙蓋勝佛 南无三世鏡像勝佛
南无鏡像堅佛 南无鏡像勝佛
南无金剛勝佛 南无身堅莊嚴須弥勝佛
南无金幢王佛 南无身法慧佛
南无智慧然燈光明勝佛 南无廣智勝佛
南无法行世智意佛 南无法印意智勝佛

BD04975 號　佛名經（二十卷本）卷八　（6–1）

南无金剛勝佛 南无身堅莊嚴須弥勝佛
南无金幢王佛 南无身法慧佛
南无智慧然燈光明勝佛 南无廣智勝佛
南无法行世智意佛 南无法印意智勝佛
南无海意智勝佛 南无法財佛
南无寶才佛 南无福德功德佛
南无轉法輪勝佛 南无雲佛
南无十二部經般若海藏
南无正法念處經 南无中阿含經
南无增一阿含經 南无雜阿含經
南无長阿含經 南无賢愚經
南无起世經 南无雜寶藏經
南无普曜經 南无脩行道地經
南无陰持入經 南无中本起經
南无興起行經 南无達摩多羅禪經
南无義足經 南无毗耶娑問經
南无大安般守意經 南无大安般經
南无般泥洹經 南无當來變經
南无諸大菩薩摩訶薩衆
南无普華菩薩 南无月勝菩薩
南无月山菩薩 南无智山菩薩
南无勝山菩薩 南无无山菩薩
南无賢首菩薩 南无功德山菩薩
南无勝讃菩薩 南无那羅延菩薩
南无龍德菩薩 南无龍勝菩薩
南无[illegible]菩薩 南无[illegible]菩薩

BD04975 號　佛名經（二十卷本）卷八　（6–2）

南无善華菩薩　南无月勝菩薩
南无月山菩薩　南无智山菩薩
南无勝山菩薩　南无无山菩薩
南无賢首菩薩　南无切德山菩薩
南无勝讓菩薩　南无耶羅延菩薩
南无龍德菩薩　南无龍勝菩薩
南无住持菩薩　南无摩留天菩薩
南无入切德菩薩　南无然燈首菩薩
南无常舉手菩薩　南无光明常照手菩薩
南无寶手菩薩　南无善光菩薩
南无聲聞緣覺一切辟支佛
南无歡喜辟支佛　南无喜辟支佛
南无隨喜辟支佛　南无十二婆羅隨辟支佛
南无十同名婆羅辟支佛　南无聲聞緣覺一切賢聖
南无過現未來三世諸佛歸命懺悔
弟子等以共懺悔身三業竟今當次第懺
悔口四惡業經法說言口業之罪能令衆生
墮於地獄餓鬼受苦若在畜生則受鵂鶹鸜
鵒鳥形聞其聲者无不憎惡若生人中口氣
常臭所有言說人不信受眷屬不和常好鬪
諍口業既有如是惡果是故弟子今日至誠
歸依十方諸佛
南无東方須弥燈王佛　南无南方大切德佛
南无西方无量力佛　南无北方覺華生德佛
南无東南方一切覺華佛　南无西南方无量鞞寺佛

常臭所有言說人不信受眷屬不和常好鬪
諍口業既有如是惡果是故弟子今日至誠
歸依十方諸佛
南无東方須弥燈王佛　南无南方大切德佛
南无西方无量力佛　南无北方覺華生德佛
南无東南方一切覺華佛　南无西南方无量鞞寺佛
南无西北方蓮華生王佛　南无東北方滅一切憂佛
南无上方雷燈王幢佛　南无下方至光明王佛
如是十方盡虛空界一切三寶
弟子自從无始以來至于今日妄言兩舌惡口
綺語傳空說有說有言空不見言見見言
不見不聞言聞聞言不聞不知言知知言不知
欺賢罔聖言行相乖自稱讚譽得過人法我
得四禪四无色定向那般那十六行觀得須陁
洹至阿羅漢我得辟支佛不退菩提天來龍
來鬼來神來旋風土鬼皆至我所彼問我
荅顯異惑衆要世名利如是等罪今悉懺悔
又復无始以來至于今日或讒言鬪亂交扇彼此
兩舌簡搆[illegible]吽口舌向彼說此向此說彼離他
眷屬壞人善友使狎密者爲踈親舊者成
怨或譎辭不實言不及義誣謗君父平薄
師長破壞忠良埋沒勝己通致二國彼此扇作
浮華虛巧致言常虛口是心非其途非一對
面譽歎背則呵毀讚誦耶書傳耶惡說惡口
罵詈言語麁獷或呼天扣地牽引鬼神如

怨以諂餝不實言不及義誣謗君父平薄
師長破壞忠良埋沒勝己通致二國彼此扇作
浮華虛巧發言常虛口是心非其途非一對
面譽歎背則呵毀讚誦耶書傳耶惡說惡口
罵詈言語麁獷或呼天扣地奉引鬼神如
是口業所生諸罪无量无邊今日懇重向十
方佛尊法聖衆皆悉懺悔
願弟子等承是懺悔口業衆罪所生功德
生生世世具八音聲四无㝵辯常說和合利
益之語其聲清雅一切樂聞善解衆生方俗言
語若有所說應時應根令彼聽者即得解
悟超凡越聖開發慧眼
大乘蓮華寶達菩薩問答報應沙門經
寶達菩薩復前更入一斫手地獄云何名斫手
地獄此地獄縱廣卅六由旬其地獄中有大
鐵床其床縱廣五十餘步猋火猛熾煙炎
俱起來燒罪人罪人見之迫迮倒地而不自
勝南門之中有五千沙門揚聲大呼我今何
罪來入此中馬頭羅剎手捉三鈷鑱叉望胷
而鍾背上而出将至鐵床之上其床火然煙
炎俱出來燒罪人復有鐵斧斫罪人手寸寸
而碎一日一夜受罪万端求生不得求死不得
寶達菩薩問馬頭羅剎曰此諸沙門作何罪
業來入其中馬頭羅剎答曰此諸沙門受佛
淨戒而不能持亦不清淨楊枝漱口手下青

BD04975號　佛名經（二十卷本）卷八　（6–5）

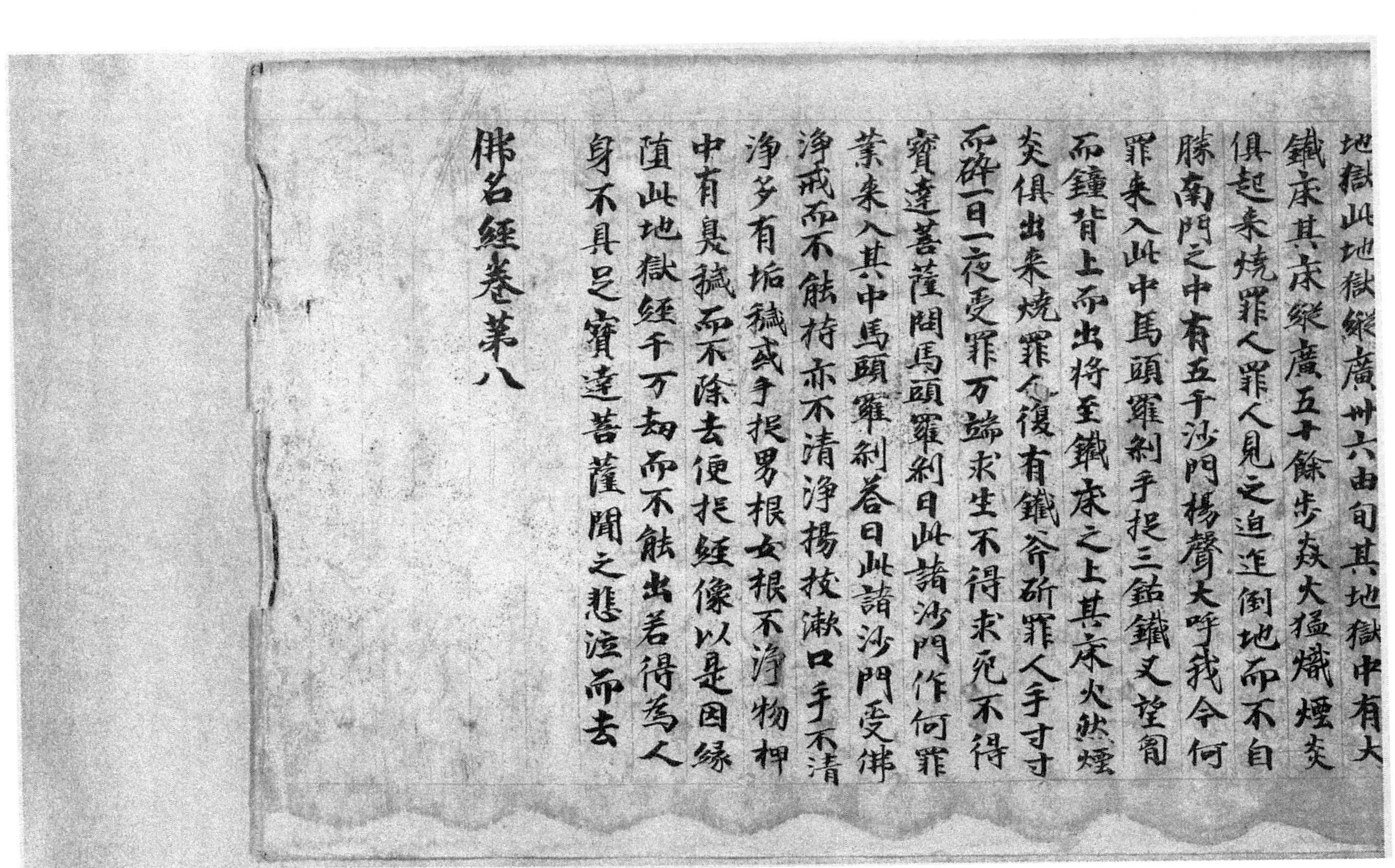

地獄此地獄縱廣卅六由旬其地獄中有大
鐵床其床縱廣五十餘步猋火猛熾煙炎
俱起來燒罪人罪人見之迫迮倒地而不自
勝南門之中有五千沙門揚聲大呼我今何
罪來入此中馬頭羅剎手捉三鈷鑱叉望胷
而鍾背上而出将至鐵床之上其床火然煙
炎俱出來燒罪人復有鐵斧斫罪人手寸寸
而碎一日一夜受罪万端求生不得求死不得
寶達菩薩問馬頭羅剎曰此諸沙門作何罪
業來入其中馬頭羅剎答曰此諸沙門受佛
淨戒而不能持亦不清淨揚枝漱口手不清
淨多有垢穢或手捉男根女根不淨物押
中有臭穢而不除去便捉經像以是因緣
墮此地獄經千万劫而不能出若得為人
身不具足寶達菩薩聞之悲泣而去

佛名經卷第八

BD04975號　佛名經（二十卷本）卷八　（6–6）

復次憍尸迦若善男子善女人等爲發无上
菩提心者說預流向預流果若常若无常說
一來向一來果不還向不還果阿羅漢向阿
羅漢果若常若无常說預流向預流果若樂
若苦說一來向一來果不還向不還果阿羅
漢向阿羅漢果若樂若苦說預流向預流果
若我若无我說一來向一來果不還向不還
果阿羅漢向阿羅漢果若我若无我說預流
向預流果若淨若不淨說一來向一來果不
還向不還果阿羅漢向阿羅漢果若淨若不
淨若有能依如是等法脩行淨戒是行淨戒
波羅蜜多復作是說行淨戒者應求預流向
預流果若常若无常應求一來向乃至阿羅
漢果若常若无常應求預流向預流果若樂
若苦應求一來向乃至阿羅漢果若樂若苦
應求預流向預流果若我若无我應求一來
向乃至阿羅漢果若我若无我應求預流向
預流果若淨若不淨應求一來向乃至阿羅
漢果若淨若不淨若有能求如是等法脩行
淨戒是行淨戒波羅蜜多憍尸迦若善男子
善女人等如是求預流向預流果若常若无

BD04976號　大般若波羅蜜多經卷一四四

（22–1）

應求預流向預流果若我若无我應求一來
向乃至阿羅漢果若我若无我應求預流向
預流果若淨若不淨應求一來向乃至阿羅
漢果若淨若不淨若有能求如是等法脩行
淨戒是行淨戒波羅蜜多憍尸迦若善男子
善女人等如是求預流向預流果若常若无
常求一來向乃至阿羅漢果若常若无常求
預流向預流果若樂若苦求一來向乃至阿
羅漢果若樂若苦求預流向預流果若我若
无我求一來向乃至阿羅漢果若我若无我
求預流向預流果若淨若不淨求一來向乃
至阿羅漢果若淨若不淨依此等法行淨戒
者我說名爲行有所得相似淨戒波羅蜜多
憍尸迦如前所說當知皆是說有所得相似
淨戒波羅蜜多
復次憍尸迦若善男子善女人等爲發无上
菩提心者說一切獨覺菩提若常若无常
說一切獨覺菩提若樂若苦說一切獨覺菩
提若我若无我說一切獨覺菩提若淨若不淨
若有能依如是等法脩行淨戒是行淨戒波
羅蜜多復作是說行淨戒者應求一切獨覺
菩提若常若无常應求一切獨覺菩提若樂
若苦應求一切獨覺菩提若我若无我應求
一切獨覺菩提若淨若不淨若有能求如是
等法脩行淨戒是行淨戒波羅蜜多憍尸迦
若善男子善女人等如是求一切獨覺菩提

BD04976號　大般若波羅蜜多經卷一四四

（22–2）

若有能依如是等法脩行淨戒是行淨戒波
羅蜜多復作是說行淨戒者應求一切獨覺
菩提若常若无常應求一切獨覺菩提若樂
若苦應求一切獨覺菩提若我若无我應求
一切獨覺菩提若淨若不淨若有能求如是
等法脩行淨戒是行淨戒波羅蜜多憍尸迦
若善男子善女人等如是求一切獨覺菩提
若常若无常求一切獨覺菩提若樂若苦求
一切獨覺菩提若我若无我求一切獨覺菩
提若淨若不淨依此等法行淨戒者我說名
爲行有所得相似淨戒波羅蜜多憍尸迦如
前所說當知皆是說有所得相似淨戒波羅
蜜多
復次憍尸迦若善男子善女人等爲發无上
菩提心者說一切菩薩摩訶薩行若常若无
常說一切菩薩摩訶薩行若樂若苦說一切
菩薩摩訶薩行若我若无我說一切菩薩摩
訶薩行若淨若不淨若有能依如是等法脩
行淨戒是行淨戒波羅蜜多復作是說行淨
戒者應求一切菩薩摩訶薩行若常若无常
應求一切菩薩摩訶薩行若樂若苦應求一
切菩薩摩訶薩行若我若无我應求一切菩
薩摩訶薩行若淨若不淨若有能求如是等
法脩行淨戒是行淨戒波羅蜜多憍尸迦若
善男子善女人等如是求一切菩薩摩訶薩
行若常若无常求一切菩薩摩訶薩行若樂

BD04976號　大般若波羅蜜多經卷一四四　（22–3）

應求一切菩薩摩訶薩行若樂若苦應求一
切菩薩摩訶薩行若我若无我應求一切菩
薩摩訶薩行若淨若不淨若有能求如是等
法脩行淨戒是行淨戒波羅蜜多憍尸迦若
善男子善女人等如是求一切菩薩摩訶薩
行若常若无常求一切菩薩摩訶薩行若樂
若苦求一切菩薩摩訶薩行若我若无我求
一切菩薩摩訶薩行若淨若不淨依此等法
行淨戒者我說名爲行有所得相似淨戒波
羅蜜多憍尸迦如前所說當知皆是說有所
得相似淨戒波羅蜜多
復次憍尸迦若善男子善女人等爲發无上
菩提心者說諸佛無上正等菩提若常若无
常說諸佛無上正等菩提若樂若苦說諸佛
无上正等菩提若我若无我說諸佛无上正
等菩提若淨若不淨若有能依如是等法
脩行淨戒是行淨戒波羅蜜多復作是說行淨
戒者應求諸佛无上正等菩提若常若无常
應求諸佛无上正等菩提若樂若苦應求諸
佛无上正等菩提若我若无我應求諸佛无
上正等菩提若淨若不淨若有能求如是等
法脩行淨戒是行淨戒波羅蜜多憍尸迦若
善男子善女人等如是求諸佛无上正等菩
提若常若无常求諸佛无上正等菩提若樂
若苦求諸佛无上正等菩提若我若无我求
諸佛无上正等菩提若淨若淨淨依此等法

BD04976號　大般若波羅蜜多經卷一四四　（22–4）

法脩行淨戒是行淨戒波羅蜜多憍尸迦若
善男子善女人等如是求諸佛无上正等菩
提若常若无常求諸佛无上正等菩提若樂
若苦求諸佛无上正等菩提若我若无我求
諸佛无上正等菩提若淨若淨依此等法
行淨戒者我說名為行有所得相似淨戒波
羅蜜多憍尸迦如前所說當知皆是說有所
得相似淨戒波羅蜜多
時天帝釋復白佛言世尊云何諸善男子
善女人等說有所得布施波羅蜜多名說相似
布施波羅蜜多佛言憍尸迦若善男子善女
人等為發无上菩提心者說色若常若无常
說受想行識若常若无常說色若樂若苦說
受想行識若樂若苦說色若我若无我說受
想行識若我若无我說色若淨若不淨說受
想行識若淨若不淨若有能依如是等法脩
行布施是行布施波羅蜜多復作是說行布
施者應求色若常若无常應求受想行識若
常若无常應求色若樂若苦應求受想行識
若樂若苦應求色若我若无我應求受想行
識若我若无我應求色若淨若不淨應求受
想行識若淨若不淨若有能求如是等法脩
行布施是行布施波羅蜜多憍尸迦若善男
子善女人等如是求色若常若无常求受想
行識若常若无常求色若樂若苦求受想行
識若樂若苦求色若我若无我求受想行識

BD04976號　大般若波羅蜜多經卷一四四　（22–5）

識若我若无我應求色若淨若不淨應求受
想行識若淨若不淨若有能求如是等法脩
行布施是行布施波羅蜜多憍尸迦若善男
子善女人等如是求色若常若无常求受想
行識若常若无常求色若樂若苦求受想行
識若樂若苦求色若我若无我求受想行識
若我若无我求色若淨若不淨求受想行識
若淨若不淨依此等法行布施者我說名為
行有所得相似布施波羅蜜多憍尸迦如前
所說當知皆是說有所得相似布施波羅蜜
多
復次憍尸迦若善男子善女人等為發无上
菩提心者說眼處若常若无常說耳鼻舌身
意處若常若无常說眼處若樂若苦說耳鼻
舌身意處若樂若苦說眼處若我若无我說
耳鼻舌身意處若我若无我說眼處若淨若
不淨說耳鼻舌身意處若淨若不淨若有能
依如是等法脩行布施是行布施波羅蜜多
復作是說行布施者應求眼處若常若无常
應求耳鼻舌身意處若常若无常應求眼處
若樂若苦應求耳鼻舌身意處若樂若苦應
求眼處若我若无我應求耳鼻舌身意處若
我若无我應求眼處若淨若不淨應求耳鼻
舌身意處若淨若不淨若有能求如是等法
脩行布施是行布施波羅蜜多憍尸迦若善
男子善女人等如是求眼處若常若无常求
耳鼻舌身意處若常若无常求眼處若樂

BD04976號　大般若波羅蜜多經卷一四四　（22–6）

求眼處若我若无我應求耳鼻舌身意處若
我若无我應求眼處若淨若不淨應求耳鼻
舌身意處若淨若不淨若有能求如是等法
脩行布施是行布施波羅蜜多憍尸迦若善
男子善女人等如是求眼處若常若无常求
耳鼻舌身意處若常若无常求眼處若樂
若苦求耳鼻舌身意處若樂若苦求眼處若
我若无我求耳鼻舌身意處若我若无我求
眼處若淨若不淨求耳鼻舌身意處若淨若不
淨依此等法行布施者我說名為行有所得
相似布施波羅蜜多憍尸迦如前所說當知
皆是說有所得相似布施波羅蜜多
復次憍尸迦若善男子善女人等為發无上
菩提心者說色處若常若无常說聲香味觸
法處若常若无常說色處若樂若苦說聲香
味觸法處若樂若苦說色處若我若无我說
聲香味觸法處若我若无我說色處若淨若
不淨說聲香味觸法處若淨若不淨若有能
依如是等法脩行布施是行布施波羅蜜多
復作是說行布施者應求色處若常若无常
應求聲香味觸法處若常若无常應求色處
若樂若苦應求聲香味觸法處若樂若苦應
求色處若我若无我應求聲香味觸法處若
我若无我應求色處若淨若不淨應求聲香
味觸法處若淨若不淨若有能求如是等法
脩行布施是行布施波羅蜜多憍尸迦若善
男子善女人等如是求色處若常若无常求

應求聲香味觸法處若常若无常應求色處
若樂若苦應求聲香味觸法處若樂若苦應
求色處若我若无我應求聲香味觸法處若
我若无我應求色處若淨若不淨應求聲香
味觸法處若淨若不淨若有能求如是等法
脩行布施是行布施波羅蜜多憍尸迦若善
男子善女人等如是求色處若常若无常求
聲香味觸法處若常若无常求色處若樂若
苦求聲香味觸法處若樂若苦求色處若我
若无我求聲香味觸法處若我若无我求色
處若淨若不淨求聲香味觸法處若淨若不
淨依此等法行布施者我說名為行有所得相
似布施波羅蜜多憍尸迦如前所說當知皆
是說有所得相似布施波羅蜜多
復次憍尸迦若善男子善女人等為發无上
菩提心者說眼界若常若无常說色界眼識
界及眼觸眼觸為緣所生諸受若常若无常
說眼界若樂若苦說色界眼識界及眼觸眼觸
為緣所生諸受若樂若苦說眼界若我若
无我說色界眼識界及眼觸眼觸為緣所生
諸受若我若无我說眼界若淨若不淨說色界
眼識界及眼觸眼觸為緣所生諸受若淨若
不淨若有能依如是等法脩行布施是行
布施波羅蜜多復作是說行布施者應求眼
界若常若无常應求色界乃至眼觸為緣所生
諸受若常若无常應求眼界若樂若苦應

諸受若我若我說眼界若淨若不淨說色界
眼識界及眼觸眼觸為緣所生諸受若淨若
不淨若有能依如是等法脩行布施是行
布施波羅蜜多復作是說行布施者應求眼
界若常若无常應求色界乃至眼觸為緣所生
諸受若常若无常應求眼界若樂若苦應
求色界乃至眼觸為緣所生諸受若樂若苦
應求眼界若我若无我應求色界乃至眼觸
為緣所生諸受若我若无我應求眼界若淨
若不淨應求色界乃至眼觸為緣所生諸受
若淨若不淨若有能求如是等法脩行布施
是行布施波羅蜜多憍尸迦若善男子善女
人等如是求眼界若常若无常求色界乃至
眼觸為緣所生諸受若常若无常求眼界若
樂若苦求色界乃至眼觸為緣所生諸受若
樂若苦求眼界若我若无我求色界乃至眼
觸為緣所生諸受若我若无我求眼界若淨若
若不淨求色界乃至眼觸為緣所生諸受若
淨若不淨依此等法行布施者我說名為行
有所得相似布施波羅蜜多憍尸迦如前所
說當知皆是說有所得相似布施波羅蜜多
復次憍尸迦若善男子善女人等為發无上菩
提心者說耳界若常若无常說聲界耳識
界及耳觸耳觸為緣所生諸受若常若无常
說耳界若樂若苦說聲界耳識界及耳觸耳
觸為緣所生諸受若樂若苦說耳界若我若

復次憍尸迦若善男子善女人等為發无上菩
提心者說耳界若常若无常說聲界耳識
界及耳觸耳觸為緣所生諸受若常若无常
說耳界若樂若苦說聲界耳識界及耳觸耳
觸為緣所生諸受若樂若苦說耳界若我若
无我說聲界耳識界及耳觸耳觸為緣所生
諸受若我若无我說耳界若淨若不淨說聲
界耳識界及耳觸耳觸為緣所生諸受若淨
若不淨若有能依如是等法脩行布施是行
布施波羅蜜多復作是說行布施者應求耳
界若常若无常應求聲界乃至耳觸為緣所
生諸受若常若无常應求耳界若樂若苦
應求聲界乃至耳觸為緣所生諸受若樂若苦
應求耳界若我若无我應求聲界乃至耳觸
為緣所生諸受若我若无我應求耳界若淨
若不淨應求聲界乃至耳觸為緣所生諸受
若淨若不淨若有能求如是等法脩行布施
是行布施波羅蜜多憍尸迦若善男子善女
人等如是求耳界若常若无常求聲界乃至
耳觸為緣所生諸受若常若无常求耳界若
樂若苦求聲界乃至耳觸為緣所生諸受若
樂若苦求耳界若我若无我求聲界乃至耳
觸為緣所生諸受若我若无我求耳界若淨
若不淨求聲界乃至耳觸為緣所生諸受若
淨若不淨依此等法行布施者我說名為行
有所得相似布施波羅蜜多憍尸迦如前所

樂若苦求聲界乃至耳觸爲緣所生諸受若
樂若苦求耳界若我若无我求聲界乃至耳
觸爲緣所生諸受若我若无我求耳界若淨
若不淨求聲界乃至耳觸爲緣所生諸受若
淨若不淨依此等法行布施者我說名爲行
有所得相似布施波羅蜜多憍尸迦如前所
說當知皆是說有所得相似布施波羅蜜多
復次憍尸迦若善男子善女人等爲發无上
菩提心者說鼻界若常若无常說香界鼻
識界及鼻觸鼻觸爲緣所生諸受若常若无
常說鼻界若樂若苦說香界鼻識界及鼻觸
鼻觸爲緣所生諸受若樂若苦說鼻界若我若
无我說香界鼻識界及鼻觸鼻觸爲緣所生
諸受若我若无我說鼻界若淨若不淨說香
界鼻識界及鼻觸鼻觸爲緣所生諸受若淨
若不淨若有能依如是等法脩行布施是行
布施波羅蜜多復作是說行布施者應求鼻
界若常若无常應求香界乃至鼻觸爲緣所
生諸受若常若无常應求鼻界若樂若苦應求
香界乃至鼻觸爲緣所生諸受若樂若苦應
求鼻界若我若无我應求香界乃至鼻觸爲
緣所生諸受若我若无我應求鼻界若淨若
不淨應求香界乃至鼻觸爲緣所生諸受若
淨若不淨若有能求如是等法脩行布施是
行布施波羅蜜多憍尸迦若善男子善女人
等如是求鼻界若常若无常求香界乃至鼻

不淨應求香界乃至鼻觸爲緣所生諸受若
淨若不淨若有能求如是等法脩行布施是
行布施波羅蜜多憍尸迦若善男子善女人
等如是求鼻界若常若无常求香界乃至鼻
觸爲緣所生諸受若常若无常求鼻界若樂
若苦求香界乃至鼻觸爲緣所生諸受若樂
若苦求鼻界若我若无我求香界乃至鼻觸
爲緣所生諸受若我若无我求鼻界若淨若
不淨求香界乃至鼻觸爲緣所生諸受若淨
若不淨依此等法行布施者我說名爲行有
所得相似布施波羅蜜多憍尸迦如前所說
當知皆是說有所得相似布施波羅蜜多
復次憍尸迦若善男子善女人等爲發无上
菩提心者說舌界若常若无常說味界舌識
界及舌觸舌觸爲緣所生諸受若常若无常
說舌界若樂若苦說味界舌識界及舌觸舌
觸爲緣所生諸受若樂若苦說舌界若我若
无我說味界舌識界及舌觸舌觸爲緣所生
諸受若我若无我說舌界若淨若不淨說味
界舌識界及舌觸舌觸爲緣所生諸受若淨
若不淨若有能依如是等法脩行布施是行
布施波羅蜜多復作是說行布施者應求舌
界若常若无常應求味界乃至舌觸爲緣所
生諸受若常若无常應求舌界若樂若苦應
求味界乃至舌觸爲緣所生諸受若樂若苦
應求舌界若我若无我應求味界乃至舌觸

布施波羅蜜多復作是說行布施者應求舌
界若常若无常應求味界乃至舌觸爲緣所
生諸受若常若无常應求舌界若樂若苦應
求味界乃至舌觸爲緣所生諸受若樂若苦
應求舌界若我若无我應求味界乃至舌觸
爲緣所生諸受若我若无我應求舌界若淨
若不淨應求味界乃至舌觸爲緣所生諸受
若淨若不淨若有能求如是等法脩行布施
是行布施波羅蜜多憍尸迦若善男子善女
人等如是求舌界若常若无常求味界乃至
舌觸爲緣所生諸受若常若无常求舌界若
樂若苦求味界乃至舌觸爲緣所生諸受若
樂若苦求舌界若我若无我求味界乃至舌
觸爲緣所生諸受若我若无我求舌界若淨
若不淨求味界乃至舌觸爲緣所生諸受若
淨若不淨依此等法行布施者我說名爲行、
有所得相似布施波羅蜜多憍尸迦如前所
說當知皆是說有所得相似布施波羅蜜多
復次憍尸迦若善男子善女人等爲發无上
菩提心者說身界若常若无常說觸界身識
界及身觸身觸爲緣所生諸受若常若无常
說身界若樂若苦說觸界身識界及身觸身
觸爲緣所生諸受若樂若苦說身界若我若
无我說觸界身識界及身觸身觸爲緣所生
諸受若我若无我說身界若淨若不淨說觸
界身識界及身觸身觸爲緣所生諸受若淨

[illegible]所生諸受若常若无常
說身界若樂若苦說觸界身識界及身觸身
觸爲緣所生諸受若樂若苦說身界若我若
无我說觸界身識界及身觸身觸爲緣所生
諸受若我若无我說身界若淨若不淨說觸
界身識界及身觸身觸爲緣所生諸受若淨
若不淨若有能依如是等法脩行布施是行
布施波羅蜜多復作是說行布施者應求
身界若常若无常應求觸界乃至身觸爲緣
所生諸受若常若无常應求身界若樂若苦應
求觸界乃至身觸爲緣所生諸受若樂若苦
應求身界若我若无我應求觸界乃至身觸
爲緣所生諸受若我若无我應求身界若淨
若不淨應求觸界乃至身觸爲緣所生諸受
若淨若不淨若有能求如是等法脩行布施
是行布施波羅蜜多憍尸迦若善男子善女
人等如是求身界若常若无常求觸界乃至
身觸爲緣所生諸受若常若无常求身界若
樂若苦求觸界乃至身觸爲緣所生諸受若樂
若苦求身界若我若无我求觸界乃至身觸
爲緣所生諸受若我若无我求身界若淨
若不淨求觸界乃至身觸爲緣所生諸受若
淨若不淨依此等法行布施者我說名爲行
有所得相似布施波羅蜜多憍尸迦如前所
說當知皆是說有所得相似布施波羅蜜多
復次憍尸迦若善男子善女人等爲發无上
菩提心者說意界若常若无常說法界意識

淨若不淨依此等法行布施者我說名為行
有所得相似布施波羅蜜多憍尸迦如前所
說當知皆是說有所得相似布施波羅蜜多
復次憍尸迦若善男子善女人等為發无上
菩提心者說意界若常若无常說法界意識
界及意觸意觸為緣所生諸受若常若无常
說意界若樂若苦說法界意識界及意觸
意觸為緣所生諸受若樂若苦說意界若我若
无我說法界意識界及意觸意觸為緣所生
諸受若我若无我說意界若淨若不淨說法
界意識界及意觸意觸為緣所生諸受若淨
若不淨若有能依如是等法脩行布施是行
布施波羅蜜多復作是說行布施者應求意
界若常若无常應求法界乃至意觸為緣所
生諸受若常若无常應求意界若樂若苦
應求法界乃至意觸為緣所生諸受若樂若苦
應求意界若我若无我應求法界乃至意觸
為緣所生諸受若我若无我應求意界若淨
若不淨應求法界乃至意觸為緣所生諸受
若淨若不淨若有能求如是等法脩行布施
是行布施波羅蜜多憍尸迦若善男子善女
人等如是求意界若常若无常求法界乃至
意觸為緣所生諸受若常若无常求意界若
樂若苦求法界乃至意觸為緣所生諸受若樂
若苦求意界若我若无我求法界乃至意
觸為緣所生諸受若我若无我求意界若淨

BD04976號　大般若波羅蜜多經卷一四四　（22–15）

人等如是求意界若常若无常求法界乃至
意觸為緣所生諸受若常若无常求意界若
樂若苦求法界乃至意觸為緣所生諸受若樂
若苦求意界若我若无我求法界乃至意
觸為緣所生諸受若我若无我求意界若淨
若不淨求法界乃至意觸為緣所生諸受若
淨若不淨依此等法行布施者我說名為行
有所得相似布施波羅蜜多憍尸迦如前所
說當知皆是說有所得相似布施波羅蜜多
復次憍尸迦若善男子善女人等為發无上
菩提心者說地界若常若无常說水火風空
識界若常若无常說地界若樂若苦說水火
風空識界若樂若苦說地界若我若无我說
水火風空識界若我若无我說地界若淨若
不淨說水火風空識界若淨若不淨若有能
依如是等法脩行布施是行布施波羅蜜多
復作是說行布施者應求地界若常若无常
應求水火風空識界若常若无常應求地界
若樂若苦應求水火風空識界若樂若苦應
求地界若我若无我應求水火風空識界若
我若无我應求地界若淨若不淨應求水火
風空識界若淨若不淨若有能求如是等法
脩行布施是行布施波羅蜜多憍尸迦若善
男子善女人等如是求地界若常若无常求
水火風空識界若常若无常求地界若樂若
苦求水火風空識界若樂若苦求地界若我

BD04976號　大般若波羅蜜多經卷一四四　（22–16）

風空識界若淨若不淨若有能求如是等法
脩行布施是行布施波羅蜜多憍尸迦若善
男子善女人等如是求地界若常若无常求
水火風空識界若常若无常求地界若樂若
苦求水火風空識界若樂若苦求地界若我
若无我求水火風空識界若我若无我求地
界若淨若不淨求水火風空識界若淨若不
淨依此等法行布施者我說名為行有所得
相似布施波羅蜜多憍尸迦如前所說當知
皆是說有所得相似布施波羅蜜多
復次憍尸迦若善男子善女人等為發无上
菩提心者說无明若常若无常說行識名色
六處觸受愛取有生老死愁歎苦憂惱若
常若无常說无明若樂若苦說行識名色六
處觸受愛取有生老死愁歎苦憂惱若樂若苦
說无明若我若无我說行識名色六處觸受
愛取有生老死愁歎苦憂惱若我若无我說
无明若淨若不淨說行識名色六處觸受愛
取有生老死愁歎苦憂惱若淨若不淨若有
能依如是等法脩行布施是行布施波羅蜜
多復作是說行布施者應求无明若常若无
常應求行乃至老死愁歎苦憂惱若常若无
常應求无明若樂若苦應求行乃至老死愁
歎苦憂惱若樂若苦應求无明若我若无我
應求行乃至老死愁歎苦憂惱若我若无我
應求无明若淨若不淨應求行乃至老死愁

BD04976號　大般若波羅蜜多經卷一四四　（22–17）

常應求行乃至老死愁歎苦憂惱若常若无
常應求无明若樂若苦應求行乃至老死愁
歎苦憂惱若樂若苦應求无明若我若无我
應求行乃至老死愁歎苦憂惱若我若无我
應求无明若淨若不淨應求行乃至老死愁
歎苦憂惱若淨若不淨若有能求如是等法
脩行布施是行布施波羅蜜多憍尸迦若善
男子善女人等如是求无明若常若无常
求行乃至老死愁歎苦憂惱若常若无常求
无明若樂若苦求行乃至老死愁歎苦憂惱
若樂若苦求无明若我若无我求行乃至老死
愁歎苦憂惱若我若无我求无明若淨若不
淨求行乃至老死愁歎苦憂惱若淨若不淨
依此等法行布施者我說名為行有所得相
似布施波羅蜜多憍尸迦如前所說當知皆
是說有所得相似布施波羅蜜多
復次憍尸迦若善男子善女人等為發无上
菩提心者說布施波羅蜜多若常若无常說
淨戒安忍精進靜慮般若波羅蜜多若常若
无常說布施波羅蜜多若樂若苦說淨戒安
忍精進靜慮般若波羅蜜多若樂若苦說布
施波羅蜜多若我若无我說淨戒安忍精進
靜慮般若波羅蜜多若我若无我說布施波
羅蜜多若淨若不淨說淨戒安忍精進靜慮
般若波羅蜜多若淨若不淨若有能依如是
等法脩行布施是行布施波羅蜜多復作是

BD04976號　大般若波羅蜜多經卷一四四　（22–18）

施波羅蜜多若我若无我說淨戒安忍精進
靜慮般若波羅蜜多若我若无我說布施波
羅蜜多若淨若不淨說淨戒安忍精進靜慮
般若波羅蜜多若淨若不淨若有能依如是
等法脩行布施是行布施波羅蜜多復作是
說行布施者應求布施波羅蜜多若常若无
常應求淨戒乃至般若波羅蜜多若常若无
常應求布施波羅蜜多若樂若苦應求淨戒
乃至般若波羅蜜多若樂若苦應求布施波
羅蜜多若我若无我應求淨戒乃至般若波
羅蜜多若我若无我應求布施波羅蜜多若
淨若不淨應求淨戒乃至般若波羅蜜多若
淨若不淨若有能求如是等法脩行布施是
行布施波羅蜜多憍尸迦若善男子善女人
等如是求布施波羅蜜多若常若无常求淨
戒乃至般若波羅蜜多若常若无常求布施
波羅蜜多若樂若苦求淨戒乃至般若波羅
蜜多若樂若苦求布施波羅蜜多若我若无
我求淨戒乃至般若波羅蜜多若我若无我
求布施波羅蜜多若淨若不淨求淨戒乃至
般若波羅蜜多若淨若不淨依此等法行布
施者我說名為行有所得相似布施波羅蜜
多憍尸迦如前所說當知皆是說有所得相
似布施波羅蜜多
復次憍尸迦若善男子善女人等為發无上

BD04976號　大般若波羅蜜多經卷一四四　　（22–19）

般若波羅蜜多若淨若不淨依此等法行布
施者我說名為行有所得相似布施波羅蜜
多憍尸迦如前所說當知皆是說有所得相
似布施波羅蜜多
復次憍尸迦若善男子善女人等為發无上
菩提心者說內空若常若无常說外空內外
空空空大空勝義空有為空无為空畢竟
空无際空散空无變異空本性空自相空共
相空一切法空不可得空无性空自性空无性
自性空若常若无常說內空若樂若苦說外
空內外空空空大空勝義空有為空无為空
畢竟空无際空散空无變異空本性空自
相空共相空一切法空不可得空无性空自性
空无性自性空若樂若苦說內空若我若无
我說外空內外空空空大空勝義空有為空
无為空畢竟空无際空散空无變異空本
性空自相空共相空一切法空不可得空无性
空自性空无性自性空若我若无我說內空
若淨若不淨說外空內外空空空大空勝義
空有為空无為空畢竟空无際空散空无
變異空本性空自相空共相空一切法空不可
得空无性空自性空无性自性空若淨若不
淨若有能依如是等法脩行布施是行布施
波羅蜜多復作是說行布施者應求內空若
常若无常應求外空乃至无性自性空若常
若无常應求內空若樂若苦應求外空乃至

BD04976號　大般若波羅蜜多經卷一四四　　（22–20）

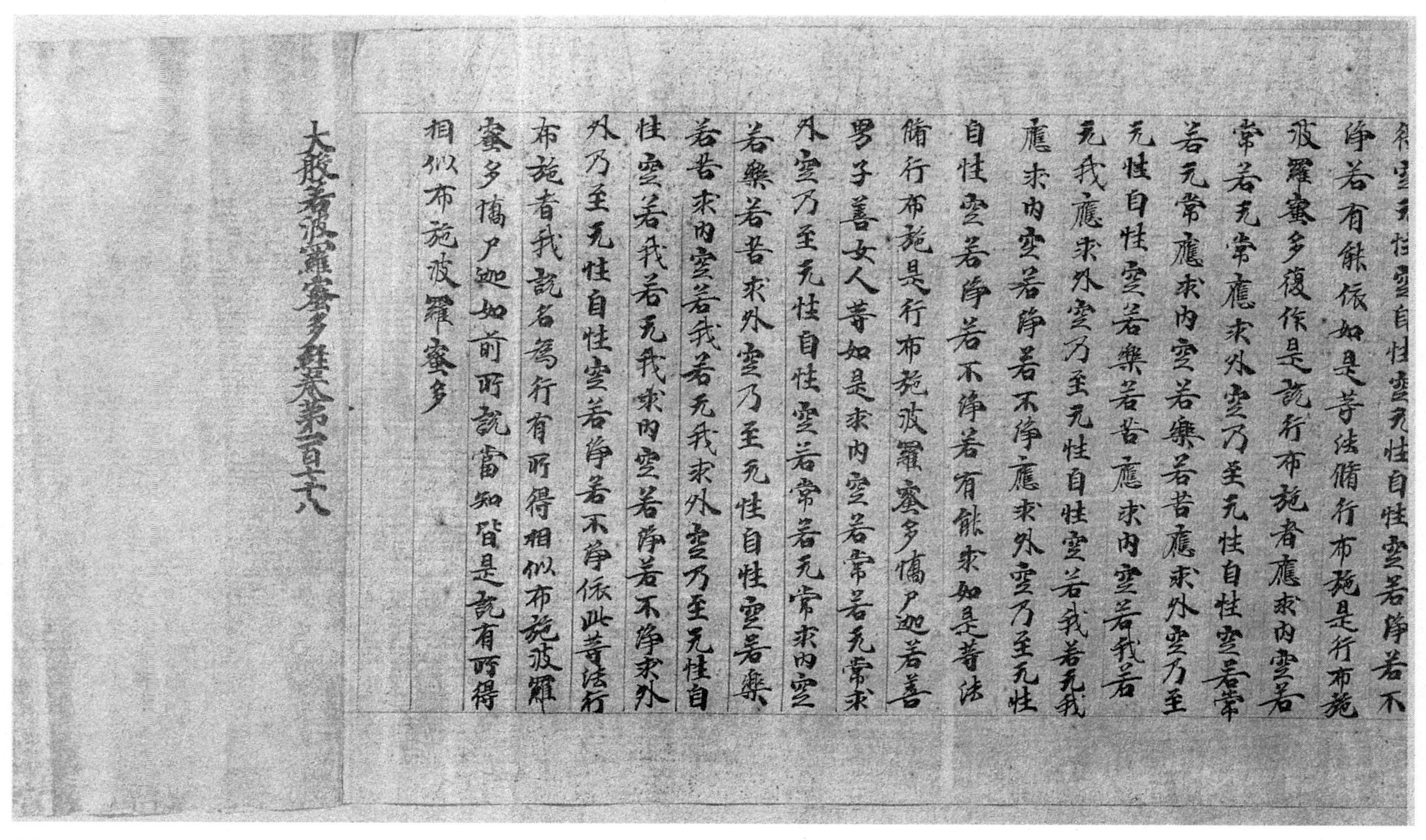

得空无性空自性空无性自性空若淨若不
淨若有能依如是等法脩行布施是行布施
波羅蜜多復作是說行布施者應求內空若
常若无常應求外空乃至无性自性空若常
若无常應求內空若樂若苦應求外空乃至
无性自性空若樂若苦應求內空若我若
无我應求外空乃至无性自性空若我若无我
應求內空若淨若不淨應求外空乃至无性
自性空若淨若不淨若有能求如是等法
脩行布施是行布施波羅蜜多憍尸迦若善
男子善女人等如是求內空若常若无常求
外空乃至无性自性空若常若无常求內空
若樂若苦求外空乃至无性自性空若樂
若苦求內空若我若无我求外空乃至无性自
性空若我若无我求內空若淨若不淨求外
外乃至无性自性空若淨若不淨依此等法行
布施者我說名為行有所得相似布施波羅
蜜多憍尸迦如前所說當知皆是說有所得
相似布施波羅蜜多

大般若波羅蜜多經卷第一百七十八

BD04976號　大般若波羅蜜多經卷一四四　（22–21）

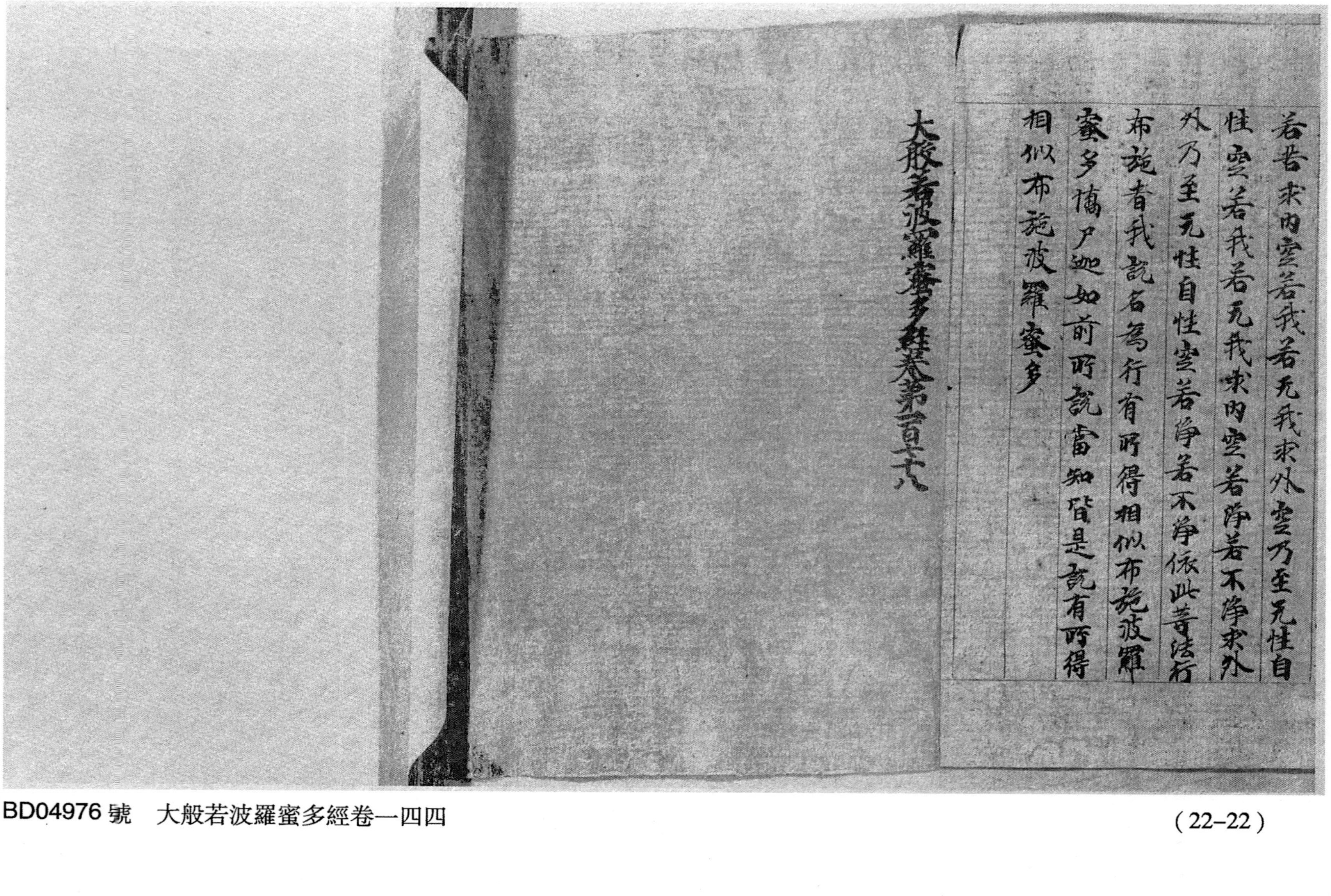

若苦求內空若我若无我求外空乃至无性自
性空若我若无我求內空若淨若不淨求外
外乃至无性自性空若淨若不淨依此等法行
布施者我說名為行有所得相似布施波羅
蜜多憍尸迦如前所說當知皆是說有所得
相似布施波羅蜜多

大般若波羅蜜多經卷第一百七十八

BD04976號　大般若波羅蜜多經卷一四四　（22–22）

BD04976 號背　勘記　　（1–1）

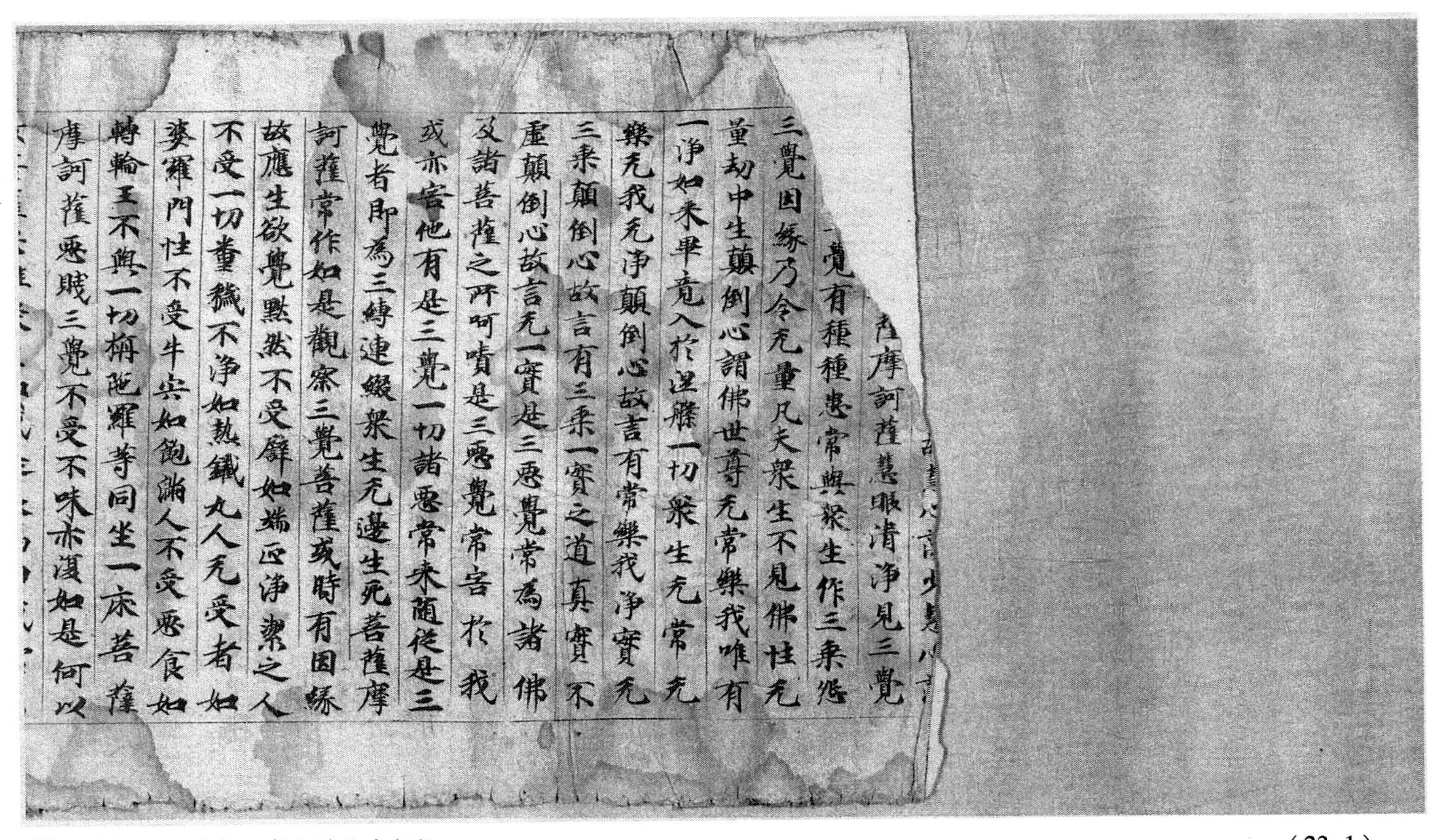

薩摩訶薩慧眼清淨見三覺
覺有種種患常與衆生作三乘怨
三覺因緣乃令无量凡夫衆生不見佛性无
量劫中生顛倒心謂佛世尊无常樂我唯有
一淨如來畢竟入於涅槃一切衆生无常无
樂无我无淨顛倒心故言有常樂我淨實无
三乘顛倒心故言有三乘一實之道真實不
虛顛倒心故言无一實是三惡覺常為諸佛
及諸菩薩之所呵責是三惡覺常害於我
或亦害他有是三覺一切諸惡常來隨從是三
覺者即為三縛連綴衆生无邊生死菩薩摩
訶薩常作如是觀察三覺菩薩或時有因緣
故應生欲覺默然不受辟如端正淨潔之人
不受一切糞穢不淨如熱鐵丸人无受者如
婆羅門性不受牛宍如飽滿人不受惡食如
轉輪王不與一切栴陀羅等同坐一床菩薩
摩訶薩惡賊三覺不受不味亦復如是何以

BD04977 號　大般涅槃經（北本）卷二三　　（23–1）

故應生欲覺黙然不受辟如端正淨潔之人
不受一切糞穢不淨如熱鐵丸人无受者如
婆羅門性不受牛宍如飽滿人不受惡食如
轉輪王不與一切栴陀羅等同坐一床菩薩
摩訶薩惡賤三覺不受不味亦復如是何以
故菩薩思惟衆生知我是良福田我當云
何受是惡法若受惡覺則不得為衆生福
田我自不言是良福田衆生見相便言我
是我今若起如是惡覺則為欺誑一切衆生
我於往昔以欺誑故无量劫中流轉生死墮
三惡道我若惡心受人信施一切天人及五
通仙悉當證知而見呵嘖我若惡覺受人信
施或令施主果報減少或空无報我若惡心
受檀越施則與施主而為讎怨一切施主恒
於我所起赤子想我當云何欺誑於彼而生
怨想何以故或令施主不得果報或少果故
我常自稱為出家人夫出家人不應起惡若
起惡者則非出家出家之人身口相應若不
相應則非出家我棄父母兄弟妻子眷屬知
識出家脩道正是脩集諸善覺時非是脩集不
善覺時辟如有人入海求寶不取真珠直取
水精亦如有人棄妙音樂遊戲糞穢如捨寶
女與婢交通如棄金器用於瓦杅如棄甘露
服食毒藥如捨親舊良善之醫從怨惡醫求
藥而服我亦如是捨離大師如來世尊甘露法
味而服魔怨種種惡覺人身難得如優曇鉢
華我今已得如來難值過優曇華我今已值

BD04977號　大般涅槃經（北本）卷二三　（23–2）

水精亦如有人棄妙音樂遊戲糞穢如捨寶
女與婢交通如棄金器用於瓦杅如棄甘露
服食毒藥如捨親舊良善之醫從怨惡醫求
藥而服我亦如是捨離大師如來世尊甘露法
味而服魔怨種種惡覺人身難得如優曇鉢
華我今已得如來難值過優曇華我今已值
清淨法寶難得見聞我今已聞猶如盲龜值
浮木孔人命不停過於山水今日雖存明亦
難保云何縱心令住惡法壯色不停猶如奔
馬云何恃怙而生憍慢猶如惡鬼伺求人過
四大惡鬼亦復如是常來伺求我之過失云
何當令惡覺發起辟如朽宅垂崩之屋我命
亦尒云何起惡我名沙門沙門之人名覺善
覺我今乃起不善之覺云何當得名沙門也
我名出家出家之人名脩善道我今所行惡云
何當得名為出家我今名為真婆羅門婆羅
門者名脩淨行我今乃至行不淨惡覺云何當
得名婆羅門我今亦名刹利大姓刹利姓者能
除怨敵我今不能除惡怨敵云何當得名刹
利姓我名比丘比丘之人名破煩惱我今不
破惡覺煩惱云何當得名為比丘世有六處
難可值遇我今已得云何當令惡覺居心何
等為六一佛世難遇二正法難聞三怖心難
生四難生中國五難得人身六諸根難具如
是六事難得已得是故不應起於惡覺菩薩
尒時脩行如是大涅槃經常勤觀察是諸惡
心一切凡夫不見如是惡心過患故受三覺

BD04977號　大般涅槃經（北本）卷二三　（23–3）

難可值遇我今已得云何當令惡覺居心何
等為六一佛世難遇二正法難聞三怖心難
生四難生中國五難得人身六諸根難具如
是六事難得已得是故不應起於惡覺菩薩
尒時脩行如是大涅槃經常勤觀察是諸惡
心一切凡夫不見如是惡心過患故受三覺
名為受漏菩薩見已不受不著放捨不護依
八聖道推之令去斬之令斷是故菩薩无有
受漏云何當言如来有漏以是義故如来世
尊非是有漏
復次善男子凡夫若遇身心苦惱起種種惡
若得身病若得心病令身口意作種種惡以
作惡故輪轉三趣具受諸苦何以故凡夫之
人无念慧故是故生於種種諸漏是名念漏
菩薩摩訶薩常自思惟我從往昔无數劫来
為是身心造種種惡以是因緣流轉生死在
三惡道具受衆苦遂令我遠三乘正路菩薩
以是惡因緣故於己身心生大怖畏捨離衆
惡趣向善道善男子譬如有王以四毒蛇盛
之一篋令人瞻養餧飼卧起摩洗其身若
令一蛇生瞋恚者我當准法戮之都市尒時其
人聞王切令心生惶怖捨篋逃走王時復遣
五栴陀羅拔刀隨後其人迴顧見後五人遂
疾捨去是時五人以惡方便藏所持刀密遣
一人詐為親善而語之言汝可還来其人不
信投一聚落欲自隱匿既入聚中闚看諸舍
都不見人執捉兇器悉空无物既不見人求

令一蛇生瞋恚者我當准法戮之都市尒時其
人聞王切令心生惶怖捨篋逃走王時復遣
五栴陀羅拔刀隨後其人迴顧見後五人遂
疾捨去是時五人以惡方便藏所持刀密遣
一人詐為親善而語之言汝可還来其人不
信投一聚落欲自隱匿既入聚中闚看諸舍
都不見人執捉兇器悉空无物既不見人求
物不得即便坐地聞空中聲咄哉善男子此
聚空曠无有居民今夜當有六大賊来汝設
遇者命將不全汝當云何而得免之尒時其人
恐怖遂增復捨而去路值一河其河漂急无
有船栰以怖畏故即取種種草木為栰復更
思惟我設住此當為毒蛇五栴陀羅一詐親
者及六大賊之所危害若度此河栰不可依
當沒水死寧沒水死終不為彼蛇賊所害即
推草栰置之水中身倚其上手抱腳蹹截流
而去即達彼岸安隱无患心意坦然恐怖
消除菩薩摩訶薩得聞受持大涅槃經觀
身如篋地水火風如四毒蛇見毒觸毒氣
毒齧毒一切衆生遇是四毒故喪其命衆生
四大亦復如是或見為惡或觸為惡或氣為
惡或齧為惡以是因緣遠離衆善復次善男
子菩薩摩訶薩觀四毒蛇有四種性所謂剎
利婆羅門毗舍首陀是四大蛇亦復如是有
四種性堅性濕性熱性動性是故菩薩觀是
四大與四毒蛇同其種性復次善男子菩薩
摩訶薩觀是四大如四毒蛇云何為觀是四

悪或饑悪以是因緣遠離衆善復次善男
子菩薩摩訶薩觀四毒虵有四種性所謂剎
利婆羅門毗舍首陁是四大虵亦復如是有
四種性堅性濕性熱性動性是故菩薩觀是
四大與四毒虵同其種性復次善男子菩薩
摩訶薩觀是四大如四毒虵云何為觀是四
毒虵常伺人便何時當視何時當單何時當
齧何時當齧四大毒虵亦復如是常伺衆生
求其短缺若為四虵之所煞者終不至於
三惡道中若為四大所煞害者必至三惡
无有疑是四毒虵雖復瞻養亦欲煞人四大
亦尒雖常供給亦常牽人造作衆惡是四毒
虵若一瞋者則能煞人四大之性亦復如是
若一大發亦能害人是四毒虵雖同一處四
心各異四大毒虵亦復如是雖同一處性各
別異是四毒虵雖復恭敬亦難親近四大毒
虵亦復如是雖復恭敬亦難親近是四毒虵
若害人時或有沙門婆羅門等若以呪藥則
可療治四大煞人雖有沙門婆羅門等神呪
良藥則不能治如自喜人聞四毒虵氣皃可
惡則便遠離諸佛菩薩亦復如是聞四大皃
即便遠離尒時菩薩復更思惟四大毒虵生
大怖畏背之馳走脩八聖道五栴陁羅即是
五陰云何菩薩觀於五陰如栴陁羅栴陁羅
者常能令人恩愛別離怨憎集會五陰亦尒
令人貪近不善之法遠離一切純善之法復
次善男子如栴陁羅種種器杖以自莊嚴若

BD04977 號　大般涅槃經（北本）卷二三　（23–6）

即便遠離尒時菩薩復更思惟四大毒虵生
大怖畏背之馳走脩八聖道五栴陁羅即是
五陰云何菩薩觀於五陰如栴陁羅栴陁羅
者常能令人恩愛別離怨憎集會五陰亦尒
令人貪近不善之法遠離一切純善之法復
次善男子如栴陁羅種種器杖以自莊嚴若
刀若楯若弓若箭若鎧若矟能害於人五陰
亦尒以諸煩惱牢自莊嚴害諸癡人令墮諸
有善男子如栴陁羅有過之人得便害之五
陰亦尒有諸結過常能害人以是義故菩薩深
觀五陰如栴陁羅復次菩薩觀察五陰如栴
陁羅栴陁羅人无慈愍心怨親俱害五陰亦
尒无慈愍心善惡俱害如栴陁羅惱一切人
五陰亦尒以諸煩惱常惱一切生死衆生是
故菩薩觀於五陰如栴陁羅復次菩薩觀察
五陰如栴陁羅栴陁羅人常懷害心五陰亦
尒常懷諸結惱害之心如人无足刀杖侍從
當知必為栴陁羅人之所煞害衆生亦尒无
足无力无有侍從則為五陰之所賊害足名
為戒刀名為慧侍從名為善知識也无此三
事故為五陰之所賊害是故菩薩觀於五陰
如栴陁羅復次善男子菩薩摩訶薩觀察五
陰過栴陁羅何以故衆生若為五栴陁羅之
所煞者不墮地獄為陰害者則墮地獄是故
菩薩觀察五陰過栴陁羅作是觀已而作願言
我寧終身近栴陁羅不能蹔時近於五陰栴陁
羅者唯能害於欲界癡人是五陰賊遍害三

BD04977 號　大般涅槃經（北本）卷二三　（23–7）

如栴陀羅[illegible]次善男子菩薩摩訶薩觀察五
陰過栴陀羅何以故衆生若為五栴陀羅之
所煞者不墮地獄為陰害者則墮地獄是故
菩薩觀察五陰過栴陀羅作是觀已而作願言
我寧終身近栴陀羅不能暫時近於五陰栴陀
羅者唯能害於欲界癡人是五陰賊遍害三
界凡夫衆生栴陀羅人唯能煞戮有罪之人
是五陰賊不問衆生有罪无罪悉能害之栴
陀羅人不害衰老婦女稚小是五陰賊不問
衆生老稚婦女一切悉害是名菩薩深觀此
陰過栴陀羅是故發願寧當終身近栴陀羅
不能暫時親近五陰復次善男子栴陀羅唯
害他人終不自害五陰之賊自害害他及栴
陀羅栴陀羅人可以善言錢財寶貨求而得
脫五陰不尒不可強以善言諸諭錢財寶貨
求而得脫栴陀羅人於四時中不必常煞五
陰不尒常於念念害諸衆生栴陀羅人唯在
一處可有逃避五陰不尒遍一切處无可逃避
栴陀羅人雖復害人害已不隨五陰不尒煞
衆生已隨逐不離是故菩薩寧以終身近栴
陀羅不能暫時近於五陰有智之人以善方
便得脫五陰善方便者即八聖道六波羅蜜
四无量心以是方便而得解脫身心不為五
陰所害何以故身如金剛心如虛空是故身
心難可俎壞以是義故菩薩觀陰成就種種
諸不善法生大怖畏循八聖道亦如彼人畏
四毒虵五栴陀羅涉路而去无所顧留　詐親

BD04977號　大般涅槃經（北本）卷二三　（23-8）

便得脫五陰善方便者即八聖道六波羅蜜
四无量心以是方便而得解脫身心不為五
陰所害何以故身如金剛心如虛空是故身
心難可俎壞以是義故菩薩觀陰成就種種
諸不善法生大怖畏循八聖道亦如彼人畏
四毒虵五栴陀羅涉路而去无所顧留　詐親
善者名為貪愛菩薩摩訶薩深觀愛結如
怨詐親若知實者則无能為若不知者必為所
害貪愛亦尒若知其性則不能令衆生輪轉
生死苦中如其不知輪迴六趣具受衆苦何
以故愛之為病難捨離故如怨詐親難可遠
離怨詐親者常伺人便令愛別離怨憎合會
愛亦如是令人遠離一切善法近於一切不
善之法以是義故菩薩摩訶薩深觀貪愛如
怨詐親見不見故聞不聞故如凡夫人見生
死過雖有智慧以癡覆故後還不見聲聞緣
覺亦復如是雖見不見雖聞不聞何以故以
愛心故所以者何見生死過不能疾至阿耨
多羅三藐三菩提以是義故菩薩摩訶薩觀
此愛結如怨詐親云何名為怨詐親相如怨不
實詐現實相不可親近詐現近相實是不
善詐現善相實是不愛詐為愛相何以故常
伺人便欲為害故愛亦如是常為衆生非實
詐實非近詐近非善詐善非愛詐愛常誑一
切輪迴生死以是義故菩薩觀愛如怨詐親
怨詐親者但見身口不覩其心是故能誑愛
亦如是唯為虛[illegible]

BD04977號　大般涅槃經（北本）卷二三　（23-9）

伺人便欲為害故愛亦如是常為衆生非實
詐實、非近詐近非善詐善非愛詐愛常誑一
切輪迴生死以是義故菩薩觀愛如怨詐親
怨詐親者但見身口不覩其心是故能誑愛
亦如是唯為虛誑實不可得是故能惑一切
衆生怨詐親者有始有終易可遠離愛不如
是无始无終難可遠離怨詐親者遠則難知
近則易知愛不如是近尚難知況復遠也以
是義故菩薩觀愛過於詐親一切衆生以愛
結故遠大涅槃近於生死遠常樂我淨近无
常苦无我无淨是故我於處處經中說為三
垢於現在事以无明故不見過患不能捨離
愛怨詐親終不能害有智之人是故菩薩深
觀此愛生大怖畏脩八聖道猶如彼人畏四
毒蛇五栴陁羅及一詐親涉路不迴空聚落
者即是六入菩薩摩訶薩觀是內入空无所
有猶如空聚如彼怖人既入聚已乃至不見有
一居人遍捉瓨器不得一物菩薩亦尒諦觀
六入空无所有不見衆生一物之實是故
菩薩觀內六入空无所有如彼空聚善男子
彼空聚落羣賊遠望終不生於空虛之想凡
夫之人亦復如是於六入聚不生空想以其
不能生空相故輪迴生死受无量苦善男子
羣賊既至乃生空想菩薩亦尒觀此六入常
生空想生空想故則不輪迴生死受苦菩薩
摩訶薩於此六入常无顛倒无顛倒故是故不

BD04977號　大般涅槃經（北本）卷二三　（23–10）

不能生空相故輪迴生死受无量苦善男子
羣賊既至乃生空想菩薩亦尒觀此六入常
生空想生空想故則不輪迴生死受苦菩薩
摩訶薩於此六入常无顛倒无顛倒故是故不
復輪迴生死復次善男子譬如羣賊入此
空聚則得安樂煩惱諸賊亦復如是入此六
入則得安樂如賊住空聚心无所畏煩惱羣
賊亦復如是住是六入亦无所畏如彼空聚
乃是師子虎狼種種惡獸之所住處是內六
入亦復如是一切衆惡煩惱惡獸之所住處
是故菩薩深觀六入空无所有純是一切不
善住處復次善男子菩薩摩訶薩觀內六入
空无所有如彼空聚何以故虛誑不實故空无
所有作有想故實无有樂作樂想故實无有
人作人想故內六入者亦復如是空无所有
而作有想實无有樂而作樂想實无有人
而作人想唯有智人乃能知之得其真實
復次善男子如空聚落或時有人或時无人六
入不尒一向无人何以故性常空故智者所知
非是眼見是故菩薩觀內六入多諸怨害
脩八聖道不休不息猶如彼人畏四毒蛇五
栴陁羅一詐親善及六大賊趣著正路六大
賊者即外六塵菩薩摩訶薩觀此六塵如
六大賊何以故能劫一切諸善法故如六大
賊能劫一切人民財寶是六塵賊亦復如是
能劫一切衆生善財如六大賊若入人舍則

BD04977號　大般涅槃經（北本）卷二三　（23–11）

梅陀羅一詐親善及六大賊悕著匹路六大
賊者即外六塵菩薩摩訶薩觀此六塵如
六大賊何以故能劫一切諸善法故如六大
賊能劫一切人民財寶是六塵賊亦復如是
能劫一切衆生善財如六大賊若入人舍則
能劫奪現家所有不擇好惡令巨富者忽尒
貧窮是六塵賊亦復如是若入人根則能劫
奪一切善法善法既盡貧窮孤露作一闡提
是故菩薩諦觀六塵如六大賊復次善男子
如六大賊欲劫人時要因內人若无內人賊
便中還是六塵賊亦復如是欲劫善法要因
內有衆生知見常樂我淨不空等相若內无
有如是等相六塵惡賊則不能劫一切善法
有智之人內无是相凡夫則有是故六塵常
來侵奪善法之財不善護故爲其所劫護者
名慧有智之人能善防護故不被劫是故菩
薩觀是六塵如六大賊等无差別復次善男
子如六大賊能爲人民身心苦惱是六塵賊
亦復如是常爲衆生身心苦惱六大賊者唯
能劫人現在財物是六塵賊常劫衆生三世
善財六大賊者夜則歡樂六塵惡賊亦復如
是處无明闇則得歡樂是六大賊唯有諸王
乃能遮止六塵惡賊亦復如是唯佛菩薩乃
能遮止是六大賊凡欲劫奪不擇端政種姓
聰哲多聞博學豪貴貧賤六塵惡賊亦復如
是欲劫善法不擇端正乃至貧賤是六大賊

BD04977號　大般涅槃經（北本）卷二三　（23-12）

善財六大賊者夜則歡樂六塵惡賊亦復如
是處无明闇則得歡樂是六大賊唯有諸王
乃能遮止六塵惡賊亦復如是唯佛菩薩乃
能遮止是六大賊凡欲劫奪不擇端政種姓
聰哲多聞博學豪貴貧賤六塵惡賊亦復如
是欲劫善法不擇端正乃至貧賤是六大賊
雖有諸王截其手足猶故不能令其心息六
塵惡賊亦復如是雖須陁洹斯陁含阿那含
截其手足亦不能令不劫善法如勇健人乃
能摧伏是六大賊諸佛菩薩亦復如是乃能
摧伏六塵惡賊辟如有人多諸種族宗黨熾
盛則不爲彼六賊所劫衆生亦尒有善知識
不爲六塵惡賊所劫是六大賊若見人物則
能偷劫六塵不尒若見若知若聞若嗅若觸
若覺皆悉能劫六大賊者唯能劫奪欲界人
財不能劫奪色无色界六塵惡賊則不如是
能劫三界一切善寶是故菩薩諦觀六塵過彼
六賊作是觀已脩八聖道直往不迴如彼悕
人畏四毒虵五梅陁羅一詐親者及六大賊
捨空聚落涉路而去路值河者即是煩惱云
何菩薩觀此煩惱猶如大河如彼駛河能漂香
象煩惱駛河亦復如是能漂緣覺是故菩
薩深觀煩惱猶如駛河深難得底故名爲河
邊不可得故名爲大其中多有種種惡魚煩
惱大河亦復如是唯佛菩薩能得底故故名
極深唯佛菩薩得其邊故故名廣大常害一

BD04977號　大般涅槃經（北本）卷二三　（23-13）

爲煩惱駛河亦復如是能斷緣覺是故菩
薩深觀煩惱猶如駛河深難得底故名爲河
邊不可得故名爲大其中多有種種惡魚煩
惱大河亦復如是唯佛菩薩能得底故故名
極深唯佛菩薩得其邊故故名廣大常害一
切癡衆生故故名惡魚是故菩薩觀此煩惱猶
如大河如大河水能長一切草木藂林煩惱
大河亦復如是能長衆生二十五有是故菩
薩觀此煩惱猶如大河譬如有人墮大河水无
有慚愧衆生亦尒墮煩惱河无有慚愧如墮
河者未得其底即便命終墮煩惱河亦復如
是未盡其底周迴輪轉二十五有所言底者
名爲空相若有不脩如是空相當知是人不得
出離二十五有一切衆生不能善脩空无相故
常爲煩惱駛河所漂如彼大河唯能壞身不
能漂沒一切善法煩惱大河則不如是能壞
一切身心善法彼大暴河唯能漂沒欲界中
人煩惱大河乃能漂沒三界人天世間大河
手抱腳踰則到彼岸煩惱大河唯有菩薩因
六波羅蜜乃能得度如大河水難可得度煩
惱大河亦復如是難可得度云何名爲難可
得度乃至十住諸大菩薩猶故未能畢竟得
度唯有諸佛乃畢竟度是故名爲難可得度
譬如有人爲河所漂不能脩集豪未之善衆
生亦尒爲煩惱河所漂沒者亦復不能脩集
善法如人墮河爲水所漂餘有力者則能拔

得度乃至十住諸大菩薩猶故未能畢竟得
度唯有諸佛乃畢竟度是故名爲難可得度
譬如有人爲河所漂不能脩集豪未之善衆
生亦尒爲煩惱河所漂沒者亦復不能脩集
善法如人墮河爲水所漂餘有力者則能拔
濟墮煩惱河爲一闡提聲聞緣覺乃至諸佛
不能救濟世間大河劫盡之時七日並照能
令枯涸煩惱大河則不如是聲聞緣覺雖脩
七覺猶不能乾是故菩薩觀諸煩惱猶如暴
河譬如彼人畏四毒虵五旃陁羅一詐親善
及六大賊捨空聚落隨路而去既至河上取
草爲栰者菩薩亦尒畏四大虵五旃陁羅愛
詐親善六入空聚六塵惡賊至煩惱河脩戒
定慧解脫解脫知見六波羅蜜三十七品以
爲船栰依乘此栰度煩惱河到於彼岸常樂
涅槃菩薩脩行大涅槃者作是思惟我若不
能忍受如是身苦心苦則不能令一切衆生
度煩惱河以是思惟雖有如是身心苦惱默
然忍受以忍受故則不生漏如是菩薩尚无
諸漏況佛如來而當有漏是故諸佛不名有
漏云何如來非无漏也如來常行有漏中故
有漏即是二十五有是故聲聞凡夫之人言
佛有漏諸佛如來真實无漏善男子以是因
緣諸佛如來无有定相善男子是故犯四重
禁謗方等經及一闡提悉皆不定
尒時光明遍照高貴德王菩薩摩訶薩言如
是如是誠如聖教一切諸法皆悉不定以不

佛有漏諸佛如來真實无漏善男子以是因
緣諸佛如來无有定相善男子是故犯四重
禁謗方等經及一闡提悉皆不定
尒時光明遍照高貴德王菩薩摩訶薩言如
是如是誠如聖教一切諸法皆悉不定以不
定故當知如來亦不畢竟入於涅槃如佛先
說菩薩摩訶薩脩大涅槃聞不聞中有涅槃
大涅槃云何涅槃云何大涅槃尒時佛讚光明
遍照高貴德王菩薩摩訶薩言善哉善哉善
男子若有菩薩得念揔持乃能如汝之所諮
問善男子如世人言有海大海有河大河有
山大山有地大地有城大城有眾生大眾生
有王大王有人大人有天中天有道大道涅
槃亦尒有涅槃大涅槃云何涅槃善男子如
人飢餓得少飯食名為安樂如是安樂亦名
涅槃如病得差則名安樂如是安樂亦名涅
槃如人怖畏得歸依處則得安樂如是安樂
亦名涅槃如貧窮人獲七寶物則得安樂
如是安樂亦名涅槃如人觀骨不起貪欲則
得安樂如是安樂亦名涅槃如是涅槃不得名
為大涅槃也何以故以飢渴故病故怖故生
貪著故是名涅槃非大涅槃善男子若凡
夫人及以聲聞或因世俗或因聖道斷欲界
結則得安樂如是安樂亦名涅槃不得名為
大涅槃也能斷初禪乃至能斷非想非非想
處結則得安樂如是安樂亦名涅槃不得名

貪著故是名涅槃非大涅槃善男子若凡
夫人及以聲聞或因世俗或因聖道斷欲界
結則得安樂如是安樂亦名涅槃不得名為
大涅槃也能斷初禪乃至能斷非想非非想
處結則得安樂如是安樂亦名涅槃不得名
為大涅槃也何以故還生煩惱有習氣故云
何名為煩惱習氣聲聞緣覺有煩惱氣所
謂我身我衣我去我來我說我聽諸佛如來
入於涅槃涅槃之性无我无樂唯有常淨是
則名為煩惱習氣佛法眾僧有差別相如來
畢竟入於涅槃聲聞緣覺諸佛如來所得涅槃
等无差別以是義故二乘所得非大涅槃何
以故无常樂我淨故常樂我淨乃得名為大
涅槃也善男子譬如有處能受眾水名為大
海隨有聲聞緣覺菩薩諸佛如來所入之處
名大涅槃四禪三三昧八背捨八勝處十一
切處隨能攝取如是无量諸善法者名大
涅槃善男子譬如有河第一香象不能得底
則名為大聲聞緣覺至十住菩薩不見佛性
為涅槃非大涅槃若能了了見於佛性則得
名為大涅槃也是大涅槃唯大香象王能盡
其底大象王者謂諸佛也善男子若摩訶那
伽及鉢建他大力士等逕歷多時所不能上
乃名大山聲聞緣覺及諸菩薩摩訶那伽大力
士等所不能見如是乃名大涅槃也復次
善男子隨有小王之所住處名曰小城轉輪

其成大為王者謂諸佛也善男子若摩訶那
伽及鉢建他大力士等逕歷多時所不能上
乃名大山聲聞緣覺及諸菩薩摩訶那伽大分
士等所不能見如是乃名大涅槃也復次
善男子隨有小王之所住處名曰小城轉輪
聖王所住之處乃名大城聲聞緣覺八万六
万四万二万一万住處名為涅槃无上法主
聖王住處乃得名為大般涅槃以是故名大
般涅槃善男子譬如有人見四種兵不生怖
畏當知是人名大衆生若有衆生於三惡道
煩惱惡業不生怖畏而能於中廣度衆生當
知是人得大涅槃若有人能供養父母恭敬
沙門及婆羅門脩治善法所言誠諦无有欺
誑能忍諸惡惠施貧乏之名大丈夫菩薩亦尒
有大慈悲憐愍一切於諸衆生猶如父母能
度衆生於生死河普示衆生一實之道是則
名為大般涅槃善男子大名不可思議若不
可思議一切衆生所不能信是則名為大般
涅槃唯佛菩薩之所見故名大涅槃以何因
緣復名為大以无量因緣然後乃得故名為
大善男子如世間人以多因緣之所得者則
名為大涅槃亦尒以多因緣之所得故故名
為大云何復名為大涅槃有大我故名大涅
槃涅槃无我大自在故名為大我云何名為
大自在也有八自在則名為我何等為八一
者能示一身以為多身身數大小猶如微塵
充滿十方无量世界如來之身實非微塵以

BD04977號　大般涅槃經（北本）卷二三　（23–18）

名為大涅槃亦尒以多因緣之所得故故名
為大云何復名為大涅槃有大我故名大涅
槃涅槃无我大自在故名為大我云何名為
大自在也有八自在則名為我何等為八一
者能示一身以為多身身數大小猶如微塵
充滿十方无量世界如來之身實非微塵以
自在故現微塵身如是自在則為大我二者
示一塵身滿於三千大千世界如來之身實
不滿於三千大千世界何以故以无邊故直以自
在故滿三千大千世界如是自在名為大我
三者能以滿此三千大千世界之身輕舉飛
空過於二十恒河沙等諸佛世界而无鄣㝵
如來之身實无輕重以自在故能為輕重如
是自在名為大我四者以自在故而得自在
云何自在如來一心安住不動所可示化无
量形類各令有心如來有時或造一事而令
衆生各各成辦如來之身常住一土而令他
土一切悉見如是自在名為大我五者根自在
故云何名為根自在也如來一根亦能見色
聞聲嗅香別味覺觸知法如來六根亦不
見色聞聲嗅香別味覺觸知法以自在故令
根自在如是自在名為大我六者以自在故
得一切法如來之心亦无得想何以故无所
得故若是有者可名為得實无所有云何名
得若使如來計有得想是則諸佛不得涅槃
以无得故名得涅槃以自在故得一切法得
諸法故名為大我七者說[illegible]

BD04977號　大般涅槃經（北本）卷二三　（23–19）

者自在如是自在名為大我六者以自在故
得一切法如来之心亦无得想何以故无所
得故若是有者可名為得實无所有云何名
得若使如来計有得想是則諸佛不得涅槃
以无得故名得涅槃以自在故得一切法得
諸法故名為大我七者説自在故如来演説
一偈之義經无量劫義亦不盡所謂若戒若
定若施若慧如来尒時都不生念我説彼聽
亦復不生一偈之想世間之人以四句為偈
隨世俗故説名為偈一切法性亦无有説以
自在故如来演説以演説故名為大我八
者如来遍滿一切諸處猶如虛空虛空之性
不可得見如来亦尒實不可見以自在故令
一切見如是自在名為大我如是大我名為
涅槃以是義故名大涅槃復次善男子譬如
寶藏多諸珎異百種具足故名大藏諸佛如
来甚深奧藏亦復如是多諸奇異具足无缺
名大涅槃復次善男子无邊之物乃名為大
涅槃无邊是故名大復次善男子有大樂故
名大涅槃涅槃无樂以四樂故名大涅槃何
等為四一者斷諸樂故不斷樂者則名為苦
若有苦者不名大樂以斷樂故則无有苦无
苦无樂乃名大樂涅槃之性无苦无樂是故
涅槃名為大樂以是義故名大涅槃復次善
男子樂有二種一者凡夫二者諸佛凡夫之
樂无常敗壞是故无樂諸佛常樂无有變異
故名大樂復次善男子有三種受一者苦受

若有苦者不名大樂以斷樂故則无有苦无
苦无樂乃名大樂涅槃之性无苦无樂是故
涅槃名為大樂以是義故名大涅槃復次善
男子樂有二種一者凡夫二者諸佛凡夫之
樂无常敗壞是故无樂諸佛常樂无有變異
故名大樂復次善男子有三種受一者苦受
二者樂受三者不苦不樂受不苦不樂受是
亦為苦涅槃雖同不苦不樂然名大樂以大
樂故名大涅槃二者大寂靜故名為大樂涅
槃之性是大寂靜何以故遠離一切憒閙法
故以大寂故名大涅槃三者一切知故名為
大樂非一切知不名為樂諸佛如来一切知
故名為大樂以大樂故名大涅槃四者身不
壞故名為大樂身若可壞則不名樂如来之
身金剛无壞非煩惱身无常之身故名大樂
以大樂故名大涅槃善男子世間名字或有
因緣或无因緣有因緣者如舍利弗母名舍
利因母立字故名舍利弗如摩鍮羅道人生
摩鍮羅國因國立名故名摩鍮羅道人如目
揵連目揵連者即是姓也因姓立名故名目揵
連如我生於瞿曇種姓因姓立名稱為瞿
曇如毗舍佉道人毗舍佉者即是星名因星
立名名毗舍佉如有六指因六指故名六指人
如佛奴天奴因佛因天故名佛奴天奴以因濕
生故故名濕生如因聲故名為迦迦羅名究
究羅咀咀羅如是等名是因緣名无因緣者
如蓮華地水火風虛空如曼陀婆一名二實一

立名名毗舍佉如有六指囙六指故名六指人
如佛奴天奴囙佛囙天故名佛奴天奴以囙濕
生故故名濕生如囙聲故名為迦迦羅名究
究羅呾呾羅如是等名是囙緣名无囙緣者
如蓮華地水火風虛空如曼陁婆一名二實一
名殿堂二名飲漿堂不飲漿亦復得名為曼
陁婆如薩婆車多名為蛇蓋實非蛇蓋是名
无囙强立名字如坻羅婆夷名為食油實不
食油强為立名名為食油是名无囙强立名
字善男子是大涅槃亦復如是无有囙緣强
為立名善男子譬如虛空不囙小空名為大
也涅槃亦尒不囙小相名大涅槃善男子譬
如有法不可稱量不可思議故名為大涅槃
亦尒不可稱量不可思議故得名為大般涅
槃以純淨故名大涅槃云何純淨淨有四種
何等為四一者二十五有名為不淨能永斷故
得名為淨淨即涅槃如是涅槃亦得名有而是
涅槃實非是有諸佛如來隨世俗故說涅槃
有譬如世人非父言父非母言母實非父母
而言父母涅槃亦尒隨世俗故說言諸佛有
大涅槃二者業清淨故一切凡夫業不清淨
故无涅槃諸佛如來業清淨故故名大淨以
大淨故名大涅槃三者身清淨故身若无常
則名不淨如來身常故名大淨以大淨故名
大涅槃四者心清淨故心若有漏名曰不淨
佛心无漏故名大淨以大淨故名大涅槃善

BD04977號　大般涅槃經（北本）卷二三　（23-22）

亦尒不可稱量不可思議故得名為大般涅
槃以純淨故名大涅槃云何純淨淨有四種
何等為四一者二十五有名為不淨能永斷故
得名為淨淨即涅槃如是涅槃亦得名有而是
涅槃實非是有諸佛如來隨世俗故說涅槃
有譬如世人非父言父非母言母實非父母
而言父母涅槃亦尒隨世俗故說言諸佛有
大涅槃二者業清淨故一切凡夫業不清淨
故无涅槃諸佛如來業清淨故故名大淨以
大淨故名大涅槃三者身清淨故身若无常
則名不淨如來身常故名大淨以大淨故名
大涅槃四者心清淨故心若有漏名曰不淨
佛心无漏故名大淨以大淨故名大涅槃善
男子是名善男子善女人脩行如是大涅槃
經具足成就初分功德

大般涅槃經卷第二十三

BD04977號　大般涅槃經（北本）卷二三　（23-23）

脫之力若廣說者窮劫不盡是時大迦葉聞
說菩薩不可思議解脫法門嘆未曾有謂舍
利弗譬如有人於盲者前現眾色像非彼所
見一切聲聞聞是不可思議解脫法門不能
解了為若此也智者聞是其誰不發阿耨多
羅三藐三菩提心我等何為永絕其根於此
大乘已如敗種一切聲聞聞是不可思議解
脫法門皆應號泣聲震三千大千世界一切
菩薩應大欣慶頂受此法若有菩薩信解不
可思議解脫門者一切魔眾无如之何大迦
葉說是語時三万二千天子皆發阿耨多
羅三藐三菩提心
尒時維摩詰語大迦葉仁者十方无量阿僧
祇世界中作魔王者多是住不可思議解脫
菩薩以方便力教化眾生現作魔王又迦葉
十方无量菩薩或有人從乞手足耳鼻頭目
髓腦血肉皮骨聚落城邑妻子奴婢象馬車
乘金銀琉璃車璖馬瑙珊瑚琥珀真珠珂貝

BD04978 號　維摩詰所說經卷中　（5–1）

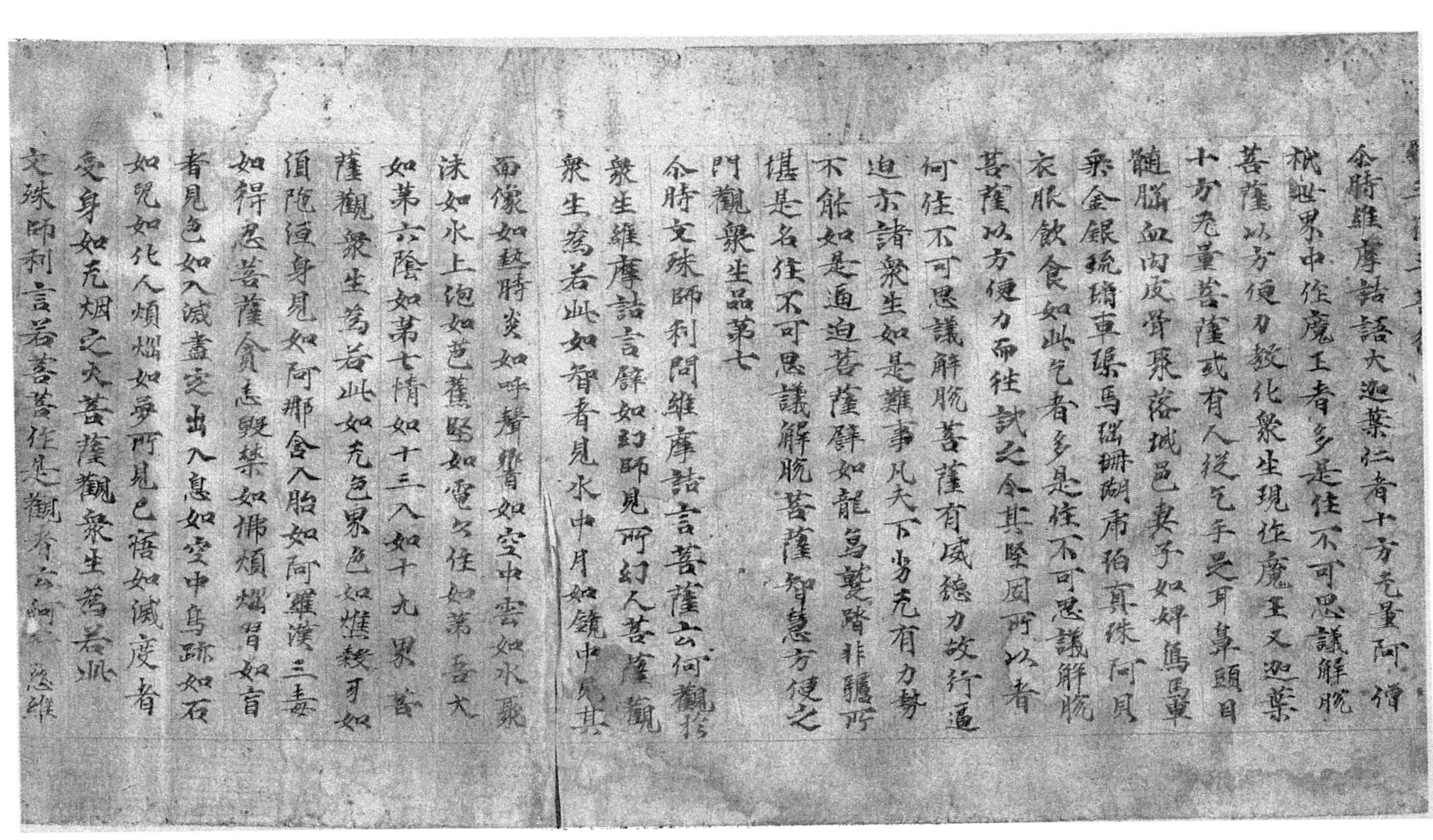
尒時維摩詰語大迦葉仁者十方无量阿僧
祇世界中作魔王者多是住不可思議解脫
菩薩以方便力教化眾生現作魔王又迦葉
十方无量菩薩或有人從乞手足耳鼻頭目
髓腦血肉皮骨聚落城邑妻子奴婢象馬車
乘金銀琉璃車璖馬瑙珊瑚琥珀真珠珂貝
衣服飲食如此乞者多是住不可思議解脫
菩薩以方便力而往試之令其堅固所以者
何住不可思議解脫菩薩有威德力故行逼
迫示諸眾生如是難事凡夫下劣无有力勢
不能如是逼迫菩薩譬如龍象蹴踏非驢所
堪是名住不可思議解脫菩薩智慧方便之
門
觀眾生品第七
尒時文殊師利問維摩詰言菩薩云何觀於
眾生維摩詰言譬如幻師見所幻人菩薩觀
眾生為若此如智者見水中月如鏡中見其
面像如熱時炎如呼聲響如空中雲如水聚
沫如水上泡如芭蕉堅如電久住如第五大
如第六陰如第七情如十三入如十九界菩
薩觀眾生為若此如无色界色如燋穀牙如
須陀洹身見如阿那含入胎如阿羅漢三毒
如得忍菩薩貪恚毀禁如佛煩惱習如盲
者見色如入滅盡定出入息如空中鳥跡如石
如兒如化人煩惱如夢所見已寤如滅度者
受身如无烟之火菩薩觀眾生為若此
文殊師利言若菩薩作是觀者云何行慈維

BD04978 號　維摩詰所說經卷中　（5–2）

如苐六陰如苐七情如十三入如十九界菩
薩觀眾生為若此如无色界色如焦穀牙如
須陀洹身見如阿那含入胎如阿羅漢三毒
如得忍菩薩貪恚毀禁如佛煩惱習如盲
者見色如入滅盡定出入息如空中鳥跡如石
女兒如化人煩惱如夢所見已寤如滅度者
受身如无烟之火菩薩觀眾生為若此
文殊師利言若菩薩作是觀者云何行慈維
摩詰言菩薩作是觀已自念我當為眾生
說如斯法是即真實慈也行寂滅慈无所生
故行不熱慈无煩惱故行等之慈等三世故行
无諍慈无所起故行不二慈内外不合故行
不壞慈畢竟盡故行堅固慈心无毀故行清
淨慈諸法性淨故行无邊慈如虛空故行阿
羅漢慈破結賊故行菩薩慈安眾生故行如
來慈得如相故行佛之慈覺眾生故行自然
慈无因得故行菩提慈等一味故行无等慈
斷諸愛故行大悲慈導以大乘故行无猒慈
觀空无我故行法施慈无遺惜故行持戒慈
化毀禁故行忍辱慈護彼我故行精進慈荷
負眾生故行禪定慈不受味故行智慧慈无
不知時故行方便慈一切示現故行无隱慈
直心清淨故行深心慈无雜行故行无誑慈
不虛假故行安樂慈令得佛樂故菩薩之慈
為若此也文殊師利又問何謂為悲答曰菩

BD04978號　維摩詰所說經卷中　（5–3）

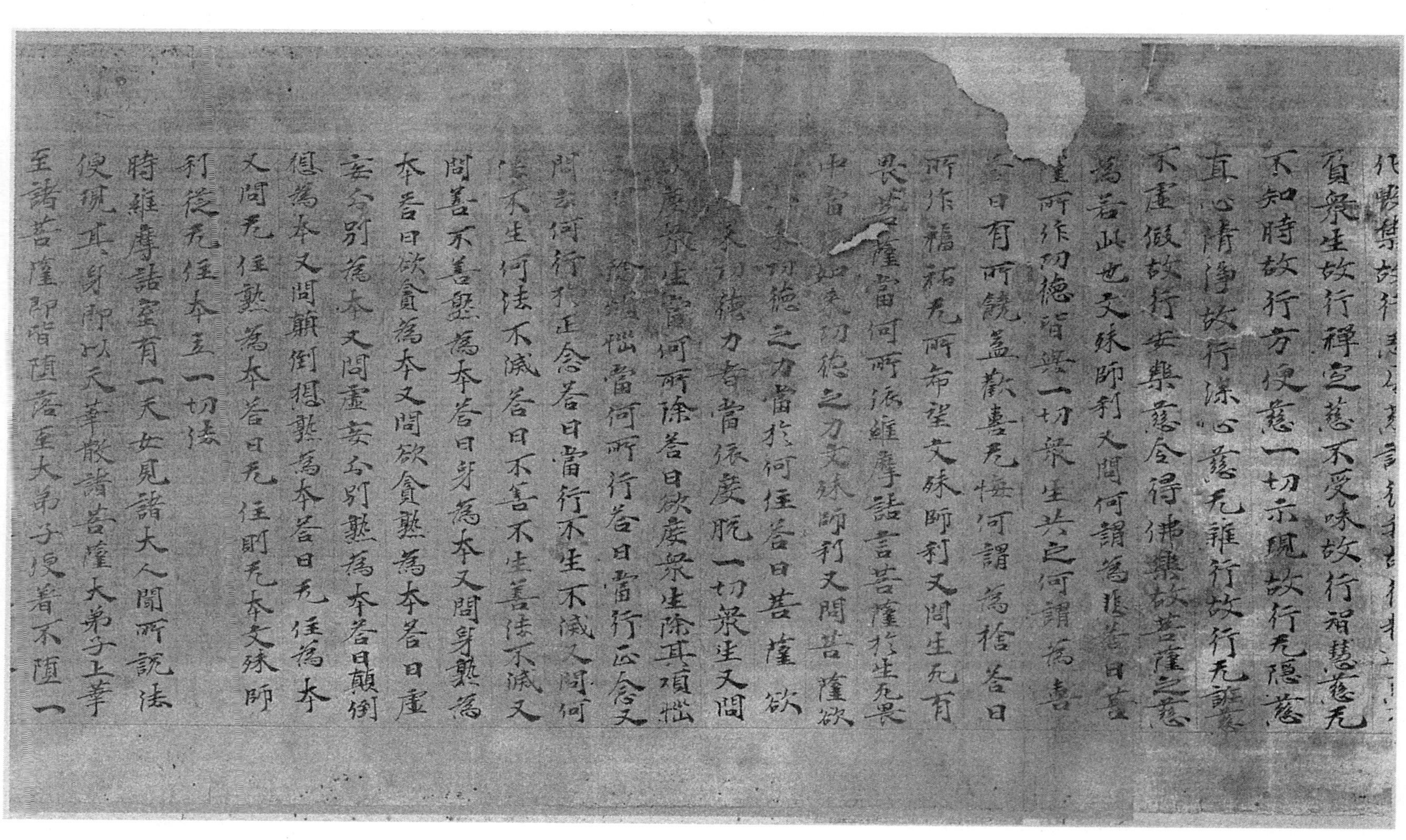

化毀禁故行忍辱慈護彼我故行精進慈荷
負眾生故行禪定慈不受味故行智慧慈无
不知時故行方便慈一切示現故行无隱慈
直心清淨故行深心慈无雜行故行无誑慈
不虛假故行安樂慈令得佛樂故菩薩之慈
為若此也文殊師利又問何謂為悲答曰菩
薩所作功德皆與一切眾生共之何謂為喜
答曰有所饒益歡喜无悔何謂為捨答曰
所作福祐无所希望文殊師利又問生死有
畏菩薩當何所依維摩詰言菩薩於生死畏
中當依如來功德之力文殊師利又問菩薩欲
依如來功德之力當於何住答曰菩薩欲
依如來功德力者當住度脫一切眾生又問
欲度眾生當何所除答曰欲度眾生除其煩惱
又問欲除煩惱當何所行答曰當行正念又
問云何行於正念答曰當行不生不滅又問何
法不生何法不滅答曰不善不生善法不滅又
問善不善孰為本答曰身為本又問身孰為
本答曰欲貪為本又問欲貪孰為本答曰虛
妄分別為本又問虛妄分別孰為本答曰顛倒
想為本又問顛倒想孰為本答曰无住為本
又問无住孰為本答曰无住則无本文殊師
利從无住本立一切法
時維摩詰室有一天女見諸大人聞所說法
便現其身即以天華散諸菩薩大弟子上華
至諸菩薩即皆墮落至大弟子便著不墮一

BD04978號　維摩詰所說經卷中　（5–4）

□□□□惱當何所行答曰當行正念又
問正何行於正念答曰當行不生不滅又問何
法不生何法不滅答曰不善不生善法不滅又
問善不善孰為本答曰身為本又問身孰為
本答曰欲貪為本又問欲貪孰為本答曰虛
妄分別為本又問虛妄分別孰為本答曰顛倒
想為本又問顛倒想孰為本答曰无住為本
又問无住孰為本答曰无住則无本文殊師
利從无住本立一切法
時維摩詰室有一天女見諸大人聞所說法
便現其身即以天華散諸菩薩大弟子上華
至諸菩薩即皆墮落至大弟子便著不墮一
切弟子神力去華不能令去尒時天問舍利
弗何故去華答曰此華不如法是以去之天
曰勿謂此華為不如法所以者何是華无所
分別仁者自生分別想耳若於佛法出家有
所分別為不如法若无分別是則如法觀諸
菩薩華不著者以斷一切分別想故譬如人
畏時非人得其便如是弟子畏生死故色聲
香味觸得其便也已離畏者一切五欲无能為
也結習未盡華著身耳結習盡者華不著也

BD04978 號　維摩詰所說經卷中　（5–5）

法住實際虛空界不思
不思議界清淨故一切智智清淨何以故若
受者清淨若法界乃至不思議界清淨若一
切智智清淨无二无二分无別无斷故善現
受者清淨故苦聖諦清淨苦聖諦清淨故一
切智智清淨何以故若受者清淨若苦聖諦
清淨若一切智智清淨无二无二分无別无
斷故受者清淨故集滅道聖諦清淨集滅道
聖諦清淨故一切智智清淨何以故若受者
清淨若集滅道聖諦清淨若一切智智清淨
无二无二分无別无斷故善現受者清淨故
四靜慮清淨四靜慮清淨故一切智智清淨
何以故若受者清淨若四靜慮清淨若一切
智智清淨无二无二分无別无斷故受者清
淨故四无量四无色定清淨四无量四无色
定清淨故一切智智清淨何以故若受者清
淨若四无量四无色定清淨若一切智智清
淨无二无二分无別无斷故善現受者清淨
故八解脫清淨八解脫清淨故一切智智清
淨何以故若受者清淨若八解脫清淨若一
切智智清淨无二无二分无別无斷故受者
清淨故八勝處九次第定十遍處清淨八勝

BD04979 號　大般若波羅蜜多經卷二〇〇　（15–1）

淨何以故若受者清淨若八解脫清淨若一
切智智清淨无二无二分无別无斷故受者
清淨故八勝處九次第定十遍處清淨八勝
處九次第定十遍處清淨故一切智智清淨
何以故若受者清淨若八勝處九次第定十
遍處清淨若一切智智清淨无二无二分无
別无斷故善現受者清淨故四念住清淨四
念住清淨故一切智智清淨何以故若受者
清淨若四念住清淨若一切智智清淨无二
无二分无別无斷故受者清淨故四正斷四
神足五根五力七等覺支八聖道支清淨四
正斷乃至八聖道支清淨故一切智智清淨
何以故若受者清淨若四正斷乃至八聖道
支清淨若一切智智清淨无二无二分无別
无斷故善現受者清淨故空解脫門清淨空
解脫門清淨故一切智智清淨何以故若受
者清淨若空解脫門清淨若一切智智清淨
无二无二分无別无斷故受者清淨故无相
无願解脫門清淨无相无願解脫門清淨故
一切智智清淨何以故若受者清淨若无相
无願解脫門清淨若一切智智清淨无二无
二分无別无斷故善現受者清淨故菩薩十
地清淨菩薩十地清淨故一切智智清淨何
以故若受者清淨若菩薩十地清淨若一切
智智清淨无二无二分无別无斷故
善現受者清淨故五眼清淨五眼清淨故一
切智智清淨何以故若受者清淨若五眼清
淨若一切智智清淨无二无二分无別无斷

BD04979號　大般若波羅蜜多經卷二〇〇　（15–2）

无願解脫門清淨若一切智智清淨无二无
二分无別无斷故善現受者清淨故菩薩十
地清淨菩薩十地清淨故一切智智清淨何
以故若受者清淨若菩薩十地清淨若一切
智智清淨无二无二分无別无斷故
善現受者清淨故五眼清淨五眼清淨故一
切智智清淨何以故若受者清淨若五眼清
淨若一切智智清淨无二无二分无別无斷
故受者清淨故六神通清淨六神通清淨故
一切智智清淨何以故若受者清淨若六神
通清淨若一切智智清淨无二无二分无別
无斷故善現受者清淨故佛十力清淨佛十
力清淨故一切智智清淨何以故若受者清
淨若佛十力清淨若一切智智清淨无二无
二分无別无斷故受者清淨故四无所畏四
无礙解大慈大悲大喜大捨十八佛不共法
清淨四无所畏乃至十八佛不共法清淨故
一切智智清淨何以故若受者清淨若四无
所畏乃至十八佛不共法清淨若一切智智
清淨无二无二分无別无斷故善現受者清
淨故无忘失法清淨无忘失法清淨故一切
智智清淨何以故若受者清淨若无忘失法
清淨若一切智智清淨无二无二分无別无
斷故受者清淨故恒住捨性清淨恒住捨性
清淨故一切智智清淨何以故若受者清淨
若恒住捨性清淨若一切智智清淨无二无
二分无別无斷故善現受者清淨故一切智
清淨一切智清淨故一切智智清淨何以故

BD04979號　大般若波羅蜜多經卷二〇〇　（15–3）

清淨若一切智智清淨无二无二分无別无
斷故受者清淨故恒住捨性清淨恒住捨性
清淨故一切智智清淨何以故若受者清淨
若恒住捨性清淨若一切智智清淨无二无
二分无別无斷故善現受者清淨故一切智
清淨一切智智清淨故一切智智清淨何以故
若受者清淨若一切智清淨若一切智智清
淨无二无二分无別无斷故受者清淨故道
相智一切相智清淨道相智一切相智清淨
故一切智智清淨何以故若受者清淨若
道相智一切相智清淨若一切智智清淨无二无
二分无別无斷故善現受者清淨故一切
陁羅尼門清淨一切陁羅尼門清淨故一切
智智清淨何以故若受者清淨若一切陁羅
尼門清淨若一切智智清淨无二无二分无
別无斷故受者清淨故一切三摩地門清淨
一切三摩地門清淨故一切智智清淨何以
故若受者清淨若一切三摩地門清淨若一
切智智清淨无二无二分无別无斷故
善現受者清淨故預流果清淨預流果清淨
故一切智智清淨何以故若受者清淨若預
流果清淨若一切智智清淨无二无二分无
別无斷故受者清淨故一來不還阿羅漢果
清淨一來不還阿羅漢果清淨故一切智智
清淨何以故若受者清淨若一來不還阿羅
漢果清淨若一切智智清淨无二无二分无
別无斷故善現受者清淨故獨覺菩提清淨
獨覺菩提清淨故一切智智清淨何以故若

BD04979號　大般若波羅蜜多經卷二〇〇　（15–4）

清淨一來不還阿羅漢果清淨故一切智智
清淨何以故若受者清淨若一來不還阿羅
漢果清淨若一切智智清淨无二无二分无
別无斷故善現受者清淨故獨覺菩提清淨
獨覺菩提清淨故一切智智清淨何以故若
受者清淨若獨覺菩提清淨若一切智智清
淨无二无二分无別无斷故善現受者清淨
故一切菩薩摩訶薩行清淨一切菩薩摩訶
薩行清淨故一切智智清淨何以故若受者
清淨若一切菩薩摩訶薩行清淨若一切智
智清淨无二无二分无別无斷故善現受者
清淨故諸佛无上正等菩提清淨諸佛无上
正等菩提清淨故一切智智清淨何以故若
受者清淨若諸佛无上正等菩提清淨若一
切智智清淨无二无二分无別无斷故
復次善現知者清淨故色清淨色清淨故一
切智智清淨何以故若知者清淨若色清淨
若一切智智　清淨无二无二分无別无斷故
知者清淨故受想行識清淨受想行識清淨
故一切智智清淨何以故若知者清淨若受
想行識清淨若一切智智清淨无二无二分
无別无斷故善現知者清淨故眼處清淨眼
處清淨故一切智智清淨何以故若知者清
淨若眼處清淨若一切智智清淨无二无二
分无別无斷故知者清淨故耳鼻舌身意處
清淨耳鼻舌身意處清淨故一切智智清淨
何以故若知者清淨若耳鼻舌身意處清淨
若一切智智清淨无二无二分无別无斷故

BD04979號　大般若波羅蜜多經卷二〇〇　（15–5）

淨若眼處清淨若一切智智清淨无二无二
分无別无斷故知者清淨故耳鼻舌身意處
清淨耳鼻舌身意處清淨故一切智智清淨
何以故若知者清淨若耳鼻舌身意處清淨
若一切智智清淨无二无二分无別无斷故
善現知者清淨故色處清淨色處清淨故一
切智智清淨何以故若知者清淨若色處清
淨若一切智智清淨无二无二分无別无斷
故知者清淨故聲香味觸法處清淨聲香
味觸法處清淨故一切智智清淨何以故若知
者清淨若聲香味觸法處清淨若一切智智
清淨无二无二分无別无斷故善現知者清
淨故眼界清淨眼界清淨故一切智智清淨
何以故若知者清淨若眼界清淨若一切智
智清淨无二无二分无別无斷故知者清淨
故色界眼識界及眼觸眼觸為緣所生諸受
清淨色界乃至眼觸為緣所生諸受清淨故
一切智智清淨何以故若知者清淨若色界
乃至眼觸為緣所生諸受清淨若一切智智
清淨无二无二分无別无斷故善現知者清
淨故耳界清淨耳界清淨故一切智智清淨
何以故若知者清淨若耳界清淨若一切智
智清淨无二无二分无別无斷故知者清淨
故聲界耳識界及耳觸耳觸為緣所生諸受
清淨聲界乃至耳觸為緣所生諸受清淨故
一切智智清淨何以故若知者清淨若聲界
乃至耳觸為緣所生諸受清淨若一切智智
清淨无二无二分无別无斷故善現知者清

BD04979 號　大般若波羅蜜多經卷二〇〇　（15–6）

故聲界耳識界及耳觸耳觸為緣所生諸受
清淨聲界乃至耳觸為緣所生諸受清淨故
一切智智清淨何以故若知者清淨若聲界
乃至耳觸為緣所生諸受清淨若一切智智
清淨无二无二分无別无斷故善現知者清
淨故鼻界清淨鼻界清淨故一切智智清
淨何以故若知者清淨若鼻界清淨若一切智
智清淨无二无二分无別无斷故知者清淨
故香界鼻識界及鼻觸鼻觸為緣所生諸
受清淨香界乃至鼻觸為緣所生諸受清淨故
一切智智清淨何以故若知者清淨若香界
乃至鼻觸為緣所生諸受清淨若一切智智
清淨无二无二分无別无斷故善現知者清
淨故舌界清淨舌界清淨故一切智智清淨
何以故若知者清淨若舌界清淨若一切智
智清淨无二无二分无別无斷故知者清淨
故味界舌識界及舌觸舌觸為緣所生諸受
清淨味界乃至舌觸為緣所生諸受清淨故
一切智智清淨何以故若知者清淨若味界
乃至舌觸為緣所生諸受清淨若一切智智
清淨无二无二分无別无斷故善現知者清
淨故身界清淨身界清淨故一切智智清淨
何以故若知者清淨若身界清淨若一切智
智清淨无二无二分无別无斷故知者清淨
故觸界身識界及身觸身觸為緣所生諸受
清淨觸界乃至身觸為緣所生諸受清淨故
一切智智清淨何以故若知者清淨若觸界
乃至身觸為緣所生諸受清淨若一切智智

BD04979 號　大般若波羅蜜多經卷二〇〇　（15–7）

清淨无二无二分无別无斷故善現知者清
淨故身界清淨身界清淨故一切智智清淨
何以故若知者清淨若身界清淨若一切智
智清淨无二无二分无別无斷故知者清淨
故觸界身識界及身觸身觸為緣所生諸受
清淨觸界乃至身觸為緣所生諸受清淨故
一切智智清淨何以故若知者清淨若觸界
乃至身觸為緣所生諸受清淨若一切智智
清淨无二无二分无別无斷故善現知者清
淨故意界清淨意界清淨故一切智智清淨
何以故若知者清淨若意界清淨若一切智
智清淨无二无二分无別无斷故知者清淨
故法界意識界及意觸意觸為緣所生諸受
清淨法界乃至意觸為緣所生諸受清淨故
一切智智清淨何以故若知者清淨若法界
乃至意觸為緣所生諸受清淨若一切智智
清淨无二无二分无別无斷故善現知者清
淨故地界清淨地界清淨故一切智智清淨
何以故若知者清淨若地界清淨若一切智
智清淨无二无二分无別无斷故知者清淨
故水火風空識界清淨水火風空識界清淨
故一切智智清淨何以故若知者清淨若水
火風空識界清淨若一切智智清淨无二无
二分无別无斷故善現知者清淨故无明清
淨无明清淨故一切智智清淨何以故若知
者清淨若无明清淨若一切智智清淨无二
无二分无別无斷故知者清淨故行識名色
六處觸受愛取有生老死愁歎苦憂惱清淨
行乃至老死愁歎苦憂惱清淨故一切智智

二分无別无斷故善現知者清淨故无明清
淨无明清淨故一切智智清淨何以故若知
者清淨若无明清淨若一切智智清淨无二
无二分无別无斷故知者清淨故行識名色
六處觸受愛取有生老死愁歎苦憂惱清淨
行乃至老死愁歎苦憂惱清淨故一切智智
清淨何以故若知者清淨若行乃至老死愁
歎苦憂惱清淨若一切智智清淨无二无二
分无別无斷故
善現知者清淨故布施波羅蜜多清淨布施
波羅蜜多清淨故一切智智清淨何以故若
知者清淨若布施波羅蜜多清淨若一切智
智清淨无二无二分无別无斷故知者清淨
故淨戒安忍精進靜慮般若波羅蜜多清
淨淨戒乃至般若波羅蜜多清淨故一切智智
清淨何以故若知者清淨若淨戒乃至般若
波羅蜜多清淨若一切智智清淨无二无二
分无別无斷故善現知者清淨故內空清淨
內空清淨故一切智智清淨何以故若知者
清淨若內空清淨若一切智智清淨无二无
二分无別无斷故知者清淨故外空內外空
空空大空勝義空有為空无為空畢竟空
无際空散空无變異空本性空自相空共相
空一切法空不可得空无性空自性空无性自
性空清淨外空乃至无性自性空清淨故一
切智智清淨何以故若知者清淨若外空乃
至无性自性空清淨若一切智智清淨无二
无二分无別无斷故善現知者清淨故真如

无際空散空无變異空本性空自相空共相
空一切法空不可得空无性空自性空无性自
性空清淨外空乃至无性自性空清淨故一
切智智清淨何以故若知者清淨若外空乃
至无性自性空清淨若一切智智清淨无二
无二分无別无斷故善現知者清淨故真如
清淨真如清淨故一切智智清淨何以故若
知者清淨若真如清淨若一切智智清淨无
二无二分无別无斷故知者清淨故法界法
性不虛妄性不變異性平等性離生性法定
法住實際虛空界不思議界清淨法界乃至
不思議界清淨故一切智智清淨何以故若
知者清淨若法界乃至不思議界清淨若一
切智智清淨无二无二分无別无斷故善現
知者清淨故苦聖諦清淨苦聖諦清淨故一
切智智清淨何以故若知者清淨若苦聖諦
清淨若一切智智清淨无二无二分无別无斷
斷故知者清淨故集滅道聖諦清淨集滅道
聖諦清淨故一切智智清淨何以故若知者
清淨若集滅道聖諦清淨若一切智智清淨
无二无二分无別无斷故善現知者清淨故四
靜慮清淨四靜慮清淨故一切智智清淨
何以故若知者清淨若四靜慮清淨若一切
智智清淨无二无二分无別无斷故知者清
淨故四无量四无色定清淨四无量四无色
定清淨故一切智智清淨何以故若知者清

係新低四行後請例

BD04979號　大般若波羅蜜多經卷二〇〇　（15–10）

智智清淨无二无二分无別无斷故知者清
淨故四无量四无色定清淨四无量四无色
定清淨故一切智智清淨何以故若知者清

係新低四行後請例

淨若四无量四无色定清淨若一切智智清
淨无二无二分无別无斷故善現知者清淨
故八解脫清淨八解脫清淨故一切智智清
淨何以故若知者清淨若八解脫清淨若一
切智智清淨无二无二分无別无斷故知者
清淨故八勝處九次第定十遍處清淨八勝
處九次第定十遍處清淨故一切智智清淨
何以故若知者清淨若八勝處九次第定十
遍處清淨若一切智智清淨无二无二分无
別无斷故善現知者清淨故四念住清淨四
念住清淨故一切智智清淨何以故若知者
清淨若四念住清淨若一切智智清淨无二
无二分无別无斷故知者清淨故四正斷四
神足五根五力七等覺支八聖道支清淨四
正斷乃至八聖道支清淨故一切智智清淨
何以故若知者清淨若四正斷乃至八聖道
支清淨若一切智智清淨无二无二分无別
无斷故善現知者清淨故空解脫門清淨空
解脫門清淨故一切智智清淨何以故若知
者清淨若空解脫門清淨若一切智智清淨

BD04979號　大般若波羅蜜多經卷二〇〇　（15–11）

正斷乃至八聖道支清淨故一切智智清淨
何以故若知者清淨若四正斷乃至八聖道
支清淨若一切智智清淨无二无二分无別
无斷故善現知者清淨故空解脫門清淨空
解脫門清淨故一切智智清淨何以故若知
者清淨若空解脫門清淨若一切智智清淨
无二无二分无別无斷故知者清淨故无相
无願解脫門清淨无相无願解脫門清淨故
一切智智清淨何以故若知者清淨若无相
无願解脫門清淨若一切智智清淨无二无
二分无別无斷故善現知者清淨故菩薩十
地清淨菩薩十地清淨故一切智智清淨何
以故若知者清淨若菩薩十地清淨若一切
智智清淨无二无二分无別无斷故
善現知者清淨故五眼清淨五眼清淨故一
切智智清淨何以故若知者清淨若五眼清
淨若一切智智清淨无二无二分无別无斷
故知者清淨故六神通清淨六神通清淨故
一切智智清淨何以故若知者清淨若六神
通清淨若一切智智清淨无二无二分无別
无斷故善現知者清淨故佛十力清淨佛十
力清淨故一切智智清淨何以故若知者清
淨若佛十力清淨若一切智智清淨无二无
二分无別无斷故知者清淨故四无所畏四
无礙解大慈大悲大喜大捨十八佛不共法
清淨四无所畏乃至十八佛不共法清淨故
一切智智清淨何以故若知者清淨若四无
所畏乃至十八佛不共法清淨若一切智智

淨若佛十力清淨若一切智智清淨无二无
二分无別无斷故知者清淨故四无所畏四
无礙解大慈大悲大喜大捨十八佛不共法
清淨四无所畏乃至十八佛不共法清淨故
一切智智清淨何以故若知者清淨若四无
所畏乃至十八佛不共法清淨若一切智智
清淨无二无二分无別无斷故善現知者清
淨故无忘失法清淨无忘失法清淨故一切
智智清淨何以故若知者清淨若无忘失法
清淨若一切智智清淨无二无二分无別无
斷故知者清淨故恒住捨性清淨恒住捨性
清淨故一切智智清淨何以故若知者清淨
若恒住捨性清淨若一切智智清淨无二无
二分无別无斷故善現知者清淨故一切智
清淨一切智清淨故一切智智清淨何以故
若知者清淨若一切智清淨若一切智智清
淨无二无二分无別无斷故知者清淨故道
相智一切相智清淨道相智一切相智清淨
故一切智智清淨何以故若知者清淨若道
相智一切相智清淨若一切智智清淨无二
无二分无別无斷故善現知者清淨故一切
陁羅尼門清淨一切陁羅尼門清淨故一切
智智清淨何以故若知者清淨若一切陁羅
尼門清淨若一切智智清淨无二无二分无
別无斷故知者清淨故一切三摩地門清淨
一切三摩地門清淨故一切智智清淨何以
故若知者清淨若一切三摩地門清淨若一
切智智清淨无二无二分无別无斷故善現

陁羅尼門清淨故一切
智智清淨何以故若知者清淨若一切陁羅
尼門清淨若一切智智清淨无二无二分无
別无斷故知者清淨故一切三摩地門清淨
一切三摩地門清淨若一切智智清淨何以
故若知者清淨若一切三摩地門清淨若一
切智智清淨无二无二分无別无斷故善現
知者清淨故預流果清淨預流果清淨故一
切智智清淨何以故若知者清淨若預流果
清淨若一切智智清淨无二无二分无別无斷
故知者清淨故一來不還阿羅漢果清淨
一來不還阿羅漢果清淨故一切智智清淨
何以故若知者清淨若一來不還阿羅漢果
清淨若一切智智清淨无二无二分无別无
斷故善現知者清淨故獨覺菩提清淨獨
覺菩提清淨故一切智智清淨何以故若知者
清淨若獨覺菩提清淨若一切智智清淨无
二无二分无別无斷故善現知者清淨故一
切菩薩摩訶薩行清淨一切菩薩摩訶薩
行清淨故一切智智清淨何以故若知者清
淨若一切菩薩摩訶薩行清淨若一切智智
清淨无二无二分无別无斷故善現知者清
淨故諸佛无上正等菩提清淨諸佛无上正
等菩提清淨故一切智智清淨何以故若知
者清淨若諸佛无上正等菩提清淨若一切
智智清淨无二无二分无別无斷故

BD04979號　大般若波羅蜜多經卷二〇〇　（15-14）

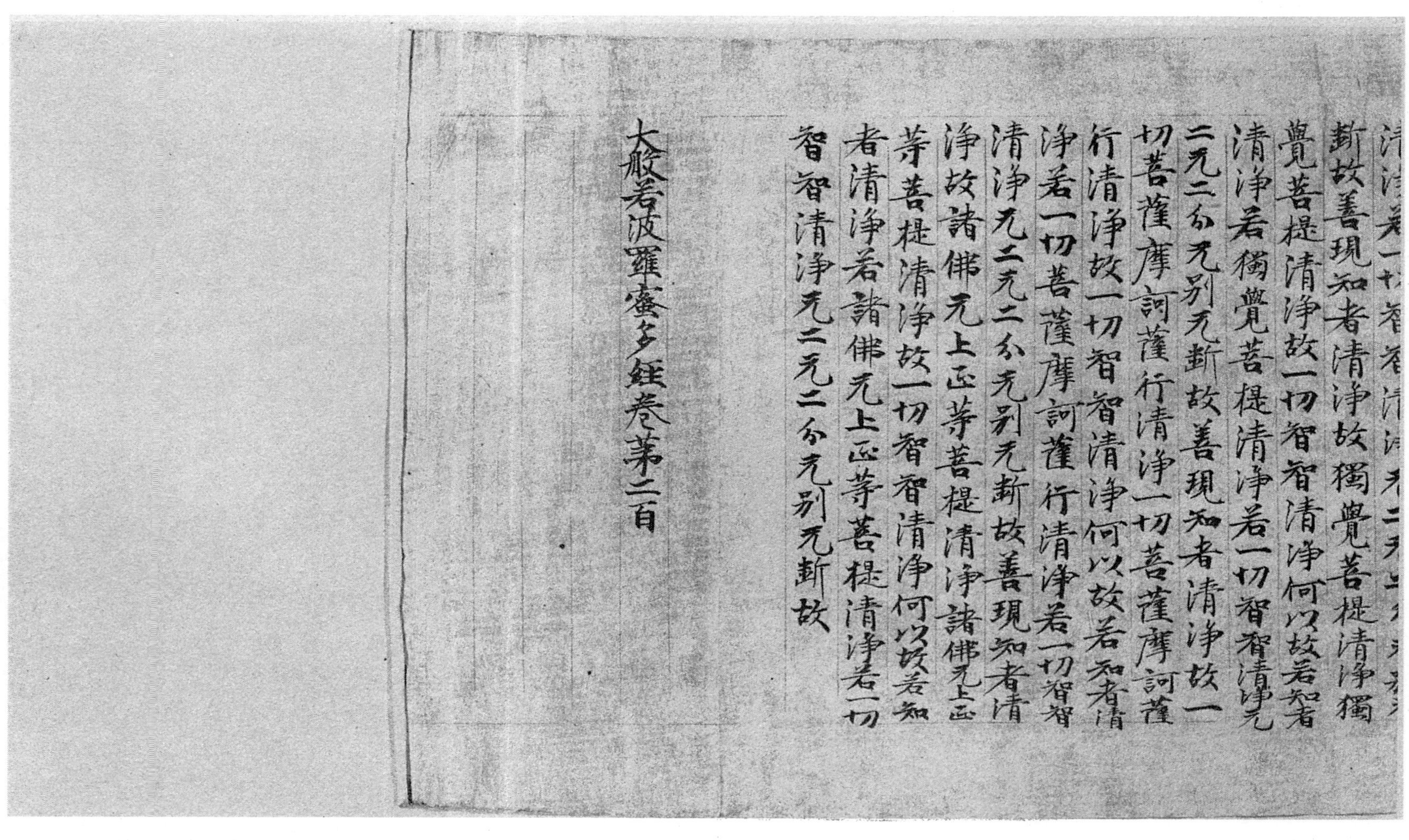

清淨若一切智智清淨无二无
斷故善現知者清淨故獨覺菩提清淨獨
覺菩提清淨故一切智智清淨何以故若知者
清淨若獨覺菩提清淨若一切智智清淨无
二无二分无別无斷故善現知者清淨故一
切菩薩摩訶薩行清淨一切菩薩摩訶薩
行清淨故一切智智清淨何以故若知者清
淨若一切菩薩摩訶薩行清淨若一切智智
清淨无二无二分无別无斷故善現知者清
淨故諸佛无上正等菩提清淨諸佛无上正
等菩提清淨故一切智智清淨何以故若知
者清淨若諸佛无上正等菩提清淨若一切
智智清淨无二无二分无別无斷故

大般若波羅蜜多經卷第二百

BD04979號　大般若波羅蜜多經卷二〇〇　（15-15）

BD04979號背　勘記　（1–1）

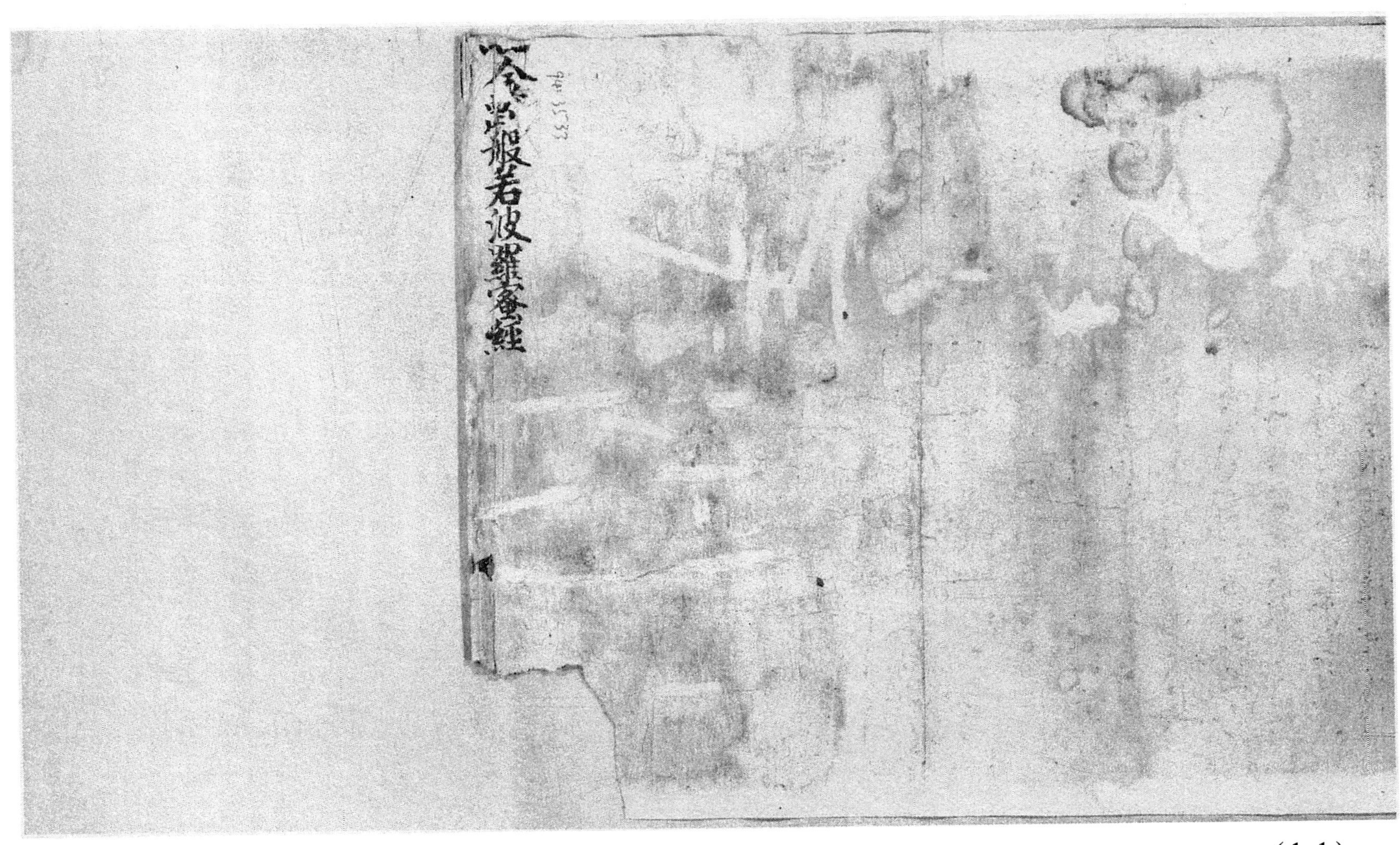

BD04980號　護首　（1–1）

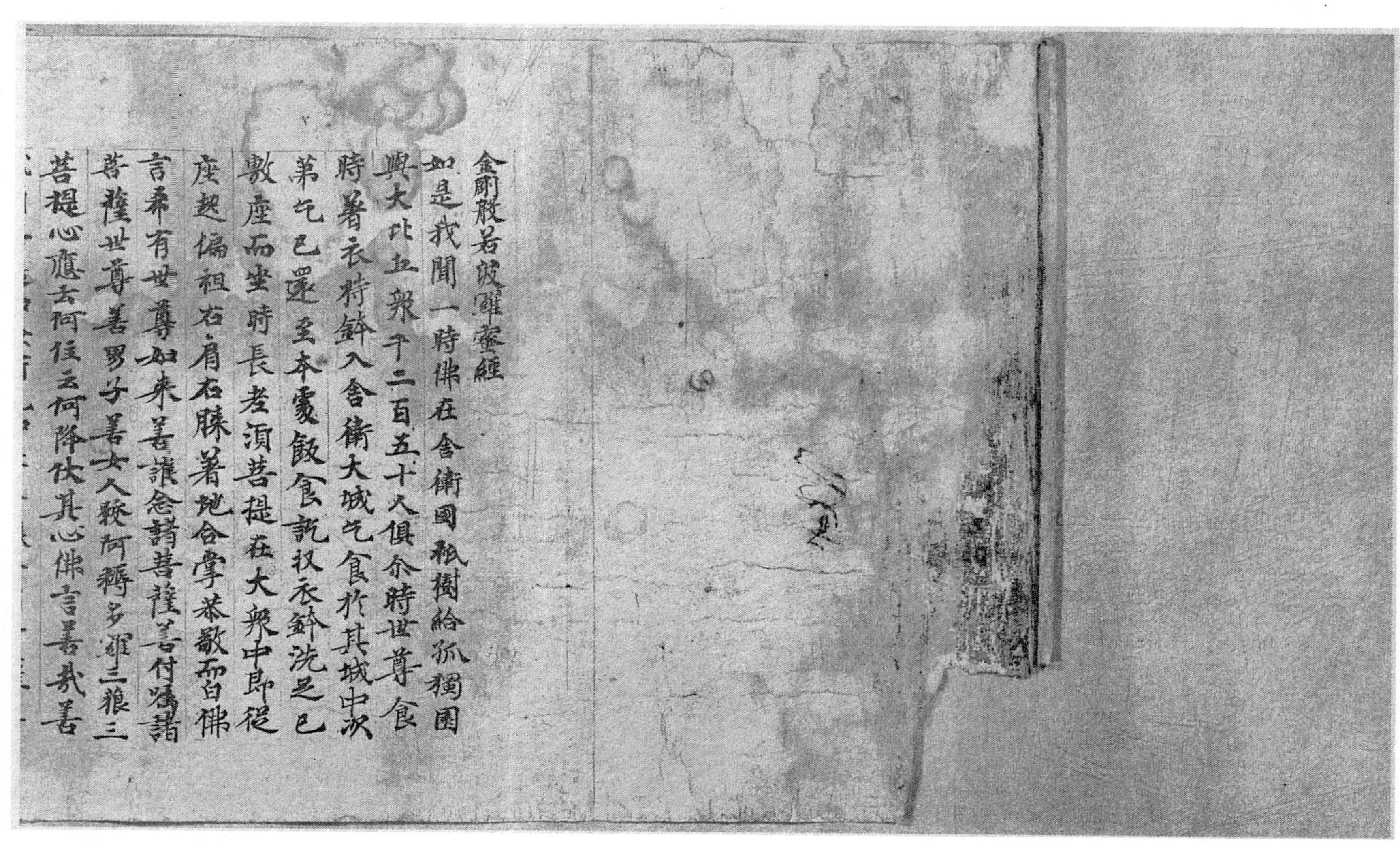

金剛般若波羅蜜經
如是我聞一時佛在舍衛國祇樹給孤獨園
與大比丘衆千二百五十人俱尒時世尊食
時著衣持鉢入舍衛大城乞食於其城中次
第乞已還至本處飯食訖收衣鉢洗足已
敷座而坐時長老須菩提在大衆中即從
座起偏袒右肩右膝著地合掌恭敬而白佛
言希有世尊如來善護念諸菩薩善付囑諸
菩薩世尊善男子善女人發阿耨多羅三藐三
菩提心應云何住云何降伏其心佛言善哉善

BD04980號　金剛般若波羅蜜經

（4–1）

座起偏袒右肩右膝著地合掌恭敬而白佛
言希有世尊如來善護念諸菩薩善付囑諸
菩薩世尊善男子善女人發阿耨多羅三藐三
菩提心應云何住云何降伏其心佛言善哉善
哉須菩提如汝所說如來善護念諸菩薩善
付囑諸菩薩汝今諦聽當為汝說善男子善
女人發阿耨多羅三藐三菩提心應如是住
如是降伏其心唯然世尊願樂欲聞
佛告須菩提諸菩薩摩訶薩應如是降伏
其心所有一切衆生之類若卵生若胎生若濕生
若化生若有色若无色若有想若无想若
非有想非无想我皆令入无餘涅槃而滅
度之如是滅度无量无數无邊衆生實无衆
生得滅度者何以故須菩提若菩薩有我相
人相衆生相壽者相即非菩薩
復次須菩提菩薩於法應无所住行於布施
所謂不住色布施不住聲香味觸法布施須
菩提菩薩應如是布施不住於相何以故若菩
薩不住相布施其福德不可思量須菩提
於意云何東方虛空可思量不不也世尊須
菩提南西北方四維上下虛空可思量不不
也世尊須菩提菩薩无住相布施福德亦復
如是不可思量須菩提菩薩但應如所教住須
菩提於意云何可以身相見如來不不也世尊
不可以身相得見如來何以故如來所說身
相即非身相佛告須菩提凡所有相皆是虛
妄若見諸相非相則見如來
須菩提白佛言世尊頗有衆生得聞如是言

BD04980號　金剛般若波羅蜜經

（4–2）

菩提南西北方四維上下虛空可思量不不

也世尊須菩提菩薩无住相布施福德亦復

如是不可思量須菩提菩薩但應如所教住須

菩提於意云何可以身相見如來不不也世尊

不可以身相得見如來何以故如來所說身

相即非身相佛告須菩提凡所有相皆是虛

妄若見諸相非相則見如來

須菩提白佛言世尊頗有衆生得聞如是言

說章句生實信不佛告須菩提莫作是說如

來滅後後五百歲有持戒脩福者於此章句

能生信心以此為實當知是人不於一佛二佛

三四五佛而種善根已於无量千万佛所種諸

善根聞是章句乃至一念生淨信者須菩

提如來悉知悉見是諸衆生得如是无量福德

何以故是諸衆生无復我相人相衆生相壽

者相无法相亦无非法相何以故是諸衆生

若心取相則為著我人衆生壽者若取法

相即著我人衆生壽者何以故若取非法相

即著我人衆生壽者是故不應取法不應

取非法以是義故如來常說汝等比丘知我

說法如筏喻者法尚應捨何況非法

須菩提於意云何如來得阿耨多羅三藐三

菩提耶如來有所說法耶須菩提言如我解

佛所說義无有定法名阿耨多羅三藐三菩

提亦无有定法如來可說何以故如來所說法

皆不可取不可說非法非非法所以者何一

切賢聖皆以无為法而有差別

須菩提於意云何若人滿三千大千世界七寶

以用布施是人所得福德寧為多不須菩提

提亦无有定法如來可說何以故如來所說法

皆不可取不可說非法非非法所以者何一

切賢聖皆以无為法而有差別

須菩提於意云何若人滿三千大千世界七寶

以用布施是人所得福德寧為多不須菩提

言甚多世尊何以故是福德即非福德性

是故如來說福德多若復有人於此經中受

持乃至四句偈等為他人說其福勝彼何以故

須菩提一切諸佛及諸佛阿耨多羅三藐三

菩提法皆從此經出須菩提所謂佛法者即

非佛法須菩提於意云何須陁洹能作是念我

得須陁洹果不須菩提言不也世尊何以故須陁

洹名為入流而无所入不入色聲香味觸法是

名須陁洹須菩提於意云何斯陁含能作是

念我得斯陁含果不須菩提言不也世尊何

以故斯陁含名一往來而實无往來是名斯

陁含須菩提於意云何阿那含能作是念我

得阿那含果不須菩提言不也世尊何以故阿

那含名為不來而實无來是故名阿那含須

菩提於意云何阿羅漢能作是念我得阿

羅漢道不須菩提言不也世尊何以故實无

有法名阿羅漢世尊若阿羅漢作是念我得

阿羅[illegible]衆[illegible]世尊佛

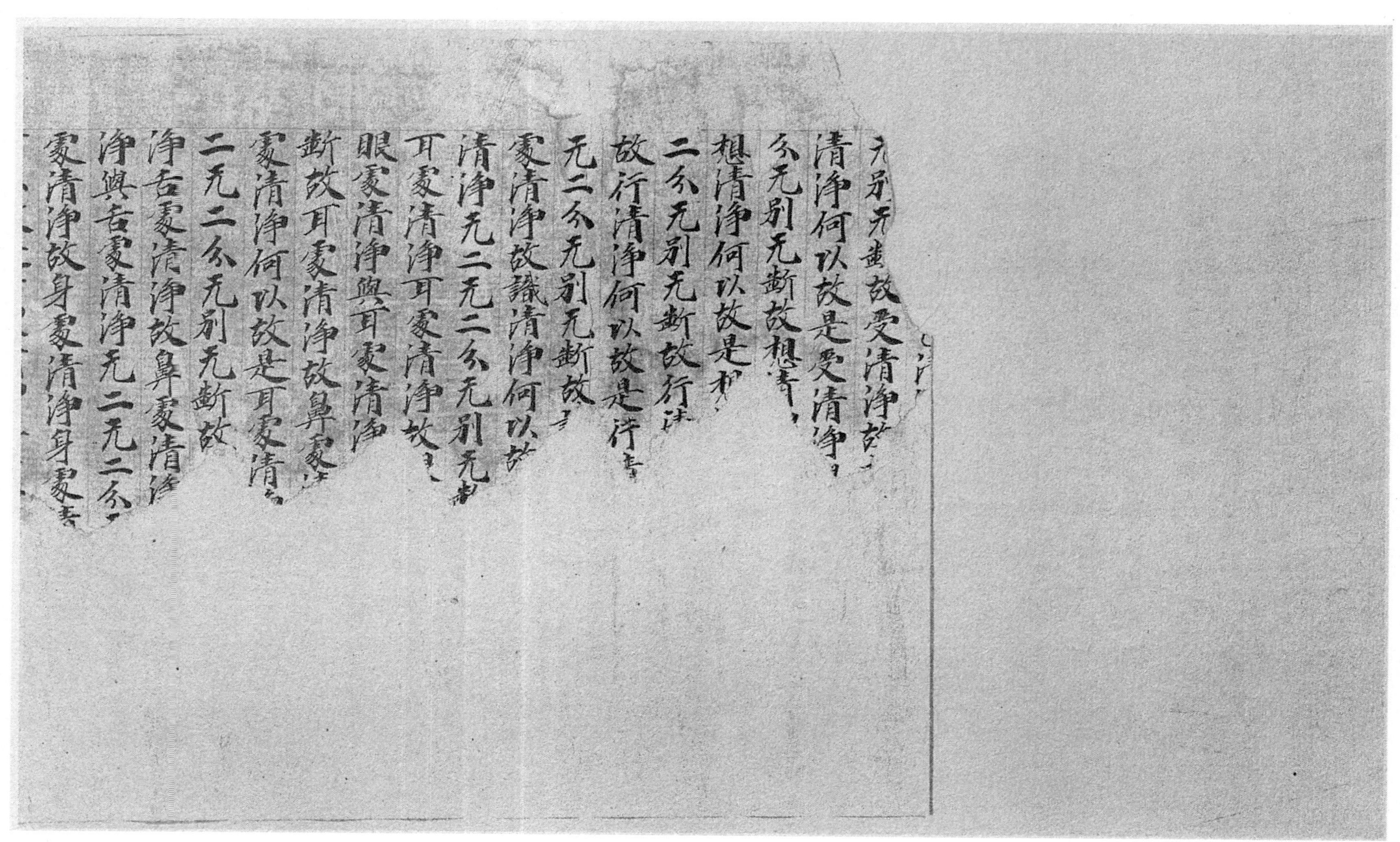
无别无斷故受清淨故
清淨何以故是受清淨
分无别无斷故想清
想清淨何以故是想
二分无别无斷故行清
故行清淨何以故是行
无二分无别无斷故
處清淨故識清淨何以故
清淨无二无二分无别无
耳處清淨耳處清淨故
眼處清淨與耳處清淨
斷故耳處清淨故鼻處
處清淨何以故是耳處清
二无二分无别无斷故
淨舌處清淨故鼻處清
淨與舌處清淨无二无二分
處清淨故身處清淨身處

BD04981號　大般若波羅蜜多經卷二〇四　（20–1）

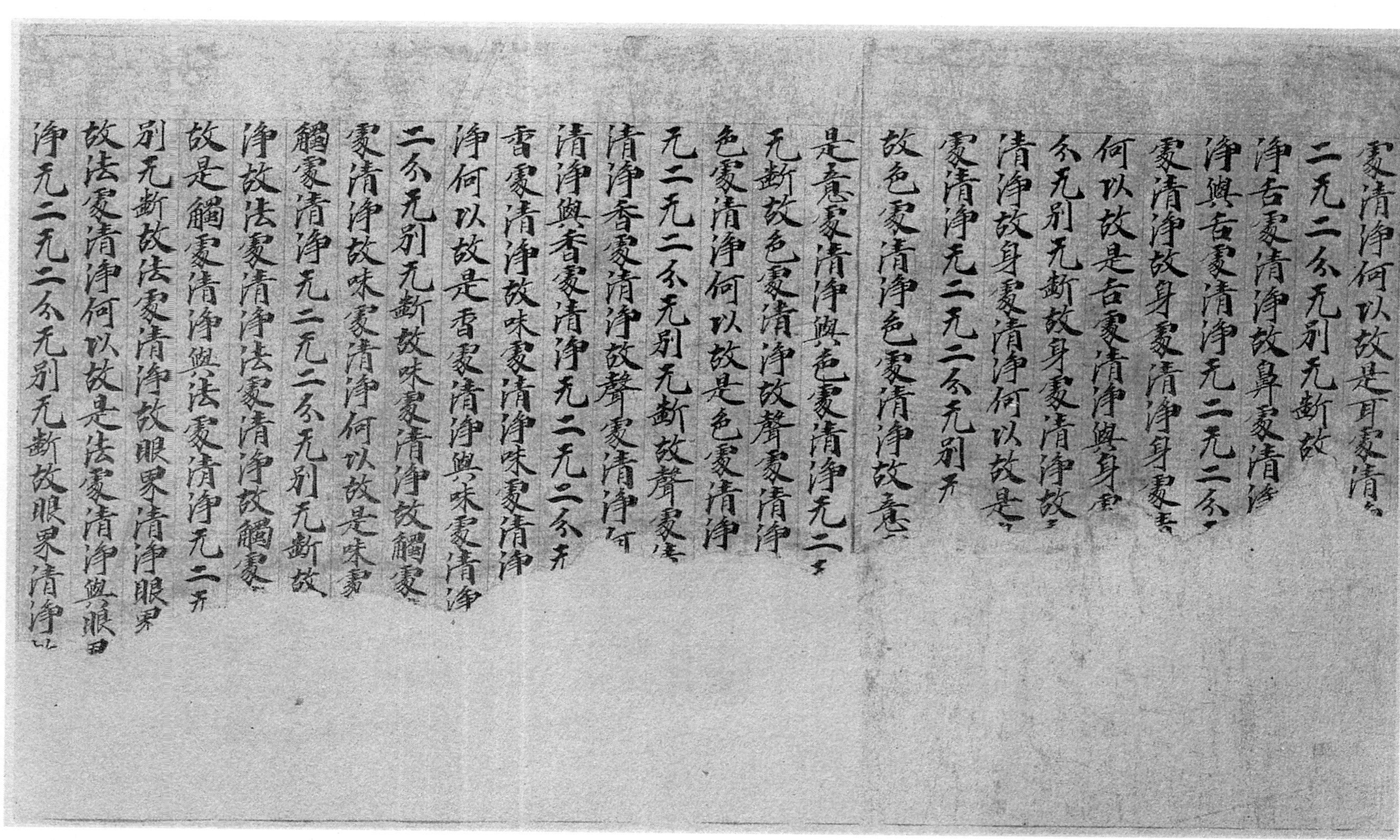
處清淨何以故是耳處清
二无二分无别无斷故
淨舌處清淨故鼻處清淨
淨與舌處清淨无二无二分
處清淨故身處清淨身處
何以故是舌處清淨與身處
分无别无斷故身處清淨與
清淨故身處清淨何以故是
處清淨无二无二分无别
故色處清淨色處清淨故意
是意處清淨與色處清淨无二
无斷故色處清淨故聲處清淨
色處清淨何以故是色處清淨
无二无二分无别无斷故聲處
清淨香處清淨故聲處清淨
清淨與香處清淨无二无二分
香處清淨故味處清淨味處清淨
淨何以故是香處清淨與味處清淨
二分无别无斷故味處清淨故觸處
處清淨故味處清淨何以故是味處
觸處清淨无二无二分无别无斷故
淨故法處清淨法處清淨故觸處
故是觸處清淨與法處清淨无二
别无斷故法處清淨故眼界清淨眼界
故法處清淨何以故是法處清淨與眼界
淨无二无二分无别无斷故眼界清淨

BD04981號　大般若波羅蜜多經卷二〇四　（20–2）

故是觸處清淨與法處清淨无二无
別无斷故法處清淨故眼界清淨眼界
故法處清淨何以故是法處清淨與眼界
淨无二无二分无別无斷故眼界清淨
界清淨色界清淨故眼界清淨何以故
界清淨與色界清淨无二无二分无別
故色界清淨故眼識界清淨眼識界清
色界清淨何以故是色界清淨與眼識界
淨无二无二分无別无斷故眼識界清淨
眼觸清淨眼觸清淨故眼識界清淨何以故
是眼識界清淨與眼觸清淨无二无二分
別无斷故眼觸清淨故眼觸為緣所生諸
清淨眼觸為緣所生諸受清淨故眼觸清
何以故是眼觸清淨與眼觸為緣所生諸受
清淨无二无二分无別无斷故眼觸為緣所
生諸受清淨故耳界清淨耳界清淨故眼觸
為緣所生諸受清淨何以故是眼觸為緣所
生諸受清淨與耳界清淨无二无二分无別
无斷故耳界清淨故聲界清淨聲界清淨故
耳界清淨何以故是耳界清淨與聲界清淨
无二无二分无別无斷故聲界清淨故耳識
界清淨耳識界清淨故聲界清淨何以故是
聲界清淨與耳識界清淨无二无二分无別
无斷故耳識界清淨故耳觸清淨耳觸清淨
故耳識界清淨何以故是耳識界清淨與耳
觸清淨无二无二分无別无斷故耳觸清淨
故耳觸為緣所生諸受清淨耳觸為緣所生

BD04981號　大般若波羅蜜多經卷二〇四　（20–3）

界清淨耳識界清淨故聲界清淨何以故是
聲界清淨與耳識界清淨无二无二分无別
无斷故耳識界清淨故耳觸清淨耳觸清淨
故耳識界清淨何以故是耳識界清淨與耳
觸清淨无二无二分无別无斷故耳觸清淨
故耳觸為緣所生諸受清淨耳觸為緣所生
諸受清淨故耳觸清淨何以故是耳觸清淨
與耳觸為緣所生諸受清淨无二无二分无
別无斷故耳觸為緣所生諸受清淨故鼻界
清淨鼻界清淨故耳觸為緣所生諸受清淨
何以故是耳觸為緣所生諸受清淨與鼻界
清淨无二无二分无別无斷故鼻界清淨故
香界清淨香界清淨故鼻界清淨何以故是
鼻界清淨與香界清淨无二无二分无別无
斷故香界清淨故鼻識界清淨鼻識界清淨
故香界清淨何以故是香界清淨與鼻識界
清淨无二无二分无別无斷故鼻識界清淨故
鼻觸清淨鼻觸清淨故鼻識界清淨何以故
是鼻識界清淨與鼻觸清淨无二无二分无
別无斷故鼻觸清淨故鼻觸為緣所生諸受
清淨鼻觸為緣所生諸受清淨故鼻觸清淨
何以故是鼻觸清淨與鼻觸為緣所生諸受
清淨无二无二分无別无斷故鼻觸為緣所
生諸受清淨故舌界清淨舌界清淨故鼻觸
為緣所生諸受清淨何以故是鼻觸為緣所
生諸受清淨與舌界清淨无二无二分无別
无斷故舌界清淨故味界清淨味界清淨故

BD04981號　大般若波羅蜜多經卷二〇四　（20–4）

清淨无二无二分无別无斷故鼻觸為緣所生諸受清淨故舌界清淨舌界清淨故鼻觸為緣所生諸受清淨何以故是鼻觸為緣所生諸受清淨與舌界清淨无二无二分无別无斷故舌界清淨故味界清淨味界清淨故舌界清淨何以故是舌界清淨與味界清淨无二无二分无別无斷故味界清淨故舌識界清淨舌識界清淨故味界清淨何以故是味界清淨與舌識界清淨无二无二分无別无斷故舌識界清淨故舌觸清淨舌觸清淨故舌識界清淨何以故是舌識界清淨與舌觸清淨无二无二分无別无斷故舌觸清淨故舌觸為緣所生諸受清淨舌觸為緣所生諸受清淨故舌觸清淨何以故是舌觸清淨與舌觸為緣所生諸受清淨无二无二分无別无斷故舌觸為緣所生諸受清淨故身界清淨身界清淨故舌觸為緣所生諸受清淨何以故是舌觸為緣所生諸受清淨與身界清淨无二无二分无別无斷故身界清淨故觸界清淨觸界清淨故身界清淨何以故是身界清淨與觸界清淨无二无二分无別无斷故觸界清淨故身識界清淨身識界清淨故觸界清淨何以故是觸界清淨與身識界清淨无二无二分无別无斷故身識界清淨故身觸清淨身觸清淨故身識界清淨何以故是身識界清淨與身觸清淨无二无二分无別无斷故身觸清淨故身觸為緣所生諸

BD04981號　大般若波羅蜜多經卷二〇四　（20–5）

斷故觸界清淨故身識界清淨身識界清淨故觸界清淨何以故是觸界清淨與身識界清淨无二无二分无別无斷故身識界清淨故身觸清淨身觸清淨故身識界清淨何以故是身識界清淨與身觸清淨无二无二分无別无斷故身觸清淨故身觸為緣所生諸受清淨身觸為緣所生諸受清淨故身觸清淨何以故是身觸清淨與身觸為緣所生諸受清淨无二无二分无別无斷故身觸為緣所生諸受清淨故意界清淨意界清淨故身觸為緣所生諸受清淨何以故是身觸為緣所生諸受清淨與意界清淨无二无二分无別无斷故意界清淨故法界清淨法界清淨故意界清淨何以故是意界清淨與法界清淨无二无二分无別无斷故法界清淨故意識界清淨意識界清淨故法界清淨何以故是法界清淨與意識界清淨无二无二分无別无斷故意識界清淨故意觸清淨意觸清淨故意識界清淨何以故是意識界清淨與意觸清淨无二无二分无別无斷故意觸清淨故意觸為緣所生諸受清淨意觸為緣所生諸受清淨故意觸清淨何以故是意觸清淨與意觸為緣所生諸受清淨无二无二分无別无斷故意觸為緣所生諸受清淨故地界清淨地界清淨故意觸為緣所生諸受清淨何以故是意觸為緣所生諸受清淨與地

BD04981號　大般若波羅蜜多經卷二〇四　（20–6）

淨與意觸為緣所生諸受清淨无二无二分
无别无斷故意觸為緣所生諸受清淨故地
界清淨地界清淨故意觸為緣所生諸受清
淨何以故是意觸為緣所生諸受清淨與地
界清淨无二无二分无别无斷故地界清淨
故水界清淨水界清淨故地界清淨何以故
是地界清淨與水界清淨无二无二分无别
无斷故水界清淨故火界清淨火界清淨故
水界清淨何以故是水界清淨與火界清淨
无二无二分无别无斷故火界清淨故風界
清淨風界清淨故火界清淨何以故是火界
清淨與風界清淨无二无二分无别无斷故
風界清淨故空界清淨空界清淨故風界清
淨何以故是風界清淨與空界清淨无二无
二分无别无斷故空界清淨故識界清淨識
界清淨故空界清淨何以故是空界清淨與
識界清淨无二无二分无别无斷故識界清
淨故无明清淨无明清淨故識界清淨何以
故是識界清淨與无明清淨无二无二分无
别无斷故无明清淨故行清淨行清淨故无
明清淨何以故是无明清淨與行清淨无二
无二分无别无斷故行清淨故識清淨識清
淨故行清淨何以故是行清淨與識清淨无
二无二分无别无斷故識清淨故名色清淨
名色清淨故識清淨何以故是識清淨與名
色清淨无二无二分无别无斷故名色清淨

无二分无别无斷故行清淨故識清淨識清
淨故行清淨何以故是行清淨與識清淨无
二无二分无别无斷故識清淨故名色清淨
名色清淨故識清淨何以故是識清淨與名
色清淨无二无二分无别无斷故名色清淨
故六處清淨六處清淨故名色清淨何以故
是名色清淨與六處清淨无二无二分无别
无斷故六處清淨故觸清淨觸清淨故六處
清淨何以故是六處清淨與觸清淨无二无
二分无别无斷故觸清淨故受清淨受清淨
故觸清淨何以故是觸清淨與受清淨无二
无二分无别无斷故受清淨故愛清淨愛清
淨故受清淨何以故是受清淨與愛清淨无
二无二分无别无斷故愛清淨故取清淨取
清淨故愛清淨何以故是愛清淨與取清淨
无二无二分无别无斷故取清淨故有清淨
有清淨故取清淨何以故是取清淨與有清淨无
二无二分无别无斷故有清淨故生清淨生
清淨故有清淨何以故是有清淨與生清淨
无二无二分无别无斷故生清淨故老死愁
歎苦憂惱清淨老死愁歎苦憂惱清淨故生
清淨何以故是生清淨與老死愁歎苦憂惱
清淨无二无二分无别无斷故老死愁歎苦
憂惱清淨故布施波羅蜜多清淨布施波羅
蜜多清淨故老死愁歎苦憂惱清淨何以故
是老死愁歎苦憂惱清淨與布施波羅蜜多
清淨无二无二分无别无斷故布施波羅蜜

清淨无二无二分无別无斷故老死愁歎苦
憂惱清淨故布施波羅蜜多清淨布施波羅
蜜多清淨故老死愁歎苦憂惱清淨何以故
是老死愁歎苦憂惱清淨與布施波羅蜜多
清淨无二无二分无別无斷故布施波羅蜜
多清淨故淨戒波羅蜜多清淨淨戒波羅蜜
多清淨故布施波羅蜜多清淨何以故是布
施波羅蜜多清淨與淨戒波羅蜜多清淨无
二无二分无別无斷故淨戒波羅蜜多清淨
故安忍波羅蜜多清淨安忍波羅蜜多清淨
故淨戒波羅蜜多清淨何以故是淨戒波羅
蜜多清淨與安忍波羅蜜多清淨无二无二
分无別无斷故安忍波羅蜜多清淨故精進
波羅蜜多清淨精進波羅蜜多清淨故安忍
波羅蜜多清淨何以故是安忍波羅蜜多清
淨與精進波羅蜜多清淨无二无二分无別
无斷故精進波羅蜜多清淨故靜慮波羅蜜
多清淨靜慮波羅蜜多清淨故精進波羅蜜
多清淨何以故是精進波羅蜜多清淨與靜
慮波羅蜜多清淨无二无二分无別无斷故
靜慮波羅蜜多清淨故般若波羅蜜多清淨
般若波羅蜜多清淨故靜慮波羅蜜多清淨
何以故是靜慮波羅蜜多清淨與般若波羅
蜜多清淨无二无二分无別无斷故般若波
羅蜜多清淨故內空清淨內空清淨故般若
波羅蜜多清淨何以故是般若波羅蜜多清

般若波羅蜜多清淨故靜慮波羅蜜多清淨
何以故是靜慮波羅蜜多清淨與般若波羅
蜜多清淨无二无二分无別无斷故般若波
羅蜜多清淨故內空清淨內空清淨故般若
波羅蜜多清淨何以故是般若波羅蜜多清
淨與內空清淨无二无二分无別无斷故內
空清淨故外空清淨外空清淨故內空清淨
何以故是內空清淨與外空清淨无二无二
分无別无斷故外空清淨故內外空清淨內
外空清淨故外空清淨何以故是外空清淨
與內外空清淨无二无二分无別无斷故內
外空清淨故空空清淨空空清淨故內外空
清淨何以故是內外空清淨與空空清淨无
二无二分无別无斷故空空清淨故大空清
淨大空清淨故空空清淨何以故是空空清
淨與大空清淨无二无二分无別无斷故大
空清淨故勝義空清淨勝義空清淨故大空
清淨何以故是大空清淨與勝義空清淨无
二无二分无別无斷故勝義空清淨故有為
空清淨有為空清淨故勝義空清淨何以故
是勝義空清淨與有為空清淨无二无二分
无別无斷故有為空清淨故无為空清淨无
為空清淨故有為空清淨何以故是有為空
清淨與无為空清淨无二无二分无別无斷
故无為空清淨故畢竟空清淨畢竟空清淨
故无為空清淨何以故是无為空清淨與畢
竟空清淨无二无二分无別无斷故畢竟空

為空清淨故有為空清淨何以故是有為空
清淨與无為空清淨无二无二分无別无斷
故无為空清淨故畢竟空清淨畢竟空清淨
故无為空清淨何以故是无為空清淨與畢
竟空清淨无二无二分无別无斷故畢竟空
清淨故无際空清淨无際空清淨故畢竟空
清淨何以故是畢竟空清淨與无際空清淨
无二无二分无別无斷故无際空清淨故散
空清淨散空清淨故无際空清淨何以故是
无際空清淨與散空清淨无二无二分无別
无斷故散空清淨故无變異空清淨无變異
空清淨故散空清淨何以故是散空清淨與
无變異空清淨无二无二分无別无斷故无
變異空清淨故本性空清淨本性空清淨故
无變異空清淨何以故是无變異空清淨與
本性空清淨无二无二分无別无斷故本性
空清淨故自相空清淨自相空清淨故本性
空清淨何以故是本性空清淨與自性空清
淨无二无二分无別无斷故自相空清淨故
共相空清淨共相空清淨故自相空清淨何
以故是自相空清淨與共相空清淨无二无
二分无別无斷故共相空清淨故一切法空
清淨一切法空清淨故共相空清淨何以故
是共相空清淨與一切法空清淨无二无二
分无別无斷故一切法空清淨故不可得空
清淨不可得空清淨故一切法空清淨何以故

清淨一切法空清淨故共相空清淨何以故
是共相空清淨與一切法空清淨无二无二
分无別无斷故一切法空清淨故不可得空
清淨不可得空清淨故一切法空清淨何以故
是一切法空清淨與不可得空清淨无二无
二分无別无斷故不可得空清淨故无性空
清淨无性空清淨故不可得空清淨何以故
是不可得空清淨與无性空清淨无二无二
分无別无斷故无性空清淨故自性空清淨
自性空清淨故无性空清淨何以故是无性
空清淨與自性空清淨无二无二分无別无
斷故自性空清淨故无性自性空清淨无性
自性空清淨故自性空清淨何以故是自性
空清淨與无性自性空清淨无二无二分无
別无斷故无性自性空清淨故真如清淨真
如清淨故无性自性空清淨何以故是无性
自性空清淨與真如清淨无二无二分无別
无斷故真如清淨故法界清淨法界清淨故
真如清淨何以故是真如清淨與法界清淨
无二无二分无別无斷故法界清淨故法性
清淨法性清淨故法界清淨何以故是法界
清淨與法性清淨无二无二分无別无斷故
法性清淨故不虛妄性清淨不虛妄性清淨
故法性清淨何以故是法性清淨與不虛妄
性清淨无二无二分无別无斷故不虛妄性
清淨故不變異性清淨不變異性清淨故不

清淨與法性清淨无二无二分无別无斷故
法性清淨故不虛妄性清淨不虛妄性清淨
故法性清淨何以故是法性清淨與不虛妄
性清淨无二无二分无別无斷故不虛妄性
清淨故不變異性清淨不變異性清淨故不
虛妄性清淨何以故是不虛妄性清淨與不
變異性清淨无二无二分无別无斷故不變
異性清淨故平等性清淨平等性清淨故不
變異性清淨何以故是不變異性清淨與平
等性清淨无二无二分无別无斷故平等性
清淨故離生性清淨離生性清淨故平等性
清淨何以故是平等性清淨與離生性清淨
无二无二分无別无斷故離生性清淨故法
定清淨法定清淨故離生性清淨何以故是
離生性清淨與法定清淨无二无二分无別
无斷故法定清淨故法住清淨法住清淨故
法定清淨何以故是法定清淨與法住清淨
无二无二分无別无斷故法住清淨故實際
清淨實際清淨故法住清淨何以故是法住
清淨與實際清淨无二无二分无別无斷故
實際清淨故虛空界清淨虛空界清淨故實
際清淨何以故是實際清淨與虛空界清淨
无二无二分无別无斷故虛空界清淨故不
思議界清淨不思議界清淨故虛空界清淨
何以故是虛空界清淨與不思議界清淨无
二无二分无別无斷故不思議界清淨故苦

BD04981 號　大般若波羅蜜多經卷二〇四　（20–13）

无二无二分无別无斷故虛空界清淨故不
思議界清淨不思議界清淨故虛空界清淨
何以故是虛空界清淨與不思議界清淨无
二无二分无別无斷故不思議界清淨故苦
聖諦清淨苦聖諦清淨故不思議界清淨何
以故是不思議界清淨與苦聖諦清淨无二
无二分无別无斷故苦聖諦清淨故集滅道
清淨集聖諦清淨故苦聖諦清淨何以故是
苦聖諦清淨與集聖諦清淨无二无二分无
別无斷故集聖諦清淨故滅聖諦清淨滅聖
諦清淨故集聖諦清淨何以故是集聖諦清
淨與滅聖諦清淨无二无二分无別无斷故
滅聖諦清淨故道聖諦清淨道聖諦清淨故
滅聖諦清淨何以故是滅聖諦清淨與道聖
諦清淨无二无二分无別无斷故道聖諦清
淨故四靜慮清淨四靜慮清淨故道聖諦清
淨何以故是道聖諦清淨與四靜慮清淨无二
无二分无別无斷故四靜慮清淨故四无量
清淨四无量清淨故四靜慮清淨何以故是
四靜慮清淨與四无量清淨无二无二分无
別无斷故四无量清淨故四无色定清淨四
无色定清淨故四无量清淨何以故是四无
量清淨與四无色定清淨无二无二分无別
无斷故四无色定清淨故八解脫清淨八解
脫清淨故四无色定清淨何以故是四无色
定清淨與八解脫清淨无二无二分无別无

BD04981 號　大般若波羅蜜多經卷二〇四　（20–14）

无色定清淨故四无量清淨何以故是四无
量清淨與四无色定清淨无二无二分无别
无斷故四无色定清淨故八解脱清淨八解
脱清淨故四无色定清淨何以故是四无色
定清淨與八解脱清淨无二无二分无别无
斷故八解脱清淨故八勝處清淨八勝處清
淨故八解脱清淨何以故是八解脱清淨與
八勝處清淨无二无二分无别无斷故八解
處清淨故九次苐定清淨九次苐定清淨故
八勝處清淨何以故是八勝處清淨與九次
苐定清淨无二无二分无别无斷故九次苐
定清淨故十遍處清淨十遍處清淨故九次
苐定清淨何以故是九次苐定清淨與十遍
處清淨无二无二分无别无斷故十遍處清
淨故四念住清淨四念住清淨故十遍處清
淨何以故是十遍處清淨與四念住清淨无
二无二分无别无斷故四念住清淨故四正
斷清淨四正斷清淨故四念住清淨何以故
是四念住清淨與四正斷清淨无二无二分
无别无斷故四正斷清淨故四神足清淨四
神足清淨故四正斷清淨何以故是四正斷
清淨與四神足清淨无二无二分无别无斷
故四神足清淨故五根清淨五根清淨故四
神足清淨何以故是四神足清淨與五根清
淨无二无二分无别无斷故五根清淨故五

清淨與四神足清淨无二无二分无别无斷
故四神足清淨故五根清淨五根清淨故四
神足清淨何以故是四神足清淨與五根清
淨无二无二分无别无斷故五根清淨故五
力清淨五力清淨故五根清淨何以故是五
根清淨與五力清淨无二无二分无别无斷
故五力清淨故七等覺支清淨七等覺支清
淨故五力清淨何以故是五力清淨與七等
覺支清淨无二无二分无别无斷故七等覺
支清淨故八聖道支清淨八聖道支清淨故
七等覺支清淨何以故是七等覺支清淨與
八聖道支清淨无二无二分无别无斷故八
聖道支清淨故空解脱門清淨空解脱門清
淨故八聖道支清淨何以故是八聖道支清淨
與空解脱門清淨无二无二分无别无斷故
空解脱門清淨故无相解脱門清淨无相解
脱門清淨故空解脱門清淨何以故是空
解脱門清淨與无相解脱門清淨无二无二
分无别无斷故无相解脱門清淨故无願解
脱門清淨无願解脱門清淨故无相解脱門
清淨何以故是无相解脱門清淨與无願解
脱門清淨无二无二分无别无斷故无願解
脱門清淨故菩薩十地清淨菩薩十地清淨
故无願解脱門清淨何以故是无願解脱門
清淨與菩薩十地清淨无二无二分无别无

脫門清淨无二无二分无別无斷故无願解
脫門清淨故菩薩十地清淨菩薩十地清淨
故无願解脫門清淨何以故是无願解脫門
清淨與菩薩十地清淨无二无二分无別无
斷故菩薩十地清淨故五眼清淨五眼清淨
故菩薩十地清淨何以故是菩薩十地清淨
與五眼清淨无二无二分无別无斷故五眼
清淨故六神通清淨六神通清淨故五眼清
淨何以故是五眼清淨與六神通清淨无二
无二分无別无斷故六神通清淨故佛十力
清淨佛十力清淨故六神通清淨何以故是
六神通清淨與佛十力清淨无二无二分无
別无斷故佛十力清淨故四无所畏清淨四
无所畏清淨故佛十力清淨何以故是佛十
力清淨與四无所畏清淨无二无二分无別
无斷故四无所畏清淨故四无礙解清淨四
无礙解清淨故四无所畏清淨何以故是四
无所畏清淨與四无礙解清淨无二无二分
无別无斷故四无礙解清淨故大慈清淨大
慈清淨故四无礙解清淨何以故是四无礙
解清淨與大慈清淨无二无二分无別无斷
故大慈清淨故大悲清淨大悲清淨故大慈
清淨何以故是大慈清淨與大悲清淨无二
无二分无別无斷故大悲清淨故大喜清淨
大喜清淨故大悲清淨何以故是大悲清淨
與大喜清淨无二无二分无別无斷故大喜

BD04981號　大般若波羅蜜多經卷二〇四　（20–17）

清淨何以故是大慈清淨與大悲清淨无二
无二分无別无斷故大悲清淨故大喜清淨
大喜清淨故大悲清淨何以故是大悲清淨
與大喜清淨无二无二分无別无斷故大喜
清淨故大捨清淨大捨清淨故大喜清淨何
以故是大喜清淨與大捨清淨无二无二分
无別无斷故大捨清淨故十八佛不共法清
淨十八佛不共法清淨故大捨清淨何以故
是大捨清淨與十八佛不共法清淨无二无
二分无別无斷故十八佛不共法清淨故无
忘失法清淨无忘失法清淨故十八佛不共
法清淨何以故是十八佛不共法清淨與无
忘失法清淨无二无二分无別无斷故无忘
失法清淨故恒住捨性清淨恒住捨性清淨
故无忘失法清淨何以故是无忘失法清淨
與恒住捨性清淨无二无二分无別无斷故
恒住捨性清淨故一切智清淨一切智清淨
故恒住捨性清淨何以故是恒住捨性清淨
與一切智清淨无二无二分无別无斷故一
切智清淨故道相智清淨道相智清淨故一
切智清淨何以故是一切智清淨與道相智
清淨无二无二分无別无斷故道相智清淨
故一切相智清淨一切相智清淨故道相智
清淨何以故是道相智清淨與一切相智清
淨无二无二分无別无斷故一切相智清淨
故一切陁羅尼門清淨一切陁羅尼門清淨

BD04981號　大般若波羅蜜多經卷二〇四　（20–18）

清淨无二无二分无別无斷故道相智清淨
故一切相智清淨一切相智清淨故道相智
清淨何以故是道相智清淨與一切相智清
淨无二无二分无別无斷故一切相智清淨
故一切陁羅尼門清淨一切陁羅尼門清淨
故一切相智清淨何以故是一切相智清淨
與一切陁羅尼門清淨无二无二分无別无
斷故一切陁羅尼門清淨故一切三摩地門
清淨一切三摩地門清淨故一切陁羅尼門
清淨何以故是一切陁羅尼門清淨與一切
三摩地門清淨无二无二分无別无斷故一切
三摩地門清淨故預流果清淨預流果清淨
故一切三摩地門清淨何以故是一切三摩
地門清淨與預流果清淨无二无二分无別
无斷故預流果清淨故一来果清淨一来果
清淨故預流果清淨何以故是預流果清淨
與一来果清淨无二无二分无別无斷故一
来果清淨故不還果清淨不還果清淨故一
来果清淨何以故是一来果清淨與不還果
清淨无二无二分无別无斷故不還果清淨
故阿羅漢果清淨阿羅漢果清淨故不還果
清淨何以故是不還果清淨與阿羅漢果清
淨无二无二分无別无斷故阿羅漢果清淨
故獨覺菩提清淨獨覺菩提清淨故阿羅漢
果清淨何以故是阿羅漢果清淨與獨覺菩
提清淨无二无二分无別无斷故獨覺菩提

BD04981號　大般若波羅蜜多經卷二〇四　（20–19）

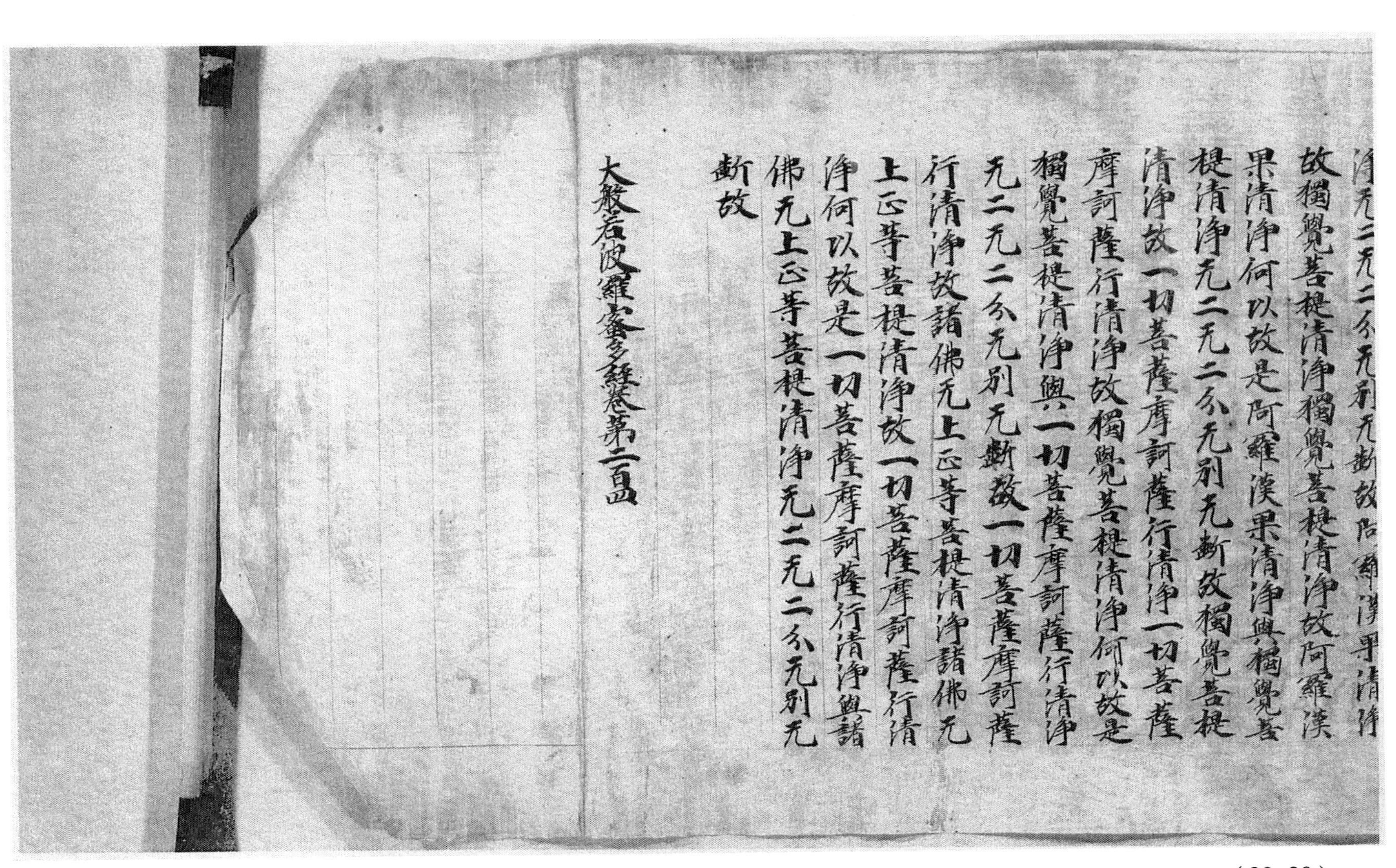
淨无二无二分无別无斷故阿羅漢果清淨
故獨覺菩提清淨獨覺菩提清淨故阿羅漢
果清淨何以故是阿羅漢果清淨與獨覺菩
提清淨无二无二分无別无斷故獨覺菩提
清淨故一切菩薩摩訶薩行清淨一切菩薩
摩訶薩行清淨故獨覺菩提清淨何以故是
獨覺菩提清淨與一切菩薩摩訶薩行清淨
无二无二分无別无斷故一切菩薩摩訶薩
行清淨故諸佛无上正等菩提清淨諸佛无
上正等菩提清淨故一切菩薩摩訶薩行清
淨何以故是一切菩薩摩訶薩行清淨與諸
佛无上正等菩提清淨无二无二分无別无
斷故

大般若波羅蜜多經卷第二百四

BD04981號　大般若波羅蜜多經卷二〇四　（20–20）

BD04981 號背　勘記　　（1–1）

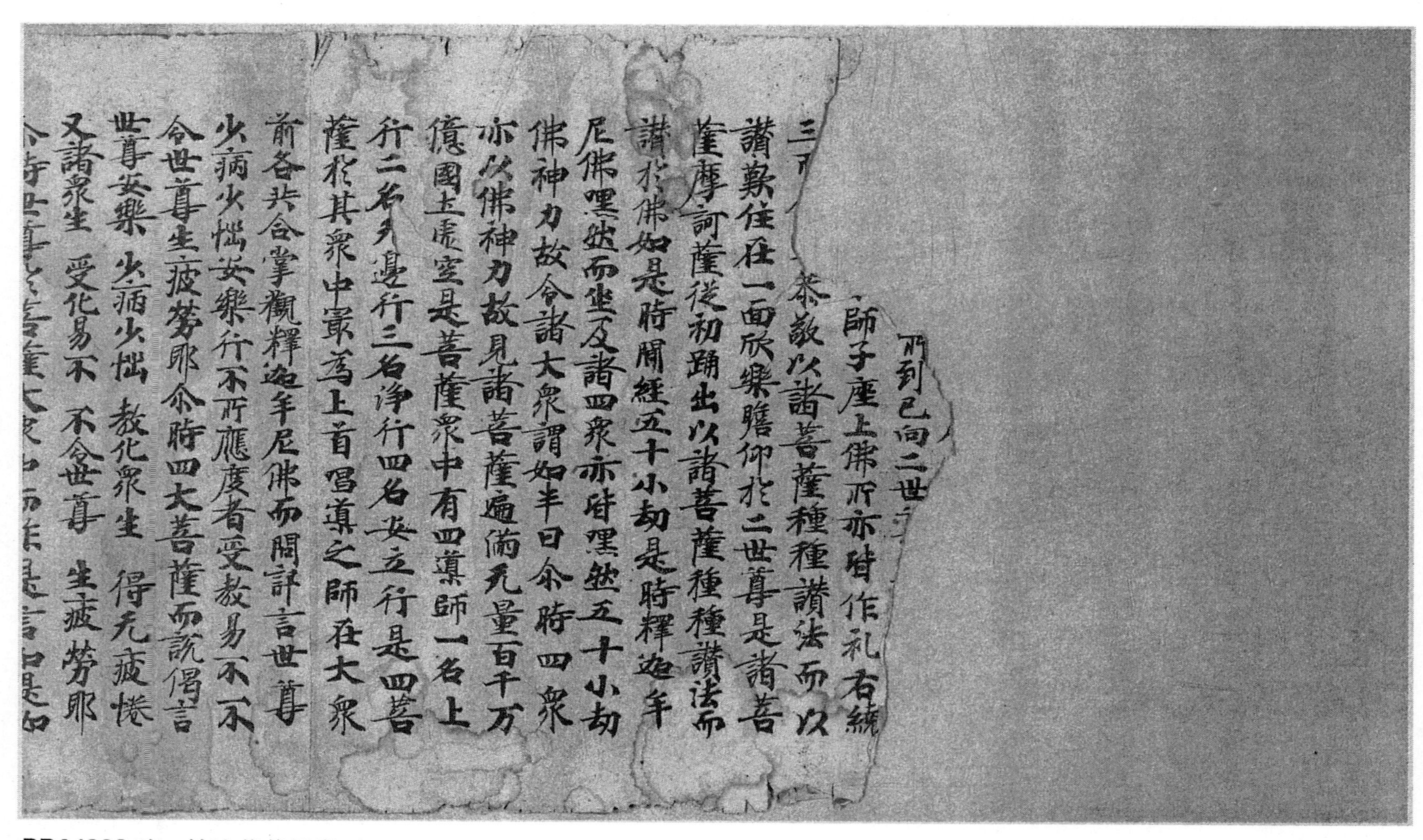

所到已向二世尊
師子座上佛所亦皆作礼右繞
三　恭敬以諸菩薩種種讃法而以
讃歎住在一面欣樂瞻仰於二世尊是諸菩
薩摩訶薩從初踊出以諸菩薩種種讃法而
讃於佛如是時間經五十小劫是時釋迦牟
尼佛嘿然而坐及諸四衆亦皆嘿然五十小劫
佛神力故令諸大衆謂如半日尒時四衆
亦以佛神力故見諸菩薩遍滿无量百千万
億國土虚空是菩薩衆中有四導師一名上
行二名无邊行三名淨行四名安立行是四菩
薩於其衆中最為上首唱導之師在大衆
前各共合掌觀釋迦牟尼佛而問訊言世尊
少病少惱安樂行不所應度者受教易不不
令世尊生疲勞耶尒時四大菩薩而說偈言
世尊安樂　少病少惱　教化衆生　得无疲惓
又諸衆生　受化易不　不令世尊　生疲勞耶
尒時世尊於菩薩大衆中而作是言如是如是

BD04982 號　妙法蓮華經卷五　　（11–1）

前各共合掌觀釋迦牟尼佛而問訊言世尊
少病少惱安樂行不所應度者受教易不不
令世尊生疲勞耶尒時四大菩薩而說偈言
世尊安樂 少病少惱 教化衆生 得无疲惓
又諸衆生 受化易不 不令世尊 生疲勞耶
尒時世尊於菩薩大衆中而作是言如是如
是諸善男子如來安樂少病少惱諸衆生等
易可化度无有疲勞所以者何是諸衆生世
世已來常受我化亦於過去諸佛供養尊重
種諸善根此諸衆生始見我身聞我所說即
皆信受入如來慧除先脩習學小乘者如是之
人我今亦令得聞是經入於佛慧尒時諸大菩
薩而說偈言
善哉善哉 大雄世尊 諸衆生等 易可化度
能問諸佛 甚深智慧 聞已信行 我等隨喜
於時世尊讚歎上首諸大菩薩善哉善哉善
男子汝等能於如來發隨喜心尒時弥勒菩
薩及八千恒河沙諸菩薩衆皆作是念我等
從昔已來不見不聞如是大菩薩摩訶薩衆
從地踊出住世尊前合掌供養問訊如來時
弥勒菩薩摩訶薩知八千恒河沙諸菩薩等
心之所念并欲自決所疑合掌向佛以偈問曰
无量千万億 大衆諸菩薩 昔所未曾見 願兩足尊說
是從何所來 以何因緣集 巨身大神通 智慧叵思議
其志念堅固 有大忍辱力 衆生所樂見 為從何所來
一一諸菩薩 所將諸眷屬 其數无有量 如恒河沙等
或有大菩薩 將六万恒沙 如是諸大衆 一心求佛道

BD04982號　妙法蓮華經卷五　（11–2）

无量千万億 大衆諸菩薩 昔所未曾見 願兩足尊說
是從何所來 以何因緣集 巨身大神通 智慧叵思議
其志念堅固 有大忍辱力 衆生所樂見 為從何所來
一一諸菩薩 所將諸眷屬 其數无有量 如恒河沙等
或有大菩薩 將六万恒沙 如是諸大衆 一心求佛道
是諸大師等 六万恒河沙 俱來供養佛 及護持此經
將五万恒沙 其數過於是 四万及三万 二万至一万
一千一百等 乃至一恒沙 半及三四分 億万分之一
千万那由他 万億諸弟子 乃至於半億 其數復過上
百万至一万 一千及一百 五十與一十 乃至三二一
單己无眷屬 樂於獨處者 俱來至佛所 其數轉過上
如是諸大衆 若人行籌數 過於恒沙劫 猶不能盡知
是諸大威德 精進菩薩衆 誰為其說法 教化而成就
從誰初發心 稱揚何佛法 受持行誰經 脩習何佛道
如是諸菩薩 神通大智力 四方地震裂 皆從中踊出
世尊我昔來 未曾見是事 願說其所從 國土之名号
我常遊諸國 未曾見是衆 我於此衆中 乃不識一人
忽然從地出 願說其因緣 今此之大會 无量百千億
是諸菩薩等 皆欲知此事 是諸菩薩衆 本末之因緣
无量德世尊 唯願決衆疑
尒時釋迦牟尼佛分身諸佛從无量千万億
他方國土來者在於八方諸寶樹下師子座
上結跏趺坐其佛侍者各各見是菩薩大衆
於三千大千世界四方從地踊出住於虛空
各白其佛言世尊此諸无量无邊阿僧祇菩
薩大衆從何所來尒時諸佛各告侍者諸善
男子且待須臾有菩薩摩訶薩名曰弥勒釋

BD04982號　妙法蓮華經卷五　（11–3）

上結跏趺坐其佛侍者各各見是菩薩大衆
於三千大千世界四方從地踊出住於虛空
各白其佛言世尊此諸无量无邊阿僧祇菩
薩大衆從何所來尒時諸佛各告侍者諸善
男子且待須臾有菩薩摩訶薩名曰弥勒釋
迦牟尼佛之所授記次後作佛已問斯事佛今
荅之汝等自當因是得聞尒時釋迦牟尼佛
告弥勒菩薩善哉善哉阿逸多乃能問佛如
是大事汝等當共一心被精進鎧發堅固意
如來今欲顯發宣示諸佛智慧諸佛自在神
通之力諸佛師子奮迅之力諸佛威猛大勢
之力尒時世尊欲重宣此義而說偈言
當精進一心　我欲說此事　勿得有疑悔　佛智叵思議
汝今出信力　住於忍善中　昔所未聞法　今皆當得聞
我今安慰汝　勿得懷疑懼　佛无不實語　智慧不可量
所得第一法　甚深叵分別　如是今當說　汝等一心聽
尒時世尊說此偈已告弥勒菩薩我今於此
大衆宣告汝等阿逸多是諸大菩薩摩訶薩无
量无數阿僧祇從地踊出汝等昔所未見
者我於是娑婆世界得阿耨多羅三藐三菩
提已教化示導是諸菩薩調伏其心令發道
意此諸菩薩皆於是娑婆世界之下此界虛
空中住於諸經典讀誦通利思惟分別正憶
念阿逸多是諸善男子等不樂在衆多有所
說常樂靜處勤行精進未曾休息亦不依止
人天而住常樂深智无有障礙亦常樂於諸

提已教化示導是諸菩薩調伏其心令發道
意此諸菩薩皆於是娑婆世界之下此界虛
空中住於諸經典讀誦通利思惟分別正憶
念阿逸多是諸善男子等不樂在衆多有所
說常樂靜處勤行精進未曾休息亦不依止
人天而住常樂深智无有障礙亦常樂於諸
佛之法一心精進求无上慧尒時世尊欲重
宣此義而說偈言
阿逸汝當知　是諸大菩薩　從无數劫來　修習佛智慧
悉是我所化　令發大道心　此等是我子　依止是世界
[illegible]頭陀事　志樂於靜處　捨大衆憒鬧　不樂多所說
[illegible]習我道法　晝夜常精進　為求佛道故
[illegible]方空中住　志念力堅固　常勤求智慧
說種種妙法　其心无所畏　我於伽耶城　菩提樹下坐
得成最正覺　轉无上法輪　尒乃教化之　令初發道心
今皆住不退　悉當得成佛　我今說實語　汝等一心信
我從久遠來　教化是等衆
尒時弥勒菩薩摩訶薩及无數諸菩薩等心
生疑惑怪未曾有而作是念云何世尊於少
時間教化如是无量无邊阿僧祇諸大菩薩
令住阿耨多羅三藐三菩提即白佛言世尊
如來為太子時出於釋宮去伽耶城不遠坐
於道場得成阿耨多羅三藐三菩提從是已
來始過四十餘年世尊云何於此少時大作
佛事以佛勢力以佛功德教化如是无量大
菩薩衆當成阿耨多羅三藐三菩提世尊此
大菩薩衆假使有人於千万億劫數不能盡

如来為太子時出扵釋宮去伽耶城不遠坐
扵道場得成阿耨多羅三藐三菩提從是已
來始過四十餘年世尊云何扵此少時大作
佛事以佛勢力以佛功德教化如是无量大
菩薩衆當成阿耨多羅三藐三菩提世尊此
大菩薩衆假使有人扵千万億劫數不能盡
不得其邊斯等久遠已來扵无量无邊諸佛
所殖諸善根成就菩薩道常脩梵行世尊如
此之事世所難信譬如有人色美髮黑年二
十五指百歲人言是我子其百歲人亦指年
少言是我父生育我等是事難信佛亦如是
得道已來其實未久而此大衆諸菩薩等已
扵无量千万億劫為佛道故勤行精進善入
出住无量百千万億三昧得大神通久脩梵
行善能次第習諸善法巧扵問荅人中之寶
一切世間甚為希有今日世尊方云得佛道
時初令發心教化示導令向阿耨多羅三藐
三菩提世尊得佛未久乃能作此大功德事
我等雖復信佛隨宜所說佛所出言未曾虛
妄佛所知者皆悉通達然諸新發意菩薩扵
佛滅後若聞是語或不信受而起破法罪業
因緣唯然世尊願為解說除我等疑及未來
世諸善男子聞此事已亦不生疑尒時弥勒
菩薩欲重宣此義而說偈言
佛昔從釋種　出家近伽耶　坐扵菩提樹　尒來尚未久
此諸佛子等　其數不可量　久已行佛道　住神通智力
善學菩薩道　不染世間法　如蓮華在水　從地而踊出

世諸善男子聞此事已亦不生疑尒時弥勒
菩薩欲重宣此義而說偈言
佛昔從釋種　出家近伽耶　坐扵菩提樹　尒來尚未久
此諸佛子等　其數不可量　久已行佛道　住神通智力
善學菩薩道　不染世間法　如蓮華在水　從地而踊出
皆起恭敬心　住扵世尊前　是事難思議　云何而可信
佛得道甚近　所成就甚多　願為除衆疑　如實分別說
譬如少壯人　年始二十五　示人百歲子　髮白而面皺
是等我所生　子亦說是父　父少而子老　舉世所不信
世尊亦如是　得道來甚近　是諸菩薩等　志固无怯弱
從无量劫來　而行菩薩道　巧扵難問荅　其心无所畏
忍辱心決定　端正有威德　十方佛所讚　善能分別說
不樂在人衆　常好在禪定　為求佛道故　扵下空中住
我等從佛聞　扵此事无疑　願佛為未來　演說令開解
若有扵此經　生疑不信者　即當墮惡道　願今為解說
是无量菩薩　云何扵少時　教化令發心　而住不退地

妙法蓮華經如來壽量品第十六

尒時佛告諸菩薩及一切大衆諸善男子汝
等當信解如來誠諦之語復告大衆汝等當
信解如來誠諦之語又復告諸大衆汝等當信
解如來誠諦之語是時菩薩大衆弥勒為首
合掌白佛言世尊唯願說之我等當信受
佛語如是三白已復言唯願說之我等當信
受佛語尒時世尊知諸菩薩三請不止而告之
言汝等諦聽如來秘密神通之力一切世間

合掌白佛言世尊唯願說之我等當信受
佛語如是三白已復言唯願說之我等當信
受佛語尒時世尊知諸菩薩三請不止而告之
言汝等諦聽如來秘密神通之力一切世間
天人及阿脩羅皆謂今釋迦牟尼佛出釋氏
宮去伽耶城不遠坐於道場得阿耨多羅
三藐三菩提然善男子我實成佛已來无量
无邊百千万億那由他劫譬如五百千万億那
由他阿僧祇三千大千世界假使有人末為
微塵過於東方五百千万億那由他阿僧
祇國乃下一塵如是東行盡是微塵諸善男
子於意云何是諸世界可得思惟校計知其
數不弥勒菩薩等俱白佛言世尊是諸世界
无量无邊非筭數所知亦非心力所及一切聲
聞辟支佛以无漏智不能思惟知其限數
我等住阿惟越致地於是事中亦所不達世
尊如是諸世界无量无邊尒時佛告大菩薩
衆諸善男子今當分明宣語汝等是諸世界
若著微塵及不著者盡以為塵一塵一劫
我成佛已來復過於此百千万億那由他阿僧
祇劫自從是來我常在此娑婆世界說法教
化亦於餘處百千万億那由他阿僧祇國導
利衆生諸善男子於是中間我說然燈佛等
又復言其入於涅槃如是皆以方便分別諸
善男子若有衆生來至我所我以佛眼觀其
信等諸根利鈍隨所應度處處自說名字不

BD04982號　妙法蓮華經卷五　（11–8）

化亦於餘處百千万億那由他阿僧祇國導
利衆生諸善男子於是中間我說然燈佛等
又復言其入於涅槃如是皆以方便分別諸
善男子若有衆生來至我所我以佛眼觀其
信等諸根利鈍隨所應度處處自說名字不
同年紀大小亦復現言當入涅槃又以種種
方便說微妙法能令衆生發歡喜心諸善男
子如來見諸衆生樂於小法德薄垢重者為
是人說我少出家得阿耨多羅三藐三菩提
然我實成佛已來久遠若斯但以方便教化
衆生令入佛道作如是說諸善男子如來所
演經典皆為度脫衆生或說己身或說他身
或示己身或示他身或示己事或示他事諸
所言說皆實不虛所以者何如來如實知見
三界之相无有生死若退若出亦无在世及
滅度者非實非虛非如非異不如三界見於
三界如斯之事如來明見无有錯謬以諸衆
生有種種性種種欲種種行種種憶想分別
故欲令生諸善根以若干因緣譬喻言辭種
種說法所作佛事未曾暫廢如是我成佛已
來甚大久遠壽命无量阿僧祇劫常住不滅
諸善男子我本行菩薩道所成壽命今猶未
盡復倍上數然今非實滅度而便唱言當取
滅度如來以是方便教化衆生所以者何若
佛久住於世薄德之人不種善根貧窮下賤
貪著五欲入於憶想妄見網中若見如來常在

BD04982號　妙法蓮華經卷五　（11–9）

諸善男子我本行菩薩道所成壽命今猶未
盡復倍上數然今非實滅度而便唱言當取
滅度如來以是方便教化衆生所以者何若
佛久住於世薄德之人不種善根貧窮下賤
貪著五欲入於憶想妄見網中若見如來常在
不滅便起憍恣而懷厭怠不能生難遭之想
恭敬之心是故如來以方便說比丘當知諸
佛出世難可值遇所以者何諸薄德人過无
量百千万億劫或有見佛或不見者以此
事故我作是言諸比丘如來難可得見斯衆
生等聞如是語必當生於難遭之想心懷戀
慕渴仰於佛便種善根是故如來雖不實滅
而言滅度又善男子諸佛如來法皆如是為
度衆生皆實不虛譬如良醫智慧聰達明練
方藥善治衆病其人多諸子息若十二乃
至百數以有事緣遠至餘國諸子於後飲他
毒藥藥發悶亂宛轉于地是時其父還來歸
家諸子飲毒或失本心或不失者遙見其父
皆大歡喜拜跪問訊善安隱歸我等愚癡誤
服毒藥願見救療更賜壽命父見子等苦惱
如是依諸經方求好藥草色香美味皆悉具
足擣篩和合與子令服而作是言此大良藥
色香美味皆悉具足汝等可服速除苦惱无
復衆患其諸子中不失心者見此良藥色香
俱好即便服之病盡除愈餘失心者見其父
來雖亦歡喜問訊求索治病然與其藥而不
肯服所以者何毒氣深入失本心故於此好

BD04982號　妙法蓮華經卷五　（11–10）

方藥善治衆病其人多諸子息若十二乃
至百數以有事緣遠至餘國諸子於後飲他
毒藥藥發悶亂宛轉于地是時其父還來歸
家諸子飲毒或失本心或不失者遙見其父
皆大歡喜拜跪問訊善安隱歸我等愚癡誤
服毒藥願見救療更賜壽命父見子等苦惱
如是依諸經方求好藥草色香美味皆悉具
足擣篩和合與子令服而作是言此大良藥
色香美味皆悉具足汝等可服速除苦惱无
復衆患其諸子中不失心者見此良藥色香
俱好即便服之病盡除愈餘失心者見其父
來雖亦歡喜問訊求索治病然與其藥而不
肯服所以者何毒氣深入失本心故於此好
色香藥而謂不美父作是念此子可愍為毒
所中心皆顛倒雖見我喜求索救療如是好
藥而不肯服我今當設方便令服此藥即作
是言汝等當知我今衰老死時已至是好良
藥今留在此汝可取服勿憂不差作是教已

BD04982號　妙法蓮華經卷五　（11–11）

正法滅盡已　像法三十二　舍利廣流布　天人普供養
華光佛所為　其事皆如是　其兩足聖尊　㝡勝无倫疋
彼即是汝身　宜應自欣慶
尒時四部衆比丘比丘尼優婆塞優婆夷天龍
夜叉乾闥婆阿脩羅迦樓羅緊那羅摩睺
羅伽等大衆見舍利弗於佛前受阿耨多羅
三藐三菩提記心大歡喜踊躍无量各各脫
身所着上衣以供養佛釋提桓因梵天王等
與无數天子亦以天妙衣天曼陁羅華摩訶
曼陁羅華等供養於佛所散天衣住虛空中
而自迴轉諸天伎樂百千万種於虛空中一時
俱作雨衆天華而作是言佛昔於波羅柰初
轉法輪今乃復轉无上㝡大法輪尒時諸天
子欲重宣此義而說偈言
昔於波羅柰　轉四諦法輪　分別說諸法　五衆之生滅
今復轉㝡妙　无上大法輪　是法甚深奧　少有能信者
我等從昔来　數聞世尊說　未曾聞如是　深妙之上法
世尊說是法　我等皆隨喜　大智舍利弗　今得受尊記

BD04983號　妙法蓮華經卷二　（25–1）

轉法輪今乃復轉无上㝡大法輪尒時諸天
子欲重宣此義而說偈言
昔於波羅柰　轉四諦法輪　分別說諸法　五衆之生滅
今復轉㝡妙　无上大法輪　是法甚深奧　少有能信者
我等從昔来　數聞世尊說　未曾聞如是　深妙之上法
世尊說是法　我等皆隨喜　大智舍利弗　今得受尊記
我等亦如是　必當得作佛　於一切世間　㝡尊无有上
佛道叵思議　方便隨冝說　我所有福業　今世若過世
及見佛功德　盡迴向佛道
尒時舍利弗白佛言世尊我今无復疑悔親
於佛前得受阿耨多羅三藐三菩提記是諸
千二百心自在者昔住學地佛常教化言我
法能離生老病死究竟涅槃是學无學人亦
各自以離我見及有无見等謂得涅槃而今
於世尊前聞所未聞皆墮疑惑善哉世尊願
為四衆說其因緣令離疑悔尒時佛告舍利
弗我先不言諸佛世尊以種種因緣譬喻言
辭方便說法皆為阿耨多羅三藐三菩提耶
是諸所說皆為化菩薩故然舍利弗今當復
以譬喻更明此義諸有智者以譬喻得解舍
利弗若國邑聚落有大長者其年衰邁財富
无量多有田宅及諸僮僕其家廣大唯有一門
多諸人衆一百二百乃至五百人止住其中堂
閣朽故墻壁頹落柱根腐敗梁棟傾危周匝
俱時欻然火起焚燒舍宅長者諸子若十
二十或至三十在此宅中長者見是大火從

BD04983號　妙法蓮華經卷二　（25–2）

……多有田宅及諸僮僕其家廣大唯有一門
多諸人衆一百二百乃至五百人止住其中堂
閣朽故墻壁頹落柱根腐敗梁棟傾危周匝
俱時欻然火起焚燒舍宅長者諸子若十
二十或至三十在此宅中長者見是大火從
四面起即大驚怖而作是念我雖能於此所
燒之門安隱得出而諸子等於火宅內樂着
嬉戲不覺不知不驚不怖火來逼身苦痛切
已心不猒患无求出意舍利弗是長者作是
思惟我身手有力當以衣裓若以机案從舍
出之復更思惟是舍唯有一門而復狹小諸
子幼稚未有所識戀着戲處或當墮落為火
所燒我當為說怖畏之事此舍已燒宜時疾
出无令為火之所燒害作是念已如所思惟
具告諸子汝等速出父雖憐愍善言誘喻而
諸子等樂着嬉戲不肯信受不驚不畏了无
出心亦復不知何者是火何者為舍云何為失
但東西走戲視父而已尒時長者即作是念
此舍已為大火所燒我及諸子若不時出
必為所焚我今當設方便令諸子等得免斯
害父知諸子先心各有所好種種珎玩奇異
之物情必樂着而告之言汝等所可玩好希
有難得汝若不取後必憂悔如此種種羊車
鹿車牛車今在門外可以遊戲汝等於此火
宅宜速出來隨汝所欲皆當與汝尒時諸子聞
父所說珎玩之物適其願故心各勇銳互相推
[illegible]

BD04983號　妙法蓮華經卷二　（25–3）

……如此種種羊車
鹿車牛車今在門外可以遊戲汝等於此火
宅宜速出來隨汝所欲皆當與汝尒時諸子聞
父所說珎玩之物適其願故心各勇銳互相推
排競共馳走爭出火宅是時長者見諸子等安隱
得出皆於四衢道中露地而坐无復障礙
其心泰然歡喜踊躍時諸子等各白父
言父先所許玩好之具羊車鹿車牛車
願時賜與舍利弗尒時長者各賜諸子等一
大車其車高廣衆寶莊挍周帀欄楯四面懸
鈴又於其上張設幰蓋亦以珎奇雜寶而嚴
飾之寶繩交絡垂諸華瓔重敷綩綖安置丹
枕駕以白牛膚色充潔形體姝好有大筋力
行步平正其疾如風又多僕從而侍衛之所
以者何是大長者財富无量種種諸藏悉皆
充溢而作是念我財物无極不應以下劣小
車與諸子等今此幼童皆是吾子愛無偏黨
我有如是七寶大車其數无量應當等心各
各與之不宜差別所以者何以我此物周給
一國猶尚不匱何況諸子是時諸子各乘大車
得未曾有非本所望舍利弗於汝意云何是
長者等與諸子珎寶大車寧有虛妄不舍利
弗言不也世尊是長者但令諸子得免火難
全其軀命非為虛妄何以故若全身命便為
已得玩好之具況復方便於彼火宅而拔濟
之世尊若是長者乃至不與最小一車猶
不虛妄何以故是長者先作是意我以方便

BD04983號　妙法蓮華經卷二　（25–4）

弗言不也世尊是長者但令諸子得免火難
全其軀命非為虛妄何以故若全身命便為
已得玩好之具况復方便於彼火宅而拔濟
之世尊若是長者乃至不與最小一車猶
不虛妄何以故是長者先作是意我以方便
令子得出以是因緣无虛妄也何况長者自
知財富无量欲饒益諸子等與大車佛告舍
利弗善哉善哉如汝所言舍利弗如來亦復
如是則為一切世間之父於諸怖畏衰惱憂
患无明闇蔽永盡无餘而悉成就无量知見力
无所畏有大神力及智慧力具足方便智
慧波羅蜜大慈大悲常无懈惓恒求善事利
益一切而生三界朽故火宅為度衆生生老
病死憂悲苦惱愚癡闇蔽三毒之火教化令
得阿耨多羅三藐三菩提見諸衆生為生老
病死憂悲苦惱之所燒煑亦以五欲財利故
受種種苦又以貪著追求故現受衆苦後受
地獄畜生餓鬼之苦若生天上及在人間貧
窮困苦愛別離苦怨憎會苦如是等種種諸
苦衆生沒在其中歡喜遊戲不覺不知不驚
不怖亦不生猒不求解脫於此三界火宅東
西馳走雖遭大苦不以為患舍利弗佛見此
已便作是念我為衆生之父應拔其苦難與
无量无邊佛智慧樂令其遊戲舍利弗如來
復作是念我但以神力及智慧力捨於方
便為諸衆生讚如來知見力无所畏者衆生

BD04983號　妙法蓮華經卷二

（25–5）

西馳走雖遭大苦不以為患舍利弗佛見此
已便作是念我為衆生之父應拔其苦難與
无量无邊佛智慧樂令其遊戲舍利弗如來
復作是念我但以神力及智慧力捨於方
便為諸衆生讚如來知見力无所畏者衆生
不能以是得度所以者何是諸衆生未免生
老病死憂悲苦惱而為三界火宅所燒何由
能解佛之智慧舍利弗如彼長者雖復身手
有力而不用之但以慇懃方便免濟諸子火
宅之難然後各與珍寶大車如來亦復如是
雖有力无所畏而不用之但以智慧方便於
三界火宅拔濟衆生為說三乘聲聞辟支佛
佛乘而作是言汝等莫得樂住三界火宅勿貪
麁弊色聲香味觸也若貪著生愛則為所
燒汝等速出三界當得三乘聲聞辟支佛佛
乘我今為汝保任此事終不虛也汝等但當
勤修精進如來以是方便誘進衆生復作是
言汝等當知此三乘法皆是聖所稱歎自在
无繫无所依求乘是三乘以无漏根力覺道
禪定解脫三昧等而自娛樂便得无量安隱
快樂舍利弗若有衆生內有智性從佛世尊
聞法信受慇懃精進欲速出三界自求涅槃是
名聲聞乘如彼諸子為求羊車出於火宅若
有衆生從佛世尊聞法信受慇懃精進求自
然慧樂獨善寂深知諸法因緣是名辟支佛
乘如彼諸子為求鹿車出於火宅若有衆生

BD04983號　妙法蓮華經卷二

（25–6）

名聲聞乘如彼諸子為求羊車出於火宅若
有衆生從佛世尊聞法信受慇懃精進求自
然慧樂獨善寂深知諸法因緣是名辟支佛
乘如彼諸子為求鹿車出於火宅若有衆生
從佛世尊聞法信受勤脩精進求一切智佛
智自然智無師智如來知見力無所畏愍念
安樂无量衆生利益天人度脫一切是名大
乘菩薩求此乘故名為摩訶薩如彼諸子為
求牛車出於火宅舍利弗如彼長者見諸子
等安隱得出火宅到无畏處自惟財富无量
等以大車而賜諸子如來亦復如是為一切衆
生之父若見无量億千衆生以佛教門出三
界苦怖畏險道得涅槃樂如來尒時便作
是念我有无量无邊智慧力无畏等諸佛法
藏是諸衆生皆是我子等與大乘不令有人
獨得滅度皆以如來滅度而滅度之是諸衆
生脫三界者悉與諸佛禪定解脫等娛樂之
具皆是一相一種聖所稱歎能生淨妙第一
之樂舍利弗如彼長者初以三車誘引諸子
然後但與大車寶物莊嚴安隱第一然彼長
者無虛妄之咎如來亦復如是无有虛妄初
說三乘引導衆生然後但以大乘而度脫之
何以故如來有无量智慧力无所畏諸法之藏
能與一切衆生大乘之法但不盡能受舍利
弗以是因緣當知諸佛方便力故於一佛

BD04983號　妙法蓮華經卷二　（25–7）

說三乘引導衆生然後但以大乘而度脫之
何以故如來有无量智慧力无所畏諸法之藏
能與一切衆生大乘之法但不盡能受舍利
弗以是因緣當知諸佛方便力故於一佛
乘分別說三佛欲重宣此義而說偈言
譬如長者　有一大宅　其宅久故　而復頓弊
堂舍高危　柱根摧朽　梁棟傾斜　基陛隤毀
牆壁圮坼　泥塗褫落　覆苫亂墜　椽梠差脫
周障屈曲　雜穢充遍　有五百人　止住其中
鵄梟鵰鷲　烏鵲鳩鴿　蚖蛇蝮蠍　蜈蚣蚰蜒
守宮百足　狖狸鼷鼠　諸惡虫輩　交横馳走
屎尿臭處　不淨流溢　蜣蜋諸虫　而集其上
狐狼野干　咀嚼踐蹋　嚌齧死屍　骨肉狼藉
由是群狗　競來搏撮　飢羸慞惶　處處求食
鬪諍摣掣　啀喍嘷吠　其舍恐怖　變狀如是
處處皆有　魑魅魍魎　夜叉惡鬼　食噉人肉
毒虫之屬　諸惡禽獸　孚乳產生　各自藏護
夜叉競來　爭取食之　食之既飽　惡心轉熾
鬪諍之聲　甚可怖畏　鳩槃荼鬼　蹲踞土埵
或時離地　一尺二尺　往返遊行　縱逸嬉戲
捉狗兩足　撲令失聲　以脚加頸　怖狗自樂
復有諸鬼　其身長大　裸形黑瘦　常住其中
發大惡聲　叫呼求食　復有諸鬼　其咽如針
復有諸鬼　首如牛頭　或食人肉　或復噉狗
頭髮蓬亂　殘害兇險　飢渴所逼　叫喚馳走
夜叉餓鬼　諸惡鳥獸　飢急四向　窺看窗牖

BD04983號　妙法蓮華經卷二　（25–8）

復有諸鬼 其身長大 裸形黑瘦 常住其中
發大惡聲 叫呼求食 復有諸鬼 其咽如針
復有諸鬼 首如牛頭 或食人肉 或復噉狗
頭髮蓬亂 殘害兇險 飢渴所逼 叫喚馳走
夜叉餓鬼 諸惡鳥獸 飢急四向 窺看窗牖
如是諸難 恐畏无量 是朽故宅 屬于一人
其人近出 未久之間 於後宅舍 忽然火起
四面一時 其焰俱熾 棟梁椽柱 爆聲震裂
摧折墮落 墻壁崩倒 諸鬼神等 揚聲大叫
鵰鷲諸鳥 鳩槃荼等 周章惶怖 不能自出
惡獸毒蟲 藏竄孔穴 毗舍闍鬼 亦住其中
薄福德故 為火所逼 共相殘害 飲血噉肉
野干之屬 並已前死 諸大惡獸 競來食噉
臭烟熢㶿 四面充塞 蜈蚣蚰蜒 毒蛇之類
為火所燒 爭走出穴 鳩槃荼鬼 隨取而食
又諸餓鬼 頭上火然 飢渴熱惱 周章悶走
其宅如是 甚可怖畏 毒害火災 眾難非一
是時宅主 在門外立 聞有人言 汝諸子等
先因遊戲 來入此宅 稚小无知 歡娛樂著
長者聞已 驚入火宅 方宜救濟 令無燒害
告喻諸子 說眾患難 惡鬼毒蟲 災火蔓莚
眾苦次第 相續不絕 毒蛇蚖蝮 及諸夜叉
鳩槃荼鬼 野干狐狗 鵰鷲鵄梟 百足之屬
飢渴惱急 甚可怖畏 此苦難處 況復大火
諸子无知 雖聞父誨 猶故樂著 嬉戲不已
是時長者 而作是念 諸子如此 益我愁惱

BD04983號　妙法蓮華經卷二　（25–9）

眾苦次第 相續不絕 毒蛇蚖蝮 及諸夜叉
鳩槃荼鬼 野干狐狗 鵰鷲鵄梟 百足之屬
飢渴惱急 甚可怖畏 此苦難處 況復大火
諸子无知 雖聞父誨 猶故樂著 嬉戲不已
是時長者 而作是念 諸子如此 益我愁惱
今此舍宅 无一可樂 而諸子等 耽湎嬉戲
不受我教 將為火害 即便思惟 設諸方便
告諸子等 我有種種 珍玩之具 妙寶好車
羊車鹿車 大牛之車 今在門外 汝等出來
吾為汝等 造作此車 隨意所樂 可以遊戲
諸子聞說 如此諸車 即時奔競 馳走而出
到於空地 離諸苦難 長者見子 得出火宅
住於四衢 坐師子座 而自慶言 我今快樂
此諸子等 生育甚難 愚小无知 而入險宅
多諸毒蟲 魑魅可畏 大火猛焰 四面俱起
而此諸子 貪樂嬉戲 我已救之 令得脫難
是故諸子 我今快樂 爾時諸子 知父安坐
皆詣父所 而白父言 願賜我等 三種寶車
如前所許 諸子出來 當以三車 隨汝所欲
今正是時 唯垂給與 長者大富 庫藏眾多
金銀琉璃 硨磲碼碯 以眾寶物 造諸大車
莊校嚴飾 周帀欄楯 四面懸鈴 金繩交絡
真珠羅網 張施其上 金華諸瓔 處處垂下
眾綵雜飾 周帀圍繞 柔軟繒纊 以為茵蓐
上妙細氎 價直千億 鮮白淨潔 以覆其上
有大白牛 肥壯多力 形體姝好 以駕寶車

BD04983號　妙法蓮華經卷二　（25–10）

真珠羅網　張施其上　金華諸瓔　處處垂下
眾綵雜飾　周帀圍繞　柔耎繒纊　以為裀褥
上妙細氎　價直千億　鮮白淨潔　以覆其上
有大白牛　肥壯多力　形體姝好　以駕寶車
多諸儐從　而侍衛之　以是妙車　等賜諸子
諸子是時　歡喜踊躍　乘是寶車　遊於四方
嬉戲快樂　自在无礙　告舍利弗　我亦如是
眾聖中尊　世間之父　一切眾生　皆是吾子
深着世樂　无有慧心　三界无安　猶如火宅
眾苦充滿　甚可怖畏　常有生老　病死憂患
如是等火　熾然不息　如來已離　三界火宅
寂然閑居　安處林野　今此三界　皆是我有
其中眾生　悉是吾子　而今此處　多諸患難
唯我一人　能為救護　雖復教詔　而不信受
於諸欲染　貪着深故　以是方便　為說三乘
令諸眾生　知三界苦　開示演說　出世間道
是諸子等　若心決定　具足三明　及六神通
有得緣覺　不退菩薩　汝舍利弗　我為眾生
以此譬喻　說一佛乘　汝等若能　信受是語
一切皆當　得成佛道　是乘微妙　清淨第一
於諸世間　為无有上　佛所悅可　一切眾生
所應稱讚　供養礼拜　无量億千　諸力解脫
禪定智慧　及佛餘法　得如是乘　令諸子等
日夜劫數　常得遊戲　與諸菩薩　及聲聞眾
乘此寶乘　直至道場　以是因緣　十方諦求

BD04983號　妙法蓮華經卷二　（25–11）

於諸世間　為无有上　佛所悅可　一切眾生
所應稱讚　供養礼拜　无量億千　諸力解脫
禪定智慧　及佛餘法　得如是乘　令諸子等
日夜劫數　常得遊戲　與諸菩薩　及聲聞眾
乘此寶乘　直至道場　以是因緣　十方諦求
更无餘乘　除佛方便　告舍利弗　汝諸人等
皆是吾子　我則是父　汝等累劫　眾苦所燒
我皆濟拔　令出三界　我雖先說　汝等滅度
但盡生死　而實不滅　今所應作　唯佛智慧
若有菩薩　於是眾中　能一心聽　諸佛實法
諸佛世尊　雖以方便　所化眾生　皆是菩薩
若人小智　深着愛欲　為此等故　說於苦諦
眾生心喜　得未曾有　佛說苦諦　真實无異
若有眾生　不知苦本　深着苦因　不能蹔捨
為是等故　方便說道　諸苦所因　貪欲為本
若滅貪欲　无所依止　滅盡諸苦　名第三諦
為滅諦故　修行於道　離諸苦縛　名得解脫
是人於何　而得解脫　但離虛妄　名為解脫
其實未得　一切解脫　佛說是人　未實滅度
斯人未得　无上道故　我意不欲　令至滅度
我為法王　於法自在　安隱眾生　故現於世
汝舍利弗　我此法印　為欲利益　世間故說
在所遊方　勿妄宣傳　若有聞者　隨喜頂受
當知是人　阿惟越致　若有信受　此經法者
是人已曾　見過去佛　恭敬供養　亦聞是法
若人有能　信汝所說　則為見我　亦見於汝

BD04983號　妙法蓮華經卷二　（25–12）

在所遊方 勿妄宣傳 若有聞者 隨喜頂受
當知是人 阿惟越致 若有信受 此經法者
是人已曾 見過去佛 恭敬供養 亦聞是法
若人有能 信汝所說 則為見我 亦見於汝
及比丘僧 并諸菩薩 斯法華經 為深智說
淺識聞之 迷惑不解 一切聲聞 及辟支佛
於此經中 力所不及 汝舍利弗 尚於此經
以信得入 況餘聲聞 其餘聲聞 信佛語故
隨順此經 非己智分 又舍利弗 憍慢懈怠
計我見者 莫說此經 凡夫淺識 深著五欲
聞不能解 亦勿為說 若人不信 毀謗此經
則斷一切 世間佛種 或復顰蹙 而懷疑惑
汝當聽說 此人罪報 若佛在世 若滅度後
其有誹謗 如斯經典 見有讀誦 書持經者
輕賤憎嫉 而懷結恨 此人罪報 汝今復聽
其人命終 入阿鼻獄 具足一劫 劫盡更生
如是展轉 至无數劫 從地獄出 當墮畜生
若狗野干 其形頊瘦 黧黮疥癩 人所觸嬈
又復為人 之所惡賤 常困飢渴 骨肉枯竭
生受楚毒 死被瓦石 斷佛種故 受斯罪報
若作駱駝 或生驢中 身常負重 加諸杖捶
但念水草 餘无所知 謗斯經故 獲罪如是
有作野干 來入聚落 身體疥癩 又无一目
為諸童子 之所打擲 受諸苦痛 或時致死
於此死已 更受蟒身 其形長大 五百由旬
聾騃无足 宛轉腹行 為諸小虫 之所唼食

但念水草 餘无所知 謗斯經故 獲罪如是
有作野干 來入聚落 身體疥癩 又无一目
為諸童子 之所打擲 受諸苦痛 或時致死
於此死已 更受蟒身 其形長大 五百由旬
聾騃无足 宛轉腹行 為諸小虫 之所唼食
晝夜受苦 无有休息 謗斯經故 獲罪如是
若得為人 諸根闇鈍 矬陋攣躄 盲聾背傴
若所言說 人不信受 口氣常臭 鬼魅所著
貧窮下賤 為人所使 多病痟瘦 无所依怙
雖親附人 人不在意 若有所得 尋復忘失
若修醫道 順方治病 更增他疾 或復致死
若自有病 无人救療 設服良藥 而復增劇
若他反逆 抄劫竊盜 如是等罪 橫羅其殃
如斯罪人 永不見佛 眾聖之王 說法教化
如斯罪人 常生難處 狂聾心亂 永不聞法
於无數劫 如恒河沙 生輒聾瘂 諸根不具
常處地獄 如遊園觀 在餘惡道 如己舍宅
駝驢豬狗 是其行處 謗斯經故 獲罪如是
若得為人 聾盲瘖瘂 貧窮諸衰 以自莊嚴
水腫乾痟 疥癩癰疽 如是等病 以為衣服
身常臭處 垢穢不淨 深著我見 增益瞋恚
婬欲熾盛 不擇禽獸 謗斯經故 獲罪如是
告舍利弗 謗斯經者 若說其罪 窮劫不盡
以是因緣 我故語汝 无智人中 莫說此經
若有利根 智慧明了 多聞強識 求佛道者
如是之人 乃可為說 若人曾見 億百千佛

[illegible]謗斯經故　獲罪如是
告舍利弗　謗斯經者　若說其罪　窮劫不盡
以是因緣　我故語汝　无智人中　莫說此經
若有利根　智慧明了　多聞強識　求佛道者
如是之人　乃可為說　若人曾見　億百千佛
殖諸善本　深心堅固　如是之人　乃可為說
若人精進　常修慈心　不惜身命　乃可為說
若人恭敬　无有異心　離諸凡愚　獨處山澤
如是之人　乃可為說　又舍利弗　若見有人
捨惡知識　親近善友　如是之人　乃可為說
若見佛子　持戒清潔　如淨明珠　求大乘經
如是之人　乃可為說　若人无瞋　質直柔軟
常愍一切　恭敬諸佛　如是之人　乃可為說
復有佛子　於大眾中　以清淨心　種種因緣
譬喻言辭　說法无礙　如是之人　乃可為說
若有比丘　為一切智　四方求法　合掌頂受
但樂受持　大乘經典　乃至不受　餘經一偈
如是之人　乃可為說　如人至心　求佛舍利
如是求經　得已頂受　其人不復　志求餘經
亦未曾念　外道典籍　如是之人　乃可為說
告舍利弗　我說是相　求佛道者　窮劫不盡
如是等人　則能信解　汝當為說　妙法華經

妙法蓮華經信解品第四

尒時慧命須菩提摩訶迦旃延摩訶迦葉摩
訶目揵連從佛所聞未曾有法世尊授舍利
弗阿耨多羅三藐三菩提記發希有心歡喜

BD04983號　妙法蓮華經卷二　　（25–15）

如是等人　則能信解　汝當為說　妙法華經

妙法蓮華經信解品第四

尒時慧命須菩提摩訶迦旃延摩訶迦葉摩
訶目揵連從佛所聞未曾有法世尊授舍利
弗阿耨多羅三藐三菩提記發希有心歡喜
踊躍即從座起整衣服偏袒右肩右膝著地
一心合掌曲躬恭敬瞻仰尊顏而白佛言我
等居僧之首年並朽邁自謂已得涅槃无所
堪任不復進求阿耨多羅三藐三菩提世尊
往昔說法既久我時在座身體疲懈但念空
无相无作於菩薩法遊戲神通淨佛國土成
就眾生心不喜樂所以者何世尊令我等出
於三界得涅槃證又今我等年已朽邁於佛
教化菩薩阿耨多羅三藐三菩提不生一念
好樂之心我等今於佛前聞授聲聞阿耨多
羅三藐三菩提記心甚歡喜得未曾有不謂
於今忽然得聞希有之法深自慶幸獲大善
利无量珍寶不求自得世尊我等今者樂說
譬喻以明斯義譬若有人年既幼稚捨父逃
逝久住他國或十二十至五十歲年既長大
加復窮困馳騁四方以求衣食漸漸遊行遇
向本國其父先來求子不得中止一城其家
大富財寶无量金銀琉璃珊瑚虎珀頗梨珠
等其諸倉庫悉皆盈溢多有僮僕臣佐吏
民象馬車乘牛羊无數出入息利乃遍他國商
估賈客亦甚眾多時貧窮子遊諸聚落經

BD04983號　妙法蓮華經卷二　　（25–16）

大富財寶无量金銀琉璃珊瑚虎珀頗梨珠
等其諸倉庫悉皆盈溢多有僮僕臣佐吏
民象馬車乘牛羊无數出入息利乃遍他國商
估賈客亦甚衆多時貧窮子遊諸聚落經
歷國邑遂到其父所止之城父母念子與子離
別五十餘年而未曾向人說如此事但自思
惟心懷悔恨自念老朽多有財物金銀珍寶
倉庫盈溢无有子息一旦終沒財物散失无
所委付是以慇懃每憶其子復作是念我若
得子委付財物坦然快樂无復憂慮世尊尒
時窮子傭賃展轉遇到父舍住立門側遙見
其父踞師子床寶几承足諸婆羅門剎利居
士皆恭敬圍繞以真珠瓔珞價直千萬莊嚴
其身吏民僮僕手執白拂侍立左右覆以寶
帳垂諸華幡香水灑地散衆名華羅列寶物
出內取與有如是等種種嚴飾威德特尊窮
子見父有大力勢即懷恐怖悔來至此竊作
是念此或是王或是王等非我傭力得物之
處不如往至貧里肆力有地衣食易得若久
住此或見逼迫強使我作作是念已疾走而
去時富長者於師子座見子便識心大歡喜
即作是念我財物庫藏今有所付我常思念
此子无由見之而忽自來甚適我願我雖年
朽猶故貪惜即遣傍人急追將還尒時使者
疾走往捉窮子驚愕稱怨大喚我不相犯何

BD04983號　妙法蓮華經卷二　（25–17）

即作是念我財物庫藏今有所付我常思念
此子无由見之而忽自來甚適我願我雖年
朽猶故貪惜即遣傍人急追將還尒時使者
疾走往捉窮子驚愕稱怨大喚我不相犯何
為見捉使者執之逾急強牽將還于時窮子
自念无罪而被囚執此必定死轉更惶怖悶
絕躄地父遙見之而語使言不須此人勿強將
來以冷水灑面令得醒悟莫復與語所以
者何父知其子志意下劣自知豪貴為子所
難審知是子而以方便不語他人云是我子使
者語之我今放汝隨意所趣窮子歡喜得
未曾有從地而起往至貧里以求衣食尒時
長者將欲誘引其子而設方便密遣二人形
色顦顇无威德者汝可詣彼徐語窮子此有
作處倍與汝直窮子若許將來使作若言欲
何所作便可語之雇汝除糞我等二人亦共
汝作時二使人即求窮子既已得之具陳上事
尒時窮子先取其價尋與除糞其父見子
愍而怪之又以他日於窓牖中遙見子身羸
瘦顦顇糞土塵坌汙穢不淨即脫瓔珞細耎
上服嚴飾之具更著麤弊垢膩之衣塵土坌
身右手執持除糞之器狀有所畏語諸作人
汝等勤作勿得懈息以方便故得近其子後
復告言咄男子汝常此作勿復餘去當加汝
價諸有所須瓫器米麵鹽醋之屬莫自疑難
亦有老弊使人須者相給好自安意我如汝

BD04983號　妙法蓮華經卷二　（25–18）

汝等勤作勿得懈息以方便故得近其子後
復告言咄男子汝常此作勿復餘去當加汝
價諸有所須瓫器米麪鹽酢之屬莫自疑難
亦有老弊使人須者相給好自安意我如汝
父勿復憂慮所以者何我年老大而汝少壯
汝常作時无有欺怠瞋恨怨言都不見汝有
此諸惡如餘作人自今已後如所生子即時
長者更與作字名之為兒尒時窮子雖欣此
遇猶故自謂客作賤人由是之故於二十年
中常令除糞過是已後心相體信入出无難
然其所止猶在本處世尊尒時長者有疾自
知將死不久語窮子言我今多有金銀珎寶倉
庫盈溢其中多少所應取與汝悉知之我
心如是當體此意所以者何今我與汝便為
不異宜加用心无令漏失尒時窮子即受教
勅領知衆物金銀珎寶及諸庫藏而无希取
一飡之意然其所止故在本處下劣之心亦
未能捨復經少時父知子意漸以通泰成就
大志自鄙先心臨欲終時而命其子并會親
族國王大臣剎利居士皆悉已集即自宣言
諸君當知此是我子我之所生於某城中捨
吾逃走跉跰辛苦五十餘年其本字某我名
某甲昔在本城懷憂推覓忽於此間遇會得
之此實我子我實其父今我所有一切財物
皆是子有先所出内是子所知世尊是時窮

諸君當知此是我子我之所生於某城中捨
吾逃走跉跰辛苦五十餘年其本字某我名
某甲昔在本城懷憂推覓忽於此間遇會得
之此實我子我實其父今我所有一切財物
皆是子有先所出内是子所知世尊是時窮
子聞父此言即大歡喜得未曾有而作是念
我本无心有所希求今此寶藏自然而至世
尊大富長者則是如來我等皆似佛子如來
常說我等為子世尊我等以三苦故於生死
中受諸熱惱迷惑无知樂著小法今日世尊
令我等思惟蠲除諸法戲論之糞我等於中
勤加精進得至涅槃一日之價既得此已心大
大歡喜自以為足便自謂言於佛法中勤精
進故所得弘多然世尊先知我等心著弊欲
樂於小法便見縱捨不為分別汝等當有如
來知見寶藏之分世尊以方力說如來智
慧我等從佛得涅槃一日之價以為大得於
此大乘无有志求我等又因如來智慧為諸
菩薩開示演說而自於此无有志願所以者
何佛知我等心樂小法以方便力隨我等說
而我等不知真是佛子今我等方知世尊於
佛智慧无所悋惜所以者何我等昔來真是
佛子而但樂小法若我等有樂大之心佛則
為我說大乘法於此經中唯說一乘而昔於
菩薩前毀呰聲聞樂小法者然佛實以大乘

佛子而但樂小法若我等有樂大之心佛則
為我說大乘法於此經中唯說一乘而昔於
菩薩前毀呰聲聞樂小法者然佛實以大乘
教化是故我等說本无心有所悕求今法王
大寶自然而至如佛子所應得者皆已得之
尒時摩訶迦葉欲重宣此義而說偈言
我等今日　聞佛音教　歡喜踊躍　得未曾有
佛說聲聞　當得作佛　无上寶聚　不求自得
譬如童子　幼稚无識　捨父逃逝　遠到他土
周流諸國　五十餘年　其父憂念　四方推求
求之既疲　頓止一城　造立舍宅　五欲自娛
其家巨富　多諸金銀　硨磲碼碯　真珠瑠璃
象馬牛羊　輦轝車乘　田業僮僕　人民衆多
出入息利　乃遍他國　商估賈人　无處不有
千萬億衆　圍繞恭敬　常為王者　之所愛念
羣臣豪族　皆共宗重　以諸緣故　往來者衆
豪富如是　有大力勢　而年朽邁　益憂念子
夙夜惟念　死時將至　癡子捨我　五十餘年
庫藏諸物　當如之何　尒時窮子　求索衣食
從邑至邑　從國至國　或有所得　或无所得
飢餓羸瘦　體生瘡癬　漸次經歷　到父住城
傭賃展轉　遂至父舍　尒時長者　於其門內
施大寶帳　處師子座　眷屬圍繞　諸人侍衛
或有計算　金銀寶物　出內財產　注記券疏
窮子見父　豪貴尊嚴　謂是國王　若國王等

傭賃展轉　遂至父舍　尒時長者　於其門內
施大寶帳　處師子座　眷屬圍繞　諸人侍衛
或有計算　金銀寶物　出內財產　注記券疏
窮子見父　豪貴尊嚴　謂是國王　若國王等
驚怖自恠　何故至此　覆自念言　我若久住
或見逼迫　強驅使作　思惟是已　馳走而去
借問貧里　欲往傭作　長者是時　在師子座
遙見其子　默而識之　即勑使者　追捉將來
窮子驚喚　迷悶躃地　是人執我　必當見殺
何用衣食　使我至此　長者知子　愚癡狹劣
不信我言　不信是父　即以方便　更遣餘人
眇目矬陋　无威德者　汝可語之　云當相雇
除諸糞穢　倍與汝價　窮子聞之　歡喜隨來
為除糞穢　淨諸房舍　長者於牖　常見其子
念子愚劣　樂為鄙事　於是長者　著弊垢衣
執除糞器　往到子所　方便附近　語令勤作
既益汝價　并塗足油　飲食充足　薦席厚煖
如是苦言　汝當勤作　又以軟語　若如我子
長者有智　漸令入出　經二十年　執作家事
示其金銀　真珠頗梨　諸物出入　時使令知
猶處門外　止宿草庵　自念貧事　我无此物
父知子心　漸已曠大　欲與財物　即聚親族
國王大臣　剎利居士　於此大衆　說是我子
捨我他行　經五十歲　自見子來　已二十年
昔於某城　而失是子　周行求索　遂來至此
凡我所有　舍宅人民　悉以付之　恣其所用

父知子心 漸已曠大 欲與財物 即聚親族
國王大臣 刹利居士 於此大衆 說是我子
捨我他行 經五十歲 自見子來 已二十年
昔於某城 而失是子 周行求索 遂來至此
凡我所有 舍宅人民 悉以付之 恣其所用
子念昔貧 志意下劣 今於父所 大獲珎寶
并及舍宅 一切財物 甚大歡喜 得未曾有
佛亦如是 知我樂小 未曾說言 汝等作佛
而說我等 得諸无漏 成就小乘 聲聞弟子
佛勅我等 說最上道 脩習此者 當得成佛
我承佛教 為大菩薩 以諸因緣 種種譬喻
若干言辭 說无上道 諸佛子等 從我聞法
日夜思惟 精勤脩習 是時諸佛 即授其記
汝於來世 當得作佛 一切諸佛 秘藏之法
但為菩薩 演其實事 而不為我 說斯真要
如彼窮子 得近其父 雖知諸物 心不希取
我等雖說 佛法寶藏 自无志願 亦復如是
我等內滅 自謂為足 唯了此事 更无餘事
我等若聞 淨佛國土 教化衆生 都无欣樂
所以者何 一切諸法 皆悉空寂 无生无滅
无大无小 无漏无為 如是思惟 不生喜樂
我等長夜 於佛智慧 无貪无著 无復志願
而自於法 謂是究竟 我等長夜 脩習空法
得脫三界 苦惱之患 住最後身 有餘涅槃
佛所教化 得道不虛 則為已得 報佛之恩
我等雖為 諸佛子等 說菩薩法 以求佛道

BD04983號 妙法蓮華經卷二 （25–23）

无大无小 无漏无為 如是思惟 不生喜樂
我等長夜 於佛智慧 无貪无著 无復志願
而自於法 謂是究竟 我等長夜 脩習空法
得脫三界 苦惱之患 住最後身 有餘涅槃
佛所教化 得道不虛 則為已得 報佛之恩
我等雖為 諸佛子等 說菩薩法 以求佛道
而於是法 永无願樂 導師見捨 觀我心故
初不勸進 說有實利 如富長者 知子志劣
以方便力 柔伏其心 然後乃付 一切財物
佛亦如是 現希有事 知樂小者 以方便力
調伏其心 乃教大智 我等今日 得未曾有
非先所望 而今自得 如彼窮子 得无量寶
世尊我今 得道得果 於无漏法 得清淨眼
我等長夜 持佛淨戒 始於今日 得其果報
法王法中 久脩梵行 今得无漏 无上大果
我等今者 真是聲聞 以佛道聲 令一切聞
我等今者 真阿羅漢 於諸世間 天人魔梵
普於其中 應受供養 世尊大恩 以希有事
憐愍教化 利益我等 无量億劫 誰能報者
手足供給 頭頂禮敬 一切供養 皆不能報
若以頂戴 兩肩荷負 於恒沙劫 盡心恭敬
又以美饍 无量寶衣 及諸卧具 種種湯藥
牛頭栴檀 及諸珎寶 以起塔廟 寶衣布地
如斯等事 以用供養 於恒沙劫 亦不能報
諸佛希有 无量无邊 不可思議 大神通力
无漏无為 諸法之王 能為下劣 忍于斯事

BD04983號 妙法蓮華經卷二 （25–24）

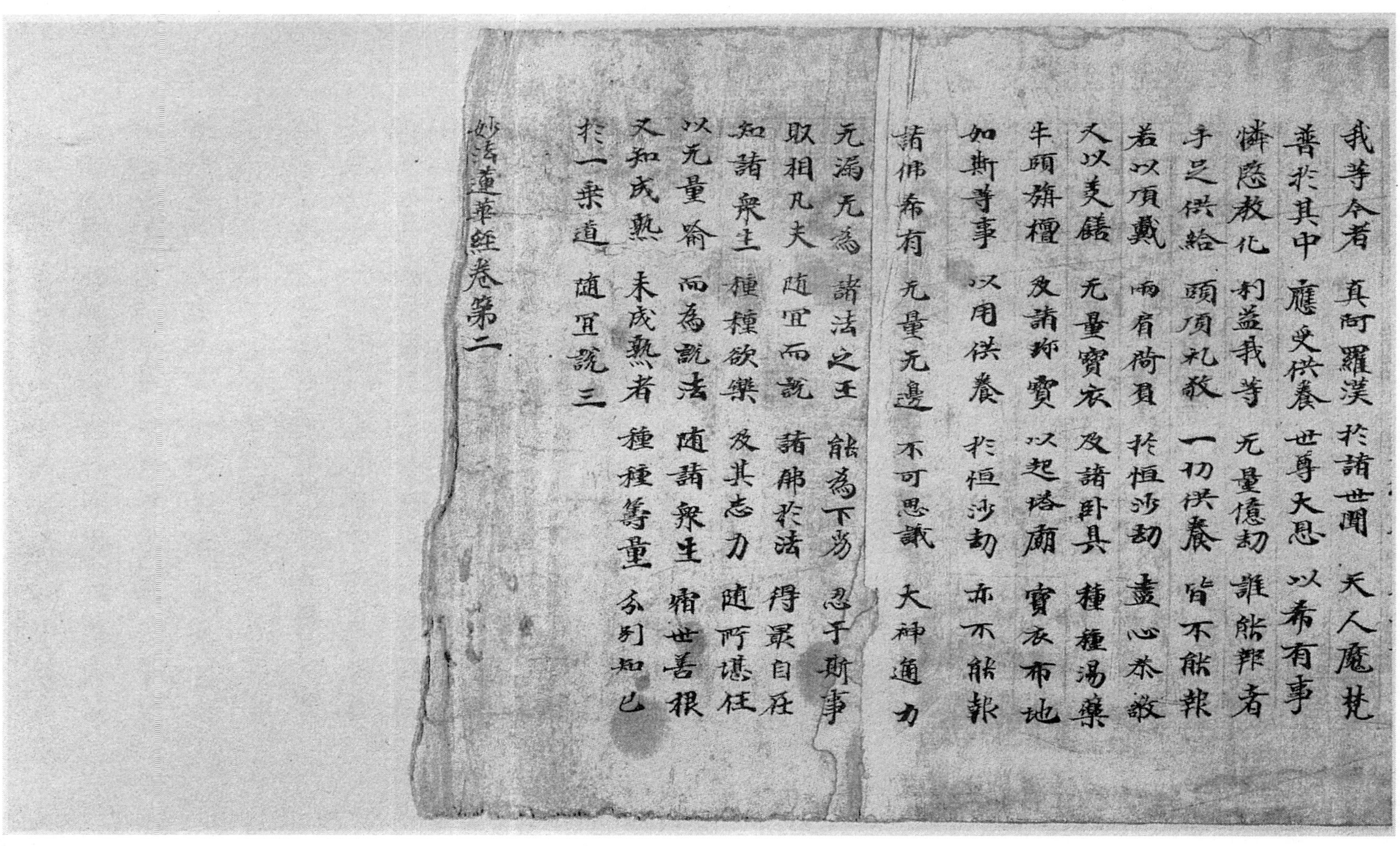

BD04983號　妙法蓮華經卷二　　（25–25）

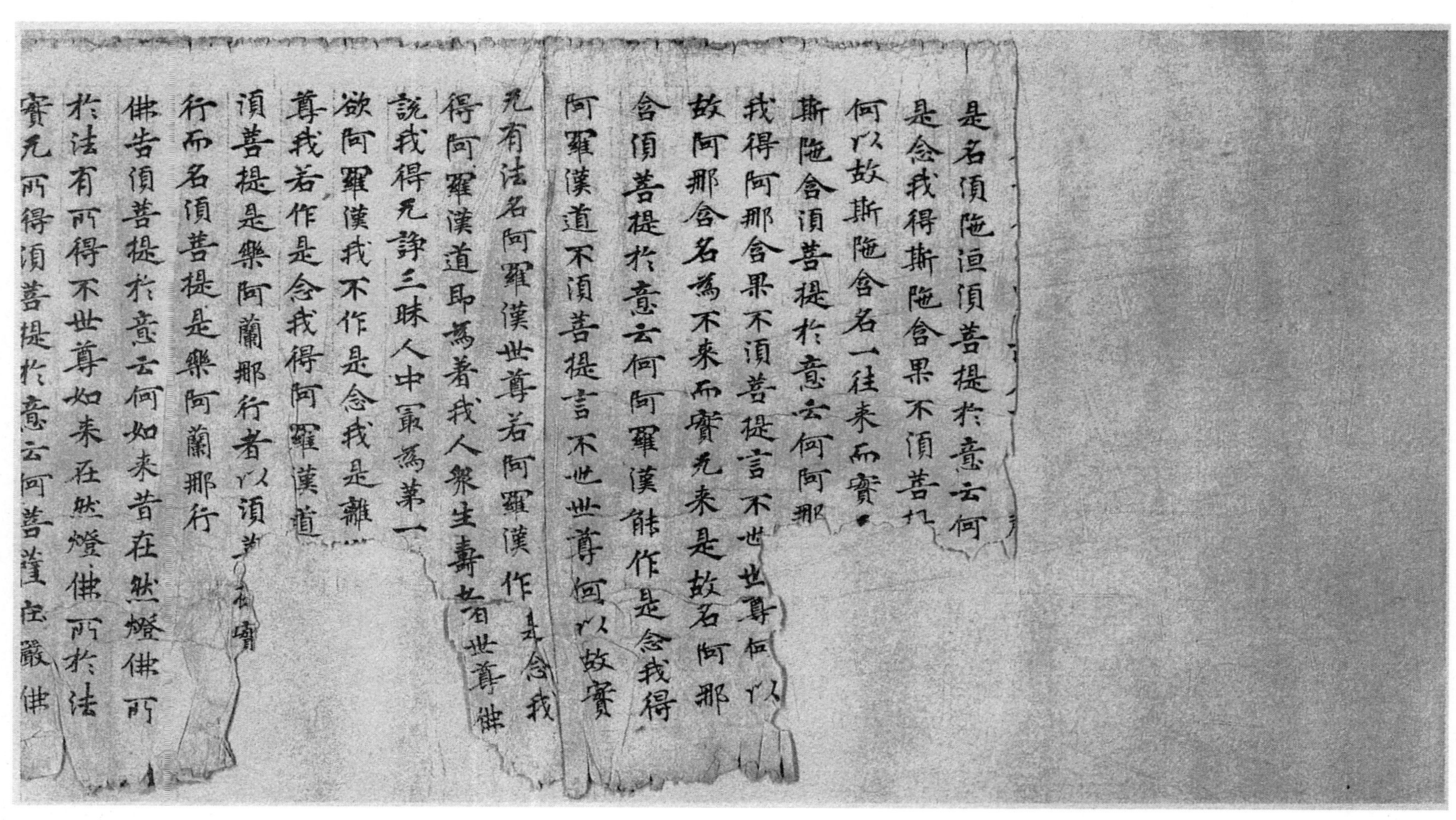

BD04984號　金剛般若波羅蜜經　　（13–1）

尊我若作是念我得阿羅漢道
須菩提是樂阿蘭那行者以須菩提實
行而名須菩提是樂阿蘭那行
佛告須菩提於意云何如来昔在然燈佛所
於法有所得不世尊如来在然燈佛所於法
實无所得須菩提於意云何菩薩莊嚴佛
土不不世世尊何以故莊嚴佛土者則非莊嚴
是名莊嚴是故須菩提諸菩薩摩訶薩應如
是生清淨心不應住色生心不應
觸法生心應无所住而生其心須
有人身如須弥山王於意云何是
須菩提言甚大世尊何以故佛說非身是名
大身
須菩提如恒河中所有沙數如是沙等恒河
於意云何是諸恒河沙寧為多不須菩提言
甚多世尊但諸恒河尚多无數何況其沙須
菩提我今實言告汝若有善男子善女人以
七寶滿尒所恒河沙數三千大千
布施得福多不須菩提言甚多
菩提若善男子善女人於此經
四句偈等為他人說而此福德勝前福德復
次須菩提隨說是經乃至四句偈等當知此
處一切世間天人阿脩羅皆應供養如佛塔
廟何況有人盡能受持讀誦須菩提當知是
人成就最上第一希有之法若是經典所在
之處則為有佛若尊重弟子

BD04984號　金剛般若波羅蜜經　（13–2）

四句偈等為他人說而此福德勝前福德復
次須菩提隨說是經乃至四句偈等當知此
處一切世間天人阿脩羅皆應供養如佛塔
廟何況有人盡能受持讀誦須菩提當知是
人成就最上第一希有之法若是經典所在
之處則為有佛若尊重弟子
尒時須菩提白佛言世尊當何名
云何奉持佛告須菩提是經名
若波羅蜜以是名字汝當奉持所以者何
菩提佛說般若波羅蜜則非般若波羅蜜須
菩提於意云何如来有所說法不須菩提白佛
言世尊如来无所說須菩提於意云何三千
大千世界所有微塵是為多不須菩提言甚
多世尊須菩提諸微塵如来說非微塵是名
微塵如来說世界非世界是名世界須菩
於意云何可以卅二相見如来不
可以卅二相得見如来何以故如
是非相是名卅二相須菩提若有善男子善
女人以恒河沙身命布施若復有人於此經中
乃至受持四句偈等為他人說其福甚多
尒時須菩提聞說是經深解義趣涕淚悲泣
而白佛言希有世尊佛說如是甚深經典我
從昔来所得慧眼未曾得聞如是之經世尊
若復有人得聞是經信心清淨則生實相當
知是人成就第一希有功德世尊
則是非相是故如来說名實相世

BD04984號　金剛般若波羅蜜經　（13–3）

而白佛言希有世尊佛說如是甚深經典我
從昔來所得慧眼未曾得聞如是之經世尊
若復有人得聞是經信心清淨則生實相當
知是人成就第一希有功德世尊
則是非相是故如來說名實相世
聞如是經典信解受持不足為難若當來世
後五百歲其有衆生得聞是經信解受持是
人則為第一希有何以故此人无我相人相
衆生相壽者相所以者何我相卽是非相人
相衆生相壽者相卽是非相何以故離一切
諸相則名諸佛佛告須菩提如是如是若復
有人得聞是經不驚不怖不畏當知是人甚
為希有何以故須菩提如來說第一波羅蜜
非第一波羅蜜是名第一波羅蜜
須菩提忍辱波羅蜜如來說非忍辱波羅蜜
何以故須菩提如我昔為歌利王割截身體
我於尒時无我相无人相无衆生相无壽者
相何以故我於往昔節節支解時若有我相
人相衆生相壽者相應生瞋恨須菩提又念
過去於五百世作忍辱仙人於尒所世无我
相无人相无衆生相无壽者相是故須菩提
菩薩應離一切相發阿耨多羅三藐三菩提
心不應住色生心不應住聲香味觸法生心
應生无所住心若心有住則為非住是故佛
說菩薩心不應住色布施須菩提菩薩為利
益一切衆生應如是布施如來說一切諸相
卽是非相又說一切衆生則非衆生須菩提

相无人相无衆生相无壽者相是故須菩提
菩薩應離一切相發阿耨多羅三藐三菩提
心不應住色生心不應住聲香味觸法生心
應生无所住心若心有住則為非住是故佛
說菩薩心不應住色布施須菩提菩薩為利
益一切衆生應如是布施如來說一切諸相
卽是非相又說一切衆生則非衆生須菩提
如來是真語者實語者如語者不誑語者不
異語者須菩提如來所得法此法无實无虛
須菩提若菩薩心住於法而行布施如人入
闇則无所見若菩薩心不住法而行布施如人
有目日光明照見種種色須菩提當來之
世若有善男子善女人能於此經受持讀誦
則為如來以佛智慧悉知是人悉見是人皆
得成就无量无邊功德
須菩提若有善男子善女人初日分以恒河
沙等身布施中日分復以恒河沙等身布施
後日分亦以恒河沙等身布施如是无量百
千万億劫以身布施若復有人聞此經典信
心不逆其福勝彼何況書寫受持讀誦為人
解說須菩提以要言之是經有不可思議不
可稱量无邊功德如來為發大乘者說為發
最上乘者說若有人能受持讀誦廣為人說
如來悉知是人悉見是人皆成就不可量不
可稱无有邊不可思議功德如是人等則為
荷擔如來阿耨多羅三藐三菩提何以故須

解說須菩提以要言之是經有不可思議不
可稱量无邊功德如來為發大乘者說為發
最上乘者說若有人能受持讀誦廣為人說
如來悉知是人悉見是人皆成就不可量不
可稱无有邊不可思議功德如是人等則為
荷擔如來阿耨多羅三藐三菩提何以故須
菩提若樂小法者著我見人見眾生見壽者
見則於此經不能聽受讀誦為人解說須菩
提在在處處若有此經一切世間天人阿修
羅所應供養當知此處則為是塔皆應恭敬
作禮圍繞以諸華香而散其處
復次須菩提善男子善女人受持讀誦此經
若為人輕賤是人先世罪業應墮惡道以今
世人輕賤故先世罪業則為消滅當得阿耨
多羅三藐三菩提須菩提我念過去无量阿
僧祇劫於然燈佛前得值八百四千万億那
由他諸佛悉皆供養承事无空過者若復有
人於後末世能受持讀誦此經所得功德於
我所供養諸佛功德百分不及一千万億分乃
至筭數譬喻所不能及須菩提若善男子
善女人於後末世有受持讀誦此經所得功
德我若具說者或有人聞心則狂亂狐疑不
信須菩提當知是經義不可思議果報亦不
可思議
尒時須菩提白佛言世尊善男子善女人發
阿耨多羅三藐三菩提心云何應住云何降

BD04984號　金剛般若波羅蜜經　（13–6）

善女人於後末世有受持讀誦此經所得功
德我若具說者或有人聞心則狂亂狐疑不
信須菩提當知是經義不可思議果報亦不
可思議
尒時須菩提白佛言世尊善男子善女人發
阿耨多羅三藐三菩提心云何應住云何降
伏其心佛告須菩提善男子善女人發阿耨
多羅三藐三菩提者當生如是心我應滅度
一切眾生滅度一切眾生已而无有一眾生
實滅度者何以故若菩薩有我相人相眾生
相壽者相則非菩薩所以者何須菩提實无
有法發阿耨多羅三藐三菩提者須菩提於
意云何如來於然燈佛所有法得阿耨多羅
三藐三菩提不不世世尊如我解佛所說義
佛於然燈佛所无有法得阿耨多羅三藐三
菩提佛言如是如是須菩提實无有法如來
得阿耨多羅三藐三菩提須菩提若有法如
來得阿耨多羅三藐三菩提者然燈佛則不
與我受記汝於來世當得作佛号釋迦牟尼
以實无有法得阿耨多羅三藐三菩提是故
然燈佛與我受記作是言汝於來世當得作
佛号釋迦牟尼何以故如來者即諸法如義
若有人言如來得阿耨多羅三藐三菩提須
菩提實无有法佛得阿耨多羅三藐三菩提
須菩提如來所得阿耨多羅三藐三菩提於是
中无實无虛是故如來說一切法皆是佛法須
菩提所言一切法者即非一切法是故名一

BD04984號　金剛般若波羅蜜經　（13–7）

若有人言如来得阿耨多羅三藐三菩提須
菩提實无有法佛得阿耨多羅三藐三菩提
須菩提如来所得阿耨多羅三藐三菩提於是
中无實无虛是故如来說一切法皆是佛法須
菩提所言一切法者即非一切法是故名一
切法須菩提譬如人身長大須菩提言世尊
如来說人身長大則為非大身是名大身
須菩提菩薩亦如是若作是言我當滅度
无量衆生則不名菩薩何以故須菩提實
无有法名為菩薩是故佛說一切法无我无人
无衆生无壽者須菩提若菩薩作是言我當
莊嚴佛土是不名菩薩何以故如来說莊嚴
佛土者即非莊嚴是名莊嚴須菩提若菩
薩通達无我法者如来說名真是菩薩
須菩提於意云何如来有肉眼不如是世尊
如来有肉眼須菩提於意云何如来有天眼
不如是世尊如来有天眼須菩提於意云何
如来有慧眼不如是世尊如来有慧眼須菩
提於意云何如来有法眼不如是世尊如来
有法眼須菩提於意云何如来有佛眼不如
是世尊如来有佛眼須菩提於意云何恒河
中所有沙佛說是沙不如是世尊如来說是
沙須菩提於意云何如一恒河中所有沙有
如是等恒河是諸恒河所有沙數佛世界如
是寧為多不甚多世尊佛告須菩提介所
國土中所有衆生若干種心如来悉知何以故

BD04984號　金剛般若波羅蜜經　（13–8）

中所有沙佛說是沙不如是世尊如来說是
沙須菩提於意云何如一恒河中所有沙有
如是等恒河是諸恒河所有沙數佛世界如
是寧為多不甚多世尊佛告須菩提介所
國土中所有衆生若干種心如来悉知何以故
如来說諸心皆為非心是名為心所以者何
須菩提過去心不可得現在心不可得未来
心不可得須菩提於意云何若有人滿三千
大千世界七寶以用布施是人以是因緣得
福多不如是世尊此人以是因緣得福甚多
須菩提若福德有實如来不說得福德多以
福德无故如来說得福德多
須菩提於意云何佛可以具足色身見不不
世世尊如来不應以具足色身見何以故如
来說具足色身即非具足色身是名具足色
身須菩提於意云何如来可以具足諸相見
不不世世尊如来不應以具足諸相見何以
故如来說諸相具足即非具足是名諸相具
足須菩提汝勿謂如来作是念我當有所說
法莫作是念何以故若人言如来有所說法
即為謗佛不能解我所說故須菩提說法者
无法可說是名說法須菩提白佛言世尊佛
得阿耨多羅三藐三菩提為无所得耶如是
如是須菩提我於阿耨多羅三藐三菩提乃
至无有少法可得是名阿耨多羅三藐三菩
提復次須菩提是法平等无有高下是名阿

BD04984號　金剛般若波羅蜜經　（13–9）

无法可說是名說法須菩提白佛言世尊佛
得阿耨多羅三藐三菩提為无所得耶如是
如是須菩提我於阿耨多羅三藐三菩提乃
至无有少法可得是名阿耨多羅三藐三菩
提復次須菩提是法平等无有高下是名阿
耨多羅三藐三菩提以无我无人无衆生无
壽者脩一切善法則得阿耨多羅三藐三菩
提須菩提所言善法者如來說非善法是名
善法須菩提若三千大千世界中所有諸須
弥山王如是等七寶聚有人持用布施若人
以此般若波羅蜜經乃至四句偈等受持為
他人說於前福德百分不及一百千万億分
乃至筭數譬喻所不能及
須菩提於意云何汝等勿謂如來作是念我
當度衆生須菩提莫作是念何以故實无有
衆生如來度者若有衆生如來度者如來則
有我人衆生壽者須菩提如來說有我者則
非有我而凡夫之人以為有我須菩提凡夫
者如來說則非凡夫須菩提於意云何可以
卅二相觀如來不須菩提言如是如是以三十
二相觀如來佛言須菩提若以卅二相觀如
來者轉輪聖王則是如來須菩提白佛言世
尊如我解佛所說義不應以卅二相觀如來
尒時世尊而說偈言
若以色見我　以音聲求我　是人行邪道　不能見如來
須菩提汝若作是念如來不以具足相故得
阿耨多羅三藐三菩提須菩提莫作是念□

BD04984 號　金剛般若波羅蜜經　（13–10）

來者轉輪聖王則是如來須菩提白佛言世
尊如我解佛所說義不應以卅二相觀如來
尒時世尊而說偈言
若以色見我　以音聲求我　是人行邪道　不能見如來
須菩提汝若作是念如來不以具足相故得
阿耨多羅三藐三菩提須菩提莫作是念如
來不以具足相故得阿耨多羅三藐三菩提須
菩提汝若作是念發阿耨多羅三藐三菩
提者說諸法斷滅相莫作是念何以故發阿
耨多羅三藐三菩提者於法不說斷滅相須
菩提若菩薩以滿恒河沙等世界七寶布施
若復有人知一切法无我得成於忍此菩薩
勝前菩薩所得功德須菩提以諸菩薩不受
福德故須菩提白佛言世尊云何菩薩不受
福德須菩提菩薩所作福德不應貪著是故
說不受福德須菩提若有人言如來若來若
去若坐若卧是人不解我所說義何以故如
來者无所從來亦无所去故名如來
須菩提若善男子善女人以三千大千世界
碎為微塵於意云何是微塵衆寧為多不甚
多世尊何以故若是微塵衆實有者佛則
不說是微塵衆所以者何佛說微塵衆則非
微塵衆是名微塵衆世尊如來所說三千大千
世界則非世界是名世界何以故若世界實
有者則是一合相如來說一合相則非一合
相是名一合相須菩提一合相者則是不可說

BD04984 號　金剛般若波羅蜜經　（13–11）

碎為微塵於意云何是微塵衆寧為多不甚
多世尊何以故若是微塵衆實有者佛則
不說是微塵衆所以者何佛說微塵衆則非
微塵衆是名微塵衆世尊如來所說三千大千
世界則非世界是名世界何以故若世界實
有者則是一合相如來說一合相則非一合
相是名一合相須菩提一合相者則是不可說
但凡夫之人貪著其事須菩提若人言佛
說我見人見衆生見壽者見須菩提於意云
何是人解我所說義不世尊是人不解如來
所說義何以故世尊說我見人見衆生見壽
者見即非我見人見衆生見壽者見是名我
見人見衆生見壽者見須菩提發阿耨多羅
三藐三菩提心者於一切法應如是知如是見
如是信解不生法相須菩提所言法相者如
來說即非法相是名法相須菩提若有人
以滿无量阿僧祇世界七寶持用布施若有
善男子善女人發菩薩心者持於此經乃至
四句偈等受持讀誦為人演說其福勝彼
云何為人演說不取於相如如不動何以故
一切有為法　如夢幻泡影　如露亦如電　應作如是觀
佛說是經已長老須菩提及諸比丘比丘尼
優婆塞優婆夷一切世間天人阿脩羅聞佛
所說皆大歡喜信受奉行

金剛般若波羅蜜經

BD04984 號　金剛般若波羅蜜經　（13–12）

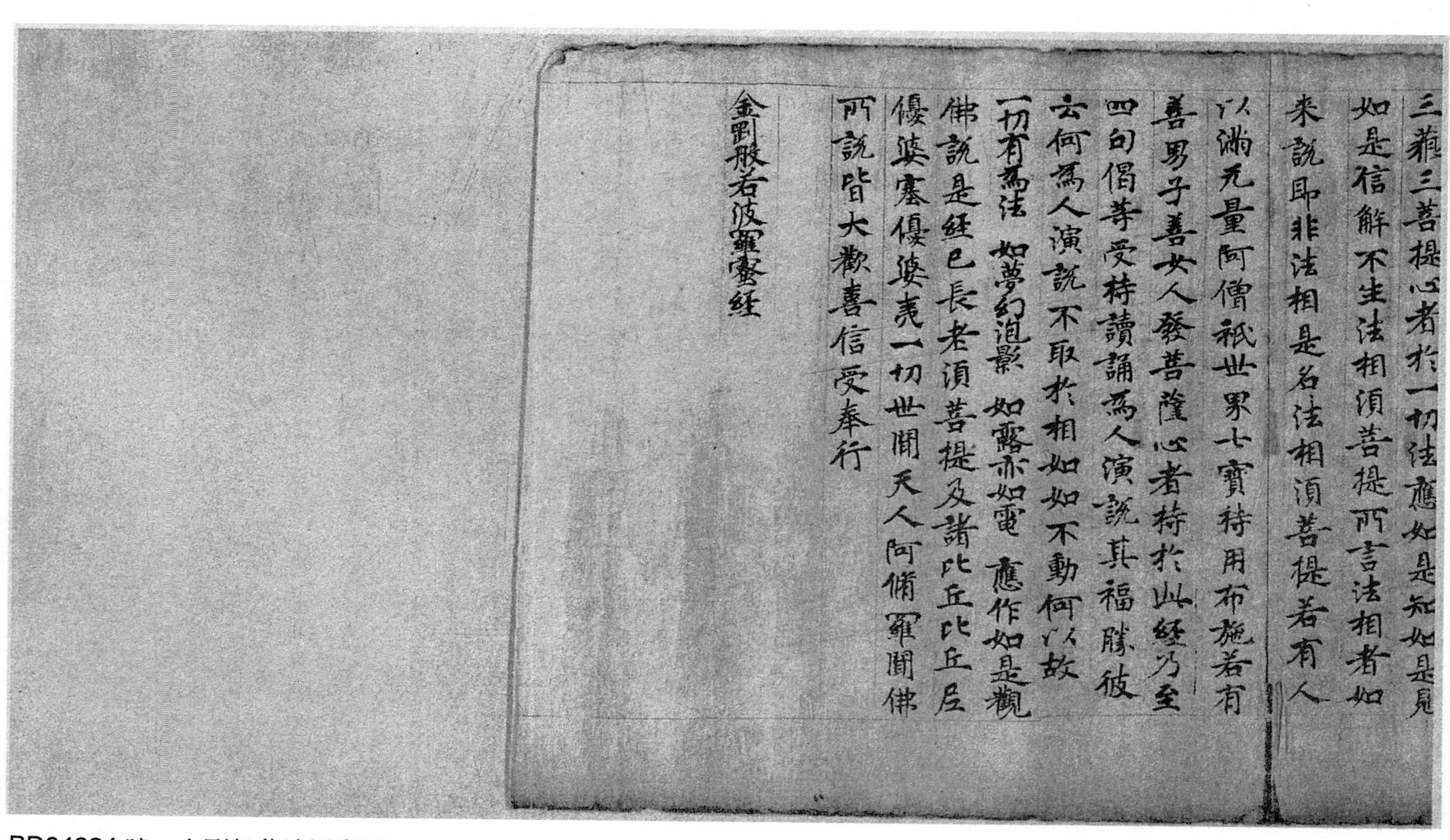

三藐三菩提心者於一切法應如是知如是見
如是信解不生法相須菩提所言法相者如
來說即非法相是名法相須菩提若有人
以滿无量阿僧祇世界七寶持用布施若有
善男子善女人發菩薩心者持於此經乃至
四句偈等受持讀誦為人演說其福勝彼
云何為人演說不取於相如如不動何以故
一切有為法　如夢幻泡影　如露亦如電　應作如是觀
佛說是經已長老須菩提及諸比丘比丘尼
優婆塞優婆夷一切世間天人阿脩羅聞佛
所說皆大歡喜信受奉行

金剛般若波羅蜜經

BD04984 號　金剛般若波羅蜜經　（13–13）

地无常故因地之物
常无常善男子如地因水水无常故地亦
无常如水因風風无常故水亦无常風依虛
空虛空无常故風亦无常若无常者云何說
空是常遍一切處虛空无故非是過去
現在亦如菟角是无物故非是過去未
來現在是故我說佛性常故非三世攝虛空
无故非三世攝
善男子我終不與世間共諍何以故世智說
我亦說有世智說无我亦說无迦葉菩薩
尊菩薩摩訶薩具足幾法不與世諍不
世法之所點汙佛言善男子菩薩摩訶薩
具足十法不與世諍不為世法之所點汙何
等為十一者信心二者有戒三者親近善友
省內善思惟五者具足精進六者具足正
者具足智慧八者具足正語九者樂於
法十者憐愍眾生善男子菩薩具足如是
十法不與世諍不為世法之所點汙如優鉢
羅華迦葉菩薩白佛言世尊如佛所說世智

BD04985號　大般涅槃經(北本)卷三七　(8–1)

省內善思惟五者具足精進六者具足正
者具足智慧八者具足正語九者樂於
法十者憐愍眾生善男子菩薩具足如是
十法不與世諍不為世法之所點汙如優鉢
羅華迦葉菩薩白佛言世尊如佛所說世智
有我亦說有世智說无我亦說无何等名
有无佛言善男子世智若說色是无
常苦空无我乃至識亦如是善男子是名世
智說有我亦說有善男子世智說色无有常
樂我淨受想行識亦復如是善男子是名世
說我亦說无
迦[illegible]薩白佛言世尊世間智者即佛菩薩
一切聖人若諸聖人色是无常苦空无我云
何如來說佛色身常恒无變世間智者所說
无法云何如來說言是有如來世尊作如是
何復言不與世諍不為世法之所點汙
色離三種顛倒所謂想倒心倒見倒應
說佛色實是无常今乃說常云何得名遠離
顛倒不與世諍佛言善男子凡夫之色從煩
生是故智說色是无常苦空无我如來色
離煩惱是故說是常恒无變迦葉菩薩
世尊云何為色從煩惱生善男子煩惱三
種所謂欲漏有漏无明漏智者應當觀是三
漏所有罪過所以者何知罪過已則能遠離
醫師先診病脉知病所在然後授藥善
如人將盲至棘林中捨之而還盲人於

BD04985號　大般涅槃經(北本)卷三七　(8–2)

世尊云何為色從煩惱生善男子煩惱三
種所謂欲漏有漏无明漏智者應當觀是三
漏所有罪過所以者何知罪過已則能遠離
醫師先診病脉知病所在然後授藥善
如人將盲至棘林中捨之而還盲人於
後甚難得出設得出者身體壞盡世間凡夫
亦復如是不能知見三漏過患則隨逐行如
見者則能遠離知罪過已雖受果報果報
善男子有四種人一作業時重受報時
二作業時輕受報時重三作業時重受報
亦重四作業時輕受報亦輕善男子若人能
觀煩惱罪過是人作業受果俱輕善男子有
之人作如是念我應遠離如是等漏又復
應作如是等鄙惡之事何以故我今未得
於地獄餓鬼畜生人天報故我若脩道當
因是力破壞諸苦是人觀已貪欲瞋恚愚癡
微弱既見貪欲瞋癡輕已其心歡喜復作是
念如是皆由脩道因緣力故令我得離
善之法親近善法是故現在得見正道應
當勤加而脩習之是人因是勤脩道力遠離
无量諸惡煩惱及離地獄餓鬼畜生人天果
故我於契經中說當觀一切有漏煩惱
漏因何以故有智之人若但觀漏不觀
漏因則不能斷諸煩惱也何以故智者觀漏
從是因生我今斷因漏則不生善男子如彼
師先斷病因病則不生智者先斷煩惱因
復如是有智之人先當觀因次觀果報

漏因何以故有智之人若但觀漏不觀
漏因則不能斷諸煩惱也何以故智者觀漏
從是因生我今斷因漏則不生善男子如彼
師先斷病因病則不生智者先斷煩惱因
復如是有智之人先當觀因次觀果報
從善因生於善果知從惡因生於惡果觀
果報已遠離惡因觀果報已復當次觀煩惱
輕重觀輕重已先離重者既離重已輕者自
男子智者若知煩惱煩惱因煩惱果報
惱輕重是人尒時精勤脩道不息不悔親
近善友至心聽法為滅如是諸煩惱故善男
子譬如病者自知病輕必可除差雖得苦藥
不悔有智之人亦復如是勤脩聖道歡
不愁不息不悔善男子若人能知煩惱煩
惱因煩惱果報煩惱輕重為除煩惱故勤脩
道是人不從煩惱生色受想行識亦復如是
不能知煩惱煩惱因煩惱果報煩惱輕重
勤脩習是人則從煩惱生色受想行識亦
復如是善男子知煩惱煩惱因煩惱果報煩
輕重為斷煩惱脩行道者即是如來以是
因緣如來色常乃至識常善男子不知煩惱
煩惱因煩惱果報煩惱輕重不能脩道即是
凡夫是故凡夫色是无常受想行識悉是无
善男子世間智者一切聖人菩薩諸佛說
是二義我亦如是說是二義是故我說不與
世間智者共諍不為世法之所點汙

因緣如来色常乃至識常善男子不知煩惱
煩惱因煩惱果報煩惱輕重不能脩道即是
凡夫是故凡夫色是无常受想行識悉是无
常善男子世間智者一切聖人菩薩諸佛說
是二義我亦如是說是二義是故我說不與
世間智者共諍不為世法之所點汙
迦葉菩薩復白佛言世尊如佛所說三有漏
者云何名為欲漏有漏无明漏耶佛言善男
子欲漏者内惡覺觀因於外緣生於欲漏是
故我昔在王舍城告阿難言阿難汝今受此
女人所說偈頌是偈乃是過去諸佛之所宣
說是故一切内惡覺觀外諸因緣名之為欲
是名欲漏有漏者色无色界内諸惡法外諸
因緣除欲界中外諸因緣内諸覺觀是名有
漏无明漏者不能了知我及我所不別内外
名无明漏善男子无明即是一切諸漏根本
何以故一切衆生无明因緣於陰入界憶想
作相名為衆生是名想倒心倒見倒以是因
緣生一切漏是故我於十二部經說无明者
即是貪因瞋因癡因迦葉菩薩言世尊如來
昔於十二部經說言不善思惟因緣生於貪
欲瞋癡今何因緣乃說无明善男子如是二
法互為因果互相增長不善思惟生於无明
无明因緣生不善思惟善男子其能生長諸
煩惱者皆悉名為煩惱因緣親近如是煩惱
因緣名為无明不善思惟如子生牙子是近
因四大遠因煩惱亦尒迦葉菩薩白佛言世

BD04985號　大般涅槃經（北本）卷三七　（8–5）

法互為因果互相增長不善思惟生於无明
无明因緣生不善思惟善男子其能生長諸
煩惱者皆悉名為煩惱因緣親近如是煩惱
因緣名為无明不善思惟如子生牙子是近
因四大遠因煩惱亦尒迦葉菩薩白佛言世
尊如佛所說无明即漏云何復言因无明故
生於諸漏佛言善男子如我所說无明漏者
是内无明因於无明生諸漏者是内外因若
說无明漏是名内倒不識无常苦空无我若
說一切煩惱因緣是名不知外我我所若說
无明漏是名无始无終從无明生陰界入等
迦葉菩薩白佛言世尊如佛所說有智之人
知於漏因云何名為知於漏因善男子智者
當觀何因緣故生是煩惱造作何行生此煩
惱於何時中生此煩惱共誰住時生此煩惱
何處止住生此煩惱觀何事已生於煩惱受
誰房舍卧具飲食衣服湯藥而生煩惱何因
緣故轉下作中轉中作上下業作中中業作
上菩薩摩訶薩作是觀時則得遠離生漏因
緣如是觀時未生煩惱遮令不生已生煩惱
便得除滅是故我於契經中說智者當觀生
煩惱因迦葉菩薩白佛言世尊衆生一身云
何能起種種煩惱佛言善男子如一器中有
種種子得水雨已各各自生衆生亦尒器雖
是一愛因緣故而能生長種種煩惱迦葉菩
薩言世尊智者云何觀於果報善男子智者

BD04985號　大般涅槃經（北本）卷三七　（8–6）

何能起種種煩惱佛言善男子如一器中有
種種子得水而已各各自生衆生亦尒器雖
是一愛因緣故而能生長種種煩惱迦葉菩
薩言世尊智者云何觀於果報善男子智者
當觀諸漏因緣能生地獄餓鬼畜生是漏因
緣得人天身即是无常苦空无我是身器中
得三種苦三種无常是漏因緣能令衆生作
五逆罪受諸惡報能斷善根犯四重禁誹謗
三寶智者當觀我既受得如是之身不應生
起如是煩惱受諸惡果

迦葉菩薩言世尊有无漏果復言智者斷諸
果報无漏果報在斷中不諸得道人有无漏
果如其智者求无漏果云何佛說一切智者
應斷果報如其斷者今諸聖人云何得有善
男子如來或時因中說果果中說因如世間
人說泥即瓶縷即是衣是名因中說果果中
說因者牛即是水草人即是食我亦如是因
中說果先於經中作是說言我從心身至梵
天邊是名因中說果果中說因此六入者名
過去業是名果中說因善男子一切聖人真
實无有无漏果報一切聖人脩道果報更不
生漏是故名為无漏果報善男子有智之人
如是觀時則得永滅煩惱果報善男子智者
觀已為斷如是煩惱果報脩習聖道聖道者
即空无相願脩是道已能滅一切煩惱果報

BD04985號　大般涅槃經（北本）卷三七　（8–7）

起如是煩惱受諸惡果
迦葉菩薩言世尊有无漏果復言智者斷諸
果報无漏果報在斷中不諸得道人有无漏
果如其智者求无漏果云何佛說一切智者
應斷果報如其斷者今諸聖人云何得有善
男子如來或時因中說果果中說因如世間
人說泥即瓶縷即是衣是名因中說果果中
說因者牛即是水草人即是食我亦如是因
中說果先於經中作是說言我從心身至梵
天邊是名因中說果果中說因此六入者名
過去業是名果中說因善男子一切聖人真
實无有无漏果報一切聖人脩道果報更不
生漏是故名為无漏果報善男子有智之人
如是觀時則得永滅煩惱果報善男子智者
觀已為斷如是煩惱果報脩習聖道聖道者
即空无相願脩是道已能滅一切煩惱果報

BD04985號　大般涅槃經（北本）卷三七　（8–8）

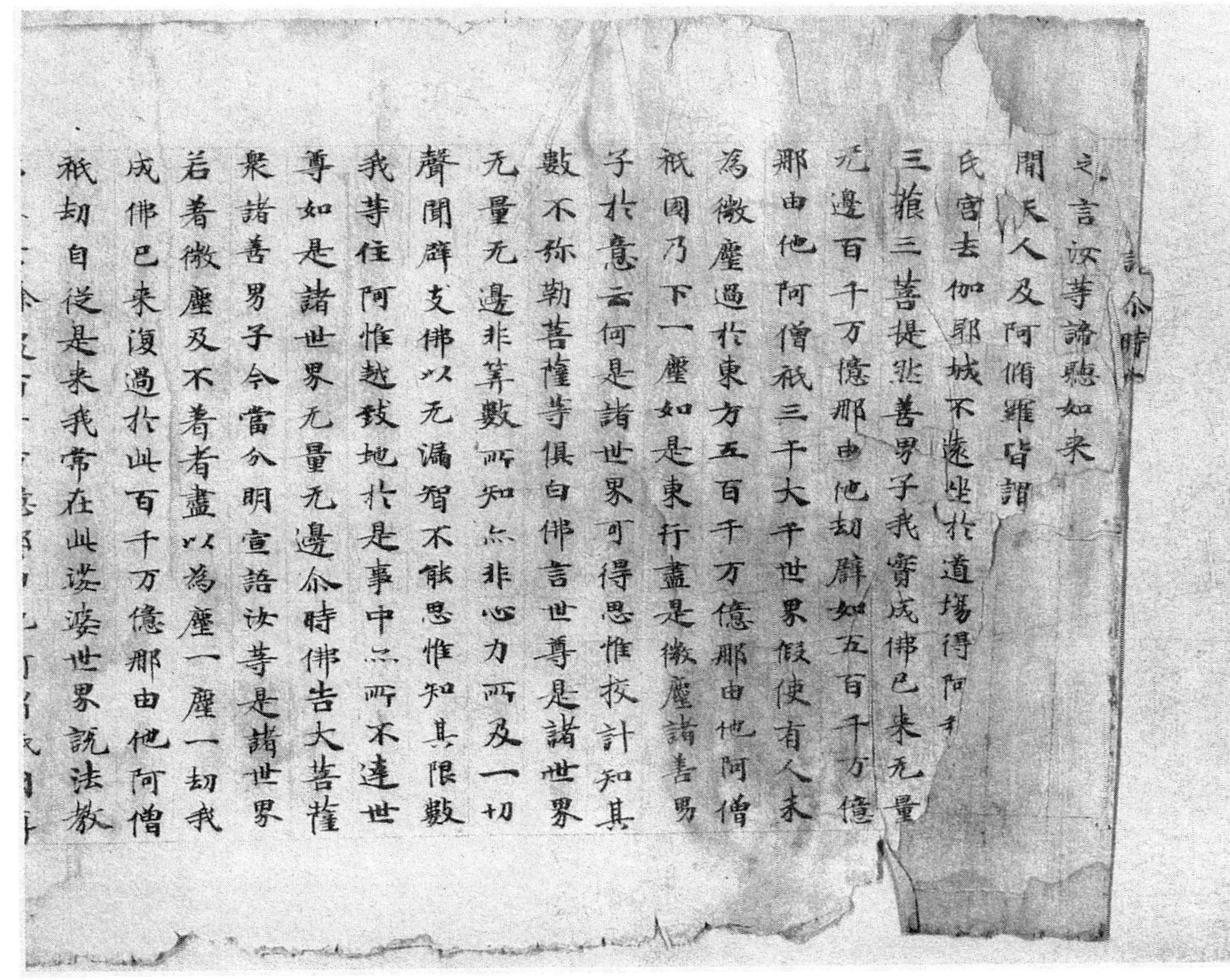
之言汝等諦聽如來
聞天人及阿脩羅皆謂
氏宮去伽耶城不遠坐於道場得阿耨
三藐三菩提然善男子我實成佛已來无量
无邊百千万億那由他劫譬如五百千万億
那由他阿僧祇三千大千世界假使有人末
為微塵過於東方五百千万億那由他阿僧
祇國乃下一塵如是東行盡是微塵諸善男
子於意云何是諸世界可得思惟挍計知其
數不弥勒菩薩等俱白佛言世尊是諸世界
无量无邊非筭數所知亦非心力所及一切
聲聞辟支佛以无漏智不能思惟知其限數
我等住阿惟越致地於是事中亦所不達世
尊如是諸世界无量无邊尒時佛告大菩薩
衆諸善男子今當分明宣語汝等是諸世界
若著微塵及不著者盡以為塵一塵一劫我
成佛已來復過於此百千万億那由他阿僧
祇劫自從是來我常在此娑婆世界說法教

BD04986號　妙法蓮華經（八卷本）卷六　　（23–1）

尊如是諸世界无量无邊尒時佛告大菩薩
衆諸善男子今當分明宣語汝等是諸世界
若著微塵及不著者盡以為塵一塵一劫我
成佛已來復過於此百千万億那由他阿僧
祇劫自從是來我常在此娑婆世界說法教
化亦於餘處百千万億那由他阿僧祇國導
利衆生諸善男子於是中間我說然燈佛等
又復言其入於涅槃如是皆以方便分別諸
善男子若有衆生來至我所我以佛眼觀其
信等諸根利鈍隨所應度處處自說名字不
同年紀大小亦復現言當入涅槃又以種種
方便說微妙法能令衆生發歡喜心諸善男
子如來見諸衆生樂於小法德薄垢重者為
是人說我少出家得阿耨多羅三藐三菩提
然我實成佛已來久遠若斯但以方便教化
衆生令入佛道作如是說諸善男子如來所
演經典為度脫衆生或說己身或說他身或
示己身或示他身或示己事或示他事諸所
言說皆實不虛所以者何如來如實知見
三界之相无有生死若退若出亦无在世及
滅度者非實非虛非如非異不如三界見於
三界如斯之事如來明見无有錯謬以諸衆
生有種種性種種欲種種行種種憶想分別
故欲令生諸善根以若干因緣譬喻言辭種
種說法所作佛事未曾暫廢如是我成佛已
來甚大久遠壽命无量阿僧祇劫常住不滅
諸善男子我本行菩薩道所成壽命今猶未

BD04986號　妙法蓮華經（八卷本）卷六　　（23–2）

三界如斯之事如来明見无有錯謬以諸衆
生有種種性種種欲種種行種種憶想分別
故欲令生諸善根以若干因緣譬喻言辭種
種說法所作佛事未曾暫廢如是我成佛已
来甚大久遠壽命无量阿僧祇劫常住不滅
諸善男子我本行菩薩道所成壽命今猶未
盡復倍上數然今非實滅度而便唱言當取
滅度如来以是方便教化衆生所以者何若
佛久住於世薄德之人不種善根貧窮下賤
貪著五欲入於憶想妄見網中若見如来常
在不滅便起憍恣而懷厭怠不能生難遭之
想恭敬之心是故如来以方便說比丘當知
諸佛出世難可值遇所以者何諸薄德人過
无量百千万億劫或有見佛或不見者以此
事故我作是言諸比丘如来難可得見斯衆
生等聞如是語必當生於難遭之想心懷戀
慕渴仰於佛便種善根是故如来雖不實滅
而言滅度又善男子諸佛如来法皆如是為
度衆生皆實不虛譬如良醫智慧聡達明練
方藥善治衆病其人多諸子息若十二十乃
至百數以有事緣遠至餘國諸子於後飲他
毒藥藥發悶亂宛轉于地是時其父還来歸
家諸子飲毒或失本心或不失者遙見其父
皆大歡喜拜跪問訊善安隱歸我等愚癡誤
服毒藥願見救療更賜壽命父見子等苦惱
如是依諸經方求好藥草色香美味皆悉具
足擣簁和合與子令服而作是言此大良藥

BD04986號　妙法蓮華經（八卷本）卷六　（23–3）

皆大歡喜拜跪問訊善安隱歸我等愚癡誤
服毒藥願見救療更賜壽命父見子等苦惱
如是依諸經方求好藥草色香美味皆悉具
足擣簁和合與子令服而作是言此大良藥
色香美味皆悉具足汝等可服速除苦惱无
復衆患其諸子中不失心者見此良藥色香
俱好即便服之病盡除愈餘失心者見其父
来雖亦歡喜問訊求索治病然與其藥而不肯
服所以者何毒氣深入失本心故於此好色
香藥而謂不美父作是念此子可愍為毒所
中心皆顛倒雖見我喜求索救療如是好藥
而不肯服我今當設方便令服此藥即作是
言汝等當知我今衰老死時已至是好良藥
今留在此汝可取服勿憂不差作是教已復
至他國遣使還告汝父已死是時諸子聞父
背喪心大憂惱而作是念若父在者慈愍我
等能見救護今者捨我遠喪他國自惟孤露
无復恃怙常懷悲感心遂醒悟乃知此藥色
味香美即取服之毒病皆愈其父聞子悉已
得差尋便来歸咸使見之諸善男子於意云
何頗有人能說此良醫虛妄罪不不也世尊
佛言我亦如是成佛已来无量无邊百千万
億那由他阿僧祇劫為衆生故以方便力言
當滅度亦无有能如法說我虛妄過者尒時
世尊欲重宣此義而說偈言
自我得佛来　所逕諸劫數　无量百千万　億載阿僧祇
常說法教化　无數億衆生　令入於佛道　尒来无量劫

BD04986號　妙法蓮華經（八卷本）卷六　（23–4）

億那由他阿僧祇劫為衆生故以方便力言
當滅度亦无有能如法說我虛妄過者尒時
世尊欲重宣此義而說偈言
自我得佛來　所逕諸劫數　无量百千万　億載阿僧祇
常說法教化　无數億衆生　令入於佛道　尒來无量劫
為度衆生故　方便現涅槃　而實不滅度　常住此說法
我常住於此　以諸神通力　令顛倒衆生　雖近而不見
衆見我滅度　廣供養舍利　咸皆懷戀慕　而生渴仰心
衆生既信伏　質直意柔軟　一心欲見佛　不自惜身命
時我及衆僧　俱出靈鷲山　我時語衆生　常在此不滅
以方便力故　現有滅不滅　餘國有衆生　恭敬信樂者
我復於彼中　為說无上法　汝等不聞此　但謂我滅度
我見諸衆生　沒在於苦惱　故不為現身　令其生渴仰
因其心戀慕　乃出為說法　神通力如是　於阿僧祇劫
常在靈鷲山　及餘諸住處　衆生見劫盡　大火所燒時
我此土安隱　天人常充滿　園林諸堂閣　種種寶莊嚴
寶樹多華菓　衆生所遊樂　諸天擊天鼓　常作衆伎樂
雨曼陁羅華　散佛及大衆　我淨土不毀　而衆見燒盡
憂怖諸苦惱　如是悉充滿　是諸罪衆生　以惡業因緣
過阿僧祇劫　不聞三寶名　諸有脩功德　柔和質直者
則皆見我身　在此而說法　或時為此衆　說佛壽无量
久乃見佛者　為說佛難值　我智力如是　慧光照无量
壽命无數劫　久脩業所得　汝等有智者　勿於此生疑
當斷令永盡　佛語實不虛　如醫善方便　為治狂子故
實在而言死　无能說虛妄　我亦為世父　救諸苦患者
為凡夫顛倒　實在而言滅　以常見我故　而生憍恣心
放逸著五欲　墮於惡道中　我常知衆生　行道不行道

BD04986號　妙法蓮華經（八卷本）卷六　（23–5）

壽命无數劫　久脩業所得　汝等有智者　勿於此生疑
當斷令永盡　佛語實不虛　如醫善方便　為治狂子故
實在而言死　无能說虛妄　我亦為世父　救諸苦患者
為凡夫顛倒　實在而言滅　以常見我故　而生憍恣心
放逸著五欲　墮於惡道中　我常知衆生　行道不行道
隨應所可度　為說種種法　每自作是意　以何令衆生
得入无上道　速成就佛身
妙法蓮華經分別功德品第十七
尒時大會聞佛說壽命劫數長遠如是无量
无邊阿僧祇衆生得大饒益於時世尊告弥
勒菩薩摩訶薩阿逸多我說是如來壽命長
遠時六百八十万億那由他恒河沙衆生得
无生法忍復有千倍菩薩摩訶薩得聞持陁
羅尼門復有一世界微塵數菩薩摩訶薩得
樂說无閡辯才復有一世界微塵數菩薩摩
訶薩得百千万億无量旋陁羅尼復有三千大
千世界微塵數菩薩摩訶薩能轉不退法輪
復有二千中國土微塵數菩薩摩訶薩能轉
清淨法輪復有小千國土微塵數菩薩摩訶
薩八生當得阿耨多羅三藐三菩提復有四
四天下微塵數菩薩摩訶薩四生當得阿耨
多羅三藐三菩提復有三四天下微塵數菩
薩摩訶薩三生當得阿耨多羅三藐三菩提
復有二四天下微塵數菩薩摩訶薩二生當
得阿耨多羅三藐三菩提復有一四天下微
塵數菩薩摩訶薩一生當得阿耨多羅三藐
三菩提復有八世界微塵數衆生皆發阿耨

BD04986號　妙法蓮華經（八卷本）卷六　（23–6）

薩摩訶薩三生當得阿耨多羅三藐三菩提
復有二四天下微塵數菩薩摩訶薩二生當
得阿耨多羅三藐三菩提復有一四天下微
塵數菩薩摩訶薩一生當得阿耨多羅三藐
三菩提復有八世界微塵數衆生皆發阿耨
多羅三藐三菩提心佛說是諸菩薩摩訶薩
得大法利時於虛空中雨曼陁羅華摩訶曼
陁羅華以散无量百千万億寶樹下師子座
上諸佛并散七寶塔中師子座上釋迦牟尼
佛及久滅度多寶如來亦散一切諸大菩薩
及四部衆又雨細抹旃檀沉水香等於虛空
中天鼓自鳴妙聲深遠又雨千種天衣垂諸
瓔珞真珠瓔珞摩尼珠瓔珞如意珠瓔珞遍
於九方衆寶香爐燒无價香自然周至供養
大會一一佛上有諸菩薩執持幡蓋次第而
上至于梵天是諸菩薩以妙音聲歌无量頌
讃嘆諸佛尒時弥勒菩薩從座而起偏袒右
肩合掌向佛而說偈言

无數諸佛子　聞世尊分別　說得法利者　歡喜充遍身
或住不退地　或得陁羅尼　或无㝵樂說　万億旋揔持
或有大千界　微塵數菩薩　各各皆能轉　不退之法輪
復有中千界　微塵數菩薩　各各皆能轉　清淨之法輪
復有小千界　微塵數菩薩　餘各八生在　當得成佛道
復有四三二　如此四天下　微塵諸菩薩　隨數生成佛
或一四天下　微塵數菩薩　餘有一生在　當成一切智
如是等衆生　聞佛壽長遠　得无量无漏　清淨之果報
復有八世界　微塵數衆生　聞佛說壽命　皆發无上心

BD04986號　妙法蓮華經（八卷本）卷六　（23–7）

復有中千界　微塵數菩薩　各各皆能轉　清淨之法輪
復有小千界　微塵數菩薩　餘各八生在　當得成佛道
復有四三二　如此四天下　微塵諸菩薩　隨數生成佛
或一四天下　微塵數菩薩　餘有一生在　當成一切智
如是等衆生　聞佛壽長遠　得无量无漏　清淨之果報
復有八世界　微塵數衆生　聞佛說壽命　皆發无上心
世尊說无量　不可思議法　多有所饒益　如虛空无邊
雨天曼陁羅　摩訶曼陁羅　釋梵如恒沙　无數佛土來
雨旃檀沉香　繽紛而亂墜　如鳥飛空下　供散於諸佛
天鼓虛空中　自然出妙聲　天衣千万種　旋轉而來下
衆寶妙香爐　燒无價之香　自然悉周遍　供養諸世尊
其大菩薩衆　執七寶幡蓋　高妙万億種　次第至梵天
一一諸佛前　寶幢懸勝幡　亦以千万偈　歌詠諸如來
如是種種事　昔所未曾有　聞佛壽无量　一切皆歡喜
佛名聞十方　廣饒益衆生　一切具善根　以助无上心

尒時佛告弥勒菩薩摩訶薩阿逸多其有衆
生聞佛壽命長遠如是乃至能生一念信解
所得功德无有限量若有善男子善女人為
阿耨多羅三藐三菩提故於八十万億那由
他劫行五波羅蜜檀波羅蜜尸羅波羅蜜羼
提波羅蜜毗梨耶波羅蜜禪波羅蜜除般若
波羅蜜以是功德比前功德百分千分百千
万億分不及其一乃至筭數譬喻所不能知
若善男子有如是功德於阿耨多羅三藐三
菩提退者无有是處尒時世尊欲重宣此義
而說偈言

若有求佛慧　於八十万億　那由他劫數　行五波羅蜜

BD04986號　妙法蓮華經（八卷本）卷六　（23–8）

波羅蜜，以是功德比前功德，百分千分百千
万億分不及其一，乃至筭數譬喻所不能知。
若善男子有如是功德，於阿耨多羅三藐三
菩提退者，无有是處。尒時世尊欲重宣此義，
而說偈言：
若有求佛慧　於八十万億　那由他劫數　行五波羅蜜
於是諸劫中　布施供養佛　及緣覺弟子　幷諸菩薩衆
珎異之飲食　上服與臥具　旃檀立精舍　以園林莊嚴
如是等布施　種種皆微妙　盡此諸劫數　以迴向佛道
若復持禁戒　清淨无缺漏　求於无上道　諸佛之所歎
若復行忍辱　住於調柔地　設衆惡來加　其心不傾動
諸有得法者　懷於增上慢　為此所輕惱　如是亦能忍
若復懃精進　志念常堅固　於无量億劫　一心不懈息
又於无數劫　住於空閑處　若坐若經行　除睡常攝心
以是因緣故　能生諸禪定　八十億万劫　安住心不亂
持此一心福　願求无上道　我得一切智　盡諸禪定際
是人於百千　万億劫數中　行此諸功德　如上之所說
有善男女等　聞我說壽命　乃至一念信　其福過於彼
若人悉无有　一切諸疑悔　深心須臾信　其福為如此
其有諸菩薩　无量劫行道　聞我說壽命　是則能信受
如是諸人等　頂受此經典　願我於未來　長壽度衆生
如今日世尊　諸釋中之王　道場師子吼　說法无所畏
我等未來世　一切所尊敬　生於道場時　說壽亦如是
若有深心者　清淨而質直　多聞能揔持　隨義解佛語
如是諸人等　於此无有疑
又阿逸多，若有聞佛壽命長遠，解其言趣，是
人所得功德无有限量，能起如來无上之慧，

我等未來世　一切所尊敬　生於道場時　說壽亦如是
若有深心者　清淨而質直　多聞能揔持　隨義解佛語
如是諸人等　於此无有疑
又阿逸多，若有聞佛壽命長遠，解其言趣，是
人所得功德无有限量，能起如來无上之慧，
何況廣聞是經，若教人聞，若自持，若教人持，
若自書，若教人書，若以華香瓔珞、幢幡、繒蓋、
香油蘇燈供養經卷，是人功德无量无邊，能
生一切種智。阿逸多，若善男子善女人聞我
說壽命長遠，深心信解，則為見佛常在耆闍
崛山，共大菩薩、諸聲聞衆圍繞說法。又見此
娑婆世界，其地瑠璃，坦然平正，閻浮檀金以
界八道，寶樹行列，諸臺樓觀皆悉寶成，其菩
薩衆咸處其中。若有能如是觀者，當知是為
深信解相。又復如來滅後，若聞是經而不毀
呰，起隨喜心，當知已為深信解相，何況讀誦
受持之者，斯人則為頂戴如來。阿逸多，是善
男子善女人，不須為我復起塔寺及作僧坊，
以四事供養衆僧。所以者何？是善男子善女
人受持讀誦是經典者，為已起塔，造立僧坊，
供養衆僧，則為以佛舍利起七寶塔，高廣漸
小至于梵天，懸諸幡蓋及衆寶鈴，華香瓔珞，
抹香塗香燒香，衆鼓伎樂，簫笛箜篌，種種儛
戲，以妙音聲歌唄讚頌，則為已於无量千万
億劫作是供養已。阿逸多，若我滅後聞是經
典，有能受持，若自書，若教人書，則為起立僧

抹香塗香燒香衆皷伎樂簫笛箜篌種種儛
戲以妙音聲歌唄讚頌則為已於无量千万
億劫作是供養已阿逸多若我滅後聞是經
典有能受持若自書若教人書則為起立僧
坊以赤旃檀作諸殿堂三十有二高八多羅
樹高廣嚴飾百千比丘於其中止園林浴池
經行禪窟衣服飲食床褥湯藥一切樂具充
滿其中如是僧坊堂閣若干百千万億其數
无量以此現前供養於我及比丘僧是故我
說如來滅後若有受持讀誦為他人說若自
書若教人書供養經卷不須復起塔寺及造
僧坊供養衆僧況復有人能持是經兼行布
施持戒忍辱精進一心智慧其德最勝无量
无邊譬如虛空東西南北四維上下无量无
邊是人功德亦復如是无量无邊疾至一切
種智若人讀誦受持是經為他人說若自書
若教人書復能起塔及造僧坊供養讚嘆聲
聞衆僧亦以百千万億讚嘆之法讚嘆菩薩
功德又為他人種種因緣隨義解說此法華
經復能清淨持戒與柔和者而共同止忍辱
无瞋志念堅固常貴坐禪得諸深定精進勇
猛攝諸善法利根智慧善答問難阿逸多若
我滅後諸善男子善女人受持讀誦是經典
者復有如是諸善功德當知是人已趣道場
近阿耨多羅三藐三菩提坐道樹下阿逸多
是善男子善女人若坐若立若行處此中便

BD04986號　妙法蓮華經（八卷本）卷六　（23–11）

我滅後諸善男子善女人受持讀誦是經典
者復有如是諸善功德當知是人已趣道場
近阿耨多羅三藐三菩提坐道樹下阿逸多
是善男子善女人若坐若立若行處此中便
應起塔一切天人皆應供養如佛之塔尒時
世尊欲重宣此義而說偈言
若我滅度後　能奉持此經　斯人福无量　如上之所說
是則為具足　一切諸供養　以舍利起塔　七寶而莊嚴
表剎甚高廣　漸小至梵天　寶鈴千万億　風動出妙音
又於无量劫　而供養此塔　華香諸瓔珞　天衣衆伎樂
燃香油蘇燈　周迊常照明　惡世法末時　能持是經者
則為已如上　具足諸供養　若能持此經　則如佛現在
以牛頭栴檀　起僧坊供養　堂有三十二　高八多羅樹
上饌妙衣服　床卧皆具足　百千衆住處　園林諸流池
經行及禪窟　種種皆嚴飾　若有信解心　受持讀誦書
若復教人書　及供養經卷　散華香末香　以須曼瞻蔔
阿提目多伽　薰油常燃之　如是供養者　得无量功德
如虛空无邊　其福亦如是　況復持此經　兼布施持戒
忍辱樂禪定　不瞋不惡口　恭敬於塔廟　謙下諸比丘
遠離自高心　常思惟智慧　有問難不瞋　隨順為解說
若能行是行　功德不可量　若見此法師　成就如是德
應以天華散　天衣覆其身　頭面接足礼　生心如佛想
又應作是念　不久詣道樹　得无漏无為　廣利諸天人
其所住止處　經行若坐卧　乃至說一偈　是中應起塔
莊嚴令妙好　種種以供養　佛子住此地　則是佛受用
常在於其中　經行及坐卧

BD04986號　妙法蓮華經（八卷本）卷六　（23–12）

得无漏无為　廣利諸天人
其所住止處　經行若坐臥　乃至說一偈　是中應起塔
莊嚴令妙好　種種以供養　佛子住此地　則是佛受用
常在於其中　經行及坐臥

妙法蓮華經隨喜功德品第十八

尒時弥勒菩薩摩訶薩白佛言世尊若有善
男子善女人聞是法華經隨喜者得幾所福
而說偈言
世尊滅度後　其有聞是經　若能隨喜者　為得幾所福
尒時佛告弥勒菩薩摩訶薩阿逸多如來滅
後若比丘比丘尼優婆塞優婆夷及餘智者
若長若幼聞是經隨喜已從法會出至於餘
處若在僧坊若空閑地若城邑巷陌聚落田
里如其所聞為父母宗親善友知識隨力演
說是諸人等聞已隨喜復行轉教餘人聞已
亦隨喜轉教如是展轉至第五十阿逸多其
第五十善男子善女人隨喜功德我今說之
汝當善聽若四百万億阿僧祇世界六趣四
生衆生卵生胎生濕生化生若有形无形有
想无想非有想非无想无足二足四足多足
如是等在衆生數者有人求福隨其所欲娛
樂之具皆給與之一一衆生與滿閻浮提金
銀瑠璃車𤦲馬瑙珊瑚虎珀諸妙珎寶及象
馬車乘七寶所成宮殿樓閣等是大施主如
是布施滿八十年已而作是念我已施衆生
娛樂之具隨意所欲然此衆生皆已衰老年

BD04986號　妙法蓮華經（八卷本）卷六　（23–13）

樂之具皆給與之一一衆生與滿閻浮提金
銀瑠璃車𤦲馬瑙珊瑚虎珀諸妙珎寶及象
馬車乘七寶所成宮殿樓閣等是大施主如
是布施滿八十年已而作是念我已施衆生
娛樂之具隨意所欲然此衆生皆已衰老年
過八十髮白面皺將死不久我當以佛法而
訓導之即集此衆生宣布法化示教利喜一
時皆得須陁洹道斯陁含道阿那含道阿羅
漢道盡諸有漏於深禪定皆得自在具八解
脫於汝意云何是大施主所得功德寧為多
不弥勒白佛言世尊是人功德甚多无量无
邊若是施主但施衆生一切樂具功德无量
何況令得阿羅漢果佛告弥勒我今分明語
汝是人以一切樂具施於四百万億阿僧祇
世界六趣衆生又令得阿羅漢果所得功德
不如是第五十人聞法華經一偈隨喜功德
百分千分百千万億分不及其一乃至筭數
譬喻所不能知阿逸多如是第五十人展轉
聞法華經隨喜功德尚无量无邊阿僧祇何
況最初於會中聞而隨喜者其福復勝无量
无邊阿僧祇不可得比又阿逸多若人為是
經故往詣僧坊若坐若立須臾聽受緣是功
德轉身所生得好上妙象馬車乘珎寶輦輿
及乘天宮若復有人於講法處坐更有人來
勸令坐聽若分座令坐是人功德轉身得帝
釋坐處若梵王坐處若轉輪聖王所坐之處
阿逸多若復有人語餘人言有經名法華可

BD04986號　妙法蓮華經（八卷本）卷六　（23–14）

德轉身所生得好上妙象馬車乘珎寶輦輿
及乘天宮若復有人於講法處坐更有人來
勸令坐聽若分座令坐是人功德轉身得帝
釋坐處若梵王坐處若轉輪聖王所坐之處
阿逸多若復有人語餘人言有經名法華可
共往聽即受其教乃至須臾間聞是人功德
轉身得與陁羅尼菩薩共生一處利根智慧
百千万世終不瘖瘂口氣不臰舌常无病口
亦无病齒不垢黑不黃不踈亦不缺落不差
不曲脣不下垂亦不褰縮不麤澁不瘡胗亦
不缺壞亦不喎耶不厚不大亦不黧黑无諸
可惡鼻不匾㔸亦不曲戾面色不黑亦不狹
長亦不窊曲无有一切不可喜相脣舌牙齒
悉皆嚴好鼻脩高直面皃圓滿眉高而長額
廣平正人相具足世世所生見佛聞法信受
教誨阿逸多汝且觀是勸於一人令往聽法
功德如此何況一心聽說讀誦而於大衆為
人分別如說脩行尒時世尊欲重宣此義而
說偈言
若人於法會　得聞是經典　乃至於一偈　隨喜為他說
如是展轉教　至于第五十　㝡後人獲福　今當分別之
如有大施主　供給无量衆　具滿八十歲　隨意之所欲
見彼衰老相　髮白而面皺　齒踈形枯竭　念其死不久
我今應當教　令得於道果　即為方便說　涅槃真實法
世皆不牢固　如水沫泡焰　汝等咸應當　疾生猒離心
諸人聞是法　皆得阿羅漢　具足六神通　三明八解脫
㝡後第五十　聞一偈隨喜　是人福勝彼　不可為譬喻

見彼衰老相　髮白而面皺　齒踈形枯竭　念其死不久
我今應當教　令得於道果　即為方便說　涅槃真實法
世皆不牢固　如水沫泡焰　汝等咸應當　疾生猒離心
諸人聞是法　皆得阿羅漢　具足六神通　三明八解脫
㝡後第五十　聞一偈隨喜　是人福勝彼　不可為譬喻
如是展轉聞　其福尚无量　何況於法會　初聞隨喜者
若有勸一人　將引聽法華　言此經深妙　千万劫難遇
即受教往聽　乃至須臾聞　斯人之福報　今當分別說
世世无口患　齒不踈黃黑　脣不厚褰缺　无有可惡相
舌不乾黑短　鼻高脩且直　額廣而平正　面目悉端嚴
為人所憙見　口氣无臰穢　優鉢華之香　常從其口出
若故詣僧坊　欲聽法華經　須臾聞歡喜　今當說其福
後生天人中　得妙象馬車　珎寶之輦輿　及乘天宮殿
若於講法處　勸人坐聽經　是福因緣得　釋梵轉輪座
何況一心聽　解說其義趣　如說而脩行　其福不可限
妙法蓮華經法師功德品第十九
尒時佛告常精進菩薩摩訶薩若善男子善
女人受持是法華經若讀若誦若解說若書
寫是人當得八百眼功德千二百耳功德八
百鼻功德千二百舌功德八百身功德千二
百意功德以是功德莊嚴六根皆令清淨是
善男子善女人父母所生清淨肉眼見於三
千大千世界內外所有山林河海下至阿鼻
地獄上至有頂亦見其中一切衆生及業因
緣果報生處悉見悉知尒時世尊欲重宣此
義而說偈言

千大千世界內外所有山林河海下至阿鼻
地獄上至有頂亦見其中一切衆生及業因
緣果報生處悉見悉知尒時世尊欲重宣此
義而說偈言
若於大衆中　以无所畏心　說是法華經　汝聽其功德
是人得八百　功德殊勝眼　以是莊嚴故　其目甚清淨
父母所生眼　悉見三千界　內外彌樓山　須彌及鐵圍
并諸餘山林　大海江河水　下至阿鼻獄　上至有頂天
其中諸衆生　一切皆悉見　雖未得天眼　肉眼力如是
復次常精進若善男子善女人受持此經若
讀若誦若解說若書寫得千二百耳功德以
是清淨耳聞三千大千世界下至阿鼻地獄
上至有頂其中內外種種語言音聲象聲馬
聲牛聲車聲啼哭聲愁歎聲螺聲鼓聲鍾聲
鈴聲笑聲語聲男聲女聲童子聲童女聲法
聲非法聲苦聲樂聲凡夫聲聖人聲喜聲不
喜聲天聲龍聲夜叉聲乾闥婆聲阿脩羅聲
迦樓羅聲緊那羅聲摩睺羅伽聲火聲水聲
風聲地獄聲畜生聲餓鬼聲比丘聲比丘尼
聲聲聞聲辟支佛聲菩薩聲佛聲以要言之
三千大千世界中一切內外所有諸聲雖未
得天耳以父母所生清淨常耳皆悉聞知如
是分別種種音聲而不壞耳根尒時世尊欲
重宣此義而說偈言
父母所生耳　清淨无濁穢　以此常耳聞　三千世界聲
象馬車牛聲　鍾鈴螺鼓聲　琴瑟箜篌聲　簫笛之音聲
清淨好歌聲　聽之而不著　无數種人聲　聞悉能解了

BD04986號　妙法蓮華經（八卷本）卷六

（23–17）

是分別種種音聲而不壞耳根尒時世尊欲
重宣此義而說偈言
父母所生耳　清淨无濁穢　以此常耳聞　三千世界聲
象馬車牛聲　鍾鈴螺鼓聲　琴瑟箜篌聲　簫笛之音聲
清淨好歌聲　聽之而不著　无數種人聲　聞悉能解了
又聞諸天聲　微妙之歌音　及聞男女聲　童子童女聲
山川嶮谷中　迦陵頻伽聲　命命等諸鳥　悉聞其音聲
地獄衆苦痛　種種楚毒聲　餓鬼飢渴逼　求索飲食聲
諸阿脩羅等　居在大海邊　自共語言時　出于大音聲
如是說法者　安住於此間　遙聞是衆聲　而不壞耳根
十方世界中　禽獸鳴相呼　其說法之人　於此悉聞之
其諸梵天上　光音及遍淨　乃至有頂天　言語之音聲
法師住於此　悉皆得聞之　一切比丘衆　及諸比丘尼
若讀誦經典　若為他人說　法師住於此　悉皆得聞之
復有諸菩薩　讀誦於經法　若為他人說　撰集解其義
如是諸音聲　悉皆得聞之　諸佛大聖尊　教化衆生者
於諸大會中　演說微妙法　持此法華者　悉皆得聞之
三千大千界　內外諸音聲　下至阿鼻獄　上至有頂天
皆聞其音聲　而不壞耳根　其耳聰利故　悉能分別知
持是法華經　雖未得天耳　但用所生耳　功德已如是
復次常精進若善男子善女人受持是經若
讀若誦若解說若書寫成就八百鼻功德以
是清淨鼻根聞於三千大千世界上下內外
種種諸香須曼那華香闍提華香末利華香
薝蔔華香波羅羅華香赤蓮華香青蓮華香
白蓮華香華樹香菓樹香栴檀香沉水香多
摩羅跋香多伽羅香及千万種和香若末若

BD04986號　妙法蓮華經（八卷本）卷六

（23–18）

是清淨鼻根聞於三千大千世界上下內外
種種諸香須曼那華香闍提華香末利華香
薝蔔華香波羅羅華香赤蓮華香青蓮華香
白蓮華香華樹香菓樹香旃檀香沉水香多
摩羅跋香多伽羅香及千万種和香若粖若
丸若塗香持是經者於此間住悉能分別又
復別知衆生之香鳥香馬香牛羊等香男香
女香童子香童女香及草木叢林香若近若
遠所有諸香悉皆得聞分別不錯持是經者
雖住於此亦聞天上諸天之香波利質多羅
拘鞞陀羅樹香及曼陀羅華香摩訶曼陀羅
華香曼殊沙華香摩訶曼殊沙華香旃檀沉
水種種粖香諸雜華香如是等天香和合所
出之香无不聞知又聞諸天身香釋提桓因
在勝殿上五欲娛樂嬉戲時香若在妙法堂
上為忉利諸天說法時香若於諸園遊戲時
香及餘天等男女身香皆悉遙聞如是展轉
乃至梵世上至有頂諸天身香亦皆聞之并
聞諸天所燒之香及聲聞香辟支佛香菩薩
香諸佛身香亦皆遙聞知其所在雖聞此香
然於鼻根不壞不錯若欲分別為他人說憶
念不謬尒時世尊欲重宣此義而說偈言
是人鼻清淨　於此世界中　若香若臭物　種種悉聞知
須曼那闍提　多摩羅旃檀　沉水及桂香　種種華菓香
及知衆生香　男子女人香　說法者遠住　聞香知所在
大勢轉輪王　小轉輪及子　群臣諸宮人　聞香知所在
身所著珎寶　及地中寶藏　轉輪王寶女　聞香知所在

BD04986 號　妙法蓮華經（八卷本）卷六　（23–19）

念不謬尒時世尊欲重宣此義而說偈言
是人鼻清淨　於此世界中　若香若臭物　種種悉聞知
須曼那闍提　多摩羅旃檀　沉水及桂香　種種華菓香
及知衆生香　男子女人香　說法者遠住　聞香知所在
大勢轉輪王　小轉輪及子　群臣諸宮人　聞香知所在
身所著珎寶　及地中寶藏　轉輪王寶女　聞香知所在
諸人嚴身具　衣服及瓔珞　種種所塗香　聞則知其身
諸天若行坐　遊戲及神變　持是法華經　聞香悉能知
諸樹華菓實　及蘇油香氣　持經者住此　悉知其所在
諸山深嶮處　旃檀樹華敷　衆生在中者　聞香皆能知
鐵圍山大海　地中諸衆生　持經者聞香　悉知其所在
阿脩羅男女　及其諸眷屬　鬪諍遊戲時　聞香皆能知
曠野嶮隘處　師子象虎狼　野牛水牛等　聞香知所在
若有懷妊者　未辯其男女　无根及非人　聞香悉能知
以聞香力故　知其初懷妊　成就不成就　安樂產福子
以聞香力故　知男女所念　染欲癡恚心　亦知脩善者
地中衆伏藏　金銀諸珎寶　銅器之所盛　聞香悉能知
種種諸瓔珞　无能識其價　聞香知貴賤　出處及所在
天上諸華等　曼陀曼殊沙　波利質多樹　聞香悉能知
天上諸宮殿　上中下差別　衆寶華莊嚴　聞香悉能知
天園林勝殿　諸觀妙法堂　在中而娛樂　聞香悉能知
諸天若聽法　或受五欲時　來往行坐卧　聞香悉能知
天女所著衣　好華香莊嚴　周旋遊戲時　聞香悉能知
如是展轉上　乃至於梵世　入禪出禪者　聞香悉能知
光音遍淨天　乃至于有頂　初生及退沒　聞香悉能知
諸比丘衆等　於法常精進　若坐若經行　及讀誦經法
或在林樹下　專精而坐禪　持經者聞香　悉知其所在

BD04986 號　妙法蓮華經（八卷本）卷六　（23–20）

諸天若聽法　或受五欲時　來往行坐卧　聞香悉能知
天女所著衣　好華香莊嚴　周旋遊戲時　聞香悉能知
如是展轉上　乃至於梵世　入禪出禪者　聞香悉能知
光音遍淨天　乃至于有頂　初生及退沒　聞香悉能知
諸比丘衆等　於法常精進　若坐若經行　及讀誦經法
或在林樹下　專精而坐禪　持經者聞香　悉知其所在
菩薩志堅固　坐禪若讀誦　或為人說法　聞香悉能知
在在方世尊　一切所恭敬　愍衆而說法　聞香悉能知
衆生在佛前　聞經皆歡喜　如法而脩行　聞香悉能知
雖未得菩薩　无漏法生鼻　而是持經者　先得此鼻相
復次常精進若善男子善女人受持是經若
讀若誦若解說若書寫得千二百舌功德若
好若醜若美若不美及諸苦澁物在其舌根
皆變成上味如天甘露无不美者若以舌根
於大衆中有所演說出深妙聲能入其心皆
令歡喜快樂又諸天子天女釋梵諸天聞是
深妙音聲有所演說言論次第皆悉來聽及
諸龍龍女夜叉夜叉女乾闥婆乾闥婆女阿
脩羅阿脩羅女迦樓羅迦樓羅女緊那羅緊
那羅女摩睺羅伽摩睺羅伽女為聽法故皆
來親近恭敬供養及比丘比丘尼優婆塞優
婆夷国王王子群臣眷屬小轉輪王大轉輪
王七寶千子內外眷屬乘其宮殿俱來聽法
以是菩薩善說法故婆羅門居士國內人民
盡其形壽隨侍供養又諸聲聞辟支佛菩薩
諸佛常樂見之是人所在方面諸佛皆向其
處說法悉能受持一切佛法又能出於深妙

BD04986號　妙法蓮華經（八卷本）卷六　（23–21）

婆夷国王王子群臣眷屬小轉輪王大轉輪
王七寶千子內外眷屬乘其宮殿俱來聽法
以是菩薩善說法故婆羅門居士國內人民
盡其形壽隨侍供養又諸聲聞辟支佛菩薩
諸佛常樂見之是人所在方面諸佛皆向其
處說法悉能受持一切佛法又能出於深妙
法音尒時世尊欲重宣此義而說偈言
是人舌根淨　終不受惡味　其有所食噉　悉皆成甘露
以深淨妙聲　於大衆說法　以諸因緣喻　引導衆生心
聞者皆歡喜　設諸上供養
諸天龍夜叉　及阿脩羅等　皆以恭敬心　而共來聽法
是說法之人　若欲以妙音　遍滿三千界　隨意即能至
大小轉輪王　及千子眷屬　合掌恭敬心　常來聽受法
諸天龍夜叉　羅刹毗舍闍　亦以歡喜心　常樂來供養
梵天王魔王　自在大自在　如是諸天衆　常來至其所
諸佛及弟子　聞其說法音　常念而守護　或時為現身
復次常精進若善男子善女人受持是經若
讀若誦若解說若書寫得八百身功得得清
淨身如淨瑠璃衆生憙見其身淨故三千大
千世界衆生生時死時上下好醜生善處惡
處悉於中現及鐵圍大鐵圍弥樓山摩訶弥
樓山等諸山及其中衆生悉於中現下至阿
鼻地獄上至有頂所有及衆生悉於中現若
聲聞辟支佛菩薩諸佛說法皆於身中現其
色像尒時世尊欲重宣此義而說偈言
若持法華者　其身甚清淨　如彼淨瑠璃　衆生皆憙見
又如淨明鏡　悉見諸色像　菩薩於淨身　皆見世所有

BD04986號　妙法蓮華經（八卷本）卷六　（23–22）

鼻地獄上至有頂所有及衆生悉於中現若
聲聞辟支佛菩薩諸佛說法皆於身中現其
色像尒時世尊欲重宣此義而說偈言
若持法華者　其身甚清淨　如彼淨瑠璃　衆生皆憙見
又如淨明鏡　悉見諸色像　菩薩於淨身　皆見世所有
唯獨自明了　餘人所不見　三千世界中　一切諸群萠
天人阿脩羅　地獄鬼畜生　如是諸色像　皆於身中現
諸天等宮殿　乃至於有頂　鐵圍及弥樓　摩訶弥樓山
諸大海水等　皆於身中現　諸佛及聲聞　佛子菩薩等
若獨若在衆　說法悉皆現　雖未得无漏　法性之妙身
以清淨常體　一切於中現
復次常精進若善男子善女人如來滅後受
持是經若讀若誦若解說若書寫得千二百
意功德以是清淨意根乃至聞一偈一句通
達无量无邊之義解是義已能演說一句一
偈至於一月四月乃至一歲諸所說法隨其
義趣皆與實相不相違背若說俗間經書治
世語言資生業等皆順正法三千大千世界
六趣衆生心之所行心所動作心所戲論皆
悉知之雖未得无漏智慧而其意根清淨如
此是人有所思惟籌量言說皆是佛法无不
真實亦是先佛經中所說尒時世尊欲重宣
此義而說偈言
是人意清淨　明利无穢濁　以此妙意根　知上中下法
乃至聞一偈　通達无量義　次第如法說　月四月至歲

BD04986號　妙法蓮華經（八卷本）卷六　（23–23）

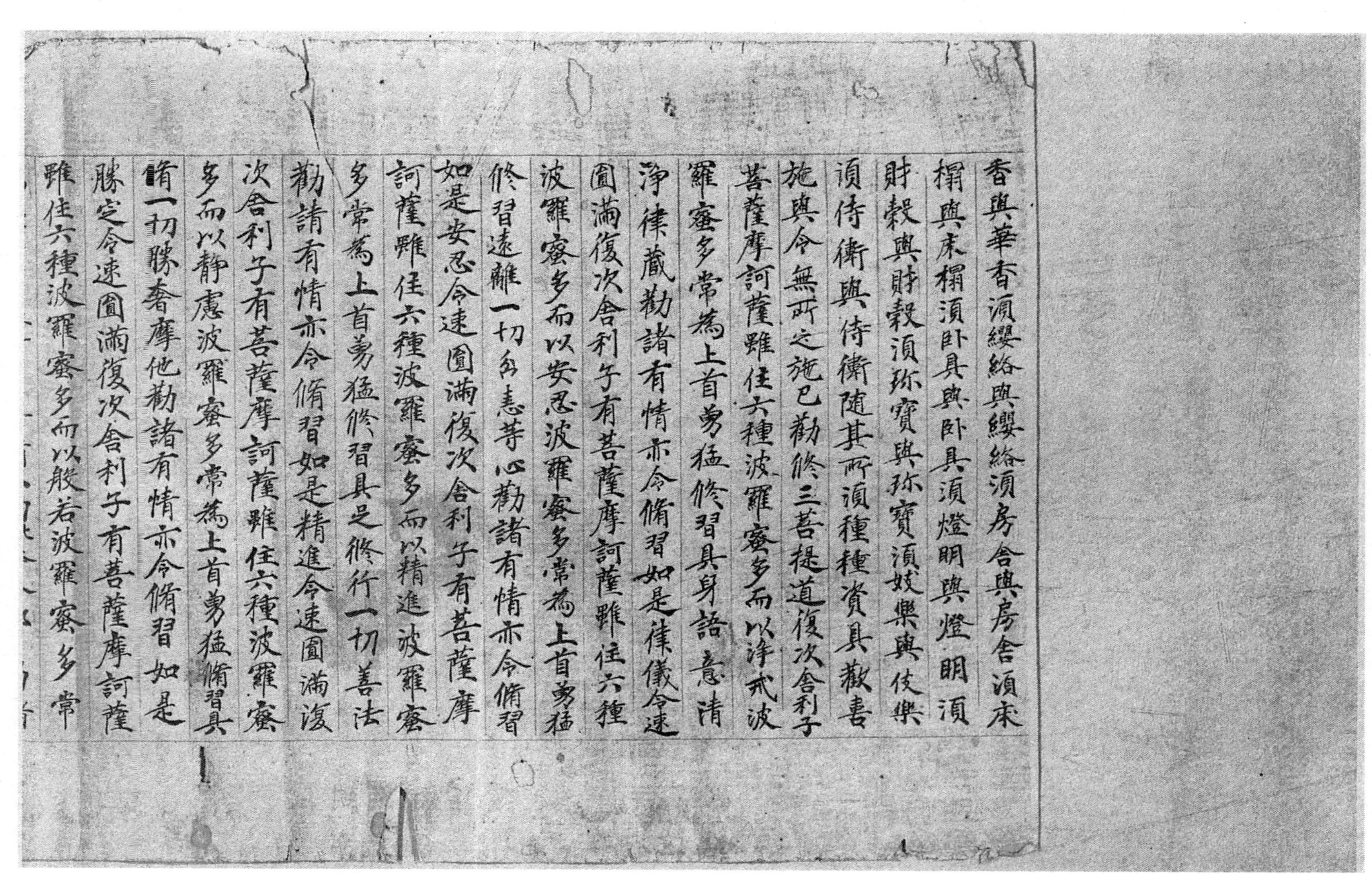
香與華香須瓔珞與瓔珞須房舍與房舍須床
榻與床榻須臥具與臥具須燈明與燈明須
財穀與財穀須珎寶與珎寶須妓樂與伎樂
須侍衛與侍衛隨其所須種種資具歡喜
施與令無所乏施已勸修三菩提道復次舍利子
菩薩摩訶薩雖住六種波羅蜜多而以淨戒波
羅蜜多常為上首勇猛修習具身語意清
淨律儀勸諸有情亦令脩習如是律儀令速
圓滿復次舍利子有菩薩摩訶薩雖住六種
波羅蜜多而以安忍波羅蜜多常為上首勇猛
修習遠離一切忿恚等心勸諸有情亦令脩習
如是安忍令速圓滿復次舍利子有菩薩摩
訶薩雖住六種波羅蜜多而以精進波羅蜜
多常為上首勇猛修習具足修行一切善法
勸諸有情亦令脩習如是精進令速圓滿復
次舍利子有菩薩摩訶薩雖住六種波羅蜜
多而以靜慮波羅蜜多常為上首勇猛脩習具
脩一切勝奢摩他勸諸有情亦令脩習如是
勝定令速圓滿復次舍利子有菩薩摩訶薩
雖住六種波羅蜜多而以般若波羅蜜多常

BD04987號　大般若波羅蜜多經卷八　（2–1）

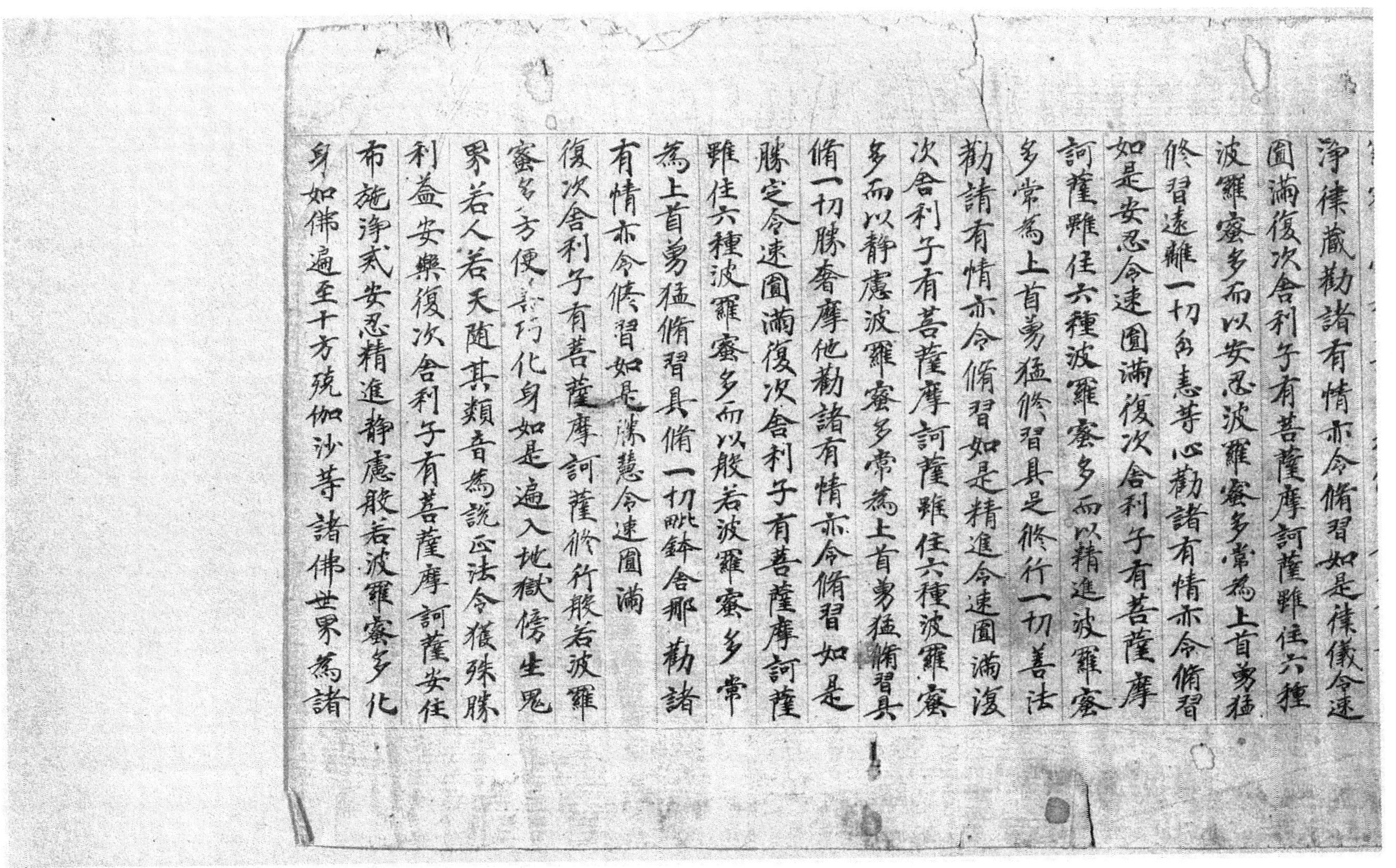

淨律藏勸諸有情亦令脩習如是律儀令速
圓滿復次舍利子有菩薩摩訶薩雖住六種
波羅蜜多而以安忍波羅蜜多常為上首勇猛
脩習遠離一切忿恚等心勸諸有情亦令脩習
如是安忍令速圓滿復次舍利子有菩薩摩
訶薩雖住六種波羅蜜多而以精進波羅蜜
多常為上首勇猛脩習具足脩行一切善法
勸諸有情亦令脩習如是精進令速圓滿復
次舍利子有菩薩摩訶薩雖住六種波羅蜜
多而以靜慮波羅蜜多常為上首勇猛脩習具
脩一切勝奢摩他勸諸有情亦令脩習如是
勝定令速圓滿復次舍利子有菩薩摩訶薩
雖住六種波羅蜜多而以般若波羅蜜多常
為上首勇猛脩習具脩一切毗鉢舍那勸諸
有情亦令脩習如是深慧令速圓滿
復次舍利子有菩薩摩訶薩脩行般若波羅
蜜多方便善巧化身如是遍入地獄傍生鬼
界若人若天隨其類音為說正法令獲殊勝
利益安樂復次舍利子有菩薩摩訶薩安住
布施淨戒安忍精進靜慮般若波羅蜜多化
身如佛遍至十方殑伽沙等諸佛世界為諸

BD04987號　大般若波羅蜜多經卷八　（2–2）

BD04987號背　藏文呈節兒狀稿（擬）　（1–1）

BD04988 號　護首　（1–1）

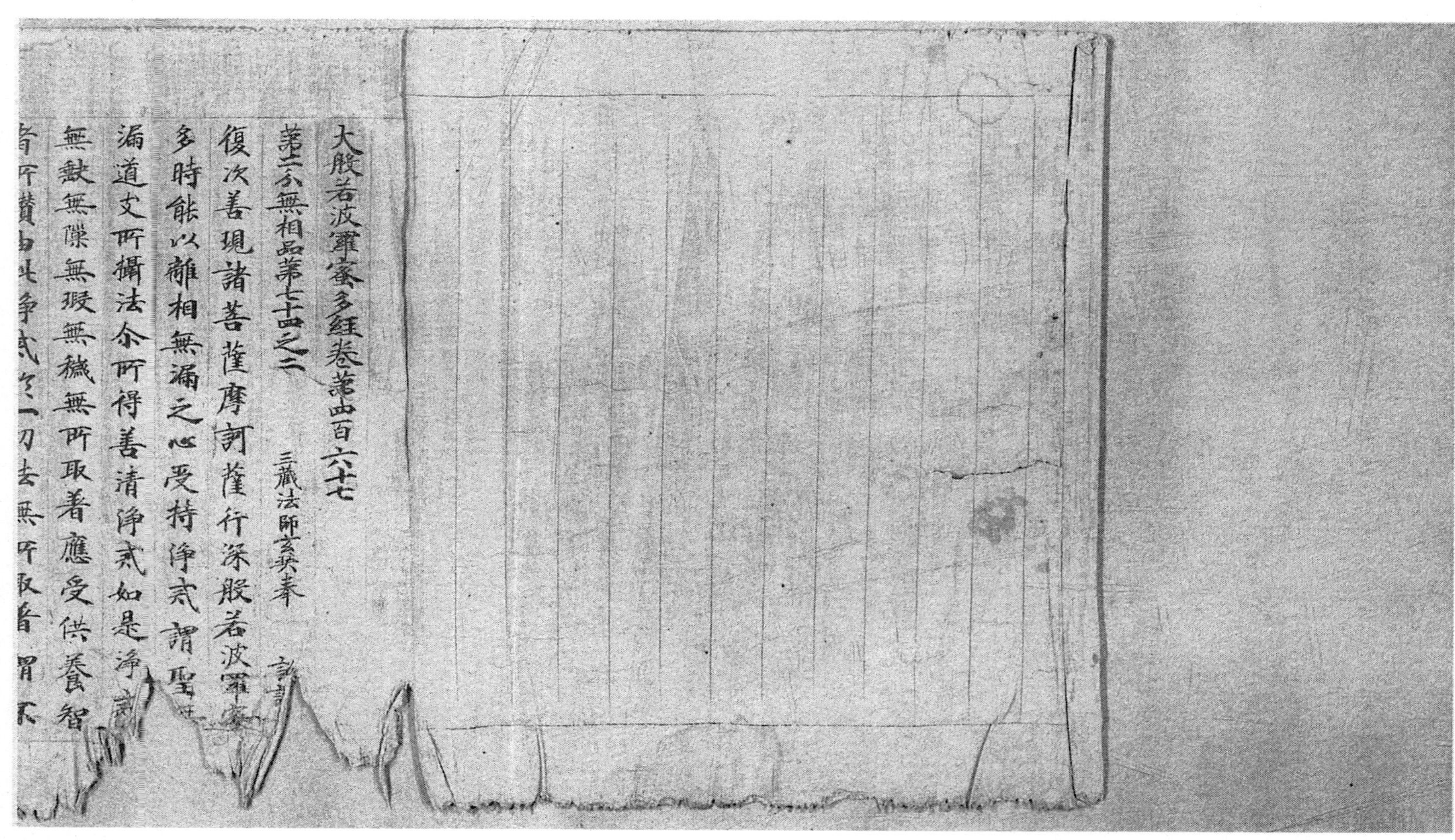
大般若波羅蜜多經卷第四百六十七
第二分無相品第七十四之二　　三藏法師玄奘奉　詔譯
復次善現諸菩薩摩訶薩行深般若波羅蜜
多時能以離相無漏之心受持淨戒謂聖
漏道支所攝法尒所得善清淨戒如是淨戒
無缺無隙無瑕無穢無所取著應受供養智
者所讚由此淨戒於一切法無所取著謂不

BD04988 號　大般若波羅蜜多經卷四六七　（2–1）

大般若波羅蜜多經卷第四百六十七

第二分無相品第七十四之三　三藏法師玄奘奉　詔譯

復次善現諸菩薩摩訶薩行深般若波羅蜜
多時能以離相無漏之心受持淨戒謂聖
漏道支所攝法尒所得善清淨戒如是淨戒
無缺無隙無瑕無穢無所取著應受供養智
者所讚由此淨戒於一切法無所取著謂不
取著色受想行識不取著眼處乃至意處不
取著色處乃至法處不取著眼界乃至意界
不取著色界乃至法界不取著眼識界乃至
意識界不取著三十二大士相八十隨好不
取著剎帝利大族婆羅門大族長者大族居
士大族不取著四大王眾天乃至他化自在
天不取著梵眾天乃至色究竟天不取著空
無邊處天乃至非想非非想處天不取著預
流果乃至獨覺菩提不取著轉輪王位及餘
小王宰官等位但以如是所受持戒與諸有
情平等共有迴向無上正等菩提於迴向時
以無相無所得無二為方便非有相有所得
有二為方便但由世俗不由勝義由此因緣一
切佛法無不圓滿是菩薩摩訶薩由此淨戒
波羅蜜多方便善巧起四靜慮勝進分無染
著為方便故引諸神通是菩薩摩訶薩用異
熟生清淨天眼恒見十方無邊世界現在諸
佛安隱住持為諸有情宣說正法乃至證得
一切智智於所見事能不忘失是菩薩摩訶

BD04988號　大般若波羅蜜多經卷四六七　（2–2）

淨戒安忍精進靜
无常說布施波羅蜜多若樂若苦
忍精進靜慮般若波羅蜜多若樂若
施波羅蜜多若我若无我說淨戒安忍
靜慮般若波羅蜜多
羅蜜多若淨若不淨說
般若波羅蜜多若淨若
等法脩行精進是行精
說行精進者應求於布施波羅
常應求淨戒乃至般若波羅
常應求布施波羅蜜多若樂
乃至般若波羅蜜多若樂若
羅蜜多若我若无我應求淨戒乃至般
羅蜜多若我若无我應求布施波羅蜜
淨若不淨應求淨戒乃至般若波羅蜜
淨若不淨若有能求如是等法脩行精
行精進波羅蜜多憍尸迦若善男子善女人等如
是求布施波羅蜜多若常若无常求
戒乃至般若波羅蜜多若常若无常求布施
波羅蜜多若樂若苦求淨戒乃至

BD04989號　大般若波羅蜜多經卷一四〇　（4–1）

羅蜜多若我若无我應求布施波羅蜜
淨若不淨應求淨戒乃至般若波羅蜜多
淨若不淨若有能求如是等法脩行精
行精進波羅蜜多憍尸迦若善男子善女人等如
是求布施波羅蜜多若常若无常求
戒乃至般若波羅蜜多若常若无常求布施
波羅蜜多若樂若苦求淨戒乃至般若波羅
蜜多若樂若苦求布施波羅蜜多若我若
我求淨戒乃至般若波羅蜜多若我若无我
求布施波羅蜜多若淨若不淨求淨戒乃至
般若波羅蜜多若淨若不淨依此等法行精
進者我說名為行有所得相似精進波羅蜜
多憍尸迦如前所說當知皆是說有所得相
似精進波羅蜜多
復次憍尸迦若善男子善女人等為發無上
菩提心者說內空若常若無常說外空內外
空空空大空勝義空有為空無為空畢竟空
无際空散空無變異空本性空自相空共相
空一切法空不可得空無性空自性空無性
自性空若常若無常說內空若樂若苦說外
空內外空空空大空勝義空有為空無為空
畢竟空無際空散空無變異空本性空自相
空共相空一切法空不可得空無性空自性
空無性自性空若樂若苦說內空若我若無
我說外空內外空空空大空勝義空有為空
無為空畢竟空無際空散空無變異空本
性空自相空共相空一切法空不可得空无性

BD04989號　大般若波羅蜜多經卷一四〇　（4–2）

畢竟空無際空散空無變異空本性空自相
空共相空一切法空不可得空無性空自性
空無性自性空若樂若苦說內空若我若無
我說外空內外空空空大空勝義空有為空
無為空畢竟空無際空散空無變異空本
性空自相空共相空一切法空不可得空无性
空自性空無性自性空若我若無我說內空
若淨若不淨說外空內外空空空大空勝義
空有為空無為空畢竟空無際空散空無變
異空本性空自相空共相空一切法空不可
得空無性空自性空無性自性空若淨若不
淨若有能依如是等法脩行精進是行精進
波羅蜜多復作是說行精進者應求內空若
常若無常應求外空乃至無性自性空若常
若無常應求內空若樂若苦應求外空乃至
無性自性空若樂若苦應求內空若我若無
我應求外空乃至無性自性空若我若無我
應求內空若淨若不淨應求外空乃至無性
自性空若淨若不淨若有能求如是等法脩
行精進是行精進波羅蜜多憍尸迦若善男
子善女人等如是求內空若常若無常求外
空乃至無性自性空若常若無常求內空若
樂若苦求外空乃至無性自性空若樂若苦
求內空若我若無我求外空乃至無性自性
空若我若無我求內空若淨若不淨求外空
乃至無性自性空若淨若不淨依此等法行

BD04989號　大般若波羅蜜多經卷一四〇　（4–3）

子善女人等如是求內空若常若無常求外
空乃至無性自性空若常若無常求內空若
樂若苦求外空乃至無性自性空若樂若苦
求內空若我若無我求外空乃至無性自性
空若我若無我求內空若淨若不淨求外空
乃至無性自性空若淨若不淨依此等法行
精進者我說名為行有所得相似精進波羅
蜜多憍尸迦如前所說當知皆是說有所得
相似精進波羅蜜多
復次憍尸迦若善男子善女人等為發無上
菩提心者說真如若常若無常說法界法性
不虛妄性不變異性平等性離生性法定法
住實際虛空界不思議界若常若無常說
真如若樂若苦說法界法性不虛妄性不變異
性平等性離生性法定法住實際虛空界不
思議界若樂若苦說真如若我若無我說法
界法性不虛妄性不變異性平等性離生性
法定法住實際虛空界不思議界若我若無
我說真如若淨若不淨說法界法性不虛妄
性不變異性平等性離生性法定法住實際
虛空界不思議界若淨若不淨若有能依如
是等法脩行精進是行精進波羅蜜多復作
是說行精進者應求真如若常若無常應
求法界乃至不思議界若常若無常應求真如

BD04989號　大般若波羅蜜多經卷一四〇　（4–4）

BD04989號背　勘記　（1–1）

大佛頂如來密因修證了義…
阿難汝問攝心我…
門求菩薩道要先持…
自不能生一切枝葉
難如是四事若不…
一切魔事云何發　若有宿習不能…
教是人一心誦我佛頂光明摩訶薩…
怛羅无上神咒斯是如來无見頂相…
佛從頂發輝坐寶蓮花所說心咒且汝宿…
與摩登伽歷劫因緣恩愛習氣非是一生及
與一劫我一宣揚愛心永脫成阿羅漢彼尚
婬女无心脩行神力冥資速證无學云何汝
等在會聲聞求最上乘決定成佛譬如以塵
揚于順風有何艱險若有末世欲坐道場
先持比丘清淨禁戒要當選擇戒清淨者第
一沙門以為其師若其不遇真清淨僧汝戒

BD04990號　大佛頂如來密因修證了義諸菩薩萬行首楞嚴經卷七　（22–1）

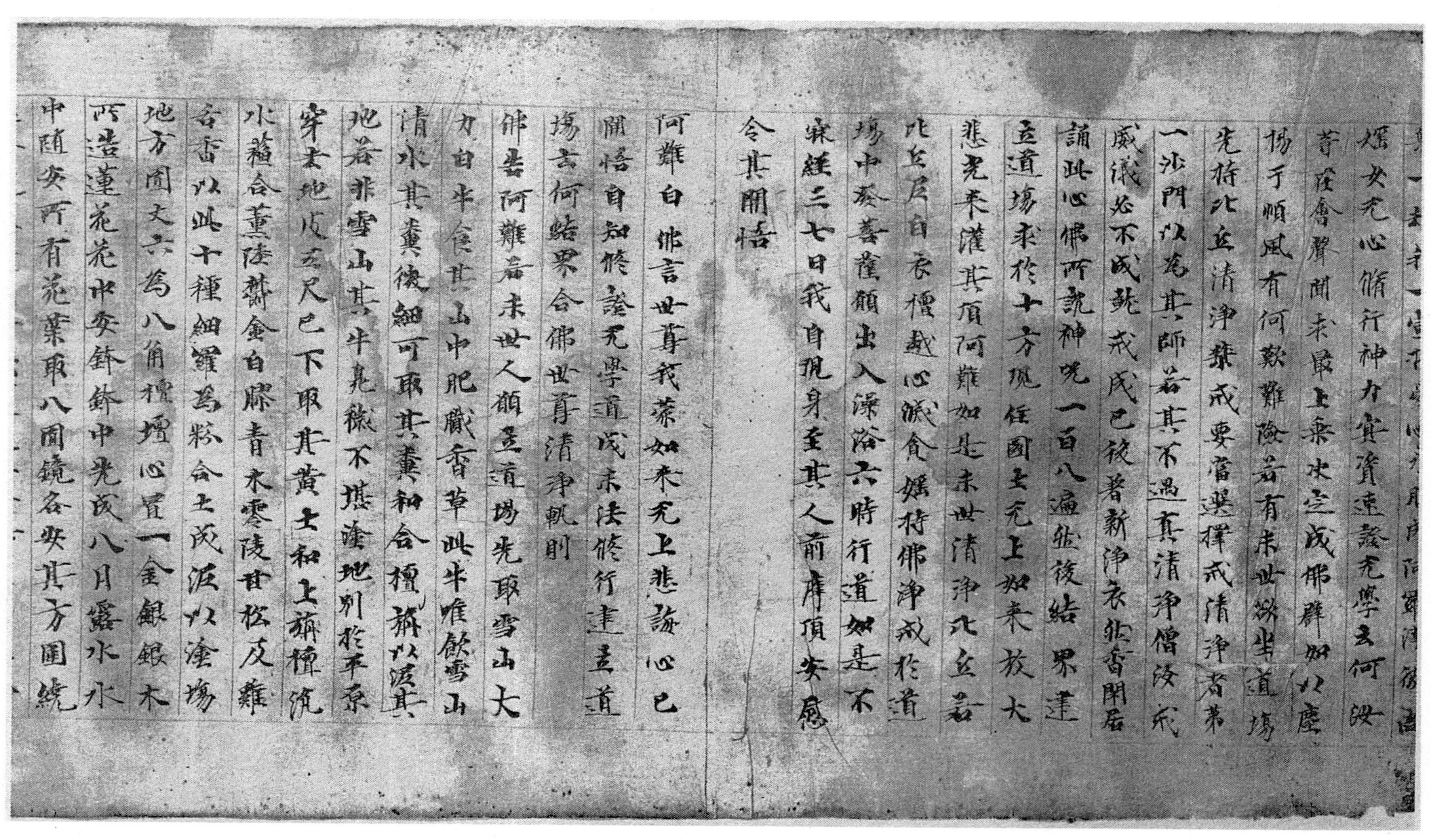
婬女无心脩行神力冥資速證无學云何汝
等在會聲聞求最上乘決定成佛譬如以塵
揚于順風有何艱險若有末世欲坐道場
先持比丘清淨禁戒要當選擇戒清淨者第
一沙門以為其師若其不遇真清淨僧汝戒
威儀必不成就戒成已後著新淨衣然香閑居
誦此心佛所說神咒一百八遍然後結界建
立道場求於十方現住國土无上如來放大
悲光來灌其頂阿難如是末世清淨比丘若
比丘尼白衣檀越心滅貪婬持佛淨戒於道
場中發菩薩願出入澡浴六時行道如是不
寐經三七日我自現身至其人前摩頂安慰
令其開悟
阿難白佛言世尊我蒙如來无上悲誨心已
開悟自知修證无學道成末法修行建立道
場云何結界合佛世尊清淨軌則
佛告阿難若末世人願立道場先取雪山大
力白牛食其山中肥膩香草此牛唯飲雪山
清水其糞微細可取其糞和合栴檀以泥其
地若非雪山其牛臭穢不堪塗地別於平原
穿去地皮五尺已下取其黃土和上栴檀沉
水蘇合薰陸鬱金白膠青木零陵甘松及雞
舌香以此十種細羅為粉合土成泥以塗場
地方圓丈六為八角壇壇心置一金銀銅木
所造蓮花花中安鉢鉢中先盛八月露水水
中隨安所有花葉取八圓鏡各安其方圍繞

BD04990號　大佛頂如來密因修證了義諸菩薩萬行首楞嚴經卷七　（22–2）

穿去地皮五尺已下取其黃土和上旃檀沉
水蘓合薰陸欝金白膠青木零陵甘松及雞
舌香以此十種細羅爲粉合土成泥以塗場
地方圓丈六爲八角壇心置一金銀銅木
所造蓮花花中安鉢鉢中先盛八月露水水
中隨安所有花葉取八圓鏡各安其方圍繞
花鉢鏡外建立十六蓮花十六香鑪間花鋪
設莊嚴香爐純燒沉水无令見火取白牛乳
置十六器乳爲煎餅并諸沙糖油餅乳糜蘇
合蜜薑純蘇純蜜於蓮花外各各十六圍繞
花外以奉諸佛及大菩薩每以食時若在中
夜取蜜半升用蘇三合壇前別安一小火鑪
以兜樓婆香煎取香水沐浴其炭然令猛熾
投是蘇蜜於炎鑪內燒令煙盡饗佛菩薩令
其四外遍懸幡花於壇室中四壁敷設十方
如來及諸菩薩所有形像應於當陽張盧舍
那釋迦彌勒阿閦彌陀諸大變化觀音形像
兼金剛藏安其左右帝釋梵王烏蒭瑟摩
并藍地迦諸軍荼利與毗俱知四天王等頻
那夜迦張於門側左右安置又取八鏡覆懸
虛空與壇場中所安之鏡方面相對使其形
影重重相涉於初七日中至誠頂礼十方如
來諸大菩薩阿羅漢号恒於六時誦呪圍壇
至心行道一時常行一百八遍第二七中一
向專心發菩薩願心无間斷我毗奈耶先有
願教第三七中於十二時一向持佛般怛囉
呪至第七日十方如來一時出現鏡交光處

BD04990號　大佛頂如來密因修證了義諸菩薩萬行首楞嚴經卷七　（22–3）

來諸大菩薩阿羅漢号恒於六時誦呪圍壇
至心行道一時常行一百八遍第二七中一
向專心發菩薩願心无間斷我毗奈耶先有
願教第三七中於十二時一向持佛般怛囉
呪至第七日十方如來一時出現鏡交光處
承佛摩頂即於道場脩三摩地能令如是末
世脩學身心明淨猶如瑠璃阿難若此比丘
本受戒師及同會中十比丘等其中有一不
清淨者如是道場多不成就從三七後端坐
安居經一百日有利根者不起于座得須陁
洹縱其身心聖果未成決定自知成佛不謬
汝問道場建立如是
阿難頂礼佛足而白佛言自我出家恃佛驕
愛求多聞故未證无爲遭彼梵天邪術所禁
心雖明了力不自由賴遇文殊令我解脫雖
蒙如來佛頂神呪冥獲其力尚未親聞唯願
大慈重爲宣說悲救此會諸脩行輩末及當
來在輪迴者承佛密音身意解脫于時會中
一切大衆普皆作礼佇聞如來秘密章句
尒時世尊從肉髻中涌百寶光光中涌出千
葉寶蓮有化如來坐寶花中頂放十道百寶
光明一一光明皆遍示現十恒河沙金剛密
跡擎山持杵遍虛空界大衆仰觀畏愛兼抱
求佛哀祐一心聽佛无見頂相放光如來宣
說神呪
南无薩怛他蘇伽多耶阿囉訶帝三藐三菩
陁寫一薩怛他佛陁俱知瑟尼釤南无薩婆

BD04990號　大佛頂如來密因修證了義諸菩薩萬行首楞嚴經卷七　（22–4）

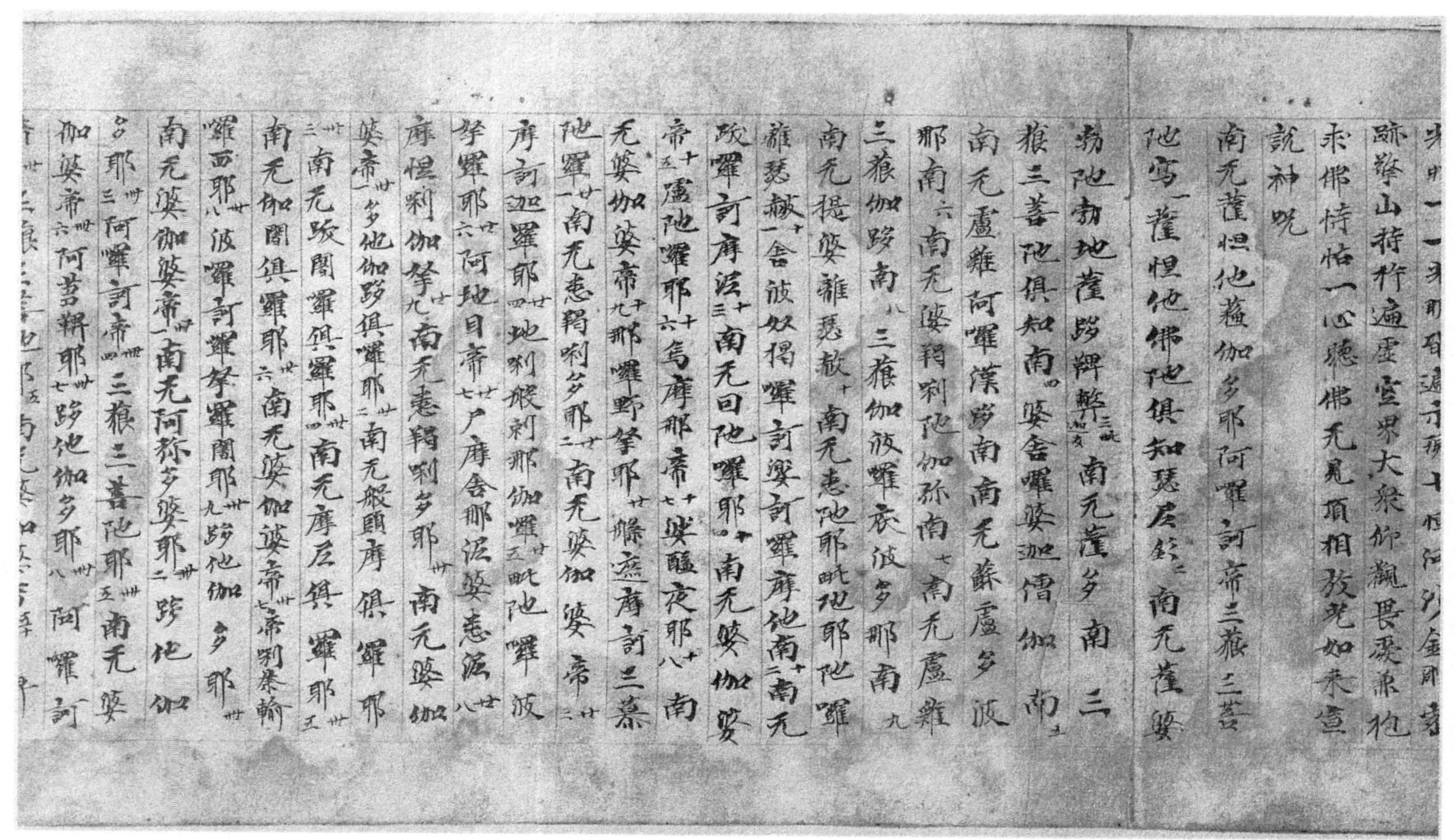

BD04990號　大佛頂如來密因修證了義諸菩薩萬行首楞嚴經卷七　　（22–5）

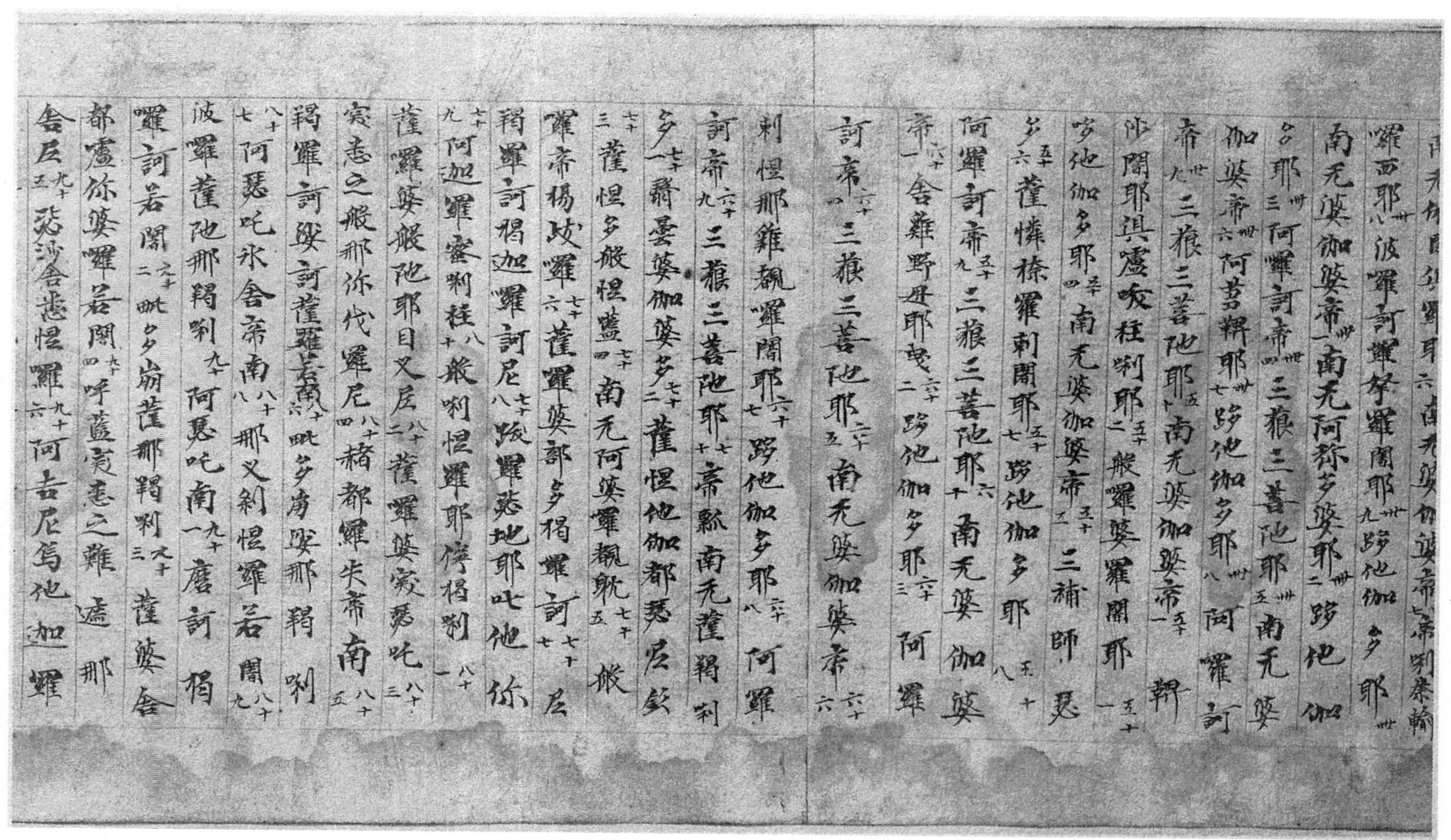

BD04990號　大佛頂如來密因修證了義諸菩薩萬行首楞嚴經卷七　　（22–6）

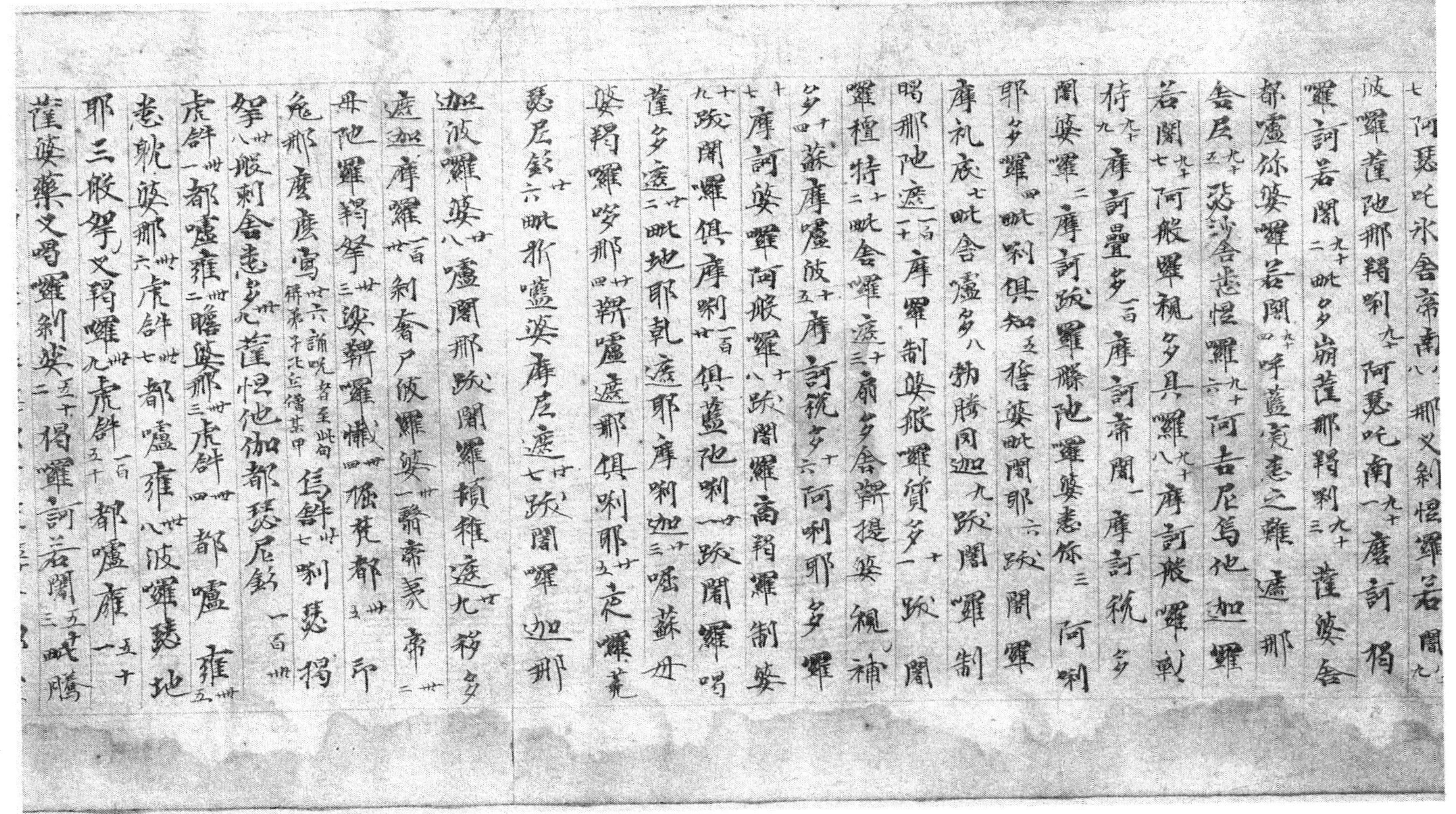

BD04990號　大佛頂如來密因修證了義諸菩薩萬行首楞嚴經卷七　（22–7）

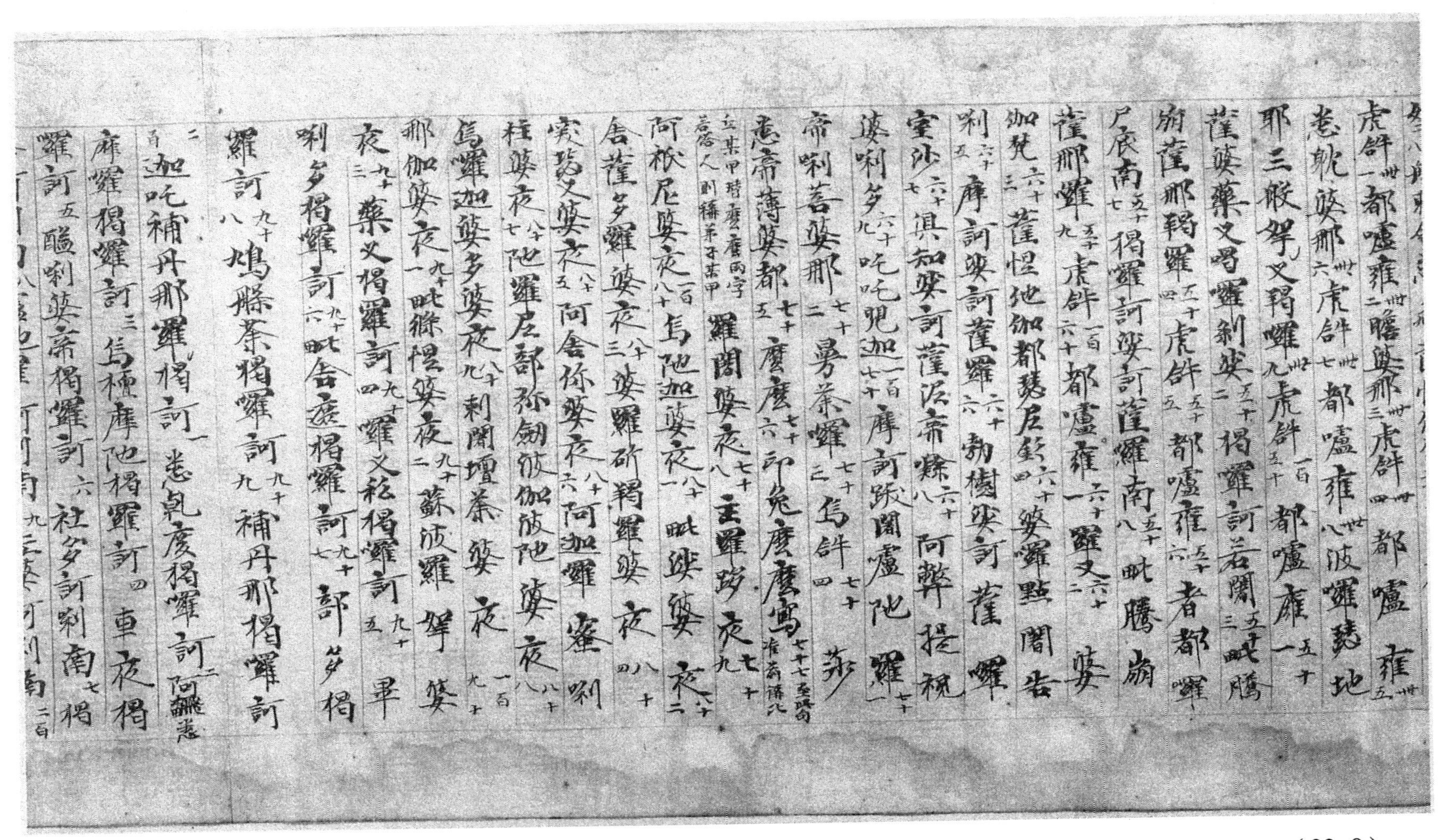

BD04990號　大佛頂如來密因修證了義諸菩薩萬行首楞嚴經卷七　（22–8）

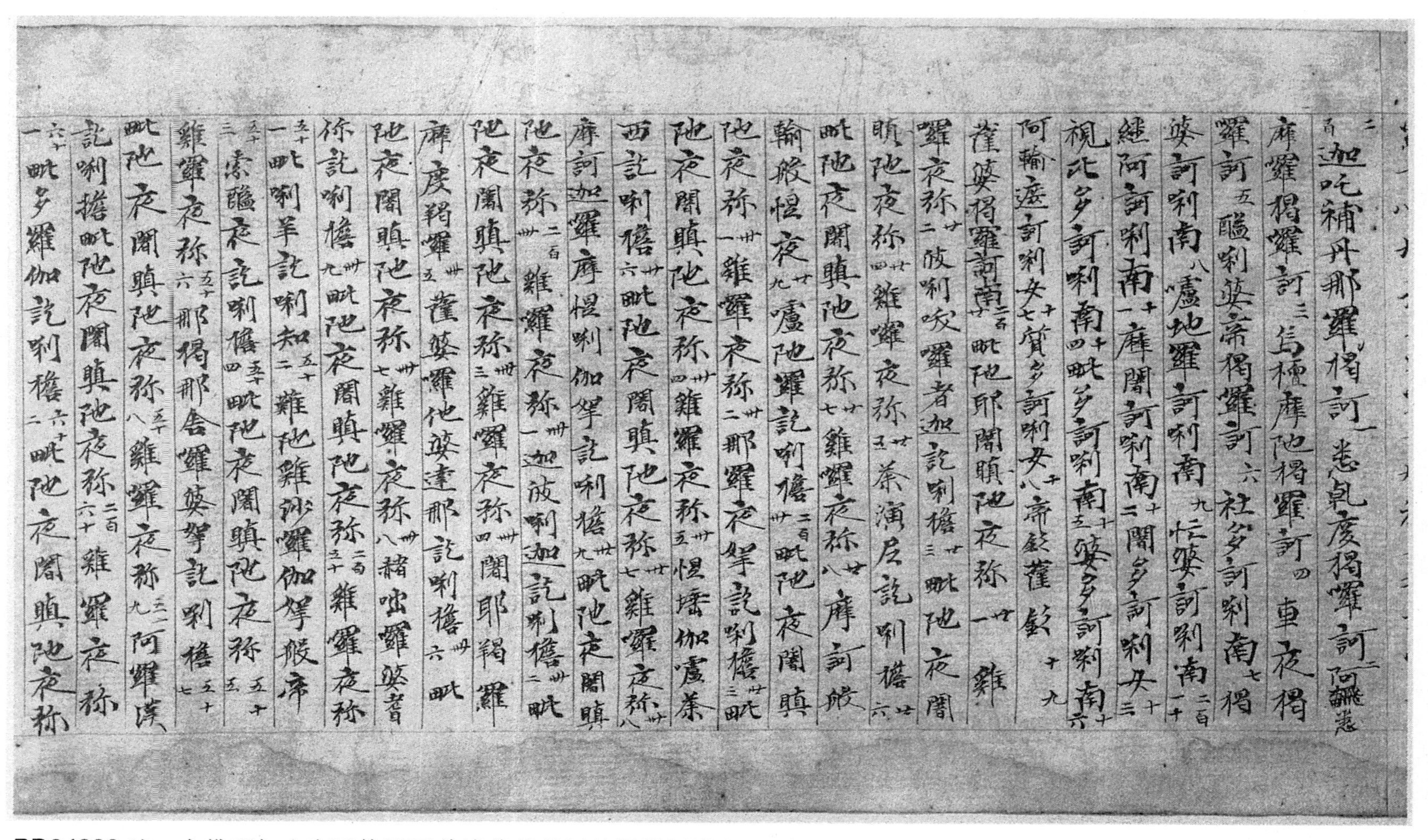

BD04990號　大佛頂如來密因修證了義諸菩薩萬行首楞嚴經卷七　（22–9）

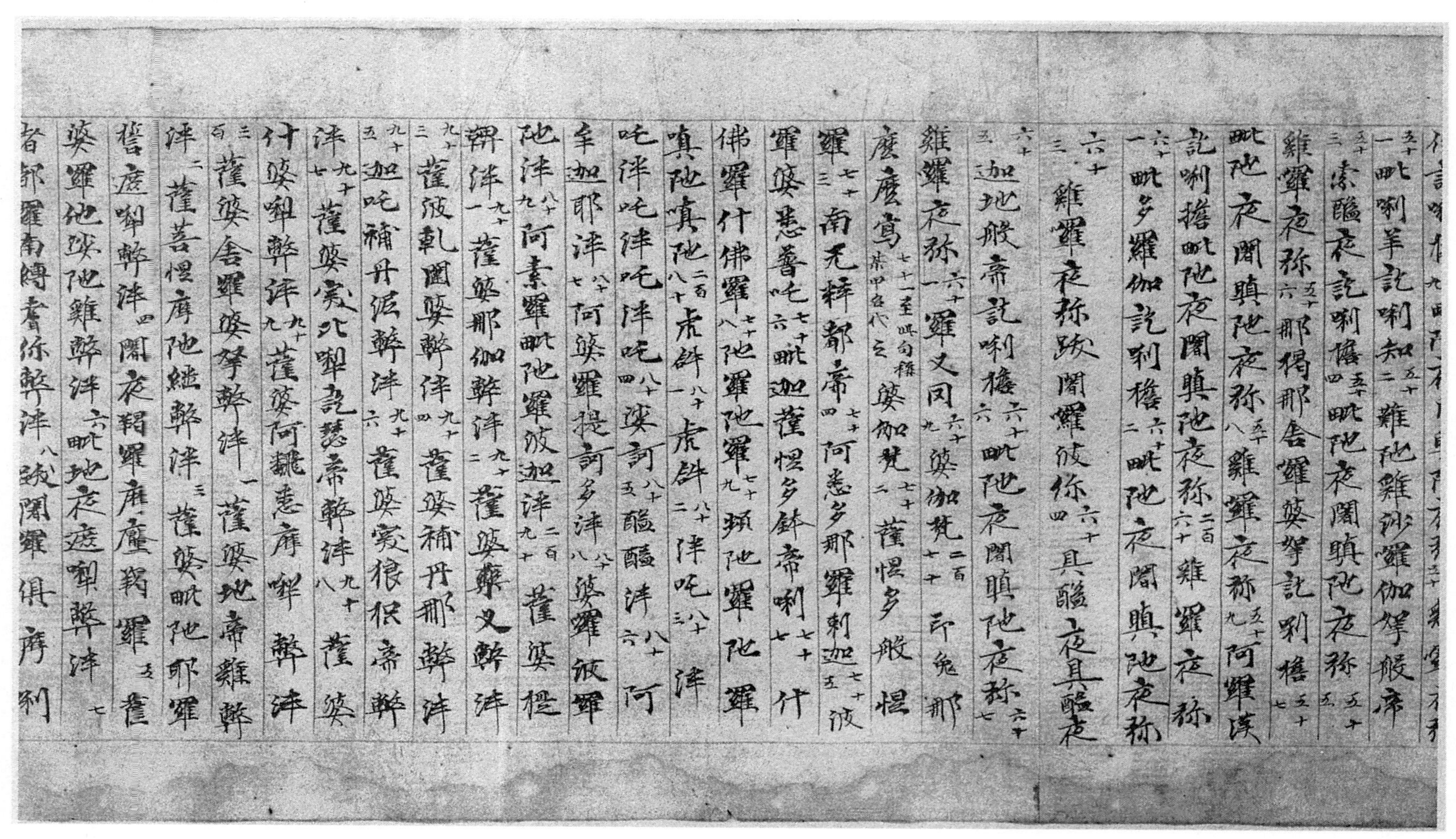

BD04990號　大佛頂如來密因修證了義諸菩薩萬行首楞嚴經卷七　（22–10）

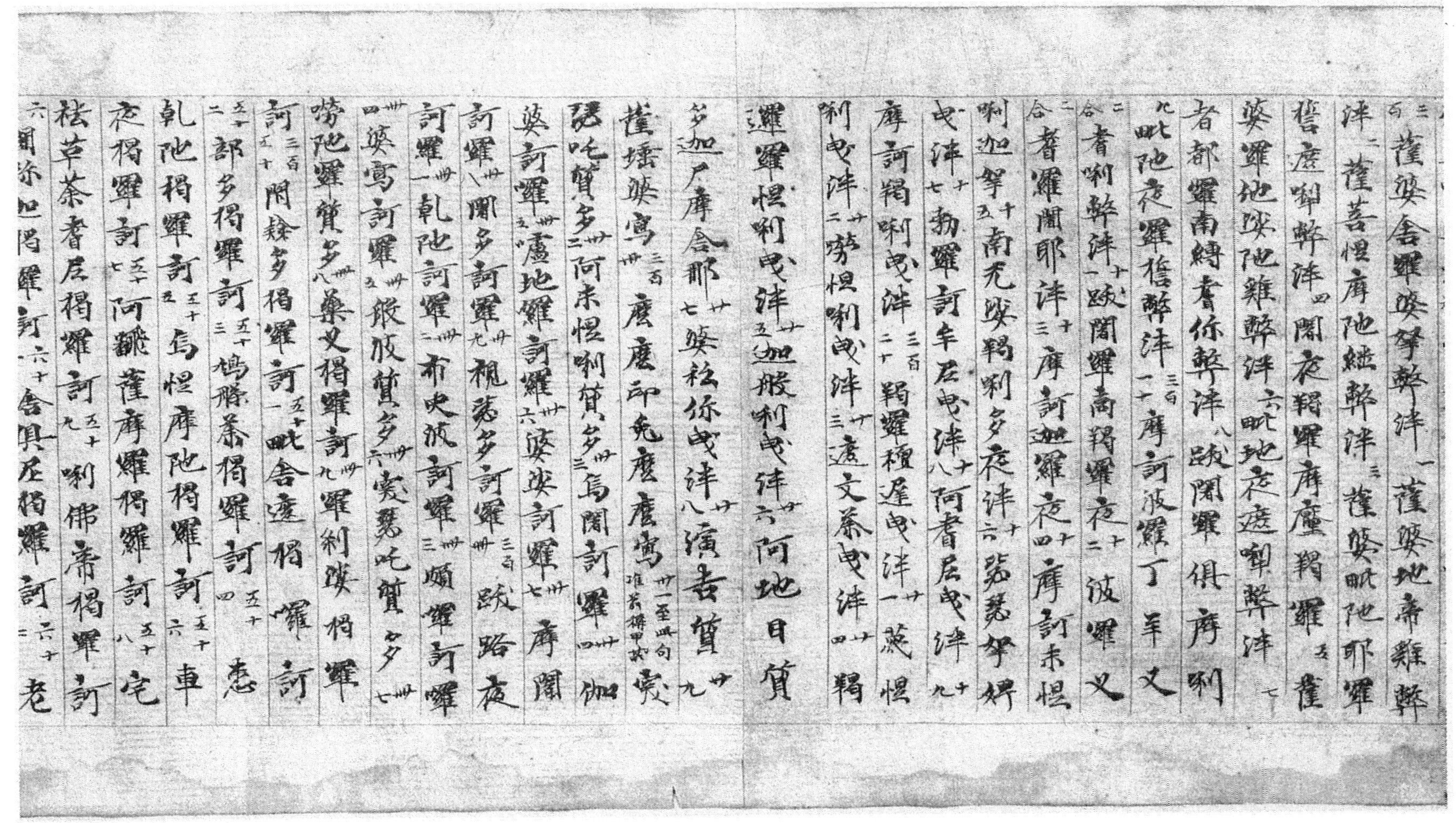

BD04990 號　大佛頂如來密因修證了義諸菩薩萬行首楞嚴經卷七　（22–11）

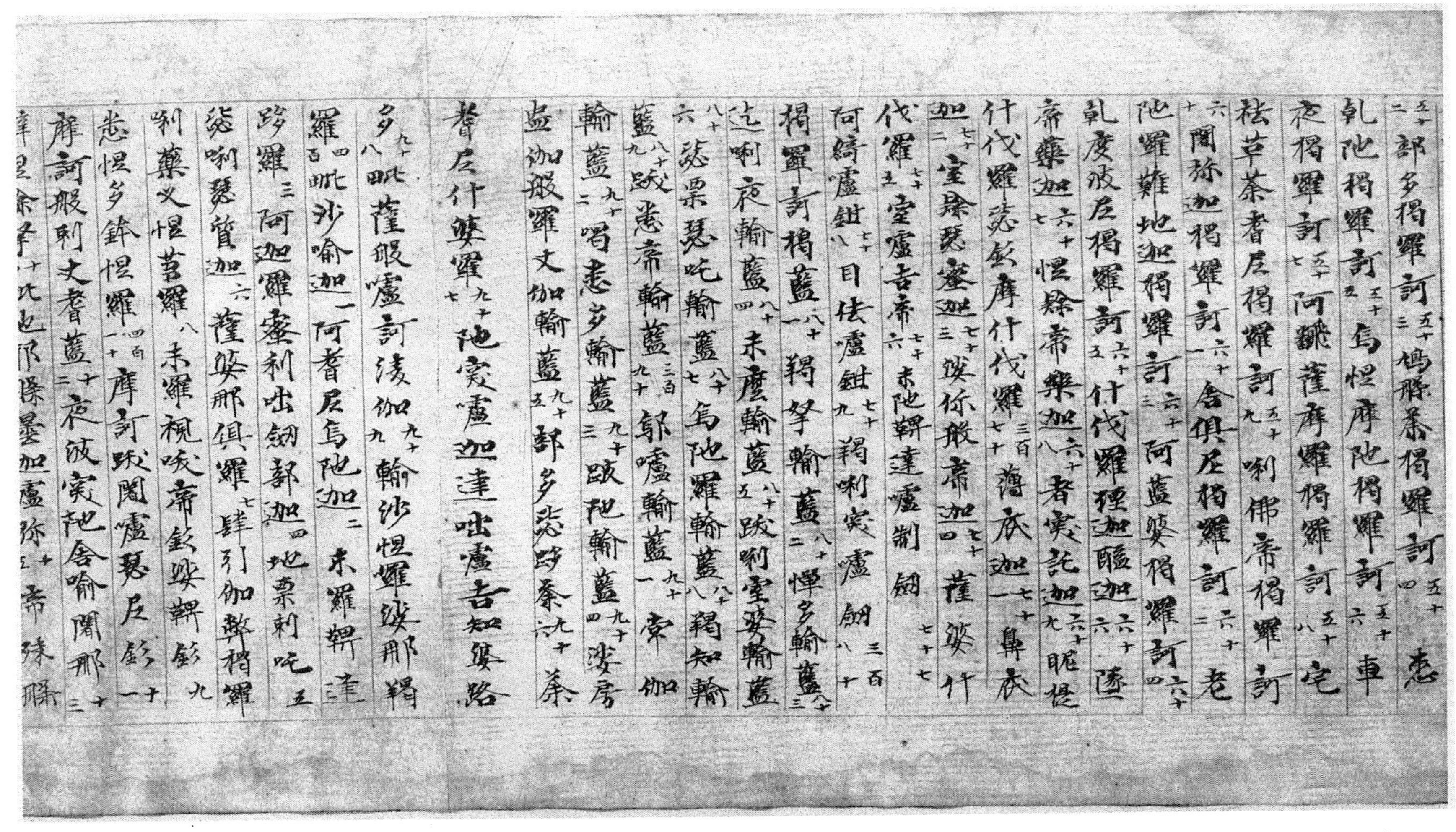

BD04990 號　大佛頂如來密因修證了義諸菩薩萬行首楞嚴經卷七　（22–12）

跢囉三 阿迦囉蜜利出劍薪迦、地栗刹叱
婆唎瑟質迦六 薩婆那俱囉七 肆引伽弊揭囉
唎藥叉怛茖囉八 末囉視吠帝釤娑鞞釤九
悉怛多鉢怛囉四百一十 摩訶跋闍盧瑟尼釤一十
摩訶般刺丈耆藍二十 夜波突陀舍喩闍那三十
辮怛隸拏四十 毗陀耶槃曇迦盧彌五十 帝殊槃
曇迦盧彌六十 般羅毗陀槃曇迦盧彌七十 跢姪
他八十 唵引九十 阿那隸四百二十 毗舍提一廿 鞞囉跋闍囉
阿唎二廿 槃陀槃陀儞三廿 跋闍囉謗尼泮四廿 虎
𤙖都嚧甕泮五廿 莎婆訶六廿
阿難是佛頂光聚悉怛多槃怛囉祕密伽陀
微妙章句出生十方一切諸佛十方如來因此
呪心得成无上正遍知覺十方如來執此呪
心降伏諸魔制諸外道十方如來乘此呪心
坐寶蓮花應微塵國十方如來含此呪心於
微塵國轉大法輪十方如來持此呪心能於
十方摩頂授記十方如來依此呪心能於十
方拔濟羣苦所謂地獄餓鬼畜生盲聾瘖瘂
怨憎會苦愛別離苦求不得苦五陰熾盛大
小諸橫同時解脫賊難兵難王難獄難飢渴貧
窮應念銷散十方如來隨此呪心能於十方
事善知識四威儀中供養如意恒沙如來會中
推為大法王子十方如來行此呪心能於十方
攝受親因令諸小乘聞祕密藏不生驚怖十
方如來誦此呪心成无上覺坐菩提樹入大
涅槃十方如來傳此呪心於滅度後付佛法
事究竟住持嚴淨戒律悉得清淨若我說是
佛頂光聚般怛囉呪從旦至暮音聲相連字

BD04990號　大佛頂如來密因修證了義諸菩薩萬行首楞嚴經卷七　（22–13）

推為大法王子十方如來行此呪心能於十方
攝受親因令諸小乘聞祕密藏不生驚怖十
方如來誦此呪心成无上覺坐菩提樹入大
涅槃十方如來傳此呪心於滅度後付佛法
事究竟住持嚴淨戒律悉得清淨若我說是
佛頂光聚般怛囉呪從旦至暮音聲相連字
句中間亦不重疊經恒沙劫終不能盡亦說
此呪名如來頂汝等有學未盡輪迴發心至
誠取阿羅漢不持此呪而坐道場令其身心
遠諸魔事无有是處
阿難若諸世界隨所國土所有衆生隨國所
生樺皮貝葉紙素白疊書寫此呪貯於香囊
是人心昏未能誦憶或帶身上或書宅中當
知是人盡其生年一切諸毒所不能害阿難
我今為汝更說此呪救護世間得大无畏成
就衆生出世間智若我滅後末世衆生有能
自誦若教他誦當知如是誦持衆生火不能
燒水不能溺大毒小毒所不能害如是乃至
龍天鬼神精祇魔魅所有惡呪皆不能著心
得正受一切呪詛魘蠱毒藥金毒銀毒草木
虫虵萬物毒氣入此人口成甘露味一切惡
星并諸鬼神磣心毒人於如是人不能起
惡毗那夜迦諸惡鬼王并其眷屬皆領深恩
常加守護阿難當知是呪常有八万四千那由
他恒河沙俱知金剛藏王菩薩種族一一皆有
諸金剛衆而為眷屬設有衆生於散亂心非
三摩地心憶口持是金剛王常隨從彼諸善
男子何況決定菩提心者此諸金剛菩薩藏

BD04990號　大佛頂如來密因修證了義諸菩薩萬行首楞嚴經卷七　（22–14）

毘毗那夜迦諸惡鬼王并其眷屬皆領深恩
常加守護阿難當知是呪常有八万四千那由
他恒河沙俱知金剛藏王菩薩種族一一皆有
諸金剛衆而為眷屬設有衆生於散乱心非
三摩地心憶口持是金剛王常隨從彼諸善
男子何况决定菩提心者此諸金剛菩薩藏
王精心陰速發彼神識是人應時心能記憶
八万四千恒河沙劫周遍了知得无疑惑從
第一劫乃至後身生生不生藥叉羅剎及富
單那迦吒富單那鳩槃荼毗舍遮等并諸餓
鬼有形无形有想无想如是惡處是善男子
若讀誦若書寫若帶若藏諸色供養
劫劫不生貧窮下賤不可樂處此諸衆生
縱其自身不作福業十方如來所有功德悉
與此人由是得於恒河沙阿僧祇不可說不
可說劫常與諸佛同生一處无量功德如惡
叉聚同處熏脩永无分散是故能令破戒之
人戒根清淨未得戒者令其得戒未精進者
令得精進无智慧者令得智慧不清淨者速
得清淨不持齋戒自成齋戒阿難是善男子
持此呪時設犯禁戒於未受時持呪之後衆
破戒罪无問輕重一時銷滅縱經飲酒食噉
五辛種種不淨一切諸佛菩薩金剛天仙鬼
神不將為過設著不淨破弊衣服一行一住悉
同清淨縱不作壇不入道場亦不行道誦持
此呪還同入壇行道功德若造五逆无間重罪
及諸比丘比丘尼四弃八弃誦此呪已如是

BD04990號　大佛頂如來密因修證了義諸菩薩萬行首楞嚴經卷七　（22–15）

破戒罪无問輕重一時銷滅縱經飲酒食噉
五辛種種不淨一切諸佛菩薩金剛天仙鬼
神不將為過設著不淨破弊衣服一行一住悉
同清淨縱不作壇不入道場亦不行道誦持
此呪還同入壇行道功德若造五逆无間重罪
及諸比丘比丘尼四弃八弃誦此呪已如是
重業猶如猛風吹散沙聚悉皆滅除更无毫
氂阿難若有衆生從无量无數劫來所有一
切輕重罪障從前世來未及懺悔若能讀誦
書寫此呪身上帶持若安住處庄宅園館如
是積業猶湯銷雪不久皆得悟无生忍
復次阿難若有女人未生男女欲求生者若
能至心憶念斯呪或能身上帶此悉怛多般
怛羅者便生福德智慧男女求長命者速得
長命欲求果報速圓滿者速得圓滿身命色
力亦復如是命終之後隨願往生十方國土必
定不生邊地下賤何况雜形阿難若諸國土
州縣聚落飢荒疫癘或復刀兵賊難鬪諍兼
餘一切厄難之地寫此神呪安城四門并諸
支提或脫闍上令其國土所有衆生奉迎斯
呪礼拜恭敬一心供養令其人民各各身佩
或各各安所居宅地一切灾厄悉皆銷滅阿
難在在處處國土衆生隨有此呪天龍歡喜
風雨順時五穀豊殷兆庶安樂亦復能鎮一
切惡星隨方變怪灾障不起人无横夭杻械
枷鏁不著其身晝夜安眠常无惡夢阿難是
娑婆界有八万四千灾變惡星廿八大惡星而

BD04990號　大佛頂如來密因修證了義諸菩薩萬行首楞嚴經卷七　（22–16）

亦各各安所[illegible]
難在在處處國土眾生隨有此咒天龍歡喜
風雨順時五穀豐殷兆庶安樂亦復能鎮一
切惡星隨方變怪災障不起人無橫夭杻械
枷鎖不著其身晝夜安眠常無惡夢阿難是
娑婆界有八萬四千災變惡星廿八大惡星而
為上首復有八大惡星以為其主作種種形
出現世時能生眾生種種災異有此咒地悉
皆銷滅十二由旬成結界地諸惡災祥永不
能入是故如來宣示此咒於未來世保護初
學諸脩行者入三摩提身心泰然得大安隱
更無一切諸魔鬼神及無始來冤橫宿殃舊
業陳債來相惱害汝及眾中諸有學人及
未來世諸脩行者依我壇場如法持戒所受
戒主逢清淨僧持此咒心不生疑悔是善男
子於此父母所生之身不得心通十方如來
便為妄語
說是語已會中無量百千金剛一時佛前合
掌頂礼而白佛言如佛所說我當誠心保護
如是脩菩提者
尒時梵王并天帝釋四天大王亦於佛前同時
頂礼而白佛言審有如是脩學善人我當盡
心至誠保護令其一生所作如願
復有無量藥叉大將諸羅剎王富單那王鳩
槃荼王毗舍遮王頻那夜迦諸大鬼王及諸
鬼師亦於佛前合掌頂礼我亦誓願護持是
人令菩提心速得圓滿

BD04990號　大佛頂如來密因修證了義諸菩薩萬行首楞嚴經卷七　（22–17）

復有無量藥叉大將諸羅剎王富單那王鳩
槃荼王毗舍遮王頻那夜迦諸大鬼王及諸
鬼師亦於佛前合掌頂礼我亦誓願護持是
人令菩提心速得圓滿
復有無量日月天子風師雨師雲師雷師并
電伯等年歲巡官諸星眷屬亦於會中頂礼
佛足而白佛言我亦保護是脩行人安立道
場得無所畏
復有無量山神海神一切土地水陸空行萬
物精祇并風神王無色界天於如來前同時
稽首而白佛言我亦保護是脩行人得成菩
提永無魔事
尒時八萬四千那由他恒河沙俱知金剛藏
王菩薩在大會中即從座起頂礼佛足而白
佛言世尊如我等輩所脩功業久成菩提不
取涅槃常隨此咒救護末世脩三摩提正脩
行者世尊如是脩心求正定人若在道場及
餘經行乃至散心遊戲聚落我等徒眾常當
隨從侍衛此人縱令魔王大自在天求其方
便終不可得諸小鬼神去此善人七由旬外
除彼發心樂脩禪者世尊如是惡魔若魔眷
屬欲求侵擾是善人者我以寶杵殞碎其首
猶如微塵恒令此人所作如願
阿難即從座起頂礼佛足而白佛言我輩愚
鈍好為多聞於諸漏心未求出離蒙佛慈誨
得正熏脩身心快然獲大饒益世尊如是脩
證佛三摩提未到涅槃云何名為乾慧之地
卌四心至何漸次得脩行目詣何方所名入

BD04990號　大佛頂如來密因修證了義諸菩薩萬行首楞嚴經卷七　（22–18）

屬欲求假稱是善人者我[illegible]
猶如微塵恒令此人所作如願
阿難即從座起頂礼佛足而白佛言我輩愚
鈍好為多聞於諸漏心未求出離蒙佛慈誨
得正薰修身心快然獲大饒益世尊如是修
證佛三摩提未到涅槃云何名為乾慧之地
卌四心至何漸次得修行目詣何方所名入
地中云何名為等覺菩薩作是語已五體投
地大眾一心佇佛慈音瞪瞢瞻仰
尒時世尊讚阿難言善哉善哉汝等乃能普
為大眾及諸末世一切眾生修三摩提求大
乘者從於凡夫終大涅槃懸示无上正修行
路汝今諦聽當為汝說阿難大眾合掌刳心
默然受教
佛言阿難當知妙性圓明離諸名相本來无
有世界眾生因妄有生因生有滅生滅名妄
滅妄名真是稱如來无上菩提及大涅槃二
轉依号阿難汝今欲修真三摩地直詣如來
大涅槃者先當識此眾生世界二顛倒因顛
倒不生斯則如來真三摩地阿難云何名為
眾生顛倒阿難由性明心性明圓故因明發
性性妄見生從畢竟无成究竟有此有所有
非因所因住所住相了无根本本此无住建
立世界及諸眾生迷本圓明是生虛妄妄性
无體非有所依將欲復真欲真已非真真如
性非真求復宛成非相非生非住非心非法展
轉發生生力發明薰以成業同業相感因有

非因所因住所住相了无根本本此无住建
立世界及諸眾生迷本圓明是生虛妄妄性
无體非有所依將欲復真欲真已非真真如
性非真求復宛成非相非生非住非心非法展
轉發生生力發明薰以成業同業相感因有
感業相滅相生由是故有眾生顛倒
阿難云何名為世界顛倒是有所有分段妄
生因此界立非因所因无住所住遷流不住
因此世成三世四方和合相涉變化眾生成
十二類是故世界因動有聲因聲有色因色
有香因香有觸因觸有味因味知法六亂妄
想成業性故十二區分由此輪轉是故世間聲
香味觸窮十二變為一旋復乘此輪轉顛倒
相故是有世界卵生胎生濕生化生有色无
色有想无想若非有色若非无色若非有想
若非无想阿難由因世界虛妄輪迴動顛倒
故和合氣成八万四千飛沉亂想如是故有
卵羯邏藍流轉國土魚鳥龜蛇其類充塞由
因世界雜染輪迴欲顛倒故和合滋成八万
四千橫豎亂想如是故有胎遏蒱曇流轉國
土人畜龍仙其類充塞
由因世界執著輪迴趣顛倒故和合煖成八万
四千翻覆亂想如是故有濕相蔽尸流轉國
土含蠢蝡動其類充塞
由因世界變易輪迴假顛倒故和合觸成八
万四千新故亂想如是故有化相羯南流轉
國土轉蛻飛行其類充塞

四千飜覆亂想如是故有涵相蔽尸流轉國
國土合蠢蠕動其類充塞
由因世界變易輪迴假顛倒故和合觸成八
万四千新故亂想如是故有化相羯南流轉
國土轉蛻飛行其類充塞
由因世界留礙輪迴障顛倒故和合著成八万
四千精耀亂想如是故有色相羯南流轉國
土休咎精明其類充塞
由因世界銷散輪迴惑顛倒故和合暗成八万
四千陰隱亂想如是故有无色羯南流轉國
土空散銷沉其類充塞
由因世界罔象輪迴影顛倒故和合憶成八万
四千潛結亂想如是故有想相羯南流轉國
土神鬼精靈其類充塞
由因世界愚鈍輪迴癡顛倒故和合頑成八万
四千枯槁亂想如是故有无想羯南流轉國
土精神化為土木金石其類充塞
由因世界相待輪迴偽顛倒故和合染成八
万四千因依亂想如是故有非有色相成色
羯南流轉國土諸水母等以蝦為目其類充
塞
由因世界相引輪迴性顛倒故和合呪成八
万四千呼召亂想由是故有非无色相无色
羯南流轉國土呪咀魔生其類充塞
由因世界合妄輪迴罔顛倒故和合異成八
万四千迴互亂想如是故有非有想相成想
羯南流轉國土彼蒲盧等異質相成其類充

BD04990號　大佛頂如來密因修證了義諸菩薩萬行首楞嚴經卷七　（22–21）

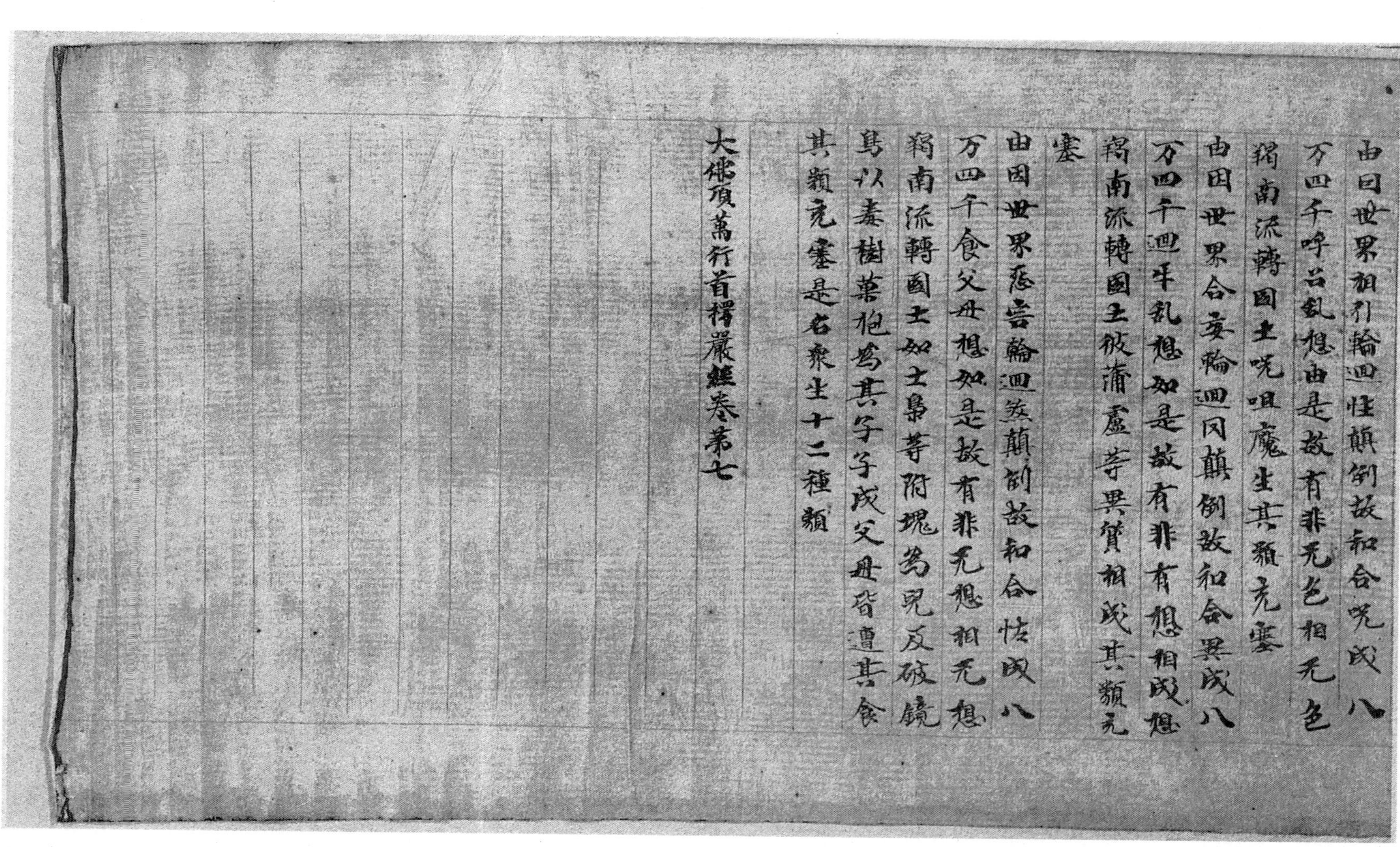
由因世界相引輪迴性顛倒故和合呪成八
万四千呼召亂想由是故有非无色相无色
羯南流轉國土呪咀魔生其類充塞
由因世界合妄輪迴罔顛倒故和合異成八
万四千迴互亂想如是故有非有想相成想
羯南流轉國土彼蒲盧等異質相成其類充
塞
由因世界怨害輪迴殺顛倒故和合怪成八
万四千食父母想如是故有非无想相无想
羯南流轉國土如土梟等附塊為兒及破鏡
鳥以毒樹菓抱為其子子成父母皆遭其食
其類充塞是名衆生十二種類

大佛頂萬行首楞嚴經卷第七

BD04990號　大佛頂如來密因修證了義諸菩薩萬行首楞嚴經卷七　（22–22）

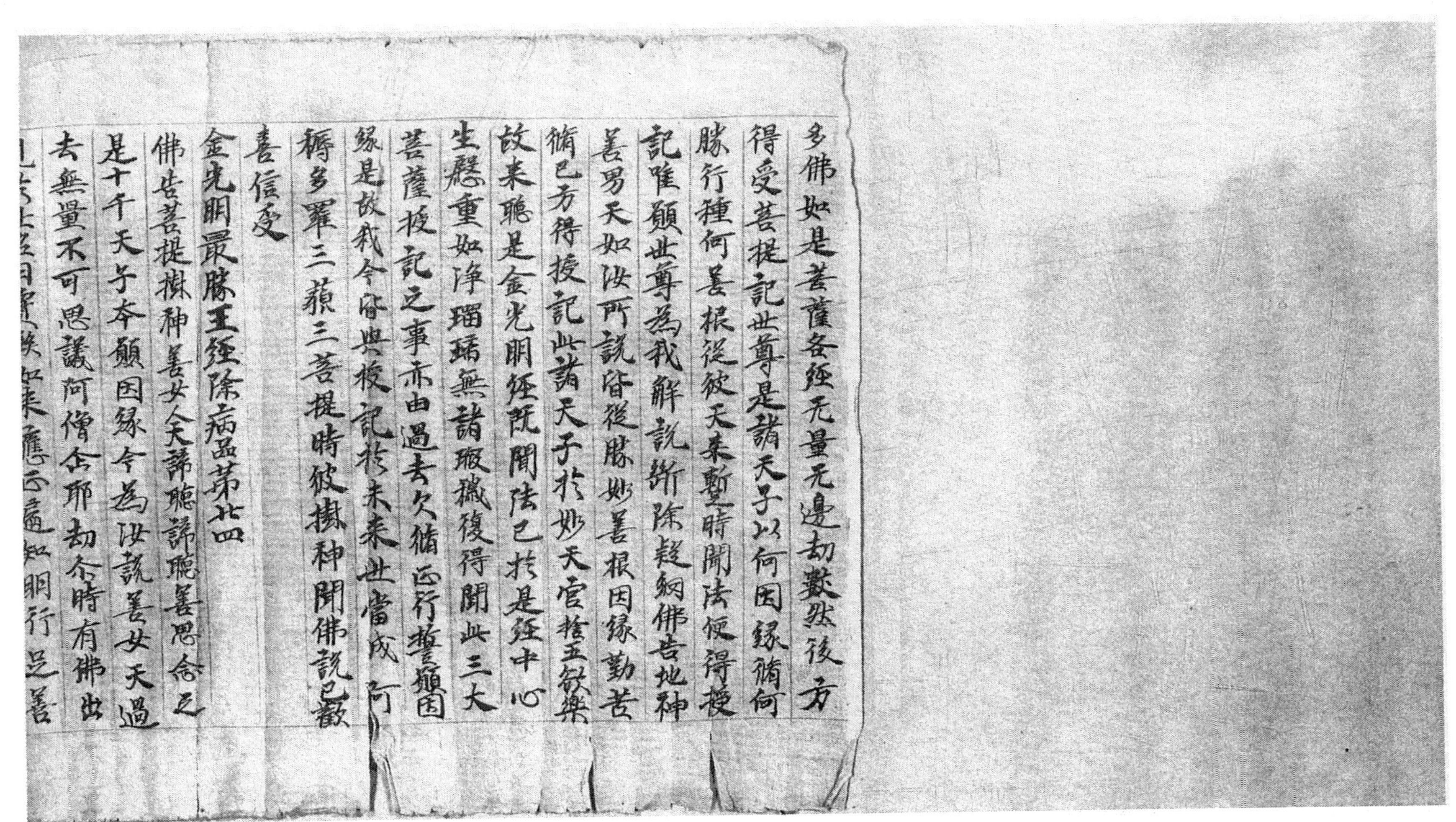
多佛如是菩薩各經无量无邊劫數然後方
得受菩提記世尊是諸天子以何因緣脩何
勝行種何善根從彼天來暫時聞法便得授
記唯願世尊為我解說斷除疑網佛告地神
善男天如汝所說皆從勝妙善根因緣勤苦
脩已方得授記此諸天子於妙天宮捨五欲樂
故來聽是金光明經既聞法已於是經中心
生慇重如淨瑠璃無諸瑕穢復得聞此三大
菩薩授記之事亦由過去久脩正行誓願因
緣是故我今皆與授記於未來世當成阿
耨多羅三藐三菩提時彼樹神聞佛說已歡
喜信受
金光明最勝王經除病品第廿四
佛告菩提樹神善女人天諦聽諦聽善思念之
是十千天子本願因緣今為汝說善女天過
去無量不可思議阿僧企耶劫尒時有佛出
現於世名曰寶髻如來應正遍知明行足善

BD04991 號　金光明最勝王經卷九　（5–1）

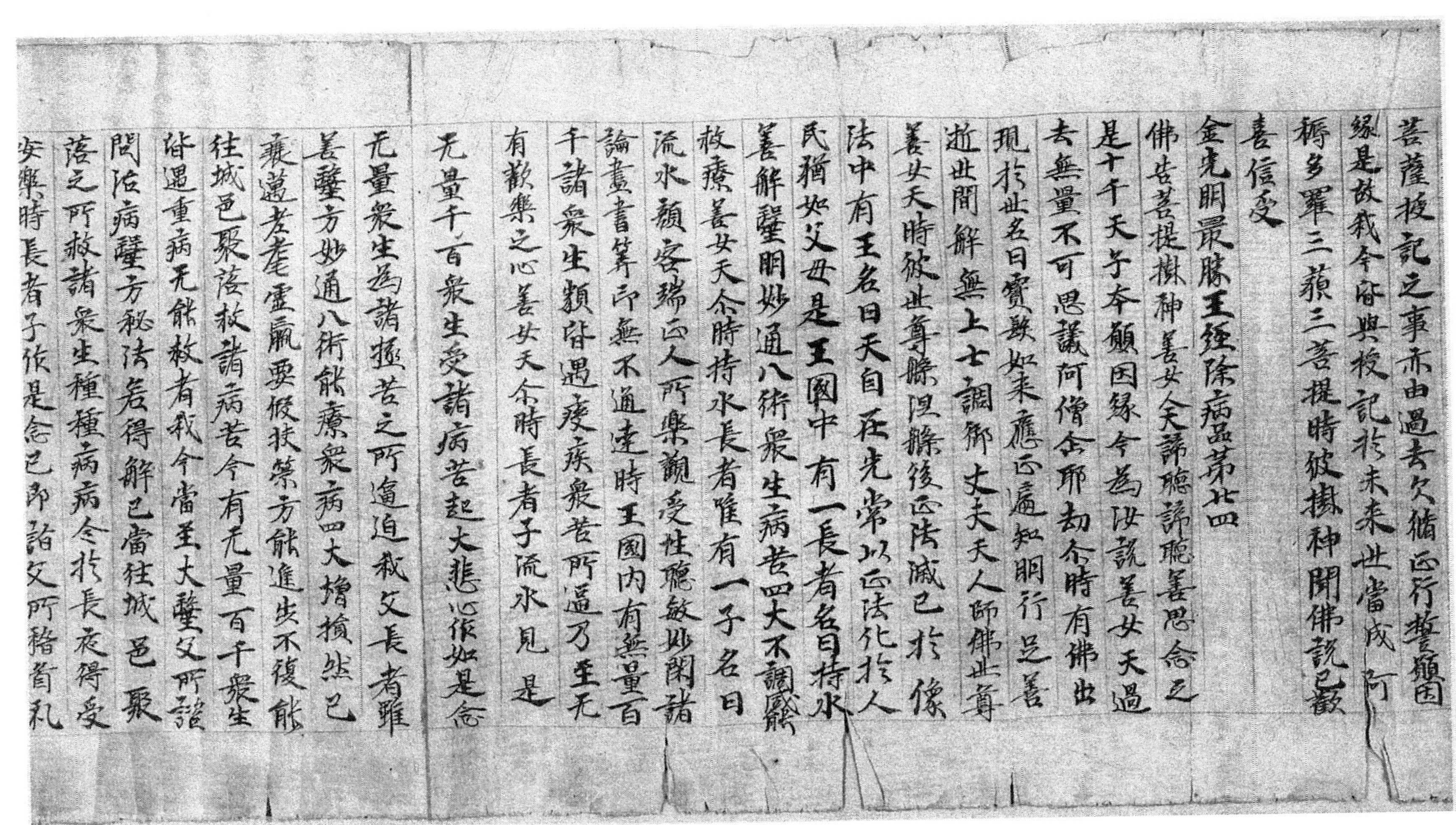
菩薩授記之事亦由過去久脩正行誓願因
緣是故我今皆與授記於未來世當成阿
耨多羅三藐三菩提時彼樹神聞佛說已歡
喜信受
金光明最勝王經除病品第廿四
佛告菩提樹神善女人天諦聽諦聽善思念之
是十千天子本願因緣今為汝說善女天過
去無量不可思議阿僧企耶劫尒時有佛出
現於世名曰寶髻如來應正遍知明行足善
逝世間解無上士調御丈夫天人師佛世尊
善女天時彼世尊般涅槃後正法滅已於像
法中有王名曰天自在光常以正法化於人
民猶如父母是王國中有一長者名曰持水
善解醫明妙通八術衆生病苦四大不調咸
救療善女天尒時持水長者唯有一子名曰
流水顏容端正人所樂觀受性聰敏妙閑諸
論書畫算印無不通達時王國內有無量百
千諸衆生類皆遇疫疾衆苦所逼乃至无
有歡樂之心善女天尒時長者子流水見是
无量千百衆生受諸病苦起大悲心作如是念
无量衆生為諸極苦之所逼迫我父長者雖
善醫方妙通八術能療衆病四大增損然已
衰邁老耄虛羸要假扶策方能進步不復能
往城邑聚落救諸病苦今有无量百千衆生
皆遇重病无能救者我今當至大醫父所諮
問治病醫方秘法若得解已當往城邑聚
落之所救諸衆生種種病病令於長夜得受
安樂時長者子作是念已即詣父所稽首礼

BD04991 號　金光明最勝王經卷九　（5–2）

難遠老耄虛羸要假扶策方能進步不復能
往城邑聚落救諸病苦令有無量百千衆生
皆遇重病无能救者我今當至大醫父所諮
問治病醫方秘法若得解已當往城邑聚
落之所救諸衆生種種病苦令於長夜得受
安樂時長者子作是念已即詣父所稽首禮
足合掌恭敬却住一面即以伽他請其父曰
慈父當哀愍 我欲救衆生 今請諸醫方 幸願爲我說
云何身衰損 諸大有增損 復在何時中 能生諸疾病
云何噉飲食 得受於安樂 能使內身中 火勢不衰損
衆生有四病 風黃熱痰癊 及以總集病 云何而療治
何時風病起 何時熱病發 何時動痰癊 何時總集生
時彼長者聞子請已復以伽他而答之曰
我今依古仙 所有療病法 次第爲汝說 善聽救衆生
三月是春時 三月名爲夏 三月名秋分 三月謂冬時
此據一年中 三三而別說 二二爲一節 便成歲六時
初二是花時 三四名熱際 五六名雨際 七八謂秋時
九十是寒時 後二名氷雪 既知如是別 授藥勿令差
當隨此時中 調息於飲食 入腹令消散 衆病則不生
節氣若變改 四大有推移 此時無藥資 必生於病苦
醫人解四時 復知其六節 明閑身七界 食藥使無差
謂味界血 肉骨及髓腦 病入此中時 知其可療不
病有四種別 謂風熱痰癊 及以總集病 應知發動時
春中痰病動 夏內風病生 秋時黃熱增 冬節三俱起
春食澀熱辛 夏膩熱醎醋 秋時冷甜膩 冬酸澀膩甜
於此四時中 服藥及飲食 若依如是味 衆病无由生
食後病由癊 食消時由熱 消後起由風 准時須識病
既識病源已 隨病而設藥 假令患狀殊 先須療其本
風病服油膩 患熱利爲良 癊病應變吐 總集須三藥

醫人解四時 復知其六節 明閑身七界 食藥使無差
謂味界血 肉骨及髓腦 病入此中時 知其可療不
病有四種別 謂風熱痰癊 及以總集病 應知發動時
春中痰病動 夏內風病生 秋時黃熱增 冬節三俱起
春食澀熱辛 夏膩熱醎醋 秋時冷甜膩 冬酸澀膩甜
於此四時中 服藥及飲食 若依如是味 衆病无由生
食後病由癊 食消時由熱 消後起由風 准時須識病
既識病源已 隨病而設藥 假令患狀殊 先須療其本
風病服油膩 患熱利爲良 癊病應變吐 總集須三藥
風熱癊俱有 是名爲總集 雖知病起時 應觀其本性
如是觀知已 順時而授藥 飲食藥無差 斯名善醫者
復應知八術 總攝諸醫方 於此若明閑 可療衆生病
謂針刺傷破 身疾并鬼神 惡毒及孩童 延年增氣力
先觀彼形色 語言及性行 然後問其夢 知風熱癊殊
乾瘦少頭髮 其心無定住 多語夢飛行 斯人是風性
少年生白髮 多汗及多瞋 聰明夢見火 斯人是熱性
心定身平整 慮審頭津膩 夢見水白物 是癊性應知
總集性俱有 或二或具三 隨有一偏增 應知是其性
既知本性已 准病而授藥 驗其無死相 方名可救人
諸根倒取境 尊醫人起慢 親友生瞋恚 是死相應知
左眼白色變 舌黑鼻梁欹 耳輪與舊殊 下脣垂向下
訶梨勒一種 具足有六味 能除一切病 無忌藥中王
又三果三辛 諸藥中易得 沙糖蜜蘇乳 此能療衆病
自餘諸藥物 隨病可增加 先起慈愍心 莫規於財利
我已爲汝說 療疾中要事 以此救衆生 當獲無邊果
善女天爾時長者子流水親問其父八術之要
四大增損時節不同餌藥方法既善了知自
忖堪能救療衆病即便遍至城邑聚落所在
之處隨有百千万億病苦衆生皆至其所善
言慰喻作如是語我是醫人我是醫人善知

既知本性已　雖病而授藥　驗其無死相　方名可救人
諸根倒取境　尊醫人起慢　親友生瞋恚　是死相應知
左眼白色變　舌黑鼻梁攲　耳輪與舊殊　下脣垂向下
訶梨勒一種　具足有六味　能除一切病　無忌藥中王
又三果三辛　諸藥中易得　沙糖蜜蘇乳　此能療眾病
自餘諸藥物　隨病可增加　先起慈愍心　莫規於財利
我已為汝說　療疾中要事　以此救眾生　當獲無邊果
善女天！爾時長者子流水親問其父八術之要
四大增損時節不同餌藥方法既善了知自
忖堪能救療眾病即便遍至城邑聚落所在
之處隨有百千万億病苦眾生皆至其所善
言慰喻作如是語我是醫人我是醫人善知
方藥今為汝等療治眾病悉令除愈善女天
爾時眾人聞長者子善言慰喻許為治病時
有無量百千眾生遇極重病聞是語已身
心踊躍得未曾有以此因緣所有病苦悉得
蠲除氣力充實平復如本善女天爾時復有

BD04991 號　金光明最勝王經卷九　（5–5）

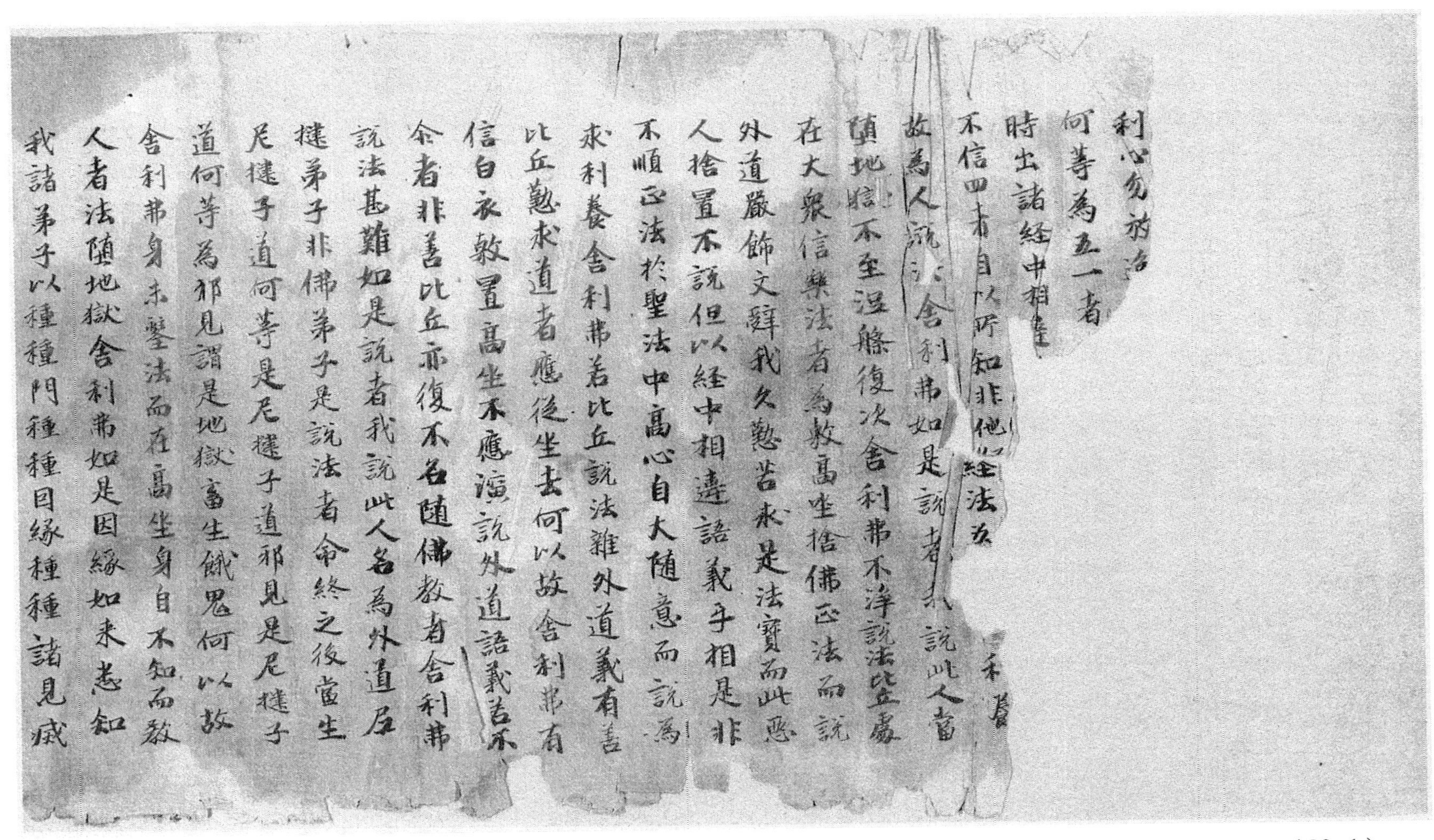

利心多於法
何等為五一者
時出諸經中相違
不信四者自以所知非他經法故
故為人說法舍利弗如是說者　說此人當
墮地獄不至涅槃復次舍利弗不淨說法比丘處
在大眾信樂法者為數高座捨佛正法而說
外道嚴飾文辭我久懃苦求是法寶而此惡
人捨置不說但以經中相違語義乎相是非
不順正法於聖法中高心自大隨意而說為
求利養舍利弗若比丘說法雜外道義有善
比丘懃求道者應從坐去何以故舍利弗有
信白衣數置高坐不應演說外道語義若不
爾者非善比丘亦復不名隨佛教者舍利弗
說法甚難如是說者我說此人名為外道尼
揵弟子非佛弟子是說法者命終之後當生
尼揵子道何等是尼揵子道邪見是尼揵子
道何等為邪見謂是地獄畜生餓鬼何以故
舍利弗身未證法而在高坐身自不知而教
人者法隨地獄舍利弗如是因緣如來悉知
我諸弟子以種種門種種因緣種種諸見賊

BD04992 號　佛藏經（四卷本）卷三　（29–1）

揵弟子非佛弟子是説法者命終之後當生
尼揵子道何等是尼揵子道邪見是尼揵子
道何等爲邪見謂是地獄畜生餓鬼何以故
舍利弗身未鑒法而在高坐身自不知而教
人者法隨地獄舍利弗如是因緣如來悉知
我諸弟子以種種門種種因緣種種諸見壞
我正法舍利弗若有聞如是經第一義空無
所有法心歡喜者當知是人真我弟子舍利
弗過去世有五百盲人行於道路到一大城
飢渴之極令一盲人在外守物餘者入城乞
索飲食未久之間有一誑人至守物者語言
咄人何以獨住荅言我有多伴入城乞食誑
人語言汝爲知不彼聞大施衣食瓔珞花香
雜物隨意可得汝若須者將汝詣彼荅言可
尒誑人將盲小離本處盡奪其物諸盲乞食
得已而還誑人復語諸盲人言汝等得值
大會施不荅言不值誑人語言汝等所得可
置於此我將汝等詣大施會諸盲盡共留物
一處隨誑人去誑人盡將五百盲人臨大深
坑而語之言此地平好有大施會汝等各可
迴面東行受他施物即便一時墮坑而死舍
利弗當來比丘好讀外經當説法時莊校文
辭令衆歡樂惡魔尒時助或衆人鄣礙善法
若有貪著音聲語言巧飾文辭若復有人好
讀外道經者魔皆迷或令心安隱若有比丘

坑而語之言此地平好有大施會汝等各可
迴面東行受他施物即便一時墮坑而死舍
利弗當來比丘好讀外經當説法時莊校文
辭令衆歡樂惡魔尒時助或衆人鄣礙善法
若有貪著音聲語言巧飾文辭若復有人好
讀外道經者魔皆迷或令心安隱若有比丘
脩佛法者令生疑或咸使衆人不復供養或
有比丘若二若三已讀佛經便使令求外道
經法先自看者讀言善好是諸人等爲魔所
或覆鄣慧眼深貪利養者諸外書猶如群盲
爲誑所欺皆使令隨深坑而死舍利弗諸生
盲人即是比丘捨佛無上道求外道經書誑
人是惡魔深坑是邪道舍利弗如群盲人捨
所得物欲詣大施而隨深坑我諸弟子亦復
如是捨麤衣惡食而逐大施求好供養以世
利故失大智慧而墮深坑阿鼻地獄復次舍
利弗不淨説法者不知如來隨宜意趣自不
善解而爲人説是人現世得五過失餘人不
知唯得天眼比丘及諸天所知何等爲五一
説法時心懷怖畏恐人難我二內懷憂怖而
外爲他説三是凡夫無有真智四所説不淨
但有言辭五言無次第處處抄撮是故在
衆心懷恐怖如是凡夫無有智慧心無決定但
以憍慢傲小因緣求於名聞疑悔在心而爲人
説是人長夜自受貪欲瞋恚愚癡毒箭何以
[illegible]

說法時心懷怖畏恐人難我二內懷憂怖而
外爲他說三是凡夫無有真智四所說不淨
但有言辭五言無次第處處抄撮是故在
衆心懷恐怖如是凡夫無有智慧心無決定但
以憍慢微小因緣求於名聞疑悔在心而爲人
說是人長夜自受貪欲瞋恚愚癡毒箭何以
故舍利弗是人不能定知諸法而爲他說心不
憙樂若樂速失舍利弗我知不淨說法有
此過咎不得正道是事一切比丘不知諸天不
知唯我乃知復有不淨說法比丘不解如來
隨宜所說而爲他人說諸經中無我無人無
衆生無壽命而是人自以論辭說言有我有
人有衆生有壽命即爲謗佛謗法謗僧謗三
寶罪諸天世人所不能知唯佛乃知舍利弗是
人亦名不淨說法我知其過諸神通者及諸
天衆皆不能知唯佛乃知舍利弗我今爲汝辟
喻解說若人不知佛道義相而爲他人不淨
說法此人成就幾不善事舍利弗於意云
何閻浮提衆生寧爲多不甚多世尊舍利弗
若有惡人盡奪其命是人得罪寧爲多不甚
多世尊舍利弗如是癡人不知佛道而爲他人不
淨說法罪多於此何以故是人不淨說法破無
上佛道亦謗過去未來今佛何以故舍利弗若
有過去諸佛說一切法皆畢竟空無我無人
無衆生無壽者無命者舍利弗未來諸佛

淨說法罪多於此何以故是人不淨說法破無
上佛道亦謗過去未來今佛何以故舍利弗若
有過去諸佛說一切法皆畢竟空無我無人
無衆生無壽者無命者舍利弗未來諸佛
說一切法亦畢竟空無我無人無衆生無壽
者無命者舍利弗今現在十方恒河沙世界
諸佛說一切法亦畢竟空無我無人無衆生
無壽者無命者舍利弗是名諸佛無上之法
謂一切法無有體性無所得空本性寂滅無
生無識無有性相自相皆空如來但爲斷諸
憶想分別故說而諸佛菩提無有分別舍利
弗何等爲分別諸分別者我見人見衆生見
壽見命見斷見常見凡夫成就是諸分別若
人無有如是分別能悉了知一切法空無我
無人無衆生無壽者無命者如是念時心得
歡喜聞第一義空不驚不畏是人則知五陰
虛妄無有真實知十二入十八界虛妄無有
真實是人亦不分別涅槃不念涅槃不言我
能念涅槃以法得寂滅而不分別是法所寂
滅處亦不分別亦復不得舍利弗是名順忍
是人於是順忍第一義中亦不得自相舍利
弗何等順忍相所謂無相是順忍相舍利弗
於意云何若人於此順忍尚不得相是人若
得我相人相衆生相壽相命相者無有是處

是人於是順忍第一義中亦不得自相舍利
弗何等順忍相所謂無相是順忍相舍利弗
於意云何若人於此順忍尚不得相是人若
得我相人相衆生相壽相命相者無有是處
若成就如是智慧應受供養是名佛子是名
入不住空舍利弗是名佛法第一義門謂無憶
想分別無此無彼而是癡人在大衆中說於
邪見自以憶想分別教人此是佛法此是
聖道如是癡人則為誹謗過去未來現在諸
佛如是癡人名惡知識不名善知識舍利弗
怨雖棄命但失一身如是癡人不淨說法千
万億劫為諸衆生作大衰惱是人癡冥覆佛
菩提本心貪着還復熾盛相續不斷以貪着
故往來五道無量徑路生死不斷是故舍利
弗不淨說法者得罪極多亦為衆生作惡知
識亦謗過去未來今佛舍利弗置此閻浮提
衆生若人悉奪三千大千世界衆生命不淨
說法罪多於此何以故是人皆破諸佛阿耨
多羅三藐三菩提為助魔事亦使衆生於百
千万世受諸衰惱但能作縛不能令解當知
是人於諸衆生為惡知識為是妄語於大衆
中誹毀諸佛以是因緣墮大地獄教多衆生
以邪見事是故名為惡邪見者舍利弗我見
人見衆生見者多墮邪見斷滅見者多疾得
道何以故是易捨故是故當知是人寧自以

BD04992號　佛藏經（四卷本）卷三　（29–6）

中誹毀諸佛以是因緣墮大地獄教多衆生
以邪見事是故名為惡邪見者舍利弗我見
人見衆生見者多墮邪見斷滅見者多疾得
道何以故是易捨故是故當知是人寧自以
利刀割舌不應衆中不淨說法

佛藏經往古品第七

佛告舍利弗過去久遠無量無邊不可思議
阿僧祇劫尒時有佛号大莊嚴如来應正遍
知明行足善逝世間解無上士調御丈夫天
人師佛世尊其佛壽命六十八百万億歲有
六十八百万億大弟子衆其佛滅後舍利流布
如我滅後無有異也正法住世亦五百歲如
我滅後無有異也其佛滅後大弟子衆於
中一日有百比丘入涅槃者二百三百四百
五百入涅槃者一日之中或有十万億比丘
入涅槃者如是展轉其佛所有多知多識
大神通衆三月之中皆入涅槃舍利弗大莊嚴
佛正法流布多諸天人所共供養舍利弗大
莊嚴佛及大弟子滅度之後漸多有人知沙
門法安隱快樂出家學道而不能知佛所讚
說甚深諸經無等空義多為惡魔之所迷或
時說法者心不决定說不清淨說有我人衆
生壽命不說一切諸法空寂其佛滅度百歲
之後諸弟子衆分為五部一名普事二名苦
岸三名薩和多四名將去五名跋難陀舍利

BD04992號　佛藏經（四卷本）卷三　（29–7）

說甚深諸經無菩空義多爲惡魔之所迷惑
時說法者心不决定說不清淨說有我人衆
生壽命不說一切諸法空寂其佛滅度百歲
之後諸弟子衆分爲五部一名普事二名苦
岸三名薩和多四名將去五名䟦難陀舍利
弗此普事比丘苦岸比丘薩和多比丘將去
比丘䟦難陀比丘是五比丘爲大衆師其普
事者知佛所說真實空義無所得法餘四比
丘皆隨邪道多說有我多說有人舍利弗普
事比丘爲四部所輕無有勢力多人憶賤四
惡比丘多教人衆以邪見道於佛法中不相
恭敬相違逆故以滅佛法舍利弗若有人知
普事比丘所說空法信受不逆我知此人曾於
先世供養五千佛有六十八億那由他人已入
涅槃何以故舍利弗是人於過世諸佛所
種諸善根脩習無所得空法應入涅槃舍利
弗是苦岸比丘一切有比丘將去比丘䟦難
陀比丘皆計有所得說有我人衆生壽命徒
衆熾盛是四惡人多令在家出家住於邪見
捨第一義無所有畢竟空法貪樂外道尼揵
子論舍利弗是四惡人所有在家出家弟子
常相隨逐乃至法盡舍利弗是中有人知非
法事受以爲法懃心行之猶尚不得順忍況
得須陁洹果是人猶尚不作消供養事何況
能生順忍舍利弗尒時在家出家弟子多隨

BD04992號　佛藏經（四卷本）卷三　（29–8）

子論舍利弗是四惡人所有在家出家弟子
常相隨逐乃至法盡舍利弗是中有人知非
法事受以爲法懃心行之猶尚不得順忍況
得須陁洹果是人猶尚不作消供養事何況
能生順忍舍利弗尒時在家出家弟子多隨
惡道不至善道是諸惡人滅佛正法亦與多人
大衰惱事又是惡人命終之後墮阿鼻地獄
仰卧九百万億歲伏卧九百万億歲左脇卧
九百万億歲右脇卧九百万億歲於熱鐵上
燒然燋爛是中退死更生灰地獄大灰地獄
活地獄黑繩地獄皆如上歲數受諸苦惱於
黑繩地獄死還生阿鼻大地獄中舍利弗以
是因緣若在家出家親近此人及善知識并
諸檀越凡有六百四万億人與此四師俱生
俱死在大地獄受諸燒煑舍利弗是人所有
善知識家諸檀越家弟子諸師隨順行者凡
在其數皆生地獄舍利弗汝等不能知其多
少唯有如來乃能知之與此惡人隨大地獄俱
生俱死凡有六百四万億人如是展轉一劫
受苦大劫將燒故在地獄何以故舍利弗破
諸如來阿耨多羅三藐三菩提其罪甚重
不爲輕也大劫若燒是四惡人及六百四万億
人從此阿鼻大地獄中轉生他方在大地獄
何以故舍利弗重罪具足其報不少在於他
方無數百千万億那由他歲受大苦惱

BD04992號　佛藏經（四卷本）卷三　（29–9）

受苦大劫將燒故在地獄何以故舍利弗破
諸如來阿耨多羅三藐三菩提其罪甚重
不為輕也大劫若燒是四惡人及六百四万億
人從此阿鼻大地獄中轉生他方在大地獄
何以故舍利弗重罪具足其報不少在於他
方無數百千万億那由他歲受大苦惱世
界還生是四罪人及六百四万億人并及餘
人罪未畢者於彼命終還生此間大地獄中
舍利弗是四罪人及六百四万億衆生久久
雖免地獄苦惱得生人中於五百世從生而
盲然後得值一切明佛如來應正遍知明行
足善逝世間解無上士調御丈夫天人師佛
世尊舍利弗一切明佛聲聞弟子一億那由
他尒時人民身長三百九十六肘佛身一信
常光圓始十万億由旬舍利弗是人於一切
明佛法中出家十万億歲懃行精進如救頭
然不得順忍況得道果何以故舍利弗起破
阿耨多羅三藐三菩提罪業因緣法應當尒
命終之後還生阿鼻大地獄中以先起重不善
業緣舍利弗是諸人等如是展轉乃至我
令於其中間得值九十九億佛於諸佛所不
得順忍何以故佛說涅槃經是人不信破壞違
逆誹毀賢聖持戒比丘出其過惡起破法業
因緣法應當尒舍利弗汝且觀之誹謗聖人
不信聖語受是無量無邊苦惱不得解脫舍

得順忍何以故佛說涅槃經是人不信破壞違
逆誹毀賢聖持戒比丘出其過惡起破法業
因緣法應當尒舍利弗汝且觀之誹謗聖人
不信聖語受是無量無邊苦惱不得解脫舍
利弗有諸衆生起破法罪業違逆不信者其
數無量於九十九億佛所阿僧祇劫乃無一人
入涅槃者舍利弗誰能破諸佛教不信違
逆但凡夫愚癡及增上慢諸惡比丘并諸不
淨說法比丘何以故舍利弗是三種人不名
行者不名得者是人不信如來法故毀謗違
逆舍利弗若汝謂何者是苦岸比丘不淨說
法者即調達癡人是汝謂何者是一切有比
丘不淨說法者即拘迦離比丘是舍利弗汝
謂何者是將去比丘不淨說法者即迦毗羅
比丘是汝謂何者是跋難陀比丘不淨法說
者即裸形沙門波利摩陁是舍利弗汝謂
尒時清淨如實說諸佛菩提利益無量衆生
者即是富樓那弥多羅尼子所說清淨諸隨學
者得值五千佛有六十八億那由他人皆已滅
度舍利弗若人實語何者為是最上法師
決了法義清淨說者當說富樓那是舍利弗
富樓那定心決了所說無難無有所疑而生
論議舍利弗若人實語何者是一切因緣法
師當說富樓那是舍利弗富樓那世世所生
常為衆生而作佛事於九十億諸佛法中常

富樓那空心決了所說無難無有所疑而生
論議舍利弗若人實語何者是一切因緣法
師當說富樓那是舍利弗富樓那世世所生
常為衆生而作佛事於九十億諸佛法中常
作法師清淨說法皆於諸佛所盡其形壽常
脩梵行清淨說法舍利弗富樓那亦於六佛
法中而作法師亦於我法作大法師成阿羅
漢心得解脫若人實說何人世世供養諸佛
種諸善根當說富樓那是舍利弗富樓那於
九十億諸佛法中懃心求學決定議論有深
智慧是故如來於諸法師說為第一舍利弗
若我一日一夜稱說富樓那功德不盡若過
一日一夜亦復不盡何以故富樓那法施無倦
因緣不貪利養富樓那法師得四無礙智
唯除如來諸世間中言辭義理無能勝者舍
利弗我今告汝若人欲得阿耨多羅三藐三
菩提為人說法則得無量無邊福德亦能利
益無量衆生舍利弗若人破壞違逆不信是
法者則起無量重罪因緣何以故舍利弗惡
有惡報善有善報我以此故今以是經囑累
於汝當為四衆廣說分別舍利弗若聞是
經心信歡喜即得無量無邊福德若聞不信心
不喜樂即得無量無邊重罪舍利弗當知是
人名為破戒比丘若增上慢不淨說法者舍
利弗若人違逆如是教者世世所生常盲無

經心信歡喜即得無量無邊福德若聞不信心
不喜樂即得無量無邊重罪舍利弗當知是
人名為破戒比丘若增上慢不淨說法者舍
利弗若人違逆如是教者世世所生常盲無
目舍利弗我今明了告汝我今所說非如陶
師麦護坏器我今分明廣為四衆說第一義
畢竟空法堅固者在不堅固者破何以故舍
利弗佛得阿耨多羅三藐三菩提不為邪見
惡人說法不為我見人見衆生見壽命見者
說法何以故是諸貪着皆名見舍利弗如
是我見人見不得順忍況得道果舍利弗若
我見人見衆生見壽命見斷見常見者能得
順忍能得道果無有是處是故舍利弗若人
成就如是見者於我法中我則不聽受諸供
養是非行者亦非得者但於我法求自活命
舍利弗我說外道欲入佛法應試四月何以
故諸外道人多有我見人見衆生見壽命見
斷見常見舍利弗我諸弟子無有我見人見
衆生見壽命見斷見常見我諸弟子但說空
無相無願無所得忍說議無所住舍利弗若有
成就如是忍者我聽是人出家受戒得受
供養衣服飲食臥具醫藥若人無是忍者應
先試之先教令住諸法無我舍利弗若於此忍
心不歡喜聞說第一義空驚疑議訶聞說
我見心則歡喜當知是人為魔所使若先外

供養衣服飲食卧具醫藥若人無是忍者應
先試之先教令住諸法無我舍利弗若於此忍
心不歡喜聞說第一義空驚疑譏訶聞說
我見心則歡喜當知是人為魔所使若先外
道舍利弗智者於此不應生瞋但於此人應
生悲心何以故舍利弗若人成就如是惡者
所獲惡報說不可盡當於此人生利益心教
以諸法無我諸法空寂諸法無作無有受者
是人若受佛法得聞是事心喜樂者其餘空
行比丘無所得者皆應亦教利喜安慰其心
為說諸法無所有空若聞驚畏應於眾中語
其和上阿闍梨如經中說行空行者又能了
知諸法別相我與為師不與我見人見顛倒
邪見貪著持戒者為師如來聽許其正見者
而共布薩不聽破戒邪見之人破威儀者而
共布薩長老弟子聞說空寂無所有法心不
信樂志在外道佛不聽與外道布薩是人若
當不捨是見不應聽使得入僧事亦不受其
欲如是作已猶故不捨當知是人不得在道
便是永棄應語其和上阿闍梨不應復畜舍
利弗若僧如是則供養我亦為善破外道邪
見是名清淨說戒布薩舍利弗我今明了告
汝若人受是我見人見眾生見有無見是人
不名供養於我不名隨我出家受戒是名隨
逐六師出家以六師為師舍利弗若人於是

利弗若僧如是則供養我亦為善破外道邪
見是名清淨說戒布薩舍利弗我今明了告
汝若人受是我見人見眾生見有無見是人
不名供養於我不名隨我出家受戒是名隨
逐六師出家以六師為師舍利弗若人於是
清淨實法不能得忍而受供養是人所得則
為邪受舍利弗人雖於我法中出家讓持淨
戒而於第一義空無所得法心不信解驚怖
疑悔當知是人但貴持戒多聞禪定舍利弗
是人不名供養恭敬尊重於我何以故舍利
弗無始世來無有眾生不得四禪若但知得
四禪謂為沙門利者是人何名供養於我是
故舍利弗我今明了告汝當來世人於我法
中種種貪著種種邪見毀壞我法舍利弗若
人但貴持戒多聞禪定當知是人不能淨行
沙門諸法我則不說此人名為沙門婆羅門
舍利弗若人於一切法無我如實知無我一
切法本來無所有空能如實知無所有空是
則不以持戒為上多聞為上禪定為上何以故
舍利弗諸法實相無生無起於中無法可
為上者舍利弗是諸法如實中無持戒者無
破戒者何況貪著而以為上舍利弗是名諸
佛阿耨多羅三藐三菩提謂一切法無相自
相空無我無人若有是忍是名行者是名得
者是人名為以信出家應受供養清淨布薩

破戒者何況貪著而以為上舍利弗是名諸
佛阿耨多羅三藐三菩提謂一切法無相自
相空無我無人若有是忍是名行者是名得
者是人名為以信出家應受供養清淨布薩
是人則為人中之天舍利弗諸佛阿耨多羅
三藐三菩提唯是一義所謂離也何等為離
離諸欲諸見欲者即是無明見者即是憶
念何以故一切諸法憶念為本所有念想即為
是見見即是邪舍利弗善法中見我亦說
之名為邪見何以故舍利弗離欲寂滅中無法
無非法無善無惡是事皆空遠離諸結一切
憶念是故名離舍利弗無上道中諸欲永息
何等諸欲謂邪不善念若我若我所作相事
相是名阿耨多羅三藐三菩提中諸欲永息

佛藏經淨見品第八

佛告舍利弗我念過世求阿耨多羅三藐三
菩提值三十億佛皆號釋迦牟尼我時皆作
轉輪聖王盡形供養及諸弟子衣服飲食臥
具醫藥為求阿耨多羅三藐三菩提而是諸
佛不記我言汝於來世當得作佛何以故以我
有所得故舍利弗我念過世得值八千佛皆
號空光我時皆作轉輪聖王盡形供養及諸
弟子衣服飲食臥具醫藥為求阿耨多羅三
藐三菩提而是諸佛皆不記我汝於來世當
得作佛何以故以我有所得故舍利弗我念

BD04992號　佛藏經（四卷本）卷三　（29–16）

有所得故舍利弗我念過
號空光我時皆作轉輪聖王盡形供養及諸
弟子衣服飲食臥具醫藥為求阿耨多羅三
藐三菩提而是諸佛皆不記我汝於來世當
得作佛何以故以我有所得故舍利弗我念
過世值六万佛皆號光明我時皆作轉輪聖
王盡形供養及諸弟子衣服飲食臥具醫藥
為求阿耨多羅三藐三菩提而是諸佛亦不
記我汝於來世當得作佛何以故以我有所
得故舍利弗我念過世值三億佛皆號弗沙
我時皆作轉輪聖王四事供養皆不記我以
有所得故舍利弗我念過世得值万八千佛
皆號山王劫名上八我皆於此万八千佛所
剃除法衣脩習阿耨多羅三藐三菩提皆
不記我以有所得故舍利弗我念過世得值
五百佛皆號花上我時皆作轉輪聖王悉以一
切供養諸佛及諸弟子皆不記我以有所得
故舍利弗我念過世得值五百佛皆號威
德我悉供養皆不記我以有所得故舍利弗我
念過世得值二千佛皆號憍陳如我時皆作
轉輪聖王悉以一切供養諸佛皆不記我以
有所得故舍利弗我念過世值九千佛皆號
迦葉我以四事供養諸佛及弟子眾皆不記
我以有所得故舍利弗我念過去於万劫中無
有佛出尒時初五百劫中有九万辟支佛我
盡形壽悉皆供養衣服飲食臥具醫藥尊重

BD04992號　佛藏經（四卷本）卷三　（29–17）

有所得故舍利弗我念過世值九千佛皆号
迦葉我以四事供養諸佛及弟子衆皆不記
我以有所得故舍利弗我念過去於万劫中無
有佛出尒時初五百劫中有九万辟支佛我
盡形壽悉皆供養衣服飲食卧具醫藥尊重
讚嘆次五百劫復以四事供養八万四千億諸
諸辟支佛尊重讚嘆舍利弗過是千劫已無
復辟支佛我時閻浮提死生梵世中作大梵
王如是展轉五百劫中常生梵世作大梵王
不生閻浮提過是五百劫已下生閻浮提治化
閻浮提命終生四天王天於中命終生忉利
天作釋提桓因如是展轉滿五百劫生閻浮
提滿五百劫生於梵世作大梵王舍利弗我
於九千劫中但一生閻浮提九千劫中但生
天上劫盡燒時生光音天世界成已還生
梵世九千劫中都不生人中舍利弗是九千
劫無有諸佛辟支佛多諸衆生墮在惡道
舍利弗是万劫過已有佛出世号曰普守如來
應正遍知明行足善逝世間解無上士調御丈
夫天人師佛世尊我於尒時梵世命終生閻
浮提作轉輪聖王号曰共天人壽九万歲我
盡形壽以一切樂具供養彼佛及九十億比
丘於九万歲為求阿耨多羅三藐三菩提是
普守佛亦不記我汝於来世當得作佛何以
故我於尒時不能通達諸法實相貪着計我

BD04992 號　佛藏經（四卷本）卷三　（29-18）

盡形壽以一切樂具供養彼佛及九十億比
丘於九万歲為求阿耨多羅三藐三菩提是
普守佛亦不記我汝於来世當得作佛何以
故我於尒時不能通達諸法實相貪着計我
有所得見舍利弗於是劫中有百佛出名号
各異我時皆作轉輪聖王盡形供養及諸弟
子為求阿耨多羅三藐三菩提而是諸佛亦
不記我汝於来世當得作佛以有所得故舍
利弗我念過世第七百阿僧祇劫中得值千
佛皆号閻浮檀我盡形壽四事供養亦無記
我以有所得故舍利弗我念過世亦於第七
百阿僧祇劫中得值六百二十万諸佛皆号
見一切儀我時皆作轉輪聖王以一切樂具盡
形供養及諸弟子亦不記我以有所得故舍
利弗我念過世亦於第七百阿僧祇劫中得
值八十四佛皆号帝相我時皆作轉輪聖
王以一切樂具盡形供養及諸弟子亦不記我
以有所得故舍利弗我念過世亦於第七百
阿僧祇劫中得值十五佛皆号日明我時皆
作轉輪聖王以一切樂具盡形供養及諸弟
子亦不記我以有所得故舍利弗我念過世
亦於第七百阿僧祇劫中得值六十二佛皆
号善寂我時皆作轉輪聖王以一切樂具盡
形供養亦不記我以有所得故如是展轉乃至
見空光佛乃得無生忍即記我言汝於来世

BD04992 號　佛藏經（四卷本）卷三　（29-19）

于亦不記我以有所得故舍利弗我念過世
亦於苐七百阿僧祇劫中得值六十二佛皆
号善寂我時皆作轉輪聖王以一切樂具盡
形供養亦不記我以有所得故如是展轉乃至
見定光佛乃得無生忍即記我言汝於来世
過阿僧祇劫當得作佛号釋迦牟尼如来應
云遍知明行足善逝世間解無上士調御丈
夫天人師佛世尊舍利弗我念過世有十二
億轉輪聖王皆字頂生又舍利弗我念過世
有三十億轉輪聖王皆名摩訶剃摩俭那舍
利弗我念過世有四十億轉輪聖王皆字摩
訶提婆舍利弗我念過世有一億轉輪聖王
皆字億螺（肆嬀反）舍利弗我念過世有一万轉輪聖
王皆字稱尾（見視反）舍利弗我念過世有一万轉
輪聖王皆字照明舍利弗我念過世有二万
轉輪聖王名字各異舍利弗我念過世有十
六億轉輪聖王名字各異是諸王等我於餘
處為阿難說舍利弗於意云何汝謂是諸王
者豈異人乎即我身是舍利弗我念過去
世時有佛号日善明弥勒菩薩時作轉輪
聖王字日照明初發阿耨多羅三藐三菩提
心尒時衆生壽八万四千歳其善明佛三會
說法初會九十六億人一時得道苐二大會
九十四億人一時得道苐三大會九十二億
人一時得道時王見佛三會說法度人無量

心尒時衆生壽八万四千歳其善明佛三會
說法初會九十六億人一時得道苐二大會
九十四億人一時得道苐三大會九十二億
人一時得道時王見佛三會說法度人無量
心大歡喜即於万歳一切供養佛及弟子發
心求阿耨多羅三藐三菩提於未来世衆生
易度我當成佛壽命限量比丘僧數團遶
如是舍利弗我如是事過此無量舍利弗弥勒
發心四十劫已我乃發心無勝佛所初種善根
我於千歳一切樂具供養是佛五百張疊
而以奉上是佛滅後起七寶塔高一由旬縱廣
半由旬皆以金銀琉璃頗梨車𤦲馬瑙赤真
珠所成心常發願衆生苦惱無救度者遭值
惡法多墮惡趣我於尒時當成佛道舍利弗
汝且觀之阿耨多羅三藐三菩提甚難脩習
舍利弗我脩習阿耨多羅三藐三菩提無執
數世受諸苦惱我若說者汝聞愁悶我諸所
受懃苦憂惱皆為求得阿耨多羅三藐三
菩提舍利弗汝觀薩懇種菩薩求善法菩薩
常悲菩薩不放逸菩薩常精進菩薩供養
若干諸佛受諸苦惱猶尚難得阿耨多羅三藐三
菩提何況是諸癡人乃無一念為求涅槃舍利
弗如是行者猶尚甚難況不行者是故舍
利弗我今明了告汝以下法者不得上法因
上法者乃得上法何等下法謂身惡業口惡

菩提何況是諸癡人乃無一念為求涅槃舍利
弗如是行者猶尚甚難況不行者是故舍
利弗我今明了告汝以下法者不得上法因
上法者乃得上法何等下法謂身惡業口惡
業意惡業下法名為不能勤心脩習善法下
法名為懈怠懶墮破所受戒舍利弗是名下
中下者又下中下者於我法中出家生有所
得見我見人見衆生見何以故舍利弗如來
於此了了現知有所得者乃無順忍況得道
果舍利弗若有所得者百千万億諸佛以三
輪示現是人若當不捨是見尚不消人一口飲
食況得道果舍利弗我見人見得涅槃者
一切凡夫皆應滅度何以故我見人見皆是
邪見諸凡夫人多貪著我我所見人見衆生
見是故一切凡夫應得涅槃舍利弗若人作
念有我有人是人若當不捨是見得入涅槃
一切凡夫應得聖道何以故一切凡夫皆是我
見人見是故我見人見入涅槃者一切凡夫皆
見人見是故我見人見入涅槃者一切凡夫皆
入聖道於聖道中則無所少舍利弗若人作
念有我見者則有涅槃是人即是聖道不須
餘念何以故一切凡夫我見人見無所少故如
是癡人有是過失謂諸凡夫比入聖道聖道
無鬢是人脩時應當殺生受諸五欲起五逆
罪是故癡人於聖道中有五逆罪何以故一切

BD04992號　佛藏經（四卷本）卷三　　（29–22）

念有我見者則有涅槃是人即是聖道不須
餘念何以故一切凡夫我見人見無所少故如
是癡人有是過失謂諸凡夫比入聖道聖道
無鬢是人脩時應當殺生受諸五欲起五逆
罪是故癡人於聖道中有五逆罪何以故一切
凡夫皆說有我有衆生故若人作如是言成
就五逆罪者不入涅槃說我人者得入涅槃即
是妄語亦是謗佛於我法中又不能得淨清
出家舍利弗我今明了告汝有所得者無有
涅槃有所得者若有涅槃是則諸佛不出於
世一切凡夫皆入涅槃何以故一凡切夫皆有
我見人見皆有所得皆是邪見舍利弗汝
且觀我我時成就有所得見非賢聖行諸佛
不與我受記言汝於來世當得作佛舍利弗我
如是行猶不得記況是癡人但以持戒多聞
禪定等生我見人見衆生見舍利弗我說
此人不名行者不名得者何以故舍利弗長
夜貪着如是邪見不得滅度故如是癡人不
作是念我等何不試行脩習無我人法我等
或得斷衆苦聚舍利弗譬如從生盲人之遊
惡狗隨深大坑舍利弗我謂癡人如是脩習
我見人見有所得見以是諸見欲望清淨是
人隨所貪着即以是事欲得涅槃我說是人
當墮惡道舍利弗譬如盲人於深大坑生安
隱心如是癡人於我人見有所得見生安隱
心是人長夜隨所著者為之欺誑還着是事

BD04992號　佛藏經（四卷本）卷三　　（29–23）

我見人見有所得見以是諸見欲望清淨是
人隨所貪着即以是事欲得涅槃我說是人
當墮惡道舍利弗譬如盲人於深大坑生安
隱心如是癡人於我人見有所得見生安隱
心是人長夜隨所著者爲之欺誑還着是事
於我法中而受供養如是癡人長夜衰惱隨
惡道中舍利弗譬如大灌頂王自於所治國中
威勢自在是人應棄是人應驅若諸民衆
不順王意說王過惡沮壞人心不能護城誅
欲反叛王如是人爲是大賊於大衆中打惡
擊鼓苦治其罪驅儐令出以其不能盡忠護
城得是苦惱舍利弗佛亦如是於無量劫脩
習阿耨多羅三藐三菩提爲大法王執法國
土有大威力諸弟子中有如法味乃至失命
不毀我教諸天世人無能壞者所受教中自
非惡逆亦不教他我於衆中有大威力自在
立教爲護法城不使惡賊毀壞得入竊受如
來所說密法向諸惡賊邪見者說舍利弗如
來現在善護法城四大弟子智慧深遠令
我法城不懼破壞若與法城作鄣礙者爲是
大賊毀壞法城盜我密法向外道說是人常
來至於我所我與若語亦其教法不說密要
是人爲求所亦教法出家受戒我知此人後
應得道聽使出家四月中試何以故爲護法城
故又使未來世賊不更起故如是如來善護

BD04992號　佛藏經（四卷本）卷三　（29–24）

來至於我所我與若語亦其教法不說密要
是人爲求所亦教法出家受戒我知此人後
應得道聽使出家四月中試何以故爲護法城
故又使未來世賊不更起故如是如來善護
法城使不得便所謂令受佛教捨本惡邪諸
比丘衆皆應歡喜聖使出家得受戒已天
諸比丘衆皆應歡喜聖使出家得受戒已天
人世間不能動轉舍利弗何等是可試者謂
外道人及樂外道法者舍利弗何等是樂外
道法所謂有所得者我見者人見者衆生見
者貪著邪者於自相空法中心生疑者受行
種種邪虛妄法不能入於第一義空行諸邪
道是人名爲樂外道法舍利弗不可試以種
種色若白衣人若著袈裟有如是不善有
所得見皆名外道於我法中出家受戒是人應
試何以故有所得者於我中法中即是邪見是
名大賊一切世間天人中賊是名一切世間惡
家諸佛大賊舍利弗是邪見人我則不聽出
（一切法无我若人於中不能）
生忍一切法空無我無人無衆生無壽命不
能信解於我法中所受供養名爲不淨是人
則是不供養佛不供養法不供養僧強入我
法形是沙門心是外道爲盜法人舍利弗於
未來世當有比丘不脩身不脩戒不脩心不
脩慧是人輕唆如來所說如來所行如來常
於第一義空恭敬供養常樂是行是諸比丘

BD04992號　佛藏經（四卷本）卷三　（29–25）

法亦是沙門心是外道……人舍利弗……
未來世當有比丘不脩身不脩戒不脩心不
脩慧是人輕唉如來所說如來所行如來常
於第一義空恭敬供養常樂是行是諸比丘
輕唉如來所行真際畢竟空法舍利弗尒時
若有苦行比丘亦共輕唉令我弟子有行空
者我讃其善安慰其心尒時是人輕唉空行
但求不堅牢事以有我及有諸法如是等事
令衆心惠若說一切諸法空者亦輕是人何
以故舍利弗法應尒衆生善根欲斷本相則
現真實妙法在於世間無有受者辟如癡人
以栴檀香同於樶木舍利弗迦葉佛說未
來世中釋迦牟尼佛諸弟子衆以利養故為
諸白衣說第一義空尒時多有在家出家愚
癡不受違逆不信而反誹謗失於大利以是
因緣當隨惡道舍利弗尒時多有相違諍論
我論人論衆生論壽者論命者論善法欲少
但樂利養貪是愚癡自謂有智手相違逆
常共諍訟樂有斷事生忌嫉心是人捨沙門法
但求利養多樂事務所營非一常樂伺求他人
長短自隱其過稱說切德如令比丘覆藏切
德自出過惡當尒之時咸共不能護持重戒
無所曉故破於義利而言諸法空自相空何
所能作如耶羅戲人種種變現無所知者見
之大唉何以故不知戲法其術隱故生希有
心驚怪大唉如是舍利弗尒時真實比丘說

BD04992號　佛藏經（四卷本）卷三　（29–26）

德自出過惡當尒之時咸共不能護持重戒
無所曉故破於義利而言諸法空自相空何
所能作如耶羅戲人種種變現無所知者見
之大唉何以故不知戲法其術隱故生希有
心驚怪大唉如是舍利弗尒時真實比丘說
空寂法求活命者咸共嗤唉何以故是人不
知佛法義故聞說空法驚疑怖畏舍利弗汝
觀此人於安隱處生衰惱心於衰惱處生安
隱心是人顛倒逆行善法順行惡法舍利弗
如是癡人多懷慳貪瞋恚愚癡具足行三不
善根舍利弗我為利益持戒比丘故說二百
五十戒經如是癡人乃以世間小因緣故向在
家者說乃至書寫以示白衣舍利弗如是癡
人說言諸法空自相空何所能作何以故如
是癡人尚不能除慳貪煩惱何況能斷無明
舍利弗尒時持律比丘不能善學諸說法者
亦不善學讀脩妬路者亦不善學舍利弗云
何名為持律比丘不能善學如來經中說有
三學善戒學善心學善慧學是人於三學中
不能善學但以多鬪因緣輕慢他人是人則
為鄣导善法如是癡人猶尚不能如法答問
況於畢竟空無所有中能發精進舍利弗尒
時破戒比丘樂為白衣執事宣通使命療治
病法以自生活舍利弗汝令觀此惡人於我法
中出家受戒得受供養而反以我為惡舍利弗
弗尒時四天王釋提桓因大梵天王乃至百千

BD04992號　佛藏經（四卷本）卷三　（29–27）

況於畢竟空無所有中能發精進舍利弗今
時破戒比丘樂爲白衣執事宣通使命療治
病法以自生活舍利弗汝今觀此惡人於我法
中出家受戒得受供養而反以我爲惡舍利弗
弗佘時四天王釋提桓因大梵天王乃至百千
万億諸天見我法中如是毀壞皆大憂愁啼
泣涕零舍利弗是實不應依止於我而爲白
衣營執事務何以故釋迦牟尼佛弟子乃至
諸天龍神猶尚不應爲作給使諸天龍神
於我弟子與作給使如是癡人所親近白衣
若能脩習通達諸法第一義空無有是處舍
利弗佘時破戒比丘乃至爲得一杯酒故與諸
白衣演說佛法於意云何多貪恚癡多樂諸
經貪外經利行不清淨是人能得信解無所
所有畢竟空法能得具足沙門果不不也世
尊舍利弗若有比丘趣得衣服飲食卧具醫
藥持戒清淨不樂衆鬧斷亂言語不貪外託
晝夜精懃如救頭然一心懃行八直聖道是
人於空無所得法尚難通達況是癡人無有
涤欲無有信解舍利弗汝觀是人不知如來無
上義故破我正法自爲巳身及爲他人作大
衰惱如是大賊世間惡家此經中說應當遠
離是人於佛尚不知恩自念我等所爲出
家於此法中不應行處則不應行是故舍利弗
如來欲使未來世中止此惡故說如是經若
有比丘破所受戒毀破威儀及破正見得聞

BD04992號　佛藏經（四卷本）卷三　（29–28）

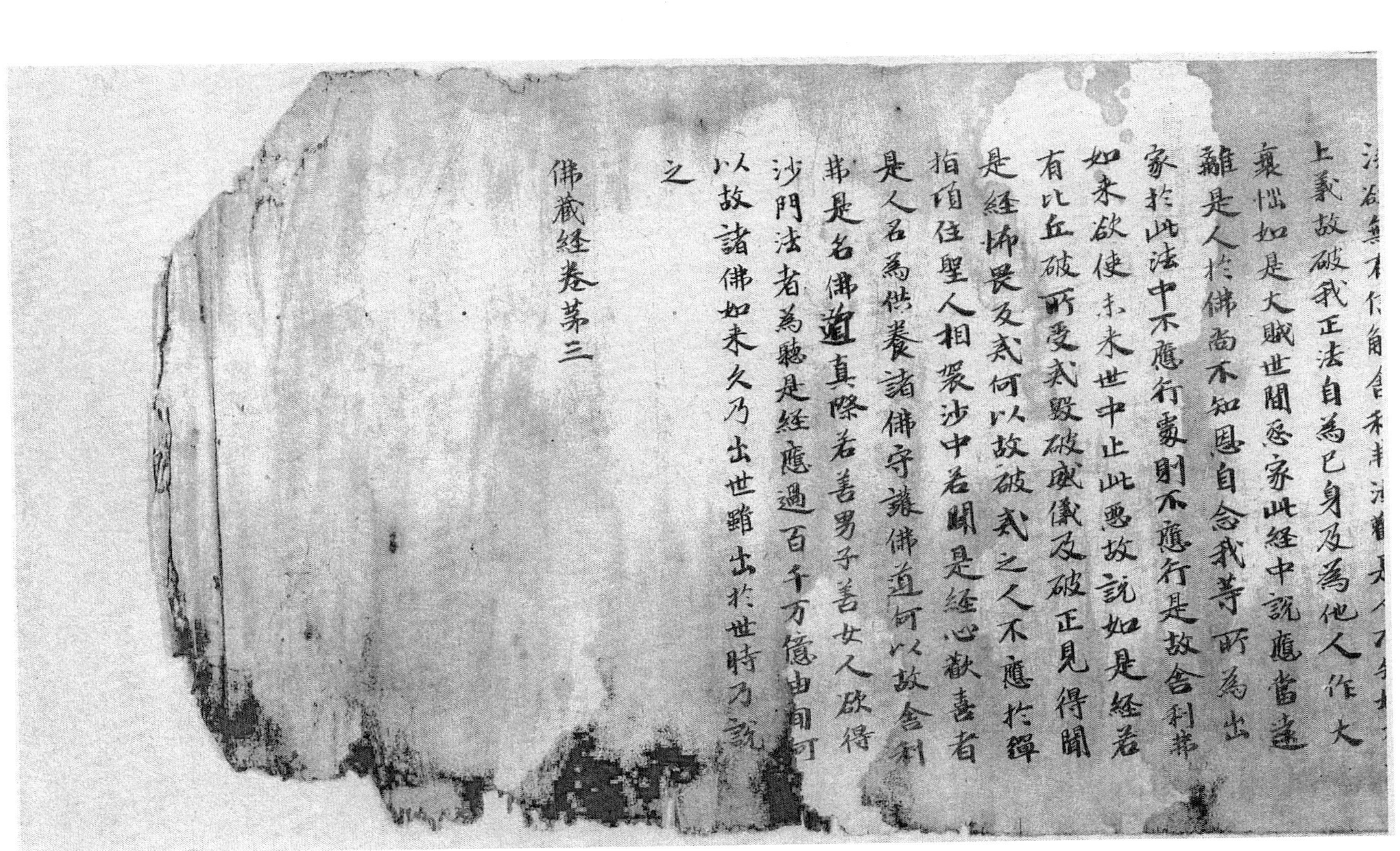
涤欲無有信解舍利弗汝觀是人不知如來無
上義故破我正法自爲巳身及爲他人作大
衰惱如是大賊世間惡家此經中說應當遠
離是人於佛尚不知恩自念我等所爲出
家於此法中不應行處則不應行是故舍利弗
如來欲使未來世中止此惡故說如是經若
有比丘破所受戒毀破威儀及破正見得聞
是經怖畏反戒何以故破戒之人不應於彈
指頃住聖人相衆沙中若聞是經心歡喜者
是人名爲供養諸佛守護佛道何以故舍利
弗是名佛道真際若善男子善女人欲得
沙門法者爲聽是經應過百千万億由旬河
以故諸佛如來久乃出世雖出於世時乃說
之

佛藏經卷第三

BD04992號　佛藏經（四卷本）卷三　（29–29）

三ア
幟然……何名
住此三摩地時皆……是故名
為嚴淨相……何名為無標幟三摩地
謂若住此三摩……於諸等持不見標幟是
故名為無標幟三摩地云何名為具妙相三
摩地謂若住此三摩地時諸定妙相無不具
足是故名為具妙相三摩地云何名為不喜
一切苦樂三摩地謂若住此三摩地時於諸
等持樂苦之相不樂觀察是故名為不喜一
切苦樂三摩地云何名為無盡行相三摩地
謂若住此三摩地時不見諸定行相有盡是
故名為無盡行相三摩地云何名為具總持
三摩地謂若住此三摩地時能總任持諸定
勝事是故名為具總持三摩地云何名為攝
伏一切正性耶性三摩地謂若住此三摩地
時於諸等持正性邪性攝伏諸見皆令不起
是故名為攝伏一切正性耶性三摩地云何
名為息違順三摩地謂若住此三摩地時於
諸等持及一切法都不見有違順之相是故
名為息違順　手地門云何名為離愛憎三
摩地謂若住此三摩地時於諸等持及一切法

BD04993號　大般若波羅蜜多經卷四八九　（10–1）

時於諸等持正性邪性攝伏諸見皆令不起
是故名為攝伏一切正性耶性三摩地云何
名為息違順三摩地謂若住此三摩地時於
諸等持及一切法都不見有違順之相是故
名為息違順　手地門云何名為離愛憎三
摩地謂若住此三摩地時於諸等持及一切法
都不見有愛憎之相是故名為離愛憎三摩
地云何名為無垢明三摩地謂若住此三摩
地時都不見有垢相明相是故名為無垢明
三摩地云何名為具堅固三摩地謂若住此
三摩地時令諸等持皆得堅固是故名為
具堅固三摩　云何名為滿月淨光三摩地謂
若住此三摩地時令諸等持功德增益如淨
滿月光增海水是故名為滿月淨光三摩地
云何名為大莊嚴三摩地謂若住此三摩地
時令諸等持成就種種微妙希有大莊嚴事
是故名為大莊嚴三摩地云何名為普照世
間三摩地謂若住此三摩地時照諸等持及
一切法令有情類皆得開曉是故名為普照
世間三摩地云何名為定平等性三摩地謂
若住此三摩地時不見等持定散差別是故
名為定平等性三摩地云何名為遠離塵垢
三摩地謂若住此三摩地時能滅一切煩惱
塵垢是故名為遠離塵垢三摩地云何名為
有諍無諍平等理趣三摩地謂若住此三摩
地時不見諸法及一切定有諍無諍性相差
別是故名為有諍無諍平等理趣三摩地
云何名為無巢穴無標幟無愛樂三摩地謂若

BD04993號　大般若波羅蜜多經卷四八九　（10–2）

三摩地謂若住此三摩地時能滅一切煩惱
塵垢是故名爲遠離塵垢三摩地云何名爲
有諍无諍平等理趣三摩地謂若住此三摩
地時不見諸法及一切定有諍无諍性相差
別是故名爲有諍无諍平等理趣三摩地
云何名爲无巢穴无標幟无愛樂三摩地謂若
住此三摩地時破諸巢穴捨諸標幟斷諸愛
樂而无所執是故名爲无巢穴无標幟无愛
樂三摩地云何名爲決定安住真如三摩地
謂若住此三摩地時於諸等持及一切法常
不棄捨真如實相是故名爲決定安住真如
三摩地云何名爲離身語意穢惡三摩地謂
若住此三摩地時於身語意都无所得破壞
一切身語意惡於諸等持无障自在是故
名爲離身語意穢惡三摩地云何名爲如虛
空三摩地謂若住此三摩地時觀一切法都无
所有无障无礙如太虛空是故名爲如虛空
三摩地云何名爲无染无著三摩地謂若住
此三摩地時觀一切法皆同一相所謂无相
无染无著是故名爲无染无著三摩地善
現是爲菩薩摩訶薩行深般若波羅蜜多
時大乘之相
復次善現諸菩薩摩訶薩大乘相者謂四念
住何等爲四一身念住二受念住三心念住
四法念住云何身念住謂菩薩摩訶薩行深
般若波羅蜜多時以无所得而爲方便雖
於內身或於外身或於內外身住循身觀而

BD04993號　大般若波羅蜜多經卷四八九　（10–3）

復次善現諸菩薩摩訶薩大乘相者謂四念
住何等爲四一身念住二受念住三心念住
四法念住云何身念住謂菩薩摩訶薩行深
般若波羅蜜多時以无所得而爲方便雖
於內身或於外身或於內外身住循身觀而
能不起身俱尋思熾然精進正知具念除世貪
憂云何受念住謂菩薩摩訶薩行深般若
波羅蜜多時以无所得而爲方便雖於內受
或於外受或於內外受住循受觀而能不起
受俱尋思熾然精進正知具念除世貪憂云
何心念住謂菩薩摩訶薩行深般若波羅蜜
多時以无所得而爲方便雖於內心或於外心
或於內外心住循心觀而能不起心俱尋思
熾然精進正知具念除世貪憂云何法念住
謂菩薩摩訶薩行深般若波羅蜜多時以无
所得而爲方便雖於內法或於外法或於內
外法住循法觀而能不起法俱尋思熾然精
進正知具念除世貪憂復次善現諸菩薩摩
訶薩行深般若波羅蜜多時以无所得而
爲方便於內身住循身觀熾然精進正知具
念除世貪憂者謂菩薩摩訶薩行深般若波羅
蜜多時以无所得而爲方便審觀自身行時
如實知行住時如實知住坐時如實知坐卧
時如實知卧如如自身威儀別如是如是
皆如實知熾然精進正知具念除世貪憂是
爲菩薩摩訶薩行深般若波羅蜜多時以无
所得而爲方便於內身住循身觀熾然精進
正知具念除世貪憂復次善現諸菩薩摩訶

BD04993號　大般若波羅蜜多經卷四八九　（10–4）

時如實知卧如如自身威儀別如是如是
皆如實知熾然精進正知是念除世貪憂是
為菩薩摩訶薩行深般若波羅蜜多時以无
所得而為方便於内身住循身觀熾然精進
正知具念除世貪憂復次善現諸菩薩摩訶
薩行深般若波羅蜜多時以无所得而為方
便於内身住循身觀熾然精進正知具念除世
貪憂者謂菩薩摩訶薩行深般若波羅蜜
多時以无所得而為方便審觀自身正知往
來正知瞻顧正知俯仰正知屈申服僧伽胝
執持衣鉢若食若飲卧息經行坐起承迎寤
寐語默入出諸定皆念正知是為菩薩摩訶
薩行深般若波羅蜜多時以无所得而為方
便於内身住循身觀熾然精進正知具念除
世貪憂復次善現諸菩薩摩訶薩行深般若
波羅蜜多時以无所得而為方便於内身住
循身觀熾然精進正知具念除世貪憂者謂
菩薩摩訶薩行深般若波羅蜜多時以无所
得而為方便審觀自身於自入時如實知息
入於息出時如實知息出於息長時如實知
息長於息短時如實知息短如轉輪師或彼
弟子輪勢長時如實知輪勢長輪勢短時如
實知輪勢短是菩薩摩訶薩亦復如是如實
知息若入若出長短差別是為菩薩摩訶薩
行深般若波羅蜜多時以无所得而為方便
於内身住循身觀熾然精進正知具念除世
貪憂復次善現諸菩薩摩訶薩行深般若波
羅蜜多時以无所得而為方便於内身住循

知息若入若出長短差別是為菩薩摩訶薩
行深般若波羅蜜多時以无所得而為方便
於内身住循身觀熾然精進正知具念除世
貪憂復次善現諸菩薩摩訶薩行深般若波
羅蜜多時以无所得而為方便於内身住循
身觀熾然精進正知具念除世貪憂者謂菩
薩摩訶薩行深般若波羅蜜多時以无所得
而為方便如實了知自身所有諸界差別於
諸地界如實了知此是地界於諸水界如實
了知此是水界於諸火界如實了知此是火
界於諸風界如實了知此是風界如巧屠師
或彼弟子斷牛命已復用利刀剖析其身分
為四分若坐若立如實觀知是菩薩摩訶薩
亦復如是行深般若波羅蜜多時以无所得
而為方便觀察自身地水火風四界差別是
為菩薩摩訶薩行深般若波羅蜜多時以无
所得而為方便於内身住循身觀熾然精進
正知具念除世貪憂復次善現諸菩薩摩訶
薩行深般若波羅蜜多時以无所得而為方
便於内身住循身觀熾然精進正知具念除
世貪憂者謂菩薩摩訶薩行深般若波羅蜜
多時以无所得而為方便審觀自身從足至
頂種種不淨充滿其中外為薄皮之所纏裹
所謂此身唯有種種髮毛爪齒皮革血肉筋
脉骨髓心肝肺腎脾膽胞胃大腸小腸屎尿
涕唾涎淚垢汗痰膿肪䏚腦膜䐢膀如是不
淨充滿身中如有農夫或諸長者倉中盛滿
種種雜穀所謂稻麻粟豆麥等有明眼者開

所謂此身唯有種種髮毛爪齒皮革血肉筋
脉骨髓心肝肺腎脾膽胞胃大腸小腸屎尿
涕唾涎淚垢汗痰膿肪䏚腦膜䐃如是不
淨无滿身中如有農夫或諸長者倉中盛滿
種種雜穀所謂稻麻粟豆麥等有明眼者開
倉觀之能如實知其中唯有稻麻粟等種種
雜穀是菩薩摩訶薩亦復如是審觀自身從
足至頂不淨无滿不可貪樂是為菩薩摩訶
薩行深般若波羅蜜多時以无所得而為方
便於內身住循身觀熾然精進正知具念除
世貪憂復次善現諸菩薩摩訶薩行深般若
波羅蜜多時以无所得而為方便於內身住
循身觀熾然精進正知具念除世貪憂者謂
菩薩摩訶薩行深般若波羅蜜多時以无所
得而為方便往至塚間觀所棄屍死經一日
或經二日乃至七日其身膖脹色變青瘀臭
爛皮穿膿血流出見是事已自念我身有如是
性具如是法未得涅槃終歸如是深生厭
離是為菩薩摩訶薩行深般若波羅蜜多時
以无所得而為方便於內身住循身觀熾然
精進正知具念除世貪憂復次善現諸菩薩
摩訶薩行深般若波羅蜜多時以无所得而
為方便於內身住循身觀熾然精進正知具
念除世貪憂者謂菩薩摩訶薩行深般若波
羅蜜多時以无所得而為方便往至塚間觀
所棄屍死經一日或經二日乃至七日為諸鵰
鷲烏鵲鵄梟虎豹狐狼野干狗等種種禽
獸或啄或摣骨肉狼藉齟掣食噉見是事已

BD04993號　大般若波羅蜜多經卷四八九

（10–7）

念除世貪憂者謂菩薩摩訶薩行深般若波
羅蜜多時以无所得而為方便往至塚間觀
所棄屍死經一日或經二日乃至七日為諸鵰
鷲烏鵲鵄梟虎豹狐狼野干狗等種種禽
獸或啄或摣骨肉狼藉齟掣食噉見是事已
念我身有如是性具如是法未得涅槃終
歸如是深生厭離是為菩薩摩訶薩行深般
若波羅蜜多時以无所得而為方便於內身
住循身觀熾然精進正知具念除世貪憂復
次善現諸菩薩摩訶薩行深般若波羅蜜多
時以无所得而為方便於內身住循身觀熾
然精進正知具念除世貪憂者謂菩薩摩訶
薩行深般若波羅蜜多時以无所得而為方
便往至塚間觀所棄屍禽獸食已不淨潰爛
膿血流離有无量種蟲蛆雜出臭穢可行過
於死狗見是事已自念我身有如是性具如
是法未得涅槃終歸如是深生厭離是為菩
薩摩訶薩行深般若波羅蜜多時以无所得
而為方便於內身住循身觀熾然精進正知
具念除世貪憂復次善現諸菩薩摩訶薩行
深般若波羅蜜多時以无所得而為方便於
內身住循身觀熾然精進正知具念除世貪
憂者謂菩薩摩訶薩行深般若波羅蜜多時
以无所得而為方便往至塚間觀所棄屍蟲
蛆食已肉離骨現支節相連筋纏血塗尚餘
腐肉見是事已自念我身有如是性具如是法
未得涅槃終歸如是深生厭離是為菩薩摩
訶薩行深般若波羅蜜多時以[illegible]

BD04993號　大般若波羅蜜多經卷四八九

（10–8）

憂者謂菩薩摩訶薩行深般若波羅蜜多時
以无所得而為方便往至塚間觀所棄屍蟲
蛆食已肉離骨現支節相連筋纏血塗尚餘
腐肉見是事已自念我身有如是性具如是法
未得涅槃終歸如是深生厭離是為菩薩摩
訶薩行深般若波羅蜜多時以无所得而
為方便於內身住循身觀熾然精進正知具
念除世貪憂復次善現諸菩薩摩訶薩行深
般若波羅蜜多時以无所得而為方便於內
身住循身觀熾然精進正知具念除世貪憂
者謂菩薩摩訶薩行深般若波羅蜜多時以
无所得而為方便往至塚間觀所棄屍已成
骨鏁血肉都盡餘筋相連見是事已自念我
身有如是性具如是法未得涅槃終歸如是
深生厭離是為菩薩摩訶薩行深般若波羅
蜜多時以无所得而為方便於內身住循身
觀熾然精進正知具念除世貪憂復次善現
諸菩薩摩訶薩行深般若波羅蜜多時以无
所得而為方便於內身住循身觀熾然精進正
知具念除世貪憂者謂菩薩摩訶薩行深
般若波羅蜜多時以无所得而為方便往至
塚間觀所棄屍但餘眾骨其色皓白如雪珂
具諸筋爛支節分離見是事已自念我身
有如是性具如是法未得涅槃終歸如是深
生厭離是為菩薩摩訶薩行深般若波羅蜜
多時以无所得而為方便於內身住循身觀
熾然精進正知具念除世貪憂復次善現諸
菩薩摩訶薩行深般若波羅蜜多時以无所

BD04993號　大般若波羅蜜多經卷四八九　（10–9）

所得而為方便於內身住循身觀熾然精進正
知具念除世貪憂者謂菩薩摩訶薩行深
般若波羅蜜多時以无所得而為方便往至
塚間觀所棄屍但餘眾骨其色皓白如雪珂
具諸筋爛支節分離見是事已自念我身
有如是性具如是法未得涅槃終歸如是深
生厭離是為菩薩摩訶薩行深般若波羅蜜
多時以无所得而為方便於內身住循身觀
熾然精進正知具念除世貪憂復次善現諸
菩薩摩訶薩行深般若波羅蜜多時以无所
得而為方便於內身住循身觀熾然精進正
知具念除世貪憂者謂菩薩摩訶薩行深般
若波羅蜜多時以无所得而為方便往至塚
間觀所棄屍成白色已支節分散零落異方
見是事已自念我身有如是性具如是法未
得涅槃終歸如是深生厭離是為菩薩摩訶
薩行深般若波羅蜜多時以无所得而為方
便於內身住循身觀熾然精進正知具念除
世貪憂復次善現諸菩薩摩訶薩行深般若
波羅蜜多時以无所得而為方便於內身住
循身觀熾然精進正知具念除世貪憂者謂
菩薩摩訶薩行深般若波羅蜜多時以无所

BD04993號　大般若波羅蜜多經卷四八九　（10–10）

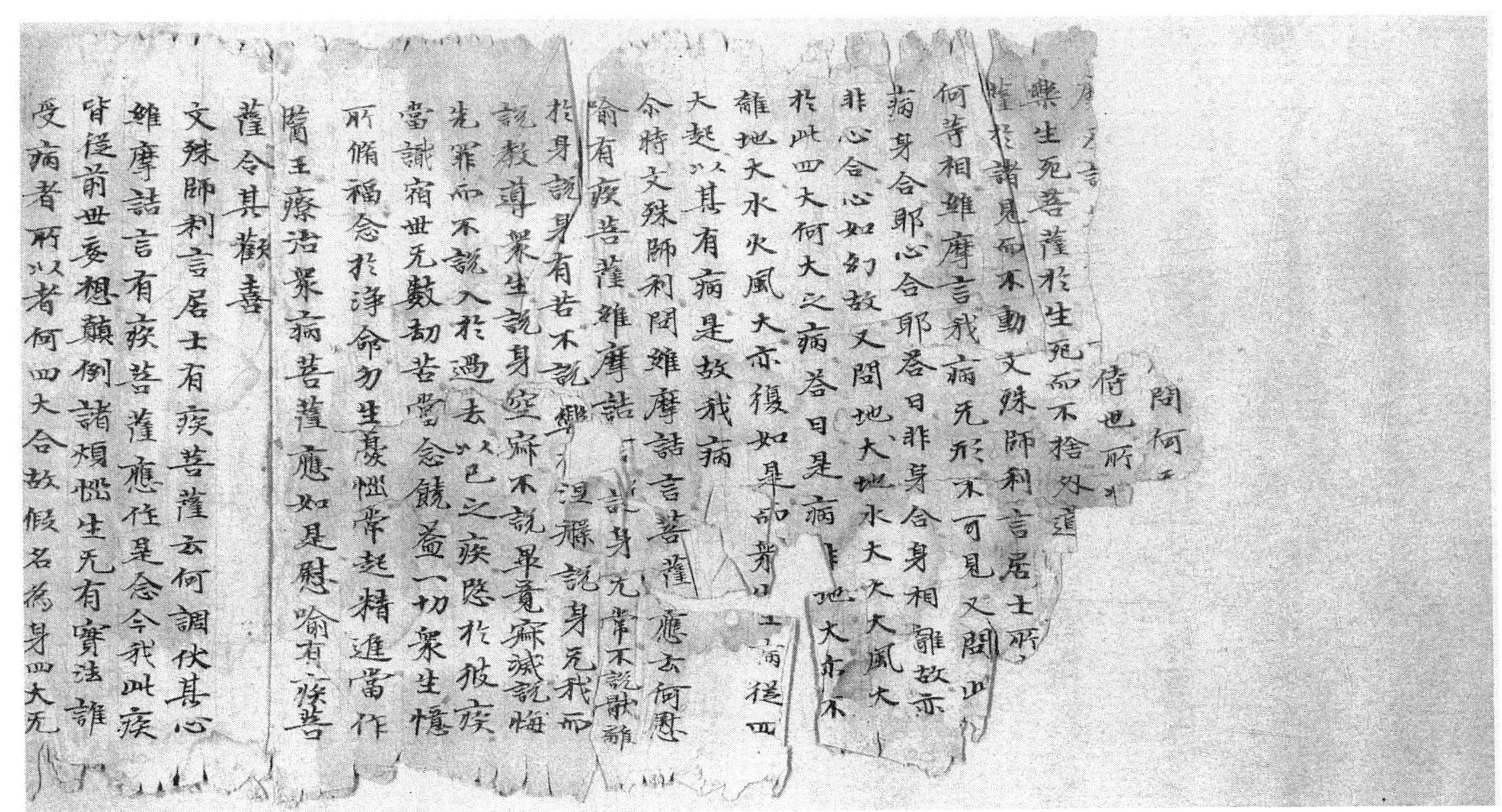

問何
侍也所
樂生死菩薩於生死而不捨外道
於諸見而不動文殊師利言居士所
何等相維摩詰言我病无形不可見又問此
病身合耶心合耶荅曰非身合身相離故亦
非心合心如幻故又問地大水大火大風大
於此四大何大之病荅曰是病非地大亦不
離地大水火風大亦復如是而衆生病從四
大起以其有病是故我病
尒時文殊師利問維摩詰言菩薩應云何慰
喻有疾菩薩維摩詰言說身无常不說猒離
於身說身有苦不說樂於涅槃說身无我而
說教導衆生說身空寂不說畢竟寂滅說悔
先罪而不說入於過去以己之疾愍於彼疾
當識宿世无數劫苦當念饒益一切衆生憶
所脩福念於淨命勿生憂惱常起精進當作
醫王療治衆病菩薩應如是慰喻有疾菩
薩令其歡喜
文殊師利言居士有疾菩薩云何調伏其心
維摩詰言有疾菩薩應作是念今我此疾
皆從前世妄想顛倒諸煩惱生无有實法誰
受病者所以者何四大合故假名為身四大无

BD04994號　維摩詰所說經卷中　（25–1）

所脩福念於淨…
醫王療治衆病菩薩應如是慰喻有疾菩
薩令其歡喜
文殊師利言居士有疾菩薩云何調伏其心
維摩詰言有疾菩薩應作是念今我此疾
皆從前世妄想顛倒諸煩惱生无有實法誰
受病者所以者何四大合故假名為身四大无
主身亦无我又此病起皆由著我是故於我
不應生著既知病本即除我想及衆生想當
起法想應作是念但以衆法合成此身起唯
法起滅唯法滅又此法者各不相知起時不言
我起滅時不言我滅彼有疾菩薩為滅法
想當作是念此法想者亦是顛倒顛倒者是
即大患我應離之云何為離離我我所云何
離我我所謂離二法云何離二法謂不念內
外諸法行於平等云何平等謂我等涅槃等所
以者何我及涅槃此二皆空以何為空但以
名字故空如此二法无決定性得是平等
无有餘病唯有空病空病亦空是有疾菩薩
以无所受而受諸受未具佛法亦不滅受而
取證也設身有苦念惡趣衆生起大悲心我
既調伏亦當調伏一切衆生但除其病而不
除法為斷病本而教導之何謂病本謂有攀
緣從有攀緣則為病本何所攀緣謂之三界
云何斷攀緣以无所得若无所得則无攀緣
何謂无所得謂離二見何謂二見謂內見外見
是无所得文殊師利是為有疾菩薩調伏其
心為斷老病死苦是菩薩菩提若不如是己
所脩治為无恵利譬如勝怨乃可為勇如是

BD04994號　維摩詰所說經卷中　（25–2）

除法為斷病本而教導之何謂病本謂有攀緣從有攀緣則有病本何所攀緣謂之三界云何斷攀緣以无所得若无所得則无攀緣何謂无所得謂二見何謂二見謂內見外見是无所得文殊師利是為有疾菩薩調伏其心為斷老病死苦是菩薩菩提若不如是已所脩治為无惠利辟如勝怨乃可為勇如是兼除老病死者菩薩之謂也彼有疾菩薩復應作是念如我此病非真非有衆生病亦非真非有作是觀時於諸衆生若起愛見大悲即應捨離所以者何菩薩斷除客塵煩惱而起大悲愛見悲者則於生死有疲厭心若能離此无有疲厭在在所生不為愛見之所覆也所生无縛能為衆生說法解縛如佛所說若自有縛能解彼縛无有是處若自无縛能解彼縛斯有是處是故菩薩不應起縛何謂縛何謂解貪著禪味是菩薩縛以方便生是菩薩解又无方便慧縛有方便慧解无慧方便縛有慧方便解何謂无方便慧縛謂菩薩以愛見心莊嚴佛土成就衆生於空无相无作法中而自調伏是名无方便慧縛何謂有方便慧解謂不以愛見心莊嚴佛土成就衆生於空无相无作法中以自調伏而不疲厭是名有方便慧解何謂无慧方便縛謂菩薩住貪欲瞋恚邪見等諸煩惱而殖衆德本是名无慧方便縛何謂有慧方便解謂離諸貪欲瞋恚邪見等諸煩惱而殖衆德本迴向阿耨多羅三藐三菩提是名有慧方便解

文殊師利彼有疾菩薩應如是觀諸法又復

BD04994 號　維摩詰所說經卷中　（25–3）

名有方便慧解何謂无慧方便縛謂菩薩住貪欲瞋恚邪見等諸煩惱而殖衆德本是名无慧方便縛何謂有慧方便解謂離諸貪欲瞋恚邪見等諸煩惱而殖衆德本迴向阿耨多羅三藐三菩提是名有慧方便解

文殊師利彼有疾菩薩應如是觀諸法又復觀身无常苦空非我是名為慧雖身有疾常在生死饒益一切而不厭惓是名方便又復觀身身不離病病不離身是病是身非新非故是名為慧設身有疾而不永滅是名方便文殊師利有疾菩薩應如是調伏其心不住其中亦復不住不調伏心所以者何若不住調伏心是愚人法若住調伏心是聲聞法是故菩薩不當住於調伏不調伏心離此二法是菩薩行在於生死不為汙行住於涅槃不永滅度是菩薩行非凡夫行非賢聖行是菩薩行非垢行非淨行是菩薩行雖過魔行而現降衆魔是菩薩行求一切智无非時求是菩薩行雖觀諸法不生而不入正位是菩薩行雖觀十二緣起而入諸邪見是菩薩行雖攝一切衆生而不愛著是菩薩行雖樂遠離而不依身心盡是菩薩行雖行三界而不壞法性是菩薩行雖行於空而殖衆德本是菩薩行雖行无相而度衆生是菩薩行雖行无作而現受身是菩薩行雖行无起而起一切善行是菩薩行雖行六波羅蜜而遍知衆生心心數法是菩薩行雖行六通而不盡漏是菩薩行雖行四无量心而不貪著生於梵世

BD04994 號　維摩詰所說經卷中　（25–4）

法性是菩薩行雖行於空而殖衆德本是菩
薩行雖行无相而度衆生是菩薩行雖行无
作而現受身是菩薩行雖行无起而起一切
善行是菩薩行雖行六波羅蜜而遍知衆生
心心數法是菩薩行雖行六通而不盡漏是
菩薩行雖行四无量心而不貪著生於梵世
是菩薩行雖行禪定解脫三昧而不隨禪生
是菩薩行雖行四念處而不畢竟永離身受
心法是菩薩行雖行四正勤而不捨身心精進是
菩薩行雖行四如意足而得自在神通是菩
薩行雖行五根而分別衆生諸根利鈍是菩
薩行雖行五力而樂求佛十力是菩薩行雖
行七覺分而分別佛之智慧是菩薩行雖行八
正道而樂行无量佛法是菩薩行雖行止觀
助道之法而不畢竟墮於寂滅是菩薩行雖
行諸法不生不滅而以相好莊嚴其身是菩
薩行雖現聲聞辟支佛威儀而不捨佛法
是菩薩行雖隨諸法究竟淨相而隨所應為
現其身是菩薩行雖觀諸佛國土永寂如空
而現種種清淨佛土是菩薩行雖得佛道轉
于法輪入於涅槃而不捨於菩薩之道是菩
薩行說是語時文殊師利所將大衆其中八
千天子皆發阿耨多羅三藐三菩提心
不思議品第六
尒時舍利弗見此室中无有牀座作是念斯
諸菩薩大弟子衆當於何坐長者維摩詰知
其意語舍利弗言云何仁者為法來耶求牀
座耶舍利弗言我為法來非為牀座維摩詰

千天子皆發阿耨多羅三藐三菩提心
不思議品第六
尒時舍利弗見此室中无有牀座作是念斯
諸菩薩大弟子衆當於何坐長者維摩詰知
其意語舍利弗言云何仁者為法來耶求牀
座耶舍利弗言我為法來非為牀座維摩詰
言唯舍利弗夫求法者不貪軀命何況牀座
夫求法者非有色受想行識之求非有界入
之求非有欲色无色之求唯舍利弗夫求法
者不著佛求不著法求不著衆求夫求法者
无見苦求无斷集求无造盡證脩道之求所
以者何法无戲論若言我當見苦斷集證滅
脩道是則戲論非求法也唯舍利弗法名寂
滅若行生滅是求生滅非求法也法名无染
若染於法乃至涅槃是則染著非求法也法
无行處若行於法是則行處非求法也法无取
捨若取捨法是則取捨非求法也法无處
所若著處所是則著處非求法也法名无相
若隨相識是則求相非求法也法不可住若
住於法是則住法非求法也法不可見聞覺
知若行見聞覺知是則見聞覺知非求法也
法名无為若行有為是求有為非求法也是
故舍利弗若求法者於一切法應无所求說是
語時五百天子於諸法中得法眼淨
尒時長者維摩詰問文殊師利仁者遊於无
量千万億阿僧祇國何等佛土有好上妙功
德成就師子之座文殊師利言居士東方度

故舍利弗若求法者於一切法應无所求說是
語時五百天子於諸法中得法眼淨
尒時長者維摩詰問文殊師利仁者遊於无
量千万億阿僧祇國何等佛土有好上妙功
德成就師子之座文殊師利言居士東方度
卅六恒河沙國有世界名須弥相其佛号須
弥燈王今現在彼佛身長八万四千由旬其
師子座高八万四千由旬嚴餝第一於是長
者維摩詰現神通力即時彼佛遣三万二千
師子座高廣嚴好来入維摩詰室諸菩薩大
弟子釋梵四天王等昔所未見其室廣博悉皆
苞容受三万二千師子座无所妨礙於毗耶離
城及閻浮提四天下亦不迫迮悉見如故尒
時維摩詰語文殊師利就師子座與諸菩薩
上人俱坐當自立身如彼坐像其得神通菩
薩即自變身為四万二千由旬坐師子座諸
新發意菩薩及大弟子皆不能昇尒時維摩
詰語舍利弗就師子座舍利弗言居士此座
高廣吾不能昇維摩詰言唯舍利弗為須弥
燈王如来作礼乃可得坐於是新發意菩薩
及大弟子即為須弥燈王如来作礼便得坐
師子座舍利弗言居士未曾有也如是小室
乃容受此高廣之座於毗耶離城无所妨礙
又於閻浮提聚落城邑及四天下諸天龍王
鬼神宮殿亦不迫迮維摩詰言唯舍利弗諸
佛菩薩有解脫名不可思議若菩薩住是解
脫者以須弥之高廣內芥子中无所增減須
弥山王本相如故而四天王忉利諸天不覺

師子座舍利弗言居士未曾有也如是小室
乃容受此高廣之座於毗耶離城无所妨礙
又於閻浮提聚落城邑及四天下諸天龍王
鬼神宮殿亦不迫迮維摩詰言唯舍利弗諸
佛菩薩有解脫名不可思議若菩薩住是解
脫者以須弥之高廣內芥子中无所增減須
弥山王本相如故而四天王忉利諸天不覺
不知己之所入唯應度者乃見須弥入芥子
中是名不可思議解脫法門又以四大海水
入一毛孔不嬈魚鼈黿鼉水性之屬而彼大
海本相如故諸龍鬼神阿脩羅等不覺不知
己之所入於此衆生亦无所嬈又舍利弗住不
可思議解脫菩薩斷取三千大千世界如
陶家輪著右掌中擲過恒河沙世界之外其
中衆生不覺不知己之所往又復還置本處
都不使人有往来想而此世界本相如故又
舍利弗或有衆生樂久住世而可度者菩薩
即演七日以為一劫令彼衆生謂之一劫或有
衆生不樂久住而可度者菩薩即促一劫以
為七日令彼衆生謂之七日又舍利弗住不
可思議解脫菩薩以一切佛土嚴餝之事集
在一國示於衆生又菩薩以一佛土衆生置
之右掌飛到十方遍示一切而不動本處
又舍利弗十方衆生供養諸佛之具菩薩於
一毛孔皆令得見又十方國土所有日月星
宿於一毛孔普使見之又舍利弗十方世界
所有諸風菩薩悉能吸著口中而身无損外
諸樹木亦不摧折又十方世界劫盡燒時以

又舍利弗十方衆生供養諸佛之具菩薩於
一毛孔皆令得見又十方國土所有日月星
宿於一毛孔普使見之又舍利弗十方世界
所有諸風菩薩悉能吸著口中而身无損外
諸樹木亦不摧折又十方世界劫盡燒時以
一切火内於腹中火事如故而不為害又於
下方過恒河沙等諸佛世界取一佛土舉著
上方過恒河沙无數世界如持針鋒舉一棗
葉而无所娆又舍利弗住不可思議解脫菩
薩能以神通現作佛身或現辟支佛身或現
聲聞身或現帝釋身或現梵王身或現世主
身或現轉輪王身又十方世界所有衆聲上
中下音皆能變之令作佛聲演出无常苦空
无我之音及十方諸佛所說種種之法皆於其
中普令得聞舍利弗我今略說菩薩不可
思議解脫之力若廣說者窮劫不盡是時大
迦葉聞說菩薩不可思議解脫法門歎未曾有
謂舍利弗譬如有人於盲者前現衆色像非
彼所見一切聲聞聞是不可思議解脫法門
不能解了為若此也智者聞是其誰不發阿
耨多羅三藐三菩提心我等何為永絕其根
於此大乘已如敗種一切聲聞聞是不可思議
解脫法門皆應號泣聲震三千大千世界
一切菩薩應大喜慶頂受此法若有菩薩信
解不可思議解脫門者一切魔衆无如之何
大迦葉說是語時三万二千天子皆發阿耨多
羅三藐三菩提心

解脫法門皆應號泣聲震三千大千世界
一切菩薩應大喜慶頂受此法若有菩薩信
解不可思議解脫門者一切魔衆无如之何
大迦葉說是語時三万二千天子皆發阿耨多
羅三藐三菩提心
尒時維摩詰語大迦葉仁者十方无量阿僧
祇世界中作魔王者多是住不可思議解脫
菩薩以方便力教化衆生現作魔王又迦葉
十方无量菩薩或有人從乞手足耳鼻頭目
髓腦血肉皮骨聚落城邑妻子奴婢象馬車
乘金銀瑠璃車𤦲馬瑙珊瑚虎珀真珠珂貝
衣服飲食如此乞者多是住不可思議解脫
菩薩以方便力而往試之令其堅固所以者
何住不可思議解脫菩薩有威德力故行逼
迫示諸衆生如是難事凡夫下劣无有力勢
不能如是逼迫菩薩譬如龍象蹴踏非驢所
堪是名住不可思議解脫菩薩智慧方便之
門

觀衆生品第七

尒時文殊師利問維摩詰言菩薩云何觀於
衆生維摩詰言譬如幻師見所幻人菩薩觀
衆生為若此如智者見水中月如鏡中見其
面像如熱時焰如呼聲響如空中雲如水聚
沫如水上泡如芭蕉堅如電久住如第五大
如第六陰如第七情如十三入如十九界菩
薩觀衆生為若此如无色界色如燋穀牙如
須陁洹身見如阿那含入胎如阿羅漢三毒

沫如水上泡如芭蕉堅如電久住如第五大
如第六陰如第七情如十三入如十九界菩
薩觀衆生為若此如无色界色如燋穀牙如
須陁洹身見如阿那含入胎如阿羅漢三毒
如得忍菩薩貪恚毀禁如佛煩惱習如盲者
見色如入滅盡定出入息如空中鳥跡如石
女兒如化人煩惱如夢所見已悟如滅度者
受身如无烟之火菩薩觀衆生為若此
文殊師利言若菩薩作是觀者云何行慈
維摩詰言菩薩作是觀已自念我當為衆生說
如斯法是即真實慈也行寂滅慈无所生故
行不熱慈无煩惱故行等之慈等三世故行
无諍慈无所起故行不二慈内外不合故行
不壞慈畢竟盡故行堅固慈心无毀故行清
淨慈諸法性淨故行无邊慈如虚空故行
阿羅漢慈破結賊故行菩薩慈安衆生故行
如來慈得如相故行佛之慈覺衆生故行自然
慈无因得故行菩提慈等一味故行无等慈
斷諸愛故行大悲慈導以大乘故行无猒慈
觀空无我故行法施慈无遺惜故行持戒慈
化毀禁故行忍辱慈護彼我故行精進慈荷
負衆生故行禪定慈不受味故行智慧慈无
不知時故行方便慈一切示現故行无隱慈
直心清淨故行深心慈无雜行故行无誑慈
不虚假故行安樂慈令得佛樂故菩薩之慈
為若此也
文殊師利又問何謂為悲答曰菩薩所作功
德皆與一切衆生共之何謂為喜答曰有所

BD04994號　維摩詰所說經卷中　（25–11）

直心清淨故行深心慈无雜行故行无誑慈
不虚假故行安樂慈令得佛樂故菩薩之慈
為若此也
文殊師利又問何謂為悲答曰菩薩所作功
德皆與一切衆生共之何謂為喜答曰有所
饒益歡喜无悔何謂為捨答曰所作福祐
无所希望文殊師利又問生死有畏菩薩當
何所依維摩詰言菩薩於生死畏中當依如來
功德之力文殊師利又問菩薩欲依如來功
德之力當於何住答曰菩薩欲依如來功德
力者當住度脫一切衆生又問欲度衆生當
何所除答曰欲度衆生除其煩惱又問欲除
煩惱當何所行答曰當行正念又問云何行
於正念答曰當行不生不滅又問何法不生
何法不滅答曰不善不生善法不滅又問善
不善孰為本答曰身為本又問身孰為本答
曰欲貪為本又問欲貪孰為本答曰虚妄分
別為本又問虚妄分別孰為本答曰顛倒想
為本又問顛倒想孰為本答曰无住為本又
問无住孰為本答曰无住則无本文殊師利
從无住本立一切法
時維摩詰室有一天女見諸大人聞所說法
便現其身即以天華散諸菩薩大弟子上華
至諸菩薩即皆墮落至大弟子便著不墮一
切弟子神力去華不能令去尒時天問舍利
弗何故去華答曰此華不如法是以去之天
曰勿謂此華為不如法所以者何是華无所
分別仁者自生分別想耳若於佛法出家有

BD04994號　維摩詰所說經卷中　（25–12）

至諸菩薩即皆墮落至大弟子便著不墮一
切弟子神力去華不能令去尒時天問舍利
弗何故去華答曰此華不如法是以去之天
曰勿謂此華為不如法所以者何是華无所
分別仁者自生分別想耳若於佛法出家有
所分別為不如法若无分別是則如法觀諸
菩薩華不著者以斷一切分別想故譬如人
畏時非人得其便如是弟子畏生死故色聲
香味觸得其便已離畏者一切五欲无能為
也結習未盡華著身耳結習盡者華不
著也舍利弗言天止此室其已久如答曰我止此
室如耆年解脫舍利弗言止此久耶天曰耆
年解脫亦何如久舍利弗默然不答天曰如
何耆舊大智而默答曰解脫者无所言說
故吾於是不知所云天曰言說文字皆解脫相
所以者何解脫者不內不外不在兩間文字
亦不內不外不在兩間是故舍利弗无離文
字說解脫也所以者何一切諸法是解脫
相舍利弗言不復以離婬怒癡為解脫乎天
曰佛為增上慢人說離婬怒癡為解脫耳若
无增上慢者佛說婬怒癡性即是解脫舍利
弗言善哉善哉天女汝何所得以何為證辯
乃如是天曰我无得无證故辯如是所以者何
若有得有證者則於佛法為增上慢
舍利弗問天汝於三乘為何志求天曰以聲
聞法化衆生故我為聲聞以因緣法化衆生
故我為辟支佛以大悲化衆生故我為大乘
舍利弗如人入瞻蔔林唯齅瞻蔔不齅餘香

BD04994 號　維摩詰所說經卷中　（25–13）

乃如是天曰我无得无證故辯如是所以者何
若有得有證者則於佛法為增上慢
舍利弗問天汝於三乘為何志求天曰以聲
聞法化衆生故我為聲聞以因緣法化衆生
故我為辟支佛以大悲化衆生故我為大乘
舍利弗如人入瞻蔔林唯齅瞻蔔不齅餘香
如是若入此室但聞佛法功德之香不樂聲
聞辟支佛功德香也舍利弗其有釋梵四天
王諸天龍鬼神等入此室者聞斯上人講說
正法皆樂佛功德之香發心而出舍利弗吾
止此室十有二年初不聞說聲聞辟支佛法
但聞菩薩大慈大悲不可思議諸佛之法舍
利弗此室常現八未曾有難得之法何等為
八此室常以金色光照晝夜无異不以日月
所照為明是為一未曾有難得之法此室入
者不為諸垢之所惱也是為二未曾有難得
之法此室常有釋梵四天王他方菩薩來會
不絕是為三未曾有難得之法此室常說六
波羅蜜不退轉法是為四未曾有難得之法
此室常作天人第一之樂絃出无量法化之聲
是為五未曾有難得之法此室有四大藏
衆寶積滿周窮濟乏求得无盡是為六未曾
有難得之法此室釋迦牟尼佛阿彌陀佛阿
閦佛寶德寶焰月寶嚴難勝師子響一切
利成如是等十方无量諸佛是上人念時即
皆為來廣說諸佛秘要法藏說已還去是為
七未曾有難得之法此室一切諸天嚴飾宮
殿諸佛淨土皆於中現是為八未曾有難得

BD04994 號　維摩詰所說經卷中　（25–14）

閦佛寶德寶焰月寶嚴難勝師子響一切
利成如是等十方无量諸佛是上人念時即
皆為來廣說諸佛秘要法藏說已還去是為
七未曾有難得之法此室一切諸天嚴飾宮
殿諸佛淨土皆於中現是為八未曾有難得
之法舍利弗此室常現八未曾有難得之法
誰有見斯不思議事而復樂於聲聞法乎
舍利弗言汝何以不轉女身天曰我從十二年
來求女人相了不可得當何所轉譬如幻師
化作幻女若有人問何以不轉女身是人為
正問不舍利弗言不也幻无定相當何所轉
天曰一切諸法亦復如是无有定相云何乃
問不轉女身即時天女以神通力變舍利弗
令如天女天自化身如舍利弗而問言何
以不轉女身舍利弗以天女像而荅言我今
不知何轉而變為女身天曰舍利弗若能轉
此女身則一切女人亦當能轉如舍利弗非
女而現女身一切女人亦復如是雖現女身
而非女也是故佛說一切諸法非男非女即
時天女還攝神力舍利弗身還復如故天問
舍利弗女身色相今何所在舍利弗言女身
色相无在无不在天曰一切諸法亦復如是
无在无不在夫无在无不在者佛所說也舍
利弗問天汝於此沒當生何所天曰佛化所
生吾如彼生曰佛化所生非沒生也天曰衆
生猶然无沒生也舍利弗問天汝久如當得
阿耨多羅三藐三菩提天曰如舍利弗還為
凡夫我乃當成阿耨多羅三藐三菩提舍利

BD04994號　維摩詰所說經卷中　（25-15）

利弗問天汝於此沒當生何所天曰佛化所
生吾如彼生曰佛化所生非沒生也天曰衆
生猶然无沒生也舍利弗問天汝久如當得
阿耨多羅三藐三菩提天曰如舍利弗還為
凡夫我乃當成阿耨多羅三藐三菩提舍利
弗言我作凡夫无有是處天曰我得阿耨多
羅三藐三菩提亦无是處所以者何菩提无
住處是故无有得者舍利弗言今諸佛得阿
耨多羅三藐三菩提已得當得如恒河
沙皆謂何乎天曰皆以世俗文字數故說有三世
非謂菩提有去來今天曰舍利弗汝得阿羅
漢道耶曰无所得故而得天曰諸佛菩薩亦
復如是无所得故而得尒時維摩詰語舍利
弗是天女曾已供養九十二億佛已能遊戲菩
薩神通所願具足得无生忍住不退轉以
本願故隨意能現教化衆生

佛道品第八

尒時文殊師利問維摩詰言菩薩云何通達
佛道維摩詰言若菩薩行於非道是為通達
佛道又問云何菩薩行於非道荅曰若菩薩
行五无間而无惱恚至于地獄无諸罪垢至
于畜生无有无明憍慢等過至于餓鬼而具
足功德行色无色界道不以為勝示行貪欲離
諸染著示行瞋恚於諸衆生无有恚礙示行
愚癡而以智慧調伏其心示行慳貪而捨內
外所有不惜身命示行毀禁而安住淨戒乃
至小罪猶懷大懼示行瞋恚而常慈忍示行
懈怠而懃脩功德示行亂意而常念定示行

BD04994號　維摩詰所說經卷中　（25-16）

諸染著示行瞋恚於諸衆生无有恚礙示行
愚癡而以智慧調伏其心示行慳貪而捨內
外所有不惜身命示行毀禁而安住淨戒乃
至小罪猶懷大懼示行瞋恚而常慈忍示行
懈怠而勤脩功德示行亂意而常念定示行
愚癡而通達世間出世間慧示行諂偽而善
方便隨諸經義示行憍慢而於衆生猶如橋
梁示行諸煩惱而心常清淨示入於魔而順
佛智慧不隨他教示入聲聞而為衆生說未
聞法示入辟支佛而成就大悲教化衆生示
入貧窮而有寶手功德无盡示入形殘而具
諸相好以自莊嚴示入下賤而生佛種性中
具諸功德示入羸劣醜陋而得那羅延身一
切衆生之所樂見示入老病而永斷病根超
越死畏示有資生而恒觀无常實无所貪示
有妻妾婇女而常遠離五欲淤泥現於訥鈍
而成就辯才揔持无失示入邪濟而以正濟
度諸衆生現遍入諸道而斷其因緣現於涅
槃而不斷生死文殊師利菩薩能如是行於
非道是為通達佛道
於是維摩詰問文殊師利何等為如來種文
殊師利言有身為種无明有愛為種貪恚癡
為種四顛倒為種五蓋為種六入為種七識
處為種八邪法為種九惱處為種十不善道
為種以要言之六十二見及一切煩惱皆是佛
種曰何謂也荅曰若見无為入正位者不能
復發阿耨多羅三藐三菩提心譬如高原
陸地不生蓮華卑濕淤泥乃生此華如是見

BD04994號　維摩詰所說經卷中

（25–17）

為種四顛倒為種五蓋為種六入為種七識
處為種八邪法為種九惱處為種十不善道
為種以要言之六十二見及一切煩惱皆是佛
種曰何謂也荅曰若見无為入正位者不能
復發阿耨多羅三藐三菩提心譬如高原
陸地不生蓮華卑濕淤泥乃生此華如是見
无為法入正位者終不復能生於佛法煩惱
泥中乃有衆生起佛法耳又如殖種於空終
不得生糞壤之地乃能滋茂如是入无為正
位者不生佛法起於我見如須彌山猶能發
于阿耨多羅三藐三菩提心生佛法矣是故
當知一切煩惱為如來種譬如不入巨海不
能得无價寶珠如是不入煩惱大海則不能
生一切智寶之心
尒時大迦葉歎言善哉善哉文殊師利快說
此語誠如所言塵勞之疇為如來種我等今
者不復堪任發阿耨多羅三藐三菩提心乃
至五无間罪猶能發意生於佛法而今我等
永不能發譬如根敗之士其於五欲不能復
利如是聲聞諸結斷者於佛法中无所復益
永不志願是故文殊師利凡夫於佛法有反
復而聲聞无也所以者何凡夫聞佛法能起
无上道心不斷三寶正使聲聞終身聞佛法
力无畏等永不能發无上道意尒時會中有
菩薩名普現色身問維摩詰言居士父母妻
子親戚眷屬吏民知識悉為是誰奴婢僮
僕象馬車乘皆何所在於是維摩詰以偈荅曰
智度菩薩母　方便以為父　一切衆導師　无不由是生

BD04994號　維摩詰所說經卷中

（25–18）

力无畏等　永不能發无上道意　尒時會中有
菩薩名普現色身　問維摩詰言　居士父母妻
子親戚眷屬吏民知識悉為是誰　奴婢僮
僕象馬車乘皆何所在　於是維摩詰以偈荅曰
智度菩薩母　方便以為父　一切眾導師　无不由是生
法喜以為妻　慈悲心為女　善心誠實男　畢竟空寂舍
弟子眾塵勞　隨意之所轉　道品善知識　由是成正覺
諸度法等侶　四攝為妓女　歌詠誦法言　以此為音樂
摠持之園苑　无漏法林樹　覺意淨妙華　解脫智慧果
八解之浴池　定水湛然滿　布以七淨華　浴此无垢人
象馬五通馳　大乘以為車　調御以一心　遊於八正路
相具以嚴容　眾好飾其姿　慚愧之上服　深心為華鬘
富有七財寶　教授以滋息　如所說脩行　迴向為大乘
四禪為牀座　從於淨命生　多聞增智慧　以為自覺音
甘露法之食　解脫味為漿　淨心以澡浴　戒品為塗香
摧滅煩惱賊　勇健无能踰　降伏四眾魔　勝幡建道場
雖知无起滅　示彼故有生　悉現諸國土　如日无不現
供養於十方　无量億如來　諸佛及已身　无有分別想
雖知諸佛國　及與眾生空　而常脩淨土　教化於群生
諸有眾生類　形聲及威儀　无畏力菩薩　一時能盡現
覺知眾魔事　而示隨其行　以善方便智　隨意皆能現
或示老病死　成就諸群生　了知如幻化　通達无有礙
或現劫盡燒　天地皆洞然　眾人有常想　照令知无常
或數億眾生　俱來請菩薩　一時到其舍　化令向佛道
經書禁呪術　工巧諸妓藝　盡現行此事　饒益諸群生
世間眾道法　悉於中出家　因以解人惑　而不墮邪見
或作日月天　梵王世界主　或時作地水　或復作風火
劫中有疾疫　現作諸藥草　若有服之者　除病消眾毒

或現劫盡燒　天地皆洞然　眾人有常想　照令知无常
或數億眾生　俱來請菩薩　一時到其舍　化令向佛道
經書禁呪術　工巧諸妓藝　盡現行此事　饒益諸群生
世間眾道法　悉於中出家　因以解人惑　而不墮邪見
或作日月天　梵王世界主　或時作地水　或復作風火
劫中有疾疫　現作諸藥草　若有服之者　除病消眾毒
劫中有飢饉　現身作飲食　先救彼飢渴　却以法語人
劫中有刀兵　為之起慈悲　化彼諸眾生　令住无諍地
若有大戰陣　立之以等力　菩薩現威勢　降伏使和安
一切國土中　諸有地獄處　輙往到于彼　勉濟諸苦惱
一切國土中　畜生相食噉　皆現生於彼　為之作利益
示受於五欲　亦復現行禪　令魔心憒亂　不能得其便
火中生蓮華　是可謂希有　在欲而行禪　希有亦如是
或現作婬女　引諸好色者　先以欲鉤牽　後令入佛智
或為邑中主　或作商人導　國師及大臣　以祐利眾生
諸有貧窮者　現為无盡藏　因以勸導之　令發菩提心
我心憍慢者　為現大力士　消伏諸貢高　令住佛上道
其有恐懼者　居前而安慰　先施以无畏　後令發道心
或現離婬欲　為五通仙人　開導諸群生　令住戒忍慈
見須供事者　現為作僮僕　既悅可其意　乃發以道心
隨彼之所須　得入於佛道　以善方便力　皆能給足之
如是道无量　所行无有崖　智慧无邊際　度脫无數眾
假令一切佛　於无數億劫　讚歎其功德　猶尚不能盡
誰聞如是法　不發菩提心　除彼不肖人　癡冥无智者

入不二法門品第九

尒時維摩詰謂眾菩薩言　諸仁者　云何菩薩
入不二法門　各隨所樂說之　會中有菩薩名法
自在　說言　諸仁者　生滅為二　法本不生　今則无

誰聞如是法，不發菩提心，除彼不肖人，癡冥无智者
入不二法門品弟九
尒時維摩詰謂衆菩薩言諸仁者云何菩薩
入不二法門各隨所樂說之會中有菩薩名法
自在說言諸仁者生滅為二法夲不生今則无
滅得此无生法忍是為入不二法門
德首菩薩曰我我所為二因有我故便有我
所若无有我則无我所是為入不二法門
不瞬菩薩曰受不受為二若法不受則不可
得以不可得故无取无捨无作无行是為入不
二法門
德頂菩薩曰垢淨為二見垢實性則无淨相
順於滅相是為入不二法門
善宿菩薩曰是動是念為二不動則无念
則无分別通達此者是為入不二法門
善眼菩薩曰一相无相為二若知一相即是
无相亦不取无相入於平等是為入不二法門
妙臂菩薩曰菩薩心聲聞心為二觀心相空
如幻化者无菩薩心无聲聞心是為入不二
法門
弗沙菩薩曰善不善為二若不起善不善入
无相際而通達者是為入不二法門
師子菩薩曰罪福為二若達罪性則與福
无異以金剛慧決了此相无縛无解者是為
入不二法門
師子意菩薩曰有漏无漏為二若得諸法等
則不起漏不漏想不著相於亦不住无相是

師子菩薩曰罪福為二若達罪性則與福
无異以金剛慧決了此相无縛无解者是為
入不二法門
師子意菩薩曰有漏无漏為二若得諸法等
則不起漏不漏想不著相於亦不住无相是
為入不二法門
淨解菩薩曰有為无為為二若離一切數則
心如虛空以清淨慧无所礙者是為入不二
法門
那羅延菩薩曰世間出世間為二世間性空
即是出世間於其中不入不出不溢不散是
為入不二法門
善意菩薩曰生死涅槃為二若見生死性則
无生死无縛无解不然不滅如是解者是為
入不二法門
現見菩薩曰盡不盡為二法若究竟盡若不
盡皆是无盡相无盡相即是空空則无有盡
不盡相如是入者是為入不二法門
普首菩薩曰我无我為二我尚不可得非我何
可得見我實性者不復起二是為入不二法門
電天菩薩曰明无明為二无明實性即是明
明亦不可取離一切數於其中平等无二者是
為入不二法門
喜見菩薩曰色色空為二色即是空非色滅
空色性自空如是受想行識識空為二識即
是空非識滅空識性自空於其中而通達者
是為入不二法門
明相菩薩曰四種異空種異為二四種性即

善見菩薩曰色色空為二色即是空非色滅
空色性自空如是受想行識識空為二識即
是空非識滅空識性自空於其中而通達者
是為入不二法門
明相菩薩曰四種異空種異為二四種性即
是空種性如前際後際空故中際亦空若能
如是知諸種性者是為入不二法門
妙意菩薩曰眼色為二若知眼性於色不貪
不恚不癡是名寂滅如是耳聲鼻香味身觸
意法為二若知意性於法不貪不恚不癡
是名寂滅安住其中是為入不二法門
无盡意菩薩曰布施迴向一切智為二布施
性即是迴向一切智性如是持戒忍辱精進
禪定智慧迴向一切智為二智慧性即是迴向
一切智性於其中入一相者是為入不二法門
深慧菩薩曰是空是无相是无作為二空即
是无相无相即是无作若空无相无作則无
心意識於一解脫門即是三解脫門者是為入
不二法門
寂根菩薩曰佛法衆為二佛即是法法即是
衆是三寶皆无為相與虛空等一切法亦尒
能隨此行者是為入不二法門
心无礙菩薩曰身身滅為二身即是身滅所
以者何見身實相者不起見身及見滅身身與
滅身无二无分別於其中不驚不懼者是為
入不二法門
上善菩薩曰身口意善為二是三業皆无作
相身无作相即口无作相口无作相即意无作

BD04994 號　維摩詰所說經卷中　（25–23）

能隨此行者是為入不二法門
心无礙菩薩曰身身滅為二身即是身滅所
以者何見身實相者不起見身及見滅身身與
滅身无二无分別於其中不驚不懼者是為
入不二法門
上善菩薩曰身口意善為二是三業皆无作
相身无作相即口无作相口无作相即意无作
相是三業无作相即一切法无作相能如是隨
无作慧者是為入不二法門
福田菩薩曰福行罪行不動行為二三行實
性即是空空則无福行无罪行无不動行於此
三行而不起者是為入不二法門
華嚴菩薩曰從我起二為二見我實相者不
起二法若不住二法則无有識无所識者是為
入不二法門
德藏菩薩曰有所得相為二若无所得則无
取捨无取捨者是為入不二法門
月上菩薩曰闇與明為二无闇无明則无有
二所以者何如入滅受想定无闇无明一切法
亦復如是於其中平等入者是為入不二法門
寶印手菩薩曰樂涅槃不樂世間為二若不
樂涅槃不猒世間則无有二所以者何若有縛
則有解若本无縛其誰求解无縛无解則无
樂猒是為入不二法門
珠頂王菩薩曰正道邪道為二住正道者則不
分別是邪是正離此二法是為入不二法門
樂實菩薩曰實不實為二實見者尚不見實
何況非實所以者何非肉眼所見慧眼乃能見

BD04994 號　維摩詰所說經卷中　（25–24）

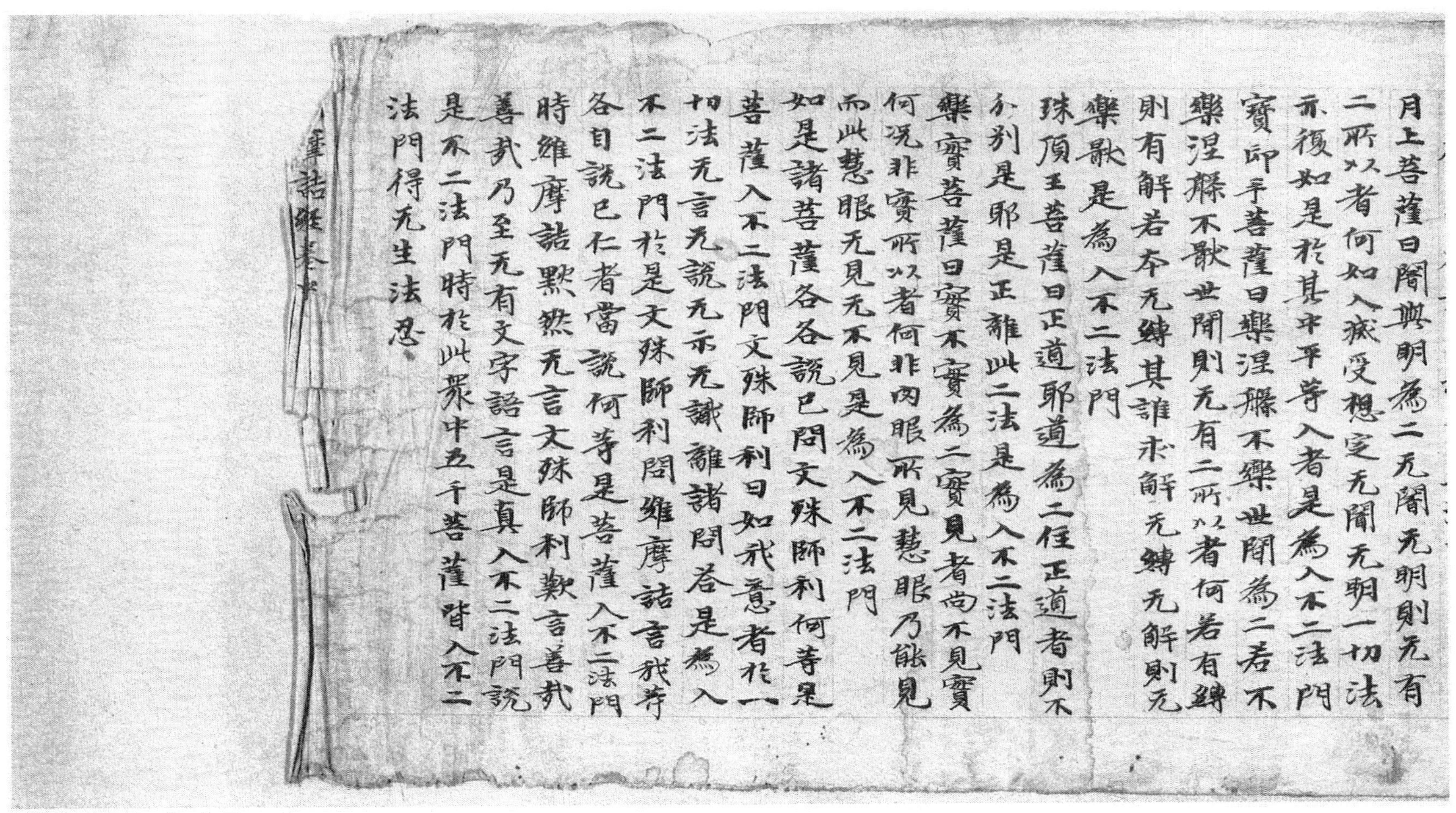

月上菩薩曰闇與明為二无闇无明則无有
二所以者何如入滅受想定无闇无明一切法
亦復如是於其中平等入者是為入不二法門
寶印手菩薩曰樂涅槃不樂世間為二若不
樂涅槃不猒世間則无有二所以者何若有縛
則有解若本无縛其誰求解无縛无解則无
樂猒是為入不二法門
珠頂王菩薩曰正道耶道為二住正道者則不
分別是耶是正離此二法是為入不二法門
樂實菩薩曰實不實為二實見者尚不見實
何況非實所以者何非肉眼所見慧眼乃能見
而此慧眼无見无不見是為入不二法門
如是諸菩薩各各說已問文殊師利何等是
菩薩入不二法門文殊師利曰如我意者於一
切法无言无說无示无識離諸問答是為入
不二法門於是文殊師利問維摩詰言我等
各自說已仁者當說何等是菩薩入不二法門
時維摩詰默然无言文殊師利歎言善哉
善哉乃至无有文字語言是真入不二法門說
是不二法門時於此衆中五千菩薩皆入不二
法門得无生法忍

摩詰經卷中

BD04994 號　維摩詰所說經卷中　（25–25）

復次須菩提善男子善女人受持讀誦此經
若為人輕賤是人先世罪業應墮惡道以今
世人輕賤故先世罪業則為消滅當得阿耨
多羅三藐三菩提須菩提我念過去无量阿
僧祇劫於然燈佛前得值八百四千万億那
由他諸佛悉皆供養承事无空過者若復有
人於後末世能受持讀誦此經所得功德於我
所供養諸佛功德百分不及一千万億分乃
至筭數譬喻所不能及須菩提若善男子善
女人於後末世有受持讀誦此經所得功德我
若具說者或有人聞心則狂亂狐疑不信須
菩提當知是經義不可思議果報亦不可思議
爾時須菩提白佛言世尊善男子善女人發
阿耨多羅三藐三菩提心云何應住云何降
伏其心佛告須菩提善男子善女人發阿耨
多羅三藐三菩提者當生如是心我應滅度
一切衆生滅度一切衆生已而无有一衆生
實滅度者何以故若菩薩有我相人相衆生
相壽者相則非菩薩所以者何須菩提實无

BD04995 號　金剛般若波羅蜜經　（4–1）

阿耨多羅三藐三菩提心云何應住云何降
伏其心佛告須菩提善男子善女人發阿耨
多羅三藐三菩提者當生如是心我應滅度
一切衆生滅度一切衆生已而无有一衆生
實滅度者何以故若菩薩有我相人相衆生
相壽者相則非菩薩所以者何須菩提實无
有法發阿耨多羅三藐三菩提者
須菩提於意云何如來於然燈佛所有法得
阿耨多羅三藐三菩提不不也世尊如我解
佛所說義佛於然燈佛所无有法得阿耨
多羅三藐三菩提佛言如是如是須菩提實
无有法如來得阿耨多羅三藐三菩提須菩
提若有法如來得阿耨多羅三藐三菩提然燈
佛則不與我受記汝於來世當得作佛号釋
迦牟尼以實无有法得阿耨多羅三藐三菩
提是故然燈佛與我受記作是言汝於來世
當得作佛号釋迦牟尼何以故如來者即諸法
如義若有人言如來得阿耨多羅三藐三菩
提須菩提實无有法佛得阿耨多羅三藐三
菩提須菩提如來所得阿耨多羅三藐三菩
提於是中无實无虛是故如來說一切法皆
是佛法須菩提所言一切法者即非一切法
是故名一切法
須菩提譬如人身長大須菩提言世尊如來
說人身長大則為非大身是名大身
須菩提菩薩亦如是若作是言我當滅度无
量衆生則不名菩薩何以故須菩提實无有
法名為菩薩是故佛說一切法无我无人无

BD04995號　金剛般若波羅蜜經　（4–2）

是佛法須菩提所言一切法者即非一切法
是故名一切法
須菩提譬如人身長大須菩提言世尊如來
說人身長大則為非大身是名大身
須菩提菩薩亦如是若作是言我當滅度无
量衆生則不名菩薩何以故須菩提實无有
法名為菩薩是故佛說一切法无我无人无
衆生无壽者須菩提若菩薩作是言我當莊
嚴佛土是不名菩薩何以故如來說莊嚴佛
土者即非莊嚴是名莊嚴須菩提若菩薩通
達无我法者如來說名真是菩薩
須菩提於意云何如來有肉眼不如是世尊如
來有肉眼須菩提於意云何如來有天眼不如
是世尊如來有天眼須菩提於意云何如來
有慧眼不如是世尊如來有慧眼須菩提於
意云何如來有法眼不如是世尊如來有法
眼須菩提於意云何如來有佛眼不如是
世尊如來有佛眼須菩提於意云何恒河中
所有沙佛說是沙不如是世尊如來說是沙須
菩提於意云何如一恒河中所有沙有如是
等恒河是諸恒河所有沙數佛世界如是寧
為多不甚多世尊佛告須菩提尒所國土中
所有衆生若干種心如來悉知何以故如來
說諸心皆為非心是名為心所以者何須菩
提過去心不可得現在心不可得未來心不
可得須菩提於意云何若有人滿三千大千
世界七寶以用布施是人以是因緣得福多不
如是世尊此人以是因緣得福甚多須菩提

BD04995號　金剛般若波羅蜜經　（4–3）

所有衆生若干種心如來悉知何以故如來
說諸心皆爲非心是名爲心所以者何須菩
提過去心不可得現在心不可得未來心不
可得須菩提於意云何若有人滿三千大千
世界七寶以用布施是人以是因緣得福多不
如是世尊此人以是因緣得福甚多須菩提
若福德有實如來不說得福德多以福德无
故如來說得福德多
須菩提於意云何佛可以具足色身見不不也
世尊如來不應以具足色身見何以故如來說
具足色身即非具足色身是名具足色身須
菩提於意云何如來可以具足諸相見不不
也世尊如來不應以具足諸相見何以故如
來說諸相具足即非具足是名諸相具足須
菩提汝勿謂如來作是念我當有所說法莫
作是念何以故若人言如來有所說法即爲
謗佛不能解我所說故須菩提說法者无法
可說是名說法
須菩提白佛言世尊佛得阿耨多羅三藐三菩
提爲无所得耶如是如是須菩提我於阿耨多
羅三藐三菩提乃至无有少法可得是名
阿耨多羅三藐三菩提復次須菩提是法平
等无有高下是名阿耨多羅三藐三菩提

BD04995號　金剛般若波羅蜜經　（4–4）

子受父教已乘最大象速往家中至祖父所
說如上事收取家中可食之物置於象上疾
還至彼池邊是時流水見其子來身心
喜躍遂取餅食遍散池中魚得食已悉皆飽
足便作是念我今施食令魚得命願於來世
當施法食充濟無邊復更思惟我先曾於空
閑林處見一苾芻讀大乘經說十二緣生甚
深法要又經中說若有衆生臨命終時得聞
寶髻如來名者即生天上我今當爲是十千
魚演說甚深十二緣起亦當稱說寶髻佛
名然贍部洲有二種人一者深信大乘二者不
信毀呰亦當爲彼增長信心時長者子作
如是念我入池中可爲衆魚說深妙法作是
念已即便入水唱言南謨過去寶髻如來應
正遍知明行足善逝世間解無上士調御丈
夫天人師佛世尊此佛往昔脩菩薩行時作
是誓願於十方界所有衆生臨命終時聞我
名者命終之後得生三十三天尒時流水復
爲池魚演說如是甚深妙法此有故彼有此生
故彼生所謂無明緣行行緣識識緣名色

BD04996號　金光明最勝王經卷九　（4–1）

正遍知明行足善逝世間解無上士調御丈
夫天人師佛世尊此佛往昔脩菩薩行時作
是誓願於十方界所有衆生臨命終時聞我
名者命終之後得生三十三天尒時流水復
為池魚演說如是甚深妙法此有故彼有生
故彼生所謂無明緣行行緣識識緣名色
名色緣六處六處緣觸觸緣受受緣愛愛緣
取取緣有有緣生生緣老死憂悲苦惱滅
故彼滅所謂無明滅則行滅行滅則識滅識
滅則名色滅名色滅則六處滅六處滅則觸
滅觸滅則受滅受滅則愛滅愛滅則取滅取
滅則有滅有滅則生滅生滅則老死滅老死滅
則憂悲苦惱滅如是純極苦蘊悉皆除滅說
是法已復為宣說十二緣起相應陁羅尼
怛姪他　毗折你　毗折你　毗折你
僧塞枳你　僧塞枳你　僧塞枳你
毗尒你　毗尒你　毗尒你莎訶
怛姪他　那爾你那爾你　那爾你
敎雍你　敎雍你　敎雍你
颯鉢哩設你　颯鉢哩設你　颯鉢哩設你莎訶
怛姪他、薜達你薜達你　薜達你
室里瑟你你　室里瑟你你　室里瑟你你
鄔波地你　鄔波地你　鄔波地你莎訶
怛姪他　婆毗你婆毗你　婆毗你
闍底你　闍底你　闍底你
闍摩你你　闍摩你你　闍摩你你莎訶
尒時世尊為諸大衆說長者子昔緣之時諸
人天衆歎未曾有時四大天王各於其處異

BD04996號　金光明最勝王經卷九　（4–2）

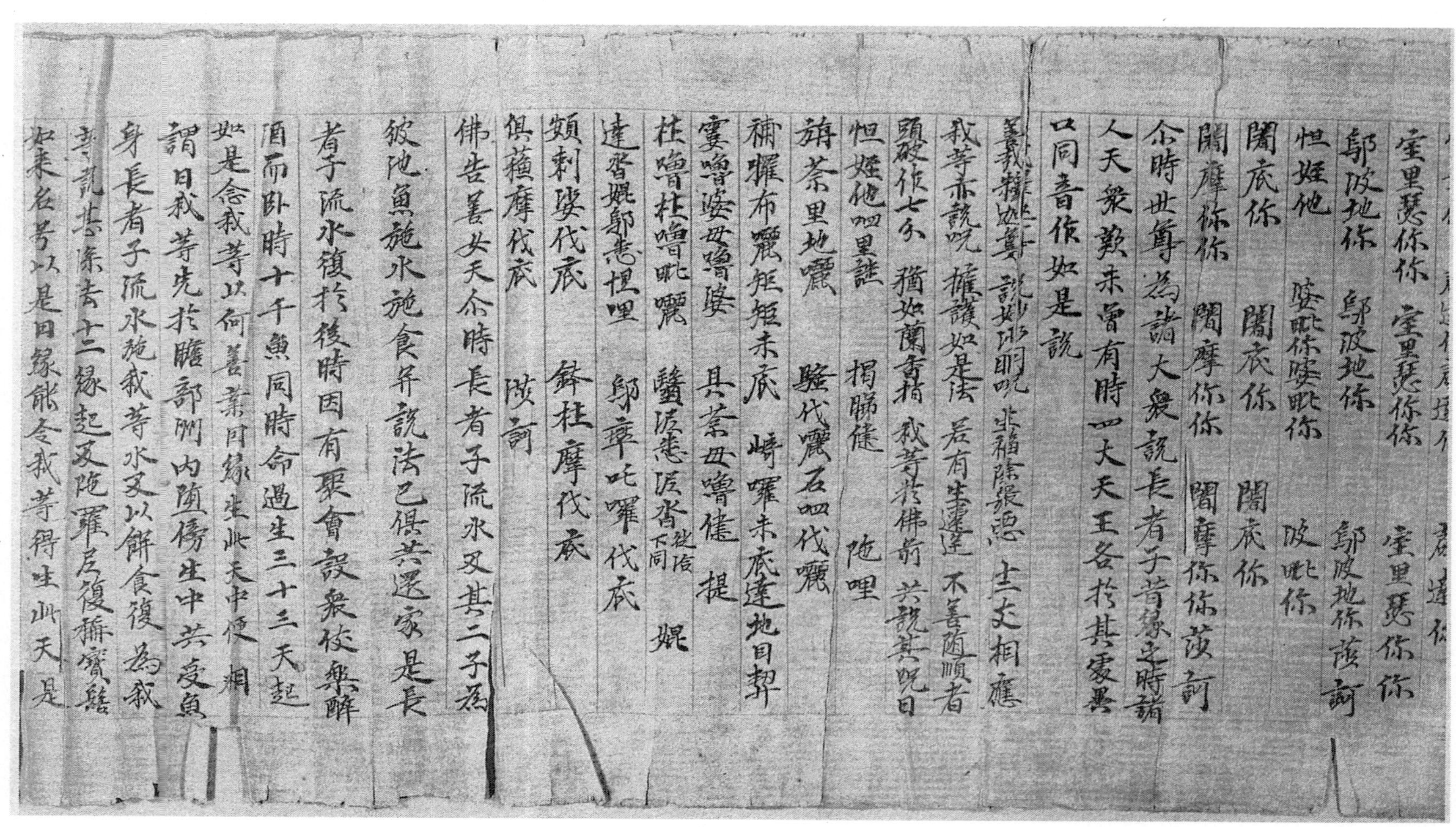
薜達你　薜達你
室里瑟你你　室里瑟你你　室里瑟你你
鄔波地你　鄔波地你　鄔波地你莎訶
怛姪他　婆毗你婆毗你　婆毗你
闍底你　闍底你　闍底你
闍摩你你　闍摩你你　闍摩你你莎訶
尒時世尊為諸大衆說長者子昔緣之時諸
人天衆歎未曾有時四大天王各於其處異
口同音作如是說
善哉釋迦尊　說妙法明呪　生福除衆惡　十二支相應
我等亦說呪　擁護如是法　若有生違逆　不善隨順者
頭破作七分　猶如蘭香梢　我等於佛前　共說其呪曰
怛姪他呬里謎　揭勝健　陁哩
旃荼里地囇　驗代囇　石呬代囇
補燿布囇矩矩末底　崎囉末底達地目帑
窶嚕婆毋嚕婆　具荼毋嚕健　提
杜嚕杜嚕毗囇　醯泥悉泥沓徒洽下同　娓
達沓娓鄔悉怛哩　鄔章吒囉代底
頞刺婆代底　鉢杜摩代底
俱蘓摩代底　莎訶
佛告善女天尒時長者子流水及其二子為
彼池魚施水施食并說法已俱共還家是長
者子流水復於後時因有聚會設衆伎樂醉
酒而卧時十千魚同時命過生三十三天起
如是念我等以何善業因緣生此天中便相
謂曰我等先於贍部洲内墮傍生中共受魚
身長者子流水施我等水及以餅食復為我
等說甚深十二緣起及陁羅尼復稱寶髻
如來名號以是因緣能令我等得生此天是

BD04996號　金光明最勝王經卷九　（4–3）

陌而卧時十千魚同時命過生三十三天起
如是念我等以何善業因緣生此天中便相
謂曰我等先於贍部洲内墮傍生中共受魚
身長者子流水施我等水及以餅食復為我
等説甚深法十二緣起及陁羅尼復稱寶髻
如来名号以是因緣能令我等得生此天是
故我今咸應詣彼長者子所報恩供養尒時
十千天子即於天没至贍部洲大醫王所時
長者子在高樓上安隱而睡時十千天子共
以十千真珠瓔珞置其頭邊復以十千置其
足邊復以十千置於右脅復以十千置左脅邊
雨曼陁羅花摩訶曼陁羅花積至于膝
照種種天樂出妙音聲令贍部洲有睡眠
皆悉覺悟長者子流水亦從睡寤是時十千
天子為供養已即於空中飛騰而去於天自
在光王國内處處皆雨天妙蓮花是諸天子
復至本處空澤池中雨衆天花便於此没還
天宫殿隨意自在受五欲樂天自在光王至
天曉已[illegible]

BD04996 號　金光明最勝王經卷九　（4–4）

得无生法忍
菩薩行品第十一
是時佛説法於菴羅樹園其地忽然廣博嚴
事一切衆會皆作金色阿難白佛言世尊以
何因緣有此瑞應是處忽然廣博嚴事一切
衆會皆作金色佛告阿難是維摩詰文殊師
利與諸大衆恭敬圍繞發意欲来故先為此
瑞應於是維摩詰語文殊師利可共見佛與
諸菩薩礼事供養文殊師利言善哉行矣今
正是時維摩詰即以神力持諸大衆并師子
座置於右掌往詣佛所到已着地稽首佛足右
繞七匝一心合掌在一面立其諸菩薩即皆避
坐稽首佛足亦繞七匝於一面立諸大弟子釋
梵四天王等亦皆避坐稽首佛足在一面立於是
世尊如法慰問諸菩薩已各令復坐即皆受教
衆坐已定佛語舍利弗汝見菩薩大士自在神
力之所為乎唯然已見汝意云何世尊我覩其
為不可思議非意所圖非度所測尒時阿難白
佛言世尊今所聞香昔所未有是為何香佛告
阿難是彼菩薩毛孔之香於是舍利弗語阿難
言我等毛孔亦出是香阿難言此所從来曰是

BD04997 號　維摩詰所説經卷下　（7–1）

衆坐已定佛語舍利弗汝見菩薩大士自在神
力之所為乎唯然已見汝意云何世尊我覩其
為不可思議非意所圖非度所測尒時阿難白
佛言世尊今所聞香昔所未有是為何香佛告
阿難是彼菩薩毛孔之香於是舍利弗語阿難
言我等毛孔亦出是香阿難言此所從来曰是
長者維摩詰從衆香國取佛餘飯於舍食者一
切毛孔皆香若此阿難問維摩詰是香氣住當
久如維摩詰言至此飯消曰此飯久如當消曰
此飯勢力至于七日然後乃消又阿難若聲聞人
未入正位食此飯者得入正位然後乃消已入正
位食此飯者得心解脫然後乃消若未發大乘意
食此飯者至發意乃消已發意食此飯者得无生
忍然後乃消已得无生忍食此飯者至一生補
處然後乃消譬如有藥名曰上味其有服者身
諸毒滅然後乃消此飯如是滅除一切諸煩惱
毒然後乃消阿難白佛言未曾有也世尊
如此香飯能作佛事佛言如是如是阿難或
有佛土以佛光明而作佛事有以諸菩薩而作
佛事有以佛所化人而作佛事有以菩提樹而作佛
事有以佛衣服臥具而作佛事有以飯食而作佛事
有以園林臺觀而作佛事有以卅二相八十隨
形好而作佛事有以佛身而作佛事有以虛
空而作佛事衆生應以此緣得入律行有以夢
幻影響鏡中像水中月熱時炎如是等喻而
作佛事有以音聲語言文字而作佛事或有清淨
佛土寂莫无言无說无示无識无作无為而作

BD04997號　維摩詰所說經卷下

（7–2）

事有以佛衣服臥具而作佛事有以飯食而作佛
有以園林臺觀而作佛事有以卅二相八十隨
形好而作佛事有以佛身而作佛事有以虛
空而作佛事衆生應以此緣得入律行有以夢
幻影響鏡中像水中月熱時炎如是等喻而
作佛事有以音聲語言文字而作佛事或有清淨
佛土寂莫无言无說无示无識无作无為而作
佛事如是阿難諸佛威儀進止諸所施為无非
佛事阿難有此四魔八万四千諸煩惱門而諸
衆生為之疲勞諸佛即以此法而作佛事是名
入一切諸佛法門菩薩入此門者若見一切淨妙
佛土不以為喜不貪不高若見一切不淨佛
土不以為憂不閡不沒但於諸佛生清淨心
歡喜恭敬未曾有也諸佛如来功德平等為
教化衆生故而現佛土不同阿難汝見諸佛國
土地有若干而虛空无若干也如是見諸佛色
身有若干耳其无閡慧无若干也阿難諸佛
色身威相種姓戒定智慧解脫解脫知見力无
所畏不共之法大慈大悲威儀所行及其壽命
說法教化成就衆生淨佛國土具諸佛法悉皆
同等是故名為三藐三佛陁名為多陁阿伽度
名為佛陁阿難若我廣說此三句義汝以劫壽
不能盡受正使三千大千世界滿中衆生皆如
阿難多聞第一得念総持此諸人等以劫之壽
亦不能受如是阿難諸佛阿耨多羅三藐三菩
提无有限量智慧辯才不可思議阿難白佛
言我從今已往不敢自謂以為多聞佛告阿難

BD04997號　維摩詰所說經卷下

（7–3）

名爲佛陀阿難若我廣說此三句義汝以劫壽
不能盡受正使三千大千世界滿中衆生皆如
阿難多聞第一得念揔持此諸人等以劫之壽
亦不能受如是阿難諸佛阿耨多羅三藐三菩
提无有限量智慧辯才不可思議阿難白佛
言我從今已往不敢自謂以爲多聞佛告阿難
勿起退意所以者何我說汝於聲聞中爲最多
聞非謂菩薩且止阿難其有智者不應限度諸
菩薩也一切海淵尚可測量菩薩禪定智慧揔
持辯才一切功德不可量也阿難汝等捨置菩
薩所行是維摩詰一時所現神通之力一切聲
聞辟支佛於百千劫盡力變化所不能作
尒時衆香世界菩薩來者合掌白佛言世尊
我等初見此土生下劣想今自悔責捨離是
心所以者何諸佛方便不可思議爲度衆生故
隨其所應現佛國異唯然世尊願賜少法還
於彼土當念如來佛告諸菩薩有盡无盡解
脫法門汝等當學何謂爲盡謂有爲法何謂
无盡謂无爲法如菩薩者不盡有爲不住无爲
何謂不盡有爲謂不離大慈不捨大悲深發一
切智心而不忽忘教化衆生終不猒惓於四攝
法常念順行護持正法不惜軀命種諸善根无
有疲猒志常安住方便迴向求法不懈說法无悋
勤供諸佛故入生死而无所畏於諸榮辱心无
憂喜不輕未學敬學如佛墮煩惱者令發正
念於遠離樂不以爲貴不著己樂慶於彼樂在
諸禪定如地獄想於生死中如園觀想見來求者
爲善師想捨諸所有具一切智想見毀戒人起

切智心而不忽忘教化衆生終不猒惓於四攝
法常念順行護持正法不惜軀命種諸善根无
有疲猒志常安住方便迴向求法不懈說法无悋
勤供諸佛故入生死而无所畏於諸榮辱心无
憂喜不輕未學敬學如佛墮煩惱者令發正
念於遠離樂不以爲貴不著己樂慶於彼樂在
諸禪定如地獄想於生死中如園觀想見來求者
爲善師想捨諸所有具一切智想見毀戒人起
救護想諸波羅蜜爲父母想道品之法爲眷屬
想發行善根无有齊限以諸淨國嚴飾之事
成己佛土行无限施具足相好除一切惡淨身口
意生死无數劫意而有勇聞佛无量德志而不
惓以智慧劍破煩惱賊出陰界入荷負衆生永
使解脫以大精進摧伏魔軍常求无念實相智
慧於世間法少欲知足於出世間法求之无猒不
壞威儀而能隨俗起神通慧引導衆生得念
揔持所聞不忘善別諸根斷衆生疑以樂說
辯演法无閡淨十善道受天人福脩四无量
開梵天道勸請說法隨喜讚善得佛音聲
身口意善得佛威儀深脩善法所行轉勝
以大乘教成菩薩僧心无放逸不失衆善行
如此法是名菩薩不盡有爲何謂菩薩不住
无爲謂脩學空不以空爲證脩學无相无作
不以无相无作爲證脩學无起不以无起爲證
觀於无常而不猒善本觀世間苦而不惡生死
觀於无我而誨人不惓觀於寂滅而不永寂滅
觀於遠離而身心脩善觀无所歸而歸趣善法
觀於无生而以生法荷負一切觀於无漏而

以大乘教成菩薩[illegible]
如此法是名菩薩不盡有為何謂菩薩不住
无為謂脩學空不以空為證脩學无相无作
不以无相无作為證脩學无起不以无起為證
觀於无常而不猒善本觀世間苦而不惡生死
觀於无我而誨人不惓觀於寂滅而不永寂滅
觀於遠離而身心脩善觀无所歸而歸趣善法
觀於无生而以生法荷負一切觀於无漏而
不斷諸漏觀无所行而以行法教化衆生觀於
空无而不捨大悲觀正法位而不隨小乘觀諸法
虛妄无牢无人无主无相本願未滿而不虛福
德禪定智慧脩如此法是名菩薩不住无為又
具福德故不住无為具智慧故不盡有為大慈
悲故不住无為滿本願故不盡有為集法藥故
不住无為隨受藥故不盡有為知衆生病故不住
无為滅衆生病故不盡有為諸正士菩薩已脩
此法不盡有為不住无為是名盡无盡解脫法
門汝等當學尒時彼諸菩薩聞說是法皆大
歡喜以衆妙華若干種色若干種香散遍三
千大千世界供養於佛及此經法并諸菩薩已
稽首佛足嘆未曾有讚言釋迦牟尼佛乃
能於此善行方便言已忽然不不現還到彼國
見阿閦佛品第十二
尒時世尊問維摩詰汝欲見如來為以何等
觀如來乎維摩詰言如自觀身實相觀佛亦然
我觀如來前際不來後際不去今則不住不觀
色不觀色如不觀色性不觀受想行識不觀識
[illegible]

BD04997 號　維摩詰所說經卷下

（7–6）

見阿閦佛品第十二
尒時世尊問維摩詰汝欲見如來為以何等
觀如來乎維摩詰言如自觀身實相觀佛亦然
我觀如來前際不來後際不去今則不住不觀
色不觀色如不觀色性不觀受想行識不觀識
如不觀識性非四大起同於虛空六入无積眼耳
鼻舌身心已過不在三界三垢已離順三脫門三
明與无明等不一相不異相不自相不他相非无相
非取相不此岸不彼岸不中流而化衆生觀於
寂滅亦不永滅不此不彼不以此不以彼不可以智知不可
以識識无晦无明无名无相无強无弱非淨非穢
不在方不離方非有為非无為无示无說不施
不慳不戒不犯不忍不恚不進不怠不定不亂
不智不愚不誠不欺不來不去不出不入一切言
語道斷非福田非不福田非應供養非不應供
養非取非捨非有相非无相不增不減同真際
等法性不可稱不可量過諸稱量非大非小非
見非聞非覺非知離衆結縛等諸智同衆生
於諸法无分別一切无失无濁无惱无作无起无
生无滅无畏无憂无喜无猒无著无已有无當
有无今有不可以一切言說分別顯示世尊如來
身為若此作如是觀以斯觀者名為正觀若他

BD04997 號　維摩詰所說經卷下

（7–7）

議廣大微妙供養之具而為奉獻及欲解
了三世諸佛甚深行處是人應當決定至心
隨是經王所在之處城邑聚落或山澤中廣
為衆生敷演流布其聽法者應除亂相攝耳
用心世尊即為彼天及諸大衆說伽他曰
若欲於諸佛　不思議供養　復了諸如來　甚深境界者
若見演說此　最勝金光明　應親詣彼方　至其所住處
此經難思議　能生諸功德　無邊大苦海　解脫諸有情
我觀此經王　初中後皆善　甚深不可測　譬喻無能比
假使恒河沙　大地塵海水　虛空諸山石　無能喻少分
欲入深法界　應先聽是經　法性之制底　甚深善安住
於斯制底內　見我牟尼尊　悅意妙音聲　演說斯經典
由此俱胝劫　數量難思議　生在人天中　常受勝妙樂
若聽是經者　應作如是心　我得不思議　無邊功德蘊
假使大火聚　滿百踰繕那　為聽此經王　直過無辭苦
既至彼住處　得聞如是經　能滅於罪業　及除諸惡夢
惡星諸變怪　蠱道邪魅等　得聞是經時　諸惡皆捨離
應嚴勝高座　淨妙若蓮花　法師處其上　猶如大龍坐
於斯安坐已　說此甚深經　書寫及誦持　并為解其義
法師捨此座　往詣餘方所　於此高座中　神通非一相

BD04998號　金光明最勝王經卷九　（19–1）

假使大火聚　滿百踰繕那　為聽此經王　直過無辭苦
既至彼住處　得聞如是經　能滅於罪業　及除諸惡夢
惡星諸變怪　蠱道邪魅等　得聞是經時　諸惡皆捨離
應嚴勝高座　淨妙若蓮花　法師處其上　猶如大龍坐
於斯安坐已　說此甚深經　書寫及誦持　并為解其義
法師捨此座　往詣餘方所　於此高座中　神通非一相
或見法師像　猶在高座上　或時見世尊　及以諸菩薩
或作普賢像　或如妙吉祥　或見慈氏尊　身處於高座
或見希奇相　及以諸天像　暫得覩容儀　忽然還不現
成就諸吉祥　所作皆隨意　功德悉圓滿　世尊如是說
最勝有名稱　能滅諸煩惱　他國賊皆除　戰時常得勝
惡夢悉皆無　及消諸毒害　所作三業罪　經力能除滅
於此贍部洲　名稱咸充滿　所有諸怨結　悉皆相捨離
設有怨敵至　聞名便退散　不假動兵戈　兩陣生歡喜
梵王帝釋主　護世四天王　及金剛藥叉　正了知大將
無熱池龍王　及以娑揭羅　緊那羅樂神　蘇羅金翅王
大辯才天女　并大吉祥天　斯等上首天　各領諸天衆
常供養諸佛　法寶不思議　恒生歡喜心　於經起恭敬
斯等諸天衆　皆悉共思惟　遍觀循福者　共作如是說
應觀此有情　咸是大福德　善根精進力　當來生我天
為聽甚深經　敬心來至此　供養法制底　尊重正法故
憐愍於衆生　而作大饒益　於此深經典　能為法寶器
入此法門者　能入於法性　於此金光明　至心應聽受
是人曾供養　无量百千佛　由彼諸善根　得聞此經典
如是諸天主　天女大辯才　并彼吉祥天　及以四王衆
無數藥叉衆　勇猛有神通　各於其四方　常來相擁護

BD04998號　金光明最勝王經卷九　（19–2）

入此法門者　能入於法性　於此金光明　至心應聽受
是人曾供養　无量百千佛　由彼諸善根　得聞此經典
如是諸天主　天女大辯才　并彼吉祥天　及以四王衆
無數藥叉衆　勇猛有神通　各於其四方　常來相擁護
日月天帝釋　風水火諸神　吠率怒大身　閻羅辯才等
一切諸護世　勇猛具威神　擁護持經者　晝夜常不離
大力藥叉王　那羅延自在　正了知為首　二十八藥叉
餘藥叉百千　神通有大力　恒於恐怖處　常來護此人
金剛藥叉王　并五百眷屬　諸大菩薩衆　常來護此人
寶王藥叉王　及以滿賢王　曠野金毗羅　賓度羅黃色
此等藥叉王　各五百眷屬　見聽此經者　皆來共擁護
彩軍健闥婆　華王常戰勝　珠頸及青頸　并勃里沙王
大最勝大黑　蘊跋陀羅舍　半之迦羊足　及以大婆伽
小渠并護法　及以獼猴王　針毛及日友　寶髻皆來護
大渠諸拘羅　旃檀欲中勝　舍羅及雪山　及以娑多山
皆有大神通　雄猛具大力　見持此經者　皆來相擁護
阿那婆答多　及以娑揭羅　目真醫羅葉　難陀小難陀
於百千龍中　神通具威德　共護持經人　晝夜常不離
婆稚羅睺羅　毗摩質多羅　母旨占跋羅　大肩及歡喜
及餘蘇羅王　并無數天衆　大力有勇健　皆來護是人
訶利底母神　五百藥叉衆　於彼人睡覺　常來相擁護
旃荼旃荼利　藥叉旃稚女　昆帝拘吒齒　吸衆生精氣
如是諸神衆　大力有神通　常護持經者　晝夜恒不離
上首辯才天　無量諸天女　吉祥天為首　并餘諸眷屬
此大地神女　果實園林神　樹神江河神　制底諸神等

BD04998號　金光明最勝王經卷九　　（19–3）

訶利底母神　五百藥叉衆　於彼人睡覺　常來相擁護
旃荼旃荼利　藥叉旃稚女　昆帝拘吒齒　吸衆生精氣
如是諸神衆　大力有神通　常護持經者　晝夜恒不離
上首辯才天　無量諸天女　吉祥天為首　并餘諸眷屬
此大地神女　果實園林神　樹神江河神　制底諸神等
如是諸天神　心生大歡喜　彼皆來擁護　讀誦此經人
見有持經者　增壽命色力　威光及福德　妙相以莊嚴
星宿現災變　困厄當此人　夢見惡徵祥　皆悉令除滅
此大地神女　堅固有威勢　由此經力故　法味常充足
地肥若流下　過百踰繕那　地神令味上　滋潤於大地
此地厚六十　八億踰繕那　乃至金剛際　地味皆令上
由聽此經王　獲大功德蘊　能使諸天衆　悉蒙其利益
復令諸天衆　威力有光明　歡喜常安樂　捨離於衰相
於此南洲內　林果苗稼神　由此經威力　心常得歡喜
苗稼皆成就　處處有妙花　果實並滋繁　充滿於大地
所有諸果樹　及以衆園林　悉皆生妙花　香氣常芬馥
衆草諸樹木　咸出微妙花　及生甘美果　隨處皆充遍
於此贍部洲　無量諸龍女　心生大歡喜　皆共入池中
種植鉢頭摩　及以分陁利　青白二蓮花　池中皆遍滿
由此經威力　虛空淨無翳　雲霧皆除遣　宜闇悉光明
日出放千光　無垢焰清淨　由此經王力　流暉遶四天
此經威德力　資助於天子　皆用贍部金　而作於宮殿
日天子初出　見此洲歡喜　常以大光明　周遍皆照耀
於斯大地內　所有蓮花池　日光照及時　無不盡開發
於此贍部洲　田疇諸果藥　悉皆令善熟　充滿於大地
由此經威力　日月所照處　星辰不失度　風雨皆順時

BD04998號　金光明最勝王經卷九　　（19–4）

此經威德力　資助於天子　皆用贍部金　而作於宮殿
日天子初出　見此洲歡喜　常以大光明　周遍皆照耀
於斯大地內　所有蓮花池　日光照及時　無不盡開發
於此贍部洲　田疇諸果藥　悉皆令善熟　充滿於大地
由此經威力　日月所照處　星辰不失度　風雨皆順時
遍此贍部洲　國土咸豐樂　隨有此經處　殊勝倍餘方
若此金光明　經典流布處　有能講誦者　悉得如上福
尒時大吉祥天女及諸天等聞佛所說皆大
歡喜於此經王及受持者一心擁護令無憂
惱常得安樂

金光明最勝王經授記品第廿三

尒時如來於大衆中廣說法已欲為妙幢菩
薩及其二子銀幢銀光授阿耨多羅三藐三
菩提記時有十千天子最勝光明而為上首
俱從三十三天來至佛所頂礼佛足却坐一
面聽佛說法尒時佛告妙幢菩薩言汝於來
世過無量無數百千万億那庾多劫已於金
光明世界當成阿耨多羅三藐三菩提号金
寶山王如來應正遍知明行足善逝世間解
無上士調御丈夫天人師佛世尊出現於
世時此如來般涅槃後所有教法亦皆滅盡
時彼長子名曰銀幢即於此界次補佛處世
界尒時轉名淨幢當得作佛名曰金幢光如
來應正遍知明行足善逝世間解無上士調
御丈夫天人師佛世尊時此如來般涅槃後所

BD04998號　金光明最勝王經卷九　（19–5）

寶山王如來應正遍知明行足善逝世間解
無上士調御丈夫天人師佛世尊出現於
世時此如來般涅槃後所有教法亦皆滅盡
時彼長子名曰銀幢即於此界次補佛處世
界尒時轉名淨幢當得作佛名曰金幢光如
來應正遍知明行足善逝世間解無上士調
御丈夫天人師佛世尊時此如來般涅槃後所
有教法亦皆滅盡次子銀光即補佛處還於此
界當得作佛号曰金光明如來應正遍知明
行足善逝世間解无上士調御丈夫天人師
佛世尊是時十千天子聞三大士得授記已
復聞如是最勝王經心生歡喜清淨無垢猶
如虗空尒時如來知是十千人天子善根成
熟即便與授大菩提記汝等天子於當來世過
無量無數百千万億那庾多劫於最勝因陀羅
尼高幢世界得成阿耨多羅三藐三菩提同
一種姓又同一名号曰面目清淨優鉢羅香
山十号具足如是次第十千諸佛出現於世
尒時菩提樹神白佛言世尊是十千天子從
三十三天為聽法故來詣佛所云何如來便
與授記當得成佛世尊我未曾聞是諸天子
具足脩習六波羅蜜多難行苦行捨於手足
頭目髓腦眷屬妻子象馬車乘奴婢僕使宮
殿園林金銀琉璃硨磲碼碯珊瑚虎珀璧玉珂
貝飲食衣服卧具醫藥如餘無量百千菩薩
以諸供具供養過去无數百千万億那庾

BD04998號　金光明最勝王經卷九　（19–6）

與授記當得成佛世尊我未曾聞是諸天子
具足脩習六波羅蜜多難行苦行捨於手足
頭目髓腦眷屬妻子象馬車乘奴婢僕使宮
殿園林金銀琉璃硨磲碼碯珊瑚虎珀璧玉珂
貝飲食衣服卧具醫藥如餘無量百千菩薩
以諸供具供養過去无數百千万億那庾
多佛如是菩薩各經无量无邊劫數然後方
得受菩提記世尊是諸天子以何因緣脩何
勝行種何善根從彼天來暫時聞法便得授
記唯願世尊為我解說斷除疑網佛告地神
善女天如汝所說皆從勝妙善根因緣勤苦
脩已方得授記此諸天子於妙天宮捨五欲樂
故來聽是金光明經既聞法已於是經中心
生慇重如淨琉璃無諸瑕穢復得聞此三大
菩薩授記之事亦由過去久脩正行誓願
因緣是故我今皆與授記於未來世當成阿
耨多羅三藐三菩提時彼樹神聞佛說已歡
喜信受

金光明最勝王經除病品第廿四

佛告菩提樹神善女天諦聽諦聽善思念之
是十千天子本願因緣今為汝說善女天過
去無量不可思議阿僧企耶劫尒時有佛出
現於世名曰寶髻如來應正遍知明行足善
逝世間解无上士調御丈夫天人師佛世尊
善女天時彼世尊般涅槃後正法滅已於像
法中有王名曰天自在光常以正法化於人

去無量不可思議阿僧企耶劫尒時有佛出
現於世名曰寶髻如來應正遍知明行足善
逝世間解无上士調御丈夫天人師佛世尊
善女天時彼世尊般涅槃後正法滅已於像
法中有王名曰天自在光常以正法化於人
民猶如父母是王國中有一長者名曰持水
善解醫明妙通八術衆生病苦四大不調咸能
救療善女天尒時持水長者唯有一子名曰
流水顏容端正人所樂觀受性聰敏妙閑諸
論書畫算印无不通達時王國内有无量百
千諸衆生類皆遇疫疾衆苦所逼乃至无
有歡樂之心善女天尒時長者子流水見是无
量百千衆生受諸病苦起大悲心作如是念
无量衆生為諸極苦之所逼迫我父長者
雖善醫方妙通八術能療衆病四大增損然
已衰邁老耄虛羸要假扶策方能進步不復
能往城邑聚落救諸病苦今有无量百千衆
生皆遇重病无能救者我今當至大醫父所
諮問治病醫方秘法若得解已當往城邑聚
落之所救諸衆生種種疾病令於長夜得受
安樂時長者子作是念已即詣父所稽首礼
足合掌恭敬却住一面即以伽他請其父曰
慈父當哀愍　我欲救衆生　今請諸醫方　幸願為我說
云何身衰壞　諸大有增損　復在何時中　能生諸疾病
云何噉飲食　得受於安樂　能使内身中　火勢不衰損

足合掌恭敬却住一面即以伽他請其父曰
慈父當哀愍 我欲救眾生 今請諸醫方 幸願為我說
云何身衰壞 諸大有增損 復在何時中 能生諸疾病
云何噉飲食 得受於安樂 能使內身中 火勢不衰損
眾生有四病 風黃熱痰癊 及以總集病 云何而療治
何時風病起 何時熱病發 何時動痰癊 何時總集生
時彼長者聞子請已復以伽他而荅之曰
我今依古仙 所有療病法 次第為汝說 善聽救眾生
三月是春時 三月名為夏 三月名秋分 三月謂冬時
此據一年中 三三而別說 二二為一節 便成歲六時
初二是花時 三四名熱際 五六名雨際 七八謂秋時
九十是寒時 後二名冰雪 既知如是別 授藥勿令差
當隨此時中 調息於飲食 入腹令消散 眾病則不生
節氣若變改 四大有推移 此時無藥資 必生於病苦
醫人解四時 復知其六節 明閑身七界 食藥使無差
謂味界血肉 膏骨及髓腦 病入此中時 知其可療不
病有四種別 謂風熱痰癊 及以總集病 應知發動時
春中痰癊動 夏內風病生 秋時黃熱增 冬節三俱起
春食澀熱辛 夏膩熱鹹醋 秋時冷甜膩 冬酸澀膩甜
於此四時中 服藥及飲食 若依如是味 眾病无由生
食後病由癊 食消時由熱 消後起由風 准時須識病
既識病源已 隨病而設藥 假令患狀殊 先須療其本
風病服油膩 患熱利為良 癊病應變吐 總集須三藥
風熱癊俱有 是名為總集 雖知病起時 應觀其本性
如是觀知已 順時而授藥 飲食藥无差 斯名善醫者

BD04998號　金光明最勝王經卷九　（19–9）

於此四時中 服藥及飲食 若依如是味 眾病无由生
食後病由癊 食消時由熱 消後起由風 准時須識病
既識病源已 隨病而設藥 假令患狀殊 先須療其本
風病服油膩 患熱利為良 癊病應變吐 總集須三藥
風熱癊俱有 是名為總集 雖知病起時 應觀其本性
如是觀知已 順時而授藥 飲食藥无差 斯名善醫者
復應知八術 總攝諸醫方 於此若明閑 可療眾生病
謂針刺傷破 身疾并鬼神 惡毒及孩童 延年增氣力
先觀彼形色 語言及性行 然後問其夢 知風熱癊殊
乾瘦少頭髮 其心無定住 多語夢飛行 斯人是風性
少年生白髮 多汗及多瞋 聰明夢見火 斯人是熱性
心定身平整 慮審頭津膩 夢見水白物 是癊性應知
總集性俱有 或二或具三 隨有一偏增 應知是其性
既知本性已 准病而授藥 驗其无死相 方名可救人
諸根倒取境 尊醫人起慢 親友生瞋恚 是死相應知
左眼白色變 舌黑鼻梁欹 耳輪與舊殊 下脣垂向下
訶梨勒一種 具足有六味 能除一切病 無忌藥中王
又三果三辛 諸藥中易得 沙糖蜜蘇乳 此能療眾病
自餘諸藥物 隨病可增加 先起慈愍心 莫規於財利
我已為汝說 療疾中要事 以此救眾生 當獲无邊果
善女天爾時長者子流水親問其父八術之要
四大增損時節不同餌藥方法既善了知自
忖堪能救療眾病即便遍至城邑聚落所在
之處隨有百千万億病苦眾生皆至其所善
言慰喻作如是語我是醫人我是醫人善知
方藥今為汝等療治眾病悉令除愈善女天

BD04998號　金光明最勝王經卷九　（19–10）

四大增損時節不同餌藥方法所善了知自
忖堪能救療衆病即便遍至城邑聚落所在
之處隨有百千万億病苦衆生皆至其所善
言慰喻作如是語我是醫人我是醫人善知
方藥今為汝等療治衆病悉令除愈善女天
尒時衆人聞長者子善言慰喻許為治病
時有無量百千衆生遇極重病聞是語已身
心踊躍得未曾有以此因緣所有病苦悉得
蠲除氣力充實平復如本善女天尒時復有
無量百千衆生病苦深重難療治者即共往
詣長者子所重請醫療時長者子即以妙藥
令服皆蒙除差善女天是長者子於此國內
百千万億衆生病苦悉得除差

金光明最勝王經長者子流水品第廿五

尒時佛告菩提樹神善女天尒時長者子流水
於往昔時在天自在光王國內療諸衆生所
有病苦令得平復受安隱樂時諸衆生以
病除故多脩福業廣行惠施以自歡娛即共
往詣長者子所咸生尊敬作如是言善哉善
哉大長者子善能滋長福德之事增益我等
安隱壽命仁今實是大力醫王慈悲菩薩妙
閑醫藥善療衆生無量病苦如是稱歎周遍
城邑善女天時長者子妻名水肩藏有其二
子一名水滿二名水藏是時流水將其二子
漸次遊行城邑聚落過空澤中深險之處見
諸禽獸犲狼狐玃鵰鷲之屬食血肉者皆悉

BD04998號　金光明最勝王經卷九　（19–11）

閑醫藥善療衆生無量病苦如是稱歎周遍
城邑善女天時長者子妻名水肩藏有其二
子一名水滿二名水藏是時流水將其二子
漸次遊行城邑聚落過空澤中深險之處見
諸禽獸犲狼狐玃鵰鷲之屬食血肉者皆悉
奔飛一向而去時長者子作如是念此諸禽
獸何因緣故一向飛走我當隨後暫往觀之
即便隨去見有大池名曰野生其水將盡於
此池中多有衆魚流水見已生大悲心時有
樹神示現半身作如是語善哉善哉善男子
汝有實義名流水者可愍此魚應與其水有
二因緣名為流水一能流水二能與水汝今
應當隨名而作是時流水問樹神言此魚頭
數為有幾何樹神答曰數滿十千善女天時
長者子聞是數已倍益悲心時此大池為日
曝餘水無幾是十千魚將入死門旋身婉轉
見是長者心有所希隨逐瞻視目未曾捨
時長者子見是事已馳趣四方欲覓於水竟
不能得復望一邊見有大樹即便昇上折取
枝葉為作蔭涼復更推求是池中水從何處
來尋覓不已見一大河名曰水生時此河邊
有諸漁人為取魚故於河上流懸險之處決
棄其水不令下過於所決處卒難脩補便作
是念此崖深峻設百千人時經三月亦未能
斷況我一身而堪濟辦時長者子速還本城
至大王所頭面礼足却住一面合掌恭敬作

BD04998號　金光明最勝王經卷九　（19–12）

有諸漁人為取魚故於河上流懸險之處決
棄其水不令下過於所決處卒難脩補便作
是念此崖深峻設百千人時經三月亦未能
斷況我一身而堪濟辦時長者子速還本城
至大王所頭面礼足却住一面合掌恭敬作
如是言我為大王國土人民治種種病悉令
安隱漸次遊行至某空澤見有一池名曰野
生其水欲涸有十千魚為日所暴將死不久
唯願大王慈悲愍念與二十大鳥暫往負水
濟彼魚命如我與諸病人壽命尒時大王即
勅大臣速疾與此醫王大鳥時彼大臣奉王
勅已白長者子善哉大士仁今自可至鳥廐
中隨意選取二十大鳥利益衆生令得安樂
是時流水及其二子將二十大鳥又從酒家
多借皮囊往決水處以囊盛水鳥負至池瀉
置池中水即弥滿還復如故善女天時長者
子於池四邊周旋而視時彼衆魚亦復隨逐
循岸而行時長者子復作是念衆魚何故隨
我而行必為飢火之所惱逼復欲從我求索
於食我今當與尒時長者子流水告其子言
汝取一鳥最大力者速至家中啓父長者家
中所有可食之物乃至父母食噉之分及以
妻子奴婢之分悉皆收取即可持來尒時二
子受父教已乘最大鳥速往家中至祖父所
說如上事收取家中可食之物置於鳥上疾

BD04998號　金光明最勝王經卷九　（19–13）

汝取一鳥最大力者速至家中啓父長者家
中所有可食之物乃至父母食噉之分及以
妻子奴婢之分悉皆收取即可持來尒時二
子受父教已乘最大鳥速往家中至祖父所
說如上事收取家中可食之物置於鳥上疾
還父所至彼池邊是時流水見其子來身心
喜躍遂取餅食遍散池中魚得食已悉皆飽
足便作是念我今施食令魚得命願於來世
當施法食充濟無邊復更思惟我先曾於
空閑林處見一苾芻讀大乘經說十二緣生
甚深法要又經中說若有衆生臨命終時得
聞寶髻如來名者即生天上我今當為是十
千魚演說甚深十二緣起亦當稱說寶髻佛
名然贍部洲有二種人一者深信大乘二者
不信毀呰亦當為彼增長信心時長者子作
如是念我入池中可為衆魚說深妙法作是
念已即便入水唱言南謨過去寶髻如來應
正遍知明行足善逝世間解无上士調御丈
夫天人師佛世尊此佛往昔脩菩薩行時作
是誓願於十方界所有衆生臨命終時聞我
名者命終之後得生三十三天尒時流水復
為池魚演說如是甚深妙法此有故彼有此生
故彼生所謂無明緣行行緣識識緣名色
名色緣六處六處緣觸觸緣受受緣愛愛緣
取取緣有有緣生生緣老死憂悲苦惱此滅
故彼滅所謂無明滅

BD04998號　金光明最勝王經卷九　（19–14）

者命終之後往生三十三天尒時流水復
為池魚演說如是甚深妙法此有故彼有此生
故彼生所謂無明緣行行緣識識緣名色
名色緣六處六處緣觸觸緣受受緣愛愛緣
取取緣有有緣生生緣老死憂悲苦惱此滅
故彼滅所謂無明滅則行滅行滅則識滅識
滅則名色滅名色滅則六處滅六處滅則觸
滅觸滅則受滅受滅則愛滅愛滅則取滅取滅
則有滅有滅則生滅生滅則老死滅老死滅
則憂悲苦惱滅如是純極苦蘊悉皆除滅說
是法已復為宣說十二緣起相應陁羅尼曰
怛姪他　毗折你毗折你　毗　折　你
僧塞枳你　僧塞枳你　僧塞枳你
毗尒你　毗尒你　毗尒你莎訶
怛姪他　那殑你那殑你　那殑你
敎雉你　敎雉你　敎雉你
颯鉢哩設你　颯鉢哩　設你　颯鉢哩設你莎訶
怛姪他　薜達你薜達你　薜達你
窒里瑟你你　窒里瑟你你　窒里瑟你你
鄔波地你　鄔波地你　鄔波地你莎訶
怛姪他　婆毗你婆毗你　婆毗你
闍底你　闍底你　闍底你
闍摩你你　闍摩你你　闍摩你你莎訶
尒時世尊為諸大眾說長者子昔緣之時諸
人天眾歎未曾有時四大天王各於其處異
口同音作如是說

BD04998號　金光明最勝王經卷九　（19–15）

闍底你　闍底你　闍底你
闍摩你你　闍摩你你　闍摩你你莎訶
尒時世尊為諸大眾說長者子昔緣之時諸
人天眾歎未曾有時四大天王各於其處異
口同音作如是說
善哉釋迦尊　說妙法明呪　生福除衆惡　十二支相應
我等亦說呪　擁護如是法　若有生違逆　不善隨順者
頭破作七分　猶如蘭香梢　我等於佛前　共說其呪曰
怛姪他嗢里謎　揭睇健　陁哩
旃荼里地囇　騷伐囇　石四伐囇
補囉布囇矩矩末底　崎囉末底　達地目靳
窶嚕婆母嚕婆　具荼母嚕　健提
杜嚕杜嚕毗囇　翳泥悉泥沓（陡浛下同）娓
達沓娓鄔悉怛哩　烏率吒囉伐底
頞判婆伐底　鉢杜摩伐底
俱蘇摩伐底　莎訶
佛告善女天尒時長者子流水及其二子為
彼池魚施水施食并說法已俱共還家是長
者子流水復於後時因有衆會設衆伎樂醉
酒而卧時十千魚同時命過生三十三天起
如是念我等以何善業因緣生此天中便相
謂曰我等先於贍部洲內隨傍生中共受魚
身長者子流水施我等水及以餅食復為我
等說甚深法十二緣起及陁羅尼復稱寶髻
如來名号以是因緣能令我等得生此天是

BD04998號　金光明最勝王經卷九　（19–16）

謂曰我等先於贍部洲内隨傍生中共受魚
身長者子流水施我等水及以餅食復為我
等說甚深法十二緣起及陁羅尼復稱寶髻
如來名号以是因緣能令我等得生此天是
故我今咸應詣彼長者子所報恩供養尒時
十千天子即於天沒至贍部洲大璧王所時
長者子在高樓上安隱而睡時十千天子共
以十千真珠瓔珞置其頭邊復以十千置其足
處復以十千置於右脅復以十千置左脅邊
雨曼陁羅花摩訶曼陁羅花積至于膝光明普
照種種天樂出妙音聲令贍部洲有睡眠者
皆悉覺悟長者子流水亦從睡寤是時十千
天子為供養已即於空中飛騰而去於天自
在光王國内處處皆雨天妙蓮花是諸天子
復至本處空澤池中雨衆天花便於此沒還
天宮殿隨意自在受五欲樂天自在光王至
天曉已問諸大臣昨夜何緣忽現如是希有
瑞相放大光明大臣荅言大王當知有諸天
衆於長者子流水家中雨四十千真珠瓔珞
及天曼陁羅花積至于膝王告臣曰詣長者
家喚取其子大臣受勑即至其家奉宣王
命喚長者子時長者子即至王所王曰何緣昨
夜示現如是希有瑞相長者子言如我思忖
定應是彼池内衆魚如經所說命終之後得
生三十三天彼來報恩故現如是希奇之相
王曰何以得知流水荅曰王可遣使并我二

詣長者
家喚取其子大臣受勑即至其家奉宣王
命喚長者子時長者子即至王所王曰何緣昨
夜示現如是希有瑞相長者子言如我思忖
定應是彼池内衆魚如經所說命終之後得
生三十三天彼來報恩故現如是希奇之相
王曰何以得知流水荅曰王可遣使并我二
子往彼池所驗其虛實彼十千魚為死為活
王聞是語即便遣使及子向彼池邊見其池中
多有曼陁羅花積成大聚諸魚並死見已
馳還為王廣說王聞是已心生歡喜歎未曾
有尒時佛告菩提樹神善女天汝今當知昔時
長者子流水者即我身是持水長者即妙幢
是彼之二子長子水滿即銀幢是次子水藏
即銀光是彼天自在光王者即汝菩提樹神
是十千魚者即十千天子是因我往昔以水
濟魚與食令飽為說甚深十二緣起并此
相應陁羅尼呪又為稱彼寶髻佛名因此善
根得生天上今來我所歡喜聽法我皆當為
授於阿耨多羅三藐三菩提記說其名号善
女天如我往昔於生死中輪迴諸有廣為利
益令无量衆生悉令次第成无上覺與其授
記汝等皆應慇懃求出離勿為放逸
尒時大衆聞說是已悉皆悟解由大慈悲救
護一切勤脩苦行方能證獲无上菩提咸發
深心信受歡喜

是十千魚者即十千天子是曰我往昔以水
濟魚與食令飽為說甚深十二緣起并此
相應陀羅尼呪又為稱彼寶髻佛名因此善
根得生天上今來我所歡喜聽法我皆當為
授於阿耨多羅三藐三菩提記說其名号善
女天如我往昔於生死中輪迴諸有廣為利
益令无量衆生悉令次苐成无上覺與其授
記汝等皆應懃求出離勿為放逸
尒時大衆聞說是已悉皆悟解由大慈悲救
護一切勤脩苦行方能證獲无上菩提咸發
深心信受歡喜

金光明經卷苐九

毫毛報 瘓徒旦 瘖於禁 羅侯縛 枳居尒 彌弥氏 娘音詣 睇啼計 梢所交

BD04998 號　金光明最勝王經卷九　（19–19）

BD04998 號背　勘記　（1–1）

幢幡衣服妓樂合掌恭敬是人一切世間所
應瞻奉應以如來供養而供養之當知此人
是大菩薩成就阿耨多羅三藐三菩提哀愍
衆生願生此間廣演分別妙法華經何况盡
能受持種種供養者藥王當知是人自捨清
淨業報於我滅度後愍衆生故生於惡世廣
演此經若是善男子善女人我滅度後能竊
為一人說法華經乃至一句當知是人則如
來使如來所遣行如來事何况於大衆中廣
為人說藥王若有惡人以不善心於一劫中
現於佛前常毀罵佛其罪尚輕若人以一惡
言毀訾在家出家讀誦法華經者其罪甚重
藥王其有讀誦法華經者當知是人以佛莊
嚴而自莊嚴則為如來肩所荷擔其所至方
應隨向礼一心合掌恭敬供養尊重讚歎華
香瓔珞末香塗香燒香繒蓋幢幡衣服餚饌

BD04999號　妙法蓮華經卷四　（2–1）

來使如來所遣行如來事何况於大衆中廣
為人說藥王若有惡人以不善心於一劫中
現於佛前常毀罵佛其罪尚輕若人以一惡
言毀訾在家出家讀誦法華經者其罪甚重
藥王其有讀誦法華經者當知是人以佛莊
嚴而自莊嚴則為如來肩所荷擔其所至方
應隨向礼一心合掌恭敬供養尊重讚歎華
香瓔珞末香塗香燒香繒蓋幢幡衣服餚饌
作諸妓樂人中上供而供養之應持天寶而
以散之天上寶聚應以奉獻所以者何是人
歡喜說法須臾聞之即得究竟阿耨多羅三
藐三菩提故尒時世尊欲重宣此義而說偈
言
若欲住佛道　成就自然智　常當勤供養　受持法華者
其有欲疾得　一切種智慧　當受持是經　并供養持者
若有能受持　妙法華經者　當知佛所使　愍念諸衆生
諸有能受持　妙法華經者　捨於清淨土　愍衆故生此
當知如是人　自在所欲生　能於此惡世　廣說无上法
應以天華香　及天寶衣服　天上妙寶聚　供養說法者
吾滅後惡世　能持是經者　當合掌礼敬　如供養世尊

BD04999號　妙法蓮華經卷四　（2–2）

自利……
於自他利益之事而
用故是故分別一切諸　無邊種種
差別善男子譬如依止妄想思惟說種種煩
惱說種種業因種種果報如是依法如如如如
智說種種佛法說種種獨覺法說種種聲
聞法依法如如依如如智一切佛法自在成就
是為第一不可思議譬如畫空作莊嚴具是
難思議如是依法如如依如如智成就佛法
亦難思議善男子云何法如如如如智二無
分別而得自在事業成就善男子譬如如
來入於涅槃願自在故種種事業皆得成就
法如如如如智自在事成亦復如是
復次菩薩摩訶薩入無心定依前願力從禪
定起作衆事業如是二法無有分別自在事
成善男子譬如日月無有分別亦如水鏡無
有分別光明亦無分別三種和合得有影生
如是法如如如如智亦無分別以願自在故
衆生有感現應化身如日月影和合出現復
次善男子譬如無量無邊水鏡依於光故
空影得現種種異相空者即是無相善男

BD05000號　金光明最勝王經卷二　（20–1）

成善男子譬如日月無有分別亦如水鏡無
有分別光明亦無分別三種和合得有影生
如是法如如如如智亦無分別以願自在故
衆生有感現應化身如日月影和合出現復
次善男子譬如無量無邊水鏡依於光故
空影得現種種異相空者即是無相善男
子如是受化諸弟子等是法身影以願力故於
二種身現種種相於法身地無有異相善男
子依此二身一切諸佛說有餘涅槃依此法身
說無餘涅槃何以故一切餘法究竟盡故依
此三身一切諸佛說無住處涅槃為二身故
不住涅槃離於法身無有別佛何故二身
不住涅槃二身假名不實念念生滅不定住
故數數出現以不定故法身不尒是故二身
不住涅槃法身不二是故不住涅槃故依三身
說無住涅槃
善男子一切凡夫為三相故有縛有障遠離
三身不至三身何者為三一者遍計所執相
二者依他起相三者成就相如是諸相不能
解故不能滅故不能淨故是故不得至於三
身如是三相能解能滅能淨故是故諸佛具
足三身善男子諸凡夫人未能除遣此三心
故遠離三身不能得至何者為三一者起事
心二者依根本心三者根本心依諸伏道起事
心盡依法斷道依根本心盡依最勝道根

BD05000號　金光明最勝王經卷二　（20–2）

身如是三相能解能滅能淨故是故諸佛具
足三身善男子諸凡夫人未能除遣此三心
故遠離三身不能得至何者為三一者起事
心二者依根本心三者根本心依諸伏道起事
心盡依法斷道依根本心盡依最勝道根
本心盡起事心滅故得現化身依根本心滅
故得顯應身根本心滅故得至法身是故一切
如來具足三身
善男子一切諸佛於第一身與諸佛同事於
第二身與諸佛同意於第三身與諸佛同
體善男子是初佛身隨衆生意有多種故現
種種相是故說多第二佛身弟子一意故現一
相是故說一第三佛身過一切種相非執相境
界是故說名不一不二善男子是第一身依
於應身得顯現故是第二身依於法身得顯
現故是法身者是真實有無依處故善男
子如是三身以有義故而說於常以有義故
說於無常化身者恒轉法輪處處隨緣方
便相續不斷絕故是故說常非是本故具足
大用不顯現故說為無常應身者從無始來
相續不斷一切諸佛不共之法能攝持故衆生
無盡用亦無盡是故說常非是本故以具足
用不顯現故說為無常法身者非是行法無
有異相是根本故猶如虛空是故說常善
男子離無分別智更無勝智離法如如無勝

BD05000號　金光明最勝王經卷二　（20–3）

相續不斷一切諸佛不共之法能攝持故衆生
無盡用亦無盡是故說常非是本故以具足
用不顯現故說為無常法身者非是行法無
有異相是根本故猶如虛空是故說常善
男子離無分別智更無勝智離法如如無勝
境界是法如如是慧如如是二種如如如不一
不異是故法身慧清淨故滅清淨故是二清
淨是故法身具足清淨
復次善男子分別三身有四種異有化身
非應身有應身非化身有化身亦應身有
非化身亦非應身何者化身非應身謂諸如
來般涅槃後以願自在故隨緣利益是名化身
何者應身非化身是地前身何者化身亦應
身謂住有餘涅槃之身何者非化身非應身謂
是法身善男子是法身者二無所有所顯現故
何者名為二無所有於此法身相及相處二皆
是無非有非無非一非異非數非非數非明非闇
如是如如智不見相及相處不見非有非無不
見非一非異不見非數非非數不見非明非闇
是故當知境界清淨智慧清淨不可分別無
有中間為滅道本故於此法身能顯如來
種種事業善男子是身因緣境界處所
果依於本難思議故若了此義是身即是
大乘是如來性是如來藏依於此身得發初
心修行地心而得顯現不退地心亦皆得現一

BD05000號　金光明最勝王經卷二　（20–4）

有中間為滅道夲故於此法身能顯如来
種種事業善男子是身因緣境界處所
果依於夲難思議故若了此義是身即是
大乘是如来性是如来藏依於此身得發初
心修行地心而得顯現不退地心亦皆得現一
生補處心金剛之心如来之心而悉顯現無
量無邊如来妙法皆悉顯現依此法身不
可思議摩訶三昧而得顯現依此法身得現
一切大智是故二身依於三昧依於智慧而
得顯現如此法身依於自體說常說我依大
三昧故說於樂依於大智故說清淨是故如
来常住自在安樂清淨依大三昧一切禪定
首楞嚴等一切念處大法念等大慈大悲一
切陀羅尼一切神通一切自在一切法平等攝受
如是佛法悉皆出現依此大智十力四無所
畏四無礙辯一百八十不共之法一切希有不
可思議法悉皆顯現譬如依如意寶珠無
量無邊種種珎寶悉皆得現如是依大三
昧寶依大智慧寶能出種種無量無邊
諸佛妙法善男子如是法身三昧智慧過一
切相不著於相不可分別非常非斷是名中
道雖有分別體無分別雖有三數而無三體
不增不減猶如夢幻亦無所執亦無能執法
體如如是解脫處過死王境越生死闇一切衆生
不能修行所不能至一切諸佛菩薩之所住處

切相不著於相不可分別非常非斷是名中
道雖有分別體無分別雖有三數而無三體
不增不減猶如夢幻亦無所執亦無能執法
體如如是解脫處過死王境越生死闇一切衆生
不能修行所不能至一切諸佛菩薩之所住處
善男子譬如有人願欲得金處處求覓遂
得金鑛既得鑛已即便碎之擇取精者爐中
銷鍊得清淨金隨意迴轉作諸鐶釧種種嚴具
雖有諸用金性不改
復次善男子若善男子善女人求勝解脫修
行世善得見如来及弟子衆得親近已白佛
言世尊何者為善何者不善何者正修得清
淨行諸佛如来及弟子衆見彼問時如是思
惟是善男子善女人欲求清淨欲聽正法即
便為說令其開悟彼既聞已正念憶持發心
修行得精進力除懶墮障滅一切罪於諸學處
離不尊重息掉悔心入於初地依初地心除利
有情障得入二地於此地中除不逼惱障入於
三地於此地中除心軟淨障入於四地於此地中
除善方便障入於五地於此地中除見真俗
障入於六地於此地中除見行相障入於七地於
此地中除不見滅相障入於八地於此地中除不
見生相障入於九地於此地中除六通障入
於十地於此地中除所知障除根夲心入如来地
如来地者由三淨故名極清淨云何為三一者

障入於六地於此地中除見行相障入於七地於
此地中除不見滅相障入於八地於此地中除不
不見生相障入於九地於此地中除六通障入
於十地於此地中除所知障除根本心入如來地
如來地者由三淨故名極清淨云何為三一者
煩惱淨二者苦淨三者相淨譬如真金鎔銷
治鍊既燒打已無復塵垢為顯金性本清淨
故金體清淨非謂無金譬如濁水澄渟清淨
無復滓穢為顯水性本清淨故非謂無水如
是法身與煩惱雜苦集除已無復餘習為
顯佛性本清淨故非謂無體譬如虛空烟雲
塵霧之所障蔽若除屏已是空界淨非謂
無空如是法身一切眾苦悉皆盡故說為清
淨非謂無體譬如有人於睡夢中見大河水
漂泛其身運手動足截流而渡得至彼岸由
彼身心不懈退故從夢覺已不見有水彼此岸
別非謂無心生死妄想既滅盡已是覺清淨
非謂無覺如是法界一切妄想不復生故說為
清淨非是諸佛無其實體
復次善男子是法身者惑障清淨能現應身
業障清淨能現化身智障清淨能現法身譬
如依空出電依電出光如是依法身故能現
應身依應身故能現化身由性淨故能現法
身智慧清淨能現應身三昧清淨能現化身
此三清淨是法如如不異如如一味如如解脫如

如依空出電依電出光如是依法身故能現
應身依應身故能現化身由性淨故能現法
身智慧清淨能現應身三昧清淨能現化身
此三清淨是法如如不異如如一味如如解脫如
如究竟如如是故諸佛體無有異善男子若
有善男子善女人說於如來是我大師若作
如是決定信者此人即應深心解了如來之
身無有別異善男子以是義故於諸境界
不正思惟悉皆除斷即知彼法無有二相
亦無分別聖所修行如如於彼無有二相正
修行故如是如是一切諸障悉皆除滅如如一切
障滅如是如是法如如如智得最清淨如
如法界正智清淨如是如是一切自在具足
攝受皆得成就一切諸障悉皆除滅一切
諸障得清淨故是名真如正智真實之相
如是見者是名聖見是則名為真實見佛
何以故如實得見法真如故是故諸佛悉能普
見一切如來何以故聲聞獨覺已出三界求真
實境不能知見如是聖人所不知見一切凡夫
皆生疑惑顛倒分別不能得度如兔浮海必
不能過所以者何力微劣故凡夫之人亦復
如是不能通達法如如故然諸如來無分別
心於一切法得大自在具足清淨深智慧故
是自境界不共他故是故諸佛如來於無量
無邊阿僧祇劫不惜身命難行苦行方得

皆生疑惑顛倒分別不能得度如舊流[illegible]
不能過所以者何力微劣故凡夫之人亦復
如是不能通達法如如故然諸如來無分別
心於一切法得大自在具足清淨深智慧故
是自境界不共他故是故諸佛如來於無量
無邊阿僧祇劫不惜身命難行苦行方得
此身最上無比不可思議過言說境是妙寂
靜離諸怖畏
善男子如是知見法真如者無生老死壽命
無限無有睡眠亦無飢渴心常在定無有散
動若於如來起諍論心是則不能見於如來
諸佛所說皆能利益有聽聞者無不解脫諸
惡禽獸惡人惡鬼不相逢值由聞法故果報
無盡然諸如來無無記事一切境界無欲知
心生死涅槃無有異想如來所說無不決定
諸佛如來四威儀中無非智攝一切諸法無
有不為慈悲所攝無有不為利益安樂諸
眾生者善男子若有善男子善女人於此金
光明經聽聞信解不墮地獄餓鬼傍生阿蘇羅
道常處人天不生下賤恒得親近諸佛如來聽
受正法常生諸佛清淨國土所以者何由得聞
此甚深法故是善男子善女人則為如來已
知已記當得不退阿耨多羅三藐三菩提若
善男子善女人於此甚深微妙之法一經耳
者當知是人不謗如來不毀正法不輕聖眾一切

BD05000號　金光明最勝王經卷二

（20–9）

道常處人天不生下賤恒得親近諸佛如來聽
受正法常生諸佛清淨國土所以者何由得聞
此甚深法故是善男子善女人則為如來已
知已記當得不退阿耨多羅三藐三菩提若
善男子善女人於此甚深微妙之法一經耳
者當知是人不謗如來不毀正法不輕聖眾一切
眾生未種善根令得種故已種善根令增長成
熟故一切世界所有眾生皆勸修行六波羅
蜜多
爾時虛空藏菩薩梵釋四王諸天眾等即
從座起偏袒右肩合掌恭敬頂禮佛足白
佛言世尊若所在處講說如是金光明王微妙
經典於其國土有四種利益何者為四一者國
王軍眾強盛無諸怨敵離於疾病壽命
延長吉祥安樂正法興顯二者中宮妃后王子
諸臣和悅無諍離於諂佞王所愛重三者沙門
婆羅門及諸國人修行正法無病安樂無枉
死者於諸福田悉皆修立四者於三時中四
大調適常為諸天增加守護慈悲平等無傷
害心令諸眾生歸敬三寶皆願修習菩提之
行是為四種利益之事世尊我等亦常為弘
經故隨逐如是持經之人所在住處為作利
益佛言善哉善哉善男子如是如是汝等應
當勤心流布此妙經王則令正法久住於世
金光明最勝王經夢見懺悔品第四
爾時妙幢菩薩親於佛前聞妙法已歡喜踊

BD05000號　金光明最勝王經卷二

（20–10）

益佛言善哉善哉善男子如是如是汝等應
當勤心流布此妙經王則令正法久住於世
金光明最勝王經夢見懺悔品第四
介時妙幢菩薩親於佛前聞妙法已歡喜踊
躍一心思惟還至本處於夜夢中見大金鼓
光明晃耀猶如日輪於此光中得見十方无
量諸佛於寶樹下坐瑠璃座无量百千大衆
圍繞而為說法見一婆羅門桴擊金鼓出大
音聲聲中演說微妙伽他明懺悔法妙幢聞
已皆悉憶持繫念而住至天曉已與无量百
千大衆圍繞持諸供具出王舍城詣鷲峯山
至世尊所礼佛足已布設香花右繞三帀退坐
一面合掌恭敬瞻仰尊顔白佛言世尊我
於夢中見婆羅門以手執桴擊妙金鼓出大
音聲聲中演說微妙伽他明懺悔法我皆憶
持唯願世尊降大慈悲聽我所說即於佛前
而說頌曰
我於昨夜中　夢見大金鼓　其形極姝妙　周遍有金光
猶如盛日輪　光明皆普耀　充滿十方界　咸見於諸佛
在於寶樹下　各處瑠璃座　无量百千衆　恭敬而圍繞
有一婆羅門　以杖擊金鼓　於其鼓聲內　說此妙伽他
金光明鼓出妙聲　遍至三千大千界
能滅三塗極重罪　及以人中諸苦厄
由此金鼓聲威力　永滅一切煩惱障
斷除怖畏令安隱　譬如自在牟尼尊

BD05000號　金光明最勝王經卷二　（20–11）

在於寶樹下　各處瑠璃座　无量百千衆　恭敬而圍繞
有一婆羅門　以杖擊金鼓　於其鼓聲內　說此妙伽他
金光明鼓出妙聲　遍至三千大千界
能滅三塗極重罪　及以人中諸苦厄
由此金鼓聲威力　永滅一切煩惱障
斷除怖畏令安隱　譬如自在牟尼尊
佛於生死大海中　積行修成一切智
能令衆生覺品具　究竟咸歸功德海
由此金鼓出妙聲　普令聞者獲梵響
證得无上菩提果　常轉清淨妙法輪
住壽不可思議劫　隨機說法利群生
能斷煩惱衆苦流　貪瞋癡等皆除滅
若有衆生處惡趣　大火猛焰周遍身
若得聞是妙鼓音　即能離苦歸依佛
皆得成就宿命智　能憶過去百千生
悉皆正念牟尼尊　得聞如來甚深教
由聞金鼓勝妙音　常得親近於諸佛
悉能捨離諸惡業　純修清淨諸善品
一切天人有情類　慇重至誠祈願者
得聞金鼓妙音聲　能令所求皆滿足
衆生墮在无間獄　猛火炎熾苦焚身
无有救護處輪迴　聞者能令苦除滅
人天餓鬼傍生中　所有現受諸苦難
得聞金鼓發妙響　皆蒙離苦得解脫
現在十方界　常住兩足尊　願以大悲心　哀愍憶念我
衆生无歸依　亦无有救護　為如是等類　能作大歸依

BD05000號　金光明最勝王經卷二　（20–12）

衆生墮在无間獄　極火熾燃苦焚身
无有救護處輪迴　聞者能令苦除滅
人天餓鬼傍生中　所有現受諸苦難
得聞金鼓發妙響　皆蒙離苦得解脫
現在十方界　常住兩足尊　願以大悲心　哀愍憶念我
衆生无歸依　亦无有救護　為如是等類　能作大歸依
我先所作罪　極重諸惡業　今對十力前　至心皆懺悔
我不信諸佛　亦不敬尊親　不務修衆善　常造諸惡業
或自恃尊高　種姓及財位　盛年行放逸　常造諸惡業
心恒起邪念　口陳於惡言　不見於過罪　常造諸惡業
恒作愚夫行　无明闇覆心　隨順不善友　常造諸惡業
或因諸戲樂　或復懷憂惱　為貪瞋所纏　故我造諸惡
親近不善人　及由慳嫉意　貧窮行諂誑　故我造諸惡
雖不樂衆過　由有怖畏故　及不得自在　故我造諸惡
或為躁動心　或因瞋恚恨　及以飢渴惱　故我造諸惡
由飲食衣服　及貪愛女人　煩惱火所燒　故我造諸惡
於佛法僧衆　不生恭敬心　作如是衆罪　我今悉懺悔
於獨覺菩薩　亦无恭敬心　作如是衆罪　我今悉懺悔
無知謗正法　不孝於父母　作如是衆罪　我今悉懺悔
由愚癡憍慢　及以貪瞋力　作如是衆罪　我今悉懺悔
我於十方界　供養无數佛　當願拔衆生　令離諸苦難
願一切有情　皆令住十地　福智圓滿已　成佛道群迷
我為諸衆生　苦行百千劫　以大智慧力　皆令出苦海
我為諸含識　演說甚深經　最勝金光明　能除諸惡業
若人百千劫　造諸極重罪　暫時能發露　衆惡盡消除
依此金光明　作如是懺悔　由斯能速盡　一切諸苦業

BD05000 號　金光明最勝王經卷二　（20–13）

願一切有情　皆令住十地　福智圓滿已　成佛道群迷
我為諸衆生　苦行百千劫　以大智慧力　皆令出苦海
我為諸含識　演說甚深經　最勝金光明　能除諸惡業
若人百千劫　造諸極重罪　暫時能發露　衆惡盡消除
依此金光明　作如是懺悔　由斯能速盡　一切諸苦業
勝定百千種　不思議總持　根力覺道支　修習常无倦
我當至十地　具足珍寶處　圓滿佛功德　濟度生死流
我於諸佛海　甚深功德藏　妙智難思議　皆令得具足
唯願十方佛　觀察護念我　皆以大悲心　哀受我懺悔
我於多劫中　所造諸惡業　由斯生苦惱　哀愍願消除
我造諸惡業　常生憂怖心　於四威儀中　曾无歡樂想
諸佛具大悲　能除衆生怖　願受我懺悔　令得離憂苦
我有煩惱障　及以諸報業　願以大悲水　洗濯令清淨
我先作諸罪　及現造惡業　至心皆發露　咸願得蠲除
未來諸惡業　防護令不起　設令有違者　終不敢覆藏
身三語四種　意業復有三　繫縛諸有情　无始恒相續
由斯三種行　造作十惡業　如是衆多罪　我今皆懺悔
我造諸惡業　苦報當自受　今於諸佛前　至誠皆懺悔
於此贍部洲　及他方世界　所有諸善業　今我皆隨喜
願離十惡業　修行十善道　安住十地中　常見十方佛
我以身語意　所修福智業　願以此善根　速成无上慧
我今親對十力前　發露衆多苦難事
凡愚迷惑三有難　恒造極重惡業難
我所積集欲邪難　常起貪愛流轉難
於此世間耽著難　一切愚夫煩惱難
狂心散動顛倒難　及以親近惡友難

BD05000 號　金光明最勝王經卷二　（20–14）

我今親對十力前　發露衆多苦難事
凡愚迷惑三有難　恒造極重惡業難
我所積集欲邪難　常起貪愛流轉難
於此世間耽着難　一切愚夫煩惱難
狂心散動顛倒難　及以親近惡友難
於生死中貪染難　瞋癡闇鈍造罪難
生八无暇惡處難　未曾積集功德難
我今皆於㝡勝前　懺悔无邊罪惡業
我今歸依諸善逝　我礼德海无上尊
如大金山照十方　唯願慈悲哀攝受
身色金光淨无垢　目如清淨紺瑠璃
吉祥威德名稱尊　大悲慧日除衆闇
佛日光明常普照　善淨无垢離諸塵
牟尼月照極清涼　能除衆生煩惱熱
三十二相遍莊嚴　八十隨好皆圓滿
福德難思无與等　如日流光照世間
色如瑠璃淨无垢　猶如滿月處虛空
妙頗梨綱暎金軀　種種光明以嚴飾
於生死苦暴流內　老病憂愁水所漂
如是苦海難堪忍　佛日舒光令永竭
我今稽首一切智　三千世界希有尊
光明晃耀紫金身　種種妙好皆嚴飾
如大海水量難知　大地微塵不可數
如妙高山叵稱量　亦如虛空无有際

我今稽首一切智　三千世界希有尊
光明晃耀紫金身　種種妙好皆嚴飾
如大海水量難知　大地微塵不可數
如妙高山叵稱量　亦如虛空无有際
諸佛功德亦如是　一切有情不能知
於无量劫諦思惟　无有能知德海岸
盡此大地諸山岳　析如微塵能筭知
毛端渧海尚可量　佛之功德无能數
一切有情皆共讚　世尊名稱諸功德
清淨相好妙莊嚴　不可稱量知分齊
我之所有衆善業　願得速成无上尊
廣說正法利群生　悉令解脫於衆苦
降伏大力魔軍衆　當轉无上正法輪
久住劫數難思議　充足衆生甘露味
猶如過去諸㝡勝　六波羅蜜皆圓滿
滅諸貪欲及瞋癡　降伏煩惱除衆苦
願我常得宿命智　能憶過去百千生
亦常憶念牟尼尊　得聞諸佛甚深法
願我以斯諸善業　奉事无邊㝡勝尊
遠離一切不善因　恒得修行真妙法
一切世界諸衆生　悉皆離苦得安樂
所有諸根不具足　令彼身相皆圓滿
若有衆生遭病苦　身形羸瘦无所依
咸令病苦得消除　諸根色力皆充滿
若犯王法當刑戮　衆苦逼迫生憂惱

所有諸根不具足　令彼身相皆圓滿
若有衆生遭病苦　身形羸瘦无所依
咸令病苦得消除　諸根色力皆充滿
若犯王法當刑戮　衆苦逼迫生憂惱
彼受如斯極苦時　無有歸依能救護
若受鞭杖枷鎖繫　種種苦具切其身
無量百千憂惱時　逼迫身心無蹔樂
皆令得免於繫縛　及以鞭杖苦楚事
將臨刑者得命全　衆苦皆令永除盡
若有衆生飢渴逼　令得種種殊勝味
盲者得視聾者聞　跛者能行瘂能語
貧窮衆生獲寶藏　倉庫盈溢無所乏
皆令得受上妙樂　無一衆生受苦惱
一切人天皆樂見　容儀溫雅甚端嚴
悉皆現受無量樂　受用豐饒福德具
隨彼衆生念伎樂　衆妙音聲皆現前
念水即現清涼池　金色蓮花泛其上
隨彼衆生心所念　飲食衣服及牀敷
金銀珎寶妙瑠璃　瓔珞莊嚴皆具足
勿令衆生聞惡響　亦復不見有相違
所受容貌悉端嚴　各各慈心相愛樂
世間資生諸樂具　隨心念時皆滿足
所得珎財無悋惜　分布施與諸衆生
燒香末香及塗香　衆妙雜花非一色
每日三時從樹墮　隨心受用生歡喜

BD05000 號　金光明最勝王經卷二　（20–17）

所得珎財無悋惜　分布施與諸衆生
燒香末香及塗香　衆妙雜花非一色
每日三時從樹墮　隨心受用生歡喜
普願衆生咸供養　十方一切最勝尊
三乘清淨妙法門　菩薩獨覺聲聞衆
常願勿處於卑賤　不墮無暇八難中
生在有暇人中尊　恒得親承十方佛
願得常生富貴家　財寶倉庫皆盈滿
顏貌名稱無與等　壽命延長經劫數
悉願女人變為男　勇健聰明多智慧
一切常行菩薩道　勤修六度到彼岸
常見十方無量佛　寶王樹下而安處
處妙瑠璃師子座　恒得親承轉法輪
若於過去及現在　輪迴三有造諸業
能招可猒不善趣　願得消滅永無餘
一切衆生於有海　生死羂網堅牢縛
願以智劍為斷除　離苦速證菩提處
衆生於此贍部内　或於他方世界中
所作種種勝福田　我今皆悉生隨喜
以此隨喜福德事　及身語意造衆善
願此勝業常增長　速證無上大菩提
所有礼讚佛功德　深心清淨無瑕穢
迴向發願福無邊　當超惡趣六十劫
若有男子及女人　婆羅門等諸勝族
合掌一心讚歎佛　生生常憶宿世事

BD05000 號　金光明最勝王經卷二　（20–18）

迴向發願福無邊　當超惡趣六十劫
若有男子及女人　婆羅門等諸勝族
合掌一心讚歎佛　生生常憶宿世事
諸根清淨身圓滿　殊勝功德皆成就
願於未來所生處　常得人天共瞻仰
非於一佛十佛所　修諸善根今得聞
百千佛所種善根　方得聞斯懺悔法
尒時世尊聞此說已讚妙幢菩薩言善哉善
哉善男子如汝所夢金鼓出聲讚歎如來真
實功德并懺悔法若有聞者獲福甚多廣
利有情滅除罪障汝今應知此之勝業皆是過
去讚歎發願宿習因緣及由諸佛威力加護
此之因緣當為汝說時諸大衆聞是法已咸
皆歡喜信受奉行

金光明最勝王經卷第二

礦古猛　錬連見　鎔欲鍾　渟火丁　桴覆于　鎖蘇果　羂古縣

勘了

BD05000號　金光明最勝王經卷二　（20–19）

哉善男子如汝所夢金鼓出聲讚歎如來真
實功德并懺悔法若有聞者獲福甚多廣
利有情滅除罪障汝今應知此之勝業皆是過
去讚歎發願宿習因緣及由諸佛威力加護
此之因緣當為汝說時諸大衆聞是法已咸
皆歡喜信受奉行

金光明最勝王經卷第二

礦古猛　錬連見　鎔欲鍾　渟火丁　桴覆于　鎖蘇果　羂古縣

勘了

BD05000號　金光明最勝王經卷二　（20–20）

BD05000 號背　妙法蓮華經卷七　（3–1）

BD05000 號背　妙法蓮華經卷七　（3–2）

BD05000 號背　妙法蓮華經卷七　　（3–3）

著　録　凡　例

本目録採用條目式著録法。諸條目意義如下：

1.1　著録編號。用漢語拼音首字“BD”表示，意為“北京圖書館藏敦煌遺書”，簡稱“北敦號”。文獻寫在背面者，標註為“背”。一件遺書上抄有多個文獻者，用數字1、2、3等標示小號。一號中包括幾件遺書，且遺書形態各自獨立者，用字母A、B、C等區別。

1.2　著録分類號。本條記目録暫不分類，該項空缺。

1.3　著録文獻的名稱、卷本、卷次。

1.4　著録千字文編號。

1.5　著録縮微膠卷號。

2.1　著録遺書的總體數據。包括長度、寬度、紙數、正面抄寫總行數與每行字數、背面抄寫總行數與每行字數。如該遺書首尾有殘破，則對殘破部分單獨度量，用加號加在總長度上。凡屬這種情況，長度用括弧標註。

2.2　著録每紙數據。包括每紙長度及抄寫行數或界欄數。

2.3　著録遺書的外觀。包括：（1）裝幀形式。（2）首尾存況。（3）護首、軸、軸頭、天竿、縹帶，經名是書寫還是貼簽，有無經名號，扉頁、扉畫。（4）卷面殘破情況及其位置。（5）尾部情況。（6）有無附加物（蟲繭、油污、線繩及其他）。（7）有無裱補及其年代。（8）界欄。（9）修整。（10）其他需要交待的問題。

2.4　著録一件遺書抄寫多個文獻的情況。

3.1　著録文獻首部文字與對照本核對的結果。

3.2　著録文獻尾部文字與對照本核對的結果。

3.3　著録録文。

3.4　著録對文獻的説明。

4.1　著録文獻首題。

4.2　著録文獻尾題。

5　著録本文獻與對照本的不同之處。

6.1　著録本遺書首部可與另一遺書綴接的編號。

6.2　著録本遺書尾部可與另一遺書綴接的編號。

7.1　著録題記、題名、勘記等。

7.2　著録印章。

7.3　著録雜寫。

7.4　著録護首及扉頁的內容。

8　著録年代。

9.1　著録字體。如有武周新字、合體字、避諱字等，予以説明。

9.2　著録卷面二次加工的情況。包括句讀、點標、科分、間隔號、行間加行、行間加字、硃筆、墨塗、倒乙、刪除、兑廢等。

10　著録敦煌遺書發現後，近現代人所加內容，裝裱、題記、印章等。

11　備註。著録揭裱互見、圖版本出處及其他需要説明的問題。

上述諸條，有則著録，無則空缺。

為避文繁，上述著録中出現的各種參考、對照文獻，暫且不列版本説明。全目結束時，將統一編制本條記目録出現的各種參考書目。

本條記目録為農曆年份標註其公曆紀年時，未進行歲頭年末之換算，請讀者使用時注意自行換算。

條 記 目 錄

BD04930—BD05000

1.1 BD04930 號
1.3 大般若波羅蜜多經卷七七
1.4 闕 030
1.5 084:2226
2.1 139.7×27 厘米；3 紙；75 行，行 17 字。
2.2 01：47.0，28； 02：46.5，28； 03：46.2，19。
2.3 卷軸裝。首脱尾全。未入潢。有烏絲欄。
3.1 首殘→大正 220，5/435C17。
3.2 尾全→5/436C3。
4.2 大般若波羅蜜多經卷第七十七（尾）。
6.1 首→BD05160 號。
8 8～9 世紀。吐蕃統治時期寫本。
9.1 楷書。
11 圖版：《敦煌寶藏》，72/332A～333B。

1.1 BD04931 號
1.3 維摩詰所說經卷上
1.4 闕 031
1.5 070:1028
2.1 (7+133.5)×25.5 厘米；3 紙；84 行，行 17 字。
2.2 01：7+40.5，28； 02：46.5，28； 03：46.5，28。
2.3 卷軸裝。首殘尾脱。通卷下邊有鼠嚙殘缺。有烏絲欄。
3.1 首 4 行中下殘→大正 475，14/540B5～10。
3.2 尾殘→14/541B9。
8 7～8 世紀。唐寫本。
9.1 楷書。
11 圖版：《敦煌寶藏》，54/416B～418A。

1.1 BD04932 號
1.3 金光明最勝王經卷八
1.4 闕 032
1.5 083:1864
2.1 659.5×25.5 厘米；15 紙；406 行，行 17 字。
2.2 01：38.5，24； 02：44.9，28； 03：45.0，28；
04：45.0，28； 05：45.0，28； 06：45.0，28；
07：45.0，28； 08：44.3，28； 09：44.8，28；
10：44.7，28； 11：45.2，28； 12：44.8，28；
13：45.3，28； 14：45.0，28； 15：37.0，18。
2.3 卷軸裝。首殘尾全。卷首殘破嚴重，脱落一殘片，文可綴接。卷面有水漬。尾有原軸，兩端塗紫紅色漆。有烏絲欄。
3.1 首 8 行下殘→大正 665，16/438A24～B10。
3.2 尾全→16/444A9。
4.2 金光明最勝王經卷第八（尾）。
5 尾附音義。
8 8～9 世紀。吐蕃統治時期寫本。
9.1 楷書。
11 圖版：《敦煌寶藏》，70/406B～414B。

1.1 BD04933 號
1.3 摩訶般若波羅蜜經卷二一
1.4 闕 033
1.5 088:3450
2.1 (2.6+36.3+3.8)×25.5 厘米；3 紙；25 行，行 17 字。
2.2 01：02.6，01； 02：36.3，22； 03：03.8，02。
2.3 卷軸裝。首尾均殘。第 2 紙下有 1 處撕損。有烏絲欄。
3.1 首行上殘→大正 223，8/370B22。
3.2 尾 2 行上殘→8/370C18～19。
8 5～6 世紀。南北朝寫本。
9.1 楷書。
11 圖版：《敦煌寶藏》，78/48B～。

1.1 BD04934 號
1.3 大般若波羅蜜多經卷二三四
1.4 闕 034
1.5 084:2607
2.1 (1.5+368.1)×25.6 厘米；9 紙；213 行，行 17 字。

2.2 01：1.5+27.1，17； 02：47.0，28； 03：47.1，28；
04：47.1，28； 05：47.1，28； 06：47.1，28；
07：47.3，28； 08：46.0，28； 09：12.3，拖尾。
2.3 卷軸裝。首殘尾全。有燕尾。有烏絲欄。
3.1 首行上下殘→大正220，6/180B13。
3.2 尾全→6/182C23。
4.2 大般若波羅蜜多經卷第二百卅四（尾）。
8 9～10世紀。歸義軍時期寫本。
9.1 楷書。
11 圖版：《敦煌寶藏》，74/210B～215A。

1.1 BD04935號
1.3 無量壽宗要經
1.4 闕035
1.5 275:7829
2.1 173×31.5厘米；4紙；110行，行30餘字。
2.2 01：43.0，28； 02：42.5，29； 03：42.0，28；
04：45.5，25。
2.3 卷軸裝。首尾均全。第1紙有殘缺破裂，卷面有油污。有烏絲欄。
3.1 首全→大正936，19/82A3。
3.2 尾全→19/84C29。
4.1 大乘無量壽經（首）。
4.2 佛說無量壽宗要經（尾）。
7.1 卷尾有題名“張瀛”。
7.3 卷背有雜寫一字。
8 8～9世紀。吐蕃統治時期寫本。
9.1 行楷。
11 圖版：《敦煌寶藏》，108/63B～65B。

1.1 BD04936號
1.3 四分律比丘戒本
1.4 闕036
1.5 156:6818
2.1 293×29.5厘米；7紙；187行，行19字。
2.2 01：36.0，22； 02：42.5，27； 03：42.5，27；
04：43.0，29； 05：43.0，27； 06：43.0，28；
07：43.0，27。
2.3 卷軸裝。首全尾脫。有竪欄，無上下邊。首題下有墨污。
3.1 首全→大正1429，22/1015A18。
3.2 尾殘→22/1018B2。
4.1 四分戒本（首）。
7.3 卷背有雜寫“戒，四分戒本”。
8 8～9世紀。吐蕃統治時期寫本。
9.1 楷書。
9.2 有删除號。有校改。有行間校加字。
11 圖版：《敦煌寶藏》，102/95B～99A。

1.1 BD04937號
1.3 大般若波羅蜜多經卷一〇九
1.4 闕037
1.5 084:2289
2.1 45×25.1厘米；1紙；26行，行17字。
2.3 卷軸裝。首全尾脫。有横向破裂。背有古代裱補，寫有文字，朝内粘貼，難以辨認。有烏絲欄。
3.1 首全→大正220，5/599C11。
3.2 尾殘→5/600A9。
4.1 大般若波羅蜜多經卷第一百九，/初分校量功德品第卅之七，三藏法師玄奘奉詔譯/（首）。
8 8～9世紀。吐蕃統治時期寫本。
9.1 楷書。
11 圖版：《敦煌寶藏》，72/546B。

1.1 BD04938號
1.3 大般若波羅蜜多經卷四〇六
1.4 闕038
1.5 084:3073
2.1 (5+807.4)×25.9厘米；18紙；472行，行17字。
2.2 01：5+20.6，15； 02：47.6，28； 03：47.9，28；
04：47.8，28； 05：47.8，28； 06：47.7，28；
07：47.8，28； 08：47.9，28； 09：47.8，28；
10：47.8，28； 11：47.9，28； 12：47.8，28；
13：47.9，28； 14：48.0，28； 15：47.9，28；
16：47.8，28； 17：47.5，28； 18：21.9，09。
2.3 卷軸裝。首殘尾全。首紙有破裂。尾2紙紙、字均與前紙不同。有烏絲欄。
3.1 首3行上下殘→大正220，7/29A5～8。
3.2 尾全→7/34B12。
4.2 大般若波羅蜜多經卷第四百六（尾）。
7.1 卷端背面上下各有1處勘記：“卌一”、“五”。前者為本文獻所屬袟次；後者意義待考，或為“六”之誤寫，即袟内卷次。
8 8世紀。唐寫本。
9.1 楷書。
9.2 有刮改。有行間校加字。
11 圖版：《敦煌寶藏》，76/300B～311A。

1.1 BD04939號
1.3 金光明最勝王經卷一〇
1.4 闕039
1.5 083:1963
2.1 (6.5+582.4+13)×25.6厘米；13紙；361行，行17字。
2.2 01：6.5+39，27； 02：46.9，28； 03：47.3，28；
04：47.0，28； 05：47.0，28； 06：47.0，28；
07：47.1，28； 08：46.0，28； 09：46.4，28；
10：46.5，28； 11：46.3，28； 12：46.4，28；

13：29.5+13，26。
2.3　卷軸裝。首全尾殘。卷首殘缺，油污變色。背有古代裱補。有烏絲欄。
3.1　首3行中下殘→大正665，16/450C18～23。
3.2　尾8行中上殘→16/455C18～26。
4.1　金光明最勝王經捨身品□…□（首）。
8　8～9世紀。吐蕃統治時期寫本。
9.1　楷書。
11　圖版：《敦煌寶藏》，71/115A～122B。

1.1　BD04940號
1.3　父母恩重經
1.4　闕040
1.5　276:8205
2.1　92×25厘米；3紙；54行，行17字。
2.2　01：39.0，23；　02：46.0，28；　03：07.0，03。
2.3　卷軸裝。首殘尾全。卷面有碎裂。卷尾有一小段縹帶，原來可能繫在卷尾，現已脫落，附於卷尾。有烏絲欄。已修整。後配趙城金藏軸。
3.1　首殘→大正2887，85/1403B25。
3.2　尾全→85/1404A23
4.2　佛說父母恩重經（尾）。
8　8～9世紀。吐蕃統治時期寫本。
9.1　楷書。
9.2　有行間校加字。
11　圖版：《敦煌寶藏》，109/230B～231B。

1.1　BD04941號
1.3　妙法蓮華經卷三
1.4　闕041
1.5　105:5182
2.1　(2.5+97.4)×27.8厘米；2紙；54行，行17字。
2.2　01：2.5+47.7，27；　02：49.7，27。
2.3　卷軸裝。首尾均脫。首紙下邊有殘損，尾端下殘，尾紙上下有破裂殘損。卷面多水漬。有烏絲欄。
3.1　首行上殘→大正262，9/24C18。
3.2　尾殘→9/25B20。
8　9～10世紀。歸義軍時期寫本。
9.1　楷書。
11　圖版：《敦煌寶藏》，89/351B～352B。

1.1　BD04942號
1.3　妙法蓮華經（八卷本）卷七
1.4　闕042
1.5　105:5781
2.1　752.1×26厘米；17紙；456行，行17字。
2.2　01：45.5，28；　02：46.0，28；　03：46.0，28；
04：46.0，28；　05：45.9，28；　06：45.9，28；
07：46.0，28；　08：46.0，28；　09：46.0，28；
10：46.0，28；　11：46.0，28；　12：46.0，28；
13：46.0，28；　14：46.0，28；　15：46.0，28；
16：45.8，28；　17：17.0，08。
2.3　卷軸裝。首脫尾全。經黄打紙，砑光上蠟。背有古代裱補。有烏絲欄。
3.1　首殘→大正262，9/50C21。
3.2　尾全→9/56C1。
4.2　妙法蓮華經卷第七（尾）。
5　與《大正藏》本對照，分卷不同。本卷相當於《大正藏》本經卷第六“常不輕菩薩品”第二十起至卷第七“妙音菩薩品”第二十四。乃八卷本。
8　7～8世紀。唐寫本。
9.1　楷書。
9.2　有刮改。
11　圖版：《敦煌寶藏》，95/38B～48B。

1.1　BD04943號
1.3　金剛般若波羅蜜經
1.4　闕043
1.5　094:4270
2.1　42.5×24.4厘米；1紙；28行，行17字。
2.3　卷軸裝。首尾均脫。前半紙下殘，上有破裂。通紙漫漶嚴重。有1殘片，已綴接。有烏絲欄。已修整。
3.1　首9行下殘→大正235，8/751A18～27。
3.2　尾殘→8/751B18。
8　7～8世紀。唐寫本。
9.1　楷書。
11　圖版：《敦煌寶藏》，82/556B。

1.1　BD04944號
1.3　大般若波羅蜜多經卷五八
1.4　闕044
1.5　084:2160
2.1　46.2×25.4厘米；1紙；26行，行17字。
2.3　卷軸裝。首全尾脫。卷面有横向破裂，卷面、卷背有鳥糞。有烏絲欄。
3.1　首全→大正220，5/326B26。
3.2　尾殘→5/326C24。
4.1　大般若波羅蜜多經卷第五十八，/初分讚大乘品第十六之三，三藏法師玄奘奉詔譯/（首）。
8　8～9世紀。吐蕃統治時期寫本。
9.1　楷書。
11　圖版：《敦煌寶藏》，72/143A。

1.1　BD04945號

1.3　妙法蓮華經卷四
1.4　闕 045
1.5　105:5336
2.1　150.8×25.3 厘米；3 紙；84 行，行 17 字。
2.2　01：50.2，28；　02：50.3，28；　03：50.3，28。
2.3　卷軸裝。首尾均脱。經黄打紙，砑光上蠟。有烏絲欄。
3.1　首殘→大正 262，9/31A25。
3.2　尾殘→9/32B24。
8　7～8 世紀。唐寫本。
9.1　楷書。
11　圖版：《敦煌寶藏》，91/75A～77A。

1.1　BD04946 號
1.3　妙法蓮華經卷三
1.4　闕 046
1.5　105:5148
2.1　93.8×26.1 厘米；2 紙；56 行，行 17 字。
2.2　01：47.2，28；　02：46.6，28。
2.3　卷軸裝。首尾均脱。經黄打紙。有烏絲欄。
3.1　首殘→大正 262，9/23B8。
3.2　尾殘→9/24A24。
6.2　尾→BD04948 號。
8　7～8 世紀。唐寫本。
9.1　楷書。
11　圖版：《敦煌寶藏》，89/213A～214A。

1.1　BD04947 號
1.3　大般若波羅蜜多經卷五三四
1.4　闕 047
1.5　084:3298
2.1　(11.3+123.6)×25.3 厘米；3 紙；79 行，行 17 字。
2.2　01：11.3+27.4，23；　02：48.2，28；　03：48.0，28。
2.3　卷軸裝。首殘尾脱。首紙殘破嚴重，第 2 紙內有横豎破裂，2、3 紙接縫處下開裂。卷面有水污漬。背有古代裱補。有烏絲欄。已修整。
3.1　首 7 行殘→大正 220，7/740B28～C5。
3.2　尾殘→7/741B20。
6.2　尾→BD04848 號。
8　8 世紀。唐寫本。
9.1　楷書。有武周新字“正”、“地”、“聖”，使用不周遍。
11　圖版：《敦煌寶藏》，77/151A～152B。

1.1　BD04948 號
1.3　妙法蓮華經卷三
1.4　闕 048
1.5　105:5171
2.1　344.4×26.2 厘米；8 紙；200 行，行 17 字。
2.2　01：47.4，28；　02：47.0，28；　03：47.1，28；
　　04：46.7，28；　05：46.9，28；　06：47.0，28；
　　07：47.2，28；　08：15.1，04。
2.3　卷軸裝。首脱尾全。經黄打紙。卷中間上邊有破裂，卷中間背面多鳥糞。有烏絲欄。
3.1　首殘→大正 262，9/24A25。
3.2　尾全→9/27B8。
6.1　首→BD04946 號。
8　7～8 世紀。唐寫本。
9.1　楷書。
11　圖版：《敦煌寶藏》，89/310B～315A。

1.1　BD04949 號
1.3　大方廣佛華嚴經（晉譯五十卷本　異本）卷三一
1.4　闕 049
1.5　001:0025
2.1　1077.6×26.5 厘米；23 紙；588 行，行 17 字。
2.2　01：47.0，26；　02：47.0，26；　03：47.0，26；
　　04：47.0，26；　05：47.0，26；　06：47.0，26；
　　07：47.0，26；　08：47.0，26；　09：47.0，26；
　　10：47.0，26；　11：47.0，26；　12：47.0，26；
　　13：47.0，26；　14：47.0，26；　15：47.0，26；
　　16：47.0，26；　17：46.8，26；　18：46.9，26；
　　19：46.5，26；　20：46.8，26；　21：46.7，26；
　　22：46.6，26；　23：45.3，16。
2.3　卷軸裝。首脱尾全。尾紙上部有破裂。有烏絲欄。
3.1　首殘→大正 278，9/623A5。
3.2　尾全→9/631B5。
4.2　大方廣佛華嚴經卷第卅一（尾）。
5　相當於《大正藏》本卷三十五“寶王如來性起品”第三十二之三的後部分及卷三十六同品第三十二之四的全文。與《大正藏》本相比，卷之開合不同，品則開合相同，但本號之寶王如來性起品不分細目。本號應屬五十卷本，但與同屬五十卷本的宮本分卷不同。宮本此處為卷三十。
8　6 世紀。南北朝寫本。
9.1　楷書。
10　卷首上端及尾題下部鈐有 2×2 厘米“國立北平圖書館收藏”的方形陽文硃印。
11　圖版：《敦煌寶藏》，56/115B～130B。

1.1　BD04950 號
1.3　佛名經（十二卷本）卷七
1.4　闕 050
1.5　060:0503
2.1　(3+167.5)×26 厘米；4 紙；95 行，行 17 字。
2.2　01：3+16.5，11；　02：50.5，28；　03：50.5，28；
　　04：50.0，28。

2.3 卷軸裝。首殘尾脫。首紙上部破裂；脫落一塊小殘片，已綴接。有烏絲欄。已修整。
3.1 首2行上殘→大正440，14/150C2～3。
3.2 尾殘→14/151C9。
8 5～6世紀。南北朝寫本。
9.1 楷書。
9.2 第2紙下方添加佛名計數"六千三百"。
11 圖版：《敦煌寶藏》，59/391A～393A。

1.1 BD04951號
1.3 無量壽宗要經
1.4 闕051
1.5 275:8168
2.1 (11+99.5+2.5)×32厘米；3紙；76行，行30餘字。
2.2 01：11+32，29； 02：42.5，28； 03：25+2.5，19。
2.3 卷軸裝。首全尾殘。通卷上邊殘缺，第2、3紙下邊有破裂殘缺，第2紙下邊有殘洞。有烏絲欄。
3.1 首7行上殘→大正936，19/82A3。
3.2 尾5行中下殘→19/84A4～9。
4.1 大乘無量壽經（首）。
8 8～9世紀。吐蕃統治時期寫本。
9.1 行楷。
11 圖版：《敦煌寶藏》，109/171A～172A。

1.1 BD04952號
1.3 諸星母陀羅尼經
1.4 闕052
1.5 253:7545
2.1 (12+137.5)×25.3厘米；4紙；93行，行17字。
2.2 01：12+23.1，23； 02：44.2，29； 03：44.2，29；
04：26.0，12。
2.3 卷軸裝。首殘尾全。有燕尾。有烏絲欄。已修整。
3.1 首5行上殘→大正1302，21/420A8～12。
3.2 尾全→21/421A14。
4.2 諸星母陀羅尼經一卷（尾）。
5 尾附音義。
8 9世紀。歸義軍時期寫本。
9.1 楷書。
9.2 有行間校加字。
11 圖版：《敦煌寶藏》，106/635B～637B。

1.1 BD04953號
1.3 金光明最勝王經卷一
1.4 闕053
1.5 083:1444
2.1 (15.4+364.5)×29厘米；8紙；222行，行17字。
2.2 01：15.4+32，26； 02：47.3，28； 03：47.8，28；
04：47.5，28； 05：47.7，28； 06：47.7，28；
07：47.5，28； 08：47.0，28。
2.3 卷軸裝。首全尾脫。卷首上下殘缺，全卷上端殘破嚴重，卷尾多油污，脫落殘片，已綴接。有烏絲欄。已修整。
3.1 首7行上下殘→大正665，16/403A6～12。
3.2 尾殘→16/406A13。
4.1 □...□序品第一，□...□（首）。
8 8～9世紀。吐蕃統治時期寫本。
9.1 楷書。
11 圖版：《敦煌寶藏》，67/605B～610A。

1.1 BD04954號
1.3 金剛般若波羅蜜經
1.4 闕054
1.5 094:4094
2.1 257.3×25.7厘米；5紙；140行，行17字。
2.2 01：51.5，28； 02：51.5，28； 03：51.3，28；
04：51.5，28； 05：51.5，28。
2.3 卷軸裝。首尾均脫。經黄紙。第1紙有破裂殘損，第3、4紙脫開。有烏絲欄。已修整。
3.1 首殘→大正235，8/750B19。
3.2 尾殘→8/752B3。
5 與《大正藏》本對照，本卷經文無冥司偈，參見《大正藏》，8/751C16～19。
8 7～8世紀。唐寫本。
9.1 楷書。
11 圖版：《敦煌寶藏》，82/106B～109B。

1.1 BD04955號
1.3 妙法蓮華經卷一
1.4 闕055
1.5 105:4702
2.1 (9.3+58.4)×26厘米；2紙；29行，行20字（偈）。
2.2 01：9.3+29.6，22； 02：28.8，07。
2.3 卷軸裝。首殘尾全。尾紙末端有殘損。有燕尾。有烏絲欄。
3.1 首5行下殘→大正262，9/9C23～10A3。
3.2 尾全→9/10B21。
4.2 妙法蓮華經卷第一（尾）。
8 9～10世紀。歸義軍時期寫本。
9.1 楷書。
11 圖版：《敦煌寶藏》，85/305A～B。

1.1 BD04956號
1.3 大般若波羅蜜多經卷一四
1.4 闕056
1.5 084:2043
2.1 147.1×25厘米；4紙；82行，行17字。

2.2　01：09.0，護首；　02：44.0，26；　03：48.0，28；
　　04：46.1，28。
2.3　卷軸裝。首全尾脱。有護首，下邊殘破；前3紙下有破損，第2至4紙接縫處下開裂。有烏絲欄。已修整。
3.1　首全→大正220，5/73B22。
3.2　尾殘→5/74B19。
4.1　大般若波羅蜜多經卷第十四，/初分教誡教授品第七之四，三藏法師玄奘奉詔譯/（首）。
7.1　第1紙背面有勘記"十四"。
8　8～9世紀。吐蕃統治時期寫本。
9.1　楷書。有武周新字"初"、"授"、"正"，使用不周遍。
11　圖版：《敦煌寶藏》，71/467A～468B。

1.1　BD04957號
1.3　大般若波羅蜜多經卷一一八
1.4　闕057
1.5　084:2324
2.1　(320.8+10)×26厘米；7紙；195行，行17字。
2.2　01：48.0，27；　02：47.0，28；　03：47.0，28；
　　04：47.0，28；　05：47.0，28；　06：47.2，28；
　　07：37.6+10，28。
2.3　卷軸裝。首脱尾殘。第4、5紙接縫處下開裂。有烏絲欄。
3.1　首殘→大正220，5/648A2。
3.2　尾6行上下殘→5/650A16～22。
6.1　首→BD05174號。
8　8～9世紀。吐蕃統治時期寫本。
9.1　楷書。
11　圖版：《敦煌寶藏》，72/645B～646B。

1.1　BD04958號
1.3　金剛般若波羅蜜經
1.4　闕058
1.5　094:3831
2.1　146.2×27厘米；4紙；80行，行17字。
2.2　01：20.0，11；　02：42.2，23；　03：42.0，23；
　　04：42.0，23。
2.3　卷軸裝。首殘尾脱。第1紙殘損嚴重，第2、3紙間接縫開裂，卷面多水漬、變色。有烏絲欄。已修整。
3.1　首殘→大正235，8/749B21。
3.2　尾殘→8/750B17。
8　8世紀。唐寫本。
9.1　楷書。
11　圖版：《敦煌寶藏》，80/498B～500B。

1.1　BD04959號
1.3　大般若波羅蜜多經卷二六〇
1.4　闕059
1.5　084:2689
2.1　(2.3+208.6)×26.2厘米；5紙；126行，行17字。
2.2　01：2.3+21.4，14；　02：46.8，28；　03：46.8，28；
　　04：47.0，28；　05：46.6，28。
2.3　卷軸裝。首殘尾脱。研光上蠟。第1紙上邊殘缺，下邊殘破。背有古代褙補。有烏絲欄。
3.1　首行上殘→大正220，6/314C19。
3.2　尾殘→6/316A27。
6.2　尾→BD05001號。
8　8～9世紀。吐蕃統治時期寫本。
9.1　楷書。
11　圖版：《敦煌寶藏》，74/427A～429B。

1.1　BD04960號
1.3　大般若波羅蜜多經卷二六五
1.4　闕060
1.5　084:2715
2.1　98.2×29.9厘米；2紙；56行，行17字。
2.2　01：49.3，28；　02：48.9，28。
2.3　卷軸裝。首尾均脱。有烏絲欄。
3.1　首殘→大正220，6/343B8。
3.2　尾殘→6/344A5。
7.1　第1紙背有硃筆勘記"第二至第四袟"。
8　8～9世紀。吐蕃統治時期寫本。
9.1　楷書。
11　圖版：《敦煌寶藏》，74/503A～504A。

1.1　BD04961號
1.3　維摩詰所説經卷中
1.4　闕061
1.5　070:1083
2.1　(2+970)×26厘米；21紙；543行，行17字。
2.2　01：2+31，18；　02：49.5，28；　03：49.5，28；
　　04：49.5，28；　05：49.5，28；　06：49.5，28；
　　07：49.5，28；　08：49.5，28；　09：50.0，28；
　　10：50.0，28；　11：49.5，28；　12：49.5，28；
　　13：49.5，28；　14：49.5，28；　15：48.0，27；
　　16：47.5，27；　17：47.0，27；　18：47.0，27；
　　19：47.0，27；　20：47.0，26；　21：11.0，拖尾。
2.3　卷軸裝。首殘尾全。第1、2紙上下邊有破裂，卷面有水漬，卷自第5紙中間斷開。背有古代褙補。有燕尾。烏絲欄。
3.1　首行下殘→大正475，14/544C5～6。
3.2　尾全→14/551C27。
4.2　維摩詰經卷中（尾）。
7.3　卷背粘一殘紙，上有"了"字。
8　7～8世紀。唐寫本。
9.1　楷書。

9.2 有行間校加字。

11 圖版：《敦煌寶藏》，65/180B～194A。

1.1 BD04962 號

1.3 大般若波羅蜜多經卷一六四

1.4 闕 062

1.5 084:2421

2.1 (39.8＋71)×25.4 厘米；3 紙；54 行，行 17 字。

2.2 01：20.5，護首； 02：19.3＋25，26； 03：46.0，28。

2.3 卷軸裝。首全尾脱。砑光上蠟。有護首，已殘破；後 2 紙有破裂。有烏絲欄。

3.1 首 11 行下殘→大正 220，5/881A15～28。

3.2 尾殘→5/881C13。

4.1 大般若波羅蜜多經卷第一百六十四，/初分校量功德品第卅之六十二，三藏法師玄□…□/（首）。

7.1 護首上有勘記"一百六十四"，為本文獻卷次。

7.4 護首殘留經名"大般若波羅蜜多經卷第一百六十四"。

8 7～8 世紀。唐寫本。

9.1 楷書。

11 圖版：《敦煌寶藏》，73/249A～250A。

1.1 BD04963 號

1.3 金剛般若波羅蜜經

1.4 闕 063

1.5 094:4305

2.1 (3.3＋153.2)×25.5 厘米；5 紙；85 行，行 17 字。

2.2 01：03.3，01； 02：48.4，28； 03：48.6，28；
04：48.2，27； 05：08.0，01。

2.3 卷軸裝。首殘尾全。經黄打紙。第 3、4 紙接縫上端開裂。有烏絲欄。

3.1 首行上殘→大正 235，8/751B22。

3.2 尾全→8/752C3。

4.2 金剛般若波羅蜜經（尾）。

5 與《大正藏》本對照，本卷經文無冥司偈，參見《大正藏》，8/751C16～19。

8 7～8 世紀。唐寫本。

9.1 楷書。

11 圖版：《敦煌寶藏》，82/620B～622B。

1.1 BD04964 號

1.3 藥師琉璃光如來本願功德經

1.4 闕 064

1.5 029:0247

2.1 426.5×26.4 厘米；10 紙；245 行，行 18 字。

2.2 01：38.0，24； 02：50.5，32； 03：50.5，31；
04：50.5，32； 05：50.5，31； 06：51.5，28；
07：51.0，28； 08：51.0，28； 09：22.5，11；
10：10.5，拖尾。

2.3 卷軸裝。首殘尾全。卷首有變色，前 3 紙上下多處碎裂。背有古代裱補。有燕尾。有烏絲欄。已修整。

3.1 首殘→大正 450，14/405A24。

3.2 尾全→14/408B25。

4.2 藥師琉璃光如來本願功德經（尾）。

8 9～10 世紀。歸義軍時期寫本。

9.1 楷書。

11 圖版：《敦煌寶藏》，57/433A～438B。

1.1 BD04965 號

1.3 妙法蓮華經（八卷本）卷六

1.4 闕 065

1.5 105:5591

2.1 892.1×26.2 厘米；20 紙；512 行，行 17 字。

2.2 01：04.0，護首； 02：46.0，27； 03：47.0，28；
04：47.0，28； 05：47.0，28； 06：47.0，28；
07：47.3，28； 08：47.1，28； 09：47.5，28；
10：47.3，28； 11：47.2，28； 12：47.5，28；
13：47.2，28； 14：47.7，28； 15：47.2，28；
16：48.0，27； 17：47.9，27； 18：48.0，27；
19：48.0，27； 20：36.2，13。

2.3 卷軸裝。首尾均全。有護首，已殘破。卷面有水漬，第 2 紙有殘洞。有燕尾。背有古代裱補。有烏絲欄。

3.1 首全→大正 262，9/42A29。

3.2 尾全→9/50B22。

4.1 妙法蓮華經如來壽量品第十六，六（首）。

4.2 妙法蓮華經卷第六（尾）。

5 與《大正藏》本對照，分卷不同，相當於《大正藏》本卷五"如來壽量品"第十六全文至卷六"法師功德品"第十九。屬八卷本。

8 世紀。唐寫本。

9.1 楷書。

9.2 有校改。

11 圖版：《敦煌寶藏》，93/206B～219B。

1.1 BD04966 號

1.3 金剛般若波羅蜜經

1.4 闕 066

1.5 094:4057

2.1 179.7×25.8 厘米；4 紙；100 行，行 17 字。

2.2 01：45.0，25； 02：45.0，25； 03：45.0，25；
04：44.7，25。

2.3 卷軸裝。首尾均脱。上邊有水漬，第 2、3 紙間接縫處開裂。有烏絲欄。

3.1 首殘→大正 235，8/750B5。

3.2 尾殘→8/751B22。

6.1 首→BD04908 號。
8 8 世紀。唐寫本。
9.1 楷書。
11 圖版:《敦煌寶藏》,81/639A~641A。

1.1 BD04967 號
1.3 金光明經卷二
1.4 闕 067
1.5 081:1377
2.1 590.4×26 厘米;14 紙;377 行,行 17 字。
2.2 01:18.0,12; 02:46.7,31; 03:46.5,32;
04:46.6,32; 05:46.5,30; 06:46.5,30;
07:46.7,30; 08:46.5,30; 09:46.5,30;
10:46.4,30; 11:46.2,32; 12:46.3,32;
13:40.5,26; 14:20.5,拖尾。
2.3 卷軸裝。首殘尾全。經黄紙。上邊有火灼殘洞,第 7 紙斷開。背有古代裱補。尾紙之紙質與前紙不同。有烏絲欄。
3.1 首殘→大正 663,16/341C14。
3.2 尾全→16/346B9。
4.2 金光明經卷第二(尾)。
8 9~10 世紀。歸義軍時期寫本。
9.1 楷書。
9.2 有刮改。有校改。
11 圖版:《敦煌寶藏》,67/280A~287A。

1.1 BD04968 號
1.3 大般若波羅蜜多經(兌廢稿)卷一五
1.4 闕 068
1.5 084:2046
2.1 50.2×25.6 厘米;1 紙;28 行,行 17 字。
2.3 卷軸裝。首尾均脱。有烏絲欄。
3.1 首殘→大正 220,5/81B13。
3.2 尾殘→5/81C10。
7.1 第 20 行與第 21 行重複,上邊有勘記“重”字。
8 8~9 世紀。吐蕃統治時期寫本。
9.1 楷書。
11 圖版:《敦煌寶藏》,71/471。

1.1 BD04969 號
1.3 妙法蓮華經卷二
1.4 闕 069
1.5 105:4708
2.1 (3.1+1069.4)×25 厘米;23 紙;593 行,行 17 字。
2.2 01:3.1+40.4,25; 02:48.3,27; 03:48.3,27;
04:48.2,27; 05:48.1,27; 06:48.2,27;
07:48.2,27; 08:48.1,27; 09:48.2,27;
10:48.1,27; 11:48.2,27; 12:48.4,27;
13:48.0,27; 14:48.3,27; 15:48.2,27;
16:48.2,27; 17:48.2,27; 18:48.2,27;
19:48.2,27; 20:48.1,27; 21:48.2,27;
22:48.1,27; 23:17.0,01。
2.3 卷軸裝。首殘尾全。卷首殘破。有燕尾。有烏絲欄。
3.1 首 2 行下殘→大正 262,9/10B29~C2。
3.2 尾全→9/19A12。
4.2 妙法蓮華經卷第二(尾)。
8 9~10 世紀。歸義軍時期寫本。
9.1 楷書。
9.2 有硃筆校改。有刮改。
11 圖版:《敦煌寶藏》,85/378A~392B。

1.1 BD04970 號
1.3 妙法蓮華經(兌廢稿)卷一
1.4 闕 070
1.5 105:4503
2.1 (9.8+280.5)×27.5 厘米;6 紙;225 行,行 28~32 字不等。
2.2 01:9.8+35.3,37; 02:49.0,40; 03:49.0,40;
04:49.0,40; 05:49.2,39; 06:49.0,29。
2.3 卷軸裝。首殘尾缺。卷首油污。小字抄寫,尾有餘空。有烏絲欄。
3.1 首 8 行上下殘→大正 262,9/1C16~2A4。
3.2 尾殘→9/7A23。
8 8~9 世紀。吐蕃統治時期寫本。
9.1 楷書。
11 圖版:《敦煌寶藏》,83/473A~477A。

1.1 BD04971 號
1.3 金光明最勝王經(兌廢稿)卷八
1.4 闕 071
1.5 083:1895
2.1 54.7×28 厘米;2 紙;28 行,行 17 字。
2.2 01:31.0,19; 02:23.7,09。
2.3 卷軸裝。首斷尾殘。有烏絲欄。
3.1 首殘→大正 665,16/442A20。
3.2 尾殘→16/442C5。
5 與《大正藏》本相比,末兩行經文有錯訛。
6.1 首→BD03336 號。
8 8~9 世紀。吐蕃統治時期寫本。
9.1 楷書。
11 圖版:《敦煌寶藏》,70/506B。

1.1 BD04972 號
1.3 金光明最勝王經卷五
1.4 闕 072

1.5　083:1743
2.1　195×25.5 厘米；4 紙；110 行，行 17 字。
2.2　01：49.2，28；　02：48.8，28；　03：48.5，27；
04：48.5，27。
2.3　卷軸裝。首尾均脫。有烏絲欄。
3.1　首殘→大正 665，16/423B26。
3.2　尾殘→16/424C19。
8　9～10 世紀。歸義軍時期寫本。
9.1　楷書。
9.2　有刮改。
11　圖版：《敦煌寶藏》，69/561A～563B。

1.1　BD04973 號 1
1.3　妙法蓮華經卷二
1.4　闕 073
1.5　105:4943
2.1　(8.1+715.8)×28.4 厘米；18 紙；656 行，行 35 字。
2.2　01：8.1+9.3，15；　02：43.9，40；　03：43.8，40；
04：43.7，40；　05：43.7，40；　06：43.6，40；
07：43.8，39；　08：44.0，40；　09：43.8，40；
10：43.7，40；　11：44.2，40；　12：44.0，42；
13：43.8，40；　14：44.0，40；　15：44.0，40；
16：43.9，40；　17：43.9，40；　18：04.7，拖尾。
2.3　卷軸裝。首殘尾全。卷尾有水漬，有 2 處殘洞，有蟲繭。背有古代裱補。小字抄寫。有烏絲欄。
2.4　本遺書包括 3 個文獻：(一)《妙法蓮華經》卷二，93 行，今編為 BD04973 號 1。(二)《妙法蓮華經》卷三，256 行，今編為 BD04973 號 2。(三)《妙法蓮華經》卷四，307 行，今編為 BD04973 號 3。
3.1　首 7 行下殘→大正 262，9/16B3～19。
3.2　尾全→9/19A12。
4.2　妙法蓮華經卷第二（尾）。
8　8～9 世紀。吐蕃統治時期寫本。
9.1　楷書。
9.2　有校改。有行間校加字。有刪除號。
11　圖版：《敦煌寶藏》，87/272A～281A。

1.1　BD04973 號 2
1.3　妙法蓮華經卷三
1.4　闕 073
1.5　105:4943
2.4　本遺書由 3 個文獻組成，本號為第 2 個，256 行。餘參見 BD04973 號 1 之第 2 項、第 11 項。
3.1　首全→大正 262，9/19A14。
3.2　尾全→9/27B9。
4.1　妙法蓮華經卷第三，/妙法蓮華經藥草喻品第五，三/（首）。
4.2　妙法蓮華經卷第三（尾）。
8　8～9 世紀。吐蕃統治時期寫本。
9.1　楷書。
9.2　有行間校加字。有校改。有倒乙。

1.1　BD04973 號 3
1.3　妙法蓮華經卷四
1.4　闕 073
1.5　105:4943
2.4　本遺書由 3 個文獻組成，本號為第 3 個，307 行。餘參見 BD04973 號 1 之第 2 項、第 11 項。
3.1　首全→大正 262，9/27B12。
3.2　尾全→9/37A2。
4.1　妙法蓮華經五百弟子授記品第八四（首）。
4.2　妙法蓮華經卷第四（尾）。
8　8～9 世紀。吐蕃統治時期寫本。
9.1　楷書。
9.2　有行間校加字。

1.1　BD04974 號
1.3　妙法蓮華經卷一
1.4　闕 074
1.5　105:4515
2.1　(3.5+832.1)×26.7 厘米；20 紙；485 行，行 16～18 字不等。
2.2　01：3.5+37.4，24；　02：42.8，25；　03：42.7，25；
04：42.5，25；　05：42.9，25；　06：43.0，25；
07：42.7，25；　08：37.1，22；　09：42.6，25；
10：42.6，25；　11：42.8，25；　12：42.7，25；
13：42.8，25；　14：42.7，25；　15：42.7，25；
16：42.6，25；　17：42.5，25；　18：42.7，25；
19：41.8，24；　20：32.5，15。
2.3　卷軸裝。首殘尾全。卷首油污。背有古代裱補。有烏絲欄。
3.1　首 2 行下殘→大正 262，9/2A15～17。
3.2　尾全→9/10B21。
4.2　妙法蓮華經卷第一（尾）。
8　8 世紀。唐寫本。
9.1　楷書。
11　圖版：《敦煌寶藏》，83/622B～635A。

1.1　BD04975 號
1.3　佛名經（二十卷本）卷八
1.4　闕 075
1.5　062:0580
2.1　187.7×27.5 厘米；4 紙；99 行，行 17 字。
2.2　01：47.2，26；　02：47.0，26；　03：47.0，26；
04：46.5，21。

2.3　卷軸裝。首脱尾全。卷面有黴爛殘洞，第3、4紙接縫中部開裂。有烏絲欄。
3.4　説明：
本文獻首殘尾全。是中國人編纂的佛經，未為歷代大藏經所收。
4.2　佛名經卷第八（尾）。
8　7~8世紀。唐寫本。
9.1　楷書。
11　圖版：《敦煌寶藏》，60/154B~156B。

1.1　BD04976號
1.3　大般若波羅蜜多經卷一四四
1.4　闕076
1.5　084:2382
2.1　752×25.5厘米；17紙；427行，行17字。
2.2　01：41.0，24；　02：47.5，28；　03：48.0，28；
04：47.8，28；　05：47.8，28；　06：48.0，28；
07：47.8，28；　08：48.0，28；　09：48.1，28；
10：48.0，28；　11：47.8，28；　12：48.0，28；
13：48.0，28；　14：48.0，28；　15：48.0，28；
16：19.2，10；　17：21.0，01。
2.3　卷軸裝。首斷尾全。第1紙有横向破裂，上下邊有殘缺。尾紙紙質字迹與前紙不同。尾有原軸，兩端塗硃漆。有烏絲欄。
3.1　首全→大正220，5/778B27。
3.2　尾全→5/783B17。
4.2　大般若波羅蜜多經卷第一百七十八（尾）。
5　與《大正藏》本相比，本件所抄經文《大般若波羅蜜多經》卷第一百四十四，而尾題卻爲《大般若波羅蜜多經》卷第一百七十八。
7.1　第1紙背端有勘記"一百七十八"，為文獻卷次。
8　8~9世紀。吐蕃統治時期寫本。
9.1　楷書。
11　圖版：《敦煌寶藏》，73/116B~126A。
本文獻所抄經文實為《大般若波羅蜜多經》卷一四四，但尾題卻作"大般若波羅蜜多經卷第一百七十八"。查原卷，尾題乃另紙單接，因此，不排除為綴接錯誤所致。今按照卷一四四著錄。

1.1　BD04977號
1.3　大般涅槃經（北本）卷二三
1.4　闕077
1.5　115:6424
2.1　(4+778.7)×26厘米；17紙；463行，行17字。
2.2　01：4+27，18；　02：47.0，28；　03：47.0，28；
04：47.0，28；　05：47.0，28；　06：47.0，28；
07：47.0，28；　08：47.0，28；　09：47.0，28；
10：47.0，28；　11：47.0，28；　12：47.0，28；
13：47.0，28；　14：47.0，28；　15：47.0，28；
16：47.0，28；　17：46.7，25。
2.3　卷軸裝。首殘尾全。首紙殘缺。背有古代裱補。有烏絲欄。
3.1　首2行上殘→大正374，12/498B14~15。
3.2　尾全→12/503C24。
4.2　大般涅槃經卷第二十三（尾）。
8　7~8世紀。唐寫本。
9.1　楷書。
11　圖版：《敦煌寶藏》，99/125B~136A。

1.1　BD04978號
1.3　維摩詰所説經卷中
1.4　闕078
1.5　070:1149
2.1　142.5×25.5厘米；3紙；84行，行17字。
2.2　01：48.0，28；　02：47.5，28；　03：47.0，28。
2.3　卷軸裝。首尾均脱。第1、2紙接縫處下部開裂，第2、3紙上下邊有破裂，卷中部多油、土等污穢，紙張變脆，脱落多塊殘片，字跡難辨。有烏絲欄。
3.1　首殘→大正475，14/547A2。
3.2　尾殘→14/548A6。
6.2　尾→BD05079號。
8　8~9世紀。吐蕃統治時期寫本。
9.1　楷書。
11　圖版：《敦煌寶藏》，65/480B~482A。

1.1　BD04979號
1.3　大般若波羅蜜多經卷二〇〇
1.4　闕079
1.5　084:2504
2.1　(2+508.5)×25.5厘米；13紙；306行，行17字。
2.2　01：02.0，01；　02：45.2，28；　03：45.2，28；
04：45.5，28；　05：45.3，28；　06：45.0，28；
07：45.2，28；　08：45.2，28；　09：45.5，25；
10：45.2，28；　11：45.2，28；　12：45.0，27；
13：11.0，01。
2.3　卷軸裝。首殘尾全。砑光上蠟。有烏絲欄。
3.1　首行上下殘→大正，5/1071B6。
3.2　尾全→5/1074C20。
4.2　大般若波羅蜜多經卷第二百（尾）。
7.1　第1紙背有本文獻所屬袟次及袟内卷次勘記"廿袟，十"。第9紙第25行、27行及28行未抄，第26行爲題記，作"係新紙四行，後請例之"。
8　8~9世紀。吐蕃統治時期寫本。
9.1　楷書。
11　圖版：《敦煌寶藏》，73/523B~530A。

1.1 BD04980 號
1.3 金剛般若波羅蜜經
1.4 闕 080
1.5 094:3533
2.1 (11.8 +118 +5) ×26.5 厘米；4 紙；73 行，行 17 字。
2.2 01：11.8 +3，護首； 02：42.0，25； 03：42.5，27；
04：30.5 +5，21。
2.3 卷軸裝。首尾均殘。有護首，有笈笈草天竿，護首已殘破。第 2、4 紙有破洞。有烏絲欄。已修整。
3.1 首全→大正 235，8/748C17。
3.2 尾殘→8/749C9 ~ 10。
4.1 金剛般若波羅蜜經（首）。
7.4 護首有經名“金剛般若波羅蜜經”。上有經名號。
8 8 世紀。唐寫本。
9.1 楷書。
11 圖版：《敦煌寶藏》，78/446A ~ 447B。

1.1 BD04981 號
1.3 大般若波羅蜜多經卷二〇四
1.4 闕 081
1.5 084:2512
2.1 (84.1 +639) ×26 厘米；16 紙；413 行，行 17 字。
2.2 01：38.5，22； 02：45.6 +2，28； 03：47.6，28；
04：47.5，28； 05：47.9，28； 06：47.8，28；
07：47.7，28； 08：48.0，28； 09：48.1，28；
10：48.3，28； 11：48.4，28； 12：48.2，28；
13：48.2，28； 14：48.8，28； 15：48.0，27；
16：12.5，拖尾。
2.3 卷軸裝。首殘尾全。研光上蠟。卷首下部殘缺。尾有原軸，兩端為亞腰形軸頭，塗黑漆。有烏絲欄。
3.1 首 49 行下殘→大正 220，6/16B14 ~ 17A5。
3.2 尾全→6/21A22。
4.2 大般若波羅蜜多經卷第二百四（尾）。
7.1 第 1 紙背面有本文獻所屬袟次及袟內卷次勘記“廿一袟，內四”。
8 9 ~ 10 世紀。歸義軍時期寫本。
9.1 楷書。
9.2 有刮改。
11 圖版：《敦煌寶藏》，73/578B ~ 587B。

1.1 BD04982 號
1.3 妙法蓮華經卷五
1.4 闕 082
1.5 105:5574
2.1 (6.5 +355.5) ×25.9 厘米；8 紙；214 行，行 17 字。
2.2 01：6.5 +15.3，12； 02：48.5，29； 03：48.7，29；
04：48.7，29； 05：48.7，29； 06：48.5，29；
07：48.6，29； 08：48.5，28。
2.3 卷軸裝。首殘尾脫。卷面有水漬，有殘缺破裂及殘洞，接縫處有開裂。背有鳥糞。有烏絲欄。
3.1 首 3 行上下殘→大正 262，9/40A14 ~ 16。
3.2 尾殘→9/43A28。
8 8 世紀。唐寫本。
9.1 楷書。
11 圖版：《敦煌寶藏》，93/161B ~ 167A。

1.1 BD04983 號
1.3 妙法蓮華經卷二
1.4 闕 083
1.5 105:4744
2.1 889.7 ×26.1 厘米；19 紙；511 行，行 16 ~ 18 字。
2.2 01：48.7，28； 02：48.7，28； 03：48.6，28；
04：48.5，28； 05：48.5，28； 06：48.5，28；
07：48.5，28； 08：48.6，28； 09：48.6，28；
10：48.6，28； 11：48.5，28； 12：48.6，28；
13：48.6，28； 14：48.6，28； 15：48.5，28；
16：48.6，28； 17：48.6，28； 18：49.1，28；
19：14.8，07。
2.3 卷軸裝。首脫尾全。卷上邊有水漬。背有鳥糞。有烏絲欄。
3.1 首殘→大正 262，9/12A2。
3.2 尾全→9/19A12。
4.2 妙法蓮華經卷第二（尾）。
8 8 世紀。唐寫本。
9.1 楷書。
11 圖版：《敦煌寶藏》，86/191A ~ 203A。

1.1 BD04984 號
1.3 金剛般若波羅蜜經
1.4 闕 084
1.5 094:3870
2.1 (7.5 +421.2) ×25 厘米；11 紙；242 行，行 17 字。
2.2 01：7.5 +7.3，08； 02：43.5，25； 03：43.0；25；
04：43.5，25； 05：43.0，25； 06：43.5，25；
07：43.2，25； 08：43.2，25； 09：43.5，25；
10：43.5，25； 11：24.0，09。
2.3 卷軸裝。首殘尾全。麻紙未入潢。第 2、3 紙下有多處等距離殘缺，接縫處多有開裂。有烏絲欄。
3.1 首 4 行下殘→大正 235，8/749B29 ~ C4。
3.2 尾全→8/752C3。
4.2 金剛般若波羅蜜經（尾）。
5 與《大正藏》本對照，本卷經文無冥司偈，參見《大正藏》，8/751C16 ~ 19。
8 7 ~ 8 世紀。唐寫本。
9.1 楷書。

11　圖版：《敦煌寶藏》，81/1A ~ 6B。

1.1　BD04985 號
1.3　大般涅槃經（北本）卷三七
1.4　闕 085
1.5　115:6513
2.1　（141.5 + 113.1）×26.3 厘米；5 紙；146 行，行 17 字。
2.2　01：07.0，04；　02：48.5，28；　03：48.5，28；
04：37.5 + 11，28；05：48.4，28；　06：48.5，28；
07：05.2，02。
2.3　卷軸裝。首殘尾缺。經黄打紙，研光上蠟。前 4 紙上部破損嚴重，第 5 紙上方有破裂。已修整。
3.1　首 72 行殘→大正 374，12/581C29。
3.2　尾缺→12/583B29。
8　7 ~ 8 世紀。唐寫本。
9.1　楷書。
11　圖版：《敦煌寶藏》，100/48A ~ 51B。

1.1　BD04986 號
1.3　妙法蓮華經（八卷本）卷六
1.4　闕 086
1.5　105:5592
2.1　（6 + 822.4）×26.8 厘米；18 紙；496 行，行 17 字。
2.2　01：6 + 27，20；　02：46.6，28；　03：46.8，28；
04：46.8，28；　05：46.8，28；　06：46.8，28；
07：46.7，28；　08：46.7，28；　09：46.8，28；
10：47.0，28；　11：46.7，28；　12：46.8，28；
13：46.8，28；　14：46.8，28；　15：46.9，28；
16：47.0，28；　17：46.8，28；　18：46.6，28。
2.3　卷軸裝。首殘尾脱。通卷上邊有水漬，卷面有黴爛，第 14、15 紙接縫處下開裂。尾有蟲繭。背有古代裱補。有烏絲欄。
3.1　首 4 行上下殘→大正 262，9/42B7 ~ 11。
3.2　尾殘→9/50B4。
5　與《大正藏》本對照，分卷不同，相當於《大正藏》卷五“如來壽量品”第十六前部至卷六“法師功德品”第十九後部。屬八卷本。
8　7 ~ 8 世紀。唐寫本。
9.1　楷書。
11　圖版：《敦煌寶藏》，93/220A ~ 232A。

1.1　BD04987 號
1.3　大般若波羅蜜多經卷八
1.4　闕 087
1.5　084:2026
2.1　47 ×28.1 厘米；1 紙；正面 28 行，行 17 字；背面 4 行，藏文。
2.3　卷軸裝。首尾均脱。上下邊有破裂。有烏絲欄。
2.4　本遺書包括 2 個文獻：（一）《大般若波羅蜜多經》卷八，28 行，抄寫在正面，今編為 BD04987 號。（二）《藏文呈節兒狀稿》（擬），4 行，抄寫在背面，今編為 BD04987 號背。
3.1　首殘→大正 220，5/40B23。
3.2　尾殘→5/40C22。
8　8 ~ 9 世紀。吐蕃統治時期寫本。
9.1　楷書。
11　圖版：《敦煌寶藏》，71/395B ~ 396A。

1.1　BD04987 號背
1.3　藏文呈節兒狀稿（擬）
1.4　闕 087
1.5　084:2026
2.4　本遺書由 2 個文獻組成，本號為第 2 個，藏文草書 2 行，抄寫在背面。餘參見 BD04987 號之第 2 項、第 11 項。
3.4　說明：
本文獻為某人所寫呈節兒狀的草稿，4 行，未完。參見高田時雄《北京敦煌寫卷中所包含的藏文文獻》。
8　8 ~ 9 世紀。吐蕃統治時期寫本。

1.1　BD04988 號
1.3　大般若波羅蜜多經卷四六七
1.4　闕 088
1.5　084:3178
2.1　67.4 ×25.3 厘米；2 紙；26 行，行 17 字。
2.2　01：21.9，護首；　02：45.5，26。
2.3　卷軸裝。首全尾脱。有護首，前部有橫裂，有笈笈草天竿。第 2 紙破裂殘損。有烏絲欄。扉頁劃烏絲欄。
3.1　首全→大正 220，7/360B18。
3.2　尾殘→7/360C17。
4.1　大般若波羅蜜多經卷第四百六十七，/第二分無相品第七十四之二，三藏法師玄奘奉詔譯/（首）。
7.4　護首有經名“大般若波羅蜜多經卷第四百六十七”。上有經名號。
8　8 ~ 9 世紀。吐蕃統治時期寫本。
9.1　楷書。
11　圖版：《敦煌寶藏》，76/562B ~ 563A。

1.1　BD04989 號
1.3　大般若波羅蜜多經卷一四〇
1.4　闕 089
1.5　084:2369
2.1　（33.3 + 94.9）×25.2 厘米；3 紙；78 行，行 17 字。
2.2　01：33.3 + 2.3，22；　02：46.1，28；　03：46.5，28。
2.3　卷軸裝。首殘尾斷。研光上蠟。首紙多水漬，有破裂、殘缺及殘洞，後 2 紙有破裂。背有古代裱補。有烏絲欄。已修整。
3.1　首 21 行下殘→大正 220，5/758A27 ~ B18。

3.2 尾殘→5/759A16。
7.1 第1紙背面有勘記"一百卌"。
8 8～9世紀。吐蕃統治時期寫本。
9.1 楷書。
11 圖版：《敦煌寶藏》，73/91B～93A。

1.1 BD04990號
1.3 大佛頂如來密因修證了義諸菩薩萬行首楞嚴經卷七
1.4 闕090
1.5 237:7417
2.1 (19.7+773.3)×25.9厘米；17紙；458行，行17字。
2.2 01：19.7+25.2，24； 02：46.8，28； 03：47.0，28；
04：46.9，28； 05：46.8，28； 06：46.9，28；
07：46.7，28； 8：46.8，28； 09：46.8，28；
10：46.6，28； 11：46.7，28； 12：46.8，28；
13：46.9，28； 14：46.8，28； 15：46.7，28；
16：46.6，28； 17：46.3，14。
2.3 卷軸裝。首尾均全。卷首殘破，右下殘缺。有烏絲欄。
3.1 首9行下殘→大正945，19/133A3～14。
3.2 尾全→19/139A13。
4.1 大佛頂如來密因修證了義□…□（首）；
4.2 大佛頂萬行首楞嚴經卷第七（尾）。
5 與《大正藏》本相比，本號經文中所引咒語相當於《大正藏》本附錄（19/139A14～141B13）之咒語。
8 8～9世紀。吐蕃統治時期寫本。
9.1 楷書。
11 圖版：《敦煌寶藏》，106/153B～164B。

1.1 BD04991號
1.3 金光明最勝王經卷九
1.4 闕091
1.5 083:1939
2.1 135.5×25厘米；3紙；84行，行17字。
2.2 01：45.5，28； 02：45.0，29； 03：45.0，27。
2.3 卷軸裝。首尾均脫。通卷破裂嚴重。有烏絲欄。
3.1 首殘→大正665，16/447B8。
3.2 尾殘→16/448C17。
6.1 首→BD04918號。
8 8～9世紀。吐蕃統治時期寫本。
9.1 楷書。
11 圖版：《敦煌寶藏》，71/57A～58B。

1.1 BD04992號
1.3 佛藏經（四卷本）卷三
1.4 闕092
1.5 145:6777
2.1 (6.7+1048.5)×25.7厘米；23紙；582行，行17字。
2.2 01：06.7，04； 02：50.0，28； 03：50.0，28；
04：50.3，28； 05：49.8，28； 06：50.1，28；
07：50.0，28； 08：50.0，28； 09：49.8，28；
10：49.8，28； 11：49.8，28； 12：49.8，28；
13：50.0，28； 14：50.2，28； 15：50.3，28；
16：50.0，28； 17：50.0，28； 18：50.0，28；
19：48.0，27； 20：50.3，28； 21：32.0，17；
22：19.8，11； 23：48.5，19。
2.3 卷軸裝。首殘尾全。卷首殘破嚴重，卷面多水漬。倒數第二紙係後補，與前紙經文重複一字。卷尾上下有蟲繭。有烏絲欄。
3.1 首4行下殘→大正653，15/793B12～16。
3.2 尾全→15/800A23。
4.2 佛藏經卷第三（尾）。
5 與《大正藏》本對照，分卷不同，相當於《大正藏》卷中"淨法品"第六、"往古品"第七至卷下"淨見品第八"終。屬於四卷本，與宮內寮本、《思溪藏》本、《普寧藏》本、《嘉興藏》本分卷相同。
8 9～10世紀。歸義軍時期寫本。
9.1 楷書。
9.2 有刮改。有行間加行。
11 圖版：《敦煌寶藏》，101/558A～572A。

1.1 BD04993號
1.3 大般若波羅蜜多經卷四八九
1.4 闕093
1.5 084:3215
2.1 (8+338.3)×25.8厘米；8紙；213行，行17字。
2.2 01：8+20.9，17； 02：45.3，28； 03：45.3，28；
04：45.3，28； 05：45.2，28； 06：45.2，28；
07：45.6，28； 08：45.5，28。
2.3 卷軸裝。首殘尾脫。卷面有黴斑，首尾數紙殘缺破損嚴重。有烏絲欄。已修整。
3.1 首4行中下殘→大正220，7/484A20～24。
3.2 尾殘→7/486B29。
8 8～9世紀。吐蕃統治時期寫本。
9.1 楷書。有武周新字"正"，使用不周遍。
9.2 有行間校加字。
11 圖版：《敦煌寶藏》，76/641A～645B。

1.1 BD04994號
1.3 維摩詰所說經卷中
1.4 闕094
1.5 070:1084
2.1 (6.5+863.5+2)×26厘米；20紙；548行，行17字。
2.2 01：6.5+12，18； 02：44.0，28； 03：44.5，28；
04：45.0，28； 05：45.0，28； 06：45.0，28；

07：45.0，28；　08：45.0，27；　09：45.0，28；
10：45.0，28；　11：45.0，28；　12：45.0，28；
13：45.0，28；　14：45.0，28；　15：45.0，28；
16：45.0，28；　17：45.0，28；　18：45.0，28；
19：45.0，28；　20：43＋2，27。

2.3　卷軸裝。首尾均殘。經黃紙。第1紙殘破，接縫處多有開裂，卷上邊多有破裂。有烏絲欄。

3.1　首4行上下殘→大正475，14/544C7～11。

3.2　尾殘→14/551C27。

4.2　□摩詰經卷中（尾）。

8　7～8世紀。唐寫本。

9.1　楷書。

9.2　首紙及卷中偈頌有硃筆斷句。有硃筆、墨筆校改。尾題字間有硃點。

11　圖版：《敦煌寶藏》，65/194B～206B。

1.1　BD04995號

1.3　金剛般若波羅蜜經

1.4　闕095

1.5　094:4206

2.1　(2.5＋124.5)×24厘米；3紙；79行，行17字。

2.2　01：2.5＋34.5，23；　02：45.0，28；　03：45.0，28。

2.3　卷軸裝。首殘尾脫。經黃打紙。砑光上蠟。第1紙上方有破裂，第1、2紙接縫處下方開裂。有烏絲欄。

3.1　首行下殘→大正235，8/750C24。

3.2　尾殘→8/751C25。

5　與《大正藏》本對照，本卷經文無冥司偈，參見《大正藏》，8/751C16～19。

8　7～8世紀。唐寫本。

9.1　楷書。

11　圖版：《敦煌寶藏》，82/397B～399A。

1.1　BD04996號

1.3　金光明最勝王經卷九

1.4　闕096

1.5　083:1951

2.1　120.7×25.3厘米；3紙；75行，行17字。

2.2　01：45.7，28；　02：45.0，28；　03：30.0，19。

2.3　卷軸裝。首脫尾殘。卷尾破碎嚴重，脫落一塊殘片。背有古代裱補。有烏絲欄。

3.1　首殘→大正665，16/449B20。

3.2　尾殘→16/450B13。

6.1　首→BD05234號。

6.2　尾→BD08527號。

8　8～9世紀。吐蕃統治時期寫本。

9.1　楷書。

11　圖版：《敦煌寶藏》，71/82A～83B。

1.1　BD04997號

1.3　維摩詰所說經卷下

1.4　闕097

1.5　070:1245

2.1　235×26.5厘米；5紙；140行，行17字。

2.2　01：47.0，28；　02：47.0，28；　03：47.0，28；
04：47.0，28；　05：47.0，28。

2.3　卷軸裝。首尾均脫。通卷上邊有水漬、黴爛。有烏絲欄。

3.1　首殘→大正475，14/553B10。

3.2　尾殘→14/555A24。

8　7～8世紀。唐寫本。

9.1　楷書。

11　圖版：《敦煌寶藏》，66/305A～308A。

1.1　BD04998號

1.3　金光明最勝王經卷九

1.4　闕098

1.5　083:1923

2.1　660.5×25.5厘米；15紙；368行，行17字。

2.2　01：44.3，25；　02：44.0，25；　03：44.1，25；
04：44.4，25；　05：44.0，25；　06：44.0，25；
07：44.2，25；　08：44.3，25；　09：44.2，25；
10：44.2，25；　11：44.3，25；　12：44.0，25；
13：44.0，25；　14：44.0，25；　15：42.5，18。

2.3　卷軸裝。首脫尾全。麻紙未入潢。卷面有水漬，第5、6紙開裂。卷尾有蟲繭。背有古代裱補。有烏絲欄。

3.1　首殘→大正665，16/445A2。

3.2　尾全→16/450C15。

4.2　金光明經卷第九（尾）。

5　尾附音義。

7.1　卷首背有勘記“第九”。

8　9～10世紀。歸義軍時期寫本。

9.1　楷書。

11　圖版：《敦煌寶藏》，71/3A～11B。

1.1　BD04999號

1.3　妙法蓮華經卷四

1.4　闕099

1.5　105:5351

2.1　50.2×25.4厘米；1紙；28行，行17字。

2.3　卷軸裝。首尾均脫。經黃打紙。卷面多水漬，有破裂。卷背有鳥糞。有烏絲欄。已修整。

3.1　首殘→大正262，9/30C19。

3.2　尾殘→9/31A26。

8　7～8世紀。唐寫本。

9.1　楷書。

11　圖版：《敦煌寶藏》，91/116A～B。

1.1　BD05000 號
1.3　金光明最勝王經卷二
1.4　闕 100
1.5　083:1511
2.1　(29.5+658.6)×25.5 厘米；14 紙；正面 378 行，行 17 字；背面 9 行，殘行。
2.2　01：29.5+8.5，22；　02：50.0，28；　03：50.0，28；
04：49.7，27；　05：50.2，28；　06：49.5，27；
07：50.0，28；　08：47.8，27；　09：49.8，28；
10：49.5，28；　11：52.0，29；　12：52.0，29；
13：51.6，29；　14：48.0，20。
2.3　卷軸裝。首殘尾全。卷端破碎嚴重，有 3 塊殘片。卷面多水漬。背有古代裱補。有烏絲欄。
2.4　本遺書包括 2 個文獻：(一)《金光明最勝王經》卷二，378 行，抄寫在正面，今編為 BD05000 號。(二)《妙法蓮華經》卷七，9 行，抄寫在背面 4 塊裱補紙上，今合編為 BD05000 號背。
3.1　首 17 行中殘→大正 665，16/408C7～25。
3.2　尾全→16/413C6。
4.2　金光明最勝王經卷第二（尾）。
5　尾附音義。
7.1　卷尾有題記“勘了”。
8　9～10 世紀。歸義軍時期寫本。
9.1　楷書。
11　圖版：《敦煌寶藏》，68/213A～221B。

1.1　BD05000 號背
1.3　妙法蓮華經卷七
1.4　闕 100
1.5　083:1511
2.4　本遺書由 2 個文獻組成，本號為第 2 個，9 行，抄寫在 4 塊裱補紙上。餘參見 BD05000 號之第 2 項、第 11 項。
3.4　說明：
本文獻原卷被剪開後作爲裱補紙使用，本卷背後粘有 4 小塊。每塊所抄經文如下：
①存經文 3 行 17 字：
首殘→大正 262，9/56C28。
尾殘→9/57A1。
②存經文 2 行 17 字：
首殘→大正 262，9/57A2。
尾殘→9/57A4。
③存經文 3 行 7 字：
首殘→大正 262，9/57A6。
尾殘→9/57A9。
④存經文 2 行 8 字：
首殘→大正 262，9/57A4。
尾殘→9/57A6。
8　9～10 世紀。歸義軍時期寫本。
9.1　楷書。

新舊編號對照表

一、千字文號與北敦號、縮微膠卷號對照表

千字文號	北敦號	縮微膠卷號
闕 030	BD04930 號	084：2226
闕 031	BD04931 號	070：1028
闕 032	BD04932 號	083：1864
闕 033	BD04933 號	088：3450
闕 034	BD04934 號	084：2607
闕 035	BD04935 號	275：7829
闕 036	BD04936 號	156：6818
闕 037	BD04937 號	084：2289
闕 038	BD04938 號	084：3073
闕 039	BD04939 號	083：1963
闕 040	BD04940 號	276：8205
闕 041	BD04941 號	105：5182
闕 042	BD04942 號	105：5781
闕 043	BD04943 號	094：4270
闕 044	BD04944 號	084：2160
闕 045	BD04945 號	105：5336
闕 046	BD04946 號	105：5148
闕 047	BD04947 號	084：3298
闕 048	BD04948 號	105：5171
闕 049	BD04949 號	001：0025
闕 050	BD04950 號	060：0503
闕 051	BD04951 號	275：8168
闕 052	BD04952 號	253：7545
闕 053	BD04953 號	083：1444
闕 054	BD04954 號	094：4094
闕 055	BD04955 號	105：4702
闕 056	BD04956 號	084：2043
闕 057	BD04957 號	084：2324
闕 058	BD04958 號	094：3831
闕 059	BD04959 號	084：2689
闕 060	BD04960 號	084：2715
闕 061	BD04961 號	070：1083
闕 062	BD04962 號	084：2421
闕 063	BD04963 號	094：4305

千字文號	北敦號	縮微膠卷號
闕 064	BD04964 號	029：0247
闕 065	BD04965 號	105：5591
闕 066	BD04966 號	094：4057
闕 067	BD04967 號	081：1377
闕 068	BD04968 號	084：2046
闕 069	BD04969 號	105：4708
闕 070	BD04970 號	105：4503
闕 071	BD04971 號	083：1895
闕 072	BD04972 號	083：1743
闕 073	BD04973 號 1	105：4943
闕 073	BD04973 號 2	105：4943
闕 073	BD04973 號 3	105：4943
闕 074	BD04974 號	105：4515
闕 075	BD04975 號	062：0580
闕 076	BD04976 號	084：2382
闕 077	BD04977 號	115：6424
闕 078	BD04978 號	070：1149
闕 079	BD04979 號	084：2504
闕 080	BD04980 號	094：3533
闕 081	BD04981 號	084：2512
闕 082	BD04982 號	105：5574
闕 083	BD04983 號	105：4744
闕 084	BD04984 號	094：3870
闕 085	BD04985 號	115：6513
闕 086	BD04986 號	105：5592
闕 087	BD04987 號	084：2026
闕 087	BD04987 號背	084：2026
闕 088	BD04988 號	084：3178
闕 089	BD04989 號	084：2369
闕 090	BD04990 號	237：7417
闕 091	BD04991 號	083：1939
闕 092	BD04992 號	145：6777
闕 093	BD04993 號	084：3215
闕 094	BD04994 號	070：1084

闕 095	BD04995 號	094：4206	闕 099	BD04999 號	105：5351
闕 096	BD04996 號	083：1951	闕 100	BD05000 號	083：1511
闕 097	BD04997 號	070：1245	闕 100	BD05000 號背	083：1511
闕 098	BD04998 號	083：1923			

二、縮微膠卷號與北敦號、千字文號對照表

縮微膠卷號	北敦號	千字文號	縮微膠卷號	北敦號	千字文號
001：0025	BD04949 號	闕 049	084：3215	BD04993 號	闕 093
029：0247	BD04964 號	闕 064	084：3298	BD04947 號	闕 047
060：0503	BD04950 號	闕 050	088：3450	BD04933 號	闕 033
062：0580	BD04975 號	闕 075	094：3533	BD04980 號	闕 080
070：1028	BD04931 號	闕 031	094：3831	BD04958 號	闕 058
070：1083	BD04961 號	闕 061	094：3870	BD04984 號	闕 084
070：1084	BD04994 號	闕 094	094：4057	BD04966 號	闕 066
070：1149	BD04978 號	闕 078	094：4094	BD04954 號	闕 054
070：1245	BD04997 號	闕 097	094：4206	BD04995 號	闕 095
081：1377	BD04967 號	闕 067	094：4270	BD04943 號	闕 043
083：1444	BD04953 號	闕 053	094：4305	BD04963 號	闕 063
083：1511	BD05000 號	闕 100	105：4503	BD04970 號	闕 070
083：1511	BD05000 號背	闕 100	105：4515	BD04974 號	闕 074
083：1743	BD04972 號	闕 072	105：4702	BD04955 號	闕 055
083：1864	BD04932 號	闕 032	105：4708	BD04969 號	闕 069
083：1895	BD04971 號	闕 071	105：4744	BD04983 號	闕 083
083：1923	BD04998 號	闕 098	105：4943	BD04973 號 1	闕 073
083：1939	BD04991 號	闕 091	105：4943	BD04973 號 2	闕 073
083：1951	BD04996 號	闕 096	105：4943	BD04973 號 3	闕 073
083：1963	BD04939 號	闕 039	105：5148	BD04946 號	闕 046
084：2026	BD04987 號	闕 087	105：5171	BD04948 號	闕 048
084：2026	BD04987 號背	闕 087	105：5182	BD04941 號	闕 041
084：2043	BD04956 號	闕 056	105：5336	BD04945 號	闕 045
084：2046	BD04968 號	闕 068	105：5351	BD04999 號	闕 099
084：2160	BD04944 號	闕 044	105：5574	BD04982 號	闕 082
084：2226	BD04930 號	闕 030	105：5591	BD04965 號	闕 065
084：2289	BD04937 號	闕 037	105：5592	BD04986 號	闕 086
084：2324	BD04957 號	闕 057	105：5781	BD04942 號	闕 042
084：2369	BD04989 號	闕 089	115：6424	BD04977 號	闕 077
084：2382	BD04976 號	闕 076	115：6513	BD04985 號	闕 085
084：2421	BD04962 號	闕 062	145：6777	BD04992 號	闕 092
084：2504	BD04979 號	闕 079	156：6818	BD04936 號	闕 036
084：2512	BD04981 號	闕 081	237：7417	BD04990 號	闕 090
084：2607	BD04934 號	闕 034	253：7545	BD04952 號	闕 052
084：2689	BD04959 號	闕 059	275：7829	BD04935 號	闕 035
084：2715	BD04960 號	闕 060	275：8168	BD04951 號	闕 051
084：3073	BD04938 號	闕 038	276：8205	BD04940 號	闕 040
084：3178	BD04988 號	闕 088